农业普查

RICULTURAL CENSUS

2006 浙江统计年鉴

ZHEJIANG STATISTICAL YEARBOOK

总第24期 NO.24

浙江省统计局 · 编　Compiled by Zhejiang Provincial Bureau of Statistics

2006 浙江统计年鉴协办单位

（排名不分主次）

浙江省公安厅

嘉兴市人民政府

丽水市人民政府

长兴县人民政府

浙江省交通投资集团有限公司

杭州联合农村合作银行

《浙江统计年鉴—2006》编辑委员会和编辑部

居民消费价格指数（1985年=100）

Residents Consumer Price Indices (1985=100)

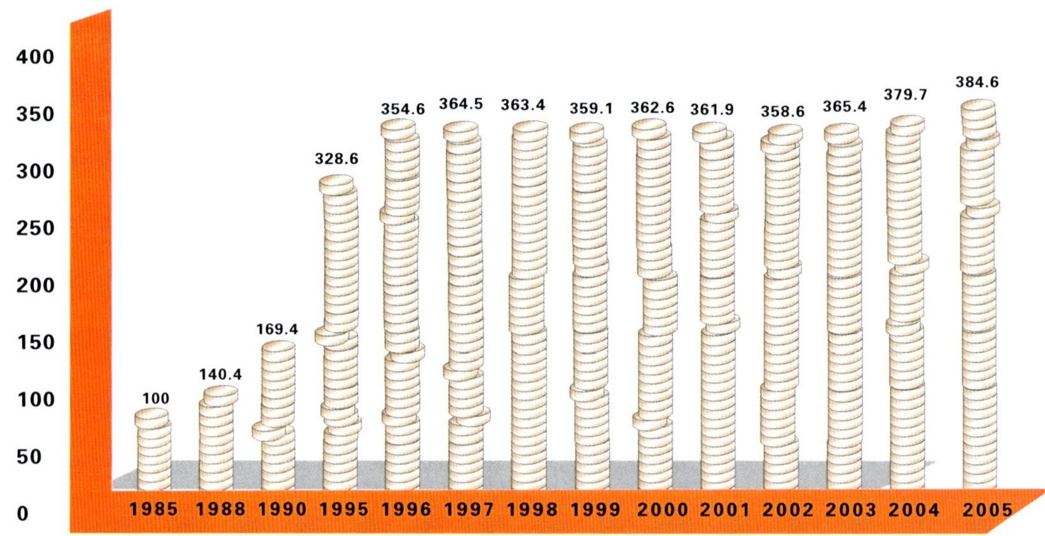

职工工资总额（亿元）

Total Wages Of Staff and workers(100million yuan)

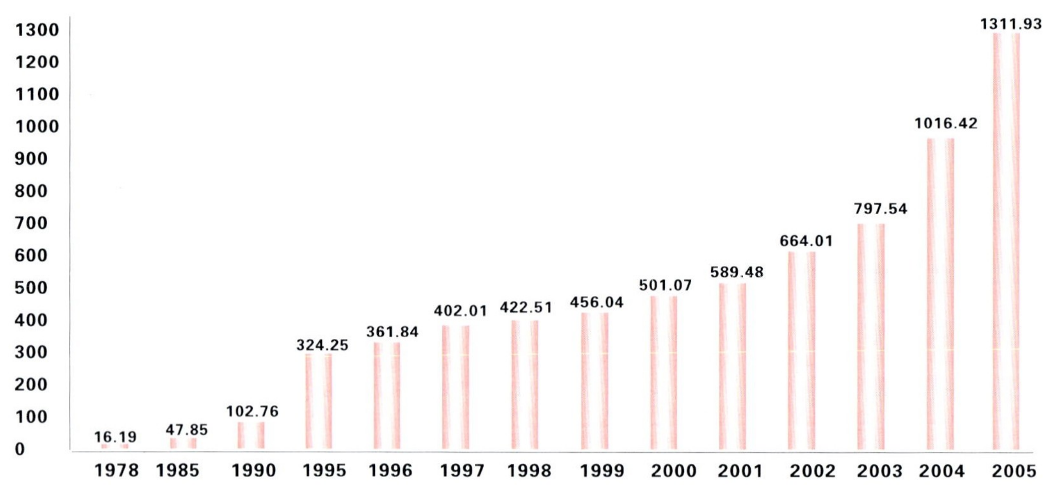

客运量和货运量（万人、万吨）

Passenger Traffic and Freight Traffic(10000 persons 10000 tons)

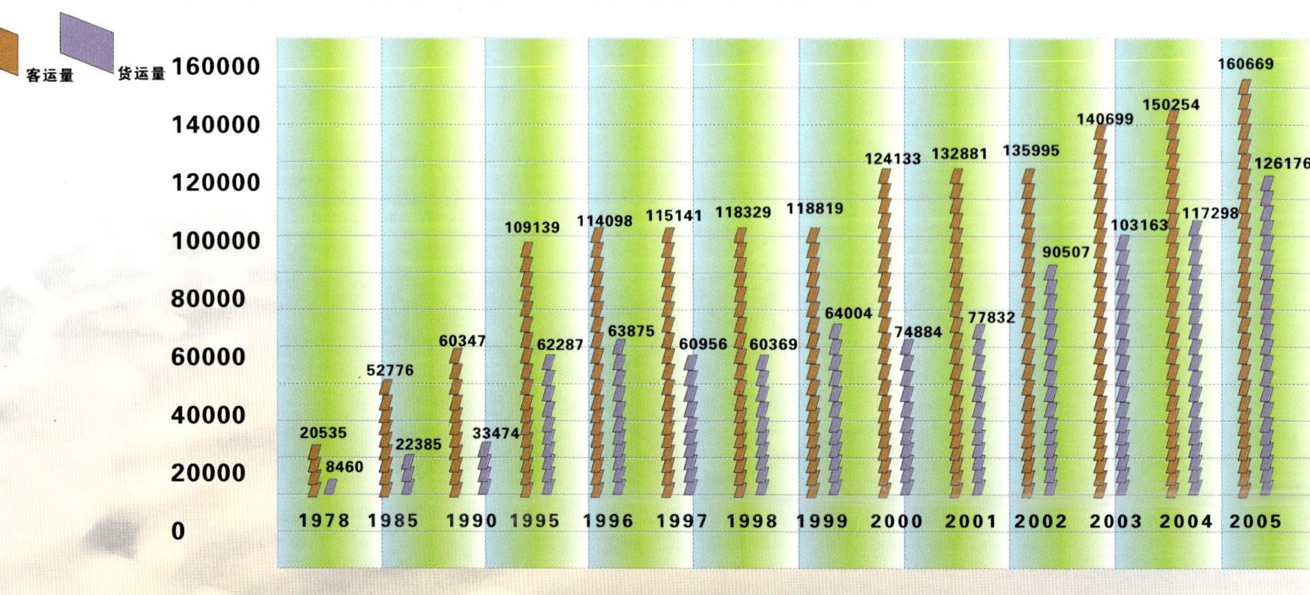

社会消费品零售总额(亿元)

Total Retail Sales of Consumer Goods(100million yuan)

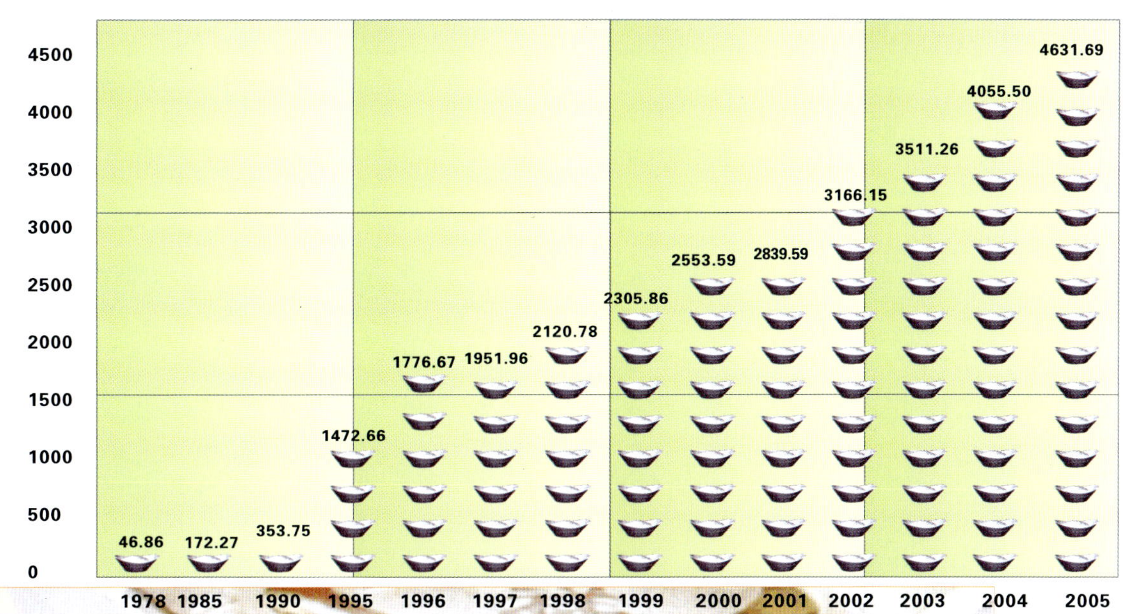

全社会固定资产投资(亿元)

Total Investment in Fixed Assets(100million yuan)

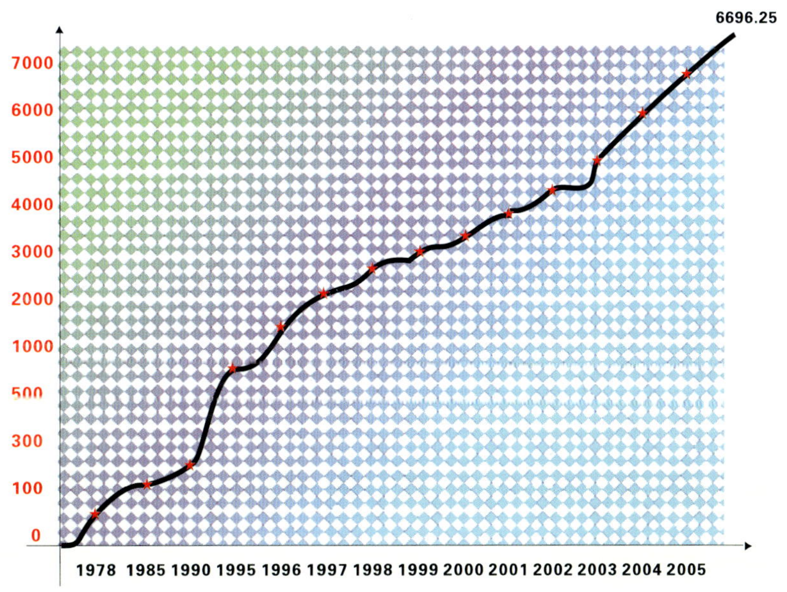

年末从业人员（万人）

Employ Persons Year-end(10000 Persons)

年份	第一产业 Primary Industry	第二产业 Secondary Industry	第三产业 Tertiary Industry
2005	759.53	1397.69	943.54
2004	779.65	1304.94	907.36
2003	826.03	1201.30	891.41
2002	885.29	1070.13	903.14
2000	969.97	966.30	789.82
1995	1152.15	882.82	586.50
1990	1358.28	762.48	433.70
1985	1273.25	735.22	310.09

进出口总值(亿美元)

Total Value of Imports and Exports (USD 100 million)

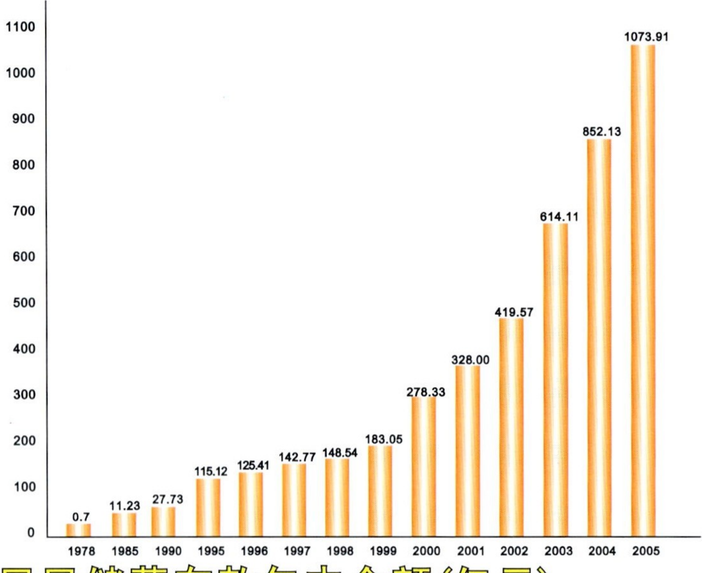

城乡居民储蓄存款年末余额(亿元)

Residents' Savings Deposits in Urban and Rural Area (100 million yuan)

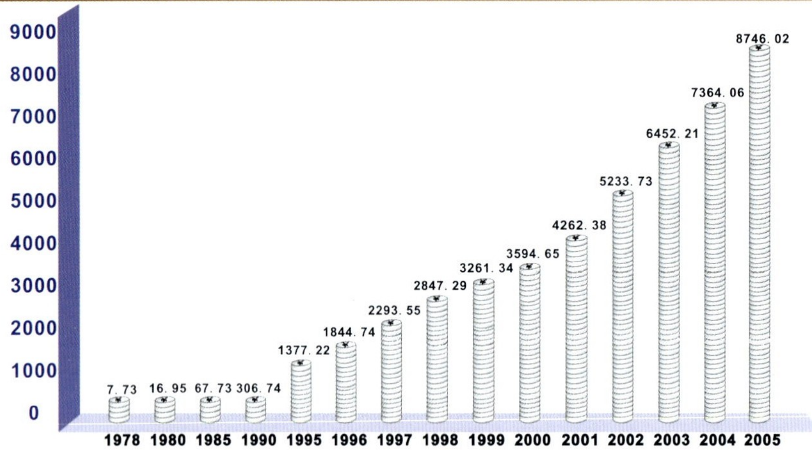

每万人口在校大学生人数(人)

University and College Students Enrollment Per 10000 Population (Person)

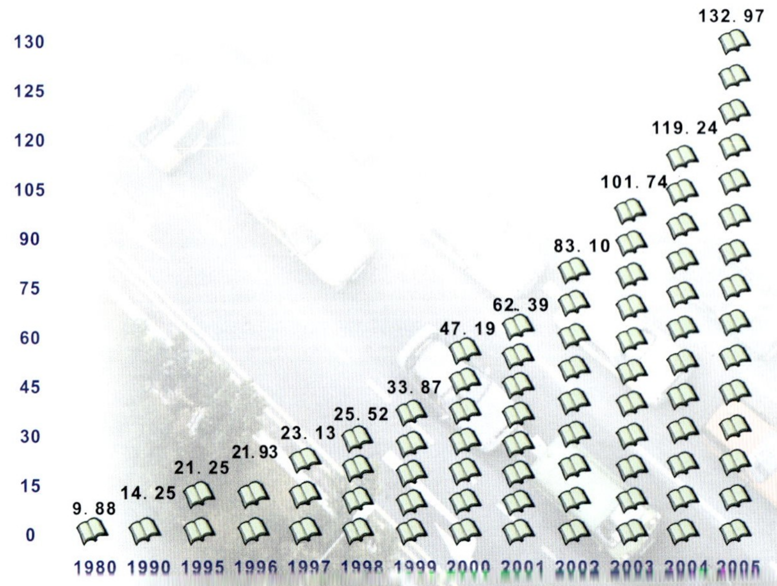

电力消费弹性系数

Elasticity Ratio of Electricity Consumption

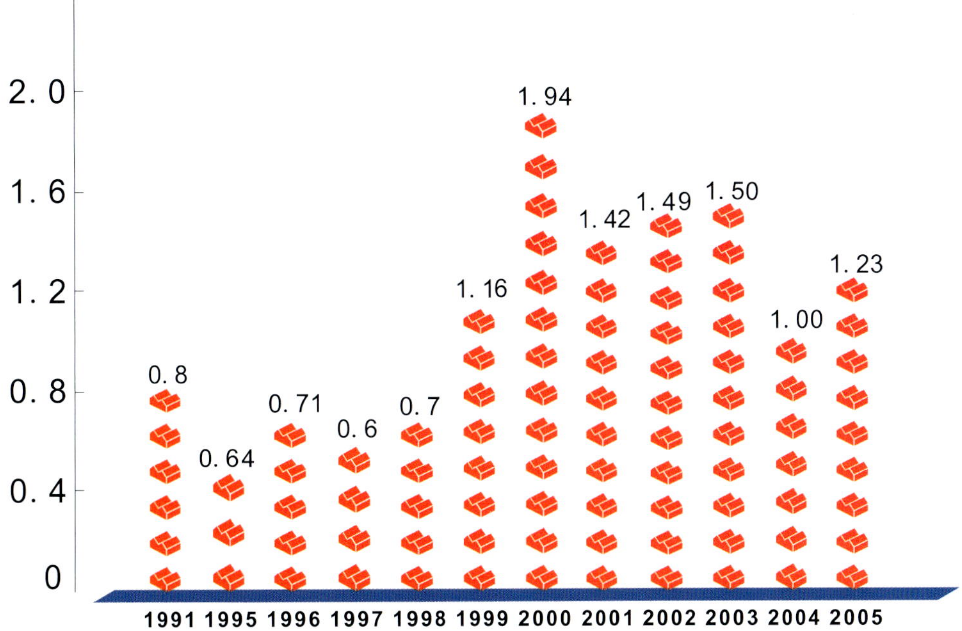

能源消费弹性系数

Elasticity Ratio of Energy Consumption

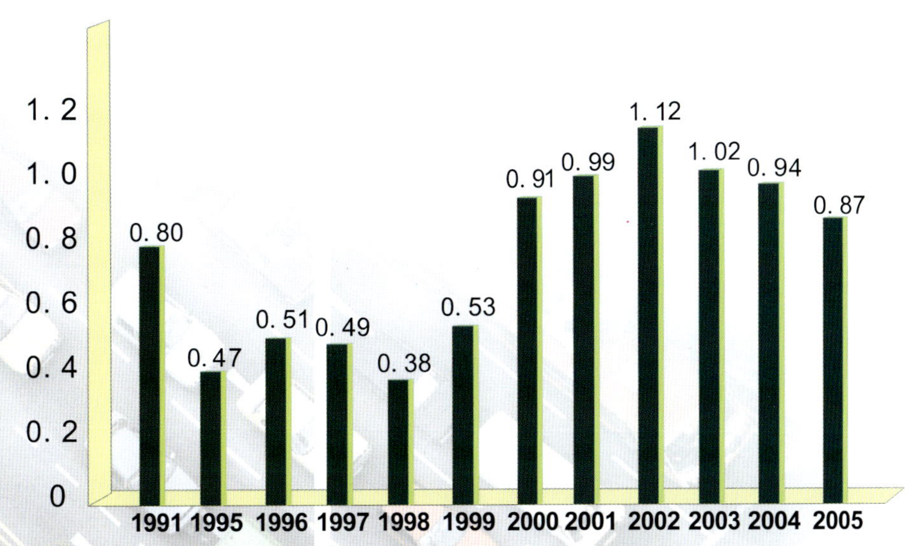

浙江省发展和改革委员会

▲浙江省发展和改革委员会党组书记、主任：刘奇

2006年是“十一五”的开局之年，也是承前启后的重要一年，实现良好开局至关重要。今年我省发展改革工作的目标要求是：坚持以科学发展观统领发展和改革工作的全局，认真贯彻中央和省委省政府的各项重大决策部署，全面落实全省经济工作会议精神，紧紧围绕实现全年经济社会发展的主要预期目标，围绕中心、把握重点、扎实工作、开拓进取，确保“十一五”开局之年开好头、起好步。

今年我省发展和改革工作的主要任务是：一是切实采取有效措施，保持经济平稳较快发展；二是切实抓好城乡发展，推进社会主义新农村建设；三是切实增强自主创新能力，推动产业结构优化升级；四是切实加强资源节约利用和环境保护，建设资源节约型、环境友好型社会；五是切实加大欠发达地区发展和海洋经济开发力度，促进区域协调发展；六是切实加强以“五大百亿”工程为主体的重点项目建设，增强发展后劲；七是切实加大社会事业发展力度，促进经济社会协调发展；八是切实深化改革扩大开放，增强发展动力和活力；九是切实加强机关先进性建设和效能建设，为发展和改革工作提供组织保障。

浙江省发展和改革委员会

▲浙江国华宁海电厂 2 号机组投产，标志我国电力装机突破五亿千瓦

▲全省经济体制改革工作会议在杭州召开

▲浙江省发改委领导向来访的加拿大驻华大使一行介绍我省“十一五”规划等情况

详细地址：浙江省杭州市省府大楼 1 号楼

法定代表人：刘　奇

邮政编码：310025

联系电话：0571－87050359

网　　址：www.zjdpc.gov.cn

浙江省经济贸易委员会

浙江省经济贸易委员会是浙江省人民政府负责调节近期全省国民经济运行的省政府组成部门。主要职责是：监测、分析和调节全省国民经济日常运行；提出并实施近期经济运行调控目标、政策和措施，组织解决经济运行中的重大问题；组织制订和实施地方性产业政策及专项产业政策，监督、检查执行情况；指导产业结构调整，研究提出重点行业、重点产品的调整方案；研究确定、组织培育省重点骨干企业；研究和规划竞争性行业投资布局，指导全省重大技术改造项目的组织实施工作；研究和指导全省流通体制改革，培育发展和完善市场体系；指导技术创新、技术引进、重大装备国产化和重大技术装备研制；指导资源节约和综合利用。

2005年，全省经贸部门负重拼搏，扎实工作，呈现了三大亮点：一是努力实现工业经济生产、投资、效益"三回落"转向"三回升"；二是面对先进制造业基地项目、资金、发展"三分散"的历史格局，经过努力逐步形成了"三合力"（部门形成合力、项目合力攻关、资金合力扶持）；三是面对食品安全领域生产、流通、消费"三混乱"，扎实推进"三张网"建设，取得明显成效。

2005年全省工业、商贸经济继续保持较快发展。全年全省GDP达到13365.00亿元，增长12.4%；规模以上工业增加值4905亿元，同比增长18.1%；实现销售收入21702.5亿元，首次超过2万亿大关，为历史之最；企业利税总额1878.3亿元，同比增长13.4%，其中：利润1072.8亿元，增长11.6%。社会消费品零售总额4631.69亿元，同比增长14.2%；批发零售贸易商品销售总额17664.40亿元，同比增长8.0%；进出口总额1073.91亿元，同比增长26.0%，其中：进口总额305.87亿元，增长13.0%，出口总额768.04亿元，增长32.1%，继续保持贸易顺差。城镇居民人均可支配收入达16000元，农民人均纯收入6500元与2000年比，城镇居民收入提高了70%，农村提高了42%。

2006年，浙江省经济贸易委员会将继续以团结务实、廉洁高效的精神风貌，坚定信心，切实增强科学发展的紧迫感和责任感；加强协调，缓解要素制约；加强投入，促进产业结构调整；着力推进品牌创新和技术创新；抓好"4121"工业循环经济的试点；突出重点，促进民营经济新飞跃；强化试点，大力引进优质内资；积极引导，推进商贸经济流通现代化；确保生产安全和食品安全，整顿好市场经济秩序；深化实施企业服务年和项目实施年活动，促进全省工业、商贸经济持续、健康、快速、协调发展。

▲中国驻泰王国大使馆张大使会见我省商务考察团，左一为浙江省经济贸易委员会丁耀民主任

▲商务部薄熙来部长考察我省商贸服务业

详细地址：浙江省杭州市体育场路479号
法定代表人：丁耀民
邮政编码：310007
联系电话：0571-87052765

浙江省经济贸易委员会

▲浙江省经济贸易委员会承办我省推进结构调整重大项目推介（北京）签约大会

▲浙江省经贸工作大会

▲该委被评为“山海协作工程”先进单位，丁耀民主任接受省政府表彰

▲浙江省经济贸易委员会丁耀民主任检查全省“千镇连锁超市”开展情况

浙江省公安厅

▲全省公安工作暨"基层基础建设年"动员大会

近年来，全省公安机关在省委、省政府、公安部的正确领导和省公安厅的组织指导下，认真贯彻落实省委深入实施"八八战略"、全面建设"平安浙江"的战略部署，紧扣发展主题，恪守维稳天职，坚持以人为本，勇于开拓创新，充分履行巩固共产党执政地位、维护国家长治久安、保障人民安居乐业的政治和社会责任，积极探索实践具有时代特征、浙江特色的现代警务机制，全面推进公安队伍正规化建设，有效维护了全省社会稳定，保障和促进了经济社会发展。2005年，全省群众安全感满意度达到96.39%，群众对当地社会治安表示认可的占97.12%，对公安队伍满意率达到94.05%，比2004年分别上升4.06、0.7和1.64个百分点。

一、坚持立党为公，执法为民。精心组织开展"规范执法行为，促进执法公正"专项整改和集中开门接访活动，执法水平和办案质量进一步提高。公安移送起诉准确率达99.45%，退查率为2.59%。

二、坚持严打严防严管严治相结合，全力维护社会治安稳定。2005年，全省公安机关刑事案件破案率和逮捕犯罪嫌疑人数比上年分别上升1.03%和9.58%，命案破案率达到91.9%；刑事发案升幅下降21.1个百分点，八类严重刑事案件绝对数同比下降10.05%。

三、深入实施情报信息主导警务战略，大力加强基层基础建设，有效提高公安工作水平，去年通过运用网上信息直接或间接破案数占全部破案数的52.8%。

四、大力加强公安队伍正规化建设，深入开展全警练兵活动，积极建立健全教育、制度、监督并重的公安机关惩治和预防腐败体系。

▲省委常委公安厅长王辉忠接待上访群众

▲由公安部国际合作局和浙江省公安厅主办的"情报信息主导警务"国际讲坛

浙江省公安厅

详细地址：浙江省杭州市上城区民生路66号
法定代表人：王辉忠
邮政编码：310009
联系电话：0571-87286102

▲领导带头苦练基本功

▲民警向群众讲解交通安全知识

▲巡防工作

浙江省劳动和社会保障厅

▲06年全省劳动和社会保障工作会议

2005年，浙江省劳动和社会保障厅深入贯彻实施“八八战略”，努力推进平安浙江建设，紧紧围绕省政府提出的十件实事，以保持共产党员先进性教育活动为动力，按照“抓好三条主线，做好两篇文章，强化一个基础”的总体思路，各项工作取得新的进展。

就业局势继续保持稳定，职业技能培训成效显著。就业工作围绕困难群体的再就业、大中专毕业生就业、被征地农民就业三个重点，建立完善促进就业的长效机制，着力推动城乡就业的协调发展，全省新增城镇就业岗位67万个，帮助35万名城镇失业人员实现了再就业，城镇登记失业率为3.72%。大力实施“千万农村劳动力素质培训工程”，初步形成了“以培训促输出，以输出带培训”的培训转移机制，全省农村劳动力转移培训58万人。进一步完善高技能人才培养机制、评价机制和激励机制以及“浙江省技术能手”等评选奖励制度，培训高技能人才6万人。

社会保障覆盖面进一步扩大，政策体系逐步完善。全省企业养老保险参保人数达到872万人，其中实际缴费人数达到647万人，分别比上年底增加67万人和46万人；基本医疗保险参保人数达632万人，增加63万人；失业保险参保人数达到440万人，增加12万人；工伤保险参保人数达到455万人，增加95万人；生育保险参保人数达280万人，增加40万人；全省被征地农民已有180万名纳入社会保障范围，比上年底增加41万人，基本实现了“即征即保”的目标。加强了社会保险基金监督管理工作，进一步推进企业退休人员社会化管理服务工作。

维权和维稳力度不断加大，劳动关系保持和谐稳定。积极推进劳动合同和集体合同制度，全省企业职工劳动合同签订率达到85%，经劳动保障部门审核备案的集体合同达8.5万余家，有4.5万家企业开展了工资集体协商谈判。大力开展劳动法执法检查和清欠工资、劳动力市场整顿、规范境外就业中介市场、打击违法使用童工等专项检查，全年检查企业6.5万家，立案查处劳动者举报投诉案件3.6万件。各级劳动争议仲裁委员会共立案受理各类劳动争议案件1.86万件。各级劳动保障信访工作部门共处理群众来信2.49万件次，接待来访2.51万批次，依法信访和依法处访的水平逐步提高。地方劳动保障立法步伐进一步加快。

劳动保障基础建设得到加强，队伍素质不断提高。全省劳动保障系统评选出34个优质服务窗口，其中10个得到了劳动保障部表彰。劳动保障机构建设和平台建设得到加强，形成了比较完善的管理服务网络。2005年，该厅还完成了省政府重点课题《浙江省养老保险制度可持续发展研究》，举办了“浙江省养老保险制度改革研究课题论证鉴定会”和“浙江养老保险改革与发展国际论坛”，受到省领导的充分肯定和高度评价。

浙江省劳动和社会保障厅

▲“浙江省养老保险制度改革研究课题”论证鉴定会

详细地址：浙江省杭州市省府大楼2号楼
法定代表人：陈小恩
邮政编码：310025
联系电话：0571－87053051

▲通过劳动保障执法农民工领到被拖欠的工资

浙江省民族宗教事务委员会

浙江省民族宗教事务委员会是省政府主管全省民族宗教工作的职能部门，内设办公室、政策法规处、人事教育处、民族处、宗教一处和宗教二处6个处室。其主要职责是：贯彻党和国家民族宗教政策、法规，制订我省有关民族宗教方面的具体政策，负责起草和组织实施地方性法规草案等；协调民族关系，办理有关保障少数民族各项权利的事宜，协助做好少数民族干部的培养、教育和使用工作；依法对全省宗教事务进行行政管理，协助组织、人事部门做好少数民族干部的培养、教育和使用工作巩固和发展同民族宗教界的爱国统一战线；参与研究制订发展少数民族和民族地区教育、文化、科技、卫生、体育等事业的方针、政策和规划，会同有关部门做好民族地区的扶贫工作；管理有关民族涉外事务，指导宗教团体开展同境外宗教界的友好往来，抵制境外宗教敌对势力的渗透活动；指导市、县（市、区）民族宗教事务部门的业务工作；配合政法部门揭露和打击披着宗教外衣进行的破坏活动和其它犯罪活动。

详细地址：浙江省杭州市省府大楼2号楼
法定代表人：钟小毛
邮政编码：310025
联系电话：0571-87055253

浙江省人民政府侨务办公室

详细地址：浙江省杭州市保俶路24号
法定代表人：任志兴
邮政编码：310007
联系电话：0571-85119064

浙江省国土资源厅

2005年，在省委、省政府和国土资源部的正确领导下，全省国土资源系统坚持以科学发展观为统领，以保持共产党员先进性教育和深入开展“完善体制提高素质” 活动为动力，认真贯彻落实国务院《关于深化改革严格土地管理的决定》和《关于全面整顿和规范矿产资源开发秩序的通知》，坚持保护与保障并举，开源与节流并举，改革创新与维护稳定并举，努力提高国土资源保障能力，为全省经济社会持续稳定快速发展作出了新的贡献。完成了新一轮省级土地利用总体规划大纲编制；全省完成农地整理146万亩，其中建成标准农田101万亩，累计已建成标准农田1300万亩；通过土地整理、开荒围垦造地、宅基地复垦等途径，全省共新增耕地34万亩，扣除各类建设占用耕地，连续第十年实现耕地占补平衡；改革建设用地指标管理办法，按照“区别对待，有保有压”的原则供地，保障了国家和省重大建设项目用地，促进了经济结构的调整和增长方式的转变；抓住国家宏观调控的有利时机，用好“倒逼”机制，积极推进节约集约用地；以整顿和规范矿产资源开发秩序为契机，强化矿产资源管理；完善征地制度，加强土地信访工作，抓好地质灾害防治，以维护人民群众合法权益为重点，促进和谐社会建设。

▲2005年9月29日，王松林厅长在嘉兴参加全省土地整理现场会

▲2005年7月7日省政府在义乌市召开全省土地节约集约利用现场会

详细地址：浙江省杭州市西溪路118号
法定代表人：王松林
邮政编码：310007
联系电话：0571-87057839

▲嵊州市地质灾害异地避险安置风火岗新村一角

浙江省人口和计划生育委员会

▲人口和计划生育工作专项督查汇报会

▲浙江省人口发展战略研究课题验收会议

2005年，在省委、省政府的正确领导下，各地各有关部门紧紧围绕深入实施“八八战略”、全面建设“平安浙江”、加快建设“文化大省”等决策部署，全面推进人口计生工作的开拓创新，经过全省上下的共同努力，人口计生委职能得到拓展，综合改革和解决重点难点问题、人口发展战略研究、建立完善利益导向机制、建设新型生育文化等各项工作取得新突破，整体工作水平和群众满意程度不断提高，有力地促进了全省经济社会的协调发展和可持续发展。据1%人口抽样调查，期末全省常住人口为4898万（户籍人口为4602万）。根据年终考核，11个市考核均达标。据计生年报测算，全年全省常住人口出生51万左右，其中户籍人口出生数为46.6万，计生率为94.82%；出生人口性别比为108.49，比上年同期下降0.75个比值。

首次开展三项重要工作并取得重大进展。一是首次开展人口发展战略研究工作，形成了五大课题报告，并在去年11月通过验收，全国人大常委会副委员长蒋正华为组长的验收组给予充分肯定和高度评价。二是首次在全省11个市顺利开展了农村部分计生家庭奖励扶助制度试点工作。三是首次由省委、省政府“两办”组织开展全省人口计生工作专项督查。督查结果已由省委、省政府上报党中央、国务院。

工作新机制建设取得新成效。各地深化综合改革，以理念创新为先导，系统整合、规范提升改革成果，机制建设力度明显加大，特别在建立完善“依法管理、村（居）民自治、优质服务、政策推动、综合治理”工作新机制方面，取得了新的进展，促进了人口计生工作向制度化、规范化和法治化迈进。我省及绍兴市的做法和经验得到了国家有关领导的肯定。

解决重难点问题有了新探索。推动各地建立出生人口性别比偏高问题长效管理制度，加强长效管理源头治理，全省出生人口性别比继续稳中有降；推行“属地化管理、市民化服务”，流动人口计生管理服务水平有了新提高；坚持分类指导，进一步加强和夯实基层基础工作。

依法行政、宣传教育和优质服务水平有了新提高。加大法制宣传、健全执法制度、推行政务公开等工作力度。深入开展婚育新风进万家、生育文化园区建设、关爱女孩行动等活动，有力促进生育文化建设。优质服务县活动创建活动和计划生育/生殖健康国际合作项目继续有效开展，计卫合作、资源共享进一步推进，基层服务网络建设开始向“便民、特色、温馨、实效”的目标发展。去年有14个县（市、区）被评为国家婚育新风进万家活动先进县，有5个县(市、区)被评为国家级优质服务先进县。

详细地址：浙江省杭州市省府大楼2号楼
法定代表人：章文彪
邮政编码：310025
联系电话：0571-87052414

浙江省广播电视局

2005年，在省委、省政府的领导下，全省广电系统坚持以邓小平理论和“三个代表”重要思想及科学发展观为指导，紧紧围绕省委、省政府中心工作，牢牢把握正确的舆论导向，服务大局，唱响主旋律，打好主动仗，贴近实际、贴近生活、贴近群众，较好地完成了各项宣传任务，为全省经济社会发展营造了良好的舆论环境。产业经营实现了较大的进步，据统计，2005年全省广播影视业经营创收总收入为62.46亿元，同比增长24.22%。

▲浙江省委副书记夏宝龙、省委常委、省委宣传部部长陈敏尔在省委宣传部常务副部长童芍素、副部长高海浩等陪同下，到省广电局和浙江广电集团考察并指导工作

各级广电部门加大舆论引导水平，强化和改进宣传管理，有效地维护了广播电视宣传和播出的正常秩序。积极稳妥推进广电体制改革，进一步健全和完善广播影视社会管理长效机制。加大执法力度，严厉打击非法安装境外卫视接收设施的行为。同时大力加强播出机构的技术防范能力，全面提升安全播出水平，增强应对突发事件的能力。

进一步加大政策引导的力度，鼓励和吸引社会资本尤其是民营力量投入影视动画业，2005年新批影视制作机构111家，新增注册资金4.12亿元，比2004年增长54%；电视剧生产呈现强劲态势，全年共立项112部3075集，比前年增长70%，占全国立项总数的5.4%。成功举办首届中国国际动漫节，“浙江制造”的动漫产品已引起业界的高度关注。

进一步巩固和提高广播电视“村村通”工作水平，到2005年底，全省乡镇和行政村有线电视联网率已分别达到95.8%和87.4%，其中行政村联网居全国领先地位。

加快推进有线数字电视发展，全省11个市的市区已全部开通有线数字电视，数字电视用户65.7万户，比上年翻两番多。其中杭州市区已基本完成有线数字电视整体转换，宁波、绍兴、嘉兴等市已开始较大规模地实施有线数字电视整体转换工作。

▲省广电局局长林吕建在衢州调研广播电视农村入户工作

▲由杭州市委、市政府和浙江省广播电视局、浙江广电集团承办的首届中国国际动漫节，于6月1日到5日在杭州举行

详细地址：浙江省杭州市莫干山路111号
法定代表人：林吕建
邮政编码：310005
联系电话：0571-56353225

浙江省地方税务局

▲黄旭明局长到金华市局江北分局视察

2005年，全省地税系统在省委、省政府的正确领导下，认真贯彻十六届四中、五中全会、省委十一届七次、八次全会精神，按照“收入可持续、服务更效能、管理现代化、队伍学习型”的工作思路，确保地税收入在依法治税、规范管理和不断优化税收收入结构的前提下保持可持续增长，充分发挥税收调节经济和调节分配的职能作用，为深入实施“八八战略”、全面建设“平安浙江”，促进文化大省建设作出积极贡献。2005年全省地税部门组织各项收入1283.26亿元，增长19.48%，增收209.23亿元；其中：税收收入840.35亿元，增长15.56%，增收113.15亿元；社会保险费收入334.91亿元，增长31.66%，增收80.53亿元。“十五”时期我省地税部门累计组织各项收入4331.45亿元，是“九五”时期的4.36倍，年均增长31.71%，比“九五”时期快5.51个百分点；其中税收收入2933.20亿元，是“九五”时期的3.66倍，年均增长28.76%，比“九五”时期快6.6个百分点；地方费（基金）收入1398.25亿元，是“九五”时期的7.23倍，年均增速38.68%。2005年地方费（基金）占地税收入比重达34.51%，比1996年提高了21.7个百分点。

2005年，我们主要抓了以下几方面重点工作。

（一）贯彻落实“三个三”工作措施，促进经济平稳较快发展，

确保地税收入可持续增长。

促进优化产业结构；优化收入结构成效显著；地方可用财力大大增强；加强各项税费的管理。

（二）加强执法监督，提高法治水平

深入贯彻依法行政实施纲要；切实强化税收执法监督；不断改善税收环境；大力开展税法宣传教育。

（三）深化信息化建设和征管改革，提高地税管理和服务水平。

进一步加强信息化基础设施建设；完善因特网办税服务系统；

进一步加强收入监控和决策支持；有效加强基础管理；不断优化纳税服务。

（四）深化学习型组织建设，队伍凝聚力和战斗力进一步提高。

深入实施人才强税战略；精神文明建设取得可喜成绩；加强党风廉政建设。

按照省委、省政府提出浙江各项工作继续走在全国前列的要求，“十一五”期间，我局将全面推进和提升全省地税工作，继续保持浙江地税工作在全国地税系统相对领先的优势。达到“收入可持续、服务更效能、管理现代化、队伍学习型”的总体目标。

详细地址：浙江省杭州市西湖区体环二路1号
法定代表人：黄旭明
邮政编码：310007
联系电话：0571-87668568

浙江省地方税务局

▲全省财政地税局长座谈会

▲单美娟副局长看望扶贫单位，听取扶贫工作汇报

▲钱子辉副局长到基层调研地税工作思路

▲钟晓峰副局长调研基层信息化应用情况

浙江省体育局

▲习近平接见十运会冠军

▲国家体育总局局长刘鹏、省体育局局长李云林与荣获女子500米四人皮艇冠军的浙江运动员们合影

浙江省地方税务局

▲全省财政地税局长座谈会

▲单美娟副局长看望扶贫单位，听取扶贫工作汇报

▲钱子辉副局长到基层调研地税工作思路

▲劳晓峰副局长调研基层信息化应用情况

浙江省体育局

▲局长：李云林

2005年在省委、省政府加快文化大省、建设体育强省的目标激励下，在局系统认真开展党员先进性教育活动所取得的成果的推进下，浙江省的体育事业蓬勃发展，取得了新的成就。

四年一届的第十届全国运动会上，我省体育健儿不负全省人民的嘱托，团结奋战，顽强拼搏，以29金20银12铜和1291分的成绩列全国金牌榜第6、奖牌榜第7和总分榜第8，创我省参加全运会夺金摘牌得分新高，同时，代表团还荣获体育道德风尚奖。全运会上我省体育健儿的精湛运动技术和良好体育道德，向全国人民展示了与时俱进的浙江精神，为全省人民争了光，为浙江赢得了荣誉。2005年我省运动员除圆满完成十运会任务外，还在各级比赛中取得了11个世界冠军、19个亚洲冠军和57个全国冠军的优异成绩。同时，全省共举办了全国性以上体育竞赛72项次，全省性竞赛70项次，其中世界女排大奖赛、国际田联竞走挑战赛和世界短道速滑锦标赛等比赛产生了较大的影响，我省的办赛条件和办赛水平得到了总局和参赛单位的一致好评。

发展体育的根本目的是增强人民的体质，提高人民的健康素质，而群众体育是一项最能体现以人为本的重要事业。2005年我省的全民健身活动的区域互动形式开始向省内纵深发展，首次在四个片区(浙东、浙中、浙西和浙北)6个点组织联动，以县级为基本组成单位，以海洋体育、丘陵体育、山川体育和湖泊体育为主要内容，开展具有浙江民间、民俗特色的健身或展示活动。全民健身月活动历经四个月，全省90个县（市、区）参与面达到100%，累计参与人次超过10万，展示项目近300个。2005年，我们在全省范围内开展体育强县（市、区）和体育强镇（乡）创评活动，首次命名了第一批7个体育强县（市、区）和51个体育强镇（乡），有力地促进了农村地区体育事业的发展。完成了全国第二次大规模国民体质监测工作，全省各市、县已建国民体质监测站101个，完成了43200个计划样本量。此外，在四年一次的全国群众体育先进表彰大会上，我省共有80个先进单位、64个先进个人等受到表彰。

2005年，结合全国经济普查，今年开展了全省体育产业普查，逐步完善体育产业统计调查制度，制定汽车运动、户外运动（登山、探险）等两项危险性体育经营活动的地方标准，加大对体育经营活动从业人员的培训，开展体育市场执法检查，进一步规范了我省的体育市场。2005年，体育彩票的销售形势喜人，全省体育彩票累计

浙江省体育局

销售达23.6亿元，实现了历史性突破。

2005年，我省体育基本设施建设继续得到相关部门的大力支持，作为全省“五大百亿工程”之一的黄龙体育中心和萧山训练基地工程进展十分顺利，黄龙体育中心网球馆及套建的老年体育活动中心和萧山训练基地游泳跳水馆已投入使用，国家体育总局投入2000万元、省里配套投入3000万元的千岛湖国家水上运动训练基地建设也已开工。

2005年我们还制定了《浙江省体育强省建设发展纲要》和《浙江省体育事业发展“十一五”规划》，进一步理清了思路，明确了方向，确定了浙江体育事业发展的近期和中长期规划。同时，体育科教、宣传和对外交流都有新的发展。

▲刘鹏视察浙江

▲习近平视察

▲工钧视察体彩

▲省体育局先进性教育活动测评大会

浙江省体育局

▲第十届全国运动会浙江体育代表团庆功表彰大会合影

浙江省体育局

▲十运会授奖

▲习近平在十运庆功会上给优秀运动队颁发锦旗

▲浙江省第五次体育场地普查工作总结表彰大会

浙江省体育局

▲习近平接见十运会冠军

▲国家体育总局局长刘鹏、省体育局局长李云林与荣获女子500米四人皮艇冠军的浙江运动员们合影

浙江省体育局

▲副省长盛昌黎、省体育局局长李云林接见荣获男子400×100米、4×200米自由泳接力冠军

▲省体育局副局长应祖明给浙江省第五次体育场地普查工作先进集体颁奖

详细地址：浙江省杭州市体育场路212号
法定代表人：李云林
邮政编码：310004
联系电话：0571-85177[illegible]

浙江省海洋与渔业局

▲ 局长：叶鸿达

海洋经济：2005年，我省海洋经济工作进入了实施海洋经济强省战略并取得突破性进展的新阶段，是全省海洋经济发展最快最好的时期。据初步统计，2005年全省海洋经济总产值达到3000亿元，增加值达到1000亿元，分别比上年增长21%和15.5%，占全省国民经济的比重从“十五”初期的6%上升到8%，已经成为全省经济发展的一个新的增长点。

科学组织指导，不断把海洋经济强省建设引向深入。2005年5月，省政府批准发布了《浙江海洋经济强省建设规划纲要》，成为全国首批完成海洋经济发展规划编制的省份之一。各沿海市、县海洋经济发展规划、全省涉海行业和重点产业发展规划已基本编制完成。沿海各级党委政府积极贯彻落实海洋经济强省战略，工作力度越来越大，政策措施越来越到位，形成了具有鲜明地方特色的发展思路。舟山市按照习近平书记“打头阵”的要求，以发展海洋经济为中心高起点大手笔谋划国民经济全面发展。在海洋经济和国民经济、财政收入等增长速度上走在全省前列。宁波市以“港、桥、海联动发展”为主线，做大做强港口服务业、临港先进制造业和现代渔业，2005年海洋经济总产出达到1350亿元，继续保持全省各市海洋经济总量第一。台州市在不到两年时间内两次召开全市海洋经济工作会议，出台加快海洋经济强市建设的40条扶持措施，并将海洋经济工作实绩纳入对县（市、区）党政领导干部的年度考核体系。温州、嘉兴、杭州抢抓发展海洋经济的机遇，每年都有新举措，取得新成绩。沿海各地积极开发大港口、拓展大交通、建设大工业、实现大发展，打造海洋经济强市、(县)、海上花园城市、海洋文化名市（县），建设港口工业基地、物资储运基地、休闲旅游基地、现代渔业基地，使海洋经济规模和综合实力得到了跨越性发展。

▲中国水产科学研究院与省海洋与渔业局合作，在淳安县千岛湖设立冷水型鱼类养殖科技成果转化示范基地。我省冷水型资源十分丰富，对促进山区冷水型鱼类的养殖具有现实意义。图为王衍亮院长和余匡军副局长参加基地揭牌仪式

▲中国水产科学研究院与省海洋与渔业局在淳安县千岛湖的科技成果转化示范基地

浙江省海洋与渔业局

渔业经济：2005年，全省水产品总产量483.77万吨，比上年减少9.76万吨，减幅1.98%。其中：海洋捕捞314.26万吨，同比减少7.77万吨，减幅2.41%；海水养殖88.11万吨，同比减少4.83万吨，减幅5.2%；内陆捕捞9.33万吨，同比增加0.24万吨，增长2.59%；内陆养殖72.07万吨，同比增加2.61万吨，增长3.76%。渔业经济总产出967.17万元，同比增加90.97万元，增幅10.38%，其中捕养产值389.90万元，增长3.53%。水产加工品产量173.35万吨，产值300.86万元，分别增长5.85%、22.71%，水产品出口总量39.02万吨，出口贸易额13.07亿美元，分别增长3.22%、8.13%。渔民人均收入7905元，增长9.5%。

详细地址：浙江省杭州市莫干山路102号
法定代表人：叶鸿达
邮政编码：310007
联系电话：0571-88007018

■浙江省海洋与渔业局中国海监船队在巡航

浙江省质量技术监督局

浙江省质量技术监督局负责统一管理和指导全省质量工作。组织实施国务院《质量振兴纲要》和《浙江省质量振兴实施计划》；研究制订提高该省质量水平的发展战略和发展规划；研究分析全省质量形势、发布质量信息；组织实施国家和省质量奖励制度；组织名牌产品的认定；组织协调重大产品质量事故的调查处理；管理工业产品生产许可证和工程设备质量监理工作；受理质量申诉和质量技术监督行政复议案件。同时承担统一管理全省标准化、计量、质量认证认可及特种设备安全监察等工作。

近年来，质监工作对经济社会发展的有效性和贡献率持续提高，质监部门的社会地位不断提升。深入贯彻党的十六届五中全会精神，全面推进"品牌大省"战略，质监部门任重而道远。

"而今迈步从头越"。经过几年努力，建立起品牌培育发展的工作机制，形成一批具有竞争力和影响力的名牌产品和区域品牌，品牌经济地位进一步突出，成为经济发展的主导力量。力争到2010年，全省有中国世界名牌产品2–3个，中国名牌产品200个左右，浙江名牌产品2000个左右，区域品牌5–10个。

工作重点可以用"五个一批"来概括，即打造一批高新技术产业品牌，发展一批服务业品牌，建立一批区域品牌，扶持一批具有发展潜力的中小企业品牌，培育一批具有国际影响力的中国世界名牌。

详细地址：浙江省杭州市天目山路222号
局　　长：瞿素芬
邮政编码：310013
联系电话：0571–85122625

浙江省质量技术监督局

浙江旅游

2005年是“十五”和“十一五”计划承上启下之年。在省委、省政府的正确领导和国家旅游局的关心指导下，在相关兄弟厅局的大力配合支持下，经过全省旅游行业干部群众的共同努力，我省的旅游资源优势进一步发挥，旅游经济持续快速健康发展，旅游产业规模不断扩大，旅游经济综合实力不断增强，各项指标均创历史新高，为“十一五”更快更好地发展打下了坚实的基础。

一、旅游经济持续健康发展，综合实力明显增强

2005年，我省旅游经济硕果累累。全省接待入境旅游者348.01万人次，同比增长25.78%；旅游外汇收入17.16亿美元，同比增长31.99%；接待国内旅游者12758.35万人次，同比增长20.36%；国内旅游收入1239.65亿元，同比增长22.43%；实现旅游总收入1378.82亿元，同比增长23.05%；全省旅游总收入相当于国内生产总值GDP（13365亿元）的比重达到10.32%，比2004年的9.62%提高0.7个百分点，比“九五” 末期提高2.44个百分点。旅游总收入在全国排名第五位。

二、旅游规划龙头地位进一步确立

2005年是浙江旅游业的“科学规划年”，全省以省旅游发展规划为指导，以市、县旅游产业规划为基础，以旅游区详细规划为重点，逐步构建覆盖全省的旅游规划体系。编制完成了《浙江省旅游业“十一五”规划与至2020年旅游发展规划纲要》、《浙江省生态旅游规划》。《浙江省海洋旅游发展规划》、《三带十区发展规划》及《红色旅游规划》完成初稿。《浙江省旅游发展总体规划》和《长三角旅游发展规划》进入全面启动阶段。全省各市、县（市、区）对旅游规划编制工作也十分重视，都邀请国内知名研究机构编制规划，用科学的规划来指导产业的发展。

三、旅游资源整合全面启动

根据“布局优化,资源共享，优势互补，区域联动”的原则，按照《浙江省旅游资源整合方案》，以特色资源为依托，以交通干线为轴线，以产业发展为纽带，打破行政区域界限，加大全省旅游资源整合力度，推动“三带十区”的形成。一是进一步加强了旅游区域间的合作。为提高旅游产品的知名度和提升区域旅游的竞争力,全省各地进一步打破行政区域的界限，消除人为的壁垒和障碍，切实推进区域旅游的合作。二是进一步实施项目带动精品战略。在各地上报的800多亿元总投资300多个旅游重点项目中，精心筛选，重点扶持了一批启动快、投资量大、带动力强的旅游“三带十区”建设龙头项目，“三带十区”建设初见成效。

四、旅游宣传促销高潮迭起

抓住中国旅游年的有利时机，坚持政府形象宣传与企业产品宣传相结合的营销策略，采用省、市、县分级联动、多方筹资的办法，全方位、多层次地开展宣传促销。重点激发三个积极性，用新线优惠、降低成本的办法，激发旅行社的积极性；用规模进入，增加旅游总量的办法调动市县的积极性；用联合开发、创造条件的办法激发海外旅行商和旅游宣传媒体及驻外机构加强同浙江旅游界联合的积极性,全面创新市场营销模式。全年举办了杭州西湖博览会等20多项重大节庆会展活动；成功举办了“法国·浙江周”、浙港、浙澳、中韩旅游合作大会和“心手相连”浙台旅游业高峰论坛，协助国家旅游局在宁波成功举办了2005中国旅游投资洽谈会。通过手段创新，巩固、扩大了传统市场，开辟了新兴市场，实现了入境旅游突破性的进展。

五、产业旅游、红色旅游方兴未艾

2005年我省进一步加大工农业旅游宣传指导力度，努力促进创建单位向规范化服务、品牌化经营的方向发展，引导工农业旅游走与市场相结合的道路。制定了《乡村旅游点服务质量等级划分与评定》地方标准和“农家乐”标准，与海洋渔业局开展“浙江省休闲示范渔业基地”评定工作，引导我省工农业旅游蓬勃发展。充分利用嘉兴南湖红船、四明山革命根据地等红色旅游资源，形成了“开天辟地”、“伟人故里”、“红色浙东”、“烽火岁月”等12条红色旅游精品线路；通过与省委宣传部、省发改委、团省委共同举办“浙江省红色之旅启动仪式暨江浙沪红色之旅首游式”、“浙江省百万青少年红色之旅”启动仪式和浙江省青少年红色之旅经典景区授牌仪式等活动，大张旗鼓宣传红色旅游。

詩畫江南·山水浙江

Picturesque Landscape

Poetic Zhejiang

六、旅游服务环境不断改善

针对当前旅游业呈现的散客化、休闲潮流和自助旅游不断发展的趋势，扎扎实实地细化、优化我省旅游服务环境，打好旅游服务咨询中心建设、旅游厕所改造、全省高速公路旅游标识牌设立、旅游信息化四大硬仗。各市3A级以上的旅游区及重要旅游线路上的旅游厕所改造，重点旅游市、县（市）旅游服务咨询中心建设工作全面启动；与省交通厅共同制定了高速公路标识牌设立的方案；在“三网一库”的基础上，与浙江省电信公司签署“浙江省旅游信息化发展全面合作协议”，共同打造96118浙江省旅游综合服务平台；在全国率先进行旅游卫星帐户工作试点研究。

七、旅游市场管理规范有序

围绕建章立制和市场规范两大主线，积极开展了诚信建设、标准化建设、市场治理整顿等一系列工作，不断优化旅游市场秩序，强化旅游质量、安全管理。以“规范服务 理性维权 全面提升旅游服务质量”为中心，创新监管方式，选派服务质量义务监督员以普通游客的身份参与团队旅游，全过程跟踪监控旅行社服务质量。进一步规范旅行社的经营行为，及时查处超范围经营的旅行社，与财政厅、采购办等单位沟通协商落实旅行社承办政府公务活动政策；按照《浙江省餐馆星级评定与划分》标准，启动首批社会餐馆星级评定；建立了各地饭店建设的通报制度，加强对全省在建、新建饭店的指导；规范旅游商品购物点管理，制定的《旅游商品购物点质量等级的划分与标准》已由省质量技术监督局正式颁布实施；进一步落实安全责任制，制定下发了《浙江省旅游突发事件应急预案》，全年无重特大旅游安全事故发生。

“十一五”是我省加快全面建设小康社会、提前基本实现现代化的重要时期，也是我省加快旅游经济强省建设的关键时期。2006年是“十一五”开局之年，加快发展旅游经济，建设旅游经济强省是摆在我们面前光荣而艰巨的任务。有省委、省政府的正确领导，有社会各界的大力支持，有全省旅游系统的共同努力，浙江旅游业的发展一定会在新的一年中取得更大的成绩，开创旅游经济发展的新局面。

局长：[signature]

地址/ADD/中国杭州石函路一号/1 Shihan Road,Hangzhou,China
PC./310007 E-mail:info@tourzj.gov.cn
http://www.tourzj.gov.com www.tourzj.com

浙江省人民政府外事办公室

▲韩国国务总理李海瓒会见习近平书记

省外办是主管外事工作的省政府直属机构和省委及其外事工作领导小组的办事机构，与浙江省人民对外友好协会合署办公。

2005年，省外办以“三个代表”重要思想和科学发展观为指导，认真落实十六届四中、五中全会和中央第十次使节会议精神，开拓创新，务求实效，全力打造“经济外事”、“诚信外事”、“优质外事”三大品牌，推动我省外事工作迈上了新台阶。

高层互访:省委书记习近平率中共代表团访问朝鲜、老挝和韩国三国。省长吕祖善率省政府代表团访问瑞典、比利时、意大利三国，并专程赴巴黎出席“法国·中国浙江周”开幕式。省领导的出访，在国家层面上展示我省良好国际形象，进一步拓展我省“走出去”的渠道。

▲朝鲜最高人民会议常任委员长(国家元首)金永南在平壤市万寿台议事堂会见习近平书记

外宾接待：共接待蒙古国总统那木巴尔·恩赫巴亚尔等外宾542批5220人次，其中副部以上外宾58批933人次、世界500强等国际知名企业领导人51批296人次。通过高质量外宾接待，推动瑞士汝拉州副州长、俄罗斯赤塔州州长分别与我省签署《合作备忘录》、《友好合作协议》，促成西门子公司全球3G研发中心落户杭州。该办通过优质服务，营造良好的招商选资软环境。

友城工作：2003年至今，全省新增友好关系43对，其中省本级8对，分别是：匈牙利巴兰尼亚州、法国阿尔卑斯滨海省、瑞士提契诺州、英国约克横勃大区、乌克兰卢夫诺州、意大利凯帕尼亚大区、俄罗斯赤塔州和西班牙阿斯图里亚大区。截至2005年12月底，我省与世界上40个国家共建立友好关系164对，其中省本级友好关系36对。

▲省委副书记周国富会见蒙古总统那木巴尔·恩赫巴亚尔

重大活动：10月，省外办与外交部国外工作局联合举办“外交为企业海外发展竭诚服务——驻外使节考察浙江经济暨企业家座谈会”，社会反响非常热烈；此外，利用第七届浙洽会、香港（澳门）·浙江周、法国·浙江周、浙江省情介绍会暨省外办迎春招待会、邀请各国驻沪签证官员考察浙江等活动的机会，积极推介浙江；配合领馆举办“瑞典日”和“德国日”；与西门子公司合作举办“西门子日”等大型活动，优化浙江发展软环境。

因公出国（境）：我省共审批（审核）因公出国（境）团组11316批 41112人次，邀请外国人来华团组22589批41502人次。共办理因公出国（境）团组护照、签证手续11259批近4万人次，新发护照15000本，因公赴港澳通行证2685本。办理因公签证7277批29458人次（不含宁波、温州两市自办数），因公签证获签率约为96.8%，位居全国前列。办理领事认证142363份，居全国第一。

▲副省长钟山会见芬兰东芬兰省省长比若欧·阿拉·卡琳女士

民间外交：我省与澳大利亚西澳州联合举办“2005走进西澳——浙江省高中英语口语大赛”、与法国阿尔卑斯滨海省重点开展文化交流、促成意大利利古利亚大区的拉斯贝其亚省与舟山市开展友好交流关系、成功举办第七届英语语言村活动密切我省与美国民间交往、派员参加在日本长野县举行的第十次中日友好交流会议，并赠送反映中日两国人民2000年友好关系史的日文版《千年的追想》。

▲省长吕祖善和俄罗斯赤塔州州长根尼亚杜林签署两省州友好合作协议书

详细地址：浙江省杭州市西湖区三台山路25号
法定代表人：阮忠训
邮政编码：310007
联系电话：0571-87050300
传真号码：0571-85156432
企业网站：www.zjswb.gov.cn

中共浙江省委台湾事务办公室

▲主任：裘小玲

中共浙江省委台湾工作办公室、浙江省人民政府台湾事务办公室是浙江省委、省政府主管台湾工作的职能部门。主要职责是“贯彻执行中央对台工作方针政策和省委、省政府涉台工作步署，组织、指导、管理、协调各地、各部门对台工作”，主要有八项职能，即调研台湾形势和浙台两地关系发展动向，提出对策建议；研究提出有关涉台法规和行政规章；统筹协调和指导推进对台经贸工作和浙台两地文化、学术、体育、卫生、科技等领域的交流与合作；管理并组织实施重大涉台交流活动；负责涉台教育、管理台湾记者采访事谊；承担重要涉台接待任务；指导各民主党派、工商联和群众团体的涉台活动；承办省委、省政府交办的其他事项等。

在“十五”期间，我省新增台资企业2666家，总投资额163.19亿美元，合同利用台资106.87亿美元，分别比“九五”计划末（2000年底）增长83.5%、228%和198.77%预计到今年底，全省累计批准的台资企业数将达6000余家，总投投资额超过240亿美元，合同利用台资突破160亿美元大关。对台交流工作取得了明显成效。从1987年台湾当局开放民从赴大陆探亲以来，至2005年9月，我省已接待探亲、旅游、经商等台胞总数超过350万人次；派出赴台交流团组1400余个，14000多人次，其中2005年1至9月份全省因公赴台从事经贸、文化、卫生等交流的团组139个1152人次。对台宣传、调研、自身建设等工作也取得新进展。

▲台湾彰化水果新闻发布会

▲浙江省省长吕祖善会见台商

详细地址：浙江省杭州市体育路498号
法定代表人：裘小玲
邮政编码：310007
联系电话：0571 87055003

浙江省乡镇企业局
浙江省中小企业局

▲局长：吴家曦

浙江省乡镇企业局(中小企业局)是浙江省人民政府综合指导乡镇企业中小企业改革与发展的职能部门，主要负责指导乡镇企业中小企业产业结构、产品结构和组织结构的调整；建立现代企业制度，发展开放型经济，推进科技进步；制定乡镇企业中小企业发展规划；承担乡镇企业财务统计及经济运行分析；组织实施中小企业信用担保工作等。

乡镇企业中小企业是我省经济的基础所在、优势所在，也是活力所在、潜力所在。"十五"时期，乡镇企业中小企业加快发展，推动了全省经济社会平稳较快发展。

发展水平持续提高。"十五"期间，乡镇企业中小企业经济总量进一步扩大，增长质量明显提升。乡镇企业总产值，营业收入、利润总额、实交税金等7项主要经济指标已连续7年位居全国第一。

发展环境不断优化。根据省委、省政府实施"八八战略"，打造"平安浙江"，建设文化大省的战略部署，强化服务，合力扶工，面向中小企业的"八大服务体系"基本构建，发展环境不断优化，创新活力不断增强。

产业集聚效应日益显现。"十五"期间，以乡镇企业中小企业为主体的产业聚集区进一步得以提升，形成了"建一个市场，带一批产品，活一地经济，富一方百姓，兴一个城镇"的良性发展格局。

开放型经济发展迅速。"十五"期间，乡镇企业中小企业外贸出口持续增长，年均出口交货值达3000亿元以上，出口范围扩展至220多个国家和地区，增速已连续55个月保持在 25%左右，对外交流与合作成绩斐然。

反哺三农成效显著。"十五"期间，乡镇企业推进农村工业化、城镇化途径广、成效大。至2005年底，全省乡镇企业从业人员累计达到1241.51万人，乡镇企业投入效益农业、生态园区及城镇化建设资金累计达160亿元。特别是在扩大就业、促进农村富余劳动力的转移方面发挥了不可替代的作用。

面对新的机遇和挑战，省乡镇企业局（中小企业局）将以邓小平理论和"三个代表"重要思想为指导，坚持以科学发展观为统领，紧紧围绕省委省政府绘就的"十一五"宏伟蓝图，全面实施中小企业成长计划，深入推进"八大体系"建设，着力提高中小企业自主创新能力，加快经济结构调整和经济增长方式转变，创新思路，开拓进取，为促进浙江经济社会和谐发展和走在前列作出新的贡献。

详细地址：浙江省杭州市环城北路296号
法定代表人：吴家曦
邮政编码：310006
联系电话：0571-85165603

浙江省乡镇企业局
浙江省中小企业局

▲国家发改委副主任欧新黔考察我省中小企业

▲金德水副省长在工作会议上讲话

▲全省促进中小企业成长大会

▲吴家曦在义乌伟海拉链有限公司调研

中国人民解放军73021部队

驻杭73021部队是一支具有光荣革命传统的老红军部队，功勋卓著，英雄辈出。是党最早缔造的人民军队之一，由贺龙元帅亲手创建，最早跟随党打响南昌城头第一枪。历经百团大战、保卫延安、抗美援朝等数千次大小战役、战斗。先后走出了贺龙、余秋里等300多位将帅，涌现出了“硬骨头六连”、“抗洪抢险模范团”和刘四虎、尹玉芬等300多个英模单位和个人。受到毛泽东、邓小平、江泽民等党的三代领导人的亲切接见和通令嘉奖。

2005年，部队党委坚持以科学发展观为指导，着眼全局，面向未来，解放思想，更新观念，抓住发展机遇，破解发展难题，促进了部队建设协调发展、全面推进、整体提高，部队思想政治工作的服务保障作用发挥明显，作战训练取得重大突破，后装保障有力，部队作战能力不断攀升。他们始终牢固树立战斗力标准，提高了部队打赢能力。今年，部队各级党委深入贯彻新时期军事战略方针，坚持以战斗力建设为核心，用战斗力标准检验各项工作的具体成效，真正把履行新使命的要求贯穿到军事斗争准备的实践中，加紧做好了各项军事斗争准备，部队打赢信息化战争的能力得到提高。始终坚定新军事变革的发展方向，大力推进部队信息化建设。部队官兵牢固确立了“各级有各级的责任，各级应有各级的作为”的思想，按照“不畏高自馁，不坐而论道，不消极等靠”的要求，确定信息化建设的具体目标和内容，保证了信息化建设稳定健康地向前推进，取得一系列信息化研究成果。始终树立和落实科学发展观，努力加强部队全面建设。各级领导机关与履行新使命相适应的思想观念进一步确立，与履行新使命相适应的能力素质得到提升，与履行新使命相适应的作风意志得到增强。部队一线指挥部建设得到加强，基层建设的质量和水平得到提高，基层秩序更加正规，基础设施建设发生了根本性的变化，部队整体面貌焕然一新。

▲部队长：叶志胜

▲政治委员白吕亲切接见新战友

详细地址：浙江省杭州市留下镇73021部队
法定代表人：叶志胜
邮政编码：310023
联系电话：0571-87344244

中国人民解放军73021部队

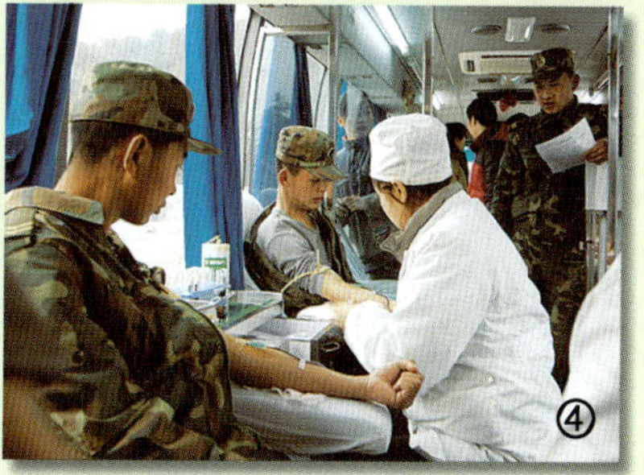

①▲铁流滚滚

②▲硬六连攻克训练难关

③▲炮声隆隆入画来

④▲战士踊跃献血

中国人民解放军94936部队

▲部队长：王国敬

▲政委：康子中

中国人民解放军空军94936部队1952年12月26日组建于河北故城，先后驻防河北故城、唐山，辽宁开原，吉林四平，1969年换防进驻浙江嘉兴，1972年12月进驻杭州。该部队是中央军委首批确定的重点建设部队，主要担负着东南沿海战备值班、杭州分区飞行管制、迎外表演和支援地方经济建设等任务。该部自1981年开始接待外国军事代表团，1987年被总部、空军确定为对外开放部队，正式担负接待外国军事代表团及飞行表演任务以来，共接待外国军事代表团183批、2229人次，组织飞行表演59批236架次，飞机地面静态展示及装挂弹表演131批524架次。多年来，该部还在支援驻地经济建设中，特别是在抗洪抢险、抗击台风、组织实施人工降雨等急难险重任务面前，发挥出了举足轻重的作用，受到了当地政府和人民群众的高度赞扬。师党委多次被上级评为先进党委。

详细地址：浙江省杭州市94936部队
法定代表人：王国敬
邮政编码：310021
联系电话：0571-87347318

▲每逢重大节日部队都要举行盛大的升国旗仪式

中国人民解放军94936部队

▲飞行员正走向战鹰

▲举行“强化战斗精神，提高打赢能力”歌咏比赛

▲与来访的世界多国驻华武官合影留念（前排左七为部队长于润毅）

▲组织驻地某高校新生进行军事训练

浙江省国家税务局

▲钱宝荣局长在全省国税工作会议上作重要讲话

“十五”期间，在国家税务总局和省委、省政府的正确领导下，浙江国税系统坚持以科学发展观统领税收工作全局，认真落实“聚财为国、执法为民”的工作宗旨，牢牢把握税收工作主题，大胆探索、努力实践，圆满完成了各项税收任务。2001-2005年，全省累计组织全口径国税收入5780亿元，年均增长21%，2005年全口径国税收入和计划口径国税收入分别达到1663亿元和1126亿元，是2000年的2.67倍和2.29倍，为全省经济社会的持续健康发展提供了财力保障。

税收调节经济职能作用得到充分发挥。全省国税系统认真贯彻中央宏观调控政策，通过清理和整顿开发区税收优惠政策、加强房地产市场税收管理、出口退税政策调整等措施，促进了浙江经济的稳定持续发展。用足用好扶持“三农”，鼓励高新技术产业、外商投资企业、资源综合利用企业、农业龙头企业、民政福利企业，促进下岗失业人员再就业等各项税收优惠政策。全省出口退税机制改革实现“老账还清，新账不欠”的目标。据统计，“十五”期间累计办理各种先征后退和减免税502亿元，办理出口退税2034亿元。

国税征管步入信息化和专业化新阶段。以信息化建设为契机，成功实现以县市为单位集中征收到以市地为单位集中征收的两个跨越。 2005年9月综合征管软件2.0版全面上线运行，金税工程稳步实施，增值税防伪税控发票开票、认证、交叉稽核、协查四个子系统全面开通且运行良好，所有增值税一般纳税人纳入金税二期监控范围。积极构建税收电子化服务平台，加快网上办税和网上服务步伐，巩固、提高多元化纳税申报，基本实现税银库一体化和纳税无纸化。开展业务重组，简化工作流程，推行“一窗式”和“一户式”管理，全面加强户籍管理、发票管理、税源管理等管理基础工作，税收管理员制度初步建立。规范基层征收、管理、稽查机构职能划分，全面推进纳税评估工作，各税种科学化、精细化管理水平稳步提高。

依法治税进程进一步推进。坚持把依法治税作为税收工作的灵魂贯穿始终，完善税务行政执法责任制和基层执法岗责体系，强化税收执法日常监督和过程监控，开展执法评估试点；组织税收执法大检查，严格落实过错责任追究；完善税务行政许可工作制度和办法，大力实施政务公开；开展以“诚信纳税”为主题的税收宣传，加强企业纳税辅导，推进纳税信誉等级评定工作；严厉打击涉税违法犯罪，狠抓举报案件、督办案件和大要案查处，深入开展税收专项检查和打击骗取出口退税专项斗争。“十五”期间全省国税稽查部门累计查补税款55亿元，侦破50万元以上大要案1081件，移送司法机关5291件，有力地促进税收秩序的进一步好转。

详细地址：浙江省杭州市华浙广场5号
法定代表人：钱宝荣
邮政编码：310006
联系电话：0571-85270961
网　　址：www.zjtax.gov.cn

浙江省国家税务局

▲国家税务总局谢旭人局长在浙江指导工作

▲章猛进常务副省长听取国税工作汇报

▲国地税联合开展涉税咨询活动

▲钱宝荣局长为运动员颁奖

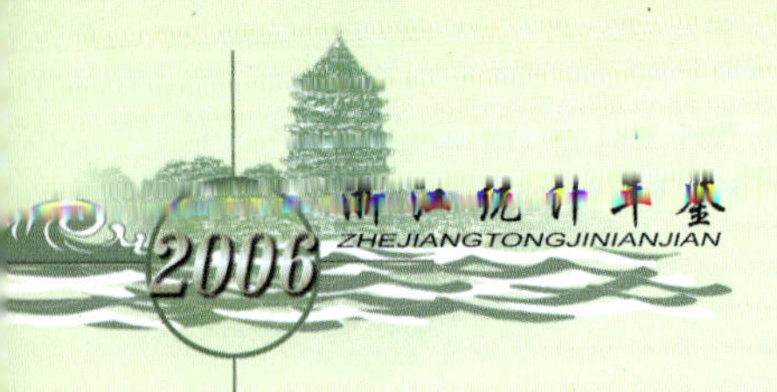

浙江省就业管理服务局

▲孔祥文局长与村劳动保障室工作人员交谈

浙江省就业管理服务局是全省就业工作的一个重要职能机构，系浙江省劳动和社会保障厅领导下依照国家公务员制度管理的直属事业单位。主要职能是：综合管理全省城乡劳动力资源的开发利用和就业；制订企业下岗职工分流安置、基本生活保障和再就业的政策，组织实施再就业工作；制订劳动力市场发展规划和职业介绍机构管理规则并监督实施；拟定全省和区域性劳动力有序流动、农村劳动力开发就业、农村劳动力进城务工的管理服务政策、措施并组织实施；制订全省就业管理服务事业的规划和促进劳服企业发展政策并组织实施；按分工管理境外人员入境就业和公民出境就业工作；制订全省失业保险发展规划、改革方案和政策措施并组织实施；负责管理失业人员生活保障、疾病、生育、死亡等有关待遇。

▲全省就业再就业工作座谈会现场

近年来，全局干部职工以邓小平理论和“三个代表”重要思想为指导，坚持科学发展观，紧紧围绕经济建设和社会稳定这个大局，以就业困难群体、大中专毕业生和被征地农民为重点，以增加就业总量和提高就业质量为目标，全面贯彻省委省政府的决策部署，全面落实省劳动保障厅的目标任务，创新方法，改善服务，内抓管理，外树形象，各项工作取得新进展。

2005年，在全省各级党委政府的正确领导下，通过全省就业服务系统广大干部职工的共同努力，全年全省新增城镇就业岗位64.12万个；帮助33.14万名城镇下岗失业人员实现了再就业，其中就业困难人员再就业11.61万人。年末，城镇登记失业率为3.72%，全省就业局势保持稳定。

▲就业服务机构举办的劳务招聘大会

详细地址：浙江省杭州市下城区狮虎桥路42号

法定代表人：孔祥文

邮政编码：310006

联系电话：0571-85108839

浙江省测绘局

测绘工作是为经济建设、社会发展、政府规划和决策提供与地理位置有关的各种基础性、专题性的基础信息，广泛服务于经济建设、科学研究、文化教育、行政管理、人民生活等领域，是社会主义现代化建设事业必不可少的一种重要保障手段，也是实现社会经济可持续发展和国民经济与社会信息化的一项重要基础性工作。

▲2005年9月1日全省测绘工作会议在杭州召开，省委常委、常务副省长章猛进和省人大副主任李志雄到会并作重要讲话。

依据《中华人民共和国测绘法》，结合我省实际，2005年9月1日颁布实施了新修订的《浙江省测绘管理条例》，明确省测绘局"是省人民政府管理测绘工作的部门，负责本省测绘工作的统一监督管理"。并承担本省行政区域内基础测绘规划、实施及其成果的管理；维护国家安全，协调政府各部门测绘；为经济建设和社会发展提供测绘保障和服务等职能。

"十五"期间，我省测绘事业取得了长足发展。地方测绘法规、规章和规范性文件的制订，测绘管理机构的进一步健全及一系列测绘专项整治和检查活动，强化了测绘统一监督管理，基本形成了适应社会主义市场经济体制，符合地方实际的测绘管理体系和运行机制；成立了省地理空间信息协调委员会，探索和推进基础地理信息的共建共享机制；基础测绘计划管理体制和财政投入预算机制基本建立，重大基础测绘项目建设和地理空间信息基础设施建设成效显著，提升了测绘对国民经济和社会发展的保障能力。浙江省的测绘管理工作已经走在了全国的前列。

2005年9月1日，省测绘局在杭州召开了全省测绘工作会议，省委常委、常务副省长章猛进、省人大副主任李志雄到会作了重要讲话，省委、省政府、省人大对测绘工作的重视，使全省测绘工作者对测绘事业的发展充满信心。

▲新修订的《浙江省测绘管理条例》于2005年9月1日颁布实施。

▲测绘工作是实现社会经济可持续发展和国民经济与社会信息化的一项重要基础性工作。

详细地址：浙江省杭州市保俶北路83号
法定代表人：顾德渊
邮政编码：310012
联系电话：0571-88063934

浙江省水库移民安置办公室

▲习近平书记视察中央直属水库移民下山脱贫工程的建房工作

在省委省政府的高度重视和各级各部门的协同配合下，经过全省广大水库移民工作者的奋发努力，2005年全省水库移民工作成绩斐然，圆满完成了省政府的一类目标考核任务，多项工作得到了水利部、国务院三建委和省委省政府的充分肯定和表彰。

按照省政府提出的“稳定无隐患，搬迁无事故，清库无滞留，施工无障碍”的目标要求，经过有关市、县党委、政府和各有关部门的密切配合、共同努力，截止2005年底，共搬迁5688户20427人，水库60米水位线以下移民已全部搬迁，顺利完成了计划任务。同时，第二水平年动迁安置工作启动顺利，开局良好。第二水平年计划动迁安置任务为15103人，到2005年底，共落实动迁任务16181人，且全部完成对接和复核工作，部分移民已启动建房，为2006年移民安置工作争取主动。

在移民搬迁安置过程中，全年有5670余人次各级移民干部和基层移民工作者深入移民家庭做工作，为移民工作量顺利开展创造了重要条件。在移民搬迁路线上增设了检查站，增加了巡逻车，对市外安置的移民实行统一行动，强化了政府组织力度，保证了已搬迁的5688户20427人搬迁没有发生一起意外事故。

顺利完成60米以下清库工作。从下半年开展，景宁、青田两县组织专业队伍，全面开展清库工作，到目前为止，库区60米以下青库工作已基本结束，10月13日，滩坑水电站实现了围堰截留，大坝主题工程进入全面施工阶段。

为改善移民生产生活条件，2005年共为移民修路约500条近650公里，减少不通公路的村100余个，不通机耕路的村组80个；新增灌溉面积约2万亩，改善灌溉面积约4万亩，新增耕地1000余亩，改造中低产田4000余亩，为200多个村组解决了人畜饮水问题，使270个以上移民村达到了移民遗留问题处理“达标村”的要求。在加强基础设施建设的同时，坚持以扶持增效、移民增收为目标，适时调整思路，加大开发性生产的扶持力度，投资量普遍达到了资金总量的35%以上。全年扶持移民种植业约4.5万亩，家禽养殖约4.5万只，家畜养殖5000余头，扶持二、三产业年创利税近200万元，受益移民约7000人，使135个移民村进入了“小康村”行列，移民人均收入超过3300元。

2005年，部分三峡移民的年人均收入已达到5000—6000元，一些移民的收入水平已接近当地群众的水平。目前，我省已有20余人当选当地的人大代表或政协委员，还有数十人与当地居民通婚。我省的三峡移民呈现出稳定和谐发展的良好势头，没有发生移民返迁库区现象，得到了国务院三峡建委的充分肯定。据问卷调查，三峡移民对住房的满意和基本满意率达到98.39 %，对耕地的满意率达到97.97%，对生活环境满意率达到83.87%，对当地村民评价满意和基本满意的占99.03%，对安置地村干部评价满意和基本满意的达到89.29%，三峡移民融入当地经济社会的进程明显加快。

▲吕祖善省长连续三个年元旦深入水库库区看望移民群众(右一为，茅临生副省长)

▲陈加元副省长在省移民办钱国女主任陪同下，深入库区检查“六年规划”实施情况，与移民群众亲切交谈

详细地址：浙江省杭州市天目山路7号东海宾馆7楼
法定代表人：钱国女
邮政编码：310007
联系电话：0571-87059253

浙江省新闻出版局
浙江省版权局

▲局长：俞剑明

2005年，是我省新闻出版发展史上不平凡的一年。

这是切实加强党的先进性建设的一年。作为第一批开展保持共产党员先进性教育活动的单位，在局党组高度重视、认真谋划和有力领导下，先进性教育活动这项党建工作的头等大事被切实摆上头等位置，覆盖到了包括赴美学习同志在内的每一个党员，并与新闻出版实际工作紧密结合，努力做到了两不误、两促进。

这是全面落实科学发展观的一年。在深入学习贯彻十六届五中全会和省委十一届八次、九次全会精神基础上，以科学发展观为统领，以加快建设文化大省为目的，结合实际、创新工作，认真制定"十一五"发展规划，大力实施出版精品、期刊方阵、印刷产业区块三项工程，努力推进新闻出版业六大突破，建立新闻出版论坛制度，推进政府软件正版化，有5种期刊、4家报社、11种出版物荣获全国表彰或推荐，30种出版物荣获浙江树人出版奖，着力推动了出版强省、报刊强省、印刷强省建设升温提速。

这是建立健全新闻出版管理体制的一年。抓住文化市场综合执法改革的契机，加强对市县组建文广新闻出版局的指导，积极开展基层管理和执法人员培训，依法委托实施行政许可，制定新闻出版应急预案，建立健全权责明确、运行有序、规范高效、监督有力的管理体制和工作机制；进一步加强出版物审读阅评，有效进行印刷业专项治理，深入开展"扫黄打非"，加大版权保护力度，为新闻出版业营造良好的发展环境。

走过不平凡的2005年，我们又站在了新的发展起点上。

▲组团参加2005年第十五届全国书市。图为俞剑明局长检查指导浙江展馆

▲在全省文化广电新闻出版局长培训班上，俞剑明局长就新闻出版和版权工作的形势与任务进行授课

▲营造良好环境，促进"出版强省、报刊强省、印刷强省"建设升温提速。图为首届浙江新闻出版论坛在杭州成功举办

▲第十四届浙江树人出版奖获奖出版物

详细地址：浙江省杭州市庆春路225号
法定代表人：俞剑明
邮政编码：310006
联系电话：0571-87163108
传真号码：0571-87163107
网　　址：www.zjxwcb.gov.cn
E-mail：sbj@zj.gov.cn

下 城 区

▲习近平书记等领导深入下城区社区调研指导工作。

杭州市下城区地处杭州市的中心，面积31.46平方公里，常住人口32.84万，下辖八个街道，是杭州市的核心城区和商务中心区，是展现杭州“大都市、新天堂”风貌的重要窗口，具有优越的商务环境。特别是近年来，下城区立足于发挥中心城区的比较优势，积极实施“全力打造中央商务区、全面推进下城现代化”的战略目标，进一步形成了投资创业的发展优势。主要特点有：

区域经济保持平稳较快增长 牢牢抓住发展主题不放松，努力克服经济运行中的各种困难和矛盾，主要目标在去年高基数、高增长的情况下，继续保持了较高增幅。全年预计实现生产总值同比增长16.4%，连续年均15%的增幅增长；社会消费品零售总额43亿元，同比增长28%；外贸出口总值34.4亿元，同比增长54%；全社会固定资产投资17亿元，同比增长20%。经济运行质量进一步提高，城区综合实力不断增强。全年累计实现财政总收入35.42亿元，同比增长22.06%；其中地方财政收入20亿元，同比增长23.89%，顺利实现财政收入五年四个翻番。

结构调整明显加快 围绕“强三优二”，增强杭州（武林）中央商务区的集聚功能，以加快现代服务业发展为主线，服务业规模得到有效扩张，在全区经济总量中的“支撑”地位不断提升。实现商业销售收入180亿元，同比增长54%，第三产业增加值的比重从年初的61.81%提高到70.2%。引进现代服务业企业家数和注册资金总量，分别占引进企业的96.22%和97.13%，成为服务业大区。“优二进三”工作取得了新的成效，工业销售产值达到55亿元，虽然增幅趋缓，但企业效益和产品结构得到进一步优化，全区共搬迁工业企业13家，新增商业可用面积26万方，为加快服务业发展提供了资源空间。

经济活力不断增强 以“两外一大”方针为指导，加大选商引资力度，优质项目、规模项目成为招商引资的主导方向，浙江机场管理有限公司、东亚银行杭州分行、杭州联合农业合作银行和杭州嘉里置业有限公司等成功落户下城。积极参与“港澳浙江周”等系列活动，国内外合作领域不断拓宽。全年引进内资总注册资金73亿，同比增长12%，其中大杭外总注册资金56亿元，同比增长33%，合同利用外资2亿美元，实际到位外资8000万美元，同比分别增长42.86%和47.11%，在全市率先全面完成内外资引进任务。安商稳商工作成效明显。创新体制机制，各项改革顺利推进。

特色优势更加突出 广场经济、会展经济、特色街经济、楼宇经济、总部经济等特色品牌已经打响，文化旅游经济和社区经济等都市经济品牌正在形成。成功举办了首届下城购物节和西博会“购物天堂”博览周活动，成功承办了中国首届国际动漫博览会、省农博会、省旅交会等42项会展活动，吸引客商及参观群众210万人，交易额突破80亿元，增强了广场经济的眼球集聚效应和辐射能力，促进了会展经济发展。特色街建设工作稳步推进，武林路鲜花景观街二期工程全面完成，新丝绸城大楼地块完成项目规划设计，百井坊街区的改造工作开始启动，绍兴路汽车精品街建设稳步推进，武林路和丝绸城分别被评为“中国最具发展潜力商业街”和“中国特色商业街”。

展望未来，下城区发展充满信心，将继续围绕“全力打造中央商务区、全面推进下城现代化”的发展战略和“争创全国一流城区”的目标要求，立足于大都市核心区的强劲优势，以科学的发展观和正确的政绩观为指导，进一步做强都市经济、做大开放平台、做精城区环境，扎实推进全区三大文明建设。热忱地欢迎社会各界能更多地关心下城发展、参与下城建设，共同开创下城更为美好的明天！

下 城 区

详细地址：浙江省杭州市文晖路1号

法定代表人：傅力群

邮政编码：310004

联系电话：0571-85820665

▲政协副主席梁平波等领导到下城区调研指导工作。

▲省委常委、杭州市委书记王国平到下城区视察指导工作。

▲省委常委、宣传部长陈敏尔等领导到下城指导工作。

▲钟山副省长到下城视察指导工作。

▲茅临生副省长到下城视察指导工作。

▲下城区参加港澳浙江周，并在省市领导见证下与相关企业签约。

余 杭 区

▲区委书记：何关新

▲代区长：姜军

▲城区人民广场

▲南大门

余杭区概况。余杭区位于浙江省北部、杭嘉湖平原南端，西倚天目山，南濒钱塘江，从东、北、西三面呈弧形拱卫杭州中心城区。全区总面积1220平方公里，辖14个镇、1个乡和4个街道，常住人口81.23万，流动人口约22万。余杭区交通便利，沪杭、宣杭铁路、沪杭、杭宁高速公路、104、320国道和5条省道穿境而过，京杭大运河将之与周边城市紧密相连。

余杭文化底蕴深厚。早在距今7000年—6000年间的马家浜文化时期，已有先民在此生息繁衍；距今四五千年前，孕育了"中华文明曙光"—良渚文化。余杭素称人文荟萃之地，曾养育了北宋大科学家沈括，近代民主革命先驱、国学大师章太炎等中华民族的精英，留下了陆羽、苏东坡、吴昌硕等名家的踪迹。余杭人文景观极为丰富，有历代文物遗存500余处，入藏各类文物4361件。深厚的文化底蕴使余杭的旅游业发展较快，2005年，全区接待国内外游客277.5万人次，实现旅游收入21.96亿元。

余杭区域经济较为发达。近年来，余杭区委、区政府实施"再造工程"、推进"三大跨越"（三年再造一个余杭工业、五年再造一个都市农业、五年倍增第三产业，向经济强区、生态城区、文化名区跨越），区域经济平稳较快发展。2005年，全区实现生产总值285.8亿元，同比增长15.4%，其中第一产业增加值26.8亿元，增长8.8%，第二产业增加值163.7亿元，增长16.6%，第三产业增加值95.3亿元，增长15.1%。实现财政总收入40.03亿元，其中地方财政收入23.03亿元，分别增长33.9和37.4%。实现工业总产值784.8亿元，规模经济总量名列

余 杭 区

详细地址：浙江省杭州市余杭区临平西大街33号
代 区 长：姜 军
邮政编码：311100
联系电话：0571-86224954

▲飞碟客车

▲交通

▲运河上唯一的七孔桥广济桥

全省14个强县（市、区）第6位。2005年新批外商投资项目72个，合同利用外资3.04亿美元，实际利用外资1.32亿美元；引进市外项目53个，实际利用内资49.45亿元；实现外资出口交货值161.18亿元，自营出口11.57亿美元。

余杭产业特色鲜明。制造业占主导地位，目前已形成了以纺织服装、机械电子、医药化工、建筑材料和食品饮料为主体的产业群和工业经济支柱。特别是家纺业逐步成为全国制造基地，被中国纺织工业协会、中国丝绸协会确定为“中国丝绸织造基地”、“中国布艺名城”、“中国纺织产业特色城”。全区目前有中国名牌产品2个，浙江名牌产品19个。近年来，余杭区不断优化产业结构，高技术产业加快发展，全年高技术产业增加值占工业增加值的比率首次突破20%，达到21.8%。

重点项目推进力度加大。余杭区委、区政府坚持项目带动战略，建立区领导和部门联系重大项目制度，扎实推进重点项目建设。上海华联、易初莲花、沃尔玛等知名品牌相继落户余杭，江南家居广场、新世纪五金机电市场等一批商贸基地建成开业，杭州农副产品交易中心、余杭港区、中国良渚文化村、天都城旅游、新西湖度假区等一批现代服务业项目顺利启动，杭宁高速、沪杭甬高速余杭段拓宽、15省道改建等一批重点交通道路项目相继完成。

宁围镇

钱江世纪城·宁围镇地处钱江二桥与三桥之间，紧靠萧山城市新区，东临萧山国际机场，西倚滨江区，北临钱塘江，与杭州的钱江新城隔江相望。全镇总面积42.88平方公里，耕地31292亩，下辖15个行政村，6个社区，252个村民小组，792家企业，总人口近5万。

该镇是全国著名企业家鲁冠球及其所在的国家级企业集团--万向集团和优秀民营企业家徐冠巨及其所在的浙江省级企业集团--传化集团的所在地。国家级萧山经济技术开发区座落于该镇，浙赣铁路复线、104国道，市心北路直贯全镇，交通便捷，地理位置得天独厚，是中国乡镇投资环境百强镇，被誉为天堂里的宝地，投资者的乐园。

该镇评为国家级文明镇和卫生镇、全国创建文明村镇先进集体、亿万农民健身活动先进乡镇、浙江省首批教育强镇、浙江省先进体育镇、杭州市级文明镇等荣誉。

该镇人杰地灵，社会经济发达，人民生活富裕。改革开放以来，该镇经济社会取得了长足的发展，工农业生产总值年平均增长30%以上。2005年，该镇实现工农业总产值509.94亿元，实现利税34.73亿元，完成出口交货值80.27亿元，工业增加值51.65亿元，财政收入7.82亿元，农民人均纯收入14626元。

该镇已经形成了以工业为主体，一、二、三产业全面发展的新格局。工业上，该镇形成以机械五金、化工印染、轻纺服装为主导行业的工业体系，随着产业结构的调整、技改创新和信息化建设的大量投入，企业业务稳定、效益可观，发展势头良好。2005年，万向集团总营业收入已突破260亿元，全镇企业总产值超亿元的企业达22家。万向集团的国家名牌产品“钱潮牌”十字轴万向节和传化集团的国家名牌产品、中国驰名商标“传化牌”超级洗衣粉早已名扬四海，江衣、凌飞集团等企业已开始崭露头角，茁壮成长。

农业上，该镇按照“打造精品工程、发展都市农业”的要求，确立以“苗木、蔬菜、牧业”三大产业为主导的农业布局，建成了质量、档次较高的花卉苗木基地，无公害蔬菜基地和以生猪为主，节粮型、食草型动物为辅的牧业生产基地。浙江省首个高科技农业示范园区就坐落在宁围。2005年，全镇蔬菜复种面积达到3万亩，花木面积达5.7万亩。农业企业技改投入达3000万元，新建镇外花木生产基地8000余亩。

在杭州市城市总体规则中，钱江世纪城规划区域是未来杭州中央商务中心（CBD）的重要组成部分，也是城市双心结构的核心部分。按规划具有行政管理、商务办公、金融贸易、科技信息、空港服务、生活居住、商业文娱等七大功能。

依据钱江世纪城的位置和交通特点，用地规划结构采用“核心布置、带状展开、圈层围合、轴线连接、辐射伸展”的模式。可概括为“一心、两带、三轴、圈层”的规划结构。即“一心”指位于核心的综合功能区“两带”指钱塘江沿岸的休闲绿化带和沿交通干线的景观轴线、沿滨江一路的生态景观轴线和滨江二路的交通景观轴线。“圈层”是指核心区外围的六大居住片区。

钱江世纪城管委会·宁围镇党委政府紧紧抓住独特的区位优势，带领广大党员干部群众，以“萧山领头、浙江领跑、全国领先”的精神状态，与时俱进，开拓创新，遵循“一年全面启动，三年初见成效，五年基本成型，十年基本建成，十五年完善体系”的建设目标而努力奋斗！

▲万向集团

宁围镇

详细地址：浙江省杭州市萧山区宁围镇振宁路228号
法定代表人：朱锦渭
邮政编码：311215
联系电话：0571-82602172
传真号码：0571-82834297
网　　址：www.ningwei.gov.cn
E-mail：xfyounger@yahoo.com.cn

▲传化集团

▲新华广场

▲万向初中

▲现代化新农村

瓜沥镇

瓜沥镇位于钱塘江南岸、萧山东部的航坞山麓。是始建于北宋太平兴国三年的千年古镇，近代绘画巨匠任伯年先生的故乡。全镇总面积42.5平方公里，其中镇建成区面积6.5平方公里，辖27个行政村，5个社区，8.7万人口。1997年以来，瓜沥镇先后被列为浙江省首批小城镇综合改革试点镇、浙江省中心镇和萧山区现代化副城区。荣膺全国和浙江省首批"百强乡镇"、省级文明镇、省村镇建设现代化示范镇、省级卫生镇、省东海文化明珠镇、省教育强镇、省绿化先进镇、杭州市文明镇、杭州市小康镇等荣誉和桂冠。特别是率先进入全国富裕村行列的航民村，党和国家领导人曾亲临视察，给予很高评价。目前，瓜沥镇人口、建成区面积、形成的各类市场分别为萧山区和杭州市（非县城）第一。瓜沥已从一个古老的集镇发展并构筑成为区域特色的中心城镇和富有现代化气息的小城市雏形。

强实的经济基础。2005年，全镇实现生产总值33.54亿元，第三产业增加值9.10亿元，工农业总产值133.29亿元，农村经济总收入172.76亿元，镇财政可用资金1.79亿元，农民人均年收入10623元。2004年，又进入全国"百强乡镇"行列。工业基本形成了轻纺印染、信息技术、环保材料、轻工机械、建筑建材、家用电器等六大行业结构。全镇拥有工业企业566家，职工36510名。其中以航民集团、萧越集团、华瑞集团、龙翔公司为代表的55家"龙头型"、"科技型"和"优势成长型"企业，占工业经济总量的80%以上。农业初步形成了淡水养殖、城郊型农业、围垦特色农业和多种经营四大特色产业块。第三产业初步形成了农产品、小商品、副食品、摩托车、涤纶丝、水果等六大批发零售市场。其中投资1.5亿元的杭州超世界机动车市场和16层标志性建筑；投资2亿元的汇锦名店广场；投资8亿元占地320多亩的明华 · 豪景城在建工程等成为三产发展的新亮点。

优越的投资环境。建成区内形成了工业园区、教育园区、商贸园区、生活居住等四大园区；2.65平方公里的工业功能区块，目前已引进企业27家，总投资达10.90亿元，其中外资、独资企业14家，总投资超过5.8亿元。镇区建有中小学校8所，幼儿园2所，投资3500万元的镇第一初级中学是目前全省农村示范中学。建有年发电量1亿千瓦时的火力发电厂一座，22万伏变电所一座，3.5万伏变电所2座；居民生活用水和工业用水配套；排污、排水、消防等基础设施齐全。

良好的区位优势。境内有现代化航空港杭州萧山国际机场；沪杭甬高速公路穿境而过，并设有出入口；镇区东南接中国轻纺城，西有杭金衢高速公路；北靠50万亩围垦的国家级现代农业开发区。

健全的服务机构。金融、邮政、电信、保险等都设有驻镇机构；工商、财税、土管、公安、交警、法庭等部门齐全；航民宾馆、哥得曼俱乐部、文化中心、航坞山风景区是休闲度假的好去处。

随着杭州大都市发展战略的确立，瓜沥已被列为六大组团之一。历史性的机遇给瓜沥新一轮发展提供了广阔的回旋余地。镇党委、政府按照十六大报告提出的"发展要有新思路，改革要有新突破，开放要有新局面，各项工作要有新举措"的要求，坚持把发展作为第一要务，坚持开拓创新，与时俱进的发展理念，构筑新框架，谋划新思路，推进新发展，全镇上下正信心百倍地向"创新世纪浙江名镇，建现代化瓜沥新城"目标大步迈进。

详细地址：浙江省杭州瓜沥镇航坞路220号
法定代表人：金焕国
邮政编码：311241
联系电话：0571-82551397

瓜沥镇

▲繁华的镇区新景观

▲发达的工业园区

▲瓜沥镇第一初中

▲现代化农业生产

富阳市

富阳市位于浙江省北部，是国务院首批沿海对外开放县（市）之一。地理位置优越，区位优势明显。距上海200多公里，杭州市中心32公里，离杭州萧山国际机场50公里，320国道、杭千高速公路横贯全境，水陆交通便利。全市行政区域面积1831平方公里，辖4个街道15个镇6个乡，612个行政村，31个社区（居委会），常住人口62.8万。

富阳是典型的江南山水文化城市，历史悠久，环境优美，人文资源丰富。公元前221年置县，古称富春，至今已有2200多年历史，1994年撤县设市。富阳是孙权的故里，郁达夫的故乡，还有晚唐诗人罗隐、元代大画家黄公望、清代父子宰相董邦达、董诰等著名历史人物。富阳全市的地形特征为"八山半水分半田"，一脉灵气的富春江横贯全境，造就了富阳的奇山异水，拥有钟灵毓秀的鹳山、富春胜地天钟山、经纬线大陆平原唯一整交点（即东经120°、北纬30°）、亚太地区第一大洞厅——碧云洞、保持明清建筑特色的孙权后裔集聚地——龙门古镇等自然人文名胜。近几年，还成功开发出了被誉为浙江旅游"新三宝"的杭州野生动物世界、富春山居国际高尔夫球场、中国古代造纸印刷文化村等旅游资源。李白、吴均、白居易、陆游、苏东坡等文人墨客的足迹遍布富阳，"水送山迎入富春，一川如画晚晴新"、"天下佳山水，古今推富春"等名句千古传颂。当代的许多领导、专家、学者也称富阳是全国不可多得的山水城市。

改革开放以来，富阳紧紧围绕加快发展、协调发展主题，以科学发展观为指导，以干在实处、走在前列为总体要求，大力实施工业立市、开放带动、城市化、科教兴市、可持续发展五大战略，全市人民发扬敢为人先、敢争一流精神，克难攻坚，抢抓机遇，奋发有为，经济建设快速推进，社会事业全面进步，人民生活安康富足，使近段时间成为富阳历史上形势最好、发展最快的时期之一。2005年全市实现生产总值201亿元；财政总收入24.58亿元；全社会固定资产投资106.7亿元；社会消费零售总额38.2亿元；城镇居民人均可支配收入15036元，农民人均纯收入7585元。全国百强县排名连续5年位次前移，社会经济综合发展指数由2000年的54位上升到2004年的29位。连续两次被评为全国农村综合实力百强县（市），是全国明星县（市）和浙江省首批小康县（市），先后荣获国家园林城市、国家卫生城市、中国优秀旅游城市、国家环境保护模范城市、省文明城市、省双拥模范城市、省文化先进市称号。

▲超五星级——富春山居度假村

详细地址：浙江省富阳市富春街道富春路29号
法定代表人：戚哮虎
邮政编码：311400
联系电话：0571-63313418

富阳市

▲光纤预制棒生产

▲造纸生产车间

▲龙门古镇

▲东吴公园

宁波市

宁波简称“甬”，是我国首批对外开放的沿海港口城市和计划单列市，也是全国15个副省级城市之一。全市下辖三个县级市（余姚、慈溪、奉化），二个县（宁海、象山），六个区（海曙、江东、江北、镇海、北仑、鄞州），陆域面积9672平方公里，海域面积9758平方公里，人口567万，其中市区面积2634平方公里，人口213万。宁波历史悠久，文化璀璨，人杰地灵，是长三角南翼经济中心，素有港城、商城、名城、绿城之称。

——港城。宁波是“海上丝绸之路”的始发地，唐宋以来一直是我国对外贸易的重要口岸。宁波港拥有1200余年历史。北仑港是世界少有的天然良港和我国四大深水枢纽港之一，全港不冻不淤，主航道水深15米以上，可通航30万吨级巨轮，居国内港口之首。宁波港现建有万吨级以上泊位50个，集装箱远洋干线69条，货物吞吐量居大陆沿海港口第二位，集装箱吞吐量居第四位。

——商城。宁波是一块充满工商灵气的土地，宁波人以善于经商闻名于世，素有“无宁不成市”的美誉，在2005年中国城市竞争力排行榜和中国大陆城市最佳商业城市排行榜上分居第6位和第7位，荣获“中国品牌之都”的称号。现有30多万海外侨胞旅居64个国家和地区，涌现了包玉刚、王宽诚、邵逸夫等一大批工商巨子和国际名流，形成了享誉海内外的“宁波帮”。邓小平同志曾经号召“把全世界的宁波帮都动员起来建设宁波”。

——名城。宁波是中华文明的发祥地之一，为国家历史文化名城、首批中国优秀旅游城市和全国社区建设示范城市，2005年10月又被中央文明委命名为全国文明城市。市内名胜古迹众多，有7000年历史的河姆渡遗址，全国最古老的藏书楼天一阁，长江以南最古老的木结构建筑保国寺和溪口雪窦山国家级风景区等著名景点，市内有国家4A级旅游区9处，国家级风景名胜区1处，全国重点文保单位11处，省、市级文保单位290处。

——绿城。宁波是国家卫生城市、园林城市、环保模范城市和全国绿化先进城市。全市碧海青山相映成辉，自然风光秀丽旖旎。近年来，每年新增公绿面积150公顷以上，目前建成区的绿化覆盖率达到37%，人均公绿面积11.5平方米，生态公益林301万亩，森林覆盖率50%。

改革开放以来，特别是近几年，宁波充分发挥深水良港——北仑港的优势，千方百计抓机遇，聚精会神搞建设，宁波经济社会快速协调发展，城市建设日新月异，城市综合实力和国际竞争力不断提升，各行各业呈现出文明、富裕、活力、开放的景象。2005年，全市完成生产总值2446.4亿元，同比增长12.5%；财政一般预算收入467亿元，其中地方收入212亿元，分别增长16.4%和18%；港口货物吞吐量2.7亿吨，集装箱520万标箱，分别增长19%和30%；全社会固定资产投资1370亿元，增长25%；外贸进出口总额335亿美元，其中出口222亿美元，分别增长28.5%和33.5%，实际利用外资23亿美元，增长10%；市区居民人均可支配收入17408元，增长9.6%，农民人均纯收入7810元，增长11.3%，连续两年高于居民收入增幅，保持两位数增长。

宁波，一个年轻而充满活力的城市，一个古老而充满希望的城市，在改革开放的号角中，她正迈着沉稳的步伐快步前进，她正以独特的魅力吸引着世界的目光。相信勤劳而充满智慧的宁波人民在新的征程中，进一步发扬“诚信、务实、开放、创新”的宁波精神，更加团结奋斗，开拓创新，必将迎来建设“长江三角洲南翼经济中心城市、华东地区重要的先进制造业基地和对外贸易口岸、全国最佳投资和人居环境城市”的全面胜利。

详细地址：浙江省宁波市县前街61号
法定代表人：毛光烈
邮政编码：315000
联系电话：0574-87182558

宁波市

▲月湖

▲天一阁

▲五虎礁曙光

▲河姆渡

瓯 海 区

▲新瓯海行政中心大楼效果图

瓯海是浙江省温州市三大城区之一，位于温州市区西南部。现辖7个街道、6个镇和1个省级经济开发区，共有25个居委会、251个行政村，总面积467平方公里。2005年底全区总人口40.13万人，年人口自然增长率为4.52‰。

2005年，全区实现生产总值131.9亿元，比上年(下同)增长13.8%；财政总收入15.03亿元，增长17.7%；全社会固定资产投资31.9亿元，增长23.2%；社会消费品零售总额48.8亿元，增长13.5%；城镇居民人均可支配收入18698元，农村居民人均纯收入8188元，分别增长9.3%和9.4%；全面完成了“十五”计划确定的目标任务。

工业总产值365.88亿元，增长14.1%。规模以上企业实现产值216.6亿元，增长26.6%。高新技术产业实现产值23.25亿元，增长45.3%。完成工业性投资17.6亿元，增长34.4%。新增规模以上企业69家、超亿元企业8家，3家企业跻身全国民营企业500强，4家企业获得“中国十大锁王”称号。新增市级以上高新技术企业14家，立峰集团荣获国家高新技术企业称号。新创国家免检产品4只、省级名牌产品4只、市级名牌产品7只、市级知名商标10只，8家企业的9个产品列入中国名牌培育名单。建筑业完成施工产值45.6亿元，增长52%，二级以上建筑施工企业达11家。

第三产业完成增加值42.56亿元，增长15.9%，占生产总值的比重达到32.3%。全区33家商品交易市场实现交易额47.13亿元，增长13.8%。全年接待游客84.03万人次，旅游门票收入3006万元，分别增长52%、590%。年末金融机构各项存款余额206.4亿元，增长6.5%；贷款余额144.4亿元，增长9.2%。制定了《瓯海区物流发展规划》。温州汽车城一期建成营业，温州大西洋购物中心启动建设。

农业总产值5.7亿元，增长1.6%。新增市级以上农业龙头企业2家，浙江大好大食品有限公司被评为国家级农业龙头企业。“139富民攻坚计划”深入实施，欠发达的泽雅镇农民人均纯收入达3400元。全年培训农村劳动力6775人。建成乡村康庄工程标准化路基47.5公里，硬化路面58.5公里，等级公路通村率、通村公路硬化率均达到95%。完成6座山塘水库除险加固。创建省级全面小康示范村4个、市级全面小康示范村4个、市级村庄整治合格村12个。

实现进出口总额6.95亿美元，增长25%，其中：出口总额6.29亿美元，增长24%；进口总额6547万美元，增长29%。56家企业取得出口经营权，全区累计达225家。实现合同利用外资6439万美元，实际利用外资3522万美元。引进内资项目7个，到位资金1.84亿元。

全年共安排重点工程20项，完成投资6.44亿元。提前一年完成了南塘大道主干道建设工程，温福铁路、甬台温铁路、温州新火车站、瓯海城市中心区顺利开工，温州西向排洪工程瓯海段、西山西路二期改建、垃圾收集与处理系统、瞿溪河拓宽二期等一批城市基础设施项目进展顺利，温州乐园入口道路、电子政务工程等项目通过验收交付使用。

▲温州市南大门的景观大道——南塘大道一景

瓯 海 区

▲温州新客站效果示意图

▲瓯海区实施“都市转型”战略，新农村建设展新颜

▲展示温州轻工业产品的窗口——“瓯丽斯展览中心”

详细地址：浙江省温州市将军桥兴海路50号
法定代表人：胡剑谨
邮政编码：325005
联系电话：0577-88534660

永嘉县

▲甬台温开工

永嘉县总面积2674平方公里，下辖38个镇（乡），906个行政村，31个居委会。2005年总人口88.63万，人口自然增长率8.56‰。

2005年，全县生产总值118.97亿元，同比增长12.8%，其中第一产业增加值5.05亿元，下降4.3%，第二产业增加值75.60亿元，增长12.0%，第三产业增加值38.32亿元，增长12.8%。第一、二、三产业占生产总值的比重4.2：63.6：32.2。人均生产总值13370元，增长12.3%。财政总收入12.33亿元，其中地方财政收入6.12亿元，分别增长16.1%和17.0%。

农、林、牧、渔业实现总产值7.99亿元。农作物播种总面积48.48万亩，其中粮食播种面积32.70万亩，总产量10.05万吨；蔬菜播种面积10.74万亩，总产量12.22万吨。新增特色农业基地1.5万亩，国家级有机食品2个、绿色食品2个、无公害农产品5个。林业工作获全省“迹地更新年”活动先进单位。

工业总产值287.34亿元，同比增长14.9%。规模以上工业实现产值209.05亿元，同比增长20.6%。鞋革、服装、泵阀、钮扣拉链四大支柱产业全年完成规模以上产值167.16亿元，占全县规模以上工业总产值的80.0%。2005年末，全县拥有无区域企业30家，中国驰名商标6枚，中国名牌产品4个，国家免检产品31个。全年进出口总额15425万美元，其中出口总额13306万美元，进口总额2119万美元，分别增长76.0%、70.4%、122.6%。新增自营进出口企业17家，累计120家，自营出口额10785万美元，同比增长79.9%。强力推进招商引资“一号工程”，全年引进项目43个，合同利用外资6565万美元，同比增长237.5%，实际利用外资2405万美元，同比增长155.6%。实际利用内资2.16亿元，新批境外企业5家。全社会建筑业增加值5.23亿元，同比增长2.4%。全年房屋建筑施工面积177.45万平方米，增长10.2%，竣工房屋面积71.99万平方米，增长14.0%。

旅游业接待总人数58万人次。社会综合效益3.53亿元，同比增长10.3%。社会消费品零售总额39.59亿元，同比增长6.3%。各类商品交易市场34个，其中超亿元市场1个，实现成交额23.73亿元。年末金融机构各项存款余额112.68亿元，增长16.9%，各项贷款余额83.31亿元，增长11.1%。保险机构保费收入2.29亿元，比上年增长18.7%。

▲瓯北三桥工业园区

永嘉县

全社会固定资产投资额35.96亿元，比上年增长12.9%。计划安排重点建设项目31项，其中续建项目17项，新开工14项，完成投资24.24亿元。全力实施“交通百亿”工程，金丽温高速公路永嘉段建成通车，诸永高速、温州绕城高速公路永嘉段等在建工程加速推进，104国道永嘉段改建、41省道三期、甬台温铁路永嘉段等工程相继开工，瓯江过江通道等项目前期工作进展顺利，通乡公路实现等级化和硬化目标。县城防洪主体工程、瓯北客运中心大楼，科技新村相继竣工，县城供水管网二期工程、县城永建路北段旧城改造B区、永嘉中学、浙江电大永嘉学院、县实验小学、县卫生中心大楼建设基本完成，县青少年活动中心前期工作进展顺利。

教育事业费支出2.46亿元，增长15.7%。新增校舍总面积2.55万平方米。获得专利授权89件，发明专利3件。签订各类技术合同54项，协议交易额8520万元。新增市级以上高新技术企业7家，其中国家级1家。积极组织重大科技攻关，共列入国家级火炬计划项目5项，省级重大科技计划项目2项，获国家级新产品1项，省级新产品20项。文化系统各类艺术表演团体艺术演出315场，县文化馆组织编排小组唱《水墨村庄》获浙江省第五届歌曲新作演唱大赛创作和表演金奖。全年参加市级运动比赛，共获得金牌35枚，银牌47枚，铜牌48枚。

城镇居民人均可支配收入14518元，农村居民人均纯收入4751元，分别增长8.6%和9.6%，城乡居民储蓄存款余额68.13亿元，增长19.8%，全县户均存款达2.56万元。城镇人均住房使用面积36.7平方米，农村人均住房居住面积38.92平方米。全县基本养老保险参保人数76435人，纳入最低生活保障5262户，共10535人。

▲永嘉中学

▲乌牛早茶

▲茗岙梯田

详细地址：浙江省永嘉县上塘镇县前路94号
法定代表人：陈合和
邮政编码：325100
联系电话：0577-67222603

苍南县

▲苍南中学

苍南县建于1981年，位于温州市东南隅，东与东南濒临东海，西南毗连福建省福鼎市，西邻泰顺县，北与平阳、西北与文成两县接壤。苍南县是浙江省的南大门，全县陆地面积1261.08平方公里，海域面积3.72万平方公里，海岸线长155公里，辖20个镇，16个乡，总人口123.1万人。

苍南县气候温和，风光秀丽，资源丰富，自然条件得天独厚，属中亚热带海洋性季风气候区。西部群山起伏，玉苍山景色迷人。风光旖旎的海口、渔寮和玉苍山国家森林公园及国家级文物保护单位——蒲壮所城等名胜古迹，形成了滨海——玉苍山省级风景名胜区。

苍南县在改革开放大潮的推动下，焕发出勃勃生机，经济稳健发展，经济质量稳步提高。2005年全县生产总值达到135.3亿元；财政总收入10.5亿元；城镇居民人均可支配收入13921元，人均生活费支出9668元，恩格尔系数为42.5%，人均住房使用面积34.48平方米；农村居民人均纯收入4992元，人均生活费支出4092元，恩格尔系数为48.2%，人均住房使用面积27.61平方米。

农业产业化步伐加快，全县农业形成了明显的农业区域特色，建成有机茶、蘑菇、四季柚、马蹄笋、席草、鲜巴佬和草食型畜牧等一批特色农业基地。马站、沿浦、观美等镇分别被命名为“中国四季柚之乡”、“中国紫菜之乡”、“中国席草之乡”。 2005实现农业总产值23.24亿元。

苍南县特色工业园区建设成效显著，一批工业龙头企业迅速崛起，块状经济集聚效应日益凸现，形成了以印刷、塑编、纺织、商务礼品、食品加工、仪器仪表为主导产业的工业经济体系，家具、不锈钢、陶瓷、包装材料、高分子纤维、医药等新兴产业得到培育，“中国印刷城”、“中国塑编之都”等国字号基地先后落户苍南。2005年全县共实现工业总产值308亿元其中规模以上工业实现总产值107.2亿元。

苍南县实施“基础先行”、“重点突破”战略，以水、电、路、通讯为重点，加大投资力度，基本构筑起跨越式发展的基础平台。高速公路苍南段的通车，温福铁路稳步推进，苍南县的区位优势日益凸现。瓯南大桥、灵江山海经济协作区、大渔湾围垦工程先后启动等，都将为苍南经济发展和对外开放奠定良好的硬环境。2005年固定资产投资额达32.4亿元。

第三产业发展水平不断提升，旅游业、金融业发展较快，特别是商贸经济非常活跃，目前已有浙闽水产城、副食品市场、温州礼品城等9个亿元市场辐射浙南闽北地区，年成交额58.64亿元。“中国礼品城”国字号招牌落户苍南。全年实现全社会消费品零售总额63.6亿元。

旅游事业持续发展。全面抓好景区的资源保护、基础设施建设、招商引资、宣传促销、行业管理及风景旅游行业队伍建设等方面工作，极大地促进了全县风景旅游工作的发展，全年游客量达到 72.3 万多人次，风景旅游总收入达6.3亿元。

在建设小康社会的新征途上，苍南百万人民竭诚欢迎中外朋友来苍南旅游观光，投资开发，经商贸易，共展鸿图，共创伟业。

详细地址：浙江省苍南县玉苍路
法定代表人：章方瑋
邮政编码：325800
联系电话：0577-64718711

▲农业园区

嘉善县

▲县委书记：高玲慧

▲县长：何炳荣

嘉善县地处江、浙、沪两省一市交界处，全县区域面积506平方公里，辖11个建制镇，162个行政村，居委会26个，户籍人口38万，暂住人口23万人，县城所在地魏塘镇。2005年，全县实现地区生产总值128.27亿元，按可比价格计算，增长14.2%；完成财政总收入15.33亿元，增长17.6%，其中地方财政收入7.28亿元，增长19.3%；全社会固定资产投资76.88亿元，增长16.3%；城镇居民人均可支配收入16529元，农村居民人均纯收入8042元，分别增长8.7%和13.8%。

坚持协调发展，综合实力跃上新台阶。农业结构调整成效显著，粮食生产基本保持稳定，新增省级无公害农产品基地12个、国家无公害农产品3个，荣获省政府颁发的"大禹杯"银杯奖。工业生产性投资增长18.2%，规模以上工业企业实现产值增长40.5%，年销售收入超亿元的企业达到40家。第三产业发展较快，社会消费品零售总额40.43亿元，增长14.3%。三次产业结构为10.3：56：33.7，全国综合实力百强县排名上升到第26位。

坚持改革开放，经济市场化和国际化进程明显加快。深入实施省委、省政府"接轨上海、开放发展"战略，开放型经济取得了新进展，民营经济占国民经济的比重达到78.1%。全年合同利用外资4.38亿美元，实际利用外资2.12亿美元，利用外资综合考核名列嘉兴市第二位、全省第八位。引进县外内资11.93亿元，名列嘉兴市第二位。对外贸易创历史新高，实现进出口总额10.8亿美元，增长45.4%，其中出口8.07亿美元，增长58.4%。

坚持科教兴县，社会各项事业全面发展。科技创新体系日益完善，投资7500万元的科创中心一期工程正式投入使用，国家火炬计划"嘉善新型电子元器件产业基地"通过专家论证。人才工作得到加强，每万人拥有人才数达到722人。教育事业加快发展，义务教育继续保持全省领先水平，高考万人比位居嘉兴市第一位。"文化名县"建设全面启动，公共卫生工作不断加强，建成了县公共卫生中心，县肿瘤防治所关于《我国大肠癌高危人群防治的基础与临床运用研究》荣获国家科技进步二等奖。实现了省级"双拥模范县（城）"三连冠。

坚持以人为本，社会保持和谐稳定。就业和再就业工作得到加强，城乡居民职业技能培训和农业实用技术培训人数达到2.8万人次，新增城镇就业岗位5018个，帮助5115个农村劳动力实现了非农就业。社会保障覆盖面不断扩大，城镇和农村居民合作医疗参保率分别达到68.8%和92.6%，被征地农民养老安置人数增加9094人。切实关心困难群众生活，实施慈善救助救济11049人次。安全生产形势根本性转变，首次实现了安全事故数、死亡人数、直接经济损失"三个零增长"的目标。切实加强社会治安综合治理，依法严厉打击各类违法犯罪活动，县公安局第六次荣获"全国优秀公安局"称号，并先后被省政府、国务院命名为"模范公安局"。

详细地址：浙江省嘉善县嘉善大道126号
法定代表人：何炳荣
邮政编码：314100
联系电话：0573-4228077

嘉 兴 市

▲市委书记：黄坤明

▲市长：陈德荣

嘉兴地处长江三角洲南翼的杭嘉湖平原，下辖南湖、秀洲两区及嘉善、平湖、海盐、海宁，桐乡等五个县(市)。全市总面积3915平方公里，2005年末户籍人口334.33万人。嘉兴人杰地灵，素有“鱼米之乡、丝绸之府”之美誉，“十五”以来，嘉兴以加快发展为主题，积极推进富民强市、努力建设全面小康社会，自觉落实科学发展观，审时度势，不断克服各种困难，抢抓机遇，经济持续快速健康增长，社会事业全面进步，综合实力明显提高。

一、经济持续快速增长，综合实力明显提高

嘉兴经济建设的成就有目共睹；“十五”时期，全市GDP年均增长14.5%，高于全省同期1.7个百分点，比“九五”时期快2.5个百分点，经济总量2004年突破千亿，2005年全市CDP1155.71亿元，比“九五”末翻番。人均GDP(按户籍人口计算)4222美元，接近于二十世纪90年代中后期世界中等收入国家的平均水平。该市在2005年公布的中国综合实力百强城市中列第58位，并跻身中国投资环境50优城市行列。五县(市)综合实力不断上升，从2000年全国百强城市前50位提升到2004年前30强。2005年，全市财政总收入135.14亿元，“十五”期间年均增长27.5%，比“九五”时期快10.3个百分点；其中地方财政收入66.79亿元，年均增长28.3%，快于“九五”年均增速7.8个百分点。城乡居民人均储蓄存款余额由2000年的9884元增加到2005年约2.21万元，增长1.3倍，“十五”期间年均增长17.4%。

二、投资力度不断加大，基础设施不断完善

全市积极推进重大项目建设，有力地改善了发展环境，推动了经济增长。全市全社会固定资产投资额由2000年的264亿元提高到2005年的732.9亿元，五年完成全社会投资额2578.01亿元，为“九五”的2.8倍，“十五”年均增速22.7%。

三、工业化进程加快，经济结构不断优化

全市落实科学发展观，坚持走新型工业化道路，着力打造先进制造业基地，努力推进工业结构调整。工业化

详细地址：浙江省嘉兴市行政中心
法定代表人：陈德荣
邮政编码：314050
联系电话：0573-2521545

▲省委习近平书记在黄坤明、陈德荣、蒋唯民等市领导的陪同下，视察开发区外来员工公寓。

嘉 兴 市

进程不断加快。城市化水平明显提升，2005年全市城市化水平50%，比2000年提高12个百分点。规模以上工业企业成长迅速，2005年全市规模以上工业总产值2148.08亿元，是2000年的3.7倍，年均增长25.7%，重工业产值比重从2000年的31.6%提高至41.3%。全市工业增加值“十五”年均增长16.6%，快于“九五”时期4个百分点。

四、对外贸易迅速增长，消费旅游市场繁荣活跃

2005年，全市进出口总值99.22亿美元，出口总额70.44亿美元，分别是2000年的3.6倍和3.7倍。进出口总值、出口总额五年年均分别增长29.5%和30.1%。全市外贸依存度从2000年的41.7%提高到2005年的70.3%，五年提高28.6个百分点。该市消费品市场繁荣发展，消费层次明显提升。2005年全市社会消费品零售总额374.44亿元，“十五”年均增长13.3%，比“九五”年均增速加快5.4个百分点。2005年全市商品市场成交额达621亿元，是2000年的1.9倍。全市旅游市场健康快速发展。南湖景区被列为全国红色旅游经典景区，桐乡乌镇被评为中国十大魅力名镇，2005年全市旅游总收入达到106.7亿元，是2000年的4.1倍，五年年均增长32.2%。

五、科教兴市成效明显，社会事业全面进步

该市深入实施科教兴市战略，科技创新服务体系不断完善。科技进步速度综合评价居全省前列，各县（市）连续两轮进入全国科技进步先进行列。

在市委市政府的正确领导下，勤劳的嘉兴人民正在为实施“十一五”规划、打造接轨上海前沿阵地、城乡一体化先行之地、杭州湾先进制造业基地以及构建和谐社会努力奋斗。

▲秦山三期核电站全景

▲天下奇观海宁潮

▲全国目前规模最大的家纺装饰布专业市场——海宁中国家纺装饰城

平 湖 市

▲国际服装时尚发布会

富庶美丽的平湖位于浙江省东北部，南濒杭州湾，东邻上海市，处于长江三角洲的黄金地带。全市陆地总面积537平方公里，海域面积1070平方公里，海岸线27公里。辖三街道七镇。总人口48.37万。

平湖历史悠久，自然条件优越，是江南有名的“鱼米之乡”，素有“金平湖”之美誉。改革开放以来，平湖经济社会持续快速发展。1988年被国务院列为沿海经济开放区，1992年跨入全国综合实力百强县（市）行列，1995年被浙江省委、省政府命名为首批小康县（市），2002年被浙江省委、省政府列为全省扩大经济管理权限的17个经济强县（市）之一。

平湖发展农业的自然条件十分优越，是国家级商品油、商品粮、商品猪生产基地，获“中国西瓜之乡”称号。平湖工业素以服装业闻名海外，服装行业年销售收入超百亿元，年产服装2.55亿件（套），是国内服装出口第一大县（市），被中国纺织工业协会和中国服装协会命名为“中国出口服装制造名城”。目前，平湖工业已基本形成了服装、光机电、纸业、箱包四大特色支柱产业和童车、洁具、五金机械等特色产业，以光机电为主的高新技术产业迅速成长，成为国家火炬计划平湖光机电产业基地和浙江省唯一的省级光机电高新技术特色产业基地。

▲农民新村

近年来，平湖各项社会事业全面发展。2002年2月被评为浙江省教育强市。2003年，平湖市成为“浙江省文明城市”。2001-2002年度获全国科技进步先进县（市）称号。2004年12月，国家环保总局正式命名平湖市为国家级生态示范区。

忆往昔，硕果累累，展未来，前景无限。平湖人民将进一步解放思想，抢抓机遇，扎实工作，努力把平湖建设成为“外向为主的经济强市、江南水乡的文化名城、城乡一体的港口新市”。

详细地址：浙江省平湖市当湖镇环城南路18号
法定代表人：马邦伟
邮政编码：314200
联系电话：0573-5016145

平湖市

▲东湖夜景

▲东方大港乍浦港

▲江南第一瓜平湖西瓜

▲绿色农产品鲜蘑菇

桐乡市

▲市长：费建文

桐乡市地处杭嘉湖平原腹地，居沪、杭、苏金三角之中。全市行政区域面积727平方公里，下辖9个镇、1个乡、3个街道，现有常住人口66.32万人。

改革开放以来，在全市人民的共同努力下，桐乡经济社会发展取得了显著成绩。特别是近年来，积极实施"工业立市、开放带动、城市化、科教兴市"四大战略，经济社会保持了全面、协调、可持续的发展，连续多年跻身全国综合实力百强县（市）行列，2004年综合实力全国排名第23位，是浙江省首批小康县（市）和17个扩权县（市）之一，先后被授予中国优秀旅游城市、省级卫生城市、省级文明城市和国家级生态示范区等称号。2005年全市实现生产总值198.98亿元（人均达到30008元，折合3718美元），财政一般预算收入23.01亿元（其中地方一般预算收入11.17亿元），城镇居民人均可支配收入15913元，农民人均纯收入8036元。

农业产业化程度逐步提高。紧紧围绕农业增效、农民增收的目标，加大结构调整步伐，基本形成了以优质水果、花卉苗木、加工蔬菜、特种水产和畜禽养殖为主体的效益农业新格局。被授予"中国杭白菊之乡"和全国园艺产品出口示范区。现有农村专业合作经济组织29家，农产品专业市场12个，各类效益农业示范基地138个，建有省级无公害农产品基地35个，农业龙头企业17家。

▲市区北港河滨河广场

工业经济在结构调整中快速增长。2005年工业总产值突破700亿元，其中规模以上工业企业实现产值415.98亿元，已经形成了化学纤维、毛纺针织、丝绸服装、建筑材料、皮革制鞋等传统支柱产业为主体，电子信息、生物医药、机电一体化、精密机械等为新兴产业的多元化格局。近年来，不断加大工业生产性投入，加快技术改造步伐，调整优化工业结构，加大投入、技术改造成为工业经济发展的主旋律。至2005年末全市有年销售收入超亿元企业60家，利税超千万元企业54家。

开放型经济发展迅速。坚持招商引资一号工程，加快平台建设，利用外资规模水平不断提高，2005年全市新批外商投资企业75家，合同利用外资2.68亿美元，实际利用外资1.30万美元。对外贸易快速增长，全市实现进出口总值12.68亿美元，其中出口总值达8.12亿美元。

桐乡市

▲瑞雪降乌镇

▲群众自发的千人广场舞池

第三产业呈现新亮点。全市拥有各类市场66家，其中年成交额超亿元市场11家，濮院羊毛衫市场是全国百强市场之一，已成为全国最大的羊毛衫集散中心。旅游业迅猛发展，乌镇已成为国内外知名旅游景点，2005年接待国内外游客370.1万人次；每年一届的节庆精品——菊花节更为商贸旅游业注入了新的活力。2005年全市第三产业增加值占生产总值的比重达到36.8%，实现旅游收入25.02亿元，社会消费品零售总额达到74.30亿元。

城市化进程不断推进。积极构筑一主三副、功能互补的城市发展格局，形成“市域中心——中心城镇——小城镇”三级城市发展体系。目前，已基本形成60平方公里的城市框架，市区建城区面积达到25平方公里，城市化率达43.1%。市域范围内

▲市政广场

形成了“半小时公路圈”，城乡统筹的供水、供气、供电、污水处理、垃圾清理等公共设施不断完善，极大地提高了城市品位。

社会事业协调发展。科教文卫体育事业全面进步，现有国家级高新技术企业9家、省级22家。深入实施人才工程，加强人才培养、引进和使用，目前每万人中拥有人才数达到727人。初升高比例、普通高校上线率分别达到94.0%和90.2%。社会保障体系日趋完善，企业单位养老保险参保人数13.7万人，医疗保险参保人数5.9万人，农村合作医疗参保率达到90%以上。

详细地址：浙江省桐乡市梧桐街道振兴东路市行政综合大楼
法定代表人：费建文
邮政编码：314500
联系电话：0573-8107800

巨石集团有限公司

▲浙江省委书记习近平、原河南省省委书记李克强考察巨石

巨石集团有限公司地处长三角经济圈的浙北平原，以独特的区位优势，深得中国经济发展先机。

巨石集团有限公司（以下简称巨石集团或集团）是玻璃纤维的专业制造商，作为亚洲玻纤的领军企业，多年来一直在规模、技术、市场、效益等方面处于领先地位。巨石集团是浙江省重点骨干企业、国家重点高新技术企业。

巨石集团现有总资产超过20亿元，员工总数5000余人，玻纤纱实际生产能力超过20万吨。集团目前拥有七条池窑拉丝生产线，生产能力占总产能的75%以上。经过多年努力，集团已经在玻璃纤维大型无碱池窑、中碱池窑、废丝利用三大领域，掌握了世界一流的核心技术，为今后的快速发展提供了技术支撑。

2004年，巨石集团已经实现玻纤企业“亚洲第一”、“世界五强”的目标。到2010年，集团将完成浙江桐乡年产30万吨玻纤工业基地、江西九江年产10万吨和四川成都年产10万吨玻纤生产基地的建设，玻纤年生产能力突破50万吨，力争跻身玻纤行业“世界三强”。

巨石人将坚持“品行、创新、责任、学习、激情”的企业文化核心，通过不懈努力，将集团建设成为一个真正的规模突出、技术先进、管理一流、队伍优秀、执行有力、业绩优良、高速成长型的国际性企业集团。巨石将以振兴中国玻纤工业为己任，高起点构筑产业高地，科技自强，实业报国，不断追求创新与卓越的精神驱动着巨石勇往直前，为中国玻纤工业发展写就崭新的篇章！

▲自动控制室

▲机器人检装系统

详细地址：浙江省桐乡市经济开发区
法定代表人：张毓强
邮政编码：314500
联系电话：0573-8181078
网　　址：www.jushi.com

▲三十万吨工业基地大门

湖州市

▲德清下渚湖

详细地址：浙江省湖州市仁皇新区行政中心2号楼
法定代表人：黄　萌
邮政编码：313000
联系电话：0572-2398281

▲安吉天荒坪

▲南浔小莲庄

湖州地处浙江北部，东邻上海，南接杭州，西依天目，北濒太湖。全市现辖德清、长兴、安吉三县和吴兴、南浔两区，总面积5818平方公里，总人口257万。

湖州历史上人文荟萃、人才辈出，既哺育了唐代诗人孟郊、元代书画家赵孟頫、明代小说家凌濛初、近代书画大师吴昌硕、新文化运动猛将沈尹默等一批名人，也吸引了王羲之、颜真卿、陆羽、苏轼、胡瑗等不少名流。元代诗人戴表元曾赞誉："行遍江南清丽地，人生只合住湖州"。市内的唐代飞英塔、千年古刹铁佛寺、江南水乡古镇南浔、德清莫干山、安吉竹种园和天荒坪抽水蓄能电站、南太湖旅游休闲和水上娱乐胜地，都风景宜人，各具特色。湖州正在积极开展新一轮"四城联创"，国家环保模范城市、国家园林城市创建工作已通过国家验收，生态市和全国文明城市创建步伐加快。

改革开放特别是近几年来，经济社会实现了持续快速协调发展。2005年，全市地区生产总值完成640亿元，人均生产总值突破3000美元。全市城镇居民人均可支配收入达到15375元，农村居民人均纯收入达到7288元。湖州进位中国综合实力百强城市第77位，德清、长兴在全国百强县中的排名大幅前移。与此同时，湖州人民不断创新创业创造，在发展中取得了一些成功的经验。电子信息、生物医药、环保节能等高新技术产业加快发展，在省内创造了湖州经验；与浙江大学合作共建社会主义新农村实验示范区，新农村建设走在全省前列；"平安湖州"建设深入推进，居民安全感受度连续几年在省内名列前茅。面对前所未有的发展机遇，湖州市委、市政府作出战略决策，就是要进一步增强实力、激发活力、彰显魅力，实现在杭湖宁发展带中间率先崛起。"十一五"时期，全市将基本实现全面小康目标，为提前基本实现现代化奠定坚实基础。

▲湖城鸟瞰

德清县

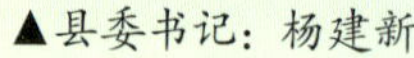

▲县委书记：杨建新

▲县　长：徐国平

德清地处长江三角洲腹地，东望上海，南接杭州，西枕天目山麓，北连太湖。全县总面积936平方公里，辖11个乡镇，总人口42.5万。德清西有名山，东有水乡，山水兼利，风光秀美，素有“鱼米之乡、丝绸之府、竹茶之地、文化之邦、名山之胜”之美誉。

德清历史悠久。是有着五千年文明史的良渚文化的发祥地之一，有2000年的建县历史，曾孕育了孟郊、俞平伯等一大批历史文化名人。德清山水清秀。中国四大避暑胜地之一的国家级风景名胜区莫干山座落于县境西部，蒋介石与宋美龄就在此度过新婚蜜月，毛泽东、江泽民、朱镕基等党和国家领导人也曾登山揽胜，留下了珍贵的历史印迹；江南最大湿地下渚湖位于德清中部，那里风光无限，野趣横生；位于东部的千年水乡古镇新市，小桥流水，景色怡人。

德清交通便利。著名的京杭大运河、宣杭铁路、杭宁高速公路、104国道穿境而过。县城武康距杭州市中心半小时车程，距上海、宁波、南京等城市均在2小时车程以内，距杭州（萧山）国际机场60公里。

德清经济和社会各项事业发展迅速。是中国100个最发达县（市）之一，2004年位居第36位；“中国县域经济基本竞争力100强”第83位。先后被授予国家级生态示范区、全国生态农业示范县、国家级卫生县城、全国科技工作先进县、省级文明城市、浙江省首批小康县、浙江省首批教育强县等。2005年全县实现生产总值118.22亿元，人均GDP已达到27856美元，财政总收入14.3亿元，农民人均纯收入7461元，城镇居民人均可支配收入15335元。现已形成了都市型高效生态农业格局，培育了特种水产、早园笋、畜禽、蚕桑四大特色产业和花卉苗木等新兴产业，著名农产品有茶叶、早园笋、青虾、花鳖等。工业以生物（医药）化工、特色机电、新型建材、新型纺织等行业为主，有上市公司3家。德清的第三产业已成为全县经济的重要增长点和吸纳新增劳动力的主渠道，商贸流通业日趋繁荣活跃。“名山湿地，休闲德清”的旅游品牌已经打响，极佳的人居环境和高品位的房地产开发，促进了城市品位的提升。投资软环境日益优化，行政审批办事环节不断精减规范，外商投资企业和内资企业联合年检、网上审批和乡镇便民服务体系建设利惠于民。

随着中国加入WTO，以及长三角经济圈的繁荣和发展，德清越来越成为接轨世界经济的前沿，目前，该县已与世界上70多个国家和地区建立了贸易往来关系，更吸引了30多个国家和地区的客商在该县投资创业。开放的德清正成为一片充满商机的热土。

详细地址：浙江省德清县武康镇永安街185号
法定代表人：徐国平
邮政编码：313200
联系电话：0572-8062557

德清县

▲农村新貌

▲省级经济开发区——浙江莫干山经济开发区

▲景观大道

▲德清国家级风景区——莫干山别墅一景

长兴县

▲轻纺城

长兴位于浙江省西北部，与苏、皖两省接壤，东临太湖，西倚天目。全县面积1430平方公里，辖10镇6乡，现有人口62万。

长兴文化源远流长，底蕴深厚。早在公元前就演绎了颇具特色的吴越文化。长兴是陈朝开国皇帝陈霸先的故乡。茶圣陆羽在长兴写就了旷世巨作《茶经》。明朝吴承恩在长兴县丞任上为写作《西游记》积累了大量素材。长兴民间艺术蓬勃发展，有代表国家出访亚欧国家的民间艺术奇葩“百叶龙”，有仙山宗教文化和被列为世界地质遗产命名为“金钉子”的长兴灰岩保护区等文化遗址。

长兴交通发达，区位条件十分优越，是浙苏皖地区的一个重要的交通枢纽，自古以来被称为“三省通衢”。地处长江三角洲中心，距上海、杭州、南京、宁波、苏州、无锡、湖州、嘉兴等大中城市均在200公里以内。由一条航道（长兴－湖州－上海航道）、两条国道（104国道、318国道）、三条铁路（连结陇海线沟通东北与长江三角洲的陆海大通道江苏新沂—浙江长兴铁路、华东第二大通道宣州—杭州铁路、杭州—牛头山铁路）、四条高速（杭宁高速、杭长高速、申苏浙皖高速、申嘉湖高速）构成的水陆交通网，交叉汇聚于长兴。

长兴资源广博，物产丰富。长兴名特优新产品十分丰富，有闻名海内外的“太湖四珍”：银鱼、白壳虾、鲚鱼、大闸蟹；有久负盛名的“长兴三宝”：银杏、栝楼、青梅；有令世人称绝的“品茗三绝”：紫笋茶、紫砂壶、金沙泉等。长兴旅游资源独特，有34公里的太湖湖岸线；有全球罕见的古银杏长廊和扬子鳄保护区。

基础设施日臻完善，投资环境日趋优化。按照加快建设现代化中等工贸城市的要求，以加强城市基础设施建设、完善城市功能、提升城市品位为重点，加快建设一批标志性路段和建筑，城市框架已拓展到25平方公里，初步形成了相对集中的经济开发区、商贸区、文教区和住宅区，一座现代化中等工贸城市雏形基本形成。特别是长兴(省级)经济技术开发区已成为投资创业的福地。县经济技术开发区建成区面积已达12平方公里，已基本实现九通一平，供水、供电、供热、供气、排水、排污、通讯管线均已一次性铺设到位。

近年来，长兴人民围绕经济结构调整，依靠科技进步，致力扩大开放，加快体制创新，进一步推动了经济社会的持续快速健康发展，保持了强劲的发展势头。长兴先后跻身于全国综合实力百强县、全国县域经济基本竞争力百强县、全国科技进步先进县、全国综合治理先进县、国家卫生县城、全国文化先进县、浙江省教育强县和浙江省文明城市行列。2004年，全县地区生产总值完成129.29亿元，同比增长17.2%，是95年以来增长最快的一年，财政总收入达13.52亿元，增幅列全省第二位。

详细地址：浙江省长兴县行政中心广场路1号
法定代表人：刘国富
邮政编码：313100
联系电话：0572-6022621

▲古银杏长廊

长兴县

▲金钉子

▲长兴中学

▲龙山新貌

▲档案馆

上虞市

▲首届中国伞节开幕式

上虞市地处长江三角洲南翼，与国际性大都市－上海隔海相望，位于浙江省的港口城市宁波和省会城市杭州之间，是中国古代“三皇五帝”之一的大舜的出生地，是“梁祝”传说中的英台故里，也是中国青瓷的发源地，总面积1403平方公里，人口77万，辖21个街道、乡镇，是国务院批准的首批沿海开放城市和杭嘉湖高科技区成员单位。上虞境内交通发达便捷，杭甬铁路、杭甬运河、杭甬高速公路、上三高速公路、104国道和329国道纵横贯穿全境，5000吨级上虞港是杭州湾南岸唯一的海港。上虞是历届全国百强县（市）、浙江省经济强市、浙江省科技强市、全国科技工作先进县（市）。

2005年，上虞市生产总值229.45亿元，财政总收入20.18亿元，社会消费品零售总额63.27亿元，进出口总额9.67亿美元，全年合同利用外资3.21亿美元，到账外资1.55亿美元。经过多年发展，上虞已形成机电、化工、轻纺等三大支柱产业和一批大型企业集团，拥有国家级高新技术企业14家，上市公司5家。

上虞是浙江省发展“滩涂经济”、打造环杭州湾产业带的重要区块，已动工兴建的杭州湾慈溪跨海大桥与之相邻，杭州湾绍兴跨江大桥也是从上虞出发。正在加快开发的杭州湾上虞新区，拥有200平方公里的广阔滩涂，目标是建成一座现代化生态型的工业新城，打造成为高新技术的发展平台，传统产业的升级基地，现代物流的集散中心，江湾一体的生态走廊，国内一流的投资环境，有识之士的创业乐园。

围绕建设以先进制造业为主导的滨江生态型现代化中等城市这一目标，把推进城市化，加快工业化作为两大主要任务，将依照“工业立市、开放兴市、合力建市、生态靓市”的全新理念，全力打造长三角杭州湾金南翼。

▲解放路商业步行街

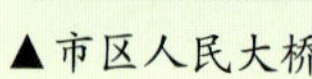

▲市区人民大桥

上虞市

▲杭州湾上虞新区一角

▲火车站

▲市区居民小区——新世纪花园

详细地址：浙江省上虞市市民大道
法定代表人：徐文光
邮政编码：312300
联系电话：0575-2027361

诸 暨 市

诸暨，历史悠久，文化底蕴深厚，山水秀丽，交通便捷。区域面积2311平方公里，人口106万，境内有“浣江——五泄”国家级重点风景名胜区，是“中国优秀旅游城市”。诸暨，民营经济发达，块状产业特色明显，发展活力强劲。2005年，实现生产总值324.66亿元，同比增14.6%；财政总收入27.19亿元，同比增长20.3%；城镇居民人均可支配收入17788元，农村居民人均纯收入8065元。现有民营个私企业10万余家，已形成袜业、珍珠、五金管业、服装、贡缎、环保装备、包装材料、电脑刺绣机制造等在全国有较高知名度和市场竞争力的产业集群，在全国百强县市中排名27位。诸暨，科教繁荣，社会事业发达，素有高考状元县的美称，是全国基础教育先进县市，先后被命名为全国“篮球之乡”、“民间艺术之乡”，“枫桥经验”已成为全国政法战线的一面旗帜。

详细地址：浙江省诸暨市滨江南路11号建设大厦6楼
法定代表人：张仲灿
邮政编码：311800
联系电话：0575-7010025

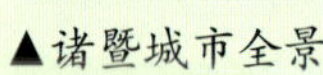
▲诸暨城市全景

新 昌 县

▲高效生态农业不断推进

新昌位于浙江东部，区域面积1213平方公里，人口 43.4万，下辖16个乡镇，416个行政村，地貌结构为“八山半水分半田”。由于山多地少、自然条件差，九十年代初期仍为全省次贫县。近几年来，新昌人民闯新路，求发展，走出了一条符合实际的发展路子，经济社会快速发展。1997年被确定为省定小康县，2001年进入全国百强县行列，2002年前进了10位，2003年名列百强县第82位，2004年上升到69位。2005年全县实现生产总值122亿元，人均生产总值2.8万元，财政总收入11.41亿元，城镇居民人均可支配收入17153元，农民人均收入6489元。

新昌风景秀丽，素称“东南眉目”，拥有自然景观和人文景观300多处，可供旅游面积120平方公里。全县拥有三个省级风景名胜区，其中大佛寺景区是国家4A级旅游区，沃洲湖景区被命名为国家级水利风景区，穿岩十九峰景区被批准为国家地质公园。2005年接待游客214万人次，旅游总收入超过14.9亿元。

新昌是中国名茶之乡、长毛兔之乡、桂花之乡、高山茭白之乡、小水电之乡和全国山区综合开发示范县。现已形成茶业产业、名优水果、高山蔬菜、花卉苗木、长毛兔、珍稀水产等特色产业竞相发展的农业格局。出产的大佛龙井是浙江省十大名茶之一，全县拥有良种茶园10万亩，生产名茶近5000吨。

新昌是全国的医药强县、纺机基地、轴承之乡、冷配大县和汽车零配件生产基地。拥有上市企业4家，其中新和成股份被称为深圳“中小企业板第一股”。2005年销售收入超亿元企业24家，纳税超千万元企业17家。全县拥有1个省级高新技术产业园区，2个国家级高新技术产业成果转化基地。现有省级以上高新技术企业21家，其中国家级高新技术企业13家。

新昌的教育文化事业名声在外，是浙江省教育强县，科技综合实力在全省名列前茅，2004年被认定为国家科技进步示范县。近年来，新昌认真贯彻落实科学发展观，积极创建经济强县和文化大县，努力打造生态新昌和平安新昌，不断推进社会主义新农村建设，经济社会既快又好发展，新昌人民正在谱写一曲走向富庶和小康的壮丽之歌！

▲全国最大的制冷空调控制元件生产基地

▲全国10强纺机企业新昌占了3强，生产的倍捻机占国内产品市场覆盖率的80%以上

▲新昌小型轴承门类齐全，产量占全国的20%,80%的产品远销欧美

详细地址：浙江省新昌县城关镇人民中路190号
法定代表人：夏久传
邮政编码：312500
联系电话：0575-6024354

▲新昌全景图

义乌市

过去的一年，是见证义乌经济新一轮上升足迹的一年，是义乌在科学发展道路上阔步前行的一年。

2005年，经受了国际市场动荡冲击，克服了土地等资源要素严重制约和各种不利因素的义乌，牢固树立科学发展观，深入实施省委“八八战略”，加快建设文化大市，全面打造“平安义乌”，努力构建和谐社会，切实提高党的执政能力，继续保持了国民经济的旺盛活力和快速增长，经济社会快速协调健康发展。

2005年，也是检验“十五”计划提出的各项目标任务是否得到圆满完成的一年。“十五”期间，义乌经济社会取得的辉煌成就和发生的历史性变化，让义乌在即将进入一个新的五年经济发展周期时站在了一个新的、更高的历史起点上。

一个改革的义乌，正在不断积聚发展的新动力；一个开放的义乌，已经融入世界经济搏技的大舞台。

——2005年，全市地区生产总值300.1亿元，同比增长15.1%，完成财政总收入35亿元，其中地方财政收入19.5亿元，分别同比增长17.9%和17.2%。

——城镇居民人均可支配收入19010元，农民人均纯收入7735元。

——全市金融机构存款余额586.2亿元，贷款余额355.8亿元，分别比年初增长102.8亿元和49.7亿元。

立足2005年，回首“十五”，义乌的区域经济综合实力大幅度提高。

“十五”时期，全市GDP年均增长15.3%，财政收入年均增长31.5%，人均GDP已经突破5400美元，成为区域经济的重要增长点。城市竞争力列浙江省县级市首位，综合实力居全国百强县市第15位，并进入了提升经济素质、加快向世界中等发达国家水平迈进的转型发展期。

新的一年，义乌市委、市政府制定出了新的工作要求：以“三个代表”重要思想为指导，贯彻落实党的十六届五中全会和中央经济工作会议精神，以科学发展观总揽全局，把握新形势，立足新起点，确立新任务，落实新举措，树立新作风，加快产业结构升级优化，推进社会主义新农村建设，深化改革扩大开放，全面创建生态市，建设文化大市，打造“平安义乌”，构建和谐社会，加快国际性商贸城市建设步伐。

新任务，新要求，新目标，新突破。

全面做好2006年工作，市委、市政府在牢牢把握发展新形势、立足发展新起点的基础上明确确立了“争取八个方面继续保持领先地位”的新的发展任务：综合实力领先，市场发展领先，国际化发展领先，城乡统筹领先，社会事业发展领先，制度创新领先，生态建设领先和社会和谐领先。

▲绣湖

详细地址：浙江省义乌县前街21号
法定代表人：吴蔚荣
邮政编码：322000
联系电话：0579-5522174

▲体育中心

义乌市

▲义乌城市风貌

▲义博会

▲会展中心

温岭市

2005年，全市实现生产总值305.4亿元，比上年增长12.7%；财政总收入29.42亿元，增长13.1%，其中地方财政收入13.48亿元，增长14.3%；城镇居民人均可支配收入18757元，农民人均纯收入7556元，分别增长10.2%和7%。

认真贯彻中央、省委两个1号文件精神，及时出台“三农”扶持政策，重视粮食安全，安排生产性资金3000多万元，推进农业规模化、标准化、品牌化生产，获国家级有机食品认证1个，新增绿色食品13个。2005年，实现工业总产值843.06亿元，增长16.8%，其中规模工业产值397.29亿元，增长25%，产值超亿元企业增加20家。外向型经济持续发展，实现自营出口总额10.01亿美元，增长33.8%，实际利用外资4918万美元。实现第三产业增加值115.82亿元，增长16.6%，全社会消费品零售总额106.86亿元，增长15.8%。全年接待游客303.13万人次，旅游经济收入25.01亿元，长屿硐天—方山被评为国家级重点风景名胜区。“十村示范、百村整治”工程深入开展，新增省级示范村9个，生态市建设全面推进，国家级生态示范区创建通过验收。全市初升高比例达92.2%，高考、高职升学率均居全省前列，通过省教育强市复查验收。社会保障体系不断健全，养老保险基本全覆盖通过省政府验收，被征地农民参加养老保险达1.16万人，新型农村合作医疗参保率达92.2%，社会医疗救助工作启动实施。

今后一段时期，温岭将紧紧围绕经济建设、中等城市建设、新农村建设三大主体任务，努力打造节约型、环境友好型、创新型城市，力争在全面建设小康社会与和谐社会中走在全省前列，为提前基本实现现代化奠定坚实的基础。

▲建设中的滨海新城

▲长屿硐天(国家4A级风景区)

▲中国优秀旅游城市

详细地址：浙江省温岭市太平街道方城路58号
法定代表人：叶海燕
邮政编码：317500
联系电话：0576-6214413

▲中国大陆新千年新世纪第一缕曙光首照地——石塘

丽水市

详细地址：浙江省丽水市城东路99号
法定代表人：刘希平
邮政编码：323000
联系电话：0578-2106346

▲毛竹林基地

▲景宁县旅游——畲乡漂流

▲仙宫湖

龙泉市

▲龙泉

龙泉市位于浙江省西南部浙闽赣边境，东临浙江温州经济开发区，西接福建武夷山风景旅游区。全市辖三个办事处八镇八乡444个行政村，人口27.55万，面积3059平方公里，为浙江省面积第二大县级市。

龙泉是浙江省历史文化名城，历史悠久，人文厚重，于唐乾元二年（公元759年）置县，1990年12月，撤县设市。龙泉因剑得名，因瓷生辉，是著名的青瓷之都、宝剑之乡。

龙泉资源丰富，风光旖旎，自古即有“处州十县好龙泉”之美誉，是中国摄影家创作基地。境内林木蓄积量1018万立方米，居浙江省首位，素有“浙江林海”之称。龙泉气候温和、雨量充沛、溪流纵横，是瓯江、闽江、乌溪江（钱塘江水系）三江源头。凤阳山是国家级自然保护区，也是八百里瓯江的发源地，主峰黄茅尖海拔1929米，为“江浙第一高峰”。保护区内森林茂密，古木参天，保存有大面积的原始森林和原始次生林，被专家称为“华东地区古老植物的摇篮”。龙泉还是世界香菇生产发源地和“中华灵芝第一乡”。

▲牡丹青瓷餐具

改革开放以来，尤其是实施“二次创业”和“生态立市、工业强市、旅游兴市”的发展战略以来，形成了汽摩配、竹木制品、青瓷宝剑三大主导产业，太阳伞、木制玩具、医药化工、数据电缆、农产品深加工等区域特色产业也有相当的市场竞争力，全市的政治、经济、文化和社会各项事业发展迅速，取得了令人瞩目的成就。

详细地址：浙江省龙泉市行政中心大楼
法定代表人：梁忆南
邮政编码：323700
联系电话：0578-7262190

▲龙泉宝剑

浙江浙能富兴燃料有限公司

▲董事长兼总经理：张谨

浙江浙能富兴燃料有限公司成立于2004年7月26日，是浙江能源集团有限公司绝对控股的燃料经营企业。由浙江兴源投资有限公司代表浙江能源集团投资80%、浙江富兴电力燃料有限公司投资20%组建成立，注册资本8000万元。

浙能富兴燃料有限公司是在电力体制改革后，浙江能源集团重新整合浙江煤炭产业的基础上新组建的煤炭经营企业。是省能源集团四大板块产业中煤炭板块的主体。公司以原浙江富兴电力燃料有限公司和原浙江省煤炭开发公司的人员和资产为基础组建而成，以经营浙江能源集团所属发电企业及浙江省境内的其他发电企业的燃料供应业务为主。

▲与神华公司签署中长期合作协议

公司以保障全省发电企业用煤需要为主业，坚持以市场为导向，以确保安全发电为中心，以良好的经济效益和社会效益为目标。公司注重信誉建设，突出服务意识，强化品牌意识，依托原浙江富兴电力燃料有限公司和浙江省煤炭开发公司的既有优势，不断拓展经营领域，增强市场竞争力，努力保障浙江电力燃料的安全稳定供应，使公司逐步成为经营领域多元化、供销一体化的跨行业、跨地区、跨所有制的经营实体，努力为保证浙江电力需求和全省经济发展做出积极贡献。公司2004年销售燃煤将达到2700余万吨，销售收入将达到90亿元。

详细地址：浙江省杭州市中山北路109号
法定代表人：张　谨
联系电话：0571-87089988
传真号码：0571-87913888
邮政编码：310003

公司所属运煤船舶停靠电厂码头作业

中国人寿保险股份有限公司
浙江省分公司

中国人寿保险股份有限公司2003年12月成功在美国纽约和香港两地同时上市，是我国内地2003、2004、2005年连续三年入选世界500强的唯一的保险企业，2005年名列第212位，总部设在北京。在全国拥有超过66.8万名个人代理人、8200多个营销网点、4000多家分支机构、12000多名直销人员及91000多家分布在商业银行、邮局、信用社、旅行社、酒店和航空公司的销售网点，主要经营人寿保险、人身意外伤害保险和健康保险三大类业务。2005年保费收入逾1609亿元，公司资产达5200亿元。

中国人寿保险股份有限公司浙江省分公司是隶属于中国人寿保险股份有限公司的省级分支机构，下辖10个市（地）分公司（不含宁波），63个县（市、区）支公司，目前共有职工3508名，个人代理人逾27000名。近年来，浙江省分公司不断强化竞争意识，拼搏进取，开拓创新，业务规模迅速扩张，经济效益不断提升，保费收入、市场占有率、保险深度、密度等经营指标名列中国人寿公司系统前茅。 2005年，保费收入突破112.97亿元，市场份额为66.32%。

服 务 靠 品 牌 诚 信 在 国 寿

详细地址：浙江省杭州市青春坊33幢
法定代表人：王 伟
邮政编码：310003
联系电话：0571-87216472
24小时服务专线：95519

浙江统计年鉴
ZHEJIANGTONGJINIANJIAN
2006

中国建设银行
China Construction Bank
浙江省分行

中国农业银行浙江省分行

中国农业银行浙江省分行是一家城市业务与农村业务联动、国际业务与国内业务一体、传统业务与新兴业务并举、业务范围广泛、服务功能齐全，能够为社会提供多功能、全方位服务的实力雄厚、经营稳健、信誉卓著、效益显著的综合性国有商业银行省级分行。2006年，作为浙江金融系统唯一一家单位荣获全国五一劳动奖状。

至2005年底，全行总资产2813亿元，各项存款（含同业）2620亿元，各项贷款1887亿元，国际结算153亿美元，银行卡发卡量1483万张，经营利润50.67亿元，资产质量、经营业绩居全国农行省市分行首位，列全省金融机构前茅。成本收入比、资产利润率、经济资本回报率、不良资产率等多项指标达到或超过银监会对股份制商业银行的监管要求。代收付、代保管、代客理财、国内外结算、电子商务、信息咨询、工程预决算等100多个中间业务品种，金钥匙、金光道、金穗、金e顺“金”品牌系列特色产品，95599网上银行、电话银行、手机银行先进服务平台，为广大客户提供便利的金融服务。987家营业网点、1000多台ATM及自动银行联网运行，与全球100多个主要国家和地区的5000多家境外银行建立代理行关系，直接进行业务往来，形成了城乡联动、国内外结合的开放式经营格局。电子技术全面覆盖业务处理、经营管理等各个领域，对公、储蓄、银行卡和中间业务等所有业国联网作业，全面构筑现代商业银行信息系统框架。员工队伍整体素质明显提高，培养和造就了一大批高级金融管理人才，为可持续发展提供了充足的人力资源。

进入新的发展阶段，中国农业银行浙江省分行将继续秉承以市场为导向、以客户为中心的经营理念，凭借先进的技术力量、雄厚的资金实力、丰富的金融产品和客户至上的理念，为广大客户提供诚信、周到、优质、高效的金融服务。伴客户成长，与时代同行，努力为浙江社会和经济发展做出新的贡献。

详细地址：浙江省杭州市长庆街55号
法定代表人：郑家祥
邮政编码：310003
联系电话：0571-87226000　87226001
传真号码：0571-87226177
企业网站：www.abchina.com

浙江省农村信用社联合社

浙江省是全国首批8个深化农村信用社改革试点省份之一，在浙江省政府的领导和银监会的指导下，在推进以产权制度改革为核心的农村信用社改革中，到2005年底，浙江省共组建了26家农村合作银行、42家统一法人信用联社，经规范保持两级法人联社13家。浙江省81家县（市、区）农村信用联社、农村合作银行及所属的遍布我省乡镇、城市的4023个营业网点和 37000多名员工，正以崭新的面貌在省农信联社的率领下奋进在改革和发展的征程中。

浙江省农村信用社联合社以提高对建设社会主义新农村的贡献度为目标，致力于指导全省农村合作金融机构“改制不改根，换牌不换心”，以服务“三农”为宗旨，为推进农业产业化、农村工业化、城乡一体化发展，在更高的层次上继续发挥着浙江省农村金融的主力军和联系农民的金融纽带的作用。2005年12月底，浙江省农村合作金融系统各项存款余额3173亿元、各项贷款余额2311亿元，在浙江省各金融机构中均排第二位，其中农业贷款余额841亿元，占全省各金融机构农业贷款的99.86%，比上年提高0.8个百分点；全省农村合作金融机构贷款中乡镇中小企业贷款已占50.84%。浙江省农村合作金融系统经营效益在全国农村合作金融系统中名列第一。

详细地址：浙江省杭州市环城北路292号
法定代表人：朱范予
邮政编码：310006
联系电话：0571-85866910

▲省委常委、常务副省长章猛进同志一行来到省农信联社看望和慰问正在进行年终决算的员工，对省农信联社新一年的工作提出希望和要求

▲浙江省农村信用社联合社认真履行管理、指导、协调和服务的职能，组织农村合作银行、信用联社研究改革与发展中的困难和问题

浙江省交通投资集团有限公司

▲浙江省交通投资集团有限公司董事长

该集团是根据浙江省人民政府浙政发［2001］42号《关于组建浙江省交通投资集团有限公司的通知》组建的一家省级交通类国资营运机构，2001年12月29日正式登记注册，注册资金50亿元。

该集团是以原浙江省高等级公路投资有限公司为主体，吸纳省交通厅其它4家直属企业组建而成。旗下现有24家全资、控股子公司。并参股投资了浙商银行股份有限公司（最大股东之一）、浙江杭州杭千高速公路发展有限公司、浙江杭浦高速公路有限公司。

该集团主要经营高速公路投资、经营、维护、收费及配套服务，交通工程建设、施工、物资经营，远洋、沿海运输及高速公路客运等。集团组建以来，按照省委、省政府“建设大交通、促进大发展”的战略构想，切实承担着国有资产保值增值和在全省高速公路网络建设中发挥主导作用这两大使命，并将其作为实施“八八战略”和建设“平安浙江”的具体实践，努力为全省提前实现现代化当好先行。旗下通车高速公路里程从组建时的507公里，发展到目前的1382公里，占全省通车高速公路总里程的74%；投资在建的高速公路项目总里程1150公里，占全省在建高速公路的64%；沿海、远洋运输船舶总载重吨从组建时的47万吨，发展到目前的190万吨，居全国省级同类企业前列。集团总资产从242.4亿元发展到649亿元，所有者权益从106.5亿元发展到168亿元，分别增长了164%和58%，资产规模和企业实力在本省名列前茅。

该集团以资本经营为核心，高等级公路投资经营为重点，着力开发以高速公路为依托的道路运输、交通工程建设和相关产业协同发展的公路产业带经济，积极发展沿海和远洋运输，不断向附加值和技术含量较高的领域拓展，逐步发展成为主业突出、多元化经营、母子公司协调发展的跨地区、跨行业、跨所有制和跨国经营的大企业集团，在全省高速公路领域充分发挥了主力军的作用，为浙江经济和社会的快速发展，为实现城乡统筹、全面建设小康社会，作出了应有的贡献。

详细地址：浙江省杭州市文晖路303号
法定代表人：陈继松
邮政编码：310014
联系电话：0571-85391286

浙江省交通投资集团有限公司

▲黄金通道

▲海上丝路

▲高速风采

华立集团股份有限公司

从第一台DD16型电能表产品诞生，到如今正成长为初具国际竞争力的跨国公司，华立已经走过了36年的发展历程。36个春夏秋冬，华立人走过坎坷与艰辛，走向辉煌和灿烂。

目前，华立已经发展成为一家“多元化投资、专业化经营、差异化管理”的跨国界的民营股份制企业，总资产已超过100亿，员工12000余人，控股国内华立控股（股票代码000607）、华立科技（股票代码600097）、昆明制药（股票代码600422）、武汉健民（股票代码600976）四家A股上市公司。产业涉及医药、仪表及系统、信息电子、化工、房地产等领域。主要研发、生产基地分布在浙江、上海、重庆、云南、湖北、四川、广东、海南等地，在香港、泰国、美国、加拿大、法国、以色列、阿根廷、印度和尼日利亚等国家和地区，设有制造工厂、公司、研究机构。2005年，华立集团共实现营业收入110亿元。

华立集团旗下的“华立”和“健民”是中国驰名商标；华立牌电能表是“中国名牌”产品和“出口免验产品”，华立是全球产能最大的电工仪表制造商，电能表的主要经济指标已连续14年名列国内同行首位；“昆药”牌系列天然药物是“中国最具影响力行业十大知名品牌”。

经过5年的精心培育，2005年华立医药产业的营业收入已占整个华立集团总销售收入的近40%。未来几年，华立在发展好仪表及系统等产业的同时，将大力推进以植物药、中药为特色的医药产业的发展。

随着经济全球化的发展，全体华立人将锐意进取、奋发向上，用“共识、共和、共创、共享”的企业精神激励自我，用“增进社会福祉，实现人生价值”的企业宗旨鞭策自我，积极推进“技术创新、资本经营、国际化”三大战略，为实现“创全球品牌、树百年华立”的宏伟目标而不懈努力！

▲华立公用计量仪表现代化车间

华立集团股份有限公司

详细地址：浙江省杭州市莫干山路501号
法定代表人：汪力成
邮政编码：310005
联系电话：0571-88900734
网　　址：www.holley.cn

▲华立集团总部大楼

▲华立在赤道上的广告牌，标志着华立国际化进程迈出新的步伐

▲华立碧水铭苑实景

浙江省统计学会

▲省统计学会七届五次常务理事会

浙江省统计学会成立于1981年4月20日，是组织开展统计科学研究和统计学术交流的群众性学术团体，是自愿结成的非营利性社会组织。王永明副省长任本会名誉会长。

学会宗旨：团结和组织全省统计理论工作者和实际工作者，以马克思列宁主义、毛泽东思想、邓小平理论和“三个代表”重要思想为指导，与时俱进，树立和落实科学发展观，贯彻执行党的基本路线和国家法律、规章、政策，遵守社会道德风尚，理论联系实际开展统计科学研究活动，交流普及统计科学知识，提高统计科学水平，为建设有中国特色的社会主义现代化事业服务。

业务范围：

一、组织、指导、推动会员积极参加统计科学研究活动；

二、总结、交流、推广统计科学研究成果和统计工作经验，介绍国内外统计学术动态；

三、举办统计科学讨论会、热点问题研讨会和统计学术报告会；

四、普及统计科学知识，开展统计业务培训，组织编印统计科普资料；

五、开展统计咨询服务；

六、组织优秀统计科研成果和学会工作先进集体、先进个人评选奖励活动；

七、指导或联合地方和专业统计学会开展统计学术活动；

八、组织会员参加中国统计学会、省社科联等单位开展的有关活动；

九、协助办好《浙江统计》杂志。

目前，省统计学会拥有个人会员725人，单位会员51家。学会每年组织开展全省统计学术类课题的立项研究和会员的培训考察活动、召开常务理事会议和全省统计学会秘书长工作会议，每两年组织召开一次全省统计科学讨论会，每三年组织开展全省性统计学术研究成果评奖活动，每四年召开会员代表大会进行换届选举。此外，还不定期举办小型学术研讨、知识讲座、专题报告、科普宣传等活动，编辑出版统计研究成果和统计信息资料，积极组织参加中国统计学会、华东地区统计学会联席会议和省社会科学界联合会的各项活动。近年来，先后被中国统计学会、省社科联等评为“全国先进统计学会”、“学术研究先进集体”、“科普咨询工作先进集体”。

详细地址：浙江省杭州市教工路79号
邮政编码：310012
联系电话：0571-56774712 56774710
传真电话：0571-88078877

▲奖牌

浙江省统计研究与信息发布中心

▲中心主要成员

浙江省统计研究与信息发布中心由浙江省统计局统计科学研究所与浙江省统计信息咨询中心合并后成立，属纯公益性事业单位，与省统计学会秘书处合署办公。

中心在省统计局的领导下，根据需要为党政领导和社会公众提供统计服务，承担社会经济信息的评价与发布，组织开展统计科研、统计学术交流、统计信息资源开发及统计科研成果评奖等工作。

主要职能：

一、执行党和国家的科研方针和政策，组织实施国家统计局和省统计局统计科研计划与任务；

二、承担全国性统计科研活动的组织发动、论文征集和推荐工作，承接全国性（含国际性）科学规划基金项目、国家统计局科研课题及省社科联、省科委等省委、省政府有关部门的课题；

三、负责省级统计科研课题的立项、检查、鉴定、结项和成果的推广应用，定期发布全省统计科研课题指南；

四、组织开展统计学理论、统计工作实务和社会经济问题的科学研究，会同省统计学会举办全省性的统计科学讨论会和统计业务专题研讨会；

五、组织开展全省性统计科研成果评奖活动，编辑出版全省优秀统计科研成果；

六、负责全省各级统计局、业务主管部门、大专院校以及企事业单位统计科研爱好者的业务指导，以及与省外及国际间的统计科研学术交流与合作；

七、制定并组织实施全省统计科研工作规章制度，管理全省统计科研工作的重要资料和文件。

八、组织开展统计信息的评价、发布和社会服务。

详细地址：浙江省杭州市教工路79号
邮政编码：310012
联系电话：0571-88211866 56774710

浙江省统计局社情民意调查中心（筹）

▲金汝斌局长看望中心工作人员。从左至右许均田（研发中心主任）、王杰（副局长）、金汝斌、李新（办公室主任）

浙江省社情民意调查中心（筹）是浙江省统计局下属从事社情民意调查的专业机构。主要运用计算机辅助电话调查系统(CATI)开展民意调查，是新时期政府立党为公、执政为民，推进政府统计为社会公众服务的一项重要工作。

CATI (Computer Assisted Telephone Interviewing System)是计算机辅助电话调查系统的简称。CATI系统通常的工作形式是：访员坐在计算机前，面对屏幕上的问卷，向被访者读出问题，并将受访者的回答结果记录到计算机中去；督导在另一台计算机前对整个访问工作进行现场监控。通过该系统调查可以以更短的时间，更少的费用，得到更加优质的访问数据。所得数据可被各种统计软件直接使用。

更高的访问覆盖

它可以使我们样本抽样不再受到地理的限制，帮助我们访问到一些我们很难见到面的被访者。

访问工作变得更加轻松

由于访问员被集中在一个计算机电话访问室里，无需为一些繁琐行程安排而烦恼。

争取更多宝贵时间

问卷调查全过程，如抽样、问卷设计、执行、配额、样本监控、录入、统计都实现了高度智能化。可以快速得到所需数据。

降低调研成本

不但节省了差旅、礼品、场地费、纸张、印刷等费用，也减少了 访员培训成本，提高访问效率。 同时可以降低督导的工作强度。

科学地完成调研，实现传统形式难以实现的功能

高度智能化，可以使人脑很难完成的复杂访问变得简单易行。如：问卷、问题、选项的复杂抽取；多重条件决定的跳题等。

保证调研质量，降低人为失误

在访问过程中系统实现主动控制逻辑关系，大大提高了调研质量。由于系统具有的强大监控功能，使访员出错的可能性也大大的降低。

丰富的访问管理数据，加强了访问管理

通过即时性的话务统计、样本统计和答卷统计，可尽早发现项目中存在的问题，及时进行调整，保证项目顺利进行。

建立个性信息库

每次访问后的样本，不会再被白白的浪费，系统会把它们自动记录下来，供今后研究使用。

建立自己的研究模型库，实现知识资本的积累

较好的或常用的模型可保存在系统里，以备随时使用，保证知识资本的更大利用率和积累。

降低拒访率

因为有了这样一个 "聪明"助手的帮忙，访问员可以将更多的精力投入到与被访者的沟通上了，拒访率降低也是必然的。

实现对员工和访员的科学管理

科学的权限管理，使员工做到各司其职。对访员工作的统计，客观、及时、公正，保证了每一个访员的工作积极性。

详细地址：浙江省杭州市教工路79号
邮政编码：310012
联系电话：0571-56760851 56760852

编　者　说　明

一、《浙江统计年鉴－2006》是一部全面反映浙江国民经济和社会发展情况的资料性年刊，本年鉴收录了浙江及各市、县 2005 年经济和社会各方面大量的统计数据，以及改革开放以来浙江主要统计数据。

二、全书内容分为 18 部分，即：1. 综合；2. 人口和从业人员；3. 固定资产投资；4. 价格；5. 人民生活；6. 农业；7. 工业和能源；8. 建筑业；9. 交通运输和邮电通信业；10. 批发、零售贸易和餐饮业；11. 对外经济贸易和旅游；12. 财政、金融和保险；13. 城市建设和环境保护；14. 教育、科技、专利、测绘和标准计量；15. 文化、体育和卫生；16. 档案、司法、社会福利和工会组织；17. 各市、县国民经济主要指标；18. 附录（企业统计情况及部分企业简介）。为便于读者使用，部分统计表下作了简要注释，每篇章后附有《主要统计指标解释》。

三、本年鉴对过去发表的统计资料重新予以核实，凡与本年鉴数据有出入的，以本年鉴为准。

四、本年鉴凡带续表的资料，如有注解均注在最后一张续表的下方。

五、本年鉴中符号使用说明："…"表示数据不足本表最小单位数；"#"表示其中主要项；"空格"表示该项统计指标数据不详或无该项数据。

《浙江统计年鉴》自公开出版以来，受到了社会各界的关心和支持，对年鉴编辑工作提出了许多宝贵意见，对此我们深表谢意。为进一步提高统计年鉴的编辑水平，欢迎读者继续对年鉴的不足之处给予批评和指正。

Preface

Zhejiang Statistical Yearbook 2006 is an annual statistics publication, which contains very comprehensive statistics of Zhejiang's social and economic development in 2005 and selected data since China adopted the policy of reforming and opening to the outside world.

The yearbook is composed of 18 parts. 1. General Survey 2. Population and Employment 3. Investment in Fixed Assets 4. Prices 5. People's Livelihood 6. Agriculture 7. Industry and Energy 8. Construction 9. Transportation, Posts and Telecommunications 10. Wholesale and Retail Sale Trade and Catering Trade 11. Foreign Economy and Trade, Tourism 12. Public Finance, Banking and Insurance 13. City Construction and Environment Protection 14. Education, Science, Patent, Surveying and Mapping and Standard Calculating 15. Culture, Sports and Public Health 16. Archives, Judicature, Social Welfare and Labour Union 17. Major Indicators of National Economy by City and County 18. Appendix. In addition, brief notes are placed at lower part of some tables and explanatory notes on main indicators are provided at end of each part.

The statistics in former statistical yearbook have been already checked. The data in Zhejiang statistical yearbook 2005 shall be regarded as authentic ones. The footnotes are placed at the last page, if the table is a continued one.

Notations used in this yearbook:

"…" indicates that the figure is not large enough to be measured with the smallest unit in the table. "#" indicates the major items of the total. "blank" indicates that the data not available.

Since issued openly, Previous Editions of Zhejiang Statistics Yearbook have enjoyed wide concern and support, all circles have made many valuable suggestions, we express heartfelt thanks. In order to enhance yearbook editorial level, we welcome all candid comments and criticism from our readers.

目　录
CONTENTS

一、综合
Chapter 1 GENERAL SURVEY

二、人口和从业人员
Chapter 2 POPULATION AND EMPLOYMENT

三、固定资产投资
Chapter 3 INVESTMENT IN FIXED ASSETS

四、价格
Chapter 4 PRICES

五、人民生活
Chapter 5 PEOPLE'S LIVELIHOOD

六、农业
Chapter 6 AGRICULTURE

七、工业和能源
Chapter 7 INDUSTRY AND ENERGY

八、建筑业

Chapter 8 CONSTRUCTION

九、交通运输和邮电通信业
Chapter 9 TRANSPORT,POSTS AND TELECOMMUNICATIONS

十、批发、零售贸易和餐饮业
Chapter 10 WHOLESALE AND RETAIL SALE TRADE AND CATERING TRADE

十一、对外经济贸易和旅游

Chapter 11 FOREIGN ECONOMY AND TRADE, TOURISM

十二、财政、金融和保险
Chapter 12 PUBLIC FINANCE, BANKING AND INSURANCE

十三、城市建设和环境保护
Chapter 13 CITY CONSTRUCTION AND ENVIRONMENT PROTECTION

十四、教育、科技、专利、测绘和标准计量
Chapter 14 EDUCATION, SCIENCE, PATENT, SURVEYING AND MAPPING AND STANDARD CALCULATING

十五、文化、体育和卫生

Chapter 15 **CULTURE, SPORTS AND PUBLIC HEALTH**

十六、档案、司法、社会福利和工会组织
Chapter 16 ARCHIVES, JUDICATURE, SOCIAL WELFARE AND LABOUR UNION

十七、各市、县国民经济主要指标
Chapter 17 MAJOR INDICATORS OF NATIONAL ECONOMY BY CITY AND COUNTY

ZHEJIANG STATISTICAL YEARBOOK
CHAPTER 1

综 合
General Survey

1. 综 合
General Survey

2005年全省生产总值	Gross Domestic Product	13437.85 亿元	(100 million yuan)
第一产业	Primary Industry	892.83 亿元	(100 million yuan)
第二产业	Secondary Industry	7166.15 亿元	(100 million yuan)
# 工业	Industry	6349.34 亿元	(100 million yuan)
第三产业	Tertiary Industry	5378.87 亿元	(100 million yuan)
2005年人均生产总值	Per Capita GDP	27703 元	(yuan)
2005年生产总值构成	Structure of Gross Domestic Product	100%	
第一产业	Primary Industry	6.6%	
第二产业	Secondary Industry	53.4%	
# 工业	Industry	47.2%	
第三产业	Tertiary Industry	40.0%	

全省生产总值 （亿元）

Gross Domestic Product (100 million yuan)

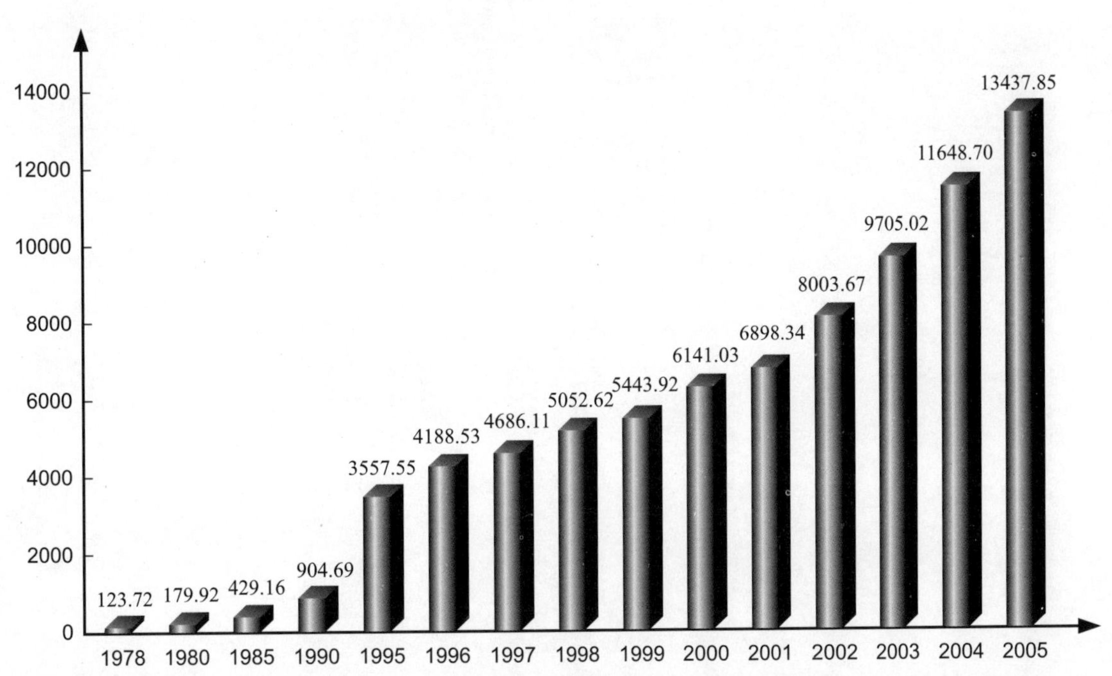

1－1　行政区划(2005 年底)

Divisions of Administrative Areas(End of 2005)

单位:个　　　　(unit)

地　区	Region	市辖区 Districts under City Administration	县及县级市 Counties (Cities)	建制镇 Towns	乡 Townships	村 Villages
合计	**Total**	**32**	**58**	**758**	**493**	**34515**
杭州市	Hangzhou	8	5	110	39	3681
宁波市	Ningbo	6	5	80	11	3075
温州市	Wenzhou	3	8	119	143	5322
嘉兴市	Jiaxing	2	5	53	1	953
湖州市	Huzhou	2	3	44	16	1046
绍兴市	Shaoxing	1	5	80	17	4077
金华市	Jinhua	2	7	69	37	4828
衢州市	Quzhou	2	4	52	65	2597
舟山市	Zhoushan	2	2	23	12	424
台州市	Taizhou	3	6	65	28	5036
丽水市	Lishui	1	8	63	124	3476

1-2 人口和自然资源
Population and Natural Resources

项　　目		Item		2005
人口		**Population**		
年末人口总数	（万人）	Year-end Population	（10000 persons）	4898.00
人口密度	（人/平方公里）	Density of Population	（person/sq. km）	481
土地		**Land**		
土地面积	（万平方公里）	Land Area	（10000 sq. km）	10.18
山区面积	（%）	Mountains Area	（%）	70.4
平原面积	（%）	Plains Area	（%）	23.2
河流湖泊面积	（%）	Rivers Area	（%）	6.4
气候（主要城市）		**Climate（Main Cities）**		
年平均降雨量	（毫米）	Total Precipitation	（millimeters）	1463
年平均气温	（摄氏度）	Average Temperature	（℃）	17.6
森林		**Forest**		
林地面积	（万公顷）	Area of Afforestated Land	（10000 hectares）	667.97
森林覆盖率	（%）	Forest-coverage Rate	（%）	60.5
林木蓄积量	（万立方米）	Total Standing Stock Volume	（10000 cu. m）	19382.93
水资源		**Water Resources**		
水资源总量	（亿立方米）	Hydropower Resources	（100 million cu. m）	1014.35
总供水量	（亿立方米）	Total Amount of Water Supply	（100 million cu. m）	209.91
用水量构成	（%）	Component of Water Use	（%）	
农田灌溉		Farmlands Irrigation		44.9
农牧渔畜		Agriculture, Animal Husbandry and Fishery		6.9
工业		Indrstry		27.7
居民生活		Consumption for Life		9.9
城镇公共用水		Urban Public Consumption		4.0
生态环境补水		Supplement for Ecological Environment		6.6
淡水已养殖面积	（千公顷）	Cultivated Freshwater Area	（1000 hectares）	205.21
海水已养殖面积	（千公顷）	Cultivated Seawater Area	（1000 hectares）	112.44
海岸线总长度	（公里）	Length of Mainland Coastline	（km）	6486
矿产资源（保有储量）	**（万吨）**	**Mineral Resources（Ensured Reserves）**	**（10000 tons）**	
铁矿石		Iron Ore		3759
煤		Coal		9438
沸石（矿石）		Zeolite		12704
叶蜡石（矿石）		Pyrophyllite		3337
普通萤石		Fluorite		2009
明矾石		Alumstone		9810
水泥用灰岩		Cement Limestone		254056

1－3　各市水资源总量(2001－2005年)

Total Amount of Water Resource by City(2001－2005)

单位:亿立方米　　　　(100 million cu. m)

城市	City	2001	2002	2003	2004	2005
合　计	**Total**	**936.82**	**1230.48**	**574.48**	**675.67**	**1014.35**
杭州市	Hangzhou	157.70	213.07	102.65	85.28	90.64
宁波市	Ningbo	75.70	100.47	29.31	67.96	92.60
温州市	Wenzhou	146.95	141.10	80.76	111.31	196.69
嘉兴市	Jiaxing	19.09	28.78	4.69	9.01	12.23
湖州市	Huzhou	33.37	46.70	21.35	23.41	29.63
绍兴市	Shaoxing	58.36	93.79	30.82	44.25	52.80
金华市	Jinhua	70.40	130.16	57.37	54.25	84.30
衢州市	Quzhou	90.69	146.18	81.50	64.84	87.05
舟山市	Zhoushan	6.45	12.55	1.70	5.86	8.53
台州市	Taizhou	93.95	101.02	36.30	80.23	141.00
丽水市	Lishui	184.16	216.66	128.03	129.27	218.88

1－4 各市供水总量(2001－2005 年)

Total Amount of Water Supply by City(2001－2005)

单位:亿立方米 (100 million cu. m)

城市	City	2001	2002	2003	2004	2005
合　计	**Total**	**205.35**	**208.01**	**205.98**	**207.78**	**209.91**
杭州市	Hangzhou	40.29	39.92	44.72	48.95	49.29
宁波市	Ningbo	18.36	18.25	18.08	19.56	20.17
温州市	Wenzhou	18.81	18.27	17.87	17.30	16.62
嘉兴市	Jiaxing	22.75	23.19	28.36	26.21	26.77
湖州市	Huzhou	18.21	18.04	17.64	18.41	17.76
绍兴市	Shaoxing	18.94	18.61	20.26	19.41	19.59
金华市	Jinhua	24.20	27.25	18.83	17.94	19.11
衢州市	Quzhou	15.04	16.26	15.94	14.86	15.45
舟山市	Zhoushan	1.50	1.54	1.46	1.40	1.41
台州市	Taizhou	18.04	17.67	15.39	16.11	15.36
丽水市	Lishui	9.21	9.01	7.43	7.63	8.38

1－5　主要城市平均气温(2005 年)

Average Temperature in Major Cities(2005)

单位:0.1 摄氏度　　　　(0.1℃)

城市名称 City		1 月 Jan.	2 月 Feb.	3 月 Mar.	4 月 Apr.	5 月 May	6 月 June	7 月 July	8 月 Aug.	9 月 Sep.	10 月 Oct.	11 月 Nov.	12 月 Dec.	年平均 Annual Average
杭州	Hangzhou	32	45	97	191	211	273	297	283	271	188	150	54	174
宁波	Ningbo	40	53	95	184	208	261	305	285	270	198	160	58	176
温州	Wenzhou	69	82	100	182	208	250	295	280	274	213	178	90	186
嘉兴	Jiaxing	26	42	89	176	204	261	290	278	262	187	147	46	167
湖州	Huzhou	21	38	87	181	209	266	286	275	259	178	139	39	165
绍兴	Shaoxing	29	45	94	191	212	270	299	285	267	186	152	50	173
金华	Jinhua	35	54	103	202	217	271	308	287	279	198	156	64	181
衢州	Quzhou	34	54	98	194	212	265	299	282	275	195	149	59	176
舟山	Zhoushan	46	53	85	161	194	242	283	273	260	198	160	64	168
丽水	Lishui	48	76	111	204	222	269	307	289	280	204	164	74	187
临海	Linhai	53	68	102	185	211	259	301	282	273	205	166	69	181

注:本表由省气象局整理提供。表 1－6 至 1－7 同。
The data on this table are provided by Provincial Meteorological Bureau. Table from 1 －6 to 1 －7 are the same.

1－6 主要城市降水量(2005年)
Precipitation in Major Cities(2005)

单位:0.1毫米 (0.1millimeters)

城市名称 City		1月 Jan.	2月 Feb.	3月 Mar.	4月 Apr.	5月 May	6月 June	7月 July	8月 Aug.	9月 Sep.	10月 Oct.	11月 Nov.	12月 Dec.	全年 Annual Total
杭州	Hangzhou	782	1554	706	727	995	262	2407	1331	601	803	822	396	11386
宁波	Ningbo	871	1607	743	1115	1208	295	1206	2707	1691	1022	1088	421	13974
温州	Wenzhou	843	1232	1155	813	3429	2516	3748	2261	1731	2319	457	434	20938
嘉兴	Jiaxing	503	1439	559	542	1027	390	1338	2092	1192	351	400	236	10069
湖州	Huzhou	575	1546	474	558	1323	790	2385	938	603	921	313	328	10754
绍兴	Shaoxing	961	1718	835	1401	1251	376	1423	2819	1249	1074	845	544	14496
金华	Jinhua	875	1953	1381	1065	2628	2098	660	1347	189	321	889	563	13969
衢州	Quzhou	930	2354	1490	634	2863	2005	314	599	381	280	892	518	13260
舟山	Zhoushan	800	1458	680	630	843	236	493	4465	1938	919	715	470	13647
丽水	Lishui	957	1236	1114	1228	2412	2266	1219	1697	653	842	585	478	14687
临海	Linhai	842	1078	914	1439	3128	2068	3326	5372	2910	1727	448	529	23781

1－7 主要城市日照时数(2005 年)

Sunshine Hours in Major Cities(2005)

单位:0.1 小时 (0.1hours)

城市名称 City		1 月 Jan.	2 月 Feb.	3 月 Mar.	4 月 Apr.	5 月 May	6 月 June	7 月 July	8 月 Aug.	9 月 Sep.	10 月 Oct.	11 月 Nov.	12 月 Dec.	全年 Annual Total
杭州	Hangzhou	924	561	1613	2002	1240	2164	1808	1564	1970	1329	1026	1418	17622
宁波	Ningbo	977	590	1476	2025	1311	2294	2365	1797	2127	1624	1084	1319	18989
温州	Wenzhou	865	426	995	1539	670	1586	2289	1302	1788	1268	859	1035	14622
嘉兴	Jiaxing	1177	794	1796	2262	1682	2522	2141	1994	2215	1724	1335	1466	21108
湖州	Huzhou	1085	728	1712	1913	1520	2056	1760	1447	1729	1447	983	1503	17883
绍兴	Shaoxing	867	557	1561	2105	1382	2609	2442	1853	2519	1535	1170	1551	20151
金华	Jinhua	667	370	1130	2011	986	2077	2601	1710	2209	1571	913	1488	17733
衢州	Quzhou	726	459	1222	2085	1032	1876	2606	1947	2378	1719	951	1563	18564
舟山	Zhoushan	1165	666	1671	2283	1433	2276	2372	1883	2170	1754	1339	1357	20369
丽水	Lishui	512	428	964	1721	682	1707	2489	1733	1985	1146	608	1262	15237
临海	Linhai	1010	540	1278	1684	853	1729	2183	1410	2066	1457	781	1154	16145

1－8 国民经济和社会发展总量与速度

指　标		Item		1978	1990
人口		**Population**			
年末总人口	（万人）	Year－end Population	（10000 persons）	3750.96	4234.91
年末从业人员数	**（万人）**	**Year－end Employment**	**（10000 persons）**	**1794.96**	**2554.46**
全省生产总值	**（亿元）**	**Gross Domestic Product**	**（100 million yuan）**	**123.72**	**904.69**
第一产业		Primary Industry		47.09	225.04
第二产业		Secondary Industry		53.52	408.18
第三产业		Tertiary Industry		23.11	271.47
人均生产总值	**（元）**	**Per Capital GDP**	**（yuan）**	**331.0**	**2138.0**
交通运输		**Transportation**			
旅客周转量	（亿人公里）	Turnover Volume of Passenger Traffic	（100 million passenger-km）	66.68	257.29
货物周转量	（亿吨公里）	Turnover Volume of Freight Traffic	（100 million ton-km）	164.19	400.65
全社会固定资产投资总额	**（亿元）**	**Total Investment in Fixed Assets**	**（100 million yuan）**	**23.23**	**186.96**
财政收支		**Finance**			
财政总收入	（亿元）	Financial Revenue	（100 million yuan）	27.45	101.59
#地方财政收入	（亿元）	Local Financial Revenue	（100 million yuan）	27.45	101.59
财政支出	（亿元）	Financial Expenditure	（100 million yuan）	17.43	80.23

1 – 8 Main Aggregate Indicators on National Economic and Social Development and Their Related Indices

1995	2000	2004	2005	指数 Indices(2005 年为以下各年%)(2005 as Percentage of the Following Years)			1979 – 2005 平均年增长(%)Average Annual Growth Rate(%)	2001 – 2005 平均年增长(%)Average Annual Growth Rate(%)
				1978	2000	2004		
4369.63	4501.22	4577.22	4602.11	122.7	102.2	100.5	0.8	0.4
2621.47	**2726.09**	**2991.95**	**3100.76**	**172.7**	**113.7**	**103.6**	**2.0**	**2.6**
3557.55	**6141.03**	**11648.70**	**13437.85**	**2822.4**	**184.6**	**112.8**	**13.2**	**13.0**
549.96	630.98	814.10	892.83	298.4	119.4	101.5	4.1	3.6
1854.52	3273.93	6250.38	7166.15	5979.2	192.9	112.7	16.4	14.0
1153.07	2236.12	4584.22	5378.87	3279.4	190.8	115.2	13.8	13.8
8149.0	**13416.0**	**24352.0**	**27703.0**	**2174.8**	**174.2**	**111.2**	**12.1**	**11.7**
483.06	606.73	795.32	848.49	1272.5	139.8	106.7	9.9	6.9
874.29	1199.74	2701.48	3416.9	2081.1	284.8	126.5	11.9	23.3
1357.90	**2267.22**	**6059.78**	**6696.25**	**28825.9**	**295.4**	**110.5**	**23.3**	**24.2**
248.50	658.42	1805.16	2115.36	7706.2	321.3	117.2	17.5	26.3
116.82	342.77	900.99	1066.60	3885.6	311.2	118.4	14.5	25.5
180.29	431.30	1063.10	1265.53	7260.6	293.4	119.0	17.2	24.0

1-8 续表

指 标	Item	1978	1990
贸易	**Trade**		
社会消费品零售总额 （亿元）	Total Retail Sales of Consumer Goods （100 million yuan）	46.86	353.75
进出口总额 （亿美元）	Total Imports and Exports Value （USD100 million）	0.70	27.73
#出口总额 （亿美元）	Total Exports Value （USD100 million）	0.52	21.89
价格指数	**Price Indices**		
居民消费价格指数（上年=100）	General Consumer Price Index（Preceding year=100）		102.1
城乡居民收入	**Living Standard**		
城镇居民人均可支配收入 （元）	Per Capital Disposable Income of Urban Households （yuan）	332	1932
农村居民人均纯收入 （元）	Per Capital Annual Net Income of Rural Households （yuan）	165	1099
教育和文化	**Education and Culture**		
高等学校在校学生数 （万人）	Students Enrollment in Institutions of Higher Education （10000 persons）	2.4	6.0
中等职业学校在校学生数（万人）	Students Enrollment in Specializad Secondary Schools （10000 persons）	2.8	6.7
普通中学在校学生数 （万人）	Student Enrollment in Regular Secondary Schools （10000 persons）	214.7	169.6
小学在校学生数 （万人）	Students Enrollment in Primary Schools （10000 persons）	501.4	372.4
报纸出版数量 （万份）	Number of Newspapers Published （10000 copies）	24080	66865
杂志出版数量 （万份）	Number of Magazines Published （10000 copies）	393	4716
图书出版数量 （万份）	Number of Books Published （10000 copies）	12033	19596

注：1. 本表价值量指标按当年价格计算，发展速度按可比价格计算。

2. 城镇居民人均可支配收入、农村居民人均纯收入发展速度均已扣除价格变动因素。

1－8 continued

1995	2000	2004	2005	指数 Indices(2005 年为以下各年%)(2005 as Percentage of the Following Years)			1979－2005 平均年增长(%)Average Annual Growth Rate (%)	2001－2005 平均年增长(%)Average Annual Growth Rate (%)
				1978	2000	2004		
1472.66	2553.59	4055.50	4631.69	9884.1	181.4	114.2	18.5	12.6
115.12	278.34	852.13	1073.91	153415.7	385.8	126.0	31.2	31.0
76.98	194.44	581.46	768.04	147700.0	395.0	132.1	31.0	31.6
116.6	101.1	103.9	101.3					
6221	9279	14546	16294	815.9	170.5	110.4	8.1	11.3
2966	4254	6096	6660	908.7	142.7	106.4	8.5	7.4
9.3	22.2	59.5	67.7	2820.8	305.0	113.8	13.2	25.0
13.9	14.8	12.8	12.9	460.7	87.2	101.0	5.8	-2.7
210.5	249.6	266.1	261.1	121.6	104.6	98.1	0.7	0.9
353.8	353.8	344.3	342.4	68.3	96.8	99.4	-1.4	-0.7
113514	173526	255639	264913	1100.1	152.7	103.6	9.3	8.8
8417	8736	8925	9016	2294.1	103.2	101.0	12.3	0.6
22608	27014	26919	27443	228.1	101.6	102.0	3.1	0.3

注:1. Figures in value terms are calculated at current price, while the indices and growth rates are calculated at comparable price.
2. The indices of per-capital Annual Disposable income of urban households and per-capital Annual net income of rural households are deducted the factor of changes in price.

1-9 国民经济社会发展结构指标

Structural Indicators on National Economic and Social Development

单位:%　　　　(%)

指　　标	Item	1978	1990	1995	2000	2004	2005
人口	**Population**						
城乡结构	Urban and Rural Structure						
城镇	Urban	14.5	31.2	32.6	48.7	54.0	56.0
乡村	Rural	85.5	68.8	67.4	53.3	46.0	44.0
性别结构	Sexual						
男	Male	51.9	51.8	51.7	51.5	51.2	51.2
女	Female	48.1	48.2	48.3	48.5	48.8	48.8
就业	**Employment**						
产业结构	Industrial Structure						
第一产业	Primary Industry		53.2	44.0	35.6	26.1	24.5
第二产业	Secondary Industry		29.8	33.7	35.5	43.6	45.1
第三产业	Tertiary Industry		17.0	22.3	29.0	30.3	30.4
国民核算	**National Accounting**						
生产总值产业结构	Industral Structure of GDP						
第一产业	Primary Industry	38.1	24.9	15.5	10.3	7.0	6.6
第二产业	Secondary Industry	43.3	45.1	52.1	53.3	53.6	53.4
第三产业	Tertiary Industry	18.7	30.0	32.4	36.4	39.4	40.0
居民消费结构	Structure of Resident Consumption						
农村居民	Rural Consumption	75.3	58.6	45.6	39.6	31.6	28.8
城镇居民	Urban Consumption	24.7	41.4	54.4	60.4	68.4	71.2
固定资产投资结构	Structure of Total Investment in Fixed Assets						
城镇	Urban Areas		51.0	55.9	68.3	66.9	71.8
乡村	Rural Areas		49.0	44.1	31.7	33.1	28.2
财政	**Government Finance**						
财政收入结构	Strucure of Government Revenue						
中央	Central Government			53.0	47.9	43.4	49.6
地方	Local Governments			47.0	52.1	56.6	50.4
利用外资	**Utilization of Foreign Capital**						
实际利用外资结构	Structure of Foreign Capital Actually Utilized						
对外借款	Loans From Abroad		69.6	18.0	35.0	30.6	41.8
外商直接投资	Direct Investment By Foreign Entrepreneurs		29.8	81.7	64.8	68.6	55.4
外商其他投资	Other Investment By Foreign Entrepreneurs		0.5	0.3	0.2	0.8	2.8

1－9　续表1　continued

指　　标	Item	1978	1990	1995	2000	2004	2005
产业	**Industrial**						
农业	**Agriculture**						
农林牧渔业产值结构	Structure of Gross Output Value of Agriculture						
农业	Farming	77.4	59.4	55.5	49.3	44.5	45.8
林业	Forestry	3.0	4.7	5.8	5.2	5.9	5.8
牧业	Animal Husbandry	14.3	23.7	16.3	17.4	20.9	20.0
渔业	Fishery	5.3	12.2	22.4	28.1	27.2	26.7
工业	**Industry**						
规模以上工业总产值结构	Structure of Gross Output Value of Industry Above Designated Size						
轻工业	Light Industry	60.2	65.2	62.7	54.1	46.0	46.0
重工业	Heavy Industry	39.8	34.8	37.3	45.9	54.0	54.0
建筑业	**Construction**						
建筑业总产值结构	Structure of Gross Output Value of Construction						
国有企业	State Owned Enterprise		25.4	16.0	10.6	3.8	3.2
集体企业	Collective－owned Enterprise		74.6	79.0	28.6	3.6	2.9
港澳台商投资企业	Enterprise With Funds From Hong Kong, Macao & Taiwan				0.8	0.2	0.2
外商投资企业	Foreign Funded Enterprise				0.5	0.8	0.8
其他	Other Enterprise			5.0	59.5	91.6	92.9
交通运输业	**Transportation**						
货运量结构	Structure of Freight Traffic						
按运输方式分	By Means of Transportation						
铁路	Railways	16.7	5.1	3.1	2.6	2.5	2.3
公路	Highways	31.8	68.3	72.3	73.5	67.0	64.6
水运	Waterways	51.5	26.6	24.6	23.9	30.5	33.1

1－9 续表2 continued

指　标	Item	1978	1990	1995	2000	2004	2005
国内商业	**Domestic Trade**						
社会消费品零售总额构成	Composition of Retail Sales of Consumer Goods						
市	Cities	20.8	43.3	53.7	54.6	63.5	65.8
县	Counties	30.9	13.7	9.7	9.8	11.1	9.9
县以下	Below Counties	48.3	43.0	36.6	35.6	25.4	24.3
对外经济贸易	**Foreign Trade**						
出口商品结构	Structure of Exports						
初级产品	Primary Goods		26.2	18.3	10.1	5.5	5.0
工业制成品	Manufactured Goods		73.8	81.7	89.9	94.5	95.0
进口商品结构	Structure of Imports						
初级产品	Primary Goods		17.8	27.2	24.2	19.1	19.7
工业制成品	Manufactured Goods		82.2	72.8	75.8	80.9	80.3
国际旅游	**International Tourism**						
来华旅游人数结构	Structure of Tourists						
外国人	Foreigners		23.5	54.5	57.2	64.2	66.9
港澳台同胞	Hong Kong and Macao Compatriots, Taiwan Compatriots		69.0	42.1	42.8	35.8	33.1
教育、科技、文化	**Education, Science and Culture**						
教育	**Education**						
在校学生结构	Structure of Student Enrollment						
大学生	College and University Students		1.1	1.5	3.2	7.7	9.1
中学生	Secondary School Students		32.9	39.5	43.9	46.0	44.6
小学生	Primary School Students		66.0	59.0	52.9	46.3	46.3

注：工业总产值1978－1995为乡及乡以上独立核算工业企业，2000－2005年为规模以上工业企业。
The gross industrial output value from 1978 to 1995 is calculated by industrial enterprises at township level and above, and the figures from 2000 to 2005 refers to industrial enterprise above designated size.

1－9 续表3 continued

指　标	Item	1978	1990	1995	2000	2004	2005
专任教师结构	Full－time Teachers By Type						
大学生	College and University Students	1.9	4.6	4.1	5.8	9.9	10.3
中学生	Secondary School Students	36.3	41.5	44.8	45.2	46.0	46.0
小学生	Primary School Students	61.8	53.9	51.1	49.0	44.1	43.7
生活	**People's Livelihood**						
城镇居民消费结构	Consumption Structure of Urban Residents						
食品	Food			47.05	39.21	36.21	33.8
衣着	Clothing			11.51	8.12	8.85	10.3
家庭设备用品及服务	Household Facilities, Articles and Services			12.12	9.43	5.61	5.0
医疗保健	Medical Services			3.72	7.71	7.79	6.8
交通和通讯	Transportation and Communications			5.81	8.88	13.34	17.1
娱乐教育、文化	Recreation, Education and Culture			8.04	13.07	15.81	15.1
居住	Residence			7.13	8.55	9.13	8.6
其他商品和服务	Others			4.64	5.05	3.26	3.3
农村居民消费结构	Consumption Structure of Rural Residents						
食品	Food			50.38	43.52	39.46	38.6
衣着	Clothing			6.60	5.17	5.55	5.9
家庭设备用品及服务	Household Facilities, Articles and Services			6.23	4.52	17.15	5.0
医疗保健	Medical Services			4.33	6.19	5.20	7.7
衣着	Clothing			3.24	8.51	7.00	11.3
娱乐教育、文化	Recreation, Education and Culture			5.34	10.15	10.66	13.0
居住	Residence			18.59	17.98	12.83	16.2
其他商品和服务	Others			3.74	3.93	2.15	2.3

1-10 人均主要工农业产品产量(1978-2005年)
Per Capita Output of Major Industrial and Agricultural Products(1978-2005)

年份 Year	粮食 (公斤) Grain (kg)	棉花 (公斤) Cotton (kg)	油料 (公斤) Oil-bearing Crops (kg)	糖料 (公斤) Sugar Crops (kg)	茶叶 (公斤) Tea (kg)	水果 (公斤) Fruit (kg)	猪牛羊肉 (公斤) Pork,Beef and Mutton (kg)	水产品 (公斤) Aquatic Products (kg)
1978	393.44	1.95	5.92	17.20	1.57	3.92	11.33	23.47
1980	376.81	2.18	7.58	15.43	1.98	5.91	18.52	21.46
1985	404.18	2.03	11.02	27.43	2.32	11.12	19.10	26.13
1986	396.34	1.87	10.60	32.63	2.58	12.85	20.03	28.94
1987	387.97	1.60	9.68	26.56	2.83	17.32	18.60	30.52
1988	374.78	1.05	10.39	20.01	3.09	12.45	19.56	30.92
1989	371.01	1.00	9.14	16.74	2.81	23.57	19.67	30.84
1990	375.68	1.52	11.45	14.87	2.77	25.35	20.28	32.92
1991	386.05	1.77	10.72	16.19	2.69	31.66	20.13	35.57
1992	363.51	1.39	11.72	17.55	2.79	23.95	22.73	39.72
1993	334.03	1.35	8.97	18.43	2.84	34.63	22.74	44.02
1994	324.46	1.28	7.99	16.21	2.47	40.64	22.68	59.62
1995	328.53	1.43	11.48	15.11	2.34	49.28	23.61	73.03
1996	345.91	1.56	11.88	14.57	2.26	51.91	16.85	78.03
1997	338.58	1.08	11.08	13.61	2.31	61.07	18.44	90.61
1998	323.64	1.46	8.02	13.97	2.55	46.55	19.05	95.33
1999	312.52	0.91	12.14	15.94	2.64	62.64	19.27	99.33
2000	266.91	0.65	12.91	21.97	2.60	84.89	22.65	104.70
2001	234.05	0.70	12.91	23.49	2.67	114.54	24.67	104.83
2002	208.10	0.49	10.37	25.05	3.06	110.62	26.37	106.16
2003	174.61	0.46	9.63	27.27	2.92	125.09	26.90	106.26
2004	182.40	0.50	10.65	23.22	3.03	138.09	28.78	107.82
2005	177.03	0.47	10.90	19.55	3.14	125.59	28.34	105.12

1－10 续表 continued

年份 Year	布 （米） Cloth （m）	机制纸及纸板 （公斤） Machine－made Paper and Paperboard （kg）	纱 （公斤） Yarn （kg）	原煤 （公斤） Coal （kg）	发电量 （千瓦小时） Electricity （kw. h）	钢 （公斤） Steel （kg）	水泥 （公斤） Cement （kg）
1978	9.28	4.25	1.95	42.71	135.66	8.58	48.54
1980	12.81	5.81	2.47	37.56	213.83	15.14	59.85
1985	21.79	13.33	3.93	37.55	329.14	15.80	199.44
1986	27.73	14.62	4.31	36.46	365.89	17.01	246.43
1987	27.64	16.57	4.89	35.23	422.43	18.70	296.90
1988	30.85	17.58	5.46	34.51	458.95	17.41	316.97
1989	29.91	18.75	5.15	34.30	478.23	18.36	307.44
1990	37.09	18.60	4.77	32.45	494.23	19.27	317.39
1991	31.85	21.77	4.78	32.76	570.41	21.80	381.81
1992	30.96	18.93	5.77	33.67	674.23	27.94	460.03
1993	41.03	30.46	5.53	32.24	717.55	32.15	517.72
1994	41.92	35.70	5.44	29.88	767.05	38.53	623.49
1995	74.55	51.80	6.51	28.76	921.77	61.13	749.64
1996	36.38	49.90	6.42	27.97	1022.52	53.47	808.92
1997	84.67	60.46	7.47	26.07	1101.22	61.53	777.57
1998	23.66	35.98	6.73	20.63	1109.71	57.33	771.21
1999	27.87	55.18	7.10	18.57	1185.80	59.92	851.53
2000	36.10	63.55	7.62	16.27	1393.36	65.15	944.64
2001	51.88	82.31	8.73	15.96	1581.83	68.20	1061.36
2002	70.54	109.61	10.64	16.23	1718.67	89.41	1268.31
2003	94.13	132.36	12.62	15.27	2184.63	115.99	1568.54
2004	191.64	173.00	20.10	12.33	2637.65	182.61	1916.14
2005	182.23	178.06	21.01	9.00	2947.84	156.22	1923.75

1－11 平均每天主要社会经济活动

Indicators on Average Daily Social and Economic Activities

指　　标	Item	1978	1990	1995	2000	2003	2004	2005
平均每天创造财富	**Daily Production**							
生产总值　（亿元）	Gross Domestic Product (100 million yuan)	0.34	2.48	9.75	16.82	26.59	31.91	36.82
第一产业	Primary Industry	0.13	0.62	1.51	1.73	1.97	2.23	2.45
第二产业	Secondary Industry	0.15	1.12	5.08	8.97	13.96	17.12	19.63
#工业	Industry	0.13	1.00	4.51	8.07	12.23	15.04	17.40
建筑业	Construction	0.02	0.12	0.57	0.90	1.74	2.08	2.24
第三产业	Tertiary Industry	0.06	0.74	3.16	6.13	10.66	12.56	14.74
#交通运输仓储和邮电通信业	Transport, Storage, Post & Telecommunication Services	0.01	0.12	0.53	1.00	1.53	1.79	2.04
批发和零售贸易餐饮业	Wholesale and Retail Trade & Catering Services	0.02	0.25	1.28	2.18	3.00	3.44	3.84
财政收入　（亿元）	Financial Revenue (100 million yuan)	0.08	0.28	0.68	1.80	4.02	4.95	5.80
粮食　（万吨）	Grain (10000 tons)	4.02	4.35	3.92	3.28	2.17	2.29	2.23
棉花　（万吨）	Cotton (10000 tons)	0.02	0.02	0.02	0.01	0.01	0.01	0.01
油料　（万吨）	Oil－bearing Crops (10000 tons)	0.06	0.13	0.14	0.16	0.12	0.13	0.14
肉类　（万吨）	Meat (10000 tons)	0.12	0.23	0.28	0.28	0.33	0.36	0.36
水产品　（万吨）	Aquatic Products (10000 tons)	0.24	0.38	0.87	1.29	1.32	1.35	1.33
原煤　（万吨）	Coal (10000 tons)	0.44	0.38	0.34	0.2	0.19	0.15	0.11
发电量（亿千瓦小时）	Electricity (100 million kw. h)	0.14	0.57	1.10	1.71	2.72	3.30	3.71
成品钢材　（万吨）	Steel Products (10000 tons)	0.09	0.22	0.73	0.80	1.44	2.28	1.96
水泥　（万吨）	Cement (10000 tons)	0.50	3.67	8.95	11.61	19.53	23.96	24.19
每天消费量	Daily National Consumption							
最终消费　（亿元）	Final Consumption Expenditure (100 million yuan)	0.21	1.63	4.56	8.63	12.67	14.84	17.46
居民消费	Resident Consumption	0.20	1.42	3.85	6.39	9.15	10.71	12.89
#农村居民	Rural Resident	0.15	0.83	1.76	2.53	3.12	3.38	3.71

1－11 续表 continued

指　　标		Item		1978	1990	1995	2000	2003	2004	2005
城镇居民		Urban Resident		0.05	0.59	2.09	3.86	6.03	7.33	9.18
政府消费		Government Consumption Expenditure		0.02	0.20	0.71	2.24	3.52	4.13	4.57
社会消费品零售总额	（亿元）	Total Retail Sales of Consumer Goods	（100 million yuan）	0.13	0.97	3.63	6.30	9.64	10.01	12.69
每天其他经济活动		**Other Daily Economic Activities**								
资本形成总额	（亿元）	Gross Capital Formation	（100 million yuan）	0.09	0.69	4.90	7.27	12.78	15.75	17.67
固定资产形成		Fixed Capital Formation		0.06	0.51	3.72	6.21	12.27	15.24	17.18
存货增加		Changes in Stock		0.03	0.18	1.18	1.06	0.50	0.51	0.49
竣工住宅面积	（万平方米）	Residential Buildings Completed	（10000 sq. m）		12.34	16.30	17.61	18.61	18.15	19.96
客运量	（万人）	Passenger Traffic	（10000 persons）	56.26	165.33	299.01	340.00	385.00	412.00	440.00
货运量	（万吨）	Freight Traffic	（10000 tons）	23.18	91.71	170.65	205.00	283.00	321.00	346.00
沿海主要港口货物吞吐量	（万吨）	Cargo Handled at Principal Seaports	（10000 tons）	2.38	11.84	30.24	53.80	88.26	111.81	131.23
邮电业务量	（万元）	Business Volume of Postal and Telecommunications Services	（10000 yuan）	19	241	1726	8879	13828	18552	22750
进出口总额	（万美元）	Total Imports and Exports	（USD 10000）		760	3154	7625	16828	23346	29422
出口总额		Exports			600	2109	5327	11398	15930	21042
进口总额		Imports			160	1045	2298	5430	7416	8380
实际利用外资额	（万美元）	Foreign Capital Actually Used	（USD 10000）		44.48	421.82	681.97	2076.23	2670.22	3818.70
每天人口变动和婚姻		**Daily Population Changes and Marriages**								
出生	（人）	Births	（person）	1856	1774	1494	1318	1232	1373	1490
死亡	（人）	Deaths	（person）	596	730	796	784	814	757	816
结婚	（对）	Marriages	（couple）		1013	979	1052	978	1094	967
离婚	（对）	Divorces	（couple）		21	37	56	88	127	143

注：本表价值量指标按当年价格计算。 The data in Value terms in the table are calculated at current price.

1-12 全省生产总值(1978-2005年)
Gross Domestic Product(1978-2005)

年份 Year	全省生产总值(亿元) Gross Domestic Product (100 million yuan)	第一产业 Primary Industry	第二产业 Secondary Industry	#工业 Industry	#建筑业 Construction	第三产业 Tertiary Industry	#交通运输仓储及邮电通讯业 Transportation, Storage, Postal and Telecommunications	#批发和零售贸易餐饮业 Wholesale & Retail Trade and Catering Services	人均生产总值(元) Percapita GDP (yuan)
1978	123.72	47.09	53.52	46.97	6.55	23.11	3.22	7.98	331
1979	157.75	67.56	64.07	55.59	8.48	26.12	4.15	8.72	417
1980	179.92	64.61	84.07	73.71	10.36	31.24	4.88	10.55	471
1981	204.86	69.06	94.68	84.08	10.60	41.12	7.16	15.35	531
1982	234.01	84.88	98.44	87.21	11.23	50.69	9.12	19.43	599
1983	257.09	82.89	113.12	102.55	10.57	61.08	11.20	23.12	650
1984	323.25	104.40	141.48	127.91	13.57	77.37	15.47	28.42	810
1985	429.16	123.88	198.91	178.68	20.23	106.37	20.31	40.52	1067
1986	502.47	136.29	230.89	206.63	24.26	135.29	24.98	48.77	1237
1987	606.99	159.41	281.47	249.69	31.78	166.11	29.47	58.78	1478
1988	770.25	195.68	354.39	315.36	39.03	220.18	36.24	81.96	1853
1989	849.44	210.95	386.25	346.50	39.75	252.24	43.39	88.50	2023
1990	904.69	225.04	408.18	363.74	44.44	271.47	45.01	91.86	2138
1991	1089.33	245.22	494.11	438.36	55.75	350.00	60.04	127.94	2558
1992	1375.70	262.67	653.43	581.73	71.70	459.60	80.03	174.33	3212
1993	1925.91	315.97	983.96	876.26	107.70	625.99	108.09	238.36	4469
1994	2689.28	438.65	1398.12	1243.37	154.75	852.52	141.24	332.19	6201
1995	3557.55	549.96	1854.52	1645.51	209.01	1153.07	192.36	466.15	8149
1996	4188.53	594.94	2232.17	1983.90	248.27	1361.43	216.35	556.36	9552
1997	4686.11	618.90	2554.57	2285.24	269.33	1512.64	260.71	602.12	10624
1998	5052.62	609.30	2766.95	2484.97	281.97	1676.38	284.42	645.71	11394
1999	5443.92	606.31	2974.74	2679.68	295.06	1862.87	316.01	687.40	12214
2000	6141.03	630.98	3273.93	2945.70	328.23	2236.12	363.37	794.64	13416
2001	6898.34	659.78	3572.88	3181.93	390.94	2665.68	418.62	868.00	14713
2002	8003.67	685.20	4090.48	3640.84	449.64	3227.99	490.16	983.72	16978
2003	9705.02	717.85	5096.38	4462.97	633.42	3890.79	559.07	1095.92	20444
2004	11648.70	814.10	6250.38	5491.33	759.05	4584.22	652.46	1256.02	24352
2005	13437.85	892.83	7166.15	6349.34	816.81	5378.87	745.25	1401.45	27703

注:1. 本表按当年价格计算。2000年以后人均生产总值均按常住人口计算。
The figures in this table are calculated at current price. The per capita GDP have calculated at permanent residence since 2000.
2. 从2004年起第一产业包括农林牧渔服务业。 The Value Added of Primary Industry includes Services for Agriculture since 2004.

1－13 按新行业和构成分的全省生产总值

Gross Domestic Product by New Sector and Structure

单位:亿元　　　　(100 million yuan)

指　　标	Item	2004	2005
全省生产总值	**Gross Domestic Product**	**11648.70**	**13437.85**
按行业分	**by Sector**		
第一产业(农业)	Primary Industry(Agriculture)	814.10	892.83
第二产业	Secondary Industry	6250.38	7166.15
工业	Industry	5491.33	6349.34
建筑业	Construction	759.05	816.81
第三产业	Tertiary Industry	4584.22	5378.86
交通运输、仓储和邮政业	Transport,Storage and Post Services	444.65	512.94
信息传输、计算机服务和软件业	Information Transmission, Computer Services and Software	273.92	316.19
批发和零售业	Wholesale and Retail Trade	1126.07	1258.21
住宿和餐饮业	Hoteling and Catering Services	202.55	221.27
金融业	Finance	523.49	674.77
房地产业	Real Estate	587.83	695.82
租赁和商务服务业	Leasing and Commercial Services	197.44	227.58
科学研究、技术服务和地质勘查业	Scientific Research,Technic Services and Geological Prospecting	95.01	120.49
水利、环境和公共设施管理业	Water Conservancy,Environment and Public Facilities Management	52.98	62.86
居民服务和其他服务业	Resident Services and Other Services	110.06	129.53
教育	Education	338.47	402.81
卫生、社会保障和社会福利业	Health Care,Social Security and Social Welfare	179.30	213.36
文化、体育和娱乐业	Culture,Sports and Recreation	55.33	65.78
公共管理和社会组织	Public Administration and Social Organization	397.11	477.24
按构成分	**by Structure**		
劳动者报酬	Remuneration of Laborers	4691.65	5337.16
生产税净额	Net-taxes on Production	1728.94	1909.16
固定资产折旧	Depreciation of Fixed Assets	1561.26	1905.37
营业盈余	Operating Surplus	3666.85	4286.16

1-14 全省生产总值指数(1978-2005年)

Indices of Gross Domestic Product (1978-2005)

(上年=100) (preceding year=100)

年份 Year	全省生产总值 Gross Domestic Product	第一产业 Primary Industry	第二产业 Secondary Industry	#工业 Industry	#建筑业 Construction	第三产业 Tertiary Industry	#交通运输和仓储业、邮电通讯业 Transportation, Storage, Postal and Telecommunications	#批发和零售贸易餐饮业 Wholesale & Retail Trade and Catering Services	人均生产总值 Per Capita GDP
1978	121.9	118.7	128.6	126.5	146.4	113.5	139.0	111.7	120.2
1979	113.6	110.8	118.0	117.1	124.3	108.1	111.8	106.8	112.3
1980	116.4	97.3	132.0	133.3	123.5	112.9	122.0	112.2	115.1
1981	111.5	104.7	111.3	113.1	98.8	126.1	139.8	139.2	110.5
1982	111.4	116.5	104.9	104.9	105.7	118.1	121.4	122.1	109.9
1983	108.0	93.9	115.5	118.5	92.1	116.0	120.5	113.2	106.8
1984	121.7	119.3	124.0	124.4	120.7	120.3	133.2	116.0	120.6
1985	121.7	101.9	135.3	135.0	138.9	119.2	121.5	122.6	120.8
1986	112.1	104.0	114.0	114.2	111.2	116.8	114.7	111.7	110.9
1987	111.8	101.0	116.8	116.4	121.4	110.9	112.0	110.3	110.6
1988	111.2	99.0	116.3	117.5	104.2	109.8	112.8	112.1	109.9
1989	99.4	100.2	100.8	101.7	90.5	94.9	86.6	86.7	98.4
1990	103.9	102.7	105.2	105.4	102.3	101.4	99.6	92.1	103.1
1991	117.8	107.9	118.2	118.4	117.1	125.6	131.5	135.1	117.1
1992	119.0	100.6	125.2	126.6	113.9	123.4	127.7	127.5	118.3
1993	122.0	104.8	133.2	135.3	113.7	116.0	119.6	115.9	121.3
1994	120.0	104.4	127.5	128.0	121.4	115.8	126.3	115.9	119.2
1995	116.8	107.5	118.4	117.8	124.6	118.3	120.1	123.5	116.0
1996	112.7	104.4	115.5	115.8	112.2	111.1	113.4	112.2	112.2
1997	111.1	104.5	112.8	113.3	107.5	110.5	112.0	108.5	110.4
1998	110.2	103.2	110.8	111.1	106.2	111.7	110.6	109.4	109.6
1999	110.0	103.3	111.4	111.8	106.1	109.9	111.6	108.2	109.5
2000	111.0	104.5	111.7	112.0	108.9	111.8	112.1	110.5	108.1
2001	110.6	104.8	111.0	111.0	111.9	111.7	109.8	110.3	108.0
2002	112.6	104.5	113.4	113.6	111.5	113.7	112.7	111.2	112.0
2003	114.7	103.6	116.8	115.7	126.6	114.4	114.0	109.9	113.9
2004	114.5	103.7	116.4	117.0	111.7	114.0	115.2	112.0	113.6
2005	112.8	101.5	112.7	113.2	108.4	115.2	112.7	110.5	111.2

注:本表按可比价格计算。 The figures in this table are calculated at comparable price.

1-15 全省生产总值指数(1978-2005年)

Indices of Gross Domestic Product (1978-2005)

(1978年=100) (1978=100)

年份 Year	全省生产总值 Gross Domestic Product	第一产业 Primary Industry	第二产业 Secondary Industry	#工业 Industry	#建筑业 Construction	第三产业 Tertiary Industry	#交通运输和仓储业、邮电通讯业 Transportation, Storage, Postal and Telecommunications	#批发和零售贸易餐饮业 Wholesale & Retail Trade and Catering Services	人均生产总值 Percapita GDP
1978	100.0	100.0	100.0	100.0	100.0	100.0	100.0	100.0	100.0
1979	113.6	110.8	118.0	117.1	124.3	108.1	111.8	106.8	112.3
1980	132.2	107.9	155.7	156.0	153.6	122.1	136.4	119.8	129.2
1981	147.4	113.0	173.4	176.5	151.8	154.0	190.7	166.8	142.8
1982	164.2	131.6	182.0	185.1	160.4	181.9	231.5	203.6	157.0
1983	177.4	123.6	210.3	219.2	147.7	211.0	279.0	230.5	167.7
1984	215.9	147.5	260.8	272.6	178.2	253.8	371.6	267.4	202.2
1985	262.8	150.3	352.9	367.9	247.6	302.6	451.6	327.8	244.3
1986	294.5	156.2	402.1	420.2	275.3	353.4	518.1	366.3	271.0
1987	329.3	157.8	469.9	489.2	334.2	392.1	580.2	404.0	299.7
1988	366.3	156.3	546.6	574.9	348.1	430.6	654.3	452.9	329.4
1989	364.1	156.7	551.2	584.8	315.2	408.5	566.8	392.7	324.1
1990	378.5	160.9	579.9	616.7	322.3	414.1	564.2	361.8	334.3
1991	446.0	173.6	685.8	730.1	377.5	520.3	741.8	488.7	391.4
1992	530.8	174.7	858.8	924.3	429.8	642.1	947.1	623.2	463.2
1993	647.7	183.1	1143.9	1250.7	488.8	744.6	1132.6	722.3	561.8
1994	777.0	191.1	1458.0	1601.1	593.2	862.0	1430.7	837.0	669.7
1995	907.4	205.6	1725.8	1886.5	739.2	1019.5	1717.7	1033.3	776.9
1996	1022.5	214.7	1993.3	2184.7	829.4	1132.7	1948.5	1159.6	871.6
1997	1136.1	224.3	2249.0	2475.3	891.5	1251.9	2182.3	1258.4	962.7
1998	1251.6	231.5	2491.0	2751.1	946.7	1398.5	2413.9	1377.3	1055.0
1999	1377.2	239.1	2773.8	3075.1	1004.4	1537.0	2693.6	1490.2	1155.0
2000	1529.2	249.9	3099.2	3442.6	1093.7	1719.0	3018.3	1646.9	1248.7
2001	1692.0	261.9	3441.6	3819.5	1224.1	1920.4	3313.2	1817.1	1348.9
2002	1905.9	273.6	3902.3	4338.9	1364.9	2183.6	3735.4	2020.1	1511.2
2003	2186.0	283.5	4557.4	5020.2	1728.5	2497.3	4256.6	2220.2	1721.2
2004	2502.5	294.1	5305.3	5872.5	1930.8	2846.4	4902.6	2487.3	1955.4
2005	2822.4	298.4	5979.2	6647.7	2092.8	3279.4	5526.7	2749.7	2174.8

注:本表按可比价格计算。 The figures in this table are calculated at comparable price.

1-16 全省生产总值构成(1978-2005年)

Structure of Gross Domestic Product (1978-2005)

单位:% (%)

年份 Year	生产总值 Gross Domestic Product	第一产业 Primary Industry	第二产业 Secondary Industry	#工业 Industry	#建筑业 Construction	第三产业 Tertiary Industry	#交通运输和仓储业、邮电通讯业 Transportation, Storage, Postal and Telecommunications	#批发和零售贸易餐饮业 Wholesale & Retail Trade and Catering Services
1978	100	38.1	43.3	38.0	5.3	18.7	2.6	6.5
1979	100	42.8	40.6	35.2	5.4	16.6	2.6	5.5
1980	100	35.9	46.7	41.0	5.8	17.4	2.7	5.9
1981	100	33.7	46.2	41.0	5.2	20.1	3.5	7.5
1982	100	36.3	42.1	37.3	4.8	21.7	3.9	8.3
1983	100	32.2	44.0	39.9	4.1	23.8	4.4	9.0
1984	100	32.3	43.8	39.6	4.2	23.9	4.8	8.8
1985	100	28.9	46.3	41.6	4.7	24.8	4.7	9.4
1986	100	27.1	46.0	41.1	4.8	26.9	5.0	9.7
1987	100	26.3	46.4	41.1	5.2	27.4	4.9	9.7
1988	100	25.4	46.0	40.9	5.1	28.6	4.7	10.6
1989	100	24.8	45.5	40.8	4.7	29.7	5.1	10.4
1990	100	24.9	45.1	40.2	4.9	30.0	5.0	10.2
1991	100	22.5	45.4	40.2	5.1	32.1	5.5	11.7
1992	100	19.1	47.5	42.3	5.2	33.4	5.8	12.7
1993	100	16.4	51.1	45.5	5.6	32.5	5.6	12.4
1994	100	16.3	52.0	46.2	5.8	31.7	5.3	12.4
1995	100	15.5	52.1	46.3	5.9	32.4	5.4	13.1
1996	100	14.2	53.3	47.4	5.9	32.5	5.2	13.3
1997	100	13.2	54.5	48.8	5.7	32.3	5.6	12.8
1998	100	12.1	54.8	49.2	5.6	33.2	5.6	12.8
1999	100	11.1	54.6	49.2	5.4	34.2	5.8	12.6
2000	100	10.3	53.3	48.0	5.3	36.4	5.9	12.9
2001	100	9.6	51.8	46.1	5.7	38.6	6.1	12.6
2002	100	8.6	51.1	45.5	5.6	40.3	6.1	12.3
2003	100	7.4	52.5	46.0	6.5	40.1	5.8	11.3
2004	100	7.0	53.6	47.1	6.5	39.4	5.6	10.8
2005	100	6.6	53.4	47.2	6.1	40.0	5.5	10.4

注:1. 本表按当年价格计算。 The figures in this table are calculated at current price.

2. 从2004年起第一产业包括农林牧渔服务业。 The Value Added of Primary Industry includes Services for Agriculture since 2004.

1-17 按新行业分的第三产业增加值指数
Indices of Value-added of the Tertiary Industry by New Sector

（2004年=100） (2004=100)

行业	Sector	2004	2005
总计	**Total**	**100.00**	**115.20**
交通运输、仓储和邮政业	Transport, Storage and Post Services	100.00	113.10
信息传输、计算机服务和软件业	Information Transmission, Computer Services and Software	100.00	114.20
批发和零售业	Wholesale and Retail Trade	100.00	110.70
住宿和餐饮业	Hoteling and Catering Services	100.00	107.80
金融业	Finance	100.00	126.40
房地产业	Real Estate	100.00	116.40
租赁和商务服务业	Leasing and Commercial Services	100.00	112.60
科学研究、技术服务和地质勘查业	Scientific Research, Technic Services and Geological Prospecting	100.00	123.50
水利、环境和公共设施管理业	Water Conservancy, Environment and Public Facilities Management	100.00	117.10
居民服务和其他服务业	Resident Services and Other Services	100.00	114.90
教育	Education	100.00	117.50
卫生、社会保障和社会福利业	Health Care, Social Security and Social Welfare	100.00	118.00
文化、体育和娱乐业	Culture, Sports and Recreation	100.00	118.70
公共管理和社会组织	Public Administration and Social Organization	100.00	118.60

1－18　按支出法计算的全省生产总值

Gross Domestic Product Calculated by Expenditure Approach

单位:亿元　　(100 million yuan)

指　标	Item	2000	2001	2002	2003	2004	2005
全省生产总值	**Gross Domestic Product Calculated with Expenditure Approach**	**6141.03**	**6898.34**	**8003.67**	**9705.02**	**11648.70**	**13437.85**
最终消费	**Final Consumption**	**3150.88**	**3579.14**	**4062.46**	**4623.26**	**5416.73**	**6373.24**
居民消费	Resident Consumption	2334.08	2602.81	2874.66	3338.66	3909.82	4705.79
农村居民	Rural Resident	924.45	1012.83	1073.94	1137.44	1235.12	1354.46
城镇居民	Urban Resident	1409.63	1589.97	1800.72	2201.22	2674.70	3351.33
政府消费	Government Consumption	816.80	976.33	1187.80	1284.60	1506.91	1667.45
资本形成总额	**Total Capital Formation**	**2652.77**	**2891.02**	**3467.46**	**4663.83**	**5748.87**	**6448.72**
固定资本形成总额	Fixed Capital Formation	2267.20	2645.40	3255.13	4479.98	5563.87	6269.16
存货增加	Changes in Inventories	385.57	245.62	212.33	183.85	185.00	179.56
货物和服务净出口	**Net Export**	**337.38**	**428.18**	**473.75**	**417.93**	**483.10**	**615.89**

注:本表按当年价格计算。　The figures in this table are calculated at current price.

1－19　总　产　出

Total Output

单位:亿元　　(100 million yuan)

指　标	Item	2000	2001	2002	2003	2004	2005
总产出	**Total Output**	**20785.88**	**23011.28**	**26536.51**	**32552.25**	**39465.06**	**45898.47**
第一产业	Primary Industry	1018.90	1056.55	1105.32	1169.26	1332.27	1428.28
第二产业	Secondary Industry	15727.46	17155.40	19640.70	24451.53	30009.01	34948.21
工业	Industry	14283.89	15336.18	17541.50	21484.66	26442.03	31211.66
建筑业	Construction	1443.57	1819.22	2099.20	2966.87	3566.98	3736.55
第三产业	Tertiary Industry	4039.52	4799.33	5790.48	6931.46	8123.78	9521.98
#交通运输仓储及邮电业	Transportation, Storage, Postal and Telecommunications	675.08	821.83	968.62	1109.23	1302.52	1495.45
批发和零售贸易业餐饮业	Wholesale & Retail Trade and Catering Services	1363.71	1476.12	1658.59	1833.69	2069.17	2321.54

注:1. 本表按当年价格计算。　The figures in this table are calculated at current price.

2. 从2004年起第一产业包括农林牧渔服务业。　The Output of Primary Industry includes Services for Agriculture since 2004.

1-20 居民消费水平和指数(1978-2005年)
Resident Consumption Level and Its Indices(1978-2005)

单位:%　　(%)

年份 Year	居民总消费水平(元/人) Resident Consumption level (yuan/person)	农村居民总消费水平 Rural Resident	城镇居民总消费水平 Urban Resident	居民总消费水平指数 Indices of Resident Consumption Level (1978=100)	农村居民消费水平指数 Rural Resident	城镇居民消费水平指数 Urban Resident
1978	193	164	410	100.0	100.0	100.0
1979	218	183	466	112.1	111.1	110.6
1980	240	198	511	120.1	119.6	111.0
1981	317	271	595	156.2	161.6	127.0
1982	354	305	630	173.4	181.4	132.0
1983	383	328	672	184.3	192.8	137.0
1984	439	369	788	206.7	213.5	154.9
1985	580	472	1063	237.6	238.7	181.4
1986	702	558	1283	270.5	266.1	206.1
1987	828	655	1492	295.2	293.4	216.1
1988	1070	829	1959	314.6	309.8	229.9
1989	1186	914	2145	293.7	285.6	215.5
1990	1227	930	2235	297.5	285.2	220.0
1991	1353	1005	2493	317.7	303.4	232.5
1992	1528	1091	2882	335.6	314.5	245.9
1993	1850	1244	3608	351.2	325.1	253.6
1994	2536	1654	4920	389.0	348.7	282.4
1995	3217	2053	6141	423.2	374.0	301.9
1996	3906	2486	7268	473.5	423.7	325.4
1997	4233	2665	7649	496.8	444.8	330.0
1998	4397	2774	7607	515.1	466.5	326.6
1999	4539	2845	7566	534.7	485.6	326.6
2000	5099	3278	8020	587.5	547.9	339.1
2001	5551	3621	8404	641.2	605.3	356.8
2002	6098	4012	8839	711.6	675.3	379.8
2003	7033	4504	9907	810.6	737.4	423.5
2004	8174	4918	11771	912.3	769.7	489.6
2005	9701	5476	14097	1058.1	848.9	568.9

注:本表绝对数按当年价格计算,指数按可比价格计算。

The absolute figures in this table are calculated at current price, while the indices are calculated at comparable price.

主要统计指标解释

生产总值 是按市场价格计算的国内生产总值的简称。它是一个国家(地区)所有常住单位在一定时期内生产活动的最终成果。生产总值有三种表现形态,即价值形态、收入形态和产品形态。从价值形态看,它是所有常住单位在一定时期内所生产的全部货物和服务价值超过同期投入的全部非固定资产货物和服务价值的差额,即所有常住单位增加值之和;从收入形态看,它是所有常住单位在一定时期内所创造并分配给常住单位和非常住单位的初次分配收入之和;从产品形态看,它是最终使用的货物和服务减去进口货物和服务。在实际核算中,国内生产总值的三种表现形态表现为三种计算方法,即生产法、收入法和支出法。三种方法分别从不同的方面反映国内生产总值及其构成。

三次产业 根据社会生产活动历史发展的顺序对产业结构的划分,产品直接取自自然界的部门称为第一产业,对初级产品进行再加工的部门称为第二产业,为生产和消费提供各种服务的部门称为第三产业。它是世界上通用的产业结构分类,但各国的划分不尽一致。我国的三次产业划分是:

第一产业:农业(包括种植业、林业、牧业、副业和渔业)。

第二产业:工业(包括采掘工业、制造业、自来水、电力、蒸气、热水、煤气)和建筑业。

第三产业:除第一、第二产业以外的其他各业。

支出法国内生产总值 指一个国家(或地区)所有常住单位在一定时期内用于最终消费、资本形成总额,以及货物和服务的净出口总额,它反映本期生产的国内生产总值的使用构成。

最终消费 指常住单位在一定时期内对于货物和服务的全部消费支出,也就是常住单位为满足物质文化和精神生活的需要,从本国经济领土和国外购买的货物和服务的支出;不包括非常住单位在本国经济领土内的消费支出。最终消费分为居民消费和政府消费。

居民消费 指常住住户对货物和服务的全部最终消费指出。居民消费按市场价格计算,既按居民支付的购买者价格计算。购买者价格是购买者取得货物所支付的价格包括购买着支付的运输和商业费用。居民消费除了直接以货币形式购买货物和服务的消费之外,还包括以其他方式获得的货物和服务的消费支出既所谓的虚拟消费支出。居民虚拟消费支出包括以下几种类型:单位以实物报酬及实物转移的形式提供给劳动者的货物和服务;住户生产并由本住户消费了的货物和服务,其中的服务仅指住户的自有住房服务;金融机构提供的金融媒介服务;保险公司提供的保险服务。

政府消费 指政府部门为全社会提供公共服务的消费支出和免费或以较低价格向住户提供的货物和服务的净支出前者等于政府服务的产出价值减去政府单位所获得的经营收入的价值,政府服务的产出价值等于它的经常性业务支出加上固定资产折旧;后者等于政府部门免费或以较低价格向住户提供的货物和服务的市场减去向住户收取的价值。

资本形成总额 指常住单位在一定时期内获得的减去处置的固定资产加存货的变动,包括固定资本形成总额和存货增加。

固定资本形成总额 指常住单位购置、转入和自产自用的固定资产,扣除固定资产的销售和转,分有形固定资产形成总额和无形固定资产形成总额。有形固定资产形成总额包括一定时期内完成的建筑工程安装工程和设备工器具(减处置)价值,以及土地改良新增役种奶毛娱乐用牲畜和新增林木价值。无形固定资产总额包括矿藏的勘探计算机软件娱乐和文学艺术品原件等获得减处置。

存货增加 指常住单位存货实物量变动的市场价值,即期末价值减期初价值的差额。存货量增加可以是正值,也可以是负值;正值表示存货上升,负值表示存货下降。它包括生产单位购进的原材料燃料和储备物资等存货,以及生产单位生产的产成品在制品等存货等。

货物和服务净出口 指货物和服务出口减货物和服务出口的差额。出口包括常住单位从非常住单位出售或无偿转让的各种货物和服务的价值;进口包括常住单位从非常住单位购买或无偿得到的各种货物和服务的价值。由于服务活动的提供与使用同时发生,因此服务的进出口业务并不发生出入境现象,一般把常住单位从国外得到的服务作为进口,非常住单位从本国得到的服务作为出口。货物的进口和出口都按离岸价格计算。

劳动者报酬 指劳动者因从事生产活动所获得的全部报酬。包括劳动者获得的各种形式的工资,奖金和津贴,既包括货币形式的,也包括实物形式的;还包括劳动者所享受的公费医疗和医药卫生费上下班交通补贴和单位支付的社会保险费等。对于个体经济来说其所有者所获得的劳动报酬和经营利润不易区分,这两部分统一作为劳动者报酬处理。

生产税净额 指生产税减生产补贴后的余额。生产税指政府对生产单位生产生产销售和从事经营活动以及因从事生产活动使用某些生产要素(如固定资产土地劳动力)所征收的各种税附加费和规费生产补贴和生产税相反指政府对生产单位的单方面收入转移,因此视为负生产税,包括政策亏损补贴粮实系统价格补贴外贸企业出口退税收入等。

固定资产折旧 在一定时期内为弥补固定资产损耗按照核定的固定资产损耗率提取的固定资产折旧,或按国民经济核算统一规定的折旧率虚拟计算的固定资产折旧。它反映了固定资产在当期生产中的转移价值。各类企业和企业化管理的事业单位的固定资产折旧是指实际计提并计入成本费中的折旧费;不计提折旧的政府机关非企业化管理的事业单位和居民住房的固定资产折旧是按照统一规定的折旧率和固定资产原值计算的虚拟折旧。原则上,固定资产折旧应按固定资产的重置价值计算,但是目前我国尚不具备对全社会固定资产进行重估价的基础,所以暂时只能采用上述方法。

营业盈余 指常住单位创造的增加值扣除劳动者报酬生产水净额和固定资产折旧后的余额。他相当于企业的营业利润加上生产补贴,但要扣除从利润中开支的工资和福利等。

Explanatory Notes on Main Statistical Indicators

Gross Domestic Product(GDP) refers to gross domestic product calculated at market prices, which is the final products of all resident units in a country (or region) during a certain period of time. Gross domestic product is expressed in three different forms, i. e. value added, income, and products respectively. The form of value added refers to the total value of all products and services produced by all resident units during a certain period of time minus total value of input of materials and services of the nature of non-fixed assets or the summation of the value added of all resident units; the form of income includes all the income created by all resident units and distributed primarily to all resident and non-resident units; the form of products refers to all final goods and services minus imports of goods and services. In the practice of national accounting, gross domestic product is calculated with three approaches, i. e. product approach, income approach, and expenditure approach respectively to reflect gross domestic product and its composition from different aspects.

Three Industries Industry structure has been classified according to the historical sequence of development. Primary industry refers to extraction of natural resources; secondary industry involves processing of primary products ; and tertiary industry provides services of various kinds for production and consumption. The above classification is universal although it varies to some extent form country to country. Industry in China comprises:

Primary industry: agriculture (including farming, forestry, animal husbandry, sideline production and fishery).

Secondary industry: industry (including mining and quarrying , manufacturing , water supply , electricity generation and supply, steam, hot water, gas) and construction.

Tertiary industry: all other industries not included in primary or secondary industry.

GDP Calculated by Expenditure Approach refers to total expenditure on final consumption, total capital formation and net export of goods and services by resident units of a country in a certain period of time. It reflects the composition of GDP by its use.

Final consumption refers to the total expenditure of resident units on final consumption of goods and services in a certain period, namely the expenditure of the resident units for perchases of good and services from domestic economic territory and abroad to meet the requirements of meterial, cultural and spritual life. It excludes the expenditure of non-resiudent units on consumption in the economic territory of the country. The final consumption is classified into household consumption and government consumption.

Households Consumption refers to the total expenditure of resident households on the final consumption of goods and services. The households consumption is calculated at market prices, namely the purchaser's prices which the households pay; the purchaser's sprices of goods are the prices the households pay when they obtain the goods including the transport and commercial expenses paid by the households. In addition to the consumption of goods and services bought by the households directly with money, the expenditure on goods and services obtained by the households in other ways, i. e. the so-called imputed expenditure on consumption, is also included in the households consumption. The imputation expenditure of the households on consumption includes the following types: (a) the goods and services privided to the households by the units in the form of payment in kind and transfer in kind; (b) the goods and services produced and consumed by the households themselves, in which the services refer only to the services provided by the residential buildings owned by the households; (c) the services of financial intermediary provided by the financial institution; (d) the insurance services provided by the insurance companies.

Government Consumption refers to the expenditure on the consumption of the public services provided by the government to the whole society and the net expenditure on the goods and services provided by the government to the households at free charge or lower prices. The former equals to the output value of the government services minus the value of operating income obtained by the government departments. (The output value of the government services equals to its current operating expenditure plus depreciation of fixed assets). The latter equals to the market value of the goods and services provided by the government free of charge or at low prices to the households minus the value received by the government from the households.

Total Capital Formation refers to the fixed assets acquired minus those disposed and the change in inventory including the total fixed assets formation and the increase in inventory.

Total Fixed Capital Formation refers to the value of fixed assets purchased, transferred in by the resident units and those produced and used by themselves deducting the value of fixed assets sold and transferred out. It can be classfied into total tangible assets formation and total intangible asset formation. The total tangible assets formation and total intangible assets formation. The total tangible assets formation include the value of construction projects, installation projects completed and the equipment apparatus and instruments purchasedas well as the value of land improved, the value of draught animals, breeding stock, milk, wool and recreational animals and the newly increased economic forest in a certain period. The total ingangible assets formation includes the prospecting of minerals, the acquisition of computer software, the orginals of recreational works and works of literature and arts minus the disposal of them.

Increase in Inventory refers to the market value of the change in inventory, i. e. the difference of value between the beginning and the end of the period. The increase in inventory can be positive or negative. A positive value indicates the increase in inventory while a negative value indicates the decrease in stock. The inventory includes the raw materials, fuels, and reserve materials purchased by the production units as well as the inventory of finished products, semifinished products work-in-progress ect.

Net Export of Goods and Services refers to the difference of the exports of goods and services minus the imports of goods and services. The imports include the value of various goods and services sold or gratuitously transferred by the resident units to the non-resident units. The imports include the value of various goods and services purchased or gratuitously acquired by the resident units from the non-resident units. Because the provision of services and the use of them happen simultaneously, the import and export of services do not appear to have the phenomena of crossing the border of the country. The acquisition of services by the resident units from abroad is uaually treated as import while the acquisition of services by non-resident units in this country is uaually treated as export. The export and import of goods are calculated at FOB.

Labourer's Remuneration refers to the whole payment of various forms earned by the labourers from the productive activities they are engaged in. It includes wages, bonuses and allowances the labourers earned in monetary form and in kind. It also includes the free medical services provided to the labourers and the medicine expenses, traffic subsidies and social insurance free paid by the labourers' working units for them. As the individual economy is concerned, since the labourers' remuneration is not easily distingushed from the operating profit, both are treated as labourers remuneration.

Net Taxes on Production refers to the residual of the taxes on production minus the subsidies on production. The taxes on production refer to the various taxes, extra charges and fees levied on the production units on their production, sail and business activities as well as on some factors of production, such as fixed assets, land and labour force, used in the production activities they are engaged in. In contrast to the taxes on production, the subsidies on production refer to the unilateral transfer of part of the government's revenue to the production units and is therefore regarded as negative taxes on production. They include sunsidies on the loss due to implementation of government policies, price subsidies to the grain institutions, foreign trade corporations' receipts from drawback, ect.

Depreciation of Fixed Assets refers to the depreciation of fixed assets of a given period, drawn in accordance with the stipulated depreciation rate for purpose of compensating the wear loss of the fixed assets of the depreciation of fixed assets calculated in a fictitious way in accordance with the stipulated unified depreciation rate in the national economic accounting system. It reflects the value of transfer of the fixed assets in the production of the current period. The depreciation of fixed assets in various enterprises and institutions managed as enterprises refers to the depreciation expenses actually drawn and calculated as part of the cost. In government agencies and institutions not managed as enterprises which do not draw the depreciation expenses, as well as for the house of residents, the depreciation of fixed assets is the imputed depreciation, which is calculated in accordance with the stipulated unified depreciation rate. In principle, the depreciation of fixed assets should bs calculated on the basis of the repurchased value of the fixed assets. However, there is no actual condition to reevaluated all the fixed assets in China. Therefore, the abovementioned methods are temporarily adopted at present.

Operating Surplus refers to the balance of the value added created by the residet units deducting the laboures' remuneration, net taxes on production and the depreciation of fixed assets. It is equivalent to the business profit of the enterprises plus subsidies on production, but the wages and welfare expenses paid from the profits should be deducted.

CHAPTER 2

人口和从业人员

Population and Employment

2. 人口和从业人员
Population and Employment

2005年年末总人口	Total Population (Year-end)	4602.11 万人	(10000 persons)
# 男性	Male	2354.19 万人	(10000 persons)
# 农业人口	Agriculture	3335.30 万人	(10000 persons)
2005年年末总户数	Total Household	1534.16 万户	(10000 households)
2005年人口密度	Density of Population	452 人／平方公里	(persons/sq.km)
2005年人口自然增长率	Population Natural Growth Rate	5.02‰	
2005年年末社会从业人员	Employed Persons (Year-end)	3100.76 万人	(10000 persons)
# 职工人数	Staff and Workers	522.93 万人	(10000 persons)

年末从业人员 （万人）

Employed Persons Year-end (10000 persons)

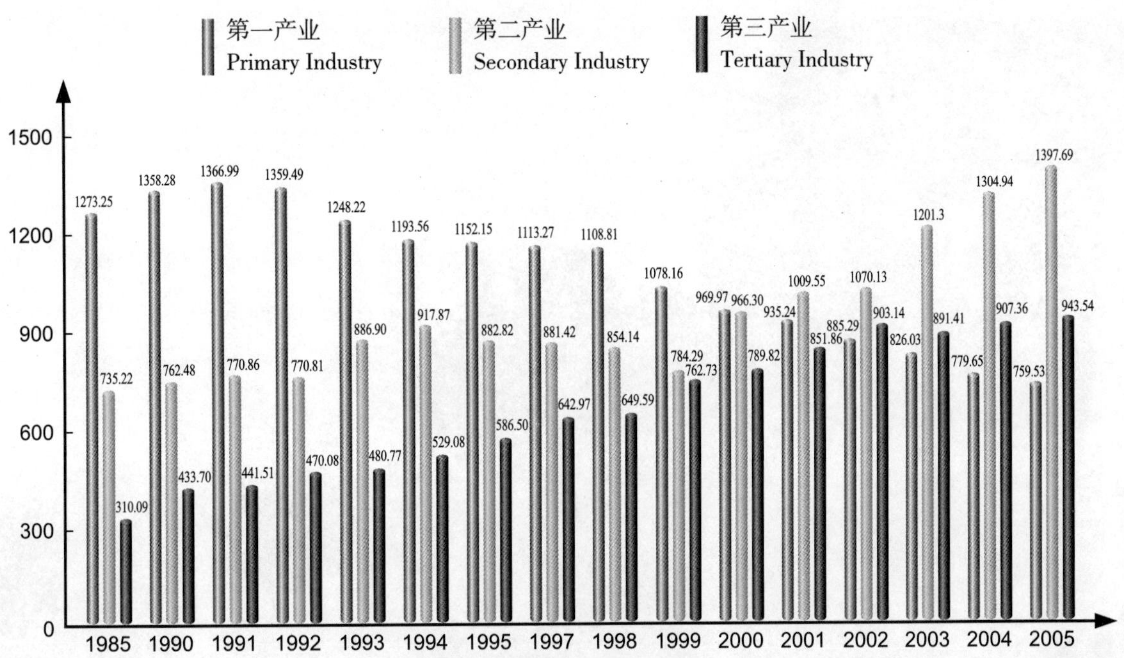

2-1 历年总户数和总人口数(年底数)

Total Population and Households(year-end)

年份 Year	总户数 (万户) Total Households (10000 households)	总人口数 (万人) Total Population (10000 persons)	按性别分 By Sex		按农业和非农业分 By Agriculture and Non-agriculture	
			男性 Male	女性 Female	农业人口 Agriculture	非农业人员 Non-agriculture
1978	897.62	3750.96	1948.29	1802.67	3321.96	429.00
1979	905.32	3792.33	1967.40	1824.93	3332.57	459.76
1980	923.58	3826.58	1985.59	1840.99	3346.40	480.18
1981	965.92	3871.51	2007.55	1863.96	3362.04	509.47
1982	990.66	3924.32	2034.98	1889.34	3387.79	536.53
1983	1014.03	3963.10	2056.06	1907.04	3413.05	550.05
1984	1038.85	3993.09	2071.46	1921.63	3425.47	567.62
1985	1081.20	4029.56	2090.69	1938.87	3395.35	634.21
1986	1122.09	4070.07	2112.05	1958.02	3417.19	652.88
1987	1167.30	4121.19	2137.38	1983.81	3455.14	666.05
1988	1211.08	4169.85	2161.26	2008.59	3487.61	682.24
1989	1240.41	4208.88	2180.83	2028.05	3515.46	693.42
1990	1259.49	4234.91	2193.71	2041.20	3538.13	696.78
1991	1276.80	4261.37	2206.65	2054.72	3555.37	706.00
1992	1297.81	4285.91	2218.72	2067.19	3560.13	725.78
1993	1311.07	4313.30	2232.72	2080.58	3563.24	750.06
1994	1321.54	4341.20	2246.57	2094.63	3565.19	776.01
1995	1339.82	4369.63	2259.54	2110.09	3567.14	802.49
1996	1353.99	4400.09	2273.54	2126.55	3570.17	829.92
1997	1369.79	4422.28	2282.85	2139.43	3557.19	865.09
1998	1389.44	4446.86	2293.29	2153.57	3539.78	907.08
1999	1410.25	4467.46	2302.64	2164.82	3519.79	947.67
2000	1440.40	4501.22	2316.54	2184.68	3506.20	995.02
2001	1447.67	4519.84	2323.87	2195.97	3473.63	1046.21
2002	1466.19	4535.98	2330.30	2205.68	3438.76	1097.22
2003	1485.72	4551.58	2335.61	2215.97	3394.08	1157.50
2004	1509.29	4577.22	2345.26	2231.96	3353.16	1224.06
2005	1534.16	4602.11	2354.19	2247.91	3335.30	1266.81

注:本表资料为公安年报数。
Data in this table were taken from the annual reports of the Bureau of Public Security.

2-2 各市、县总户数和总人口数(2005年底)

Total Households and Population by City and County(End of 2005)

地区 Region		总户数（万户）Total Households (10000 households)	总人口数（万人）Total Population (10000 persons)	按性别分 By Sex		按农业和非农业分 By Agriculture and Non-agriculture	
				男性 Male	女性 Female	农业人口 Agriculture	非农业人员 Non-agriculture
合计	**Total**	**1534.16**	**4602.11**	**2354.20**	**2247.91**	**3335.30**	**1266.81**
杭州市	**Hangzhou**	**207.42**	**660.45**	**336.11**	**324.33**	**362.91**	**297.54**
市辖区	District	122.02	409.52	207.70	201.82	163.96	245.56
上城区	Shangcheng	11.43	31.79	16.13	15.66	…	31.79
下城区	Xiacheng	11.61	35.69	18.41	17.28	0.21	35.48
江干区	Jianggan	10.57	42.50	22.26	20.24	7.82	34.68
拱墅区	Gongshu	9.71	30.78	15.96	14.81	1.61	29.16
西湖区	Xihu	14.50	56.65	29.44	27.21	8.05	48.60
滨江区	Binjiang	3.07	13.22	6.53	6.69	2.61	10.60
萧山区	Xiaoshan	37.46	117.66	58.26	59.41	83.86	33.81
余杭区	Yuhang	23.67	81.23	40.70	40.53	59.79	21.44
桐庐县	Tonglu	14.62	39.53	20.13	19.40	29.22	10.31
淳安县	Chunan	14.73	45.25	23.38	21.87	38.40	6.86
建德市	Jiande	17.32	50.71	26.22	24.49	38.45	12.26
富阳市	Fuyang	20.80	63.18	32.22	30.96	51.21	11.97
临安市	Linan	17.93	52.25	26.45	25.80	41.66	10.59
宁波市	**Ningbo**	**211.17**	**556.70**	**280.35**	**276.35**	**374.09**	**182.61**
市辖区	District	84.13	213.42	106.34	107.08	91.98	121.44
海曙区	Haishu	11.03	30.10	14.96	15.15	0.36	29.74
江东区	Jiangdong	9.66	25.21	12.59	12.62		25.21
江北区	Jiangbei	9.10	22.97	11.56	11.42	8.84	14.13
北仑区	Beilun	14.66	34.99	17.49	17.49	19.25	15.74
镇海区	Zhenhai	9.05	22.49	11.38	11.11	8.29	14.20
鄞州区	Yinzhou	30.63	77.66	38.36	39.30	55.23	22.42
象山县	Xiangshan	18.29	52.74	27.08	25.65	42.31	10.43
宁海县	Ninghai	20.99	58.55	30.51	28.04	50.89	7.66
余姚市	Yuyao	29.67	82.58	41.43	41.15	65.65	16.93
慈溪市	Cixi	40.43	101.54	50.58	50.96	85.46	16.08
奉化市	Fenghua	17.66	47.88	24.41	23.47	37.79	10.08
温州市	**Wenzhou**	**219.16**	**750.28**	**391.28**	**359.00**	**597.67**	**152.61**
市辖区	District	41.15	139.02	70.66	68.36	75.66	63.36
鹿城区	Lucheng	21.12	67.33	33.95	33.39	16.17	51.16
龙湾区	Longwan	8.48	31.55	16.32	15.23	26.18	5.37
瓯海区	Ouhai	11.55	40.13	20.39	19.74	33.30	6.83
洞头县	Dongtou	3.63	12.34	6.43	5.90	10.94	1.39
永嘉县	Yongjia	26.59	89.34	47.45	41.89	79.66	9.68
平阳县	Pingyang	23.63	84.82	44.29	40.54	69.56	15.26
苍南县	Cangnan	33.84	123.11	64.94	58.16	97.28	25.83

2-2 续表1 continued

地区 Region		总户数（万户）Total Households (10000 households)	总人口数（万人）Total Population (10000 persons)	按性别分 By Sex		按农业和非农业分 By Agriculture and Non-agriculture	
				男性 Male	女性 Female	农业人口 Agriculture	非农业人员 Non-agriculture
文成县	Wencheng	11.97	36.47	19.57	16.90	33.47	3.00
泰顺县	Taishun	10.85	34.74	18.54	16.20	31.66	3.08
瑞安市	Ruian	31.00	113.48	58.43	55.05	94.36	19.12
乐清市	Yueqing	36.51	116.97	60.97	56.00	105.09	11.88
嘉兴市	**Jiaxing**	**101.05**	**334.33**	**166.52**	**167.82**	**222.14**	**112.20**
市辖区	District	25.97	80.83	40.35	40.48	44.51	36.32
秀城区	Xiucheng	15.55	45.96	22.99	22.98	17.83	28.13
秀洲区	Xiuzhou	10.42	34.87	17.37	17.50	26.68	8.19
嘉善县	Jiashan	12.28	38.05	18.97	19.08	25.75	12.30
海盐县	Haiyan	12.61	36.43	18.12	18.31	25.53	10.90
海宁市	Haining	18.05	64.39	31.91	32.48	42.04	22.34
平湖市	Pinghu	14.23	48.31	23.86	24.45	32.82	15.50
桐乡市	Tongxiang	17.91	66.32	33.31	33.02	51.48	14.84
湖州市	**Huzhou**	**82.69**	**257.58**	**130.36**	**127.22**	**179.77**	**77.81**
市辖区	District	33.52	108.01	54.00	54.02	67.85	40.16
吴兴区	Wuxing	18.94	58.65	29.31	29.34	29.98	28.67
南浔区	Nanxun	14.58	49.36	24.69	24.67	37.88	11.49
德清县	Deqing	13.18	42.47	21.25	21.22	30.79	11.68
长兴县	Changxing	20.84	61.87	31.89	29.97	45.19	16.67
安吉县	Anji	15.14	45.23	23.21	22.02	35.93	9.30
绍兴市	**Shaoxing**	**156.74**	**435.09**	**219.81**	**215.28**	**308.38**	**126.71**
市辖区	District	23.13	64.84	32.08	32.76	18.94	45.90
越城区	Yuecheng	23.13	64.84	32.08	32.76	18.94	45.90
绍兴县	Shaoxing	24.92	70.47	34.90	35.57	45.30	25.17
新昌县	Xinchang	15.98	43.44	22.66	20.77	35.59	7.85
诸暨市	Zhuji	37.76	105.59	53.39	52.20	90.94	14.66
上虞市	Shangyu	28.06	77.37	38.62	38.75	58.01	19.36
嵊州市	Shengzhou	26.89	73.38	38.16	35.22	59.61	13.77
金华市	**Jinhua**	**169.45**	**454.13**	**233.43**	**220.70**	**355.02**	**99.11**
市辖区	District	35.61	92.16	47.04	45.12	60.80	31.36
婺城区	Wucheng	23.14	62.04	31.72	30.31	33.30	28.74
金东区	Jindong	12.47	30.12	15.32	14.81	27.50	2.62
武义县	Wuyi	12.40	32.84	17.06	15.78	27.97	4.87
浦江县	Pujiang	13.96	38.20	19.86	18.34	32.03	6.17
磐安县	Panan	7.66	20.55	10.77	9.78	17.93	2.63
兰溪市	Lanxi	22.69	65.97	34.58	31.40	54.08	11.90
义乌市	Yiwu	27.17	69.74	35.60	34.14	49.35	20.39
东阳市	Dongyang	29.97	79.77	40.49	39.29	66.68	13.10

2－2 续表2 continued

地区 Region		总户数（万户）Total Households (10000 households)	总人口数（万人）Total Population (10000 persons)	按性别分 By Sex		按农业和非农业分 By Agriculture and Non-agriculture	
				男性 Male	女性 Female	农业人口 Agriculture	非农业人员 Non-agriculture
永康市	Yongkang	20.00	54.89	28.03	26.86	46.19	8.70
衢州市	**Quzhou**	**80.47**	**245.57**	**127.99**	**117.58**	**202.60**	**42.98**
市辖区	District	27.18	80.46	41.75	38.71	60.99	19.47
柯城区	Kecheng	14.56	40.86	20.91	19.96	23.25	17.62
衢江区	Qujiang	12.61	39.60	20.84	18.75	37.75	1.85
常山县	Changshan	9.85	32.48	17.13	15.35	28.26	4.22
开化县	Kaihua	10.58	34.50	18.02	16.48	30.36	4.14
龙游县	Longyou	13.70	40.05	20.73	19.32	33.86	6.20
江山市	Jiangshan	19.16	58.08	30.37	27.71	49.13	8.96
舟山市	**Zhoushan**	**35.92**	**96.73**	**48.54**	**48.19**	**61.82**	**34.90**
市辖区	District	24.69	69.11	34.86	34.24	42.44	26.67
定海区	Dinghai	13.59	37.21	18.82	18.39	21.90	15.31
普陀区	Putuo	11.11	31.89	16.04	15.85	20.54	11.36
岱山县	Daishan	8.20	19.50	9.69	9.81	14.68	4.82
嵊泗县	Shengsi	3.03	8.12	3.99	4.13	4.70	3.42
台州市	**Taizhou**	**186.83**	**559.85**	**288.71**	**271.14**	**461.54**	**98.32**
市辖区	District	48.65	148.75	75.64	73.11	119.22	29.53
椒江区	Jiaojiang	16.63	48.37	24.60	23.77	35.48	12.89
黄岩区	Huangyan	18.54	57.86	29.48	28.38	47.27	10.59
路桥区	Luqiao	13.48	42.52	21.56	20.96	36.47	6.05
玉环县	Yuhuan	13.51	39.86	20.40	19.45	21.77	18.09
三门县	Sanmen	12.86	40.97	21.53	19.44	36.76	4.21
天台县	Tiantai	18.91	55.88	29.32	26.55	46.69	9.19
仙居县	Xianju	14.76	47.39	24.74	22.65	42.70	4.70
温岭市	Wenling	41.26	115.09	58.80	56.29	96.90	18.19
临海市	Linhai	36.89	111.92	58.27	53.65	97.51	14.41
丽水市	**Lishui**	**83.25**	**251.39**	**131.09**	**120.30**	**209.38**	**42.02**
市辖区	District	13.81	37.38	19.10	18.29	24.70	12.69
莲都区	Liandu	13.81	37.38	19.10	18.29	24.70	12.69
青田县	Qingtian	14.62	47.81	25.03	22.78	40.98	6.83
云和县	Yunhe	15.74	43.86	22.77	21.10	39.83	4.03
庆元县	Qingyuan	7.37	22.74	11.98	10.76	19.18	3.56
缙云县	Jinyun	7.79	23.14	12.13	11.01	20.25	2.89
遂昌县	Suichang	3.39	11.04	5.80	5.24	9.09	1.95
松阳县	Songyang	6.49	19.84	10.30	9.54	16.79	3.06
景宁自治县	Jingning	5.45	17.73	9.46	8.27	14.92	2.81
龙泉市	Longquan	8.59	27.84	14.52	13.32	23.63	4.21

注:本表资料为公安年报数。 Data in this table were taken from the annual reports of the Bureau of Public Security.

2-3 人口自然变动情况(1978-2005年)
Population Natural Changes(1978-2005)

年份 Year	年末常住人口(万人) Total Population with Permanent Residence (10000 persons)	出生 Birth		死亡 Death		自然增长 Natural Growth	
		人数(万人) Population (10000 persons)	出生率(‰) Birth Rate (‰)	人数(万人) Population (10000 persons)	死亡率(‰) Death Rate (‰)	人数(万人) Population (10000 persons)	自然增长率(‰) Natural Growth Rate(‰)
1978		67.75	18.17	21.75	5.83	46.00	12.34
1979		67.82	17.98	22.23	5.89	45.59	12.09
1980		59.40	15.59	23.97	6.29	35.43	9.30
1981		69.00	17.93	24.12	6.27	44.89	11.66
1982		71.38	18.31	23.17	5.94	48.21	12.37
1983		62.66	15.89	25.13	6.37	37.53	9.52
1984		49.80	12.52	23.82	5.99	25.97	6.53
1985		50.59	12.61	24.25	6.05	26.34	6.56
1986		64.64	15.96	24.06	5.94	40.58	10.02
1987		69.67	17.01	28.34	6.92	41.33	10.09
1988		64.42	15.54	26.32	6.35	38.10	9.19
1989		63.68	15.20	26.85	6.41	36.83	8.79
1990	4238.00	64.75	15.33	26.65	6.31	38.10	9.02
1991	4269.50	61.59	14.48	27.18	6.39	34.41	8.09
1992	4304.40	63.10	14.72	28.17	6.57	34.93	8.15
1993	4334.80	58.79	13.61	28.42	6.58	30.37	7.03
1994	4363.70	56.67	13.24	28.25	6.64	28.42	6.60
1995	4389.00	54.52	12.66	29.07	6.75	25.45	5.91
1996	4413.00	53.21	12.09	28.96	6.58	24.25	5.51
1997	4434.80	50.47	11.41	28.66	6.48	21.81	4.93
1998	4456.20	49.57	11.15	28.14	6.33	21.43	4.82
1999	4475.40	47.51	10.64	28.36	6.35	19.15	4.29
2000	4679.91	48.09	10.30	28.63	6.13	19.46	4.17
2001	4697.27	46.14	10.02	28.78	6.25	17.39	3.77
2002	4730.76	46.19	9.98	28.65	6.19	17.54	3.79
2003	4763.46	44.96	9.66	29.70	6.38	15.26	3.28
2004	4803.48	50.12	10.71	26.95	5.76	23.16	4.95
2005	4898.00	54.37	11.10	29.78	6.08	24.59	5.02

注:本表为人口抽样调查数据。

Data in this table are obtained from the sample survey on population changes.

地区 Region		18岁以下 Age 0-18		18-35岁 Age 18-35		35-60岁 Age 35-60		60岁以上 Age 60 and over	
		人数 Population	占总人口% Percentage to Total	人数 Population	占总人口% Percentage to Total	人数 Population	占总人口% Percentage to Total	人数 Population	占总人口% Percentage to Total
文成县	Wencheng	81026	22.22	112435	30.83	120556	33.05	50717	13.91
泰顺县	Taishun	73735	21.23	109391	31.49	115142	33.15	49111	14.14
瑞安市	Ruian	245840	21.66	332191	29.27	417046	36.75	139724	12.31
乐清市	Yueqing	286121	24.46	341055	29.16	408637	34.94	133855	11.44
嘉兴市	**Jiaxing**	**613971**	**18.36**	**682317**	**20.41**	**1500723**	**44.89**	**546332**	**16.34**
市辖区	District	142926	17.68	175884	21.76	357957	44.28	131559	16.28
秀城区	Xiucheng	76585	16.66	102808	22.37	204448	44.48	75779	16.49
秀洲区	Xiuzhou	66341	19.02	73076	20.96	153509	44.02	55780	16.00
嘉善县	Jiashan	69176	18.18	68712	18.06	176073	46.27	66535	17.49
海盐县	Haiyan	64722	17.77	74173	20.36	168119	46.15	57288	15.73
海宁市	Haining	116838	18.15	137284	21.32	286297	44.47	103438	16.07
平湖市	Pinghu	89658	18.56	92438	19.13	220570	45.66	80455	16.65
桐乡市	Tongxiang	130651	19.70	133826	20.18	291707	43.98	107057	16.14
湖州市	**Huzhou**	**478086**	**18.56**	**554610**	**21.53**	**1133295**	**44.00**	**409850**	**15.91**
市辖区	District	195759	18.12	215576	19.96	483110	44.73	185682	17.19
吴兴区	Wuxing	110818	18.89	131846	22.48	250416	42.70	93422	15.93
南浔区	Nanxun	84941	17.21	83730	16.96	232694	47.14	92260	18.69
德清县	Deqing	78413	18.46	88622	20.87	189044	44.51	68630	16.16
长兴县	Changxing	121710	19.67	143106	23.13	263351	42.57	90496	14.63
安吉县	Anji	82204	18.17	107306	23.72	197790	43.73	65042	14.38
绍兴市	Shaoxing	857950	19.72	960421	22.07	1906840	43.83	625689	14.38
市辖区	District	124538	19.21	154923	23.89	276092	42.58	92858	14.32
越城区	Yuecheng	124538	19.21	154923	23.89	276092	42.58	92858	14.32
绍兴县	Shaoxing	152979	21.71	138300	19.62	311266	44.17	102175	14.50
新昌县	Xinchang	77414	17.82	109376	25.18	185708	42.75	61860	14.24
诸暨市	Zhuji	212946	20.17	226245	21.43	466059	44.14	150675	14.27
上虞市	Shangyu	151300	19.56	165596	21.40	342875	44.32	113919	14.72
嵊州市	Shengzhou	138773	18.91	165981	22.62	324840	44.27	104202	14.20
金华市	**Jinhua**	**914527**	**20.14**	**1153278**	**25.40**	**1826325**	**40.22**	**647177**	**14.25**
市辖区	District	167115	18.13	257028	27.89	373016	40.47	124458	13.50
婺城区	Wucheng	110920	17.88	178689	28.80	248574	40.07	82189	13.25
金东区	Jindong	56195	18.65	78339	26.01	124442	41.31	42269	14.03
武义县	Wuyi	60484	18.42	77291	23.53	140360	42.74	50274	15.31
浦江县	Pujiang	83457	21.84	92713	24.27	153802	40.26	52073	13.63
磐安县	Panan	39858	19.39	53174	25.87	82568	40.17	29921	14.56
兰溪市	Lanxi	125474	19.02	150757	22.85	278998	42.29	104510	15.84
义乌市	Yiwu	153378	21.99	178868	25.65	270267	38.76	94855	13.60
东阳市	Dongyang	166380	20.86	196022	24.57	319043	39.99	116284	14.58

地区 Region		18岁以下 Age 0－18		18－35岁 Age 18－35		35－60岁 Age 35－60		60岁以上 Age 60 and over	
		人数 Population	占总人口% Percentage to Total	人数 Population	占总人口% Percentage to Total	人数 Population	占总人口% Percentage to Total	人数 Population	占总人口% Percentage to Total
永康市	Yongkang	118381	21.57	147425	26.86	208271	37.94	74802	13.63
衢州市	**Quzhou**	**481197**	**19.59**	**636124**	**25.90**	**997153**	**40.61**	**341259**	**13.90**
市辖区	District	152072	18.90	202667	25.19	332017	41.26	117852	14.65
柯城区	Kecheng	76942	18.83	104111	25.48	167544	41.00	60031	14.69
衢江区	Qujiang	75130	18.97	98556	24.89	164473	41.54	57821	14.60
常山县	Changshan	65763	20.25	95109	29.28	122263	37.64	41675	12.83
开化县	Kaihua	66559	19.29	95239	27.61	138527	40.16	44651	12.94
龙游县	Longyou	76990	19.22	94512	23.60	170625	42.60	58386	14.58
江山市	Jiangshan	119813	20.63	148597	25.58	233721	40.24	78695	13.55
舟山市	**Zhoushan**	**142989**	**14.78**	**226787**	**23.45**	**449414**	**46.46**	**148060**	**15.31**
市辖区	District	102205	14.79	168451	24.38	315293	45.62	105108	15.21
定海区	Dinghai	56523	15.19	95376	25.63	164110	44.10	56134	15.08
普陀区	Putuo	45682	14.32	73075	22.91	151183	47.41	48974	15.36
岱山县	Daishan	28172	14.45	40775	20.91	94855	48.64	31217	16.01
嵊泗县	Shengsi	12612	15.54	17561	21.63	39266	48.37	11735	14.46
台州市	**Taizhou**	**1161949**	**20.75**	**1469654**	**26.25**	**2222120**	**39.69**	**744813**	**13.30**
市辖区	District	293557	19.74	387389	26.04	597400	40.16	209105	14.06
椒江区	Jiaojiang	98836	20.43	131175	27.12	189360	39.15	64293	13.29
黄岩区	Huangyan	108127	18.69	145349	25.12	237989	41.13	87094	15.05
路桥区	Luqiao	86594	20.36	110865	26.07	170051	39.99	57718	13.57
玉环县	Yuhuan	73787	18.51	113365	28.44	158154	39.68	53277	13.37
三门县	Sanmen	83737	20.44	120377	29.38	157842	38.52	47776	11.66
天台县	Tiantai	131841	23.59	149792	26.81	209326	37.46	67809	12.14
仙居县	Xianju	115906	24.46	112776	23.80	186011	39.25	59251	12.50
温岭市	Wenling	232120	20.17	283555	24.64	471562	40.97	163666	14.22
临海市	Linhai	231001	20.64	302400	27.02	441825	39.48	143929	12.86
丽水市	**Lishui**	**519160**	**20.65**	**714227**	**28.41**	**940674**	**37.42**	**339853**	**13.52**
市辖区	District	72576	19.41	103464	27.68	147832	39.54	49968	13.37
莲都区	Liandu	72576	19.41	103464	27.68	147832	39.54	49968	13.37
青田县	Qingtian	113979	23.84	142437	29.79	157153	32.87	64526	13.50
云和县	Yunhe	89538	20.41	120820	27.54	168423	38.40	59848	13.64
庆元县	Qingyuan	42122	18.52	58905	25.90	92894	40.84	33510	14.73
缙云县	Jinyun	46772	20.21	63728	27.54	90519	39.11	30409	13.14
遂昌县	Suichang	20691	18.75	30018	27.20	43476	39.39	16191	14.67
松阳县	Songyang	42894	21.62	62945	31.72	70306	35.43	22295	11.24
景宁自治县	Jingning	34709	19.58	56122	31.66	63492	35.82	22929	12.94
龙泉市	Longquan	55879	20.07	75788	27.22	106579	38.28	40177	14.43

2-6 非农业人口变动情况
Changes of Non-agriculture Population

单位:万人 (10000 persons)

项目	Item	1990	1995	2000	2004	2005
增加人口数合计	**Increased Population**	45.64	65.08	110.28	129.45	110.46
出生人口	Birth Population	6.61	5.94	11.16	10.22	10.16
非农业人口迁入	Non-agriculture Population Transfered into	29.65	31.35	47.71	56.59	55.02
农业人口转非农业人口	Population Changed into Non-agriculture	6.41	16.77	33.46	57.21	34.09
#招生	Students Recruited	2.41	6.23	7.55	7.91	7.59
招工	Workers Recruited	1.07	1.34	0.40	0.91	0.61
复员转业	Demobilized Soldiers	0.54	0.57	1.07	0.84	0.65
其他人口	Others	1.94	9.77	6.19	4.68	9.76
减少人口数合计	**Decreased Population**	41.23	38.60	62.85	63.38	67.72
死亡人口	Death Population	3.65	3.89	5.59	5.72	5.75
非农业人口迁出	Non-agriculture Population Transfered out	30.59	29.59	45.95	51.50	49.64
服兵役	Enlisting in the Army	0.63	0.31	0.54	0.42	0.44
其他人口	Others	6.36	4.81	9.87	5.56	11.44

2-7 计划生育情况
Family Planning

单位:% (%)

地区	Region	计划内生育率 Birth Rate Control			已婚育龄妇女独生子女领证率 Proportion of Only Child Certificate		
		2000	2004	2005	2000	2004	2005
合　计	**Total**	**96.05**	**95.44**	**94.82**	**19.84**	**22.02**	**25.01**
杭州市	Hangzhou	97.98	97.98	98.06	31.53	36.96	38.90
宁波市	Ningbo	98.66	98.17	98.12	26.08	27.59	36.33
温州市	Wenzhou	86.67	87.03	86.79	12.26	12.67	12.80
嘉兴市	Jiaxing	98.57	98.76	98.49	36.47	43.68	51.82
湖州市	Huzhou	98.82	98.38	97.88	30.56	31.42	36.14
绍兴市	Shaoxing	99.44	98.50	98.31	18.74	23.73	25.02
金华市	Jinhua	97.27	97.77	97.32	11.64	11.19	12.99
衢州市	Quzhou	98.02	97.22	96.39	11.22	11.19	15.74
舟山市	Zhoushan	99.59	99.13	99.21	15.08	22.91	30.99
台州市	Taizhou	97.05	96.00	94.48	12.52	12.36	12.19
丽水市	Lishui	95.10	93.31	92.17	7.29	8.02	9.75

2－8 从业人员总数(1978－2005年,年底数)

Total Number of Employed Persons(1978－2005,Year-end)

单位:万人 (10000 persons)

年份 Year	从业人员总数 Employed Persons	职工合计 Staff and Workers	国有单位 State-owned Units	城镇集体单位 Urban Collective Owned Units	其他单位 Others	城镇私营和个体从业人员 Urban Private Enterprises and Individuals Employed Persons	乡村从业人员 Rural Employed Persons	其它从业人员 Other Employed Persons
1978	1794.96	312.89	183.14	129.75		1.51	1480.56	
1979	1829.90	339.91	196.78	143.13		2.00	1487.99	
1980	1856.42	359.73	208.50	151.23		3.51	1493.18	
1981	1954.53	397.35	223.62	155.73		4.11	1571.07	
1982	2021.74	374.33	232.29	142.04		5.25	1642.16	
1983	2141.16	382.75	237.68	145.07		7.61	1750.80	
1984	2248.91	402.51	228.26	172.72	1.53	9.55	1836.85	
1985	2318.56	426.57	240.71	183.81	2.05	12.09	1879.90	
1986	2386.42	443.04	251.92	188.73	2.39	12.87	1930.51	
1987	2444.73	459.65	263.46	192.97	3.22	15.69	1969.39	
1988	2502.73	475.74	274.30	196.97	4.47	22.54	2004.45	
1989	2522.86	470.12	274.95	189.34	5.83	27.03	2025.71	
1990	2554.46	476.02	280.87	189.12	6.03	29.84	2048.60	
1991	2579.36	492.81	293.41	191.09	8.31	30.98	2049.22	6.35
1992	2600.38	491.37	297.96	181.62	11.79	38.29	2065.04	5.68
1993	2615.89	502.36	300.59	176.12	25.65	52.54	2052.66	8.33
1994	2640.51	500.88	294.13	170.42	36.33	82.39	2024.39	32.85
1995	2621.47	498.61	294.59	161.89	42.13	96.44	2015.45	10.97
1996	2625.06	495.35	290.22	156.25	48.88	108.99	2010.21	10.51
1997	2619.66	482.26	285.05	144.53	52.68	110.27	2016.20	10.93
1998	2612.54	455.80	256.61	102.94	96.25	122.86	2021.56	12.32
1999	2625.17	427.45	233.15	80.21	114.09	163.34	2021.24	13.14
2000	2726.09	398.53	208.19	58.93	131.41	208.56	2106.14	12.86
2001	2796.65	372.39	185.36	41.28	145.75	236.00	2173.63	14.63
2002	2858.56	367.14	179.67	35.49	151.98	280.97	2185.87	24.58
2003	2918.74	373.21	170.40	30.53	172.28	349.19	2168.74	27.60
2004	2991.95	447.47	176.44	36.05	234.98	383.11	2144.28	17.09
2005	3100.76	522.93	177.93	31.17	313.83	373.22	2196.42	8.19

注:1978－2000年按户籍统计,2001－2005年按所在地统计。

Date in this table from 1978 to 2000 were calculated at registered residence, data were calculated at location from 2001 to 2005.

2-9 分行业从业人员总数(年末数)

Number of Employed Persons by Sector(Year-end)

单位:万人 (10000 persons)

行业	Sector	城乡合计 Total		城镇 Urban		乡村 Rural	
		2004	2005	2004	2005	2004	2005
总计	**Total**	**2991.95**	**3100.76**	**847.67**	**904.34**	**2144.28**	**2196.42**
农、林、牧、渔业	Farming, Forestry, Animal Husbandry and Fishery	781.49	761.10	4.86	4.18	776.63	756.92
采掘业	Mining and Quarrying	4.80	7.56	2.10	2.22	2.70	5.34
制造业	Manufacturing	1081.17	1139.83	298.31	334.94	782.86	804.89
电力、煤气及水的生产和供应业	Electricity, Gas and Water Production and Supply	11.42	12.93	10.29	10.53	1.13	2.41
建筑业	Construction	207.54	237.36	79.27	91.99	128.27	145.37
交通运输、仓储及邮政业	Transport, Storage and Post	123.66	125.17	28.40	28.04	95.26	97.13
信息传输、计算机服务和软件业	Information Transmission, Computer Services and Software	17.11	22.63	11.09	12.61	6.02	10.02
批发和零售业	Wholesale and Retail Sale Trade	372.09	380.11	154.96	154.89	217.13	225.22
住宿餐饮业	Hotels and Catering Services	102.93	100.47	33.75	28.88	69.18	71.59
金融业	Finance	18.69	19.10	18.69	19.10		
房地产业	Real Estate	9.60	14.88	8.23	11.41	1.37	3.47
租赁与商务服务业	Leasing and Commercial Services	24.33	33.13	21.44	27.81	2.89	5.32
科学研究、技术服务与地质勘查业	Scientific Research and Technic Services and Geological Prospecting	10.97	10.56	10.90	10.49	0.07	0.07
水利、环境和公共设施管理业	Water Conservancy, Environment and Public Facilities Management	9.56	9.04	9.49	8.97	0.07	0.07
居民服务及其他服务业	Resident Services and Other Services	79.92	83.04	30.23	26.58	49.69	56.46
教育	Education	59.80	59.75	55.68	55.63	4.12	4.12
卫生、社会保障和社会福利业	Health Care, Social Security and Social Welfare	24.74	25.85	23.37	24.44	1.37	1.40
文化、体育与娱乐业	Culture, Sports and Recreation	12.89	13.99	7.37	7.36	5.52	6.63
公共管理和社会组织	Public Management and Social Organization	39.24	44.26	39.24	44.26		

2－10 分所有制城镇单位从业人员总数（年末数）

Number of Urban Employed Persons by Ownership（Year－end）

单位：万人 （10000 persons）

行 业	Sector	合计 Total		国有单位 State-owned Units	
		2004	2005	2004	2005
总 计	**Total**	**456.57**	**531.12**	**179.12**	**179.81**
农、林、牧、渔业	Farming, Forestry, Animal Husbandry and Fishery	2.44	1.83	2.10	1.66
采掘业	Mining and Quarrying	1.67	1.81	0.50	0.27
制造业	Manufacturing	154.25	203.39	7.32	7.67
电力、煤气及水的生产和供应业	Electricity, Gas and Water Production and Supply	9.47	10.07	6.39	6.70
建筑业	Construction	69.62	82.54	4.04	3.47
交通运输、仓储及邮电业	Transport, Storage and Post	19.44	19.34	11.75	11.36
信息传输、计算机服务和软件业	Information Transmission, Computer Services and Software	4.92	4.93	2.54	1.45
批发和零售业	Wholesale and Retail Sale Trade	19.73	19.24	4.23	3.26
住宿餐饮业	Hotels and Catering Services	9.17	9.83	2.46	2.37
金融业	Finance	18.69	19.10	9.77	7.70
房地产业	Real Estate	5.55	6.17	1.73	1.77
租赁与商务服务业	Leasing and Commercial Services	10.94	14.24	5.26	4.26
科学研究、技术服务与地质勘查业	Scientific Research and Technic Services and Geological Prospecting	6.94	7.42	5.31	5.47
水利、环境和公共设施管理业	Water Conservancy, Environment and Public Facilities Management	5.54	5.89	3.68	4.23
居民服务及其他服务业	Resident Services and Other Services	0.87	0.98	0.50	0.51
教育	Education	50.41	51.53	48.82	49.52
卫生、社会保障和社会福利业	Health Care, Social Security and Social Welfare	22.98	23.93	19.40	20.24
文化、体育与娱乐业	Culture, Sports and Recreation	4.70	4.61	4.45	4.26
公共管理和社会组织	Public Management and Social Organization	39.24	44.26	38.87	43.65

单位:万人　　2-10 续表 continued　　(10000 persons)

行　业	Sector	城镇集体 Urban Collective Owned Units		其它单位 Others	
		2004	2005	2004	2005
总　计	**Total**	**35.91**	**30.68**	**241.54**	**320.63**
农、林、牧、渔业	Farming, Forestry, Animal Husbandry and Fishery	0.20	0.09	0.15	0.09
采掘业	Mining and Quarrying	0.04	0.23	1.13	1.31
制造业	Manufacturing	8.90	6.09	138.02	189.64
电力、煤气及水的生产和供应业	Electricity, Gas and Water Production and Supply	0.47	0.38	2.61	2.98
建筑业	Construction	11.50	9.77	54.08	69.31
交通运输、仓储及邮电业	Transport, Storage and Post	0.69	0.93	7.00	7.04
信息传输、计算机服务和软件业	Information Transmission, Computer Services and Software	0.07	0.04	2.30	3.44
批发和零售业	Wholesale and Retail Sale Trade	1.94	1.45	13.56	14.52
住宿餐饮业	Hotels and Catering Services	0.78	0.77	5.93	6.69
金融业	Finance	3.41	2.91	5.50	8.49
房地产业	Real Estate	0.13	0.22	3.68	4.19
租赁与商务服务业	Leasing and Commercial Services	1.61	1.60	4.08	8.38
科学研究、技术服务与地质勘查业	Scientific Research and Technic Services and Geological Prospecting	0.31	0.27	1.33	1.69
水利、环境和公共设施管理业	Water Conservancy, Environment and Public Facilities Management	1.45	1.15	0.41	0.52
居民服务及其他服务业	Resident Services and Other Services	0.15	0.20	0.22	0.27
教育	Education	0.65	0.96	0.95	1.06
卫生、社会保障和社会福利业	Health Care, Social Security and Social Welfare	3.42	3.46	0.16	0.23
文化、体育与娱乐业	Culture, Sports and Recreation	0.12	0.12	0.13	0.23
公共管理和社会组织	Public Management and Social Organization	0.08	0.06	0.29	0.54

2-11 分行业城镇单位从业人员总数(2005年底)
Number of Urban Employed Persons by Sector(End of 2005)

单位:万人 (10000 persons)

行业	Sector	单位从业人员 Employed Persons	#在岗职工合计 Staff and Workers at Work	#专业技术人员 Specialized Technical Personnel	#女性 Female
总　计	**Total**	**531.12**	**511.80**	**135.68**	**58.35**
农、林、牧、渔业	Farming, Forestry, Animal Husbandry and Fishery	1.83	1.78	0.78	0.20
采掘业	Mining and Quarrying	1.81	1.75	0.28	0.10
制造业	Manufacturing	203.39	200.73	22.44	7.66
电力、煤气及水的生产和供应业	Electricity, Gas and Water Production and Supply	10.07	9.90	2.86	0.81
建筑业	Construction	82.54	78.86	16.78	1.64
交通运输、仓储及邮政业	Transport, Storage and Post	19.34	18.36	2.87	0.87
信息传输、计算机服务和软件业	Information Transmission, Computer Services and Software	4.93	4.40	1.82	0.67
批发和零售业	Wholesale and Retail Sale Trade	19.24	18.29	4.46	1.99
住宿餐饮业	Hotels and Catering Services	9.83	9.34	1.18	0.52
金融业	Finance	19.10	15.81	8.96	4.77
房地产业	Real Estate	6.17	5.69	1.93	0.68
租赁与商务服务业	Leasing and Commercial Services	14.24	13.83	2.77	1.06
科学研究、技术服务与地质勘查业	Scientific Research and Technic Services and Geological Prospecting	7.42	6.81	4.49	1.27
水利、环境和公共设施管理业	Water Conservancy, Environment and Public Facilities Management	5.89	5.48	0.85	0.29
居民服务及其他服务业	Resident Services and Other Services	0.98	0.94	0.13	0.06
教育	Education	51.53	49.67	41.74	22.82
卫生、社会保障和社会福利业	Health Care, Social Security and Social Welfare	23.93	23.05	17.28	11.31
文化、体育与娱乐业	Culture, Sports and Recreation	4.61	4.34	2.26	0.98
公共管理和社会组织	Public Management and Social Organization	44.26	42.76	1.81	0.66

行　业	Sector	#使用的农村劳动力 Rural Labourer	长期职工 Long-term Staff and Workers	其他从业人员 Others	#聘用的离退休人员 Retired and Resigned Persons Employed	#聘用的港澳台和外籍人员 Employed Persons from Hong Kong, Macao, Taiwan and Foreigner
总　计	**Total**	**172.85**	**426.68**	**19.32**	**3.64**	**0.53**
农、林、牧、渔业	Farming, Forestry, Animal Husbandry and Fishery	0.20	1.70	0.06	0.01	
采掘业	Mining and Quarrying	0.55	1.65	0.06	0.01	
制造业	Manufacturing	107.24	175.82	2.66	1.03	0.45
电力、煤气及水的生产和供应业	Electricity, Gas and Water Production and Supply	0.99	9.43	0.16	0.05	
建筑业	Construction	44.42	38.13	3.69	0.22	
交通运输、仓储及邮政业	Transport, Storage and Post	1.59	16.99	0.98	0.04	
信息传输、计算机服务和软件业	Information Transmission, Computer Services and Software	0.07	4.11	0.53	0.02	0.01
批发和零售业	Wholesale and Retail Sale Trade	2.13	16.33	0.95	0.25	
住宿餐饮业	Hotels and Catering Services	2.97	7.51	0.49	0.13	0.01
金融业	Finance	0.93	14.43	3.29	0.08	
房地产业	Real Estate	0.73	4.91	0.48	0.20	0.01
租赁与商务服务业	Leasing and Commercial Services	3.84	12.17	0.41	0.18	
科学研究、技术服务与地质勘查业	Scientific Research and Technic Services and Geological Prospecting	0.29	6.21	0.61	0.31	0.01
水利、环境和公共设施管理业	Water Conservancy, Environment and Public Facilities Management	1.62	4.26	0.41	0.05	
居民服务及其他服务业	Resident Services and Other Services	0.12	0.83	0.04	0.01	
教育	Education	2.09	47.49	1.87	0.32	0.04
卫生、社会保障和社会福利业	Health Care, Social Security and Social Welfare	1.25	20.57	0.88	0.51	
文化、体育与娱乐业	Culture, Sports and Recreation	0.17	4.08	0.27	0.06	
公共管理和社会组织	Public Management and Social Organization	1.66	40.06	1.49	0.18	

2-12 分行业国有单位从业人员总数(2005年底)

Number of Urban Employed Persons in State-owned Units by Sector(End of 2005)

单位:万人 (10000 persons)

行业	Sector	单位从业人员 Employed Persons	#在岗职工合计 Staff and Workers at Work	#专业技术人员 Specialized Technical Personnel	#女性 Female
总 计	**Total**	**179.81**	**172.46**	**77.10**	**40.05**
农、林、牧、渔业	Farming, Forestry, Animal Husbandry and Fishery	1.66	1.63	0.72	0.18
采掘业	Mining and Quarrying	0.27	0.26	0.03	0.03
制造业	Manufacturing	7.67	7.53	1.16	0.39
电力、煤气及水的生产和供应业	Electricity, Gas and Water Production and Supply	6.70	6.59	2.06	0.60
建筑业	Construction	3.47	3.32	0.78	0.21
交通运输、仓储及邮政业	Transport, Storage and Post	11.36	10.58	1.63	0.50
信息传输、计算机服务和软件业	Information Transmission, Computer Services and Software	1.45	1.38	0.53	0.20
批发和零售业	Wholesale and Retail Sale Trade	3.26	3.10	0.80	0.32
住宿餐饮业	Hotels and Catering Services	2.37	2.16	0.24	0.12
金融业	Finance	7.70	6.98	4.30	2.23
房地产业	Real Estate	1.77	1.64	0.54	0.21
租赁与商务服务业	Leasing and Commercial Services	4.26	4.09	0.92	0.38
科学研究、技术服务与地质勘查业	Scientific Research and Technic Services and Geological Prospecting	5.47	5.16	3.42	1.00
水利、环境和公共设施管理业	Water Conservancy, Environment and Public Facilities Management	4.23	3.88	0.71	0.23
居民服务及其他服务业	Resident Services and Other Services	0.51	0.49	0.09	0.05
教育	Education	49.52	47.88	40.54	22.06
卫生、社会保障和社会福利业	Health Care, Social Security and Social Welfare	20.24	19.53	14.68	9.76
文化、体育与娱乐业	Culture, Sports and Recreation	4.26	4.00	2.16	0.94
公共管理和社会组织	Public Management and Social Organization	43.65	42.25	1.76	0.64

行业	Sector	#使用的农村劳动力 Rural Labourer	长期职工 Long-term Staff and Workers	其他从业人员 Others	#聘用的离退休人员 Retired and Resigned Persons Employed	#聘用的港澳台和外籍人员 Employed Persons from Hong Kong, Macao, Taiwan and Foreigner
总 计	**Total**	**10.65**	**159.26**	**7.35**	**1.26**	**0.03**
农、林、牧、渔业	Farming, Forestry, Animal Husbandry and Fishery	0.14	1.57	0.03		
采掘业	Mining and Quarrying	0.01	0.26			
制造业	Manufacturing	1.05	6.73	0.13	0.05	
电力、煤气及水的生产和供应业	Electricity, Gas and Water Production and Supply	0.16	6.32	0.11	0.03	
建筑业	Construction	1.01	2.22	0.16	0.02	
交通运输、仓储及邮政业	Transport, Storage and Post	0.78	9.95	0.78	0.02	
信息传输、计算机服务和软件业	Information Transmission, Computer Services and Software	0.02	1.32	0.08		
批发和零售业	Wholesale and Retail Sale Trade	0.16	2.77	0.17	0.03	
住宿餐饮业	Hotels and Catering Services	0.68	1.75	0.21	0.03	
金融业	Finance	0.12	6.34	0.72	0.01	
房地产业	Real Estate	0.09	1.47	0.13	0.04	
租赁与商务服务业	Leasing and Commercial Services	0.62	3.46	0.17	0.05	
科学研究、技术服务与地质勘查业	Scientific Research and Technic Services and Geological Prospecting	0.18	4.75	0.30	0.10	
水利、环境和公共设施管理业	Water Conservancy, Environment and Public Facilities Management	0.99	3.18	0.34	0.04	
居民服务及其他服务业	Resident Services and Other Services	0.02	0.43	0.02	0.01	
教育	Education	1.91	45.85	1.63	0.21	0.03
卫生、社会保障和社会福利业	Health Care, Social Security and Social Welfare	0.96	17.58	0.71	0.40	
文化、体育与娱乐业	Culture, Sports and Recreation	0.09	3.76	0.26	0.06	
公共管理和社会组织	Public Management and Social Organization	1.64	39.56	1.40	0.16	

2-13 分行业城镇集体单位从业人员总数(2005年底)

Number of Urban Employed Persons in Collective Owned Units by Sector(End of 2005)

单位:万人 (10000 persons)

行业	Sector	单位从业人员 Employed Persons	#在岗职工合计 Staff and Workers at Work	#专业技术人员 Specialized Technical Personnel	#女性 Female
总计	**Total**	**30.68**	**29.36**	**7.78**	**3.61**
农、林、牧、渔业	Farming, Forestry, Animal Husbandry and Fishery	0.09	0.06	0.04	
采掘业	Mining and Quarrying	0.23	0.23	0.02	
制造业	Manufacturing	6.09	5.87	0.52	0.19
电力、煤气及水的生产和供应业	Electricity, Gas and Water Production and Supply	0.38	0.36	0.08	0.03
建筑业	Construction	9.77	9.32	1.14	0.19
交通运输、仓储及邮政业	Transport, Storage and Post	0.93	0.89	0.12	0.04
信息传输、计算机服务和软件业	Information Transmission, Computer Services and Software	0.04	0.04	0.01	0.01
批发和零售业	Wholesale and Retail Sale Trade	1.45	1.35	0.27	0.10
住宿餐饮业	Hotels and Catering Services	0.77	0.74	0.09	0.03
金融业	Finance	2.91	2.86	1.73	0.94
房地产业	Real Estate	0.22	0.21	0.05	0.02
租赁与商务服务业	Leasing and Commercial Services	1.60	1.55	0.29	0.09
科学研究、技术服务与地质勘查业	Scientific Research and Technic Services and Geological Prospecting	0.27	0.24	0.13	0.04
水利、环境和公共设施管理业	Water Conservancy, Environment and Public Facilities Management	1.15	1.10	0.07	0.03
居民服务及其他服务业	Resident Services and Other Services	0.20	0.18	0.02	0.01
教育	Education	0.96	0.87	0.65	0.41
卫生、社会保障和社会福利业	Health Care, Social Security and Social Welfare	3.46	3.32	2.46	1.45
文化、体育与娱乐业	Culture, Sports and Recreation	0.12	0.11	0.07	0.03
公共管理和社会组织	Public Management and Social Organization	0.06	0.05	0.02	0.01

行　　业	Sector	#使用的农村劳动力 Rural Labourer	长期职工 Long-term Staff and Workers	其他从业人员 Others	#聘用的离退休人员 Retired and Resigned Persons Employed	#聘用的港澳台和外籍人员 Employed Persons from Hong Kong, Macao, Taiwan and Foreigner
总　计	**Total**	**11.66**	**23.10**	**1.32**	**0.28**	
农、林、牧、渔业	Farming, Forestry, Animal Husbandry and Fishery	0.03	0.06	0.02		
采掘业	Mining and Quarrying	0.20	0.20			
制造业	Manufacturing	3.52	5.20	0.21	0.03	
电力、煤气及水的生产和供应业	Electricity, Gas and Water Production and Supply	0.13	0.35	0.02		
建筑业	Construction	5.78	5.52	0.44	0.02	
交通运输、仓储及邮政业	Transport, Storage and Post	0.07	0.84	0.04		
信息传输、计算机服务和软件业	Information Transmission, Computer Services and Software	0.01	0.04			
批发和零售业	Wholesale and Retail Sale Trade	0.14	1.25	0.09	0.02	
住宿餐饮业	Hotels and Catering Services	0.28	0.60	0.03	0.01	
金融业	Finance	0.21	2.68	0.05		
房地产业	Real Estate	0.04	0.18	0.01	0.01	
租赁与商务服务业	Leasing and Commercial Services	0.33	1.34	0.05	0.03	
科学研究、技术服务与地质勘查业	Scientific Research and Technic Services and Geological Prospecting	0.03	0.22	0.03	0.01	
水利、环境和公共设施管理业	Water Conservancy, Environment and Public Facilities Management	0.49	0.70	0.05		
居民服务及其他服务业	Resident Services and Other Services	0.03	0.15	0.01		
教育	Education	0.07	0.79	0.09	0.04	
卫生、社会保障和社会福利业	Health Care, Social Security and Social Welfare	0.27	2.82	0.15	0.10	
文化、体育与娱乐业	Culture, Sports and Recreation	0.02	0.10			
公共管理和社会组织	Public Management and Social Organization	0.01	0.05	0.01	0.01	

2-14 分行业其他单位从业人员总数(2005年底)

Number of Urban Employed Persons in Other Ownership Units by Sector(End of 2005)

单位:万人 (10000 persons)

行业	Sector	单位从业人员 Employed Persons	#在岗职工合计 Staff and Workers at Work	#专业技术人员 Specialized Technical Personnel	#女性 Female
总计	**Total**	**320.63**	**309.97**	**50.81**	**14.69**
农、林、牧、渔业	Farming, Forestry, Animal Husbandry and Fishery	0.09	0.08	0.02	0.01
采掘业	Mining and Quarrying	1.31	1.25	0.23	0.07
制造业	Manufacturing	189.64	187.32	20.76	7.08
电力、煤气及水的生产和供应业	Electricity, Gas and Water Production and Supply	2.98	2.94	0.72	0.19
建筑业	Construction	69.31	66.22	14.86	1.24
交通运输、仓储及邮政业	Transport, Storage and Post	7.04	6.89	1.11	0.34
信息传输、计算机服务和软件业	Information Transmission, Computer Services and Software	3.44	2.99	1.28	0.47
批发和零售业	Wholesale and Retail Sale Trade	14.52	13.84	3.39	1.57
住宿餐饮业	Hotels and Catering Services	6.69	6.45	0.84	0.37
金融业	Finance	8.49	5.97	2.93	1.60
房地产业	Real Estate	4.19	3.84	1.34	0.45
租赁与商务服务业	Leasing and Commercial Services	8.38	8.19	1.57	0.59
科学研究、技术服务与地质勘查业	Scientific Research and Technic Services and Geological Prospecting	1.69	1.41	0.93	0.23
水利、环境和公共设施管理业	Water Conservancy, Environment and Public Facilities Management	0.52	0.50	0.07	0.03
居民服务及其他服务业	Resident Services and Other Services	0.27	0.27	0.02	0.01
教育	Education	1.06	0.92	0.55	0.35
卫生、社会保障和社会福利业	Health Care, Social Security and Social Welfare	0.23	0.21	0.13	0.09
文化、体育与娱乐业	Culture, Sports and Recreation	0.23	0.23	0.03	0.01
公共管理和社会组织	Public Management and Social Organization	0.54	0.46	0.03	0.02

行　业	Sector	#使用的农村劳动力 Rural Labourer	长期职工 Long-term Staff and Workers	其他从业人员 Others	#聘用的离退休人员 Retired and Resigned Persons Employed	#聘用的港澳台和外籍人员 Employed Persons from Hong Kong, Macao, Taiwan and Foreigner
总　计	**Total**	**150.54**	**244.32**	**10.66**	**2.10**	**0.50**
农、林、牧、渔业	Farming, Forestry, Animal Husbandry and Fishery	0.02	0.07			
采掘业	Mining and Quarrying	0.34	1.20	0.06	0.01	
制造业	Manufacturing	102.67	163.89	2.32	0.95	0.44
电力、煤气及水的生产和供应业	Electricity, Gas and Water Production and Supply	0.70	2.76	0.03	0.01	
建筑业	Construction	37.63	30.40	3.09	0.19	
交通运输、仓储及邮政业	Transport, Storage and Post	0.73	6.20	0.15	0.03	
信息传输、计算机服务和软件业	Information Transmission, Computer Services and Software	0.04	2.75	0.45	0.01	0.01
批发和零售业	Wholesale and Retail Sale Trade	1.83	12.31	0.69	0.20	
住宿餐饮业	Hotels and Catering Services	2.01	5.16	0.25	0.10	0.01
金融业	Finance	0.60	5.41	2.52	0.06	
房地产业	Real Estate	0.60	3.25	0.35	0.15	0.01
租赁与商务服务业	Leasing and Commercial Services	2.89	7.37	0.19	0.10	
科学研究、技术服务与地质勘查业	Scientific Research and Technic Services and Geological Prospecting	0.08	1.24	0.28	0.19	0.01
水利、环境和公共设施管理业	Water Conservancy, Environment and Public Facilities Management	0.14	0.38	0.02	0.01	
居民服务及其他服务业	Resident Services and Other Services	0.07	0.25	0.01		
教育	Education	0.11	0.85	0.15	0.06	0.01
卫生、社会保障和社会福利业	Health Care, Social Security and Social Welfare	0.02	0.18	0.02	0.02	
文化、体育与娱乐业	Culture, Sports and Recreation	0.06	0.21	0.01		
公共管理和社会组织	Public Management and Social Organization	0.01	0.45	0.07	0.01	

2－15 按三次产业分的从业人员总数(年底数)

Number of Employed Persons by Type of Industry(Year-end)

年份 year	从业人员总数(万人)Total(10000 persons)			构成(以合计为100)Composition(Total＝100)		
	第一产业 Primary Industry	第二产业 Secondary Industry	第三产业 Tertiary Industry	第一产业 Primary Industry	第二产业 Secondary Industry	第三产业 Tertiary Industry
1985	1273.25	735.22	310.09	54.90	31.70	13.40
1986	1275.22	765.13	346.07	53.40	32.10	14.50
1987	1272.01	802.04	370.68	52.00	32.80	15.20
1988	1282.16	803.67	416.90	51.20	32.10	16.70
1989	1330.74	770.12	422.00	52.70	30.50	16.70
1990	1358.28	762.48	433.70	53.20	29.80	17.00
1991	1366.99	770.86	441.51	53.00	29.90	17.10
1992	1359.49	770.81	470.08	52.30	29.60	18.10
1993	1248.22	886.90	480.77	47.70	33.90	18.40
1994	1193.56	917.87	529.08	45.20	34.80	20.00
1995	1152.15	882.82	586.50	44.00	33.70	22.30
1996	1129.34	886.02	609.70	43.00	33.80	23.20
1997	1113.27	881.42	624.97	42.50	33.60	23.90
1998	1108.81	854.14	649.59	42.40	32.70	24.90
1999	1078.16	784.29	762.73	41.00	29.90	29.10
2000	969.97	966.30	789.82	35.58	35.45	28.97
2001	935.24	1009.55	851.86	33.44	36.10	30.46
2002	885.29	1070.13	903.14	30.97	37.44	31.59
2003	826.03	1201.30	891.41	28.30	41.20	30.50
2004	779.65	1304.94	907.36	26.06	43.61	30.33
2005	759.53	1397.69	943.54	24.50	45.07	30.43

注:按三次产业划分口径从2000年开始作调整。　The data by sector were adjusted since 2000.

2－16　按三次产业分的城镇从业人员人数(年底数)
Number of Urban Employed Persons by Type of Industry(Year－end)

年份 year	绝对数(万人) Absolute Value(10000 persons)			构成(以合计为100) Composition(Total＝100)		
	第一产业 Primary Industry	第二产业 Secondary Industry	第三产业 Tertiary Industry	第一产业 Primary Industry	第二产业 Secondary Industry	第三产业 Tertiary Industry
1985	11.23	245.45	181.98	2.60	56.00	41.50
1986	11.55	254.98	189.38	2.50	55.90	41.50
1987	11.60	256.34	198.40	2.40	55.80	41.70
1988	11.26	273.97	213.05	2.30	55.00	42.80
1989	10.76	267.93	218.46	2.20	53.90	43.90
1990	10.44	270.95	224.47	2.10	53.60	44.40
1991	10.39	284.91	234.84	2.00	53.70	44.30
1992	10.31	280.89	244.14	1.90	52.50	45.60
1993	9.06	297.13	257.04	1.60	52.80	45.60
1994	5.17	247.36	267.83	1.00	47.50	51.50
1995	5.08	243.01	281.42	1.00	45.90	53.10
1996	4.77	244.64	294.06	0.90	45.00	54.10
1997	4.72	242.85	298.45	0.80	44.50	54.70
1998	4.69	237.67	308.43	0.90	43.10	56.00
1999	4.87	231.31	328.84	0.90	40.90	58.20
2000	4.61	237.18	342.04	0.80	40.60	58.60
2001	4.03	255.90	363.09	0.60	41.10	58.30
2002	3.21	270.12	399.36	0.48	40.15	59.37
2003	3.07	314.18	432.75	0.40	41.90	57.70
2004	3.26	389.98	454.43	0.38	46.01	53.61
2005	2.95	439.68	461.71	0.33	48.62	51.05

2-17 分行业城镇单位职工人数(年底数)

Number of Urban Employed Persons by Sector(Year-end)

单位:万人 (10000 persons)

行业	Sector	合计 Total 2004	合计 Total 2005	国有单位 State-owned Units 2004	国有单位 State-owned Units 2005
总计	**Total**	**447.47**	**522.93**	**176.44**	**177.93**
农、林、牧、渔业	Farming, Forestry, Animal Husbandry and Fishery	2.66	1.94	2.31	1.78
采掘业	Mining and Quarrying	1.96	2.03	0.59	0.33
制造业	Manufacturing	156.11	204.16	8.50	8.87
电力、煤气及水的生产和供应业	Electricity, Gas and Water Production and Supply	9.50	10.08	6.42	6.72
建筑业	Construction	65.07	79.50	4.00	3.48
交通运输、仓储及邮政业	Transport, Storage and Post	19.57	19.40	11.51	11.14
信息传输、计算机服务和软件业	Information Transmission, Computer Services and Software	4.64	4.58	2.46	1.45
批发和零售业	Wholesale and Retail Sale Trade	20.19	19.52	4.35	3.46
住宿餐饮业	Hotels and Catering Services	9.02	9.72	2.47	2.35
金融业	Banking	15.76	16.72	8.76	7.42
房地产业	Real Estate	5.21	5.95	1.69	1.73
租赁与商务服务业	Leasing and Commercial Services	11.19	14.49	5.50	4.32
科学研究、技术服务与地质勘查业	Scientific Research and Technic Services and Geological Prospecting	6.56	6.99	5.15	5.33
水利、环境和公共设施管理业	Water Conservancy, Environment and Public Facilities Management	5.09	5.62	3.50	4.01
居民服务及其他服务业	Resident Services and Other Services	0.86	0.96	0.48	0.49
教育	Education	48.94	50.10	47.56	48.31
卫生、社会保障和社会福利业	Health Care, Social Security and Social Welfare	22.17	23.25	18.74	19.69
文化、体育与娱乐业	Culture, Sports and Recreation	4.57	4.42	4.32	4.08
公共管理和社会组织	Public Management and Social Organization	38.42	43.50	38.14	42.98

单位:万人　　2-17 续表 continued　　(10000 persons)

行业	Sector	城镇集体 Urban Collective Owned Units		其它单位 Others	
		2004	2005	2004	2005
总　计	**Total**	**36.05**	**31.17**	**234.98**	**313.83**
农、林、牧、渔业	Farming, Forestry, Animal Husbandry and Fishery	0.23	0.07	0.14	0.08
采掘业	Mining and Quarrying	0.04	0.23	1.33	1.46
制造业	Manufacturing	9.18	6.25	138.43	189.05
电力、煤气及水的生产和供应业	Electricity, Gas and Water Production and Supply	0.47	0.37	2.61	2.99
建筑业	Construction	11.12	9.47	49.96	66.55
交通运输、仓储及邮政业	Transport, Storage and Post	0.73	0.97	7.33	7.29
信息传输、计算机服务和软件业	Information Transmission, Computer Services and Software	0.05	0.04	2.12	3.09
批发和零售业	Wholesale and Retail Sale Trade	2.38	1.77	13.46	14.29
住宿餐饮业	Hotels and Catering Services	0.78	0.85	5.77	6.52
金融业	Finance	3.56	3.07	3.44	6.24
房地产业	Real Estate	0.17	0.30	3.34	3.92
租赁与商务服务业	Leasing and Commercial Services	1.71	1.83	3.98	8.34
科学研究、技术服务与地质勘查业	Scientific Research and Technic Services and Geological Prospecting	0.29	0.24	1.12	1.42
水利、环境和公共设施管理业	Water Conservancy, Environment and Public Facilities Management	1.21	1.11	0.39	0.50
居民服务及其他服务业	Resident Services and Other Services	0.15	0.20	0.22	0.27
教育	Education	0.55	0.87	0.83	0.92
卫生、社会保障和社会福利业	Health Care, Social Security and Social Welfare	3.27	3.35	0.16	0.21
文化、体育与娱乐业	Culture, Sports and Recreation	0.12	0.11	0.13	0.23
公共管理和社会组织	Public Management and Social Organization	0.06	0.05	0.22	0.46

2-18 分行业城镇单位女性从业人员(年末数)

Number of Urban Female Employed Persons by Sector(Year-end)

单位:万人　　(10000 persons)

行　业	Sector	合计 Total		国有单位 State-owned Units	
		2004	2005	2004	2005
总　计	**Total**	**175.04**	**206.68**	**70.85**	**71.67**
农、林、牧、渔业	Farming, Forestry, Animal Husbandry and Fishery	0.66	0.49	0.58	0.45
采掘业	Mining and Quarrying	0.33	0.33	0.08	0.04
制造业	Manufacturing	73.87	98.24	2.55	2.33
电力、煤气及水的生产和供应业	Electricity, Gas and Water Production and Supply	2.45	2.57	1.63	1.69
建筑业	Construction	5.00	5.88	0.46	0.52
交通运输、仓储及邮政业	Transport,Storage and Post	5.43	5.37	3.19	3.17
信息传输、计算机服务和软件业	Information Transmission, Computer Services and Software	1.72	1.87	0.85	0.48
批发和零售业	Wholesale and Retail Sale Trade	8.98	9.00	1.51	1.14
住宿餐饮业	Hotels and Catering Services	5.09	5.53	1.42	1.37
金融业	Finance	9.67	9.97	5.13	4.00
房地产业	Real Estate	1.82	2.06	0.60	0.60
租赁与商务服务业	Leasing and Commercial Services	4.32	5.55	1.82	1.27
科学研究、技术服务与地质勘查业	Scientific Research and Technic Services and Geological Prospecting	1.84	2.01	1.45	1.53
水利、环境和公共设施管理业	Water Conservancy, Environment and Public Facilities Management	2.03	2.24	1.25	1.58
居民服务及其他服务业	Resident Services and Other Services	0.31	0.41	0.14	0.20
教育	Education	26.49	27.66	25.52	26.40
卫生、社会保障和社会福利业	Health Care, Social Security and Social Welfare	13.93	14.69	11.88	12.55
文化、体育与娱乐业	Culture, Sports and Recreation	1.89	1.87	1.77	1.70
公共管理和社会组织	Public Management and Social Organization	9.20	10.93	9.01	10.64

行　业	Sector	城镇集体经济单位 Urban Collective Owned Units		其它单位 Others	
		2004	2005	2004	2005
总　计	**Total**	**12.14**	**10.22**	**92.05**	**124.79**
农、林、牧、渔业	Farming, Forestry, Animal Husbandry and Fishery	0.03	0.01	0.05	0.02
采掘业	Mining and Quarrying	0.01	0.03	0.24	0.26
制造业	Manufacturing	4.21	2.83	67.11	93.08
电力、煤气及水的生产和供应业	Electricity, Gas and Water Production and Supply	0.10	0.10	0.72	0.78
建筑业	Construction	0.79	0.59	3.75	4.78
交通运输、仓储及邮政业	Transport, Storage and Post	0.26	0.28	1.99	1.93
信息传输、计算机服务和软件业	Information Transmission, Computer Services and Software	0.03	0.02	0.84	1.37
批发和零售业	Wholesale and Retail Sale Trade	0.83	0.66	6.64	7.21
住宿餐饮业	Hotels and Catering Services	0.45	0.46	3.21	3.70
金融业	Finance	1.73	1.47	2.81	4.50
房地产业	Real Estate	0.04	0.09	1.17	1.37
租赁与商务服务业	Leasing and Commercial Services	0.39	0.37	2.11	3.90
科学研究、技术服务与地质勘查业	Scientific Research and Technic Services and Geological Prospecting	0.07	0.07	0.32	0.41
水利、环境和公共设施管理业	Water Conservancy, Environment and Public Facilities Management	0.64	0.47	0.14	0.19
居民服务及其他服务业	Resident Services and Other Services	0.08	0.10	0.09	0.11
教育	Education	0.45	0.63	0.52	0.63
卫生、社会保障和社会福利业	Health Care, Social Security and Social Welfare	1.95	1.99	0.10	0.15
文化、体育与娱乐业	Culture, Sports and Recreation	0.06	0.05	0.06	0.12
公共管理和社会组织	Public Management and Social Organization	0.02	0.02	0.17	0.27

2－19 按行业和经济类型分的工业、建筑业企业职工人数(年底数)

Number of Staff and Workers in Industry and Construction Enterprises by Sector and Ownership(Year－end)

单位:万人　　(10000 persons)

分　类	Category	1995	2000	2004	2005
总　计	**Total**	**264.49**	**183.07**	**232.64**	**297.81**
采掘业	**Mining and Quarrying**	**5.25**	**2.78**	**1.96**	**2.03**
按经济类型分组	**By Ownership**				
国有经济单位	State-owned Units	4.80	2.45	0.59	0.33
城镇集体经济单位	Urban Collective Owned Units	0.41	0.06	0.04	0.23
其他各种经济类型	Units of Other Types of Ownership	0.04	0.27	1.33	1.46
按行业分组	**By Sector**				
煤炭采选业	Coal Mining and Dressing	1.77	1.09	0.80	0.74
石油和天然气开采业	Petroleum and Natural Gas Extraction				
黑色金属矿采选业	Ferrous Metals Mining and Dressing	0.42	0.24	0.17	0.17
有色金属矿采选业	Nonferrous Metals Mining and Dressing	0.90	0.57	0.25	0.22
非金属矿采选业	Nonmetals Mining and Dressing	2.14	0.87	0.72	0.90
其他矿采选业	Other Minerals Mining and Dressing	0.01		0.02	
木材及竹材采运业	Logging and Transport of Wood and Bamboo	0.01	0.01		
制造业	**Manufacturing**	**205.94**	**127.03**	**156.11**	**204.16**
按经济类型分组	**By Ownership**				
国有经济单位	State-owned Units	96.27	28.37	8.50	8.87
城镇集体经济单位	Urban Collective Owned Units	75.81	18.61	9.18	6.25
其他各种经济类型单位	Units of Other Types of Ownership	33.86	80.05	138.43	189.05
按行业分组	**By Sector**				
食品加工业	Food Processing	6.46	3.67	3.46	3.46
食品制造业	Food Manufacturing	7.67	4.44	3.50	3.97
饮料制造业	Beverage Manufacturing	4.98	4.29	2.64	2.74
烟草制造业	Tobacco Processing	0.46	0.35	0.39	0.35
纺织业	Textile Industry	35.42	15.96	14.95	23.34
服装及其他纤维制品制造业	Garments and Other Fiber Products	9.57	7.97	16.11	19.99
皮革、毛皮、羽绒及其制品业	Leather, Furs, Down and Related Products	5.13	4.80	9.08	13.53
木材加工及竹、藤、棕、草制品业	Timber Processing, Bamboo, Cane, Palm Fiber and Straw Products	1.45	0.94	1.60	2.07
家具制造业	Furniture Manufacturing	1.35	0.45	1.73	4.15
造纸及纸制品业	Papermaking and Paper Products	4.19	2.56	2.42	4.14
印刷业记录媒介的复制	Printing and Record Medium Reproducts	3.24	2.04	1.89	2.03

分 类	Category	1995	2000	2004	2005
文教体育用品制造业	Cultural, Educational and Sport Goods	1.90	1.96	2.20	2.84
石油加工及炼焦业	Petroleum Processing and Coking	0.84	0.85	0.82	0.84
化学原料及化学制品制造业	Raw Chemical Materials and Chemical Products	13.75	9.84	8.25	10.04
医药制造业	Medical and Pharmaceutical Products	3.77	3.70	4.35	5.38
化学纤维制造业	Chemical Fiber	3.09	1.69	1.72	3.54
橡胶制品业	Rubber Products	2.64	1.98	2.69	2.99
塑料制品业	Plastic Products	7.02	4.92	5.50	6.88
非金属矿物制品业	Nonmetal Mineral Products	11.33	5.89	5.50	7.32
黑色金属冶炼及压延加工业	Smelting and Pressing of Ferrous Metals	4.16	3.14	2.75	3.41
有色金属冶炼及压延加工业	Smelting and Pressing of Nonferrous Metals	1.52	0.87	1.60	2.61
金属制品业	Metal Products	8.90	5.17	5.93	8.73
普通机械制造业	Ordinary Machinery	17.50	10.54	13.41	14.05
专用设备制造业	Equipment for Special Purposes	10.80	5.78	4.63	4.43
交通运输设备制造业	Transport Equipment	9.40	5.41	6.63	10.55
武器弹药制造业	Weapons and Ammunition	0.12	0.09		20.40
电气机械及器材制造业	Electric Equipment and Machinery	12.30	8.46	15.48	13.83
电子及通信设备制造业	Electronic and Telecommunications	6.87	5.23	10.06	3.44
仪器仪表及文化、办公用机械制造业	Instruments, Meter, Cultural and Office Machinery	4.25	2.54	3.34	3.02
其他制造业	Other Manufacturing	5.86	2.59	3.48	0.08
电力、煤气及水的生产和供应业	**Electricity, Gas and Water Production and Supply**	**8.29**	**9.03**	**9.50**	**10.08**
按经济类型分组	**By Ownership**				
国有经济单位	State-owned Units	7.81	6.75	6.42	6.72
城镇集体经济单位	Urban Collective Owned Units	0.27	0.29	0.47	0.37
其他各种经济类型单位	Units of Other Types of Ownership	0.21	1.99	2.61	2.99
按行业分组	**By Sector**				
电力、蒸汽、热水的生产和供应业	Electricity, Steam and Hot Water Production and Supply	6.63	7.15	7.28	7.77
煤气生产和供应业	Gas Production and Supply	0.50	0.37	0.39	0.38
自来水的生产和供应业	Water Prodution and Supply	1.16	1.51	1.83	1.93
建筑业	**Construction**	**45.01**	**44.23**	**65.07**	**79.50**
按经济类型分组	**By Ownership**				
国有经济单位	State-owned Units	10.82	6.37	3.99	3.48
城镇集体经济单位	Urban Collective Owned Units	33.00	15.51	11.12	9.47
其他各种经济类型单位	Units of Other Types of Ownership	1.19	22.35	49.96	66.55

2-20 分行业城镇私营从业人员和个体从业人员人数(年底数)

Employed Persons in Urban Private Enterprises and Self-employed Individuals by Sector(Year-end)

单位:万人　　　　(10000 persons)

行业	Sector	合计 Total		城镇私营 Private Enterprises		城镇个体 Individuals	
		2004	2005	2004	2005	2004	2005
总计	**Total**	**383.11**	**373.22**	**236.36**	**218.46**	**146.75**	**154.76**
农、林、牧、渔业	Farming, Forestry, Animal Husbandry and Fishery	2.42	2.35	1.73	1.70	0.70	0.65
采掘业	Mining and Quarrying	0.43	0.41	0.27	0.26	0.17	0.15
制造业	Manufacturing	144.06	131.55	116.10	100.28	27.96	31.27
电力、煤气及水的生产和供应业	Electricity, Gas and Water Production and Supply	0.82	0.46	0.23	0.43	0.59	0.03
建筑业	Construction	9.65	9.45	9.42	9.14	0.23	0.30
交通运输、仓储及邮政业	Transport, Storage and Post	8.97	8.70	3.88	3.48	5.08	5.22
信息传输、计算机服务和软件业	Information Transmission, Computer Services and Software	6.18	7.68	5.61	7.11	0.57	0.57
批发和零售业	Wholesale and Retail Sale Trade	131.24	135.66	61.04	58.34	70.20	77.31
住宿餐饮业	Hotels and Catering Services	21.71	19.06	4.96	3.83	16.75	15.23
金融业	Finance						
房地产业	Real Estate	2.68	5.23	2.42	4.97	0.26	0.27
租赁与商务服务业	Leasing and Commercial Services	10.17	13.57	9.28	11.71	0.89	1.86
科学研究、技术服务与地质勘查业	Scientific Research and Technic Services and Geological Prospecting	3.94	3.07	2.80	1.94	1.14	1.14
水利、环境和公共设施管理业	Water Conservancy, Environment and Public Facilities Management	3.94	3.08	2.80	1.94	1.14	1.14
居民服务及其他服务业	Resident Services and Other Services	28.69	25.60	10.72	9.22	17.97	16.38
教育	Education	5.26	4.10	3.74	2.58	1.52	1.51
卫生、社会保障和社会福利业	Health Care, Social Security and Social Welfare	0.39	0.51	0.26	0.34	0.12	0.17
文化、体育与娱乐业	Culture, Sports and Recreation	2.56	2.75	1.10	1.20	1.46	1.55
公共管理和社会组织	Public Management and Social Organization						

2－21 城镇新就业人数
Number of Newly Employed Persons in Urban Areas

单位:万人 (10000 persons)

分　类	Category	1990	1995	2000	2004	2005
总　计	**Total**	**21.93**	**38.73**	**67.97**	**78.33**	**109.21**
按就业人员主要来源分	**By Source of Major Employment**					
城镇失业人员	Urban Unemployment	7.21	12.67	35.73	25.91	28.75
农村劳动力	Rural Labor Force	5.50	10.44	8.66	28.57	53.54
大学、中专、技工学校毕业生	Graduates from Universities, Secondary Technical Schools and Worker Training Schools	4.62	5.94	5.82	9.85	11.60
部队转业干部和退伍军人	Demobilized Soldiers and Armymen Transferred to Civilian Work	0.63	0.69	0.85	0.88	0.98
其 他	Others	3.97	8.99	16.91	13.12	14.34
按就业人员安置去向分	**By Direction of Employment Assignment**					
国有经济单位	State-owned Units	12.57	12.99	6.90	10.29	19.88
城镇集体经济单位	Urban Collective Owned Units	6.11	7.06	2.38	3.95	4.26
其他经济单位	Others	0.44	4.63	13.37	39.67	56.98
城镇私营和个体劳动	Urban Private Enterprises and Individual Laborers	2.81	14.05	45.32	24.42	28.09

2-22 城镇失业人员和失业率(1978-2005年,年底数)
Number of Unemployed Persons and the Unemployment Rate in Urban Areas(1978-2005, Year-end)

年份 Year	年末城镇登记失业人员(万人) Unemployed Persons in Urban Areas (10000 persons)	城镇登记失业率(%) Unemployment Rate in Urban Areas	年份 Year	年末城镇登记失业人员(万人) Unemployed Persons in Urban Areas (10000 persons)	城镇登记失业率(%) Unemployment Rate in Urban Areas
1978	24.40	7.2	1992	12.97	2.4
1979	13.22	3.7	1993	14.68	2.6
1980	10.23	2.7	1994	16.09	2.6
1981	5.24	1.3	1995	17.72	2.8
1982	9.27	2.4	1996	16.22	2.6
1983	7.15	1.8	1997	18.75	3.0
1984	4.69	1.1	1998	19.96	3.3
1985	3.45	0.8	1999	21.17	3.4
1986	5.50	1.2	2000	21.82	3.4
1987	7.51	1.6	2001	23.99	3.7
1988	7.73	1.5	2002	27.73	4.0
1989	10.53	2.1	2003	28.27	3.7
1990	11.24	2.2	2004	30.14	4.1
1991	10.87	2.0	2005	28.97	3.7

2-23 单位从业人员变动情况(2000-2005年)

Changes of Employed Persons(2000-2005)

单位:万人 (10000 persons)

分　类	Category	2000	2001	2002	2003	2004	2005
本年增加人数	**Total Increment**	**36.01**	**37.65**	**44.68**	**58.58**	**62.76**	**91.25**
#从农村招收	Recruited from Rural Area	12.98	13.44	17.15	27.05	28.57	53.54
从城镇招收	Recruited from Urban Area	5.52	5.67	7.14	8.95	9.63	12.11
录用的退伍军人	Demobilized Soldiers	0.84	0.66	0.64	0.66	0.88	0.98
录用的大、中专、技工学校毕业生	Graduates from Universities, Secondary Technical Schools and Worker Training Schools	5.82	6.24	6.59	8.57	9.84	11.60
调入	Transfered Into	5.89	6.39	5.88	6.12	5.67	5.54
其它	Others	4.96	5.25	7.28	7.23	8.16	7.49
本年减少人数	**Total Decrement**	**48.97**	**43.38**	**41.34**	**42.54**	**43.89**	**93.07**
#离休退休退职	Retired and Resigned Persons	6.20	5.49	5.02	4.69	5.28	39.76
开除除名辞退	Discharged Persons	2.97	3.59	3.12	4.00	3.19	3.87
终止解除合同	Terminated Contracts	22.31	19.69	19.12	20.92	22.37	33.95
离开本单位仍保留劳动关系的职工	Staff and Workers Leaving Their Working Units While Keeping Their Labour Contract	6.40	3.76	2.58	1.86	1.38	1.08
死亡	Death					0.24	0.24
调出	Transfered Out	5.15	5.75	5.42	5.19	4.90	5.39
其它	Others	5.94	5.11	6.08	5.89	6.54	8.79

2-24 按经济类型分的单位从业人员变动情况

Changes of Employed Persons by Ownership

单位:万人　　　　(10000 persons)

分　类	Category	合计 Total		国　有 经济单位 State-owned Units		城镇集体 经济单位 Urban Collective Owned Units		其它各种 经济单位 Others	
		2004	2005	2004	2005	2004	2005	2004	2005
本年增加人数	**Total Increment**	**62.76**	**91.25**	**15.96**	**25.20**	**4.31**	**4.75**	**42.50**	**61.30**
#从农村招收	Recruited from Rural Area	28.57	53.54	1.74	12.64	2.41	3.33	24.42	37.56
从城镇招收	Recruited from Urban Area	9.63	12.11	1.71	1.84	0.58	0.36	7.34	9.91
录用的退伍军人	Demobilized Soldiers	0.88	0.98	0.41	0.41	0.07	0.03	0.40	0.54
录用的大、中专、技工学校毕业生	Graduates from Universities, Secondary Technical Schools and Worker Training Schools	9.84	11.60	4.03	3.86	0.49	0.39	5.33	7.34
调入	Transfered Into	5.67	5.54	4.40	3.74	0.24	0.21	1.03	1.60
其它	Others	8.16	7.49	3.68	2.71	0.51	0.43	3.97	4.35
本年减少人数	**Total Decrement**	**43.89**	**93.07**	**12.77**	**22.37**	**2.98**	**2.98**	**28.14**	**67.72**
#离休退休退职	Retired and Resigned Persons	5.28	39.76	2.63	13.92	0.44	0.28	2.21	25.56
开除除名辞退	Discharged Persons	3.19	3.87	0.46	0.32	0.20	0.13	2.53	3.42
终止解除合同	Terminated Contracts	22.37	33.95	2.68	2.71	1.45	1.84	18.24	29.40
离开本单位仍保留劳动关系的职工	Staff and Workers Leaving Their Working Units While Keeping Their Labour Contract	1.38	1.08	0.66	0.44	0.17	0.11	0.54	0.52
死亡	Death	0.24	0.24	0.15	0.15	0.02	0.02	0.07	0.08
调出	Transfered Out	4.90	5.39	3.77	3.26	0.19	0.16	0.94	1.97
其它	Others	6.54	8.79	2.42	1.57	0.51	0.43	3.60	6.78

2-25 离休、退休、退职职工人数(1985-2005年,年底数)

Number of Retired and Resigned Persons(1985-2005, Year-end)

单位:万人 (10000 persons)

年份 Year	合计 Total	离休干部 Retired Veterans	退休职工 Retired Persons	退职职工 Resigned Persons	离休、退休、退职人数与在职职工人数之比(以在职职工为100) Ratio of Staff and Workers on Their Posts to Retired and Resigned Persons (Employed Staff and Workers = 100)
1985	64.33	3.00	58.82	2.51	15.1
1986	69.33	3.41	63.00	2.92	15.6
1987	70.78	3.53	64.68	2.57	15.4
1988	75.16	3.72	68.61	2.83	15.8
1989	80.25	4.19	72.61	3.45	17.1
1990	81.70	4.34	72.98	3.00	17.2
1991	86.17	4.44	77.35	3.08	17.5
1992	89.62	4.63	80.96	2.83	18.2
1993	94.08	4.71	86.06	3.31	18.7
1994	98.73	4.67	90.79	3.27	19.7
1995	103.35	4.49	95.63	3.23	20.7
1996	109.66	4.37	102.03	3.26	22.1
1997	112.48	4.23	104.82	3.43	23.3
1998	118.56	4.16	111.06	3.34	26.0
1999	124.33	3.93	116.63	3.75	29.1
2000	131.69	3.74	124.04	3.91	33.0
2001	142.9	3.66	135.34	3.90	38.4
2002	149.11	3.38	141.87	3.86	40.6
2003	162.37	3.43	154.59	4.35	43.5
2004	165.40	3.10	158.05	4.25	37.0
2005	175.78	2.93	172.85		33.7

2-26 各市企业年末单位从业人员

Employed Persons in Enterprises by City(Year-end)

单位:万人 (10000 persons)

城　市	City	年末单位从业人员 Number of Employed Persons at the Year-end		#在岗职工 Staff and Workers at Work		离岗职工 Laid-off Staff and Workers	
		2004	2005	2004	2005	2004	2005
全　省	**Total**	**323.06**	**392.39**	**306.76**	**378.17**	**13.62**	**11.45**
杭州市	Hangzhou	54.18	73.47	51.30	70.01	2.96	2.65
宁波市	Ningbo	53.38	62.39	50.12	60.52	0.71	0.60
温州市	Wenzhou	60.18	63.88	58.08	61.98	3.03	2.64
嘉兴市	Jiaxing	36.65	50.82	35.24	49.42	1.18	0.75
湖州市	Huzhou	13.18	17.44	11.98	16.57	0.84	0.59
绍兴市	Shaoxing	37.55	48.07	36.18	46.96	1.12	0.86
金华市	Jinhua	19.95	25.55	19.25	24.87	0.67	0.71
衢州市	Quzhou	8.42	7.36	7.44	6.50	0.59	0.52
舟山市	Zhoushan	7.17	6.97	6.98	6.80	0.66	0.54
台州市	Taizhou	24.32	27.57	22.41	25.87	1.46	1.20
丽水市	Lishui	6.16	6.47	5.86	6.26	0.40	0.38

2-27 各市国有控股企业年末单位从业人员
Employed Persons in State-owned and State Holding Majority Shares Enterprises by City (Year-end)

单位:万人 (10000 persons)

城市	City	年末单位从业人员 Number of Employed Persons at the Year-end		#在岗职工 Staff and Workers at Work		离岗职工 Laid-off Staff and Workers	
		2004	2005	2004	2005	2004	2005
全省	**Total**	**99.13**	**93.63**	**92.24**	**87.62**	**7.95**	**7.03**
杭州市	Hangzhou	26.12	27.22	24.48	25.50	1.87	1.75
宁波市	Ningbo	14.85	13.77	14.05	12.98	0.47	0.37
温州市	Wenzhou	13.22	10.58	12.23	9.86	1.59	1.60
嘉兴市	Jiaxing	6.25	5.86	5.56	5.13	0.49	0.39
湖州市	Huzhou	4.23	4.17	3.92	3.94	0.64	0.48
绍兴市	Shaoxing	6.49	5.90	5.82	5.57	0.56	0.40
金华市	Jinhua	5.90	5.72	5.78	5.57	0.34	0.32
衢州市	Quzhou	4.92	3.98	4.44	3.57	0.54	0.47
舟山市	Zhoushan	4.50	3.99	4.38	3.88	0.47	0.38
台州市	Taizhou	8.18	7.59	7.26	6.90	0.75	0.66
丽水市	Lishui	2.51	2.44	2.38	2.31	0.23	0.21

2－28 各市事业年末单位从业人员

Employed Persons in Institations by City(Year－end)

单位:万人 (10000 persons)

城 市	City	年末单位从业人员 Number of Employed Persons at the Year-end		#在岗职工 Staff and Workers at Work		离岗职工 Laid-off Staff and Workers	
		2004	2005	2004	2005	2004	2005
全 省	**Total**	**96.34**	**99.80**	**92.09**	**95.85**	**2.07**	**2.11**
杭州市	Hangzhou	19.82	21.16	18.95	20.20	0.45	0.40
宁波市	Ningbo	12.90	13.46	12.30	12.95	0.18	0.18
温州市	Wenzhou	12.86	12.96	12.33	12.56	0.36	0.39
嘉兴市	Jiaxing	7.24	7.93	6.93	7.60	0.11	0.10
湖州市	Huzhou	4.78	4.84	4.41	4.42	0.07	0.06
绍兴市	Shaoxing	8.14	8.15	7.57	7.76	0.15	0.16
金华市	Jinhua	8.76	9.17	8.57	9.03	0.23	0.21
衢州市	Quzhou	3.48	3.65	3.33	3.46	0.05	0.05
舟山市	Zhoushan	2.64	2.55	2.52	2.49	0.08	0.07
台州市	Taizhou	9.97	10.28	9.51	9.80	0.23	0.21
丽水市	Lishui	5.03	5.13	4.96	5.06	0.16	0.18

2-29 各市机关年末单位从业人员

Employed Persons in Government Agencies by City(Year-end)

单位:万人　　(10000 persons)

城市	City	年末单位从业人员 Number of Employed Persons at the Year-end		#在岗职工 Staff and Workers at Work		离岗职工 Laid-off Staff and Workers	
		2004	2005	2004	2005	2004	2005
全省	**Total**	**37.18**	**38.94**	**35.69**	**37.78**	**0.83**	**0.70**
杭州市	Hangzhou	6.95	7.14	6.71	6.90	0.26	0.21
宁波市	Ningbo	4.86	5.18	4.70	4.99	0.09	0.07
温州市	Wenzhou	5.67	5.87	5.49	5.76	0.08	0.09
嘉兴市	Jiaxing	2.21	2.43	2.14	2.36	0.07	0.04
湖州市	Huzhou	2.13	1.98	1.90	1.83	0.04	0.04
绍兴市	Shaoxing	2.81	2.72	2.60	2.62	0.07	0.04
金华市	Jinhua	3.52	4.02	3.46	3.98	0.05	0.05
衢州市	Quzhou	2.09	2.42	1.98	2.31	0.04	0.05
舟山市	Zhoushan	1.14	1.25	1.12	1.24	0.03	0.03
台州市	Taizhou	3.50	3.53	3.40	3.45	0.06	0.06
丽水市	Lishui	2.29	2.39	2.21	2.34	0.04	0.03

2-30 各市单位年末人才资源

Trained Personnel Resources by City(Year-end)

单位:万人 (10000 persons)

城市	City	人才资源年末人数 Number of Trained Personnel Resources		专业技术人员 Specialized Technical Personnel		#女性 Female	
		2004	2005	2004	2005	2004	2005
全省	**Total**	**198.17**	**247.42**	**120.65**	**135.69**	**53.91**	**58.35**
杭州市	Hangzhou	43.88	59.42	26.07	29.34	12.06	13.76
宁波市	Ningbo	28.20	46.05	17.16	24.31	7.64	8.09
温州市	Wenzhou	29.75	32.81	17.37	18.08	7.68	7.80
嘉兴市	Jiaxing	14.96	18.44	8.95	10.18	3.86	4.37
湖州市	Huzhou	8.98	9.74	5.43	5.76	2.42	2.62
绍兴市	Shaoxing	16.95	19.86	11.53	12.39	4.77	5.45
金华市	Jinhua	14.21	17.97	9.75	10.74	4.31	4.67
衢州市	Quzhou	8.47	8.62	4.57	4.24	1.94	1.89
舟山市	Zhoushan	6.09	5.64	3.13	3.15	1.56	1.57
台州市	Taizhou	17.50	18.72	10.93	11.60	5.04	5.33
丽水市	Lishui	8.73	9.52	5.64	5.77	2.63	2.70

2-31 各市按经济类型分的年末全部单位专业技术人员

Specialized Technical Personnel by City and Ownership(Year - end)

单位:万人 (10000 persons)

城 市	City	合计 Total		国 有 State-owned Units		城镇 Collective Owned Units		其他 Other Types of Ownership	
		2004	2005	2004	2005	2004	2005	2004	2005
全 省	**Total**	**120.65**	**135.68**	**77.77**	**77.10**	**8.55**	**7.78**	**34.33**	**50.81**
杭州市	Hangzhou	26.07	29.34	17.28	17.05	1.17	1.22	7.63	11.07
宁波市	Ningbo	17.16	24.31	10.25	10.17	1.17	1.10	5.74	13.04
温州市	Wenzhou	17.37	18.08	10.75	10.70	1.20	1.05	5.42	6.32
嘉兴市	Jiaxing	8.95	10.18	5.61	5.67	0.62	0.47	2.71	4.04
湖州市	Huzhou	5.43	5.76	3.60	3.48	0.44	0.33	1.38	1.95
绍兴市	Shaoxing	11.53	12.39	6.33	6.38	1.08	0.81	4.12	5.20
金华市	Jinhua	9.75	10.74	6.76	6.63	1.05	0.92	1.94	3.19
衢州市	Quzhou	4.57	4.24	3.11	2.97	0.31	0.54	1.15	0.72
舟山市	Zhoushan	3.13	3.15	2.06	2.07	0.24	0.23	0.83	0.85
台州市	Taizhou	10.93	11.60	7.51	7.50	0.86	0.75	2.56	3.34
丽水市	Lishui	5.64	5.77	4.46	4.43	0.40	0.36	0.77	0.98

2-32 各市按经济类型分的年末全部单位女性专业技术人员
Number of Female Specialized Technical Personnel by City and Ownership (Year-end)

单位:万人 (10000 persons)

城市	City	合计 Total		国有 State-owned Units		城镇 Collective Owned Units		其他 Other Types of Ownership	
		2004	2005	2004	2005	2004	2005	2004	2005
全省	**Total**	**53.97**	**58.35**	**39.36**	**40.05**	**3.58**	**3.61**	**11.03**	**14.69**
杭州市	Hangzhou	12.06	13.76	8.68	9.05	0.62	0.66	2.76	4.05
宁波市	Ningbo	7.64	8.09	5.17	5.23	0.57	0.58	1.91	2.28
温州市	Wenzhou	7.68	7.80	5.76	5.68	0.36	0.32	1.57	1.80
嘉兴市	Jiaxing	3.86	4.37	2.70	2.82	0.23	0.23	0.92	1.32
湖州市	Huzhou	2.42	2.62	1.84	1.81	0.17	0.14	0.40	0.66
绍兴市	Shaoxing	4.77	5.45	3.18	3.39	0.43	0.34	1.16	1.73
金华市	Jinhua	4.31	4.67	3.28	3.30	0.45	0.45	0.59	0.92
衢州市	Quzhou	1.94	1.89	1.41	1.39	0.12	0.27	0.40	0.23
舟山市	Zhoushan	1.56	1.57	1.18	1.16	0.11	0.14	0.27	0.27
台州市	Taizhou	5.04	5.33	3.92	3.97	0.34	0.33	0.78	1.04
丽水市	Lishui	2.63	2.70	2.22	2.21	0.17	0.17	0.25	0.32

2-33 分行业年末单位专业技术人员

Specialized Technical Personnel by Sector(Year - end)

单位:万人 (10000 persons)

行业	Sector	合计 Total		#国有 State-owned Units		#集体 Collective owned Units	
		2004	2005	2004	2005	2004	2005
总　计	**Total**	**120.65**	**135.68**	**77.77**	**77.10**	**8.55**	**7.78**
农、林、牧、渔业	Farming, Forestry, Animal Husbandry and Fishery	1.07	0.78	0.94	0.72	0.10	0.04
采掘业	Mining and Quarrying	0.28	0.28	0.07	0.03	0.01	0.02
制造业	Manufacturing	16.68	22.44	1.06	1.16	0.92	0.52
电力、煤气及水的生产和供应业	Electricity, Gas and Water Production and Supply	2.84	2.86	2.01	2.06	0.09	0.08
建筑业	Construction	9.45	16.78	0.87	0.78	1.38	1.14
交通运输、仓储及邮政业	Transport, Storage and Post	3.11	2.87	1.87	1.63	0.04	0.12
信息传输、计算机服务和软件业	Information Transmission, Computer Services and Software	1.84	1.82	0.92	0.53	0.01	0.01
批发和零售业	Wholesale and Retail Sale Trade	4.64	4.46	1.05	0.80	0.32	0.27
住宿餐饮业	Hotels and Catering Services	1.18	1.18	0.28	0.24	0.10	0.09
金融业	Finance	9.08	8.96	5.28	4.30	2.14	1.73
房地产业	Real Estate	1.89	1.93	0.60	0.54	0.04	0.05
租赁与商务服务业	Leasing and Commercial Services	2.53	2.77	1.36	0.92	0.36	0.29
科学研究、技术服务与地质勘查业	Scientific Research and Technic Services and Geological Prospecting	4.29	4.49	3.39	3.42	0.14	0.13
水利、环境和公共设施管理业	Water Conservancy, Environment and Public Facilities Management	0.89	0.85	0.73	0.71	0.08	0.07
居民服务及其他服务业	Resident Services and Other Services	0.14	0.13	0.09	0.09	0.02	0.02
教育	Education	41.27	41.74	40.38	40.54	0.33	0.65
卫生、社会保障和社会福利业	Health Care, Social Security and Social Welfare	16.68	17.28	14.20	14.68	2.37	2.46
文化、体育与娱乐业	Culture, Sports and Recreation	2.33	2.26	2.24	2.16	0.07	0.07
公共管理和社会组织	Public Management and Social Organization	0.47	1.81	0.43	1.76	0.02	0.02

行　业	Sector	#女性 Female					
		合计 Total		#国有 State-owned Units		#集体 Collective owned Units	
		2004	2005	2004	2005	2004	2005
总　计	**Total**	**53.97**	**58.35**	**39.36**	**40.05**	**3.58**	**3.61**
农、林、牧、渔业	Farming, Forestry, Animal Husbandry and Fishery	0.26	0.20	0.23	0.18	0.02	
采掘业	Mining and Quarrying	0.08	0.10	0.01	0.03		
制造业	Manufacturing	5.48	7.66	0.35	0.39	0.29	0.19
电力、煤气及水的生产和供应业	Electricity, Gas and Water Production and Supply	0.83	0.81	0.56	0.60	0.04	0.03
建筑业	Construction	1.51	1.64	0.19	0.21	0.22	0.19
交通运输、仓储及邮政业	Transport, Storage and Post	0.96	0.87	0.54	0.50	0.02	0.04
信息传输、计算机服务和软件业	Information Transmission, Computer Services and Software	0.66	0.67	0.36	0.20		0.01
批发和零售业	Wholesale and Retail Sale Trade	2.00	1.99	0.41	0.32	0.13	0.10
住宿餐饮业	Hotels and Catering Services	0.55	0.52	0.13	0.12	0.04	0.03
金融业	Finance	4.57	4.77	2.64	2.23	1.04	0.94
房地产业	Real Estate	0.63	0.68	0.23	0.21	0.01	0.02
租赁与商务服务业	Leasing and Commercial Services	1.03	1.06	0.58	0.38	0.11	0.09
科学研究、技术服务与地质勘查业	Scientific Research and Technic Services and Geological Prospecting	1.21	1.27	1.00	1.00	0.03	0.04
水利、环境和公共设施管理业	Water Conservancy, Environment and Public Facilities Management	0.27	0.29	0.22	0.23	0.03	0.03
居民服务及其他服务业	Resident Services and Other Services	0.06	0.06	0.04	0.05	0.01	0.01
教育	Education	21.98	22.82	21.43	22.06	0.24	0.41
卫生、社会保障和社会福利业	Health Care, Social Security and Social Welfare	10.74	11.31	9.34	9.76	1.33	1.45
文化、体育与娱乐业	Culture, Sports and Recreation	1.01	0.98	0.97	0.94	0.02	0.03
公共管理和社会组织	Public Management and Social Organization	0.15	0.66	0.13	0.64	0.01	0.01

2-34 五次人口普查基本情况

项　　目	Item	第一次 The First Time 1953.7.1
总户数(万户)	**Total Family Households(10000 Households)**	**579.16**
平均每户人数(人)	Average Sizeof Family Households(person)	3.87
总人口(万人)	**Total Population(10000 persons)**	**2241.57**
按性别分	**By Sex**	
男	Male	1178.00
女	Female	1063.00
按城乡分	**By Residence**	
市镇人口	Urban	289.27
乡村人口	Rural	1925.30
按民族分	**By Nationality**	
汉　族	The Han Nationality	2233.22
少数民族	Minority Nationality	8.35
#畲族	The She Nationality	5.27
苗族	The Miao Nationality	2.84
回族	The Hui Nationality	0.19
满族	The Man Nationality	0.04
蒙古族	The Meng Gu Nationality	…
壮族	The Zhuang Nationality	…
按文化程度分	**By Educational Level**	
大学	University	
高中	Senior Secondary School	
初中	Junior Secondary School	
小学	Primary School	
文盲、半文盲(15 岁及 15 岁以上)	Illiterate and Semiliterate(15 years old and over)	

2 – 34 Basic Statistics on National Population Census

第二次 The Second Time 1964.7.1	第三次 The Third Time 1982.7.1	第四次 The Fourth Time 1990.7.1	第五次 The Fifth Time 2000.11.1
656.63	**960.36**	**1176.77**	**1478.97**
4.31	3.96	3.46	3.00
2831.86	**3888.46**	**4144.59**	**4593.06**
1479.06	2016.70	2136.48	2358.15
1352.80	1871.76	2008.11	2234.91
306.86	999.69	2628.02	2235.66
2525.00	2888.77	1516.57	2357.4
2821.19	3872.30	4123.45	4553.52
10.67	16.16	21.14	39.54
10.06	14.83	17.27	17.10
0.04	0.05	0.32	5.34
0.38	0.94	1.72	1.96
0.09	0.12	0.27	0.51
0.02	0.02	0.06	0.36
0.03	0.11	0.77	1.90
8.05	18.21	48.50	146.79
31.86	202.19	290.37	495.36
120.27	691.55	983.98	1531.94
809.63	1531.44	1643.92	1683.34
	930.67	723.64	321.85

主要统计指标解释

人口数　指一定时点、一定地区范围内的有生命的个人的总和。

年度统计的年末人口数是指每年12月31日24时的人口数。

出生率(又称粗出生率)　指一定时期内(通常为一年)平均每千人所出生的人数的比率,一般用千分率表示。计算公式:

$$出生率=\frac{年出生人数}{年平均人数}\times 1000‰$$

出生人数是指活产婴儿,即胎儿脱离母体时(不管怀孕月数),有过呼吸或其他生命现象。

年平均人数是年初、年底人口数的平均数,也可用年中人口数代替。

死亡率(又称粗死亡率)　指一定时期内(通常为一年)一定地区的死亡人数与同期平均人数(或期中人数)之比,一般用千分率表示。计算公式:

$$死亡率=\frac{年死亡人数}{年平均人数}\times 1000‰$$

人口自然增长率　指一定时期内(通常为一年)人口自然增加数(出生人数减死亡人数)与该时期内平均人数(或期中人数)之比,一般用千分率表示。计算公式:

$$人口自然增长率=\frac{本年出生人数-本年死亡人数}{年平均人数}\times 1000‰$$

人口自然增长率=人口出生率-人口死亡率

从业人员　指从事一定社会劳动并取得劳动报酬或经营收入的人员。包括:

(1)在岗职工

(2)再就业的离退休人员

(3)私营业主

(4)个体户主

(5)私营和个体从业人员

(6)乡镇企业从业人员

(7)农村从业人员

(8)其他从业人员(包括民办教师、宗教职业者等)。

这一指标反映了一定时期内全部劳动力资源的实际利用情况,是研究我省基本省情省力的重要指标。

各单位从业人员　指在各级国家机关、政党机关、社会团体及企业、事业单位中工作,并取得工资或其他劳动报酬的全部人员。包括:在岗职工、再就业的离退休人员、民办教师以及在各单位中工作的外方人员和港澳台方人员、兼职人员、借用的外单位人员和第二职业者。不包括离开本单位仍保留劳动关系的职工。各单位的从业人员反映了各单位实际参加生产或工作的全部劳动力。

城镇私营和个体从业人员　城镇私营从业人员指在工商行政管理部门注册登记,其经营地址设在县城关镇(含城关镇)以上的私营企业从业人员;包括私营企业投资者和雇工。城镇个体从业的人员指在工商管理部门注册登记,并持有城镇户口或在城镇长期居住,经批准从事个体工商经营的从业人员;包括个体经营者和在个体工商户劳动的家庭帮工和雇工。

城镇登记失业人员　指有非农业户口,在一定的劳动年龄内,有劳动能力,无业而要求就业,并在当地就业服务机构进行求职登记的人员。

城镇登记失业率　指城镇登记失业人数同城镇单位从业人数、城镇私营企业及个体从业人数和城镇登记失业人数之和的比。计算公式为:

$$城镇登记失业率=\frac{城镇登记失业人数}{城镇单位从业人数+城镇私营企业及个体从业人员+城镇登记失业人数}\times 100\%$$

职工　指在国有经济、城镇集体经济、联营经济、股份制经济、外商和港、澳、台投资经济、其他经济单位及其附属机构工作,并由其支付工资的各类人员,不包括返聘的离退休人员、民办教师、在国有经济单位工作的外方人员和港、澳、台人员(1998年以后的数据均为在岗职工数据,其他相关指标如职工工资总额,职工平均工资等指标也从1998年按此口径进行了相应的调整)。

国有单位职工　指在国有经济单位及其附属机构工作,并由其支付工资的各类人员。

城镇集体单位职工　指在城镇集体经济单位及其管理部门工作,并由其支付工资的各类人员。

其他单位职工　指在联营经济、股份制经济、外商投资经济、港、澳、台投资经济单位工作,并由其支付工资的各类人员。

在岗职工　指在本单位工作并由单位支付工资的人员,以及有工作岗位,但由于学习、病伤、产假等原因暂未工作,仍由单位支付工资的人员。

Explanatory Notes on Main Statistical Indicators

Total Population refers to the total number of people alive at a certain point of time within a given area.

The annual statistics on total population is taken at midnight , the 31st of December.

Birth Rate (or Crude Birth Rate) refers to the ratio of the number of births to the average population during a certain period of time (usually a year), which is often expressed in ‰. The following formula is used:

$$\text{Birth Rate} = \frac{\text{Number of Births}}{\text{Average Number of Population}} \times 1000‰$$

Number of Births refers to live births ,i. e. the births when babies had showed any vital phenomena regardless of the length of pregnancy.

Annual Average Number of Population is the average of the number of population at the beginning of the year and that at the end of the year. Sometimes it is substituted for with the mid – year population.

Death Rate (or Crude Death Rate) refers to the ratio of the number of deaths to the average population (or mid – year population) during a certain period of time (usually a year), which is often expressed in‰. The following formula is uesd:

$$\text{Death Rate} = \frac{\text{Number of Deaths}}{\text{Annual Average Number of Population}} \times 1000‰$$

Natural Growth Rate of Population refers to the ratio of natural increase in population (number of births minus number of deaths) in a certain period of time (usually a year) to the average population (or mid – year population) of the same period, which is often expressed in ‰. The following formulas are applied:

$$\text{Natural Growth of Population} = \frac{\text{Number of Births} - \text{Number of Deaths}}{\text{Average Number of Population}} \times 1000‰$$

$$\text{Natural Growth of Population} = \text{Birth Rate} - \text{Death Rate}$$

Employed Persons refers to the persons who are engaged in social labour and receive remuneration payment or earn business income , including :

(1) total staff and workers,

(2) re-employed retirees,

(3) employers of private enterprises,

(4) self-employed workers,

(5) employees in private enterprises and individual economy,

(6) employees in town enterprises,

(7) employed persons in the rural areas,

(8) other employed persons (including teachers in the schools run by the local people, people engaged in religious profession, etc.).

This indicator reflacts the actual utilization of total labour force during a certain period of time and is often used for the research on provincial economic situation and power.

Persons Employed in Various Units refer to all the persons working in government agencies of various levels, political and party organizations, social organizations, enteprises and institutions, and receiving wages or other forms of payment. they include fully – employed staff and workers, reemployed retirees, teachers in schools run by local people, foreigners and Chinese compatriots from Hong Kong, Macao, Taiwan working in various units, parttime employees, employees of other units working temporarily at current posts, and employees holding the second job, but exclude staff and workers who have left their working units while keeping their labour contract(employment relation) unchanged. This indicator reflacts the total number of laborers actually engaged in production or other operations in various units.

Persons Employed in private Enterprrises and Selfemployed Individuals in Urban Areas Persons employed in private enterprises refer to the persons employed in the private enterprises which have been registered at the departments of industrial and commercial administration and are situated at a country town(i. e. a town where the country government is located) for business operationor at urban areas with the level higher than a country town. The selfemployed individuals in urban areas refer to persons who hold the certificates of resience in urban areas or have resided in the urban areas for a long time and have been registered at the department of industrial and commercial administration and approved to be engaged in individual industrial or commercial business including selfemployed persons as well as helpers and hire labourers who work in the indvidual households engaged in industrial or commercial business.

Registered Urban Unemployed Persons The registered unemployed persons in urban areas refer to persons who are registered as permanent residents in urban areas engaged in nonagricultural activities, aged within the range of working age, capable to labour, unemployed but desirous to be employed and have been registered at the local government service agencies to apply for a job.

Registered Urban Unemployment Rate Registered unemployment rate in urban areas refers to the ratio of the number of the registered unemployed persons to the sum of the number of the person employed in various units and in private enterprises in urban areas, urban selfemployed individuals and the registered urban unemployed persons. The formula is as follows:

Registered urban unemployment rate = number of registered urban unemployed persons ÷ (number of persons employed in urban units + number of persons employed in urban private enterprises + and selfemployed individual in urban Areas + number of registered urban unemployed persons) × 100%

Staff and Workers refer to the persons who work in (and receive payment therefrom) enterprises and institutions of state ownership, collective ownership , joint ownership , share holding , foreign ownership, and ownership by entrepreneurs from Hong Kong, Macao, and Taiwan , and other types of ownership and their affiliated units, excluding the retired persons invited to work in the units again, teachers in the schools run by the local people and foreigners and persons coming from Hong Kong, Macao and Taiwan and working in the state – owned economic units. (Number of staff and workers in this yearbook include only fully employed staff and worker, excluding those who have left their working units while keeping their labour contract employment relation unchanged).

Staff and Workers in State – owned Economic Units refer to the person who work in the state – owned economic units or their attached units and are listed in their payrolls.

Staff and Workers of Collective Owned Units refer to the persons who work in collective owned units in urban areas and their administration departments and recieve payment therefrom.

Staff and Workers in Units of Other types of Ownership refer to those who work in(and receive payment therefrom) enterprises and institutions of joint ownership, share holding, foreign ownership, and ownership by enterpreneurs from Hong Kong, Macao and Taiwan.

Fully Employed Staff and Workers refers to persons who work in, and receive wages from their working units, as well.

ZHEJIANG STATISTICAL YEARBOOK
CHAPTER 3

固定资产投资
Investment in Fixed Assets

3. 固定资产投资
Investment in Fixed Assets

2005年全社会固定资产投资总额	Total Investment in Fixed Assets	6696.25 亿元	(100 million yuan)
城镇以上投资	Investment at Town Level and Above	4809.50 亿元	(100 million yuan)
农村投资	Rural Investment	1886.76 亿元	(100 million yuan)
农户投资	Peasant Household	254.20 亿元	(100 million yuan)
非农户投资	Non-peasant Household	1632.56 亿元	(100 million yuan)
2005年全社会房屋竣工建筑面积	Floor Space of Buildings Completed	14987.52 万平方米	(10000 sq.m)
# 住宅竣工面积	Residential Buildings	7286.72 万平方米	(10000 sq.m)

全社会固定资产投资（亿元）
Total Investment in Fixed Assets (100 million yuan)

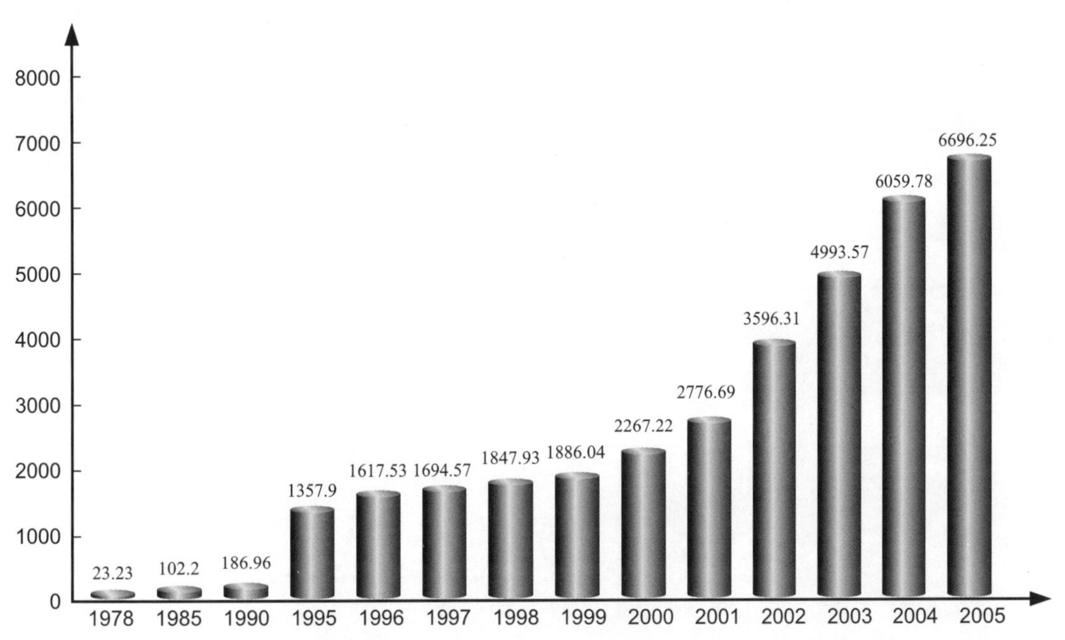

3-1 全社会固定资产投资(1978-2005年)
Total Investment in Fixed Assets(1978-2005)

单位:亿元 (100 million yuan)

年 份 Year	全社会投资 Total Investment	总计中: 限额以上投资 Investment Above Designated Size	投资项目投资 Investment In Projects	房地产开发投资 Real Estate Development
1978	23.23			
1979	26.11			
1980	33.25			
1981	34.16			
1982	41.72			
1983	44.04			
1984	64.89			
1985	102.20			
1986	127.39			
1987	156.20			
1988	188.95			
1989	179.49			
1990	186.96			9.54
1991	239.75			11.73
1992	361.18			24.23
1993	683.83			93.15
1994	1006.39			155.82
1995	1357.90			246.38
1996	1617.53			243.54
1997	1694.57			215.44
1998	1847.93			226.69
1999	1886.04			271.99
2000	2267.22			362.18
2001	2776.69			544.91
2002	3596.31			728.80
2003	4993.57	4180.38	3200.33	980.05
2004	6059.78	5384.38	4031.31	1353.07
2005	6696.25	6138.39	4681.90	1456.49

3-2 全社会固定资产投资和房屋建筑面积
Total Investment in Fixed Assets and Floor Space of Buildings

指 标	Item	1995	2000	2001	2002	2003	2004	2005
投资总额(亿元)	**Total Investment (100 million yuan)**	**1357.90**	**2267.22**	**2776.69**	**3596.31**	**4993.57**	**6059.78**	**6696.25**
城镇以上投资	**Investment at Town Level and Above**	**758.63**	**1548.51**	**1957.75**	**2364.95**	**3182.09**	**4056.60**	**4809.50**
农村投资	**Rural Investment**	**599.27**	**718.71**	**818.94**	**1231.36**	**1811.48**	**2003.18**	**1886.76**
农户投资	Peasant Household		225.89	191.57	201.49	211.39	232.00	254.20
非农户投资	Non-peasant Household		492.82	627.37	1029.87	1600.09	1771.18	1632.56
按构成分	**by Structure**							
建筑安装工程	Construction and Installation	787.63	1336.06	1582.03	1968.09	2665.83	3320.65	3867.51
设备工器具购置	Purchase of Equipment and Instruments	324.24	580.59	675.17	878.99	1197.03	1569.47	1598.66
其他费用	Others	246.04	350.57	519.80	749.23	1130.71	1169.67	1230.08
总投资中:住宅投资	**Residential Buildings**	**345.01**	**477.48**	**582.58**	**777.25**	**968.54**	**1270.73**	**1376.15**
房屋建筑面积(万平方米)	**Floor Space of Buildings(10000 sq. m)**							
施工面积	Floor Space under Construction	12767.23	15341.33	17817.67	22287.56	31213.37	34458.66	36678.31
#住宅	Residential Buildings	8010.64	8914.28	9516.92	11061.61	13584.14	16474.85	17378.98
竣工面积	Floor Space Completed	8520.67	9738.02	9583.27	12365.31	16019.71	16541.40	14987.52
#住宅	Residential Buildings	5949.29	6428.21	5450.94	5991.46	6793.84	6625.78	7286.72

3-3 限额以上固定资产投资完成情况

Investment In Fixed Assets Above Designated Size

单位:万元 (10000 yuan)

指 标	Item	2003	2004	2005
投资额	**Total Investment**	**41803791**	**53843784**	**61383891**
投资项目	Projects	32003277	40313069	46819006
房地产开发	Real Estate Development	9800514	13530715	14564885
按登记注册类型分	**by Registered Type**			
内资	Domestic Funds	37720578	47474336	53440502
国有	State - owned	12911465	14064393	16323618
集体	Collective Owned	1053798	970090	1024168
股份合作	Share - cooperations	728044	572499	464459
国有联营	State Joint	16236	60205	187463
集体联营	Collective Joint	35097	8440	20044
国有与集体联营	State - collective Joint	15743	22399	38415
其他联营	Other Joint	43828	22376	10816
国有独资公司	State Sole Funds	891441	995298	1081250
其他有限责任公司	Other Limited Liability Corporations	13646129	16964343	19102752
股份有限公司	Share - holding Corporations Ltd.	2770147	2654395	2622824
私营	Private	5304627	10692337	11698328
其他	Others	304023	447561	866365
港澳台商投资	Investment from HongKong, Macao and Taiwan	1801258	2598041	3421947
外商投资	Investment from Foreign	2264847	3732231	4449566
个体经营	Individual	17108	39176	71876
按国有及非国有情况分	**by State and Non - state Owned**			
国有及国有控股企业投资	State - owned and State - holding	17862293	19565572	22703019
非国有投资	Non - state - owned	23941498	34278212	38680872
#民间投资	Nongovernmental	20375619	28590497	31681691

单位:万元　　3－3　续表　continued　　(10000 yuan)

指　标	Item	2003	2004	2005
按构成分	**by Structure**			
建筑工程	Construction	20257501	27815350	32095690
安装工程	Installation	1957963	2540370	3345179
设备工器具购置	Purchase of Equipment and Instruments	8784976	11988201	14148381
#购置旧设备	Purchase of Old Equipment	67503	158163	
用于更新的设备	Renewal of Equipment	1631457	1359020	
其他费用	Others	10804301	11499863	11794641
#旧建筑物购置费	Purchase of Old Buildings	201724	198361	131343
土地购置费	Purchase of Land	7008008	7145954	7204360
施工项目个数(个)	Projects under Construction(unit)	16175	18407	20715
全投项目个数(个)	Projects Completed and Put into Use (unit)	6120	8026	10246
施工房屋面积(平方米)	Floor Space under Construction(sq. m)	224668661	285168258	317719915
竣工房屋面积(平方米)	Floor Space Completed(sq. m)	77855688	93612099	106439028
新增固定资产	Newly Increased Fixed Assets	23311912	30299424	37840183
资金来源合计	**Source of Funds**	**49460038**	**66021411**	**72277026**
上年末结余资金	Funds Surplus Last Year	3354493	4714823	5938024
本年资金来源小计	Funds This Year	46105545	61306588	66339002
#国家预算内资金	State Budgetary Appropriations	792132	798054	
国内贷款	Domestic Loans	12476799	14513410	14339951
债券	Debenture	25739	68158	
利用外资	Foreign Investment	1645429	2218142	3315031
自筹资金	Fundraising	22355922	29579056	34767612
其他资金	Others	8809524	14129768	12622441

3-4 限额以上分行业施工和投产项目个数

Number of Projects Under Construction and Put Into Use Above Designated Size by Sector

指 标	Item	施工项目个数（个）Projects Under Construction (unit)		投产项目个数（个）Projects Completed and Put Into Use (unit)		项目建成投产率（%）Rate of Projects Completed and Put Into Use (%)	
		2004	2005	2004	2005	2004	2005
总计	**Total**	**18407**	**20715**	**8026**	**10246**	**43.6**	**49.5**
第一产业	Primary Industry	124	215	55	125	44.4	58.1
第二产业	Secondary Industry	13409	15203	6061	7752	45.2	51.0
第三产业	Tertiary Industry	4874	5297	1910	2369	39.2	44.7
按国民经济行业分组	**by Sector**						
农林牧渔业	**Farming, Forestry, Animal Husbandry and Fishery**	**124**	**215**	**55**	**125**	**44.4**	**58.1**
农业	Farming	43	59	23	30	53.5	50.8
林业	Forestry	11	10	4	5	36.4	50.0
畜牧业	Animal Husbandry	12	24	5	17	41.7	70.8
渔业	Fishery	8	5	4	2	50.0	40.0
农、林、牧、渔服务业	Services	50	117	19	71	38.0	60.7
采矿业	**Mining and Quarrying**	**87**	**75**	**58**	**47**	**66.7**	**62.7**
煤炭采选业	Coal Mining and Dressing	1	1	1		100.0	
黑色金属矿采选业	Ferrous Metals Mining and Dressing	1	5	1	1	100.0	20.0
有色金属矿采选业	Nonferrous Metals Mining and Dressing	1	2		1		50.0
非金属矿采选业	Nonmetal Minerals and Dressing	83	66	55	45	66.3	68.2
其他矿采选业	Others	1	1	1		100.0	
制造业	**Manufacturing**	**12323**	**14201**	**5565**	**7291**	**45.2**	**51.3**
农副食品加工业	Non-staple Food Processing	176	218	81	121	46.0	55.5
食品制造业	Food Manufacturing	154	145	67	65	43.5	44.8
饮料制造业	Beverage Manufacturing	92	109	47	59	51.1	54.1
烟草加工业	Tobacco Processing	17	3	15		88.2	
纺织业	Textile Industry	1725	1887	844	1140	48.9	60.4
纺织服装、鞋、帽制造业	Garments, Shoes and Hats Manufacturing	812	880	352	472	43.3	53.6
皮革、毛皮、羽毛(绒)及其制造业	Leather, Furs, Feather and Related Products	349	430	146	209	41.8	48.6
木材加工及竹、藤、棕、草制品业	Timber Processing, Bamboo, Cane, Palm Fiber and Straw Products	220	244	132	145	60.0	59.4

3－4 续表1 continued

指 标	Item	施工项目个数（个）Projects Under Construction (unit)		投产项目个数（个）Projects Completed and Put Into Use (unit)		项目建成投产率(%) Rate of Projects Completed and Put Into Use (%)	
		2004	2005	2004	2005	2004	2005
家具制造业	Furniture Manufacturing	214	273	100	104	46.7	38.1
造纸及纸制品业	Papermaking and Paper Products	297	303	156	162	52.5	53.5
印刷业、记录媒介的复制	Printing and Record Medium Reproduction	236	216	107	121	45.3	56.0
文教体育用品制造业	Cultural, Educational and Sports Goods	208	283	92	130	44.2	45.9
石油加工、炼焦及核燃料加工业	Petroleum Processing, Cooking and Nuclear Fuel Processing	94	42	67	19	71.3	45.2
化学原料及化学制品制造业	Raw Chemical Materials and Chemical Products	510	557	216	273	42.4	49.0
医药制造业	Medical and Pharmaceutical Products	312	300	127	150	40.7	50.0
化学纤维制造业	Chemical Fiber	179	152	73	87	40.8	57.2
橡胶制品业	Rubber Products	114	130	50	41	43.9	31.5
塑料制品业	Plastic Products	623	703	290	370	46.5	52.6
非金属矿物制品业	Nonmetal Mineral Products	536	528	265	300	49.4	56.8
黑色金属冶炼及压延加工业	Smelting and Pressing of Ferrous Metals	206	216	82	132	39.8	61.1
有色金属冶炼及压延加工业	Smelting and Pressing of Nonferrous Metals	129	157	58	87	45.0	55.4
金属制品业	Metal Products	812	988	377	508	46.4	51.4
通用设备制造业	Equipment in Common Use	1101	1465	486	684	44.1	46.7
专用设备制造业	Equipment for Special Purpose	647	709	264	364	40.8	51.3
交通运输设备制造业	Transportation Equipment	649	889	270	443	41.6	49.8
电气机械及器材制造业	Electric Equipment and Machinery	987	1165	461	539	46.7	46.3
通信设备、计算机及其他电子设备制造业	Telecommunications Equipment, Computer and Other Electronic Equipment	307	401	106	174	34.5	43.4
仪器仪表及文化、办公用机械制造业	Instruments, Meters, Cultural and Office Machinery	158	216	55	99	34.8	45.8
工艺品及其他制造业	Handicraft Article and Other Manufacturing Industry	431	547	162	259	37.6	47.3
废弃资源和废旧材料回收加工业	Recovery of Resource Discarded and Useless Material	28	45	17	34	60.7	75.6
电力、燃气及水的生产和供应业	**Production and Supply of Electricity, Gas and Water**	**928**	**828**	**403**	**364**	**43.4**	**44.0**
电力、热力的生产和供应	Production and Supply of Electricity and Heating Power	714	586	344	280	48.2	47.8
燃气生产和供应业	Production and Supply of Gas	28	34	2	12	7.1	35.3
水的生产和供应业	Production and Supply of Water	186	208	57	72	30.6	34.6
建筑业	**Construction**	**71**	**99**	**35**	**50**	**49.3**	**50.5**
房屋和土木工程建筑业	Civil Engineering	48	86	25	48	52.1	55.8

3－4 续表2 continued

指 标	Item	施工项目个数（个）Projects Under Construction (unit)		投产项目个数（个）Projects Completed and Put Into Use (unit)		项目建成投产率（%）Rate of Projects Completed and Put Into Use (%)	
		2004	2005	2004	2005	2004	2005
建筑安装业	Installation	5	5	3		60.0	
建筑装饰业	Decoration	6	3	2	1	33.3	33.3
其他建筑业	Other Construction	12	5	5	1	41.7	20.0
交通运输、仓储和邮政业	**Transport, Storage and Postal Services**	**866**	**927**	**401**	**451**	**46.3**	**48.7**
铁路运输业	Railway Transport	12	14		3		21.4
道路运输业	Highway Transport	709	756	344	402	48.5	53.2
城市公共交通业	City Public Transport	17	13	6	4	35.3	30.8
水上运输业	Waterway Transport	83	81	37	23	44.6	28.4
航空运输业	Air Transport	8	9	2	3	25.0	33.3
管道运输业	Pipeline Transport		3		2		66.7
装卸搬运和其他运输服务业	Carrying and Other Transport Services	4	7	1	2	25.0	28.6
仓储业	Storage	28	38	8	11	28.6	28.9
邮政业	Postal Services	5	6	3	1	60.0	16.7
信息传输、计算机服务和软件业	**Information Transmission, Computer Services and Software**	**405**	**383**	**305**	**333**	**75.3**	**86.9**
电信和其他信息传输服务业	Telecommunication and Other Information Transmission Services	392	372	302	332	77.0	89.2
计算机服务业	Computer Services	2		1		50.0	
软件业	Software	11	11	2	1	18.2	9.1
批发和零售业	**Wholesale and Retail Trade**	**184**	**238**	**61**	**117**	**33.2**	**49.2**
批发业	Wholesale Trade	106	117	38	60	35.8	51.3
零售业	Retail Trade		121		57		47.1
住宿和餐饮业	**Hotels and Catering Services**	**97**	**128**	**28**	**58**	**28.9**	**45.3**
住宿业	Hotels	77	99	20	41	26.0	41.4
餐饮业	Catering Services	20	29	8	17	40.0	58.6
金融业	**Finance**	**35**	**32**	**14**	**14**	**40.0**	**43.8**
银行业	Bank	33	29	14	13	42.4	44.8
保险业	Insurance		2		1		50.0
其他金融活动	Other Financial Activities	1	1				
房地产业	**Real Estate**	**154**	**194**	**44**	**96**	**28.6**	**49.5**
房地产业	Real Estate	154	194	44	96	28.6	49.5
租赁和商务服务业	**Leasing and Commercial Services**	**93**	**161**	**14**	**44**	**15.1**	**27.3**
租赁业	Leasing	1	3	1	2	100.0	66.7

3－4 续表3 continued

指 标	Item	施工项目个数(个) Projects Under Construction (unit)		投产项目个数(个) Projects Completed and Put Into Use (unit)		项目建成投产率(%) Rate of Projects Completed and Put Into Use (%)	
		2004	2005	2004	2005	2004	2005
商务服务业	Commercial Services	92	158	13	42	14.1	26.6
科学研究、技术服务和地质勘查业	**Scientific Research, Technic Services and Geological Prospecting**	**42**	**70**	**6**	**15**	**14.3**	**21.4**
研究与试验发展	Research and Experiment Development	13	20	2	5	15.4	25.0
专业技术服务业	Technical Services	19	40	3	9	15.8	22.5
科技交流和推广服务业	Scientific and Technical Interchange and Popularization	7	8		1		12.5
地质勘查业	Geological Prospecting	3	2	1		33.3	
水利、环境和公共设施管理业	**Water Conservancy, Environment and Public Facilities Management**	**1770**	**1881**	**581**	**703**	**32.8**	**37.4**
水利管理业	Water Conservancy	236	287	66	103	28.0	35.9
环境管理业	Environment	78	104	15	46	19.2	44.2
公共设施管理业	Public Facilities	1456	1490	500	554	34.3	37.2
居民服务和其他服务业	**Resident Services and Other Services**	**34**	**54**	**9**	**19**	**26.5**	**35.2**
居民服务业	Resident Services	25	41	6	15	24.0	36.6
其他服务业	Other Services	9	13	3	4	33.3	30.8
教育	**Education**	494	472	217	225	43.9	47.7
教育	Education	494	472	217	225	43.9	47.7
卫生、社会保障和社会福利业	**Health Care, Social Security and Social Welfare**	**154**	**169**	**56**	**64**	**36.4**	**37.9**
卫生	Health Care	135	137	48	50	35.6	36.5
社会福利业	Social Welfare	19	32	8	14	42.1	43.8
文化、体育和娱乐业	**Culture, Sports and Recreation**	**141**	**142**	**38**	**48**	**27.0**	**33.8**
新闻出版业	Press Publishing	5	3	1		20.0	
广播、电视、电影和音像业	Radio, Film, Television and Audio-video	14	20	4	7	28.6	35.0
文化艺术业	Culture and Arts	63	59	20	18	31.7	30.5
体育	Sports	28	27	4	6	14.3	22.2
娱乐业	Recreation	31	33	9	17	29.0	51.5
公共管理和社会组织	**Public Management and Social Organization**	**405**	**446**	**136**	**182**	**33.6**	**40.8**
中国共产党机关	Communist Party Agencies	7	4	1		14.3	
国家机构	Government Agencies	362	391	121	157	33.4	40.2
人民政协和民主党派	The Chinese People's Political Consultative Conference and Democratic Parties		1				
群众团体、社会团体和宗教组织	Mass Organizations, Social Organizations and Religion Organizations	14	18	3	1	21.4	5.6
基层群众自治组织	Mass Grassroot Organizations	22	32	11	5	50.0	15.6

3－5 限额以上分行业投资和新增固定资产

Investment and Newly Increased Fixed Assets Above Designated Size by Sector

指 标	Item	投资额（万元）Investment（10000 yuan）		新增固定资产（万元）Newly Increased Fixed Assets（10000 yuan）		固定资产交付使用率（%）Rate of Fixed Put Into Use（%）	
		2004	2005	2004	2005	2004	2005
总计	**Total**	**53843784**	**61383891**	**30299424**	**37840183**	**56.3**	**61.6**
第一产业	Primary Industry	169404	201096	108626	124472	64.1	61.9
第二产业	Secondary Industry	24312263	28537381	15937853	19973896	65.6	70.0
第三产业	Tertiary Industry	29362117	32645414	14252945	17741815	48.5	54.3
按国民经济行业分组	**by Sector**						
农林牧渔业	**Farming, Forestry, Animal Husbandry and Fishery**	**169404**	**201096**	**108626**	**124472**	**64.1**	**61.9**
农业	Farming	54954	68764	48221	47520	87.7	69.1
林业	Forestry	10270	15605	8720	4001	84.9	25.6
畜牧业	Animal Husbandry	9425	26190	4643	17245	49.3	65.8
渔业	Fishery	13408	7850	8897	5040	66.4	64.2
农、林、牧、渔服务业	Services	81347	82687	38145	50666	46.9	61.3
采矿业	**Mining and Quarrying**	**105461**	**76122**	**80410**	**59609**	**76.2**	**78.3**
煤炭采选业	Coal Mining and Dressing	550	3400	550		100.0	
黑色金属矿采选业	Ferrous Metals Mining and Dressing	4617	5886	4698	3438	101.8	58.4
有色金属矿采选业	Nonferrous Metals Mining and Dressing	285	2524		40		1.6
非金属矿采选业	Nonmetal Minerals and Dressing	99451	63447	74604	56131	75.0	88.5
其他矿采选业	Others	558	865	558		100.0	
制造业	**Manufacturing**	**19799992**	**22839806**	**13211067**	**16549647**	**66.7**	**72.5**
农副食品加工业	Non－staple Food Processing	200864	250617	162508	186809	80.9	74.5
食品制造业	Food Manufacturing	193592	182759	127131	116721	65.7	63.9
饮料制造业	Beverage Manufacturing	166696	221858	108848	156208	65.3	70.4
烟草加工业	Tobacco Processing	18207	28204	13829	14133	76.0	50.1
纺织业	Textile Industry	2908681	2869300	2249418	2140087	77.3	74.6
纺织服装、鞋、帽制造业	Garments, Shoes and Hats Manufacturing	836952	1058054	606595	743493	72.5	70.3
皮革、毛皮、羽毛（绒）及其制造业	Leather, Furs, Feather and Related Products	417481	474963	346369	321952	83.0	67.8
木材加工及竹、藤、棕、草制品业	Timber Processing, Bamboo, Cane, Palm Fiber and Straw Products	242782	266276	206496	178174	85.1	66.9

3－5 续表1 continued

指 标	Item	投资额（万元）Investment (10000 yuan) 2004	2005	新增固定资产（万元）Newly Increased Fixed Assets (10000 yuan) 2004	2005	固定资产交付使用率（%）Rate of Fixed Put Into Use (%) 2004	2005
家具制造业	Furniture Manufacturing	346564	403246	207633	206945	59.9	51.3
造纸及纸制品业	Papermaking and Paper Products	731420	880073	386093	981956	52.8	111.6
印刷业、记录媒介的复制	Printing and Record Medium Reproduction	264890	268223	210032	237301	79.3	88.5
文教体育用品制造业	Cultural, Educational and Sports Goods	220796	311069	120331	236147	54.5	75.9
石油加工、炼焦及核燃料加工业	Petroleum Processing, Cooking and Nuclear Fuel Processing	167351	102530	107074	117375	64.0	114.5
化学原料及化学制品制造业	Raw Chemical Materials and Chemical Products	1347088	2009682	620334	1262539	46.0	62.8
医药制造业	Medical and Pharmaceutical Products	454163	564827	301830	329436	66.5	58.3
化学纤维制造业	Chemical Fiber	758674	508075	404494	404760	53.3	79.7
橡胶制品业	Rubber Products	183352	200820	147836	77945	80.6	38.8
塑料制品业	Plastic Products	865701	1005602	707852	607330	81.8	60.4
非金属矿物制品业	Nonmetal Mineral Products	1360861	988393	902164	939313	66.3	95.0
黑色金属冶炼及压延加工业	Smelting and Pressing of Ferrous Metals	830845	808636	510192	525526	61.4	65.0
有色金属冶炼及压延加工业	Smelting and Pressing of Nonferrous Metals	259072	325271	150053	207728	57.9	63.9
金属制品业	Metal Products	997247	1205749	749627	910997	75.2	75.6
通用设备制造业	Equipment in Common Use	1251925	1806607	795085	1226164	63.5	67.9
专用设备制造业	Equipment for Special Purpose	698666	840702	422192	636246	60.4	75.7
交通运输设备制造业	Transportation Equipment	1200190	1620829	655737	1046685	54.6	64.6
电气机械及器材制造业	Electric Equipment and Machinery	1344609	1791637	933312	1294647	69.4	72.3
通信设备、计算机及其他电子设备制造业	Telecommunications Equipment, Computer and Other Electronic Equipment	794868	816666	588608	633198	74.1	77.5
仪器仪表及文化、办公用机械制造业	Instruments, Meters, Cultural and Office Machinery	178126	275119	121463	190089	68.2	69.1
工艺品及其他制造业	Handicraft Article and Other Manufacturing Industry	477655	667570	290312	500378	60.8	75.0
废弃资源和废旧材料回收加工业	Recovery of Resource Discarded and Useless Material	80680	86449	57619	119365	71.4	138.1
电力、燃气及水的生产和供应业	**Production and Supply of Electricity, Gas and Water**	**4296288**	**5447924**	**2566485**	**3286270**	**59.7**	**60.3**
电力、热力的生产和供应	Production and Supply of Electricity and Heating Power	3566018	4610730	2338674	2766088	65.6	60.0
燃气生产和供应业	Production and Supply of Gas	305609	335619	21451	39623	7.0	11.8
水的生产和供应业	Production and Supply of Water	424661	501575	206360	480559	48.6	95.8
建筑业	**Construction**	**110522**	**173529**	**79891**	**78370**	**72.3**	**45.2**
房屋和土木工程建筑业	Civil Engineering	69907	167132	54306	75024	77.7	44.9

3－5 续表2 continued

指　标	Item	投资额（万元）Investment（10000 yuan）		新增固定资产（万元）Newly Increased Fixed Assets（10000 yuan）		固定资产交付使用率（%）Rate of Fixed Put Into Use（%）	
		2004	2005	2004	2005	2004	2005
建筑安装业	Installation	10742	2067	10205	726	95.0	35.1
建筑装饰业	Decoration	3954	1511	2974	620	75.2	41
其他建筑业	Other Construction	25919	2819	12406	2000	47.9	70.9
交通运输、仓储和邮政业	**Transport, Storage and Postal Services**	**4902838**	**6705991**	**2039615**	**3007966**	**41.6**	**44.9**
铁路运输业	Railway Transport	70492	202737	857	11159	1.2	5.5
道路运输业	Highway Transport	3757774	5127468	1724250	2564799	45.9	50.0
城市公共交通业	City Public Transport	65944	39298	68238	37065	103.5	94.3
水上运输业	Waterway Transport	847638	983723	213903	269237	25.2	27.4
航空运输业	Air Transport	14820	16079	2494	14929	16.8	92.8
管道运输业	Pipeline Transport		35234		61969		175.9
装卸搬运和其他运输服务业	Carrying and Other Transport Services	4972	9043	1000	7700	20.1	85.1
仓储业	Storage	138317	287230	26852	40565	19.4	14.1
邮政业	Postal Services	2881	5179	2021	543	70.1	10.5
信息传输、计算机服务和软件业	**Information Transmission, Computer Services and Software**	**1054262**	**966947**	**558953**	**415462**	**53.0**	**43.0**
电信和其他信息传输服务业	Telecommunication and Other Information Transmission Services	1026892	936559	536097	413146	52.2	44.1
计算机服务业	Computer Services	1160		1040		89.7	
软件业	Software	26210	30388	21816	2316	83.2	7.6
批发和零售业	**Wholesale and Retail Trade**	**435300**	**507797**	**215443**	**322301**	**49.5**	**63.5**
批发业	Wholesale Trade	223691	256287	115963	133026	51.8	51.9
零售业	Retail Trade		251510		189275		75.3
住宿和餐饮业	**Hotels and Catering Services**	**307939**	**417662**	**90375**	**251548**	**29.3**	**60.2**
住宿业	Hotels	258634	308749	77282	205734	29.9	66.6
餐饮业	Catering Services	49305	108913	13093	45814	26.6	42.1
金融业	**Finance**	**68902**	**46513**	**64490**	**43866**	**93.6**	**94.3**
银行业	Bank	68068	42184	64490	43010	94.7	102.0
保险业	Insurance		3428		856		25.0
其他金融活动	Other Financial Activities	194	901				
房地产业	**Real Estate**	**14129960**	**15363611**	**5987125**	**8162472**	**42.4**	**53.1**
房地产业	Real Estate	14129960	15363611	5987125	8162472	42.4	53.1
租赁和商务服务业	**Leasing and Commercial Services**	**358282**	**595309**	**94132**	**228616**	**26.3**	**38.4**
租赁业	Leasing	1970	2276	1970	1700	100.0	74.7

3－5 续表3 continued

指 标	Item	投资额（万元）Investment（10000 yuan）		新增固定资产（万元）Newly Increased Fixed Assets（10000 yuan）		固定资产交付使用率（%）Rate of Fixed Put Into Use（%）	
		2004	2005	2004	2005	2004	2005
商务服务业	Commercial Services	356312	593033	92162	226916	25.9	38.3
科学研究、技术服务和地质勘查业	**Scientific Research, Technic Services and Geological Prospecting**	**76044**	**100140**	**25818**	**81428**	**34.0**	**81.3**
研究与试验发展	Research and Experiment Development	23580	31935	2875	23514	12.2	73.6
专业技术服务业	Technical Services	46536	57386	21406	56364	46.0	98.2
科技交流和推广服务业	Scientific and Technical Interchange and Popularization	4572	9439	125	1550	2.7	16.4
地质勘查业	Geological Prospecting	1356	1380	1412		104.1	
水利、环境和公共设施管理业	**Water Conservancy, Environment and Public Facilities Management**	**5213646**	**5188147**	**3107872**	**3228227**	**59.6**	**62.2**
水利管理业	Water Conservancy	624371	790183	627651	433013	100.5	54.8
环境管理业	Environment	149797	183107	70623	373353	47.1	203.9
公共设施管理业	Public Facilities	4439478	4214857	2409598	2421861	54.3	57.5
居民服务和其他服务业	**Resident Services and Other Services**	**196032**	**325306**	**151740**	**165860**	**77.4**	**51.0**
居民服务业	Resident Services	177173	296878	145259	129342	82.0	43.6
其他服务业	Other Services	18859	28428	6481	36518	34.4	128.5
教育	**Education**	**1229818**	**1022050**	**980069**	**868903**	**79.7**	**85.0**
教育	Education	1229818	1022050	980069	868903	79.7	85.0
卫生、社会保障和社会福利业	**Health Care, Social Security and Social Welfare**	**327481**	**353111**	**263326**	**199613**	**80.4**	**56.5**
卫生	Health Care	303439	316302	245250	182873	80.8	57.8
社会福利业	Social Welfare	24042	36809	18076	16740	75.2	45.5
文化、体育和娱乐业	**Culture, Sports and Recreation**	**349427**	**281951**	**164682**	**298909**	**47.1**	**106.0**
新闻出版业	Press Publishing	7852	4920	7021		89.4	
广播、电视、电影和音像业	Radio, Film, Television and Audio-video	18572	20763	9295	34480	50.0	166.1
文化艺术业	Culture and Arts	181733	125481	106659	111575	58.7	88.9
体育	Sports	73695	56506	11200	53811	15.2	95.2
娱乐业	Recreation	67575	74281	30507	99043	45.1	133.3
公共管理和社会组织	**Public Management and Social Organization**	**712186**	**770879**	**509305**	**466644**	**71.5**	**60.5**
中国共产党机关	Communist Party Agencies	15213	21761	1080		7.1	
国家机构	Government Agencies	658289	652833	490568	432617	74.5	66.3
人民政协和民主党派	The Chinese People's Political Consultative Conference and Democratic Parties		492		622		126.4
群众团体、社会团体和宗教组织	Mass Organizations, Social Organizations and Religion Organizations	14886	66077	4586	11978	30.8	18.1
基层群众自治组织	Mass Grassroot Organizations	23798	29716	13071	21427	54.9	72.1

3－6 限额以上分行业施工和竣工面积

Floor Space of Buildings Under Construction and Completed Above Designated Size by Sector

指　标	Item	施工房屋面积（平方米）Floor Space of Buildings Under Construction (sq. m)		竣工房屋面积（平方米）Floor Space of Buildings Completed (sq. m)		房屋建筑面积竣工率（%）Rate of Floor Space of Buildings Completed(%)	
		2004	2005	2004	2005	2004	2005
总计	**Total**	**285168258**	**317719915**	**93612099**	**106439028**	**32.8**	**33.5**
第一产业	Primary Industry	365975	167323	183713	114319	50.2	68.3
第二产业	Secondary Industry	97852608	110993636	43864891	47826579	44.8	43.1
第三产业	Tertiary Industry	186949675	206558956	49563495	58498130	26.5	28.3
按国民经济行业分组	**by Sector**						
农林牧渔业	**Farming, Forestry, Animal Husbandry and Fishery**	**365975**	**167323**	**183713**	**114319**	**50.2**	**68.3**
农业	Farming	56461	37903	39461	28980	69.9	76.5
林业	Forestry		33762		5762		17.1
畜牧业	Animal Husbandry	88902	61700	43502	58700	48.9	95.1
渔业	Fishery	74650	650	66850		89.6	
农、林、牧、渔服务业	Services	145962	33308	33900	20877	23.2	62.7
采矿业	**Mining and Quarrying**	**78764**	**104739**	**45244**	**29143**	**57.4**	**27.8**
煤炭采选业	Coal Mining and Dressing		54000				
黑色金属矿采选业	Ferrous Metals Mining and Dressing	5108	10246	5108	10000	100.0	97.6
有色金属矿采选业	Nonferrous Metals Mining and Dressing						
非金属矿采选业	Nonmetal Minerals and Dressing	73356	40493	39836	19143	54.3	47.3
其他矿采选业	Others	300		300		100.0	
制造业	**Manufacturing**	**95342297**	**108447738**	**4302401**	**46518264**	**45.1**	**42.9**
农副食品加工业	Non－staple Food Processing	1061652	1336186	566216	594806	53.3	44.5
食品制造业	Food Manufacturing	1014023	1345795	312084	397092	30.8	29.5
饮料制造业	Beverage Manufacturing	555440	816450	222809	228944	40.1	28.0
烟草加工业	Tobacco Processing	90680	72000	26680		29.4	
纺织业	Textile Industry	11707443	12224447	6211845	5697281	53.1	46.6
纺织服装、鞋、帽制造业	Garments, Shoes and Hats Manufacturing	6157985	7261050	2681667	3149967	43.5	43.4
皮革、毛皮、羽毛（绒）及其制造业	Leather, Furs, Feather and Related Products	4609485	5087928	2087894	2081905	45.3	40.9
木材加工及竹、藤、棕、草制品业	Timber Processing, Bamboo, Cane, Palm Fiber and Straw Products	1324814	1373773	745392	656387	56.3	47.8

3－6 续表1 continued

指 标	Item	施工房屋面积（平方米）Floor Space of Buildings Under Construction (sq. m)		竣工房屋面积（平方米）Floor Space of Buildings Completed (sq. m)		房屋建筑面积竣工率(%) Rate of Floor Space of Buildings Completed(%)	
		2004	2005	2004	2005	2004	2005
家具制造业	Furniture Manufacturing	2954769	3673117	820404	1198210	27.8	32.6
造纸及纸制品业	Papermaking and Paper Products	3421820	3682208	1182025	2323347	34.5	63.1
印刷业、记录媒介的复制	Printing and Record Medium Reproduction	1185494	1009756	576721	378426	48.6	37.5
文教体育用品制造业	Cultural, Educational and Sports Goods	1840686	2321139	698340	1128015	37.9	48.6
石油加工、炼焦及核燃料加工业	Petroleum Processing, Cooking and Nuclear Fuel Processing	54000	80761	30500	62961	56.5	78.0
化学原料及化学制品制造业	Raw Chemical Materials and Chemical Products	3452101	4132457	1265350	1798293	36.7	43.5
医药制造业	Medical and Pharmaceutical Products	1855382	1738843	642073	539364	34.6	31.0
化学纤维制造业	Chemical Fiber	1673293	1475667	668296	758151	39.9	51.4
橡胶制品业	Rubber Products	478606	854757	280954	182505	58.7	21.4
塑料制品业	Plastic Products	4184473	4635560	1895554	1863974	45.3	40.2
非金属矿物制品业	Nonmetal Mineral Products	3575923	2747883	1862684	1341892	52.1	48.8
黑色金属冶炼及压延加工业	Smelting and Pressing of Ferrous Metals	4348732	3925254	982492	884258	22.6	22.5
有色金属冶炼及压延加工业	Smelting and Pressing of Nonferrous Metals	1409123	1120575	558889	549456	39.7	49.0
金属制品业	Metal Products	5760241	6932060	2958585	3255625	51.4	47.0
通用设备制造业	Equipment in Common Use	7103144	8369177	3475027	3571535	48.9	42.7
专用设备制造业	Equipment for Special Purpose	3778905	4852928	1753387	2128354	46.4	43.9
交通运输设备制造业	Transportation Equipment	4610087	6324111	1922632	2605088	41.7	41.2
电气机械及器材制造业	Electric Equipment and Machinery	7469824	9927863	3433220	4422604	46.0	44.5
通信设备、计算机及其他电子设备制造业	Telecommunications Equipment, Computer and Other Electronic Equipment	4099919	3983770	1984067	1630993	48.4	40.9
仪器仪表及文化、办公用机械制造业	Instruments, Meters, Cultural and Office Machinery	1208009	1705996	426058	665127	35.3	39.0
工艺品及其他制造业	Handicraft Article and Other Manufacturing Industry	3520480	4939721	2052722	1997948	58.3	40.4
废弃资源和废旧材料回收加工业	Recovery of Resource Discarded and Useless Material	835764	496506	717834	425756	85.9	85.8
电力、燃气及水的生产和供应业	**Production and Supply of Electricity, Gas and Water**	**2253328**	**2033945**	**739402**	**1138513**	**32.8**	**56.0**
电力、热力的生产和供应	Production and Supply of Electricity and Heating Power	2084757	1795004	675815	974572	32.4	54.3
燃气生产和供应业	Production and Supply of Gas	7984	36588	5805	32999	72.7	90.2
水的生产和供应业	Production and Supply of Water	160587	202353	57782	130942	36.0	64.7
建筑业	**Construction**	**178219**	**407214**	**37844**	**140659**	**21.2**	**34.5**
房屋和土木工程建筑业	Civil Engineering	132036	351714	23844	136659	18.1	38.9

3－6 续表2 continued

指 标	Item	施工房屋面积（平方米）Floor Space of Buildings Under Construction (sq. m)		竣工房屋面积（平方米）Floor Space of Buildings Completed (sq. m)		房屋建筑面积竣工率(％) Rate of Floor Space of Buildings Completed(％)	
		2004	2005	2004	2005	2004	2005
建筑安装业	Installation	22500	31300				
建筑装饰业	Decoration	16500	18200	14000	4000	84.8	22.0
其他建筑业	Other Construction	7183	6000				
交通运输、仓储和邮政业	**Transport, Storage and Postal Services**	**876112**	**1180679**	**229835**	**509105**	**26.2**	**43.1**
铁路运输业	Railway Transport	13939	37630	1939	21530	13.9	57.2
道路运输业	Highway Transport	449246	549985	118462	221811	26.4	40.3
城市公共交通业	City Public Transport	39619	37822	10814	35753	27.3	94.5
水上运输业	Waterway Transport	122891	215490	9985	88617	8.1	41.1
航空运输业	Air Transport	414		414		100.0	
管道运输业	Pipeline Transport						
装卸搬运和其他运输服务业	Carrying and Other Transport Services	19500	58102	12000	24000	61.5	41.3
仓储业	Storage	206743	258500	56386	117394	27.3	45.4
邮政业	Postal Services	23760	23150	19835		83.5	
信息传输、计算机服务和软件业	**Information Transmission, Computer Services and Software**	**309221**	**265694**	**121697**	**62348**	**39.4**	**23.5**
电信和其他信息传输服务业	Telecommunication and Other Information Transmission Services	200446	73019	40522	59548	20.2	81.6
计算机服务业	Computer Services	5870		870		14.8	
软件业	Software	102905	192675	80305	2800	78.1	1.5
批发和零售业	**Wholesale and Retail Trade**	**2709968**	**3562227**	**861846**	**1229187**	**31.8**	**34.5**
批发业	Wholesale Trade	1478591	2051006	470654	473808	31.8	23.1
零售业	Retail Trade		1511221		755379		50.0
住宿和餐饮业	**Hotels and Catering Services**	**1431841**	**2367771**	**213261**	**568215**	**14.9**	**24.0**
住宿业	Hotels	1218000	1947996	195261	499315	16.0	25.6
餐饮业	Catering Services	213841	419775	18000	68900	8.4	16.4
金融业	**Finance**	**376165**	**296123**	**143227**	**100825**	**38.1**	**34.0**
银行业	Bank	363819	275777	143227	97625	39.4	35.4
保险业	Insurance		11200		3200		28.6
其他金融活动	Other Financial Activities	9146	9146				
房地产业	**Real Estate**	**149683502**	**166377507**	**37497554**	**45562205**	**25.1**	**27.4**
房地产业	Real Estate	149683502	166377507	37497554	45562205	25.1	27.4
租赁和商务服务业	**Leasing and Commercial Services**	**3167373**	**3748049**	**248808**	**1208057**	**7.9**	**32.2**
租赁业	Leasing		7100		1800		25.4

指　标	Item	2003	2004	2005
石油加工、炼焦及核燃料加工业	Petroleum Processing, Cooking and Nuclear Fuel Processing	147366	151491	81771
化学原料及化学制品制造业	Raw Chemical Materials and Chemical Products	306521	222796	206543
医药制造业	Medical and Pharmaceutical Products	103942	69247	64443
化学纤维制造业	Chemical Fiber	34564	3867	3472
橡胶制品业	Rubber Products	46588	22469	5400
塑料制品业	Plastic Products	17258	15804	22287
非金属矿物制品业	Nonmetal Mineral Products	139027	57992	28766
黑色金属冶炼及压延加工业	Smelting and Pressing of Ferrous Metals	56728	121453	177194
有色金属冶炼及压延加工业	Smelting and Pressing of Nonferrous Metals	9596	21369	1490
金属制品业	Metal Products	46734	24654	20171
通用设备制造业	Equipment in Common Use	78570	90404	28675
专用设备制造业	Equipment for Special Purpose	36490	28937	30389
交通运输设备制造业	Transportation Equipment	83136	76417	89980
电气机械及器材制造业	Electric Equipment and Machinery	106258	66305	37183
通信设备、计算机及其他电子设备制造业	Telecommunications Equipment, Computer and Other Electronic Equipment	55105	43121	31915
仪器仪表及文化、办公用机械制造业	Instruments, Meters, Cultural and Office Machinery	4136	2163	3487
工艺品及其他制造业	Handicraft Article and Other Manufacturing Industry	55437	53338	17949
电力、燃气及水的生产和供应业	**Production and Supply of Electricity, Gas and Water**	**1959463**	**3241054**	**4378416**
电力、热力的生产和供应	Production and Supply of Electricity and Heating Power	1701388	2586797	3695300
燃气生产和供应业	Production and Supply of Gas	45061	286263	308384
水的生产和供应业	Production and Supply of Water	213014	367994	374732
建筑业	**Construction**	**255902**	**54283**	**96070**
房屋和土木工程建筑业	Civil Engineering	220498	39550	96070
建筑安装业	Installation	4128	8602	
其他建筑业	Other Construction	31276	6131	
交通运输、仓储和邮政业	**Transport, Storage and Postal Services**	**2634251**	**4189677**	**5688345**
铁路运输业	Railway Transport	5991	70492	197441
道路运输业	Highway Transport	2075631	3149963	4297516
城市公共交通业	City Public Transport	58994	50342	34727
水上运输业	Waterway Transport	448711	777986	848634
航空运输业	Air Transport	5056	14820	16079

指　标	Item	2003	2004	2005
管道运输业	Pipeline Transport			35234
装卸搬运和其他运输服务业	Carrying and Other Transport Services	1000	2112	2594
仓储业	Storage	28045	121081	250941
邮政业	Postal Services	10823	2881	5179
信息传输、计算机服务和软件业	**Information Transmission, Computer Services and Software**	**690450**	**818998**	**820648**
电信和其他信息传输服务业	Telecommunication and Other Information Transmission Services	687894	806472	810643
软件业	Software	2556	360	10005
批发和零售业	**Wholesale and Retail Trade**	**136624**	**131637**	**142776**
批发业	Wholesale Trade	93020	92723	107296
零售业	Retail Trade			35480
住宿和餐饮业	**Hotels and Catering Services**	**72937**	**40400**	**32111**
住宿业	Hotels	70307	35868	25726
餐饮业	Catering Services	2630	4532	6385
金融业	**Finance**	**36212**	**59993**	**31144**
银行业	Bank	34320	59159	26815
保险业	Insurance			3428
其他金融活动	Other Financial Activities	1892	834	901
房地产业	**Real Estate**	**2177988**	**2068877**	**2614441**
房地产业	Real Estate	2177988	2068877	2614441
租赁和商务服务业	**Leasing and Commercial Services**	**277316**	**210499**	**337289**
租赁业	Leasing	157		
商务服务业	Commercial Services	277159	210499	337289
科学研究、技术服务和地质勘查业	**Scientific Research, Technic Services and Geological Prospecting**	**94791**	**39498**	**67629**
研究与试验发展	Research and Experiment Development	10943	10233	15287
专业技术服务业	Technical Services	82210	27950	45373
科技交流和推广服务业	Scientific and Technical Interchange and Popularization	1448	334	5589
地质勘查业	Geological Prospecting	190	981	1380
水利、环境和公共设施管理业	**Water Conservancy, Environment and Public Facilities Management**	**5037557**	**4513463**	**4515779**
水利管理业	Water Conservancy	554261	617109	756433
环境管理业	Environment	243856	131826	136491
公共设施管理业	Public Facilities	4239440	3764528	3622855

指　标	Item	2003	2004	2005
居民服务和其他服务业	**Resident Services and Other Services**	**122207**	**145638**	**271533**
居民服务业	Resident Services	119657	143065	267209
其他服务业	Other Services	2550	2573	4324
教育	**Education**	**1018658**	**1136266**	**913229**
教育	Education	1018658	1136266	913229
卫生、社会保障和社会福利业	**Health Care, Social Security and Social Welfare**	**254491**	**263806**	**284163**
卫生	Health Care	241457	245847	253438
社会福利业	Social Welfare	13034	17959	30725
文化、体育和娱乐业	**Culture, Sports and Recreation**	**315889**	**294237**	**196754**
新闻出版业	Press Publishing	10865	7852	4920
广播、电视、电影和音像业	Radio, Film, Television and Audio video	39390	14546	20733
文化艺术业	Culture and Arts	187147	174991	103769
体育	Sports	70918	72690	56023
娱乐业	Recreation	7569	24158	11309
公共管理和社会组织	**Public Management**	**829163**	**672865**	**719965**
中国共产党机关	Communist Party Agencies	13644	15213	21761
国家机构	Government Agencies	808114	647548	637430
人民政协和民主党派	The Chinese People's Political Consultative Conference and Democratic Parties			492
群众团体、社会团体和宗教组织	Mass Organizations, Social Organizations and Religion Organizations	3876	10098	55763
基层群众自治组织	Mass Grassroot Organizations	3529	6	4519
自年初累计资金来源合计	**Source of Funds**	**20064087**	**22038597**	**25047332**
上年末结余资金	Surplus Funds Last Year	1468741	1487628	2084557
本年资金来源小计	Funds This Year	18595346	20550969	22962775
#国家预算内资金	State Budgetary Appropriations	764558	732408	
国内贷款	Domestic Loans	5745257	6148861	6545518
债券	Debenture	18944	64872	
利用外资	Foreign Investment	260896	176953	322208
自筹资金	Fundraising	9541441	10753083	12191894
其他资金	Others	2264250	2674792	2659533

3-8 限额以上非国有经济分行业投资和资金来源

Investment and Sources of Funds in Non-state-owned Units Above Designated Size by Sector

单位:万元 (10000 yuan)

指　标	Item	2003	2004	2005
投资总计	**Total**	**23941498**	**34278212**	**38680872**
第一产业	Primary Industry	73926	68516	82578
第二产业	Secondary Industry	14037274	19433433	22588686
第三产业	Tertiary Industry	9830298	14776263	16009608
按国民经济行业分组	**by Sector**			
农林牧渔业	**Farming, Forestry, Animal Husbandry and Fishery**	**73926**	**68516**	**82578**
农业	Farming	27779	19099	26424
林业	Forestry			1277
畜牧业	Animal Husbandry	10534	7426	17770
渔业	Fishery	5192	13408	5450
农、林、牧、渔服务业	Services	30421	22257	31657
采矿业	**Mining and Quarrying**	**54766**	**94819**	**71672**
煤炭采选业	Coal Mining and Dressing	480	550	3400
黑色金属矿采选业	Ferrous Metals Mining and Dressing			4745
有色金属矿采选业	Nonferrous Metals Mining and Dressing	850		2521
非金属矿采选业	Nonmetal Minerals and Dressing	52936	93711	60141
其他矿采选业	Other	500	558	865
制造业	**Manufacturing**	**13496052**	**18227141**	**21370047**
农副食品加工业	Non-staple Food Processing	158266	182528	230494
食品制造业	Food Manufacturing	136086	183228	180116
饮料制造业	Beverage Manufacturing	94091	115980	173305
烟草加工业	Tobacco Processing	4952	2575	
纺织业	Textile Industry	2686431	2841536	2825262
纺织服装、鞋、帽制造业	Garments, Shoes and Hats Manufacturing	711750	818444	1029467
皮革、毛皮、羽毛(绒)及其制造业	Leather, Furs, Down and Related Products	337047	388629	458477
木材加工及竹、藤、棕、草制品业	Timber Processing, Bamboo, Cane, Palm Fiber and Straw Products	159843	234851	221610
家具制造业	Furniture Manufacturing	165440	322694	358038
造纸及纸制品业	Papermaking and Paper Products	359625	480218	556454
印刷业、记录媒介的复制	Printing and Record Medium Reproduction	184376	261052	255863
文教体育用品制造业	Cultural, Educational and Sports Goods	124694	216160	306912

指　标	Item	2003	2004	2005
石油加工、炼焦及核燃料加工业	Petroleum Processing, Cooking and Nuclear Fuel Processing	12882	15860	20759
化学原料及化学制品制造业	Raw Chemical Materials and Chemical Products	657008	1124292	1803139
医药制造业	Medical and Pharmaceutical Products	351875	384916	500384
化学纤维制造业	Chemical Fiber	497943	754807	504603
橡胶制品业	Rubber Products	155598	160883	195420
塑料制品业	Plastic Products	615733	849897	983315
非金属矿物制品业	Nonmetal Mineral Products	898206	1302869	959627
黑色金属冶炼及压延加工业	Smelting and Pressing of Ferrous Metals	371308	709392	631442
有色金属冶炼及压延加工业	Smelting and Pressing of Nonferrous Metals	215787	237703	323781
金属制品业	Metal Products	656999	972593	1185578
通用设备制造业	Equipment in Common Use	836944	1161521	1777932
专用设备制造业	Equipment for Special Purpose	450974	669729	810313
交通运输设备制造业	Transport Equipment	733056	1123773	1530849
电气机械及器材制造业	Electric Equipment and Machinery	890044	1278304	1754454
通信设备、计算机及其他电子设备制造业	Telecommunications Equipment, Computer and Other Electronic Equipment	510202	751747	784751
仪器仪表及文化、办公用机械制造业	Instruments, Meters, Cultural and Office Machinery	150890	175963	271632
工艺品及其他制造业	Handicraft Article and Other Manufacturing Industry	304725	424317	649621
废弃资源和废旧材料回收加工业	Recovery of Resource Discarded and Useless Material	63277	80680	86449
电力、燃气及水的生产和供应业	**Production and Supply of Electricity, Gas and Water**	**433040**	**1055234**	**1069508**
电力、热力的生产和供应	Production and Supply of Electricity and Heating Power	386887	979221	915430
燃气生产和供应业	Production and Supply of Gas	14340	19346	27235
水的生产和供应业	Production and Supply of Water	31813	56667	126843
建筑业	**Construction**	**53416**	**56239**	**77459**
房屋和土木工程建筑业	Civil Engineering	39237	30557	71062
建筑安装业	Installation	2892	2140	2067
建筑装饰业	Decoration	4056	3954	1511
其他建筑业	Other Construction	7231	19788	2819
交通运输、仓储和邮政业	**Transport, Storage and Postal Services**	**393318**	**713161**	**1017646**
铁路运输业	Railway Transport			5296
道路运输业	Highway Transport	305454	607811	829952
城市公共交通业	City Public Transport	7620	15602	4571

指　标	Item	2003	2004	2005
水上运输业	Waterway Transport	34377	69652	135089
装卸搬运和其他运输服务业	Carrying and Other Transport Services	12517	2860	6449
仓储业	Storage	33350	17236	36289
信息传输、计算机服务和软件业	**Information Transmission, Computer Services and Software**	**189564**	**235264**	**146299**
电信和其他信息传输服务业	Telecommunication and Other Information Transmission Services	182214	220420	125916
计算机服务业	Computer Services	1561	800	
软件业	Software	5789	14044	20383
批发和零售业	**Wholesale and Retail Trade**	**161119**	**303663**	**365021**
批发业	Wholesale Trade	90493	130968	148991
零售业	Retail Trade			216030
住宿和餐饮业	**Hotels and Catering Services**	**116299**	**267539**	**385551**
住宿业	Hotels	105016	222766	283023
餐饮业	Catering Services	11283	44773	102528
金融业	**Finance**	**8214**	**8909**	**15369**
银行业	Bank	7914	8909	15369
其他金融活动	Other Financial Activities	300		
房地产业	**Real Estate**	**7974213**	**12061083**	**12749170**
房地产业	Real Estate	7974213	12061083	12749170
租赁和商务服务业	**Leasing and Commercial Services**	**178915**	**147783**	**258020**
租赁业	Leasing	786	1970	2276
商务服务业	Commercial Services	178129	145813	255744
科学研究、技术服务和地质勘查业	**Scientific Research, Technic Services and Geological Prospecting**	**16306**	**36546**	**32511**
研究与试验发展	Research and Experiment Development	3939	13347	16648
专业技术服务业	Technical Services	10917	18586	12013
科技交流和推广服务业	Scientific and Technical Interchange and Popularization	1450	4238	3850
水利、环境和公共设施管理业	**Water Conservancy, Environment and Public Facilities Management**	**550952**	**700183**	**672368**
水利管理业	Water Conservancy	6583	7262	33750
环境管理业	Environment	11268	17971	46616
公共设施管理业	Public Facilities	533101	674950	592002

指 标	Item	2003	2004	2005
居民服务和其他服务业	**Resident Services and Other Services**	**3374**	**50394**	**53773**
居民服务业	Resident Services	574	34108	29669
其他服务业	Other Services	2800	16286	24104
教育	**Education**	**127947**	**93552**	**108821**
教育	Education	127947	93552	108821
卫生、社会保障和社会福利业	**Health Care, Social Security and Social Welfare**	**31594**	**63675**	**68948**
卫生	Health Care	26185	57592	62864
社会福利业	Social Welfare	5409	6083	6084
文化、体育和娱乐业	**Culture, Sports and Recreation**	**19639**	**55190**	**85197**
广播、电视、电影和音像业	Radio, Film, Television and Audio video	5186	4026	30
文化艺术业	Culture and Arts	6600	6742	21712
体育	Sports	1810	1005	483
娱乐业	Recreation	6043	43417	62972
公共管理和社会组织	**Public Management**	**58844**	**39321**	**50914**
国家机构	Government Agencies	13595	10741	15403
群众团体、社会团体和宗教组织	Mass Organizations, Social Organizations and Religion Organizations	7571	4788	10314
基层群众自治组织	Mass Grassroot Organizations	37678	23792	25197
自年初累计资金来源合计	**Source of Funds**	**29395951**	**43982814**	**47229694**
上年末结余资金	Surplus Funds Last Year	1885752	3227195	3853467
本年资金来源小计	Funds This Year	27510199	40755619	43376227
#国家预算内资金	State Budgetary Appropriations	27574	65646	
国内贷款	Domestic Loans	6731542	8364549	7794433
债券	Debenture	6795	3286	
利用外资	Foreign Investment	1384533	2041189	2992823
自筹资金	Fundraising	12814481	18825973	22575718
其他资金	Others	6545274	11454976	9962908

3-9 限额以上港澳台经济分行业投资和资金来源
Investment and Sources of Funds in HongKong, Macao and Taiwan Units Above Designated Size by Sector

单位:万元 (10000 yuan)

指　标	Item	2003	2004	2005
投资总计	**Total**	**1801258**	**2598041**	**3421947**
第一产业	Primary Industry	2209	2699	550
第二产业	Secondary Industry	1311385	1894460	2637025
第三产业	Tertiary Industry	487664	700882	784372
按国民经济行业分组	**by Sector**			
农林牧渔业	**Farming, Forestry, Animal Husbandry and Fishery**	**2209**	**2699**	**550**
农业	Farming	1500	1200	550
渔业	Fishery	709	1104	
采矿业	**Mining and Quarrying**	**2500**	**3115**	**9000**
非金属矿采选业	Nonmetal Minerals and Dressing	2500	3115	9000
制造业	**Manufacturing**	**1259916**	**1777958**	**2569937**
农副食品加工业	Non - staple Food Processing	2480	5181	11901
食品制造业	Food Manufacturing	25447	35277	23351
饮料制造业	Beverage Manufacturing	5182	4331	28334
纺织业	Textile Industry	339282	367453	339078
纺织服装、鞋、帽制造业	Garments, Shoes and Hats Manufacturing	82035	108676	190706
皮革、毛皮、羽毛(绒)及其制造业	Leather, Furs, Down and Related Products	23776	30506	27692
木材加工及竹、藤、棕、草制品业	Timber Processing, Bamboo, Cane, Palm Fiber and Straw Products	9834	7781	15032
家具制造业	Furniture Manufacturing	39155	71564	43897
造纸及纸制品业	Papermaking and Paper Products	11115	45046	66215
印刷业、记录媒介的复制	Printing and Record Medium Reproduction	8734	11800	8431
文教体育用品制造业	Cultural, Educational and Sports Goods	12549	36894	52640
石油加工、炼焦及核燃料加工业	Petroleum Processing, Cooking and Nuclear Fuel Processing	285		1819
化学原料及化学制品制造业	Raw Chemical Materials and Chemical Products	127318	126917	652965
医药制造业	Medical and Pharmaceutical Products	9472	43418	43540
化学纤维制造业	Chemical Fiber	51826	77797	52839

指　标	Item	2003	2004	2005
橡胶制品业	Rubber Products	13337	27360	40664
塑料制品业	Plastic Products	42499	73783	89702
非金属矿物制品业	Nonmetal Mineral Products	60844	121853	56811
黑色金属冶炼及压延加工业	Smelting and Pressing of Ferrous Metals	29375	87609	40278
有色金属冶炼及压延加工业	Smelting and Pressing of Nonferrous Metals	8116	20879	15313
金属制品业	Metal Products	31296	52552	86861
通用设备制造业	Equipment in Common Use	49288	65730	134916
专用设备制造业	Equipment for Special Purpose	43570	53394	76949
交通运输设备制造业	Transportation Equipment	29077	62741	59732
电气机械及器材制造业	Electric Equipment and Machinery	90449	100066	149450
通信设备、计算机及其他电子设备制造业	Telecommunications Equipment, Computer and Other Electronic Equipment	69669	75622	159855
仪器仪表及文化、办公用机械制造业	Instruments, Meters, Cultural and Office Machinery	12970	20920	27780
工艺品及其他制造业	Handicraft Article and Other Manufacturing Industry	29976	37208	69536
废弃资源和废旧材料回收加工业	Recovery of Resource Discorded and Useless Material	960	5600	3650
电力、燃气及水的生产和供应业	**Production and Supply of Electricity, Gas and Water**	**48469**	**113087**	**55688**
电力、热力的生产和供应	Production and Supply of Electricity and Heating Power	38414	94052	39959
燃气生产和供应业	Production and Supply of Gas	2605	3632	2169
水的生产和供应业	Production and Supply of Water	7450	15403	13560
建筑业	**Construction**	**500**	**300**	**2400**
房屋和土木工程建筑业	Civil Engineering	500	300	2400
交通运输、仓储和邮政业	**Transport, Storage and Postal Services**	**42669**	**43614**	**121439**
道路运输业	Highway Transport	19587	38610	97479
水上运输业	Waterway Transport	18971	5004	15624
仓储业	Storage	4111		8336
信息传输、计算机服务和软件业	**Information Transmission, Computer Services and Software**	**89353**	**79307**	**78610**
电信和其他信息传输服务业	Telecommunication and Other Information Transmission Services	89353	32700	78610

指　标	Item	2003	2004	2005
批发和零售业	**Wholesale and Retail Trade**	**9073**	**51170**	**11015**
零售业	Retail Trade			11015
住宿和餐饮业	**Hotels and Catering Services**	**24525**	**45854**	**56806**
住宿业	Hotels	23425	5316	44813
餐饮业	Catering Services	1100	466574	11993
房地产业	**Real Estate**	**295652**	**466574**	**497591**
房地产业	Real Estate	295652	600	497591
租赁和商务服务业	**Leasing and Commercial Services**	**4525**	**600**	**5073**
商务服务业	Commercial Services	4525	4347	5073
科学研究、技术服务和地质勘查业	**Scientific Research, Technic Services and Geological Prospecting**	**3939**	**4347**	**3438**
研究与试验发展	Research and Experiment Development	3939	4347	3438
水利、环境和公共设施管理业	**Water Conservancy, Environment and Public Facilities Management**	**10547**	**16015**	**7733**
公共设施管理业	Public Facilities	10547	16015	7733
文化、体育和娱乐业	**Culture, Sports and Recreation**			**2667**
娱乐业	Recreation			2667
教育	**Education**	**7381**		
教育	Education	7381		
资金来源合计	**Source of Funds**	**2045242**	**3091514**	**3785746**
上年末结余资金	Surplus Funds Last Year	113349	147084	236373
本年资金来源小计	Funds This Year	1931893	2944430	3549373
#国家预算内资金	State Budgetary Appropriations	1047	1000	
国内贷款	Domestic Loans	444302	546409	468313
利用外资	Foreign Investment	526786	792187	1217896
自筹资金	Fundraising	725839	1298388	1469859
其他资金	Others	233919	306446	389057

3－10 限额以上外商经济分行业投资和资金来源

Investment and Sources of Funds in Foreign-owned Units Above Designated by Sector

单位:万元 (10000 yuan)

指 标	Item	2003	2004	2005
投资总计	**Total**	**2264847**	**3732231**	**4449566**
第一产业	Primary Industry	103	200	
第二产业	Secondary Industry	1898974	3119556	3810114
第三产业	Tertiary Industry	365770	612475	639452
按国民经济行业分组	**by Sector**			
农林牧渔业	**Farming, Forestry, Animal Husbandry and Fishery**	**103**	**200**	
农业	Farming	103	200	
采矿业	**Mining and Quarrying**			**2920**
非金属矿采选业	Nonmetal Minerals and Dressing			2920
制造业	**Manufacturing**	**1748019**	**2824038**	**3348004**
农副食品加工业	Non－staple Food Processing	9870	17476	27415
食品制造业	Food Manufacturing	15327	25091	31539
饮料制造业	Beverage Manufacturing	15871	12371	17333
纺织业	Textile Industry	148526	267711	342980
纺织服装、鞋、帽制造业	Garments, Shoes and Hats Manufacturing	125255	147373	178344
皮革、毛皮、羽毛(绒)及其制造业	Leather, Furs, Feather and Related Products	44495	61235	104154
木材加工及竹、藤、棕、草制品业	Timber Processing, Bamboo, Cane, Rattan, Palm and Straw Products	24532	19316	13191
家具制造业	Furniture Manufacturing	35138	81980	64683
造纸及纸制品业	Papermaking and Paper Products	118549	278728	322084
印刷业、记录媒介的复制	Printing and Record Medium Reproduction	25570	11857	7572
文教体育用品制造业	Cultural, Educational and Sports Goods	10896	42861	50001
石油加工、炼焦及核燃料加工业	Petroleum Processing, Cooking and Nuclear Fuel Processing	16157	6000	5549
化学原料及化学制品制造业	Raw Chemical Materials and Chemical Products	134288	223866	304420
医药制造业	Medical and Pharmaceutical Products	59205	18902	41448
化学纤维制造业	Chemical Fiber	99493	169652	97045
橡胶制品业	Rubber Products	87349	40276	56502
塑料制品业	Plastic Products	35823	78483	107690
非金属矿物制品业	Nonmetal Mineral Products	58731	119007	118485
黑色金属冶炼及压延加工业	Smelting and Pressing of Ferrous Metals	191585	341148	193387

指　标	Item	2003	2004	2005
有色金属冶炼及压延加工业	Smelting and Pressing of Nonferrous Metals	37168	42119	42456
金属制品业	Metal Products	44195	76788	74292
通用设备制造业	Equipment in Common Use	49985	113566	189769
专用设备制造业	Equipmentation for Special Purpose	21385	51480	81207
交通运输设备制造业	Transport Equipment	51051	75705	231869
电气机械及器材制造业	Electric Equipment and Machinery	82506	145054	282985
通信设备、计算机及其他电子设备制造业	Telecommunications Equipment, Computer and Other Electronic Equipment	160428	255712	198475
仪器仪表及文化、办公用机械制造业	Instruments, Meters, Cultural and Office Machinery	17674	12195	42852
工艺品及其他制造业	Handicraft Article and Other Manufacturing Industry	18967	37541	79207
废弃资源和废旧材料回收加工业	Recovery of Resource Discarded and Useless Material	8000	47970	41070
电力、燃气及水的生产和供应业	**Production and Supply of Electricity, Gas and Water**	**150840**	**293713**	**458929**
电力、热力的生产和供应	Production and Supply of Electricity and Heating Power	146107	280046	455502
燃气生产和供应业	Production and Supply of Gas	1983	10805	3427
水的生产和供应业	Production and Supply of Water	2750	2862	
建筑业	**Construction**	**115**		**261**
建筑装饰业	Decoration	115		261
交通运输、仓储和邮政业	**Transport, Storage and Postal Services**	**55858**	**117601**	**140978**
道路运输业	Highway Transport	31293	51896	77392
水上运输业	Waterway Transport	21765	65705	60791
仓储业	Storage	2800		2795
信息传输、计算机服务和软件业	**Information Transmission, Computer Services and Software**	**89624**	**130981**	**56445**
电信和其他信息传输服务业	Telecommunication and Other Information Transmission Services	89443	130529	54171
计算机服务业	Computer Services	181		
软件业	Software			2274
批发和零售业	**Wholesale and Retail Trade**	**16000**	**550**	
批发业	Wholesale Trade	16000	550	
住宿和餐饮业	**Hotels and Catering Services**	**20111**	**51762**	**78673**
住宿业	Hotels	20111	51762	52603

指　标	Item	2003	2004	2005
餐饮业	Catering Services			26070
房地产业	**Real Estate**	**164737**	**274269**	**316851**
房地产业	Real Estate	164737	274269	316851
租赁和商务服务业	**Leasing and Commercial Services**	**2407**		**7340**
商务服务业	Commercial Services	2407		7340
水利、环境和公共设施管理业	**Water Conservancy, Environment and Public Facilities Management**	**9205**	**28134**	**11814**
水利管理业	Water Conservancy			8050
公共设施管理业	Public Facilities	9205	28134	3764
居民服务和其他服务业	**Resident Services and Other Services**			**4839**
居民服务业	Resident Services			4839
教育	**Education**	**215**		**4000**
教育	Education	215		4000
卫生、社会保障和社会福利业	**Health Care, Social Security and Social Welfare**			**6500**
卫生	Health Care			6500
文化、体育和娱乐业	**Culture, Sports and Recreation**	**7613**	**9178**	**12012**
体育	Sports	1810	1005	483
娱乐业	Recreation	5803	8173	11529
自年初累计资金来源合计	**Source of Funds**	**2514113**	**4262122**	**4988469**
上年末结余资金	Surplus Funds Last Year	140469	282624	330906
本年资金来源小计	Funds This Year	2373644	3979498	4657563
#国家预算内资金	State Budgetary Appropriations	6600	30	
国内贷款	Domestic Loans	425146	791106	602007
债券	Debenture	250	2726	
利用外资	Foreign Investment	801507	1177829	1835504
自筹资金	Fundraising	971399	1630347	1784364
其他资金	Others	168742	377460	245865

3－11 限额以上私营个体经济分行业投资和资金来源

Investment and Sources of Funds in Private－owned Units Above Designated Size by Sector

单位:万元　　　　(10000 yuan)

指　标	Item	2003	2004	2005
投资总计	**Total**	**5321735**	**10731513**	**11770204**
第一产业	Primary Industry	20685	20783	21210
第二产业	Secondary Industry	3241998	5373152	6464689
第三产业	Tertiary Industry	2059052	5337578	5284305
按国民经济行业分组	**by Sector**			
农林牧渔业	**Farming,Forestry,Animal Husbandry and Fishery**	**20685**	**20783**	**21210**
农业	Farming	11539	2135	6165
畜牧业	Animal Husbandry	975	2160	8212
渔业	Fishery	2592	6811	3330
农、林、牧、渔服务业	Services	5579	8077	3503
采矿业	**Mining and Quarrying**	**18416**	**41640**	**17639**
煤炭采选业	Coal Mining and Dressing	480	550	
黑色金属矿采选业	Ferrous Metals Mining and Dressing			500
非金属矿采选业	Nonmetal Minerals and Dressing	17436	40532	16274
其他矿采选业	Others	500	558	865
制造业	**Manufacturing**	**3182841**	**5247079**	**6361208**
农副食品加工业	Non－staple Food Processing	47406	52620	75347
食品制造业	Food Manufacturing	23104	44133	38554
饮料制造业	Beverage Manufacturing	29071	17863	47352
纺织业	Textile Industry	627925	862221	971966
纺织服装、鞋、帽制造业	Garments,Shoes and Hats Manufacturing	267888	282423	325423
皮革、毛皮、羽毛(绒)及其制造业	Leather,Furs,Down and Related Products	60534	84926	118810
木材加工及竹、藤、棕、草制品业	Timber Processing,Bamboo,Cane,Palm Fiber and Straw Products	32245	73462	73995
家具制造业	Furniture Manufacturing	49363	94606	129975
造纸及纸制品业	Papermaking and Paper Products	75961	127478	214844
印刷业、记录媒介的复制	Printing and Record Medium Reproduction	69133	112253	151383
文教体育用品制造业	Cultural,Educational and Sports Goods	40178	77445	142308
石油加工、炼焦及核燃料加工业	Petroleum Processing,Cooking and Nuclear Fuel Processing	3417	6142	5312
化学原料及化学制品制造业	Raw Chemical Materials and Chemical Products	129862	157446	181290
医药制造业	Medical and Pharmaceutical Products	56802	76313	65388
化学纤维制造业	Chemical Fiber	113595	192462	134492
橡胶制品业	Rubber Products	30899	46651	48752
塑料制品业	Plastic Products	142520	229172	240283
非金属矿物制品业	Nonmetal Mineral Products	159842	342657	257287

单位:万元 3－11 续表1 continued (10000 yuan)

指 标	Item	2003	2004	2005
黑色金属冶炼及压延加工业	Smelting and Pressing of Ferrous Metals	44525	124764	166460
有色金属冶炼及压延加工业	Smelting and Pressing of Nonferrous Metals	63565	86551	82505
金属制品业	Metal Products	202527	369056	475759
通用设备制造业	Equipment in Common Use	254149	451866	732015
专用设备制造业	Equipment for Special Purpose	117536	234411	259262
交通运输设备制造业	Transport Equipment	116507	336766	402759
电气机械及器材制造业	Electric Equipment and Machinery	229007	418891	547092
通信设备、计算机及其他电子设备制造业	Telecommunications Equipment, Computer and Other Electronic Equipment	44588	118190	149037
仪器仪表及文化、办公用机械制造业	Instruments, Meters, Cultural and Office Machinery	41243	71813	96750
工艺品及其他制造业	Handicraft Article and Other Manufacturing Industry	88882	151898	213243
废弃资源和废旧材料回收加工业	Recovery of Resource Discarded and Useless Material	20567	2600	13565
电力、燃气及水的生产和供应业	**Production and Supply of Electricity, Gas and Water**	**30283**	**77903**	**71735**
电力、热力的生产和供应	Production and Supply of Electricity and Heating Power	29673	76408	59224
燃气生产和供应业	Production and Supply of Gas			476
水的生产和供应业	Production and Supply of Water	610	1495	12035
建筑业	**Construction**	**10458**	**6530**	**14107**
房屋和土木工程建筑业	Civil Engineering	10078	2651	11958
建筑安装业	Installation	380	1109	599
建筑装饰业	Decoration			1250
其他建筑业	Other Construction			300
交通运输、仓储和邮政业	**Transport, Storage and Postal Services**	**23739**	**32858**	**72364**
道路运输业	Highway Transport	3593	3595	21519
城市公共交通业	City Public Transport			2241
水上运输业	Waterway Transport	11001	23333	36678
装卸搬运和其他运输服务业	Carrying and Other Transport Services	7255	2500	6449
仓储业	Storage	1890	3430	5477
信息传输、计算机服务和软件业	**Information Transmission, Computer Services and Software**	**1050**	**5129**	**2300**
计算机服务业	Computer Services	1050	800	
软件业	Software			2300
批发和零售业	**Wholesale and Retail Trade**	**12980**	**36427**	**125065**
批发业	Wholesale Trade	3780	26891	48587
零售业	Retail Trade			76478
住宿和餐饮业	**Hotels and Catering Services**	**10118**	**28647**	**87161**
住宿业	Hotels	3900	15560	58424

指　标	Item	2003	2004	2005
餐饮业	Catering Services	6218	13087	28737
房地产业	**Real Estate**	**1976498**	**5178042**	**4850927**
房地产业	Real Estate	1976498	5178042	4850927
租赁和商务服务业	**Leasing and Commercial Services**	**5976**	**11250**	**43680**
租赁业	Leasing	786		1100
商务服务业	Commercial Services	5190	11250	42580
科学研究、技术服务和地质勘查业	**Scientific Research, Technic Services and Geological Prospecting**	**3717**	**2077**	**718**
专业技术服务业	Technical Services	3717	2077	718
水利、环境和公共设施管理业	**Water Conservancy, Environment and Public Facilities Management**	**1585**	**5812**	**38085**
环境管理业	Environment	200	289	
公共设施管理业	Public Facilities	1385	5523	38085
居民服务和其他服务业	**Resident Services and Other Services**			**16498**
居民服务业	Resident Services			10828
其他服务业	Other Services			5670
教育	**Education**	**18359**	**23543**	**18271**
教育	Education	18359	23543	18271
卫生、社会保障和社会福利业	**Health Care, Social Security and Social Welfare**	**2880**	**4718**	**7996**
卫生	Health Care	1480	4718	7996
社会福利业	Social Welfare	1400		
文化、体育和娱乐业	**Culture, Sports and Recreation**	**1350**	**6039**	**18123**
文化艺术业	Culture and Arts	1350	1349	550
娱乐业	Recreation			17573
公共管理和社会组织	**Public Management**	**800**	**200**	**3117**
国家机构	Government Agencies	800	200	3117
自年初累计资金来源合计	**Source of Funds**	**6337185**	**13647924**	**14577667**
上年末结余资金	Surplus Funds Last Year	278402	993933	1217923
本年资金来源小计	Funds This Year	6058783	12653991	13359744
#国家预算内资金	State Budgetary Appropriations	252	6800	
国内贷款	Domestic Loans	1305167	2114599	2052896
债券	Debenture	2452	450	
利用外资	Foreign Investment	58200	64936	52564
自筹资金	Fundraising	3300394	6138610	7479842
其他资金	Others	1392318	4328596	3774192

3－12　房地产开发投资主要指标

Main Indicators of Investment in Real Estate Development

单位:万元　　　　(10000 yuan)

指　标	Item	2001	2002	2003	2004	2005
开发投资额	**Development**	**5449072**	**7287980**	**9800514**	**13530715**	**14564885**
#商品房建设	Construction of Selling House	3859601	5070475	6190556	8269613	9587746
土地开发	Land Development	288643	451913	404286	489329	324198
按登记注册类型分	**by Registered Type**					
内资	Domestic Funds	5197652	7021747	9348805	12794874	13758290
国有	State－owned	978250	812916	890877	482643	492300
集体	Collective Owned	310095	299402	268014	164410	93836
股份合作	Share－cooperations	120625	147592	213687	86981	56510
国有联营	State Joint	53799	22567	15556	38792	124166
集体联营	Collective Joint	13478	13808	2649	2320	8550
国有与集体联营	State－collective Joint	9927	4586	5386	4766	2835
其他联营	Other Joint	5342	3233	2795		
国有独资公司	State Sole Funds	84621	87119	151290	303522	389301
其他有限责任公司	Other Limited Liability Corporations	2604239	3953248	5013708	6179665	7236316
股份有限公司	Share－holding Corporations Ltd.	350681	592809	811642	385792	429472
私营	Private	661700	1070951	1957798	5145983	4838152
其他	Others	4895	13516	15403		86852
港澳台商投资	Investment from HongKong, Macao and Taiwan	130999	136329	290312	463076	497591
外商投资	Investment from Foreign	120421	129904	161397	272765	309004
按构成分	**by Structure**					
建筑工程	Construction	3065348	3983917	5254301	7507646	8603191
安装工程	Installation	150138	234053	321984	528423	567247
设备工器具购置	Purchase of Equipment and Instruments	45976	74901	72256	117683	128675
其他费用	Others	2187610	2995109	4151973	5376963	5265772
#旧建筑物购置费	Purchase of Old Buildings	12296	49768	39013	5635	36365
土地购置费	Purchase of Land	1856194	2521158	3389979	4205023	4164098

指 标	Item	2001	2002	2003	2004	2005
按用途分	**by Purpose**					
住宅	Residential Buildings	3808907	5470212	7158355	9972777	10895057
#别墅、高档公寓	Villas and High - grade	245185	429636	600408	814816	925300
经济适用房	Economical Houses	182179	235738	367706	554557	616628
办公楼	Office Buildings	327319	321825	481362	667550	678772
商业营业用房	Commercial Buildings	751984	1015394	1454305	1762338	1705982
其他	Others	560862	480549	706492	1128050	1285074
新增固定资产	Newly Increased Fixed Assets	2992491	4192006	5550752	5692650	7534411
开发土地面积(平方米)	Land Space Developed(sq. m)	11565786	16967367	17909338	18615359	13116238
购置的土地面积(平方米)	Land Space Purchased(sq. m)	92871547	36395902	34079357	30235973	18018722
施工面积(平方米)	Floor Space Under Construction (sq. m)	63717938	81902690	108047647	140300356	156517364
#住宅	Residential Buildings	49873620	63909463	84408868	107599438	120099149
竣工面积(平方米)	Floor Space Completed(sq. m)	20538900	26605980	32148543	35637288	41308025
#住宅	Residential Buildings	16508825	21161633	25717176	28005155	32088977
销售面积(平方米)	Floor Space of Selling House(sq. m)	18014546	22192981	27818419	30513831	33058402
#住宅	Residential Buildings	15440368	18739711	23567831	25653054	28246482
资金来源合计	**Source of Funds**	**8721415**	**11699030**	**15687368**	**23714807**	**23026682**
上年末结余资金	Surplus Funds Last Year	1020372	1282581	1846094	2975413	3625096
本年资金来源小计	Funds This Year	7701043	10416449	13841274	20739394	19401586
#国家预算内资金	State Budgetary Appropriations	135	800	200	4027	
国内贷款	Domestic Loans	2057867	2986153	3941332	4251726	4338618
债券	Debenture	10	520	850		
利用外资	Foreign Investment	17962	29296	45555	131403	65182
自筹资金	Fundraising	1429773	1794516	2534602	4327419	4340125
其他资金	Others	4195296	5605164	7318735	12024819	10657661

3－13 按资质等级分的房地产开发投资(2005 年)

Investment in Real Estate Development by Classification(2005)

单位:万元 (10000 yuan)

指 标	Item	投资额 Investment	一级 The First Grade	二级 The Second Grade	三级 The Third Grade
开发投资额	**Development**	**14564885**	**1230907**	**2488576**	**5784936**
#商品房建设	Construction of Selling House	9587746	843428	1815479	3819786
土地开发	Land Development	324198	29231	67317	101570
按登记注册类型分	**by Registered Type**				
内资	Domestic Funds	13758290	1194731	2477987	5398125
国有	State－owned	492300	50602	161612	186517
集体	Collective Owned	93836		24061	36791
股份合作	Share－cooperations	56510		17293	22221
国有联营	State Joint	124166	55528	5883	62192
集体联营	Collective Joint	8550			
国有与集体联营	State－collective Joint	2835			2835
其他联营	Other Joint				
国有独资公司	State Sole Funds	389301		112234	214706
其他有限责任公司	Other Limited Liability Corporations	7236316	762313	1474372	2556427
股份有限公司	Share－holding Corporations Ltd.	429472	186328	46612	99716
私营	Private	4838152	139960	605448	2194894
其他	Others	86852		30472	21826
港澳台商投资	Investment from HongKong,Macao and Taiwan	497591	36176	9689	245937
外商投资	Investment from Foreign	309004		900	140874
按构成分	**by Structure**				
建筑工程	Construction	8603191	707783	1557146	3600505
安装工程	Installation	567247	49126	115327	232526
设备工器具购置	Purchase of Equipment and Instruments	128675	11034	37161	53902
其他费用	Others	5265772	462964	778942	1898003
#旧建筑物购置费	Purchase of Old Buildings	36365		11997	7221
土地购置费	Purchase of Land	4164098	354100	554596	1468530

指　标	Item	投资额 Investment	一级 The First Grade	二级 The Second Grade	三级 The Third Grade
按用途分	**by Purpose**				
住宅	Residential Buildings	10895057	998906	1861541	4228721
#别墅、高档公寓	Villas and High－grade	925300	59980	34347	532884
经济适用房	Economical Houses	616628	78574	185164	248322
办公楼	Office Buildings	678772	68746	136349	320817
商业营业用房	Commercial Buildings	1705982	62936	213473	733996
其他	Others	1285074	100319	277213	501402
新增固定资产	Newly Increased Fixed Assets	7534411	476677	1795757	3197481
开发土地面积(平方米)	Land Space Developed(sq. m)	13116238	768993	1544013	5323929
购置的土地面积(平方米)	Land Space Purchased(sq. m)	18018722	595932	1681863	6233514
施工面积(平方米)	Floor Space Under Construction (sq. m)	156517364	10604349	29760595	63943634
#住宅	Residential Buildings	120099149	8149802	22743906	49109229
竣工面积(平方米)	Floor Space Completed(sq. m)	41308025	2131783	8085945	18209028
#住宅	Residential Buildings	32088977	1645594	6230403	14192779
销售面积(平方米)	Floor Space of Selling House (sq. m)	33058402	1823331	5487755	14028427
#住宅	Residential Buildings	28246482	1629425	4871634	11685118
资金来源合计	**Source of Funds**	**23026682**	**2311820**	**3968204**	**9081531**
上年末结余资金	Surplus Funds Last Year	3625096	243064	642869	1516316
本年资金来源小计	Funds This Year	19401586	2068756	3325335	7565215
#国家预算内资金	State Budgetary Appropriations				
国内贷款	Domestic Loans	4338618	679958	851359	1562791
债券	Debenture				
利用外资	Foreign Investment	65182			22729
自筹资金	Fundraising	4340125	116011	562167	1697718
其他资金	Others	10657661	1272787	1911809	4281977

3－14 各市限额以上固定资产投资完成情况

Investment In Fixed Assets Above Designated Size by City

城　市	City	投资额（亿元）Investment（100 million yuan）		#投资项目 Projects		#房地产开发 Real Estate Development		施工项目个数（个）Projects Under Construction（unit）	
		2004	2005	2004	2005	2004	2005	2004	2005
合　计	**Total**	**5384.38**	**6138.39**	**4031.31**	**4681.90**	**1353.07**	**1456.49**	**18407**	**20715**
杭州市	Hangzhou	1137.21	1277.80	779.66	867.23	357.56	410.57	2610	3050
宁波市	Ningbo	1026.64	1268.55	782.38	1009.05	244.26	259.50	3366	3579
温州市	Wenzhou	398.93	465.92	257.31	311.95	141.62	153.97	1524	1831
嘉兴市	Jiaxing	561.12	617.10	443.59	493.69	117.53	123.40	1986	2514
湖州市	Huzhou	338.85	380.15	277.81	311.10	61.04	69.05	1258	1369
绍兴市	Shaoxing	601.00	626.67	480.66	523.34	120.34	103.33	2195	2289
金华市	Jinhua	438.37	440.72	312.37	320.62	126.00	120.10	1652	1828
衢州市	Quzhou	174.27	204.63	131.10	166.71	43.18	37.92	897	990
舟山市	Zhoushan	117.76	153.32	94.39	125.65	23.37	27.67	365	427
台州市	Taizhou	358.68	450.65	274.32	334.53	84.37	116.13	1816	2088
丽水市	Lishui	166.24	188.36	132.43	153.51	33.80	34.85	736	748

3－14 续表 continued

城 市	City	全投项目个数（个）Projects Completed and Put Into Use (unit)		房屋施工面积（平方米）Floor Space Under Construction (sq. m)		房屋竣工面积（平方米）Floor Space Completed (sq. m)		新增固定资产（亿元）Newly Increased Fixed Assets (100 million yuan)	
		2004	2005	2004	2005	2004	2005	2004	2005
合 计	**Total**	**8026**	**10246**	**285168258**	**317719915**	**93612099**	**106439028**	**3029.94**	**3784.02**
杭州市	Hangzhou	998	1777	57314787	66713859	18658345	18563353	694.22	915.34
宁波市	Ningbo	1881	2218	53311586	58845442	16576858	22993176	533.04	776.92
温州市	Wenzhou	616	576	31679687	36544161	8312145	8418993	262.79	297.13
嘉兴市	Jiaxing	791	1344	34228732	40218053	9940929	13963976	397.66	469.38
湖州市	Huzhou	704	673	16499712	17283710	5898995	8288427	189.62	222.98
绍兴市	Shaoxing	1015	1198	25953967	26950557	10971564	10099413	303.34	341.78
金华市	Jinhua	470	569	24228388	21124177	8055705	6586184	200.80	220.03
衢州市	Quzhou	414	531	8345517	9282608	4077956	4103575	109.29	147.27
舟山市	Zhoushan	129	171	3978360	4530181	1238169	1889505	52.40	71.88
台州市	Taizhou	783	960	23084695	27335869	7953673	9267137	211.69	246.98
丽水市	Lishui	225	229	6542827	8891298	1927760	2265289	75.10	74.32

3-15 各市按资质等级分的房地产开发企业个数

Number of Enterprises for Real Estate Development by Classification and by City

单位:个 (unit)

城市 City	合计 Total		一级企业 The First Enterprises		二级企业 The Second Enterprises		三级企业 The Third Enterprises		四级企业 The Fourth Enterprises		暂定 Undefined Enterprises		其他 Others	
	2004	2005	2004	2005	2004	2005	2004	2005	2004	2005	2004	2005	2004	2005
合计 Total	**3666**	**3549**	**36**	**40**	**265**	**276**	**1431**	**1402**	**756**	**680**	**822**	**824**	**356**	**327**
杭州市 Hangzhou	833	804	18	18	98	96	324	325	89	86	176	145	128	134
宁波市 Ningbo	498	502	6	9	29	27	240	234	118	115	42	48	63	69
温州市 Wenzhou	424	424	5	5	45	55	266	266	12	9	71	68	25	21
嘉兴市 Jiaxing	351	360	1	1	10	4	68	69	70	75	169	177	33	34
湖州市 Huzhou	184	159	1	1	8	6	33	25	56	45	89	77	17	5
绍兴市 Shaoxing	362	307	2	2	30	33	160	142	67	46	75	64	28	20
金华市 Jinhua	328	305			17	18	95	93	82	71	112	107	22	16
衢州市 Quzhou	173	169		1	4	7	48	54	82	72	37	34	2	1
舟山市 Zhoushan	121	130			1	1	49	54	58	62	4	7	9	6
台州市 Taizhou	262	266	2	2	17	23	100	90	83	70	51	80	9	1
丽水市 Lishui	130	123	1	1	6	6	48	50	39	29	16	17	20	20

3－16 各市按登记注册类型分的房地产开发企业个数

Number of Enterprises for Real Estate Development by Registered Type and by City

单位:个 (unit)

城市	City	合计 Total		国有 State－owned		集体 Collective Owned		股份合作 Share－cooperations		国有联营 State Joint	
		2004	2005	2004	2005	2004	2005	2004	2005	2004	2005
合　计	**Total**	**3666**	**3549**	**177**	**150**	**81**	**66**	**25**	**20**	**8**	**8**
杭州市	Hangzhou	833	804	44	37	8	5	3	2	1	1
宁波市	Ningbo	498	502	22	18	29	25	6	2	1	1
温州市	Wenzhou	424	424	26	25	13	11	7	6	1	1
嘉兴市	Jiaxing	351	360	12	9	6	7	2	2	4	4
湖州市	Huzhou	184	159	12	11	3	2		1	1	1
绍兴市	Shaoxing	362	307	17	13	10	7	2	1		
金华市	Jinhua	328	305	11	8	6	5	3	2		
衢州市	Quzhou	173	169	3	3						
舟山市	Zhoushan	121	130	9	11	4	2		1		
台州市	Taizhou	262	266	17	13	2	2	1	2		
丽水市	Lishui	130	123	4	2			1	1		

单位:个 3-16 续表1 continued (unit)

城 市	City	集体联营 Collective Joint		国有与集体联营 State - collective Joint		其他联营 Other Joint		国有独资公司 State Sole Funds		其他有限责任公司 Other Limited Liability Corporations	
		2004	2005	2004	2005	2004	2005	2004	2005	2004	2005
合 计	**Total**	**3**	**3**	**2**	**2**	**1**	**1**	**38**	**43**	**1338**	**1359**
杭州市	Hangzhou			1	1			10	11	402	416
宁波市	Ningbo	1	1			1	1	6	7	118	137
温州市	Wenzhou			1	1			7	8	181	187
嘉兴市	Jiaxing							2	4	120	117
湖州市	Huzhou									98	94
绍兴市	Shaoxing	1	1					2	2	94	88
金华市	Jinhua	1	1					1	1	84	77
衢州市	Quzhou							1	1	23	21
舟山市	Zhoushan							2	1	61	65
台州市	Taizhou							7	8	141	139
丽水市	Lishui									16	18

单位:个　　　　3－16　续表2　continued　　　　(unit)

城　市	City	股份有限公司 Share－holding Corporations Ltd.		私营 Private		其他 Others		港澳台商投资 Investment from HongKong, Macao and Taiwan		外商投资 Investment from Foreign	
		2004	2005	2004	2005	2004	2005	2004	2005	2004	2005
合　计	**Total**	**61**	**66**	**1736**	**1635**		**16**	**112**	**98**	**84**	**82**
杭州市	Hangzhou	13	18	316	268		15	24	18	11	12
宁波市	Ningbo	5	8	256	246		1	39	37	14	18
温州市	Wenzhou	5	6	159	160			3	2	21	17
嘉兴市	Jiaxing	9	9	179	193			8	8	9	7
湖州市	Huzhou	6	4	44	31			11	8	9	7
绍兴市	Shaoxing	7	4	215	180			8	5	6	6
金华市	Jinhua	2	2	205	193			8	9	7	7
衢州市	Quzhou	2	3	144	141						
舟山市	Zhoushan			42	47			3	3		
台州市	Taizhou	6	5	75	83			8	8	5	6
丽水市	Lishui	6	7	101	93					2	2

3－17　各市按资质等级分的房地产开发从业人员数
Number of Employed Persons In Real Estate Development by Classification and by City

单位:人　　　　　　　　　　　　　　　　　　　　　　　　　　　　　(person)

城　市	City	合计 Total		一级企业 The First Enterprises		二级企业 The Second Enterprises		三级企业 The Third Enterprises		四级企业 The Fourth Enterprises		暂定 Undefined Enterprises		其他 Others	
		2004	2005	2004	2005	2004	2005	2004	2005	2004	2005	2004	2005	2004	2005
合　计	**Total**	**72288**	**70909**	**2504**	**2975**	**10275**	**9823**	**32350**	**31296**	**10683**	**9368**	**12628**	**12879**	**3848**	**4568**
杭州市	Hangzhou	18252	18234	1231	1529	3818	3437	7102	7005	1287	1390	3086	2517	1737	2356
宁波市	Ningbo	9493	9670	414	561	1255	1085	4880	5274	1673	1379	793	735	478	636
温州市	Wenzhou	10382	10049	306	306	1762	2196	6484	5815	158	107	1171	1128	501	497
嘉兴市	Jiaxing	5408	5585	97	97	369	156	1681	1667	1003	934	2059	2451	199	280
湖州市	Huzhou	3069	2876	79	77	269	209	652	610	778	710	1144	1201	147	69
绍兴市	Shaoxing	6717	5807	164	139	1198	1005	3355	2848	783	623	975	958	242	234
金华市	Jinhua	6219	5926			572	505	2236	2241	1256	1048	2006	1966	149	166
衢州市	Quzhou	2791	2370		45	143	204	895	850	1289	850	420	400	44	21
舟山市	Zhoushan	2365	2573			32	48	1383	1359	836	982	66	133	48	51
台州市	Taizhou	5578	5677	144	148	734	806	2807	2629	1143	923	670	1161	80	10
丽水市	Lishui	2014	2142	69	73	123	172	875	998	486	422	238	229	223	248

3-18 各市按登记注册类型分的房地产开发从业人员数

Number of Employed Persons In Real Estate Development by Registered Type and by City

单位:人 (person)

城 市	City	合计 Total		国有 State - owned		集体 Collective Owned		股份合作 Share - cooperations		国有联营 State Joint	
		2004	2005	2004	2005	2004	2005	2004	2005	2004	2005
合 计	**Total**	**72288**	**70909**	**4695**	**3709**	**1229**	**1135**	**548**	**377**	**214**	**230**
杭州市	Hangzhou	18252	18234	1422	1122	136	152	39	73	28	28
宁波市	Ningbo	9493	9670	520	431	342	290	113	31	16	9
温州市	Wenzhou	10382	10049	937	829	257	200	239	132	9	10
嘉兴市	Jiaxing	5408	5585	288	114	25	33	26	25	82	106
湖州市	Huzhou	3069	2876	306	257	49	30		1	79	77
绍兴市	Shaoxing	6717	5807	200	133	270	314	43	34		
金华市	Jinhua	6219	5926	182	150	113	63	48	27		
衢州市	Quzhou	2791	2370	63	54						
舟山市	Zhoushan	2365	2573	261	331	18	15		10		
台州市	Taizhou	5578	5677	429	257	19	38	22	34		
丽水市	Lishui	2014	2142	87	31			18	10		

单位:人　　3-18　续表1　continued　　(person)

城 市	City	集体联营 Collective Joint		国有与集体联营 State - collective Joint		其他联营 Other Joint		国有独资公司 State Sole Funds		其他有限责任公司 Other Limited Liability Corporations	
		2004	2005	2004	2005	2004	2005	2004	2005	2004	2005
合 计	**Total**	**30**	**18**	**54**	**63**	**9**	**2**	**886**	**1059**	**28377**	**29129**
杭州市	Hangzhou			37	33			251	282	9175	9826
宁波市	Ningbo	14	14			9	2	165	226	2338	2771
温州市	Wenzhou			17	30			250	274	4391	4415
嘉兴市	Jiaxing							24	24	1709	1713
湖州市	Huzhou									1496	1531
绍兴市	Shaoxing	8	2					43	43	2111	1738
金华市	Jinhua	8	2					8	21	1699	1528
衢州市	Quzhou							10	5	352	286
舟山市	Zhoushan							6	3	1426	1475
台州市	Taizhou							129	181	3459	3529
丽水市	Lishui									221	317

单位:人　　　　3-18　续表2　continued　　　　(person)

城　市	City	股份有限公司 Share-holding Corporations Ltd.		私营 Private		其他 Others		港澳台商投资 Investment from HongKong, Macao and Taiwan		外商投资 Investment from Foreign	
		2004	2005	2004	2005	2004	2005	2004	2005	2004	2005
合　计	**Total**	**1976**	**1936**	**30634**	**29197**		**300**	**2124**	**2053**	**1512**	**1701**
杭州市	Hangzhou	662	671	5825	5197		298	487	335	190	217
宁波市	Ningbo	233	267	4786	4577		2	782	808	175	242
温州市	Wenzhou	291	292	3529	3491			55	48	407	328
嘉兴市	Jiaxing	307	296	2661	2962			114	123	172	189
湖州市	Huzhou	116	97	700	626			200	149	123	108
绍兴市	Shaoxing	92	43	3716	3215			121	85	113	200
金华市	Jinhua	25	24	3795	3639			155	266	186	206
衢州市	Quzhou	77	87	2289	1938						
舟山市	Zhoushan			624	718			30	21		
台州市	Taizhou	76	86	1141	1167			180	218	123	167
丽水市	Lishui	97	73	1568	1667					23	44

3－19 各市按资质等级分的房地产开发投资额

Investment In Real Estate Development by Classification and by City

单位:亿元 (100 million yuan)

城市	City	合计 Total		一级企业 The First Enterprises		二级企业 The Second Enterprises		三级企业 The Third Enterprises		四级企业 The Fourth Enterprises		暂定 Undefined Enterprises		其他 Others	
		2004	2005	2004	2005	2004	2005	2004	2005	2004	2005	2004	2005	2004	2005
合 计	**Total**	**1353.1**	**1456.5**	**86.2**	**123.1**	**251.2**	**248.9**	**611.7**	**578.5**	**117.9**	**110.1**	**239.1**	**289.2**	**47.0**	**106.8**
杭州市	Hangzhou	357.6	410.6	38.5	51.1	85.8	90.4	127.6	132.3	15.5	14.0	66.7	55.1	23.5	67.7
宁波市	Ningbo	244.3	259.5	19.2	41.2	52.8	33.3	127.4	131.2	23.5	18.4	12.2	24.2	9.2	11.2
温州市	Wenzhou	141.6	154.0	7.9	8.7	34.5	56.8	87.0	65.6	0.5	0.4	5.5	17.6	6.2	4.9
嘉兴市	Jiaxing	117.5	123.4	1.6	5.0	6.2	2.9	40.3	41.2	15.7	9.3	52.6	58.8	1.1	6.2
湖州市	Huzhou	61.0	69.1	2.0	5.6	2.7	2.0	19.4	18.1	9.1	9.9	26.8	32.8	1.2	0.7
绍兴市	Shaoxing	120.3	103.3	2.5	2.7	23.2	13.6	70.1	47.9	5.7	13.5	18.1	21.9	0.7	3.7
金华市	Jinhua	126.0	120.1			15.7	8.6	64.2	51.6	11.9	8.0	33.9	47.6	0.3	4.2
衢州市	Quzhou	43.2	37.9		1.9	3.4	2.5	13.0	9.7	13.8	12.3	12.4	11.3	0.7	0.4
舟山市	Zhoushan	23.4	27.7			0.7	1.3	15.9	18.3	6.4	6.7	0.4	1.2		0.2
台州市	Taizhou	84.4	116.1	10.7	6.2	18.0	29.8	36.5	50.1	10.9	14.3	8.2	14.8		1.1
丽水市	Lishui	33.8	34.9	3.8	0.8	8.3	7.6	10.3	12.5	4.9	3.5	2.4	3.9	4.2	6.6

3－20 各市按登记注册类型分的房地产开发投资额
Investment In Real Estate Development by Registered Type and by City

单位:亿元 (100 million yuan)

城 市	City	合计 Total		国有 State－owned		集体 Collective－owned		股份合作 Share－cooperations		国有联营 State Joint	
		2004	2005	2004	2005	2004	2005	2004	2005	2004	2005
合 计	**Total**	**1353.1**	**1456.5**	**48.3**	**49.2**	**16.4**	**9.4**	**8.7**	**5.7**	**3.9**	**12.4**
杭州市	Hangzhou	357.6	410.6	20.6	20.3	2.4	1.0	1.2	1.4	1.5	6.2
宁波市	Ningbo	244.3	259.5	5.2	4.5	2.4	3.0	4.3	0.6		
温州市	Wenzhou	141.6	154.0	9.3	11.9	5.6	1.6	1.9	1.2		
嘉兴市	Jiaxing	117.5	123.4	3.9	1.9	1.2	0.3	0.1	0.1	0.5	0.7
湖州市	Huzhou	61.0	69.1	0.9	1.6	1.4	0.9		0.1	2.0	5.6
绍兴市	Shaoxing	120.3	103.3	2.0	1.8	2.9	1.3	0.3			
金华市	Jinhua	126.0	120.1	2.2	0.7	0.7	0.3	0.3	0.3		
衢州市	Quzhou	43.2	37.9	1.6	0.7						
舟山市	Zhoushan	23.4	27.7	2.4	2.7						
台州市	Taizhou	84.4	116.1	0.1	3.1		1.0	0.1	1.6		
丽水市	Lishui	33.8	34.9	0.2	0.1			0.6	0.4		

城　市	City	集体联营 Collective Joint		国有与集体联营 State－collective Joint		其他联营 Other Joint		国有独资公司 State Sole Funds		其他有限责任公司 Other Limited Liability Corporations	
		2004	2005	2004	2005	2004	2005	2004	2005	2004	2005
合　计	**Total**	**0.2**	**0.9**	**0.5**	**0.3**			**30.4**	**38.9**	**618.0**	**723.6**
杭州市	Hangzhou			0.4	0.3			6.2	12.2	211.5	255.8
宁波市	Ningbo	0.2	0.9					3.3	2.1	79.0	117.4
温州市	Wenzhou			0.1				9.8	10.6	70.5	73.3
嘉兴市	Jiaxing							3.1	3.4	42.9	41.1
湖州市	Huzhou									39.8	42.2
绍兴市	Shaoxing							1.6	2.2	38.1	40.7
金华市	Jinhua							1.1	1.8	39.6	38.1
衢州市	Quzhou							1.4	0.7	8.5	6.0
舟山市	Zhoushan									17.0	16.4
台州市	Taizhou							3.9	6.0	66.1	85.0
丽水市	Lishui									5.1	7.8

单位:亿元 3-20 续表2 continued (100 million yuan)

城 市 City		股份有限公司 Share-holding Corporations Ltd.		私营 Private		其他 Others		港澳台商投资 Investment from HongKong, Macao and Taiwan		外商投资 Investment from Foreign	
		2004	2005	2004	2005	2004	2005	2004	2005	2004	2005
合 计	**Total**	**38.6**	**43.0**	**514.6**	**483.8**		**8.7**	**46.3**	**49.8**	**27.3**	**30.9**
杭州市	Hangzhou	16.2	13.0	84.1	81.6		8.7	9.4	8.3	4.3	1.8
宁波市	Ningbo	6.3	6.1	117.0	98.5			22.4	19.8	4.2	6.6
温州市	Wenzhou	3.3	4.5	37.7	46.8				0.3	3.4	3.8
嘉兴市	Jiaxing	6.8	13.8	50.6	48.4			3.4	8.0	5.4	5.8
湖州市	Huzhou	0.7	0.8	13.8	11.5			1.9	4.5	0.6	1.9
绍兴市	Shaoxing	1.0	0.4	71.8	53.5			0.5	0.6	2.2	2.9
金华市	Jinhua	0.2	0.1	70.1	70.5			5.3	4.9	6.4	3.5
衢州市	Quzhou	2.9	2.7	28.8	27.9						
舟山市	Zhoushan			3.7	8.5			0.3	0.1		
台州市	Taizhou		0.5	10.4	11.9			3.1	3.3	0.8	3.8
丽水市	Lishui	1.1	1.1	26.9	24.7						0.8

3-21 各市房地产开发企业建造的商品房屋面积和价格

Floor Space and Price of Building for Real Estate Development Enterprises by City

城市	City	施工面积（万平方米）Floor Space of Buildings Under Construction (10000sq. m)		竣工面积（万平方米）Floor Space of Buildings Completed (10000sq. m)		房屋面积竣工率（%）Rate of Floor Space of Buildings Completed(%)		竣工房屋价值（万元）Value of Buildings Completed (10000yuan)		竣工房屋造价（元/平方米）Cost of Buildings Completed (yuan/sq. m)	
		2004	2005	2004	2005	2004	2005	2004	2005	2004	2005
合　计	**Total**	**14030.0**	**15651.7**	**3563.7**	**4130.8**	**25.4**	**26.4**	**5232424**	**6714589**	**1468**	**1626**
杭州市	Hangzhou	3530.3	4214.2	865.1	902.8	24.5	21.4	1777722	2180877	2055	2416
宁波市	Ningbo	2513.5	2666.8	602.5	706.7	24.0	26.5	860351	1213999	1428	1718
温州市	Wenzhou	1930.8	2114.5	386.8	408.1	20.0	19.3	609943	636439	1577	1560
嘉兴市	Jiaxing	1345.3	1490.5	288.0	542.6	21.4	36.4	351922	632356	1222	1165
湖州市	Huzhou	669.7	670.3	176.7	227.1	26.4	33.9	218316	328360	1236	1446
绍兴市	Shaoxing	1099.9	1122.5	411.3	364.0	37.4	32.4	423556	411849	1030	1132
金华市	Jinhua	1059.9	1052.5	336.8	268.0	31.8	25.5	466355	358450	1385	1338
衢州市	Quzhou	458.3	495.5	166.4	190.8	36.3	38.5	126998	152569	763	800
舟山市	Zhoushan	236.9	273.2	63.4	109.3	26.8	40.0	95583	160822	1508	1472
台州市	Taizhou	905.7	1159.1	199.2	304.1	22.0	26.2	233921	504322	1175	1658
丽水市	Lishui	279.8	392.6	67.6	107.5	24.2	27.4	67757	134546	1003	1252

3-22 各市房地产开发企业建造的住宅面积和价格

Floor Space and Price of Residential Buildings for Real Estate Development Enterprises by City

城 市	City	施工面积（万平方米）Floor Space of Buildings Under Construction (10000sq. m)		竣工面积（万平方米）Floor Space of Buildings Completed (10000sq. m)		房屋面积竣工率（%）Rate of Floor Space of Buildings Completed(%)		竣工房屋价值（万元）Value of Buildings Completed (10000yuan)		竣工房屋造价（元/平方米）Cost of Buildings Completed (yuan/sq. m)	
		2004	2005	2004	2005	2004	2005	2004	2005	2004	2005
合 计	**Total**	**10759.9**	**12009.9**	**2800.5**	**3208.9**	**26.0**	**26.7**	**3893819**	**5031391**	**1390.4**	**1567.9**
杭州市	Hangzhou	2707.3	3315.8	640.1	705.4	23.6	21.3	1212080	1678505	1893.6	2379.4
宁波市	Ningbo	1925.3	1958.4	506.4	538.0	26.3	27.5	705256	870066	1392.8	1617.1
温州市	Wenzhou	1441.2	1566.1	304.1	285.4	21.1	18.2	473214	429738	1556.1	1505.7
嘉兴市	Jiaxing	1040.3	1140.6	226.7	442.3	21.8	38.8	269871	504056	1190.3	1139.6
湖州市	Huzhou	511.2	519.8	122.5	167.8	24.0	32.3	156828	233062	1280.8	1388.7
绍兴市	Shaoxing	902.0	918.2	339.9	299.8	37.7	32.6	333323	331046	980.7	1104.3
金华市	Jinhua	774.8	822.9	256.0	220.9	33.0	26.8	326074	282679	1273.9	1279.6
衢州市	Quzhou	358.3	389.9	129.1	153.7	36.0	39.4	92655	120165	717.7	782.0
舟山市	Zhoushan	194.7	220.7	56.9	93.1	29.2	42.2	85029	135777	1495.8	1457.7
台州市	Taizhou	698.3	879.8	162.3	226.4	23.2	25.7	184560	354510	1137.1	1565.8
丽水市	Lishui	206.5	277.5	56.7	75.9	27.5	27.4	54929	91787	968.3	1208.5

3-23 各市房地产开发企业商品房屋销售面积和价格
Floor Space and Price of Selling of Commercial Houses for Real Estate Development Enterprises by City

城 市	City	销售面积（万平方米）Floor Space Sold of Commercial Houses (10000sq. m)		销售额（万元）Total Sales of Commercial Houses (10000yuan)		商品房屋销售价格（元/平方米）Average Selling Price of Commercial Houses (yuan/sq. m)	
		2004	2005	2004	2005	2004	2005
合 计	**Total**	**3051.4**	**3305.8**	**9483043**	**14148885**	**3108**	**4280**
杭州市	Hangzhou	655.9	704.2	2744422	3956550	4185	5619
宁波市	Ningbo	556.9	467.0	1955274	2347756	3511	5028
温州市	Wenzhou	313.6	261.9	1198629	1284456	3822	4904
嘉兴市	Jiaxing	244.3	386.5	585434	1303338	2397	3372
湖州市	Huzhou	178.5	248.5	363282	694103	2035	2793
绍兴市	Shaoxing	359.7	367.2	861487	1371516	2395	3735
金华市	Jinhua	291.1	362.4	716530	1394223	2462	3848
衢州市	Quzhou	147.2	138.7	254730	326493	1731	2353
舟山市	Zhoushan	65.4	87.8	191078	338405	2922	3856
台州市	Taizhou	175.7	184.3	455713	769814	2594	4177
丽水市	Lishui	63.2	97.4	156464	362231	2475	3718

3-24 各市房地产开发企业住宅销售面积和价格
Floor Space and Price of Selling of Residential Buildings for Real Estate Development Enterprises by City

城　市	City	销售面积（万平方米）Floor Space Sold of Commercial Houses (10000sq. m)		销售额（万元）Total Sales of Commercial Houses (10000yuan)		商品房屋销售价格（元/平方米）Average Selling Price of Commercial Houses (yuan/sq. m)	
		2004	2005	2004	2005	2004	2005
合　计	**Total**	**2565.3**	**2824.6**	**7058451**	**11222435**	**2752**	**3973**
杭州市	Hangzhou	536.0	620.7	1990960	3384983	3714	5454
宁波市	Ningbo	465.5	389.1	1440699	1757431	3095	4517
温州市	Wenzhou	268.3	232.7	934246	1084529	3482	4662
嘉兴市	Jiaxing	203.9	298.0	443466	948487	2174	3183
湖州市	Huzhou	135.2	207.7	243310	543563	1800	2617
绍兴市	Shaoxing	320.3	323.8	665130	1098252	2076	3392
金华市	Jinhua	243.9	310.9	528552	961334	2167	3092
衢州市	Quzhou	125.0	123.8	177136	259347	1417	2095
舟山市	Zhoushan	58.5	76.9	165071	273508	2823	3554
台州市	Taizhou	154.0	159.9	361657	638832	2348	3995
丽水市	Lishui	54.5	81.1	108224	272169	1984	3355

3－25 主要年份基础设施投资

Investment in Infrastructure

单位:亿元 (100 million yuan)

年 份 Year	基础设施投资合计 Total Investment in Infrastructure	#电力、燃气及水的生产供应业 Production and Supply of Electricity, Gas and Water	#交通运输 Transportation	#邮电通信 Post & Telecommunications
1990	37.58	15.67	10.18	2.96
1995	230.39	72.03	68.40	23.75
2000	876.33	214.22	221.65	127.53
2001	999.28	191.84	223.18	155.60
2002	1066.80	188.28	227.28	95.49
2003	1360.40	239.25	295.54	88.09
2004	1724.69	429.63	476.16	102.98
2005	1981.97	544.79	641.36	94.18

注:2003 年以前为城镇以上范围,2003 年(含)以后为限额以上范围。

The figures in this table refer to the investment at town level and above before 2003, while above designated size since 2003.

主要统计指标解释

全社会固定资产投资额 固定资产投资额是以货币表现的建造和购置固定资产活动的工作量,它是反映固定资产投资规模、速度、比例关系和使用方向的综合性指标。全社会固定资产投资包括国有经济单位投资、城乡集体经济单位投资、其他各种经济类型的单位投资和城乡居民个人投资。按照我国现行计划管理体制,全社会固定资产投资总额分为基本建设、更新改造、房地产开发投资和其他固定资产投资四个部分;城乡集体经济单位投资包括城镇集体所有制单位投资和农村集体所有制单位投资;其他各种经济类型单位投资包括联营经济、股份制经济、中外合资经营、中外合作经营、外资、与大陆合资经营、与大陆合作经营、港澳台独资及其他经济的单位投资。城乡居民个人投资包括城市、县城、镇、工矿区所辖范围内的个人建房和农村个人建房及购买生产性固定资产的投资。

房地产开发投资 包括各种经济类型的房地产开发公司、商品房建设公司及其他房地产开发单位统一开发的包括统代建、拆迁还建的住宅、厂房、仓库、饭店、宾馆、度假村、写字楼、办公楼等房屋建筑物和配套的服务设施、土地开发工程,如道路、给水、排水、供电、供热、通讯、平整场地等基础设施工程的投资。包括非房地产企业实际从事房地产开发或经营活动,不包括单纯的土地交易活动。

施工项目 指报告期内曾进行建筑或安装工程施工活动的建设项目。包括报告期内新开工项目、报告期以前开工跨入报告期继续施工的项目以及报告期施工过并在报告期内全部建设投产或停缓建的项目。

全部建成投产项目 工业项目是指设计文件规定形成生产能力的主体工程及其相应配套的辅助设施全部建成,经负荷试运转,证明具备生产设计规定合格产品的条件,并经过验收鉴定合格或达到竣工验收标准,与生产性工程配套的生产福利设施可以满足近期正常生产的需要,正式移交生产的建设项目。非工业项目是指设计文件规定的主体工程和相应的配套工程全部建成,能够发挥设计规定的全部效益,经验收鉴定合格或达到竣工验收标准,正式移交使用的建设项目。

施工和竣工房屋建筑面积 房屋建筑面积是从房屋外墙线算起的各层平面面积的总和,包括房屋结构(如柱、墙)占用的面积和地下室面积。多层建筑按各自然层面积总和计算,包括房屋内的楼隔层,突出墙面的眺望间、门斗、有柱雨罩的面积。不包括突出墙面结构的构件、艺术装饰等所占的面积,如台阶等。凹阳台、挑阳台按其水平投影面积一半计算建筑面积。

新增固定资产 指通过投资活动所形成的新的固定资产价值。包括已经建成投入生产或交付使用的工程价值和达到固定资产标准的设备、工具、器具的价值及有关应摊入的费用。它是以价值形式表示的固定资产投资成果的综合性指标,可以综合反映不同时期、不同部门、不同地区的固定资产投资成果。

Explanatory Notes on Main Statistical Indicators

Total Investmentin in Fixed Assets Amount of investment in fixed assets refers to the volume of activities in construction and purchases of fixed assets in monetary terms. It is a comprehensive indicator which shows the size, pace, proportional relations and use orientation of the investment in fixed assets. Total investment in fixed assets in the whole country includes the investment by the state-owned units, the investment by the urban and rural collective units, the investment by the units of other types of ownership and the investment by the individuals in the urban and rural areas. According to China's current planning management system, the investment in fixed assets in the whole country is classified into the following four parts: investment in capital construction, investment in innovation, investment in real estates development and other investment in fixed assets. The investment by the urban and rural collective units includes the investment by the urban collective units and the investment by the rural collective units. The investment by the units of other types of ownership includes the investment by the units of joint – owned economy, share – holding economy, Sino – foreign joint economy, Sino – foreign cooperative economy, economy exclusively with foreign investment, Mainland – Hong kong or Mainland – Macao or Mainland – Taiwan joint economy, Mainland – Hong kong or Mainland – Macao or Mainland – Taiwan coope rative economy, and economy exclusively with investment of Hong Kong or Macao or Taiwan. The investment by the individuals in the urban and rural areas includes the investment in personal house building in the areas under the jurisdiction of city , county, town and special industrial and mining areas as well as the investment in personal house building and purchase of productive fixed assets in the rural areas.

Investment in Real Estate Development It includes the investment by the real estate development companies, commercial buildings construction companies and other real estate development units of various types of ownership in the construction of house buildings, such as residential buildings, factory buildings, warehouses, hotels, guesthouses, holiday villages, office buildings, and the complementary service facilities and land development projects, such as roads, watersupply, water drainage, power supply, heating, telecommunications, land levelling and other projects of infrastructure. It covers the activities of the non – real estate companies in real estate development or management, but excludes the activities in simple land transactions.

Projects Under Construction refer to projects having construction and installation activities undertaken in the reference period, including projects started in the reference period, or continued from the previous period, or completed and put into production or suspended in the reference period.

Projects Completed and Put into Use Industrial projects refer to the major projects and accessory facilities completed which result in forming production capacity and have been checked and accepted while the living and welfare facilities have been completed and can ensure normal production and formally put into production. Non – industrial projects refer to the major projects and accessory facilities completed which possess the disigned capacity and have been checked, accepted and formally put into production.

Floor Space of Buildings Under Construction and Completed refers to total floor space in each story of buildings calculated from the outside line of building walls, including the space occupied by constructions like pillars or walls and basements. The floor space of multi – story building includes the total floor space of each story, including area occupied by separating walls, watching rooms, doorways, and pillars, but excluding protruding wall structures, artistic decoration, etc. (for example, flight of steps). The space of recessed verand and tantilevered balcony is counted by half of the projection area.

Newly Increased Fixed Assets refer to the newly increased value of fixed assets through investment, including the value of projects completed and put into production, the value of equipment, tools, and vessels considered as fixed assets, as well as the relevant expenses as investment in fixed assets . This is a comprehensive indicator of investment in fixed assets, reflecting the achievements of investment in fixed assets in different periods, different sectors, and different regions.

ZHEJIANG STATISTICAL YEARBOOK

CHAPTER 4

价 格

Prices

4. 价 格
Prices

2005年居民消费价格指数（上年＝100）	Consumer Price Indices (Preceding Year=100)	101.3%
# 城市	Urban Areas	101.5%
农村	Rural Areas	101.2%
2005年商品零售价格指数（上年＝100）	Retail Price Indices of Commodities (Preceding Year=100)	100.9%

居民消费价格指数 （1985年=100）
Residents Consumor Price Indices （1985=100）

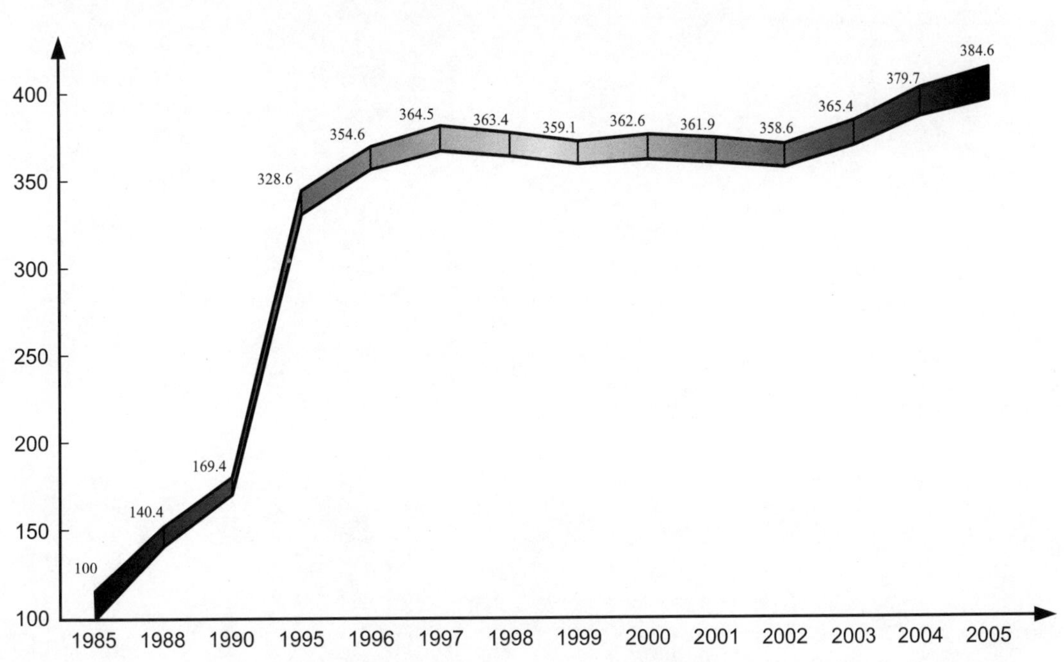

4－1 各种价格总指数(1978－2005年)

General Price Indices(1978－2005)

(上年=100) (preceding year=100)

年 份 Year	居民消费价格指数 General Consumer Price Indices			商品零售价格指数 General Retail Price Indices of Commodities			工业品出厂价格指数 Ex－Factory Price Indices of Industrial Products
	全省 Total	城市 Urban Areas	农村 Rural Areas	全省 Total	城市 Urban Areas	农村 Rural Areas	
1978		100.0		100.1	99.9	100.1	
1979		102.6		102.1	103.4	101.5	
1980		108.8		108.0	109.5	106.9	
1981		101.7		101.5	101.6	101.4	
1982		101.9		100.9	102.1	100.1	
1983		102.8		102.0	102.9	101.2	
1984	103.0	103.7	101.8	103.4	103.5	103.4	
1985	114.8	115.1	114.3	114.0	115.2	112.9	
1986	106.2	106.3	106.1	106.0	106.1	105.9	
1987	108.8	110.9	106.4	109.5	111.3	107.4	
1988	121.5	123.4	119.8	122.1	124.2	120.5	
1989	118.2	116.8	119.6	117.8	116.6	118.7	
1990	102.1	102.1	102.0	101.6	101.4	101.8	100.4
1991	103.5	105.6	101.5	103.0	105.2	101.4	101.8
1992	107.5	109.2	104.8	106.6	108.9	104.1	104.8
1993	119.8	121.4	117.4	116.7	119.1	115.2	117.3
1994	124.8	124.7	124.9	121.7	120.0	124.8	117.5
1995	116.6	117.0	116.4	113.5	113.0	114.3	112.3
1996	107.9	109.8	107.0	105.8	106.4	105.1	99.5
1997	102.8	104.1	102.1	100.3	100.9	99.4	99.2
1998	99.7	100.5	99.3	98.4	98.4	98.4	95.6
1999	98.8	99.5	98.5	97.7	97.7	97.7	96.8
2000	101.0	100.9	101.1	99.0	98.8	99.1	101.1
2001	99.8	99.6	100.0	98.1	97.4	99.0	98.3
2002	99.1	98.8	99.3	98.7	98.4	99.3	96.9
2003	101.9	100.5	102.9	99.6	99.4	99.9	100.6
2004	103.9	102.8	104.6	102.7	102.0	103.6	105.0
2005	101.3	101.5	101.2	100.9	101.0	100.7	102.3

4－2 历年各种价格总指数(1986－2005年)
General Price Indices(1986－2005)

(1985年＝100)　　(1985＝100)

年份 Year	居民消费价格指数 General Consumer Price Indices			商品零售价格指数 General Retail Price Indices of Commodities
	全省 Total	城市 Urban Areas	农村 Rural Areas	
1986	106.2	106.3	106.1	106.0
1987	115.5	117.9	112.9	116.1
1988	140.4	145.5	135.2	141.7
1989	165.9	169.9	161.8	166.9
1990	169.4	173.5	165.0	169.6
1991	175.4	183.2	167.5	174.7
1992	188.5	200.0	175.5	186.2
1993	225.8	242.9	206.0	217.3
1994	281.8	302.8	257.3	264.5
1995	328.6	354.3	299.5	300.2
1996	354.6	389.1	320.5	317.6
1997	364.5	405.0	327.2	318.6
1998	363.4	407.0	324.9	313.5
1999	359.1	405.0	320.1	306.3
2000	362.6	408.6	323.6	303.2
2001	361.9	407.0	323.6	297.4
2002	358.6	402.1	321.3	293.5
2003	365.4	404.1	330.6	292.3
2004	379.7	415.4	345.8	300.2
2005	384.6	421.6	349.9	302.9

4－3 价格总指数(2005 年)
General Price Indices (2005)

年 份 Year	居民消费价格指数 General Consumer Price Indices			商品零售价格指数 General Retail Price Indices of Commodities
	全省 Total	城市 Urban Areas	农村 Rural Areas	
1978 = 100		598.7		406.6
1980 = 100		536.2		368.8
1985 = 100	384.6	421.6	349.9	299.4
1990 = 100	227.0	243.2	212.0	176.5
1995 = 100	117.1	119.1	116.8	99.8
1996 = 100	108.5	108.3	109.2	94.3
1997 = 100	105.6	104.1	106.9	94.0
1998 = 100	105.9	103.6	107.8	95.6
1999 = 100	107.2	104.1	109.4	97.7
2000 = 100	106.1	103.2	108.2	98.7
2001 = 100	106.3	103.6	108.2	100.7
2002 = 100	107.3	104.8	108.9	102.0
2003 = 100	105.3	104.3	105.9	102.4
2004 = 100	101.3	101.5	101.2	100.9

4－4 居民消费价格指数(2001－2005年)
Residents Consumer Price Indices(2001－2005)

(上年=100)　　(preceding year=100)

项目	Item	2001	2002	2003	2004	2005
居民消费价格总指数	**General Consumer Price Index**	**99.8**	**99.1**	**101.9**	**103.9**	**101.3**
城市	Urban Areas	99.6	98.8	100.5	102.8	101.5
农村	Rural Areas	100.0	99.3	102.9	104.6	101.2
食品	**Food**	**98.7**	**101.1**	**102.8**	**111.1**	**103.0**
粮食	Grain	104.1	99.4	103.2	135.5	98.0
油脂	Oil and Fat	91.1	99.7	112.9	119.0	95.2
肉禽及其制品	Meal, Poultry and Their Products	100.3	99.3	105.3	119.8	103.2
蛋	Eggs	106.6	104.1	98.4	122.6	107.4
水产品	Aquatic Products	94.3	95.7	100.2	111.6	106.0
鲜菜	Fresh Vegetables	94.7	116.8	107.9	96.2	112.6
烟酒及用品	**Tobacco, Liquor and Articles**	**99.4**	**99.5**	**101.2**	**101.4**	**100.0**
衣着	**Clothing**	**98.4**	**95.2**	**96.7**	**97.3**	**97.0**
家庭设备用品及维修服务	**Household Facilities Articles and Maintenance Services**	**97.0**	**96.8**	**96.9**	**98.3**	**100.1**
医疗保健和个人用品	**Health Care Articles and Personal Goods**	**99.6**	**97.8**	**100.1**	**95.1**	**100.8**
交通和通讯	**Transportation and Communication**	**95.6**	**95.3**	**95.1**	**97.7**	**98.9**
娱乐教育文化用品及服务	**Recreation, Education, Culture Articles and Services**	**107.2**	**100.0**	**111.2**	**102.8**	**100.2**
居住	**Residence**	**99.8**	**99.2**	**101.2**	**104.4**	**104.4**

4-5 城乡居民消费价格指数

Residents Consumer Price Indices by Urban and Rural Areas

（上年=100） （preceding year=100）

项目	Item	全省 Total		城市 Urban Areas		农村 Rural Areas	
		2004	2005	2004	2005	2004	2005
居民消费价格总指数	**General Consumer Price Index**	**103.9**	**101.3**	**102.8**	**101.5**	**104.6**	**101.2**
非食品价格指数	**Non-food Price Index**	**100.3**	**100.6**	**100.0**	**100.6**	**100.6**	**100.6**
服务项目价格指数	**Price Index of Services**	**102.9**	**102.4**	**102.6**	**102.5**	**103.2**	**102.4**
扣除鲜菜鲜果总指数	**General Price Index Except Fresh Vegetables and Fruits**	**104.0**	**101.0**	**103.0**	**101.0**	**104.8**	**101.0**
消费品价格指数	**Price Index of Consumer Goods**	**104.2**	**101.0**	**102.9**	**101.2**	**105.1**	**100.8**
一、食品	**Food**	**111.1**	**103.0**	**108.7**	**103.6**	**113.1**	**102.4**
粮食	Grain	135.5	98.0	131.5	97.3	138.3	98.4
淀粉及薯类	Starches and Potatoes	107.0	104.3	104.9	104.7	108.6	103.6
干豆类及豆制品	Dried Bean and Related Products	123.1	102.6	119.6	102.6	124.9	102.7
油脂	Oil and Fat	119.0	95.2	113.6	93.1	121.0	96.1
肉禽及其制品	Meat, Poultry and Their Products	119.8	103.2	119.6	103.9	119.9	102.7
蛋	Eggs	122.6	107.4	121.6	107.8	123.6	107.1
水产品	Aquatic Products	111.6	106.0	108.8	106.2	114.2	105.7
菜	Vegetables	96.9	111.7	96.1	116.3	97.5	108.3
调味品	Condiment	103.0	101.1	104.0	101.7	102.6	100.8
糖	Sugar	102.2	102.7	101.1	102.5	102.7	102.9
茶及饮料	Tea and Beverage	99.6	99.3	98.8	99.0	100.4	99.6
干鲜瓜果	Dried and Fresh, Melons and Fruits	106.3	98.5	106.8	98.6	105.9	98.4
糕点饼干面包	Cakes Cookies and Bread	101.3	100.5	101.7	100.8	100.9	100.3
奶及奶制品	Milk and Related Products	100.1	100.1	99.4	99.3	101.3	100.7
在外用膳食品	Eating Outside	105.4	101.6	105.8	102.6	105.5	100.7
其它食品及食品加工服务	Other Foods and Foods Processing Services	101.2	100.7	101.7	101.2	101.1	100.2
二、烟酒及用品	**Tobacco, Liquor and Articles**	**101.4**	**100.0**	**101.5**	**99.8**	**101.3**	**100.1**
烟草	Tobacco	101.3	99.4	102.1	99.1	101.0	99.6
酒	Liquor	101.9	101.1	100.7	101.1	102.5	101.1
吸烟饮酒用品	Articles for Smoking and Drinking	99.7	101.2	100.2	101.3	99.2	100.9

项目	Item	全省 Total		城市 Urban Areas		农村 Rural Areas	
		2004	2005	2004	2005	2004	2005
三、衣着	**Clothing**	**97.3**	**97.0**	**97.7**	**98.3**	**97.0**	**95.9**
服装	Garments	97.0	96.5	97.6	97.5	96.3	95.6
衣着材料	Clothing Material	101.3	100.7	101.0	100.7	101.7	100.7
鞋袜帽	Shoes, Stockings and Hats	97.2	97.4	96.4	100.4	97.7	95.5
衣着加工服务	Processing Services for Clothing	103.1	101.6	103.6	101.4	101.4	102.1
四、家庭设备用品及维修服务	**Household Facilities Articles and Maintenance Services**	**98.3**	**100.1**	**96.5**	**100.0**	**100.3**	**100.3**
耐用消费品	Durable Consumer Goods	96.5	98.3	95.7	98.1	97.5	98.4
室内装饰品	Interior Decorations	99.1	101.0	97.1	99.4	101.1	102.5
床上用品	Bed Articles	94.9	100.3	91.9	100.3	99.4	100.4
家庭日用杂品	Daily Use Household Articles	100.7	101.2	96.5	100.9	104.1	101.5
家庭服务及加工维修服务	Household and Processing Maintenance Services	103.1	106.4	102.6	107.2	104.5	105.6
五、医疗保健和个人用品	**Health Care Articles and Personal Goods**	**95.1**	**100.8**	**96.2**	**100.7**	**94.4**	**100.9**
医疗保健	Health Care Articles	92.3	100.5	94.2	100.7	91.0	100.4
个人用品及服务	Personal Goods and Services	102.0	101.2	101.5	100.6	102.6	101.7
六、交通和通讯	**Transportation and Communication**	**97.7**	**98.9**	**96.6**	**98.1**	**98.4**	**99.5**
交通	Transportation	98.7	101.0	98.2	100.6	99.0	101.3
通信	Communication	96.6	96.4	95.1	95.1	97.8	97.4
七、娱乐教育文化用品及服务	**Recreation, Education, Culture Articles and Services**	**102.8**	**100.2**	**101.8**	**99.8**	**103.6**	**100.5**
文娱用耐用消费品及服务	Durable Consumer Goods for Recreational Use	94.6	95.5	93.2	95.0	95.7	95.9
教育	Education	104.7	101.3	105.0	100.8	104.6	101.7
文化娱乐用品	Culture and Recreational Articles	100.6	101.2	100.8	101.6	100.4	100.9
旅游及外出	Tourism and Going out	103.2	99.8	100.3	99.2	109.3	100.1
八、居住	**Residence**	**104.4**	**104.4**	**104.6**	**105.2**	**104.4**	**103.9**
建房及装修材料	Building and Decoration Materials	104.7	103.1	106.0	104.0	104.2	102.8
租房	Rent Houses	104.6	101.6	106.0	103.2	100.8	100.2
自有住房	Personal Housing	100.6	103.1	100.7	106.5	100.9	100.1
水、电、燃料	Water, Electricity and Fuels	105.7	106.5	106.2	105.5	104.8	107.4

4－6 商品零售价格分类指数

General Retail Price Indices of Commodities

（上年＝100） (preceding year＝100)

项目	Item	全省 Total		城市 Urban Areas		农村 Rural Areas	
		2004	2005	2004	2005	2004	2005
商品零售价格指数	**General Retail Price Indices**	**102.7**	**100.9**	**103.6**	**101.0**	**102.0**	**100.7**
一、食品类	**Food**	**111.3**	**103.7**	**113.7**	**104.0**	**109.4**	**103.1**
粮食	Grain	133.6	98.1	134.8	97.3	132.6	99.2
油脂	Oil and Fat	118.1	93.6	119.9	93.1	114.1	92.5
肉禽及其制品	Meat, Poultry and Their Products	120.1	103.5	120.3	104.1	119.7	102.4
蛋	Eggs	122.7	107.5	123.7	107.8	121.8	106.8
水产品	Aquatic Products	112.6	105.7	118.2	106.3	108.9	104.5
二、饮料、烟酒类	**Beverages, Tobacco and Liquor**	**101.2**	**100.0**	**101.1**	**99.8**	**101.3**	**100.3**
饮料	Beverages	99.4	99.7	100.3	99.6	98.7	100.1
烟草	Tobacco	101.5	99.3	100.7	99.0	102.3	99.7
酒	Liquor	101.8	101.1	102.1	100.9	101.5	101.3
三、服装、鞋帽类	**Garments, Shoes and Hats**	**97.4**	**96.7**	**97.8**	**97.7**	**97.0**	**95.2**
服装	Garments	97.4	96.0	97.9	96.6	97.1	95.1
鞋袜帽	Shoes, Stockings and Hats	97.1	98.5	97.6	100.3	96.7	95.9
其它	Other	98.0	95.6	97.6	99.4	98.7	93.1
四、纺织品类	**Textiles**	**99.1**	**100.5**	**99.9**	**100.6**	**98.3**	**100.4**
衣着材料	Material for Clothing	101.2	100.7	100.8	100.9	101.7	100.6
床上用品	Bed Articles	97.3	100.3	98.9	100.4	96.2	100.2
五、家用电器及音像器材	**Household Appliances and Audiovisual Equipment**	**95.8**	**96.6**	**96.2**	**96.8**	**95.6**	**96.3**
家庭设备	Household Facilities	96.4	97.7	97.4	98.1	95.8	96.7
文娱用耐用消费品	Durable Consumer Goods for Recreation Use	93.9	94.0	94.3	92.8	93.4	95.4
音像器材类	Audiovisual Equipment	98.4	98.6	97.8	98.4	98.5	99.9
六、文化办公用品	**Culture and Official Articles**	**96.6**	**98.0**	**96.4**	**97.8**	**96.8**	**98.2**
七、日用品类	**Articles for Daily Use**	**100.8**	**100.6**	**101.8**	**100.3**	**100.0**	**101.0**
日用百货	General Merchandise	101.0	100.4	102.2	100.2	100.4	100.8

项目	Item	全省 Total		城市 Urban Areas		农村 Rural Areas	
		2004	2005	2004	2005	2004	2005
日用杂品	Sundries for Daily Use	104.4	100.8	109.1	99.6	100.2	102.2
洗涤用品	Washing Goods	99.2	100.4	99.2	100.5	99.1	100.0
其它日用品	Others for Daily Use	98.6	101.4	97.5	101.4	99.7	101.5
八、体育娱乐用品	**Sports and Recreation**	**98.4**	**99.5**	**99.2**	**99.3**	**97.7**	**99.6**
体育用品	Sports Goods	99.4	100.7	99.6	101.4	99.2	99.7
娱乐用品	Recreation Goods	97.8	98.6	98.9	98.0	96.8	99.5
九、交通、通信用品	**Transportation and Communication Articles**	**91.4**	**94.2**	**91.9**	**93.5**	**91.2**	**95.6**
交通运输机械	Transportation Mechanism	92.5	95.8	94.1	95.2	91.9	97.3
通讯器材类	Communication Appliance	87.2	87.2	87.8	83.6	86.4	91.2
十、家具	**Furniture**	**98.7**	**99.8**	**99.6**	**99.9**	**97.9**	**99.7**
十一、化妆品类	**Cosmetics**	**97.6**	**98.5**	**99.3**	**98.1**	**96.6**	**99.3**
十二、金银珠宝类	**Jewelry**	**111.9**	**104.7**	**113.7**	**103.7**	**110.9**	**106.1**
十三、中西药品及医疗保健用品类	**Traditional Chinese – Westen Medicines and Medical Health Articles**	**89.3**	**96.8**	**85.2**	**97.0**	**91.8**	**96.5**
医疗器具及用品	Medical Appliances and Articles	99.6	99.2	98.1	98.9	100.5	99.6
中药材及中成药	Traditional Chinese Medicine	92.7	94.7	87.6	94.9	95.7	94.4
西药	Westen Medicines	84.8	96.7	80.3	96.7	87.4	96.6
保健器具及用品	Health Care Appliances and Articles	95.7	101.8	93.8	102.6	96.7	100.2
十四、书报杂志及电子出版物类	**Newspaper, Magazines and Electronic Publication**	**99.8**	**99.9**	**99.8**	**99.9**	**99.9**	**99.8**
教材及参考书	Teaching Materials and Reference Books	99.3	99.9	99.5	100.3	99.0	99.3
书报杂志	Newspaper and Magazines	100.8	100.1	101.2	100.1	100.6	100.2
电子音像制品	Electronic Publication	98.8	99.3	97.8	98.9	99.9	99.8
十五、燃料类	**Fuels**	**112.9**	**113.1**	**112.0**	**112.9**	**113.4**	**113.6**
煤炭及制品类	Coal and Its Products	117.3	108.7	112.0	107.6	121.0	110.7
石油及制品类	Petroleum and Its Products	111.8	114.3	112.0	114.1	111.7	114.7
十六、建筑材料及五金电料类	**Building Materials and Hardware and Electric Materials**	**104.3**	**103.0**	**103.8**	**103.4**	**104.9**	**102.6**
建筑装璜材料	Building Decoration Materials	104.8	103.3	104.1	103.8	105.5	102.8
五金电料类	Hardware and Electric Materials	103.0	102.2	102.8	102.3	103.3	102.1

4－7 农业生产资料价格分类指数

Price Indices of Agricultural Means of Production by Category

（上年＝100） (preceding year＝100)

项目	Item	1995	2000	2001	2002	2003	2004	2005
农业生产资料价格指数	Price Indices of Agricultural Means of Production	129.8	100.4	99.7	99.5	102.9	113.2	105.8
一、小农具	Small Farm Tools	115.2	98.2	101.9	99.2	101.5	103.4	104.3
二、饲料	Forage	137.0	95.1	104.6	100.0	103.3	120.1	102.7
三、产品畜	Livestock Products	133.9	116.3	100.2	93.8	112.3	134.7	105.1
四、役畜	Draught Animal	140.8	102.0	120.2	111.0	103.6	108.3	102.3
五、半机械化农具	Semi－mechanized Farm Tools	112.1	99.3	98.1	99.3	100.8	100.3	102.2
六、机械化农具	Mechanized Farm Tools	111.4	97.8	97.5	98.4	100.5	103.3	103.3
七、化学肥料	Chemical Fertilizer	140.8	93.0	100.0	101.4	102.3	115.4	110.0
八、农药及农药器械	Pesticide and Its Appliances	122.7	95.0	97.0	99.6	99.1	104.1	103.7
化学农药	Chemical Pesticide	123.2	94.8	97.1	99.7	99.0	104.2	103.8
农药器械	Pesticide Appliances	116.2	97.0	96.2	98.2	99.5	103.4	102.5
九、农用机油	Oil for Farm Machinery	102.0	123.2	94.4	99.9	107.2	105.5	107.7
十、其它农业生产资料	Others	135.2	101.3	100.3	97.3	101.4	101.9	105.3

4-8 各市、县商品零售价格指数和农业生产资料零售价格指数(2005年)

General Retail Price Indices of Commodities and Agricultural Means of Production by City and County(2005)

(上年=100) (preceding year=100)

市(县)名称 City(County)	商品零售价格指数 General Retail Price Index of Commodities	一、食品类 Food	二、饮料、烟酒类 Beverages, Tobacco and Liquor	三、服装、鞋帽类 Garments, Shoes and Hats	四、纺织品类 Textiles	五、家用电器及音响器材类 Household Appliances and Audiovisual Eqiupment
杭州市 Hangzhou	100.3	103.1	99.9	98.2	101.1	95.8
宁波市 Ningbo	101.1	104.4	98.8	103.6	101.2	96.4
温州市 Wenzhou	101.3	107.8	99.8	96.1	97.5	96.8
嘉兴市 Jiaxing	100.9	102.5	100.7	98.6	101.0	99.4
湖州市 Huzhou	101.4	104.2	98.1	96.6	101.5	95.4
绍兴市 Shaoxing	101.4	103.5	101.5	101.1	100.3	97.4
金华市 Jinhua	100.8	103.4	100.5	91.9	102.9	93.6
衢州市 Quzhou	99.2	101.7	99.7	88.7	97.7	89.7
舟山市 Zhoushan	101.0	105.5	100.1	98.0	100.2	96.1
台州市 Taizhou	99.2	103.1	98.5	89.7	99.0	97.3
丽水市 Lishui	100.2	101.0	99.3	100.3	101.0	96.2
萧山区 Xiaoshan	100.3	103.0	100.2	89.0	101.0	98.8
建德市 Jiande	101.6	101.9	100.2	100.1	100.9	99.0
海宁市 Haining	100.5	102.7	101.0	92.5	100.0	89.3
安吉县 Anji	100.6	100.9	99.7	100.7	100.4	98.4
新昌县 Xinchang	99.9	101.4	98.4	98.5	101.6	99.7
浦江县 Pujiang	100.4	103.2	99.1	97.9	99.9	96.0
兰溪市 Lanxi	101.1	105.5	101.0	99.4	99.5	97.5
江山市 Jiangshan	100.3	100.0	99.0	98.6	99.8	97.0
临海市 Linhai	100.2	102.9	99.8	96.6	100.0	99.8
龙泉市 Longquan	100.7	102.0	102.3	100.5	100.7	91.9

市(县)名称 City(County)	六、文化办公用品类 Culture and Official Articles	七、日用品类 Articles for Daily Use	八、体育娱乐用品类 Sports and Recreation	九、交通通讯用品类 Transportation and Communication Articles	十、家具类 Furniture	十一、化妆品类 Cosmetics
杭州市 Hangzhou	96.4	100.6	100.1	91.1	100.3	98.5
宁波市 Ningbo	99.4	100.1	98.4	92.0	100.1	99.7
温州市 Wenzhou	100.6	100.3	98.7	94.8	98.5	94.0
嘉兴市 Jiaxing	99.0	100.9	99.1	95.9	104.2	99.3
湖州市 Huzhou	98.4	99.2	98.7	97.0	99.7	100.0
绍兴市 Shaoxing	90.8	102.5	89.0	93.3	102.5	96.6
金华市 Jinhua	95.9	99.0	98.0	93.0	99.6	100.0
衢州市 Quzhou	93.3	99.5	99.5	98.1	98.5	96.0
舟山市 Zhoushan	93.5	99.0	99.1	94.9	98.0	100.0
台州市 Taizhou	97.0	100.8	100.0	89.1	95.9	100.7
丽水市 Lishui	94.7	99.6	100.0	93.5	97.4	100.8
萧山区 Xiaoshan	99.7	101.1	99.1	95.4	99.5	100.0
建德市 Jiande	93.2	103.7	96.6	89.7	105.0	99.6
海宁市 Haining	99.2	101.4	100.2	99.2	100.3	98.4
安吉县 Anji	97.9	101.8	100.2	94.0	102.8	99.1
新昌县 Xinchang	96.6	101.9	100.0	93.4	100.5	103.2
浦江县 Pujiang	99.5	99.5	99.9	93.4	97.3	100.0
兰溪市 Lanxi	90.0	98.8	100.0	98.4	102.4	100.0
江山市 Jiangshan	100.0	99.8	100.0	98.0	92.2	100.1
临海市 Linhai	99.0	100.3	99.1	94.2	100.0	99.3
龙泉市 Longquan	98.8	99.2	99.2	89.4	100.0	94.4

市（县）名称 City（County）	十二、金银珠宝类 Jewelry	十三、中西药品及医疗保健用品类 Traditional Chinese Westen Medicines and Health Care	十四、书报杂志及电子出版物类 Newspaper, Magazines and Electronic Publication	十五、燃料类 Fuels	十六、建筑材料及五金电料类 Building Materials and Hardware and Electric Materials	十七、农业生产资料零售价格指数 Retail Price Indices of Agricultural Means of Production
杭州市 Hangzhou	101.4	100.0	99.4	111.9	104.5	
宁波市 Ningbo	103.9	98.2	99.9	110.6	99.3	
温州市 Wenzhou	105.5	93.6	100.1	112.1	105.9	
嘉兴市 Jiaxing	104.6	92.1	102.6	117.6	100.3	
湖州市 Huzhou	101.9	97.1	100.1	120.7	101.8	
绍兴市 Shaoxing	103.7	98.5	99.8	116.8	103.1	
金华市 Jinhua	101.4	99.7	100.0	115.3	104.0	
衢州市 Quzhou	103.8	97.5	99.6	115.9	99.9	
舟山市 Zhoushan	100.5	93.6	99.1	116.0	104.3	
台州市 Taizhou	103.5	96.4	99.8	114.2	100.1	
丽水市 Lishui	105.5	97.3	100.1	116.2	99.2	
萧山区 Xiaoshan	105.6	97.7	99.2	116.4	103.7	108.5
建德市 Jiande	104.8	104.1	99.2	117.9	101.0	106.0
海宁市 Haining	110.9	99.2	100.1	112.1	101.1	102.9
安吉县 Anji	106.1	95.9	99.6	115.6	100.9	109.5
新昌县 Xinchang	106.2	92.8	100.0	114.0	104.2	107.7
浦江县 Pujiang	103.8	98.4	99.1	110.3	100.2	104.7
兰溪市 Lanxi	104.4	90.6	101.8	116.2	99.8	103.1
江山市 Jiangshan	103.6	98.3	100.1	115.5	102.2	103.9
临海市 Linhai	106.6	90.3	99.2	113.7	102.0	107.0
龙泉市 Longquan	104.6	95.3	104.1	118.1	106.9	105.3

4-9 各市、县居民消费价格指数(2005年)

Residents Consumer Price Indices by City and County(2005)

(上年=100) (preceding year=100)

市(县)名称 City(County)	居民消费价格指数 Consumer Price Index	一、食品类 Food	粮食 Grain	肉禽及其制品 Meat and Poultry	蛋类 Eggs	水产品 Aquatic Products	鲜菜 Fresh Vegetables
杭州市 Hangzhou	101.7	103.3	97.6	104.8	107.1	104.4	113.7
宁波市 Ningbo	102.0	104.6	96.6	107.5	110.2	101.6	130.3
温州市 Wenzhou	102.5	108.1	98.3	104.5	107.7	120.9	114.5
嘉兴市 Jiaxing	101.5	102.4	100.1	101.9	107.3	104.6	113.5
湖州市 Huzhou	101.2	104.0	91.2	105.0	109.2	111.9	105.0
绍兴市 Shaoxing	102.4	103.8	100.2	104.3	105.3	104.4	123.0
金华市 Jinhua	100.8	103.5	99.6	104.9	105.2	100.6	118.0
衢州市 Quzhou	99.9	102.0	95.9	104.7	110.5	100.9	111.7
舟山市 Zhoushan	101.7	105.4	98.5	102.8	107.6	107.7	121.6
台州市 Taizhou	100.0	102.9	97.4	103.0	107.6	101.8	115.1
丽水市 Lishui	101.0	101.2	96.3	102.3	103.8	102.1	108.6
萧山区 Xiaoshan	100.9	103.1	100.2	103.6	103.7	104.6	119.6
建德市 Jiande	101.9	101.7	98.5	103.7	108.0	110.6	88.7
海宁市 Haining	100.5	102.8	102.1	101.3	105.4	104.6	124.0
安吉县 Anji	100.7	100.7	97.9	102.8	111.3	107.8	89.9
新昌县 Xinchang	100.5	101.3	97.9	104.0	102.2	104.3	102.1
浦江县 Pujiang	101.2	103.3	98.1	99.3	105.4	104.9	110.8
兰溪市 Lanxi	102.6	105.3	102.7	105.7	109.5	111.4	107.6
江山市 Jiangshan	100.1	99.2	98.3	101.9	105.4	101.2	94.0
临海市 Linhai	101.1	103.4	95.7	101.7	111.7	106.3	120.3
龙泉市 Longquan	101.3	102.0	95.1	101.2	107.4	106.4	113.6

市(县)名称 City(County)		二、烟酒及用品类 Tobacco, Liquor and Articles	三、衣着类 Clothing	四、家庭设备用品及维修服务类 Household Appliances and Articles	五、医疗保健个人用品类 Health Care Articles	六、交通和通讯工具类 Means of Transpor－tation and Communi－cation	七、娱乐教育文化及服务类 Recreation, Education and Culture	八、居住类 Residence
杭州市	Hangzhou	100.2	98.4	101.9	102.2	97.2	99.8	105.3
宁波市	Ningbo	98.8	104.0	99.8	102.6	98.6	98.9	102.7
温州市	Wenzhou	100.2	97.0	99.1	97.1	98.6	99.5	104.5
嘉兴市	Jiaxing	100.1	99.3	101.7	97.6	99.4	101.3	106.5
湖州市	Huzhou	98.3	96.9	98.0	99.4	98.1	98.9	107.5
绍兴市	Shaoxing	101.8	101.1	99.5	101.1	97.3	102.5	106.2
金华市	Jinhua	100.7	94.1	98.1	101.1	97.7	99.0	104.7
衢州市	Quzhou	100.1	90.3	94.5	98.7	98.8	100.7	104.3
舟山市	Zhoushan	100.3	98.2	99.1	97.1	100.1	98.6	105.7
台州市	Taizhou	98.6	89.3	99.3	99.2	96.6	99.7	105.5
丽水市	Lishui	99.3	100.8	99.6	100.2	98.3	100.4	106.0
萧山区	Xiaoshan	100.2	89.7	100.3	101.8	99.4	100.7	104.2
建德市	Jiande	100.2	99.8	105.0	105.0	99.5	101.3	103.5
海宁市	Haining	101.3	93.2	93.7	100.9	101.7	100.3	101.7
安吉县	Anji	99.8	101.6	100.9	100.2	100.4	98.5	103.4
新昌县	Xinchang	98.6	98.9	101.4	98.1	98.8	101.4	103.5
浦江县	Pujiang	98.9	98.1	99.0	105.0	97.8	99.6	102.9
兰溪市	Lanxi	100.8	99.7	100.7	98.6	100.2	103.0	103.3
江山市	Jiangshan	99.0	98.6	98.3	101.0	99.3	100.4	104.8
临海市	Linhai	99.7	97.3	101.6	95.1	98.5	98.9	106.6
龙泉市	Longquan	102.6	100.5	98.5	99.9	98.0	100.5	105.6

4－10 分月各种价格指数(2005 年)

Price Indices by Month(2005)

(上年同期＝100) (preceding period＝100)

项 目	Item	1 月	2 月	3 月	4 月	5 月	6 月
居民消费价格指数	**Consumer Price Indices**	**100.7**	**103.6**	**102.1**	**101.0**	**101.0**	**100.5**
城市	Urban Areas	100.7	103.7	102.3	101.4	101.1	100.6
农村	Rural Areas	100.7	103.4	102.0	100.7	100.9	100.4
#服务项目价格指数	Services Price Indices	100.3	102.4	101.3	101.8	101.4	101.3
城市	Urban Areas	99.7	102.8	101.3	102.3	101.8	101.6
农村	Rural Areas	100.8	101.9	101.4	101.3	101.0	101.0
商品零售价格指数	**Retail Price Index of Commodities**	**100.9**	**103.3**	**102.0**	**100.8**	**100.6**	**100.0**
城市	Urban Areas	100.8	103.1	101.9	100.8	100.7	100.2
农村	Rural Areas	101.0	103.7	102.2	100.7	100.4	99.6
农业生产资料零售价格指数	**Price Index of Agricultural Means of Production**	**111.2**	**109.4**	**108.0**	**107.7**	**107.6**	**107.4**

(上年同期＝100) 4－10 续表 continued (preceding period＝100)

项 目	Item	7 月	8 月	9 月	10 月	11 月	12 月
居民消费价格指数	**Consumer Price Indices**	**101.0**	**100.5**	**100.3**	**101.3**	**101.6**	**102.2**
城市	Urban Areas	101.2	101.1	100.7	101.7	101.6	102.1
农村	Rural Areas	100.8	100.1	100.1	101.0	101.7	102.3
#服务项目价格指数	Services Price Indices	103.1	103.2	103.5	104.0	103.5	103.5
城市	Urban Areas	103.4	103.4	103.4	104.1	103.0	102.8
农村	Rural Areas	102.8	103.0	103.5	103.8	103.9	104.2
商品零售价格指数	**Retail Price Index of Commodities**	**100.1**	**100.1**	**99.9**	**100.5**	**100.7**	**101.3**
城市	Urban Areas	100.3	100.5	100.1	100.8	100.9	101.4
农村	Rural Areas	99.8	99.7	99.7	100.1	100.5	101.2
农业生产资料零售价格指数	**Price Index of Agricultural Means of Production**	**106.5**	**104.9**	**102.6**	**101.9**	**102.0**	**102.0**

4-11 固定资产投资价格指数

Price Indices of Investment in Fixed Assets

(上年 = 100)　　(preceding year = 100)

项　目	Item	2000	2001	2002	2003	2004	2005
固定资产投资价格指数	**Price Indices of Investment in Fixed Assets**	**100.3**	**100.4**	**100.4**	**103.5**	**105.9**	**100.3**
建筑安装工程	**Construction and Installation**	**101.5**	**101.2**	**101.3**	**106.1**	**108.7**	**99.3**
#人工费	Manpower	101.6	102.4	103.3	102.9	104.2	104.8
机械使用费	Using Expenses of Machanism	101.6	99.8	99.8	101.0	101.6	100.9
材料费	Materials	101.7	101.1	101.1	107.6	112.1	97.6
钢材	Steel Products	104.2	99.7	100.3	113.0	120.9	99.0
木材	Timber	99.5	100.3	101.9	101.0	102.1	101.6
水泥	Cement	97.7	103.5	101.2	106.1	110.3	86.6
地方材料	Local Materials	100.4	102.8	101.8	104.9	105.4	97.5
化工材料	Chemical Materials	110.5	99.7	103.6	102.1	104.7	105.1
电料	Electrical Material	99.6	98.8	100.0	101.0	104.7	104.8
其他材料	Others	100.9	101.6	101.3	100.2	101.7	100.9
设备、工器具购置	**Purchase of Equipment, Tools and Instruments**	**96.4**	**97.6**	**96.4**	**98.2**	**102.1**	**100.3**
金属制品业	Metal Products	98.0	98.8	98.8	100.7	107.1	103.8
机械工业	Machanical Industry	98.9	99.0	97.8	99.3	103.8	101.7
交通运输设备	Transport Equipment	94.1	98.1	95.8	96.9	99.6	100.2
电气机械及器材	Electric Equipment and Machinery	95.6	95.6	95.8	99.2	104.5	102.7
电子及通信设备制造业	Electronic and Telecommunication Equipment	95.2	97.8	93.6	96.1	95.1	92.8
仪器仪表及其他计量器	Instruments, Meters and Others	99.1	99.1	98.3	98.6	101.4	100.1
其他费用投资	**Others**	**101.7**	**101.1**	**102.1**	**101.7**	**103.4**	**103.1**

4－12 工业品出厂价格指数

Ex－factory Price Indices of Industrial Products

（上年＝100） （preceding year＝100）

项 目	Item	1995	2000	2001	2002	2003	2004	2005
全 省	**General Index**	**112.3**	**101.1**	**98.3**	**96.9**	**100.6**	**105.0**	**102.3**
轻工业	**Light Industry**	**115.2**	**100.4**	**98.0**	**96.6**	**99.9**	**103.3**	**101.6**
以农产品为原料	Using Farm Products as Raw Materials	116.2	100.9	98.9	96.7	100.3	103.7	101.2
以非农产品为原料	Using Non－farm Products as Raw Materials	113.5	99.3	95.7	96.5	99.7	103.0	101.9
重工业	**Heavy Industry**	**108.3**	**102.0**	**98.6**	**97.2**	**101.9**	**106.8**	**103.0**
采掘	Mining and Quarrying Industry	108.5	98.2	99.4	105.9	102.4	125.7	116.7
原料	Raw Material Industry	108.2	107.8	98.6	98.1	104.1	108.5	105.7
加工	Manufacturing Industry	108.4	98.1	98.5	96.5	100.3	106.1	101.6
生产资料	**Means of Production**	**111.0**	**102.9**	**98.0**	**96.5**	**101.2**	**106.3**	**102.8**
采掘	Mining and Quarrying Industry	108.5	98.1	99.4	105.9	102.4	125.7	116.7
原料	Raw Material Industry	112.0	108.6	97.7	97.0	103.9	108.7	107.2
加工	Manufacturing Industry	110.1	98.7	98.3	96.1	100.0	105.4	101.1
生活资料	**Means of Subsistence**	**113.6**	**98.0**	**98.8**	**97.8**	**99.4**	**101.7**	**101.1**
食品	Food	118.2	95.2	99.2	99.3	101.4	102.5	99.8
衣着	Clothing	112.2	99.9	99.8	98.6	98.9	102.0	101.3
一般日用品	Articles for Daily Use	114.5	99.0	98.4	97.4	99.8	102.0	101.6
耐用消费品	Durable Consumer Goods	102.1	92.9	95.6	95.2	97.1	99.4	101.7
分部门	**by Sector**							
冶金工业	Metallurgical Industry	109.1	102.5	96.5	96.8	104.8	117.5	106.2
电力工业	Power Industry	103.6	101.9	98.9	99.9	100.0	102.5	104.6
煤炭及炼焦工业	Coal Industry	108.9	101.3	111.8	118.4	101.4	116.1	121.4
石油工业	Petroleum Industry	109.8	140.7	97.8	94.0	112.7	115.8	122.0
化学工业	Chemical Industry	124.8	100.5	95.6	96.8	101.6	107.3	104.9
机械工业	Machinery Industry	105.8	96.5	98.0	96.1	98.4	101.5	99.7
建筑材料工业	Building Materials Industry	96.8	100.3	101.8	99.0	104.4	109.0	89.9
森林工业	Timber Industry	104.5	96.8	99.0	95.9	99.7	100.8	103.4
食品工业	Food Industry	118.2	94.5	99.2	99.3	101.9	104.2	99.6
纺织工业	Textile Industry	109.8	107.5	97.5	92.8	99.8	104.6	102.0
缝纫工业	Tailoring Industry	123.3	99.7	100.0	98.7	98.7	102.2	100.9
皮革工业	Leather Industry	114.2	100.1	101.7	98.1	99.6	101.3	102.3
造纸工业	Paper Industry	138.5	99.9	97.6	96.4	98.2	101.7	100.8
文教艺术品工业	Cultural, Educational & Handicrafts Articles Industry	111.1	99.2	99.1	97.9	99.4	100.0	101.3
其他工业	Others	143.6	99.3	105.7	103.1	102.4	103.2	102.2

4－13 按行业分的工业品出厂价格指数

Ex－factory Price Indices of Industrial Products by Sector

（上年＝100） （preceding year＝100）

项 目	Item	2000	2004	2005
全省	**General Index**	**101.1**	**105.0**	**102.3**
煤炭开采和洗选业	Coal Mining and Dressing	99.5	134.1	133.5
黑色金属矿采选业	Ferrous Metals Mining and Dressing	95.5	163.6	131.4
有色金属矿采选业	Nonferrous Metals Mining and Dressing	102.7	145.8	131.3
非金属矿采选业	Nonmetal Minerals Mining and Dressing	97.6	108.5	100.7
其他采矿业	Mining of Other Ores	99.3		
农副食品加工业	Food Processing	89.6	109.7	98.0
食品制造业	Food Production	97.0	101.8	101.0
饮料制造业	Beverage Production	96.9	102.2	100.5
烟草制品业	Tobacco Processing	103.2	100.1	100.0
纺织业	Textile Industry	106.2	104.6	101.9
纺织服装、鞋帽制造业	Garments and Other Fiber Products	99.6	101.7	100.8
皮革、皮毛、羽毛（绒）及其制品业	Leather, Furs and Related Products	99.8	101.1	102.3
木材加工及木、竹、藤、棕、草制品业	Timber Processing, Bamboo, Cane, Palm Fiber & Straw Products	96.9	100.7	103.9
家具制造业	Furniture Manufacturing	98.0	101.1	101.7
造纸及纸制品业	Papermaking and Paper Products	100.0	101.7	100.8
印刷业和记录媒介的复制	Printing and Record Medium Reproduction	99.8		99.9
文教体育用品制造业	Cultural, Educational and Sports Articles	99.1	100.7	102.5
石油加工、炼焦及核燃加工业	Petroleum Processing and Coking	139.7	116.0	122.0
化学原料及化学制品制造业	Raw Chemical Materials and Chemical Products	99.9	109.8	105.8
医药制造业	Medical and Pharmaceutical Products	96.4	98.1	98.0
化学纤维制造业	Chemical Fiber	112.3	111.0	105.6
橡胶制品业	Rubber Products	96.8	103.1	105.2
塑料制品业	Plastic Products	102.5	107.1	106.8
非金属矿物制品业	Nonmetal Mineral Products	101.0	108.8	89.9
黑色金属冶炼及压延加工业	Smelting and Pressing of Ferrous Metals	100.6	125.9	103.2
有色金属冶炼及压延加工业	Smelting and Pressing of Nonferrous Metals	108.9	130.3	114.6
金属制品业	Metal Products	97.9	107.1	103.8
通用设备制造业	Ordinary Machanism	98.9	103.8	101.7
专用设备制造业	Equipment for Special Purpose	98.3	101.7	100.5
交通运输设备制造业	Transportation Equipment Manufacturing	94.1	99.6	100.3
电气机械及器材制造业	Electric Machinery and Equipment Manufacturing	95.6	104.5	102.7
通信设备、计算机及其他电子设备制造业	Electronic and Telecommunications Equipment Manufacturing	95.2	95.1	91.6
仪器仪表及文化办公用机械制造业	Instruments, Meters and Cultive and Office Equipment Manufacturing	99.1	101.4	100.1
工艺品及其他制造业	Other Manufacturing	98.8	104.0	101.9
废弃资源和废旧材料回收加工工业	Retrieve Processing of Abandoned Resources and old Materials	110.8		98.6
电力、热力的生产和供应业	Production and Supply of Electric Power and Heat Power	101.8	102.5	104.6
煤气生产和供应业	Production and Supply of Gas	106.5	100.2	115.5
水的生产和供应业	Production and Supply of Water	118.5	102.5	106.4

4-14 主要原材料、燃料、动力购进价格分类指数
Purchasing Price Indices of Raw Material, Fuels and Motive Power by Category

（上年=100） (preceding year=100)

项目	Item	1995	2000	2001	2002	2003	2004	2005
总指数	**General Purchasing Price Indices**	**119.2**	**107.2**	**99.6**	**97.5**	**105.8**	**113.4**	**105.4**
燃料动力类	Fuels and Motive Power	107.3	110.7	102.0	103.9	105.8	114.5	115.5
黑色金属材料类	Ferrous Metals Material	95.5	102.8	100.0	97.1	110.1	123.5	104.9
有色金属材料和电线类	Nonferrous Metal Materials and Electric Wire	127.9	107.7	94.6	95.9	106.9	126.4	113.4
化工原料类	Chemical Raw Materials	125.7	112.2	96.5	96.7	103.6	111.7	107.7
木材及纸浆类	Logging and Paper Pulp	133.9	103.5	94.3	96.5	101.0	102.5	102.3
建筑材料类及非金属矿类	Building Materials and Nonmetal Minerals	102.8	100.9	97.6	96.2	100.8	111.6	93.7
其他工业原材料及半成品类	Other Industrial Raw Materials	105.3	109.3	97.7	95.4	100.7	109.8	101.8
农副产品类	Farm Products	133.5	102.4	108.5	95.2	112.2	114.4	97.8
纺织原料类	Textile Raw Materials	122.9	105.1	98.7	95.3	102.6	104.6	102.7

4－15 房地产价格指数

Price Indices of Real Estate

（上年＝100） (preceding year＝100)

项　目	Item	2002	2003	2004	2005
一、房屋销售价格指数	Selling Price Indices of Houses	111.3	112.7	115.2	108.4
1.商品房	Commercial Houses	108.1	111.6	115.8	109.7
住宅	Residential Buildings	108.4	112.5	116.4	109.6
经济适用房	Economical Houses	104.2	102.2	105.3	101.4
普通住宅	General Residential Buildings	108.3	113.3	118.0	110.2
多层住宅	Multilayer Buildings	109.6	115.2	119.8	112.0
高层住宅	High－layer Buildings	106.6	110.4	116.4	109.0
其他住宅	Others Buildings				108.0
高档公寓	High－grade Apartments	111.5	110.8	113.7	109.2
别墅	Villas	113.7	111.5	116.5	111.9
高档公寓	High－grade Apartments	106.4	109.2	111.4	108.5
非住宅	Non－Residential Buildings	107.3	108.9	114.1	110.1
办公楼	Office Buildings				109.6
写字楼	Office Buildings	104.9	107.6	112.9	109.5
普通办公用房	General Office Buildings				110.9
商业娱乐用房	Houses for Business and Entertainment	108.1	109.8	115.1	111.0
工业仓储用房	Houses for Industry Store				106.6
其它用房	Houses for Other Use	106.3	111.7	114.5	110.0
2.公房	State－owned Houses	100.0	100.4	100.5	
住宅	Residential Buildings	100.0	100.4	100.5	
3.二手房(原私房)	Used Houses	123.0	116.6	114.9	105.7
住宅	Residential Buildings	125.1	117.7	116.2	105.9
高层住宅	High－layer Buildings				105.4
多层住宅	Multilayer Buildings				106.5
其他住宅	Others Buildings				104.1
非住宅	Non－residential Buildings	108.8	109.9	107.3	104.6
二、土地交易价格指数	Transactions Price Indices of Land	117.1	121.4	119.7	120.4
1.居民住宅用地	Land for Residential Buildings Use	119.7	126.9	122.2	121.9
豪华住宅用地	Luxury Residential Buildings	109.6	105.4	111.7	124.4
普通住宅用地	General Residential Buildings	121.2	127.0	122.2	120.9
经济适用房用地	Land for Economical Houses				107.1
2.工业用地	Land for Industry Use	104.4	108.3	109.5	114.3
3.商业、旅游、娱乐用地	Land for Business, Tourism and Entertainment	117.1	112.9	112.7	117.5
4.其他用地	Land for Other Use	116.0	111.6	133.6	123.5
三、房屋租赁价格指数	Renting Price Indices of Houses	102.7	104.9	108.2	104.0
1.住宅	Residential Buildings	107.3	108.3	108.3	105.3
公房	State－owned Houses	109.5	107.7	107.8	
普通住宅	General Residential Buildings	106.4	108.4	108.4	104.0
高档住宅	High－grade Residential Buildings				118.6
别墅	Villas				100.9
高档公寓	High－grade Apartments				118.7
经济适用房	Economical Houses				100.0
廉租房	Cut－price Rented Houses				99.9
2.办公用房	Office Buildings	101.7	104.8	103.0	102.9
办公楼	Office Buildings	101.6	106.3	103.8	102.3
普通办公用房	General Office Buildings	101.8	104.2	102.6	103.2
3.商业娱乐用房	Houses for Business and Entertainment	101.7	103.5	109.8	103.6
4.工业仓储用房	Houses for Industry Store	100.4	102.9	106.7	104.9
工业厂房	Industry Workshops	100.7	103.6	106.6	103.8
仓库	Storehouses	99.7	101.3	107.0	108.8
5.其它	Others				100.1

4－16 各城市房地产价格指数
Price Indices of Real Estate by City

（上年＝100）　　　　(preceding year = 100)

城 市	City	房屋销售价格指数 Selling Price Indices of Houses		土地交易价格指数 Transactions Price Indices of Land		房屋租赁价格指数 Renting Price Indices of Houses	
		2004	2005	2004	2005	2004	2005
全 省	**Total**	**115.2**	**108.4**	**119.7**	**120.4**	**108.2**	**104.0**
杭州市	Hangzhou	111.7	109.7	139.4	124.8	107.6	102.4
宁波市	Ningbo	113.9	106.2	108.3	115.9	104.3	104.1
温州市	Wenzhou	117.0	108.0	190.9	112.9	107.5	103.9
嘉兴市	Huzhou	122.3	108.4	119.3	112.2	105.7	102.3
湖州市	Shaoxing	123.0	110.8	164.8	112.7	103.4	106.5
绍兴市	Jiaxing	121.4	105.9	107.5	99.6	103.8	100.9
金华市	Jinhua	112.1	103.7	117.0	113.6	113.6	101.3
衢州市	Quzhou	119.3	105.0	108.2	100.7	100.6	103.0
舟山市	Taizhou	123.6	112.9	114.0	120.6	106.2	106.8
台州市	Lishui	107.5	103.5	115.3	113.4	105.0	103.5
丽水市	Zhoushan	119.7	110.9		102.1	113.8	124.2

4－17 全国和35个大中城市房地产价格指数

Price Indices of Real Estate In China and 35 Large-scale and Medium-scale Cities

（上年＝100） (preceding year＝100)

城市	City	房屋销售价格指数 Selling Price Indices of Houses			土地交易价格指数 Transactions Price Indices of Land			房屋租赁价格指数 Renting Price Indices of Houses		
		2000	2004	2005	2000	2004	2005	2000	2004	2005
总　计	**Total**	**101.1**	**109.7**	**107.6**	**100.2**	**110.1**	**109.1**	**102.4**	**101.4**	**101.9**
北　京	Beijing	99.5	103.7	106.7	100.0	102.5	103.8	166.6	103.4	102.4
天　津	Tianjin	100.0	113.5	106.0	100.5	116.3	103.9	100.1	101.2	101.3
石家庄	Shijiazhuang	101.8	103.6	105.6	107.7	100.3	100.2	102.2	100.1	100.6
太　原	Taiyuan	101.1	106.4	105.6	100.0	100.7	102.8	105.6	99.6	107.5
呼和浩特	Huhehaote	102.0	105.2	111.8	102.5	104.1	114.7	97.1	101.5	104.7
沈　阳	Shenyang	103.0	115.9	107.5	101.8	116.2	111.4	102.3	99.0	101.5
大　连	Dalian	100.2	104.6	109.2	100.0	112.9	124.7	105.4	98.2	99.0
长　春	Changchun	106.6	100.2	101.9	100.2	104.6	103.9	106.4	100.9	100.5
哈尔滨	Haerbin	101.8	104.7	104.6	101.1	100.0	107.8	101.0	100.6	103.6
上　海	Shanghai	98.6	115.9	109.7	91.9	120.3	106.9	95.8	105.5	103.6
南　京	Nanjing	101.6	115.3	108.1	101.9	103.0	102.8	101.1	105.0	100.0
杭　州	Hangzhou	104.9	111.7	109.7	103.2	139.4	124.8	103.3	107.6	102.4
宁　波	Ningbo	105.5	113.9	106.2	100.4	108.3	115.9	92.5	104.3	104.1
合　肥	Hefei	100.0	105.6	106.2	100.3	105.4	110.6	99.1	100.7	100.3
福　州	Fuzhou	100.3	103.6	104.4	100.0	108.8	118.6	99.5	99.6	101.4
厦　门	Xiamen	100.1	107.3	108.0	100.0	110.2	108.5	96.2	102.3	104.2
南　昌	Nanchang	103.2	107.3	108.3	103.0	118.8	104.2	113.2	101.4	102.5
济　南	Jinan	102.8	110.3	107.6	102.3	104.4	105.9	101.6	103.4	101.0
青　岛	Qingdao	102.3	115.3	110.9	100.4	101.8	103.4	95.8	98.6	103.3
郑　州	Zhengzhou	99.5	104.0	107.0	102.1	103.9	110.9	103.7	99.7	100.1
武　汉	Wuhan	101.5	108.4	106.8	100.1	102.9	102.6	97.3	100.7	100.2
长　沙	Changsha	99.6	103.3	102.8	102.7	102.1	105.4	99.1	103.1	101.7
广　州	Guangzhou	97.3	102.7	104.7	99.9	100.0	100.0	98.0	101.6	103.0
深　圳	Shenzhen	99.2	104.6	107.2	101.5	103.9	118.1	95.7	100.0	101.0
南　宁	Nanning	99.3	105.7	104.9	66.7	100.0	103.6	102.1	100.6	101.6
海　口	Haikou	99.4	105.9	102.5	97.1	102.7	110.0	92.7	96.1	101.9
成　都	Chengdu	101.3	107.9	109.8	101.9	116.3	107.8	99.3	102.4	100.4
贵　阳	Guiyang	103.9	102.6	102.6	100.3	100.6	101.5	104.1	99.9	102.5
昆　明	Kunming	100.2	102.3	102.9	100.0	100.0	103.7	97.8	104.2	101.4
重　庆	Chongqing	101.8	113.9	107.2	100.0	105.3	102.9	95.1	105.9	103.6
西　安	Xi'an	101.3	105.0	104.3	100.0	102.8	105.9	101.2	103.2	100.7
兰　州	Lanzhou	100.5	108.7	105.6	100.0	100.0	100.0	100.0	97.8	100.0
西　宁	Xining	101.1	104.0	103.4	100.4	106.1	102.9	114.3	100.4	99.8
银　川	Yinchuan	102.2	104.4	102.7	103.6	105.8	103.4	118.0	106.1	104.3
乌鲁木齐	Wulumuqi	102.4	100.7	100.9	99.4	102.1	101.4	99.2	104.2	100.4

注：杭州、宁波2005年数据使用季度数据计算得出。
The Figures in Hangzhou and Ningbo are calculated at data of quarter in 2005.

主要统计指标解释

居民消费价格指数 是反映一定时期内城乡居民所购买的生活消费品价格和服务项目价格变动趋势和程度的相对数。是综合了城市居民消费价格指数和农民消费价格指数计算取得。利用居民消费价格指数,可以观察和分析消费品的零售价格和服务价格变动对城乡居民实际生活支出的影响程度。

城市居民消费价格指数 是反映城市职工及其家庭所购买的生活消费品和服务项目价格变动趋势和程度的相对数。编制城市居民消费价格指数,可以观察和分析消费品的零售价格和服务项目价格变动对职工货币工资的影响,作为研究职工生活和确定工资政策的依据。

农村居民消费价格指数 是反映农村居民家庭所购买的生活消费品的价格和服务项目价格变动趋势和程度的相对数。用它可以观察农村消费品的零售价格和服务项目价格变动对农村居民生活消费支出的影响,直接反映农民生活水平的实际变化情况,为分析和研究农村居民生活问题提供依据。

农村工业品零售价格指数 是反映农村市场工业品零售价格水平变动趋势和程度的相对数。通过农村工业品零售价格指数,可以观察工业品零售价格变动对农民货币支出的影响。

工业品出厂价格指数 是反映全部工业产品出厂价格总水平的变动趋势和程度的相对数。其中除包括工业企业售给商业、外贸、物资部门的产品外,还包括售给工业和其他部门的生产资料以及直接售给居民的生活消费品。通过工业生产价格指数能观察出厂价格变动对工业总产值的影响。

固定资产投资价格指数 是反映固定资产投资额价格变动趋势和程度的相对数。固定资产投资额是由建筑安装工程投资完成额、设备、工器具购置投资完成额和其他费用投资完成额三部分组成的。编制固定资产投资价格指数应首先分别编制上述三部分投资的价格指数,然后采用加权算术平均法求出固定资产投资价格总指数。

编制固定资产投资价格指数可以准确地反映固定资产投资中涉及的各类商品和取费项目价格变动趋势和变动幅度,消除按现价计算的固定资产投资指标中的价格变动因素,真实地反映固定资产投资的规模、速度、结构和效益,为国家科学地制定,检查固定资产投资计划并提高宏观调控水平,为完善国民经济核算体系提供科学的、可靠的依据。

商品零售价格指数 是反映城乡商品零售价格变动趋势的一种经济指数。零售物价的调整变动直接影响到城乡居民的生活支出和国家的财政收入,影响居民购买力和市场供需平衡,影响消费与积累的比例。因此,计算零售价格指数,可以从一个侧面对上述经济活动进行观察和分析。

Explanatory Notes on Main Statistical Indicators

Consumer Price Index reflects the relative change in prices of consumer goods and services purchased by urban and rural residents, and is a composite index derived from the urban consumer price index and the rural consumer price index. Consumer price index can be used to analyze the impact of consumer price change on actual expenditure for living cost of urban and rural residents.

Urban Consumer Price Index reflects the relative change in prices of consumer goods and services purchased by urban staff and workers and their families and can be used to observe and analyze the impact of price changes in consumer goods and services on money wages of staff and workers, and provide basis for policy making concerning the living cost and wages of staff and workers.

Rural Consumer Price Index reflects the relative change in prices of consumer goods and services purchased by rural households and can be used to observe the impact of change in prices of consumer goods and services on living expenditure and actual change in peasants' living cost. It provides basis for analysis and research on peasants' living cost and welfare.

Retail Price Index of Rural Industrial Products reflects the relative change in prices of industrial products in rural market and can be used to observe the impact of the price change on farmers' money expenditure.

Ex – factory Price Index of Industrial Products reflects the change in general ex – factory prices of all industrial products, including sales of industrial products to commercial enterprises, foreign trade sectors, materials supplying and distributing sectors as well as sales of production means to industry and other sectors and sales of consumer goods to residents. It can be used to analyze the impact of ex – factory prices on gross industrial output value.

Price Index of Investment in Fixed Assets reflects the change in prices of investment in fixed assets. The investment in fixed assests consists of three components, namely the investment in construction and installation, the investment in purchases of equipment and instrument, and the investment in other items. Price index of investment in fixed assets is calculated as the weighted arithmetic mean of the price indices of the three components of investment in fixed assets.

Price index of investment in fixed assets reflects the changes of prices in various goods and services involved in investment in fixed assets and therefore can be used to observe the actual size, speed, structure, and efficiency of investment in fixed assets and provides reliable and scientific data for government planning, management, decision making, and further improving the current national accounting system.

Retail Price Index reflects the general change in retail prices of commodities. The change and adjustment in retail prices directly affect the living expenditure of urban and rural residents, government revenue, purchasing power of residents and the equilibrium of market supply and demand, and the ratio of consumption to accumulation. Therefore, the calculation of retail price index is useful to analyze the changes of the above economic activities.

ZHEJIANG STATISTICAL YEARBOOK

CHAPTER 5

人民生活

People's Livelihood

5. 人民生活
People's Livelihood

2005年城镇单位职工工资总额	Total Wages of Staff and Workers	1311.93 亿元	(100 million yuan)
# 国有单位	State-owned Units	676.28 亿元	(100 million yuan)
2005年城镇单位职工平均工资	Average Wages of Staff and Workers	25572 元	(yuan)
# 国有单位	State-owned Units	38313 元	(yuan)
2005年城镇居民人均可支配收入	Per Capita Disposable Income of Urban Resident	16294 元	(yuan)
2005年农村居民人均纯收入	Per Capita Net Income of Rural Residents	6660 元	(yuan)
2005年城镇居民人均住房面积	Per Capita Living Space of Urban Residents	26.10 平方米	(sq.m)
2005年农村居民人均住房面积	Per Capita Living Space of Rural Residents	54.98 平方米	(sq.m)

职工工资总额 （亿元）
Total Wages of Staff and Workers (100 million yuan)

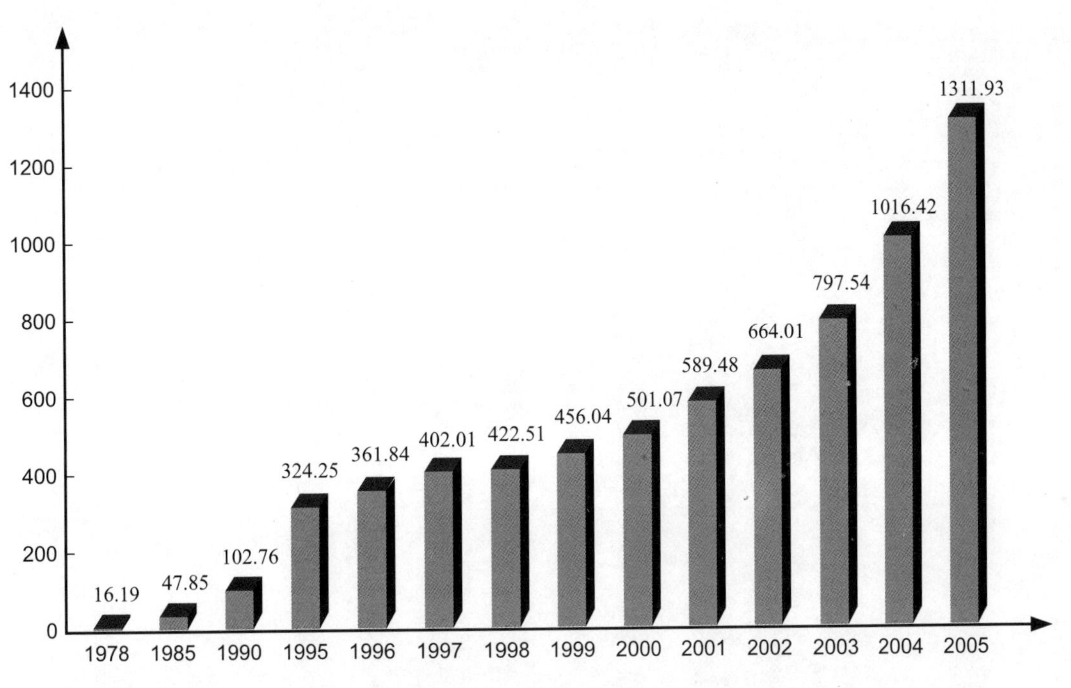

5－1 人民物质文化生活
People's Material and Cultural Life

项 目	Item	2000	2001	2002	2003	2004	2005
城乡居民收入与支出 （元）	**Income and Expenditure of Urban and Rual Residents （yuan）**						
农村居民人均纯收入	Annual Per Capita Net Income of Rural Residents	4254	4582	4940	5431	6096	6660
农村居民人均生活消费支出	Annual Per Capita Living Expenditure of Rural Residents	3231	3479	3693	4287	4659	5215
城镇居民人均可支配收入	Annual Per Capita Disposable Income of Urban Residents	9279	10465	11716	13180	14546	16294
城镇居民人均消费支出	Annual Per Capita Expenditure of Urban Residents	7020	7952	8713	9713	10636	12254
居民消费水平 （元）	**Per Capita Consumption （yuan）**	**5099**	**5551**	**6098**	**7033**	**8174**	**9701**
农村居民	Rural Residents	3278	3621	4012	4504	4918	5476
城镇居民	Urban Residents	8020	8404	8839	9907	11771	14097
居民生活质量	**Life Quality**						
居民人均住房面积 （平方米）	Per Capita Floor Space of Residents Buildings （sq. m）						
农村居民	Rural Areas	46.42	47.82	49.53	50.73	51.29	54.98
城镇居民	Urban Areas	19.87	20.30	21.12	21.60	23.94	26.10
居民家庭恩格尔系数	Engle Coefficient						
城市	Urban	39.2	36.3	37.9	36.6	36.2	33.8
农村	Rural	43.5	41.6	40.8	38.2	39.5	38.6
交通	**Traffic**						
农村每百户拥有自行车 （辆）	Number of Bicycles Per 100 Households in Rural Areas （unit）	180	180	175	169	162	129
城镇每百户拥有自行车 （辆）	Number of Bicycles Per 100 Households in Urban Areas （unit）	199	200	190	177	170	123
农村每百户拥有家用汽车 （辆）	Number of Household Cars Per 100 Households in Rural Areas （unit）	0.56	0.52	0.56	0.79	1.33	2.91
城镇每百户拥有家用汽车 （辆）	Number of Household Cars Per 100 Households in Urban Areas （unit）	0.48	0.67	1.44	2.98	3.52	8.71

5－1 续表 continued

项 目	Item	1990	1995	2000	2003	2004	2005
储蓄	**Savings**						
城乡居民储蓄存款年末余额 （亿元）	Balance of Savings Deposit of Rural and Urban Residents(year－end) （100 million yuan）	3595	4262	5234	6452	7364	8746
平均每人储蓄存款余额 （元）	Per Capita Balance of Savings Deposits （yuan）	7681	9074	11063	13545	15331	17856
文化、教育及卫生	**Culture, Education and Public Health**						
农村每百户拥有彩色电视机（台）	Number of Color Tv Sets Per 100 Households in Rural Areas （unit）	83	93	103	110	117	130
城镇每百户拥有彩色电视机（台）	Number of Color Tv Sets Per 100 Households in Urban Areas （unit）	139	150	152	159	163	179
农村每百户拥有家用电脑 （台）	Number of Computer Per 100 Households in Rural Areas （unit）	0.89	1.96	3.37	5.96	6.93	10.77
城镇每百户拥有家用电脑 （台）	Number of Computer Per 100 Households in Urban Areas （unit）	14.02	20.04	29.60	40.23	44.72	59.47
每百人每天有报纸杂志 （份）	Daily Newspapers and Magazines Per 100 persons （copy）	10.4	11.9	13.3	15.1	15.8	16.3
学龄儿童入学率 （%）	Enrollment Ratio of School-age Children （%）	99.93	99.97	99.99	99.98	99.99	99.99
每千人口拥有在校大学生数（人）	Students Enrollment in University Per 1000 Persons （person）	4.72	6.24	8.31	10.17	11.92	13.30
每千人口拥有医疗床位数 （张）	Number of Hospital Beds Per 1000 Persons （person）	2.53	2.55	2.64	2.78	2.95	3.07
每千人口拥有医生数 （人）	Number of Doctors Per 1000 Persons （person）	1.65	1.70	1.64	1.74	1.81	1.91
就业	**Employment**						
城镇登记失业率 （%）	Registered Unemployment Rate in Urban Areas （%）	3.4	3.7	4.0	3.7	4.1	3.7
农村居民家庭每一劳动力负担人数 （人）	Number of Dependents Per Rural Laborer in Rural Households （person）	1.39	1.40	1.39	1.37	1.37	1.37
城镇每一就业者负担人数 （人）	Number of Dependents Per Urban Employee （person）	1.80	1.84	1.89	1.86	1.87	1.93
邮电通信	**Post and Telecommunication**						
电话普及率 （部/每人）	Telephone Popularization Rate （set/person）	45.5	62.3	78.4	88.8	91.0	100.4
固定电话 （部/每人）	Fixed Telephones （set/person）	30.5	38.2	46.1	46.5	41.8	45.6
移动电话 （部/每人）	Mobile Telephones （set/person）	15.0	24.1	32.4	42.3	49.2	54.8

注：自2004年起固定电话普及率统计口径已作调整。
The Statistical Coverage of Telephone Popularization Rate was adjusted since 2004.

5－2 城镇单位职工工资总额(1985－2005年)

Total Wages of Staff and Workers in Urban Units(1985－2005)

单位:亿元 (100 million yuan)

年 份 Year	工资总额 Total Wages of Staff and Workers	国有单位职工 State－owned Units	城镇集体单位职工 Urban Collective Owned Units	其他经济单位职工 Units of Other Types of Ownership
1985	47.85	28.69	18.91	0.25
1986	58.01	35.45	22.23	0.33
1987	66.62	40.68	25.44	0.50
1988	85.04	52.71	31.50	0.83
1989	94.46	59.08	34.17	1.21
1990	102.76	66.10	35.33	1.33
1991	115.98	74.42	39.39	2.17
1992	138.04	90.82	43.44	3.78
1993	192.98	123.08	58.80	11.10
1994	274.27	175.09	76.99	22.19
1995	324.25	201.67	90.46	32.12
1996	361.84	222.18	98.06	41.60
1997	402.01	251.85	100.13	50.03
1998	422.51	257.01	74.83	90.67
1999	456.04	273.77	66.23	116.04
2000	501.07	293.83	56.99	150.25
2001	589.48	351.40	47.61	190.47
2002	664.01	397.69	47.24	219.08
2003	797.54	469.63	49.68	278.23
2004	1016.42	573.10	60.76	382.56
2005	1311.93	676.28	59.54	576.11

5－3 城镇单位职工工资总额指数(1986－2005年)

Indices of Total Wages of Staff and Workers in Urban Units(1986－2005)

(1985年＝100) (1985＝100)

年 份 Year	工资总额指数 Indices of Total Wages		国有单位职工 State－owned Units		城镇集体单位职工 Urban Collective Owned Units	
	货币指数 Money Wage	实际指数 Real Wage	货币指数 Money Wage	实际指数 Real Wage	货币指数 Money Wage	实际指数 Real Wage
1986	121.2	114.1	123.6	116.3	117.6	110.6
1987	139.2	118.2	141.8	120.3	134.5	114.2
1988	177.7	122.2	183.7	126.4	166.5	114.5
1989	197.4	116.2	205.9	121.2	180.7	106.4
1990	214.7	128.2	230.4	132.8	186.8	107.7
1991	242.4	132.4	259.4	141.6	208.3	113.7
1992	288.5	144.2	316.6	159.3	229.7	114.8
1993	403.3	166.1	429.0	176.7	310.9	128.1
1994	573.1	189.3	610.3	201.6	406.8	134.4
1995	677.6	191.4	702.9	198.5	478.4	135.1
1996	756.1	194.3	774.4	199.0	518.5	133.2
1997	840.0	207.4	877.8	216.7	529.5	130.7
1998	883.0	217.0	895.8	220.1	395.7	97.2
1999	953.1	235.4	954.2	235.7	350.2	86.5
2000	1047.2	256.3	1024.2	250.7	310.4	73.8
2001	1231.9	302.1	1224.8	300.4	251.8	61.8
2002	1387.7	343.3	1386.2	343.1	249.8	61.8
2003	1666.8	404.7	1637.0	397.4	262.7	63.8
2004	2124.2	496.5	1997.6	466.9	321.3	75.1
2005	2741.8	631.38	1932.2	444.67	314.84	72.5

5-4 分行业城镇单位职工工资总额

Total Wages of Staff and Workers in Urban Units by Sector

单位:亿元 (100 million yuan)

行业	Sector	工资总额 Total Wages of Staff and Workers		国有单位 State-owned Units		城镇集体单位 Urban Collective Owned Units		其他单位 Units of Other Types of Ownership	
		2004	2005	2004	2005	2004	2005	2004	2005
总计	**Total**	**1016.42**	**1311.93**	**573.10**	**676.28**	**60.76**	**59.54**	**382.56**	**576.11**
农、林、牧、渔业	Farming, Forestry, Animal Husbandry and Fishery	5.22	4.53	4.53	4.20	0.49	0.21	0.20	0.12
采掘业	Mining and Quarrying	2.92	3.43	0.91	0.37	0.06	0.44	1.96	2.62
制造业	Manufacturing	220.35	325.97	16.63	19.91	11.07	8.32	192.65	297.75
电力、煤气及水的生产和供应业	Electricity, Gas and Water Production and Supply	38.63	45.98	28.32	35.54	0.95	0.74	9.36	9.70
建筑业	Construction	106.45	143.41	8.52	9.05	15.63	14.17	82.30	120.19
交通运输、仓储及邮政业	Transport, Storage and Post	48.90	54.74	31.01	33.88	0.99	1.88	16.89	18.99
信息传输、计算机服务和软件业	Information Transport, Computer Services and Software	20.79	23.91	12.59	7.77	0.09	0.10	8.11	16.03
批发与零售业	Wholesale and Retail Sale	43.74	47.81	14.66	13.73	2.74	2.20	26.34	31.89
住宿和餐饮业	Hotels and Catering Services	12.92	15.11	3.90	4.00	0.95	1.03	8.08	10.08
金融业	Banking	63.85	82.08	35.71	36.79	12.54	11.53	15.60	33.77
房地产业	Real Estate Trade	12.40	16.40	5.12	6.28	0.27	0.44	7.00	9.67
租赁与商务服务业	Leasing and Commercial Services	22.54	30.78	11.97	11.27	3.03	3.44	7.53	16.07
科学研究、技术服务与地质勘查业	Science Research, Technology Services and Geological Prospecting	21.01	25.25	17.52	20.57	0.76	0.76	2.73	3.91
水利、环境和公共设施管理业	Water Conservancy, Environment and Public Facilities Management	10.84	13.46	8.35	10.75	1.90	1.90	0.59	0.81
居民服务及其他服务业	Resident and Other Services	1.84	2.26	1.35	1.58	0.18	0.29	0.30	0.39
教育	Education	153.41	180.63	150.23	175.99	1.10	2.20	2.07	2.44
卫生、社会保障和社会福利业	Health Care, Social Securities and Social Welfare	76.77	90.11	68.83	80.25	7.57	9.35	0.36	0.51
文化、体育与娱乐业	Culture, Sports and Entertainment	15.32	16.29	14.84	15.54	0.28	0.35	0.20	0.40
公共管理与社会组织	Public Management and Social Organization	138.53	189.77	138.11	188.81	0.15	0.19	0.27	0.77

5-5 城镇单位职工平均工资(1985-2005年)

Average Wage of Staff and Workers in Urban Units(1985-2005)

单位:元　　　　(yuan)

年份 Year	平均工资 Average Wage	国有单位 State-owned Units	城镇集体单位 Urban Collective Owned Units	其他单位 Units of Other Types of Ownership
1985	1159	1226	1071	1247
1986	1346	1442	1271	1455
1987	1493	1584	1365	1635
1988	1841	1961	1667	2014
1989	2031	2158	1838	2209
1990	2220	2383	1964	2412
1991	2422	2583	2152	2831
1992	2884	3088	2507	3368
1993	3932	4168	3439	4544
1994	5597	6034	4671	6334
1995	6619	6952	5702	7813
1996	7413	7734	6414	8672
1997	8386	8847	7026	9584
1998	9259	10012	7230	9432
1999	10632	11684	8229	10167
2000	12414	13775	9479	11539
2001	15770	18926	11281	13508
2002	18227	22195	13281	14650
2003	20853	26651	15174	16036
2004	23101	32736	17265	16653
2005	25572	38313	19659	18813

5-6 城镇单位职工平均工资指数(1986-2005年)

Indices of Average Wage of Staff and Workers in Urban Units (1986 -2005)

(1985年=100) (1985=100)

年份 Year	平均工资 Indices of Average Wage		国有单位职工 State owned Units		城镇集体单位职工 Urban Collective Owned Units	
	货币指数 Average Money Wage	实际指数 Average Real Wage	货币指数 Average Money Wage	实际指数 Average Real Wage	货币指数 Average Money Wage	实际指数 Average Real Wage
1986	116.1	109.2	117.6	110.6	118.7	111.7
1987	128.8	109.2	129.2	109.6	127.5	108.1
1988	158.8	109.1	160.0	110.0	155.6	106.9
1989	175.2	103.1	176.0	103.6	171.6	101.0
1990	191.5	110.4	194.4	112.0	183.4	105.7
1991	209.0	114.1	210.7	115.0	200.9	109.7
1992	248.8	124.4	251.9	126.0	234.1	117.1
1993	339.3	139.7	340.0	140.0	321.1	132.2
1994	482.9	159.4	492.2	162.4	436.1	143.9
1995	571.1	161.1	567.0	160.0	532.4	150.2
1996	639.6	164.4	630.8	162.1	598.9	153.9
1997	723.6	178.6	721.6	178.1	656.0	161.9
1998	798.9	196.3	816.6	200.6	675.1	165.9
1999	917.3	226.6	953.0	235.4	768.3	189.8
2000	1071.1	262.1	1123.6	275.0	885.1	216.6
2001	1360.7	333.7	1543.7	378.6	1053.3	258.3
2002	1572.6	389.2	1810.4	448.1	1240.1	306.9
2003	1799.2	436.8	2173.9	527.8	1416.9	344.0
2004	1993.2	465.9	2670.1	624.1	1612.0	376.8
2005	2206.4	508.1	3305.6	761.2	1696.2	390.6

5-7 分行业城镇单位职工平均工资

Average Wage of Staff and Workers in Urban Units by Sector

单位:元 (yuan)

行业	Sector	平均工资 Total Wages of Staff and Workers		国有单位 State-owned Units		城镇集体单位 Urban Collective owned Units		其他单位 Units of Other Types of Ownership	
		2004	2005	2004	2005	2004	2005	2004	2005
总计	**Total**	**23101**	**25572**	**32736**	**38313**	**17265**	**19659**	**16653**	**18813**
农、林、牧、渔业	Farming, Forestry, Animal Husbandry and Fishery	19452	23168	19405	23327	23924	30574	13814	14051
采掘业	Mining and Quarrying	14493	16829	14954	11031	13009	19116	14335	17788
制造业	Manufacturing	14460	16290	19487	22179	12222	13463	14292	16099
电力、煤气及水的生产和供应业	Electricity, Gas and Water Production and Supply	40908	45783	44361	53112	20496	19709	36075	32585
建筑业	Construction	16770	18736	21004	24129	14879	15985	16825	18801
交通运输、仓储及邮政业	Transport, Storage and Post	25206	27970	27186	30414	13421	19378	23294	25439
信息传输、计算机服务和软件业	Information Transport, Computer Services and Software	46277	53343	50780	53783	18606	22875	41267	53596
批发与零售业	Wholesale and Retail Sale	21527	24816	33396	39696	11159	12699	19552	22651
住宿和餐饮业	Hotels and Catering Services	14460	15591	15660	17028	12069	12195	14263	15513
金融业	Banking	40820	49491	40754	49833	35337	38048	46832	54696
房地产业	Real Estate Trade	24310	28248	30458	37603	16303	15162	21544	25170
租赁与商务服务业	Leasing and Commercial Services	20532	22140	22229	26743	18960	19064	18870	20385
科学研究、技术服务与地质勘查业	Science Research, Technology Services and Geological Prospecting	32582	36376	34501	38543	25826	31052	25371	28815
水利、环境和公共设施管理业	Water Conservancy, Environment and Public Facilities Management	21484	24206	23947	26871	16234	17669	15192	16722
居民服务及其他服务业	Resident and Other Services	21557	23455	27752	32413	12345	15100	13941	13715
教育	Education	31745	36535	31970	36898	20514	25534	26051	27652
卫生、社会保障和社会福利业	Health Care, Social Securities and Social Welfare	35215	39558	37377	41660	23405	28199	24342	25312
文化、体育与娱乐业	Culture, Sports and Entertainment	33425	37111	34308	38450	23859	31298	14188	17011
公共管理与社会组织	Public Management and Social Organization	36392	44160	36560	44448	21157	36197	12423	17437

5－8 各市城镇单位职工工资总额和平均工资
Total Wages and Average Wage of Staff and Workers in Urban Units by City

地　区	Region	1995	2000	2003	2004	2005
工资总额(万元)	**Total Wages(10000 yuan)**	**3242463**	**5010723**	**7975423**	**10164237**	**13119269**
浙东北	**Eastern and Northern Region**	**2297002**	**3376136**	**5139125**	**6487868**	**8600195**
杭州市	Hangzhou	890488	1296365	1904643	2224734	3010148
宁波市	Ningbo	573191	950196	1436157	1697092	2144151
嘉兴市	Jiaxing	264438	363545	588648	913451	1219593
湖州市	Huzhou	172611	200524	279568	407545	543473
绍兴市	Shaoxing	289166	431195	742774	1001303	1410955
舟山市	Zhoushan	107108	134311	187335	243743	271875
浙西南	**Western and Southern Region**	**940669**	**1629148**	**2812531**	**3644413**	**4473079**
温州市	Wenzhou	308271	612964	1107427	1466197	1708080
金华市	Jinhua	220058	332108	566220	724152	917653
衢州市	Quzhou	119869	156894	221203	293325	327142
台州市	Taizhou	206887	395935	676158	856535	1173844
丽水市	Lishui	85584	131247	241523	304204	346360
平均工资(元)	**Average Wage (yuan)**	**6619**	**12414**	**20853**	**23101**	**25572**
浙东北	**Eastern and Northern Region**	**6940**	**12955**	**22243**	**24301**	**26358**
杭州市	Hangzhou	7156	13715	23969	28186	30580
宁波市	Ningbo	7361	14823	23486	25710	27986
嘉兴市	Jiaxing	6229	11474	20067	20432	20552
湖州市	Huzhou	6267	9806	19250	21477	23488
绍兴市	Shaoxing	6716	11428	19342	21271	24440
舟山市	Zhoushan	6856	11094	18184	21592	24678
浙西南	**Western and Southern Region**	**5949**	**11439**	**19418**	**21411**	**24300**
温州市	Wenzhou	6040	11229	18324	19141	21279
金华市	Jinhua	5925	12008	20126	22978	23752
衢州市	Quzhou	5710	10446	18116	21953	25802
台州市	Taizhou	6320	12446	20418	24307	30550
丽水市	Lishui	5282	9837	18260	22543	24613

5-9 分行业城镇单位从业人员劳动报酬(2005年)

Remuneration Payment to Employed Persons in Urban Units by Sector(2005)

单位:亿元 (100 million yuan)

行业	Sector	单位从业人员劳动报酬 Total Remuneration	在岗职工工资总额 Wages of Staff and Workers at Work	其他从业人员劳动报酬 Remuneration Payment to Other Employed Persons	#聘用的离退休人员 Re-employed Retirees	#聘用的港澳台和外籍人员 Employed Persons from Hong Kong, Macao & Taiwan and Foreigner
总计	**Total**	**1337.27**	**1298.35**	**38.92**	**7.54**	**7.02**
农、林、牧、渔业	Farming, Forestry, Animal Husbandry and Fishery	4.47	4.39	0.08	0.01	
采掘业	Mining and Quarrying	3.28	3.23	0.06	0.01	
制造业	Manufacturing	333.37	323.12	10.25	2.11	6.13
电力、煤气及水的生产和供应业	Electricity, Gas and Water Production and Supply	45.98	45.63	0.35	0.19	
建筑业	Construction	148.17	142.94	5.23	0.63	0.02
交通运输、仓储及邮政业	Transport, Storage and Post	55.15	53.57	1.58	0.08	0.06
信息传输、计算机服务和软件业	Information Transport, Computer Services and Software	24.91	23.58	1.33	0.04	0.05
批发与零售业	Wholesale and Retail Sale	48.63	47.11	1.52	0.36	0.01
住宿和餐饮业	Hotels and Catering Services	15.66	14.89	0.76	0.17	0.01
金融业	Banking	86.27	79.87	6.40	0.14	0.04
房地产业	Real Estate Trade	17.20	16.26	0.94	0.46	0.10
租赁与商务服务业	Leasing and Commercial Services	31.20	30.36	0.84	0.36	0.09
科学研究、技术服务与地质勘查业	Science Research, Technology Services and Geological Prospecting	26.50	25.02	1.47	0.72	0.03
水利、环境和公共设施管理业	Water Conservancy, Environment and Public Facilities Management	13.66	13.20	0.46	0.05	
居民服务及其他服务业	Resident and Other Services	2.32	2.25	0.06	0.02	
教育	Education	182.44	179.59	2.85	0.58	0.28
卫生、社会保障和社会福利业	Health Care, Social Securities and Social Welfare	92.09	89.78	2.31	1.30	
文化、体育与娱乐业	Culture, Sports and Entertainment	16.58	16.15	0.42	0.08	0.04
公共管理与社会组织	Public Management and Social Organization	189.41	187.42	1.99	0.22	

5-10 分行业国有单位从业人员劳动报酬(2005 年)

Remuneration Payment to Employed Persons in State-owned Units by Sector(2005)

单位:亿元 (100 million yuan)

行业	Sector	单位从业人员劳动报酬 Total Remuneration	在岗职工工资总额 Wages of Staff and Workers at Work	其他从业人员劳动报酬 Remuneration Payment to Other Employed Persons	#聘用的离退休人员 Re-employed Retirees	#聘用的港澳台和外籍人员 Employed Persons from Hong Kong, Macao & Taiwan and Foreigner
总计	**Total**	**679.70**	**667.19**	**12.50**	**2.55**	**0.27**
农、林、牧、渔业	Farming, Forestry, Animal Husbandry and Fishery	4.11	4.07	0.04		
采掘业	Mining and Quarrying	0.35	0.34	0.01		
制造业	Manufacturing	18.62	18.45	0.17	0.07	
电力、煤气及水的生产和供应业	Electricity, Gas and Water Production and Supply	35.49	35.25	0.24	0.15	
建筑业	Construction	9.33	8.90	0.43	0.07	
交通运输、仓储及邮政业	Transport, Storage and Post	34.31	33.10	1.20	0.02	
信息传输、计算机服务和软件业	Information Transport, Computer Services and Software	7.74	7.63	0.11	0.01	
批发与零售业	Wholesale and Retail Sale	13.91	13.53	0.38	0.05	
住宿和餐饮业	Hotels and Catering Services	4.18	3.88	0.30	0.04	
金融业	Banking	36.95	35.58	1.37	0.02	
房地产业	Real Estate Trade	6.39	6.21	0.18	0.06	
租赁与商务服务业	Leasing and Commercial Services	11.25	11.01	0.24	0.07	
科学研究、技术服务与地质勘查业	Science Research, Technology Services and Geological Prospecting	21.14	20.37	0.77	0.24	
水利、环境和公共设施管理业	Water Conservancy, Environment and Public Facilities Management	10.90	10.51	0.39	0.03	
居民服务及其他服务业	Resident and Other Services	1.61	1.58	0.03	0.01	
教育	Education	177.39	174.96	2.43	0.39	0.26
卫生、社会保障和社会福利业	Health Care, Social Securities and Social Welfare	81.88	79.95	1.92	1.04	
文化、体育与娱乐业	Culture, Sports and Entertainment	15.77	15.40	0.37	0.07	
公共管理与社会组织	Public Management and Social Organization	188.38	186.46	1.92	0.19	

5-11 分行业城镇集体单位从业人员劳动报酬(2005 年)

Remuneration Payment to Employed Persons in State-owned Units by Sector(2005)

单位:亿元 (100 million yuan)

行业	Sector	单位从业人员劳动报酬 Total Remuneration	在岗职工工资总额 Wages of Staff and Workers at Work	其他从业人员劳动报酬 Remuneration Payment to Other Employed Persons	#聘用的离退休人员 Re-employed Retirees	#聘用的港澳台和外籍人员 Employed Persons from Hong Kong, Macao & Taiwan and Foreigner
总计	**Total**	**60.25**	**58.57**	**1.68**	**0.51**	
农、林、牧、渔业	Farming, Forestry, Animal Husbandry and Fishery	0.23	0.20	0.03		
采掘业	Mining and Quarrying	0.45	0.44	0.01		
制造业	Manufacturing	8.39	8.20	0.20	0.04	
电力、煤气及水的生产和供应业	Electricity, Gas and Water Production and Supply	0.76	0.73	0.03		
建筑业	Construction	14.57	14.10	0.47	0.03	
交通运输、仓储及邮政业	Transport, Storage and Post	1.89	1.84	0.05		
信息传输、计算机服务和软件业	Information Transport, Computer Services and Software	0.10	0.10			
批发与零售业	Wholesale and Retail Sale	2.13	2.03	0.10	0.02	
住宿和餐饮业	Hotels and Catering Services	1.01	1.00	0.02		
金融业	Banking	11.24	11.16	0.08		
房地产业	Real Estate Trade	0.44	0.43	0.01	0.01	
租赁与商务服务业	Leasing and Commercial Services	3.47	3.38	0.08	0.05	
科学研究、技术服务与地质勘查业	Science Research, Technology Services and Geological Prospecting	0.82	0.75	0.07	0.03	
水利、环境和公共设施管理业	Water Conservancy, Environment and Public Facilities Management	1.92	1.88	0.04		
居民服务及其他服务业	Resident and Other Services	0.30	0.28	0.02		
教育	Education	2.32	2.19	0.13	0.07	
卫生、社会保障和社会福利业	Health Care, Social Securities and Social Welfare	9.65	9.32	0.33	0.22	
文化、体育与娱乐业	Culture, Sports and Entertainment	0.36	0.35			
公共管理与社会组织	Public Management and Social Organization	0.20	0.19	0.01	0.01	

5-12 分行业城镇其他单位从业人员劳动报酬(2005年)

Remuneration Payment to Employed Persons in Urban Other Ownership Units by Sector(2005)

单位:亿元 (100 million yuan)

行业	Sector	单位从业人员劳动报酬 Total Remuneration	在岗职工工资总额 Wages of Staff and Workers at Work	其他从业人员劳动报酬 Remuneration Payment to Other Employed Persons	#聘用的离退休人员 Re-employed Retirees	#聘用的港澳台和外籍人员 Employed Persons from Hong Kong, Macao & Taiwan and Foreigner
总计	**Total**	**597.33**	**572.59**	**24.74**	**4.47**	**6.75**
农、林、牧、渔业	Farming, Forestry, Animal Husbandry and Fishery	0.13	0.12	0.01		
采掘业	Mining and Quarrying	2.49	2.45	0.04	0.01	
制造业	Manufacturing	306.36	296.47	9.88	1.99	6.13
电力、煤气及水的生产和供应业	Electricity, Gas and Water Production and Supply	9.73	9.65	0.08	0.04	
建筑业	Construction	124.27	119.94	4.33	0.54	0.02
交通运输、仓储及邮政业	Transport, Storage and Post	18.95	18.63	0.32	0.06	0.06
信息传输、计算机服务和软件业	Information Transport, Computer Services and Software	17.07	15.85	1.22	0.03	0.05
批发与零售业	Wholesale and Retail Sale	32.59	31.54	1.04	0.29	0.01
住宿和餐饮业	Hotels and Catering Services	10.46	10.02	0.44	0.12	0.15
金融业	Banking	38.08	33.12	4.96	0.12	0.04
房地产业	Real Estate Trade	10.38	9.63	0.75	0.38	0.10
租赁与商务服务业	Leasing and Commercial Services	16.48	15.96	0.52	0.24	0.09
科学研究、技术服务与地质勘查业	Science Research, Technology Services and Geological Prospecting	4.53	3.90	0.64	0.44	0.03
水利、环境和公共设施管理业	Water Conservancy, Environment and Public Facilities Management	0.84	0.81	0.03	0.01	
居民服务及其他服务业	Resident and Other Services	0.40	0.39	0.01	0.01	
教育	Education	2.73	2.44	0.29	0.13	0.02
卫生、社会保障和社会福利业	Health Care, Social Securities and Social Welfare	0.56	0.51	0.06	0.04	
文化、体育与娱乐业	Culture, Sports and Entertainment	0.45	0.40	0.05	0.01	0.04
公共管理与社会组织	Public Management and Social Organization	0.83	0.77	0.06	0.02	

5-13 各市企业单位从业人员劳动报酬

Remuneration Payment to Employed Persons in Enterprises by City

单位:亿元 (100 million yuan)

城市 City		单位从业人员劳动报酬 Remuneration Payment to Employed Persons		#在岗职工工资总额 Wages of Staff and Workers at Work		离岗职工生活费 Living Expenses of Laid-off Staff and Workers		在岗职工平均工资(元) Average Wage of Staff and Workers at Work (yuan)	
		2004	2005	2004	2005	2004	2005	2004	2005
总　计	**Total**	**611.90**	**811.01**	**581.46**	**780.28**	**8.61**	**8.87**	**19354**	**21117**
杭州市	Hangzhou	133.51	196.72	127.69	188.36	2.46	2.69	25355	27354
宁波市	Ningbo	118.57	139.84	109.75	134.32	0.91	0.88	22686	23173
温州市	Wenzhou	90.17	104.03	87.14	100.84	0.76	0.87	15401	16785
嘉兴市	Jiaxing	62.60	90.28	59.60	86.13	0.89	0.79	17243	17678
湖州市	Huzhou	22.66	32.70	21.21	31.41	0.51	0.54	17677	19254
绍兴市	Shaoxing	63.58	95.08	61.20	93.03	0.59	0.50	16976	19935
金华市	Jinhua	34.86	48.33	33.78	47.10	0.46	0.49	17820	18799
衢州市	Quzhou	14.22	14.14	13.25	13.18	0.58	0.58	17774	20667
舟山市	Zhoushan	12.87	14.38	12.54	13.91	0.40	0.39	17779	20488
台州市	Taizhou	44.56	58.43	41.33	55.29	0.73	0.81	19526	22763
丽水市	Lishui	11.78	13.83	11.43	13.47	0.32	0.32	19339	21458

5-14 各市国有控股企业单位从业人员劳动报酬

Remuneration Payment to Employed Persons in Enterprises with Controling Share Hold by State by City

单位:亿元 (100 million yuan)

城市 City		单位从业人员劳动报酬 Remuneration Payment to Employed Persons		#在岗职工工资总额 Wages of Staff and Workers at Work		离岗职工生活费 Living Expenses of Laid-off Staff and Workers		在岗职工平均工资(元) Average Wage of Staff and Workers at Work (yuan)	
		2004	2005	2004	2005	2004	2005	2004	2005
总　计	**Total**	**273.98**	**302.74**	**262.13**	**290.58**	**6.13**	**6.61**	**28433**	**33236**
杭州市	Hangzhou	80.60	98.96	77.46	95.27	1.77	2.12	31665	37306
宁波市	Ningbo	49.18	53.51	47.30	51.65	0.67	0.71	33754	39802
温州市	Wenzhou	35.80	32.44	34.17	30.93	0.61	0.71	28362	31819
嘉兴市	Jiaxing	19.16	20.61	18.07	19.36	0.50	0.51	32866	37954
湖州市	Huzhou	10.18	11.02	9.81	10.67	0.39	0.44	22412	27164
绍兴市	Shaoxing	16.18	16.71	15.04	16.11	0.34	0.29	25230	28607
金华市	Jinhua	14.11	15.98	13.92	15.74	0.31	0.30	23917	26563
衢州市	Quzhou	9.81	9.78	9.31	9.26	0.56	0.55	20632	25732
舟山市	Zhoushan	8.95	9.40	8.73	9.04	0.30	0.28	19907	23284
台州市	Taizhou	20.80	23.57	19.29	22.04	0.47	0.49	27366	32795
丽水市	Lishui	6.67	7.52	6.49	7.29	0.22	0.21	26611	31707

5-15 各市事业单位从业人员劳动报酬

Remuneration Payment to Employed Persons in Institutions by City

单位:亿元 (100 million yuan)

城市 City		单位从业人员劳动报酬 Remuneration Payment to Employed Persons		#在岗职工工资总额 Wages of Staff and Workers at Work		离岗职工生活费 Living Expenses of Laid-off Staff and Workers		在岗职工平均工资(元) Average Wage of Staff and Workers at Work (yuan)	
		2004	2005	2004	2005	2004	2005	2004	2005
总　计	**Total**	**279.30**	**353.79**	**291.25**	**347.24**	**2.49**	**2.56**	**32022**	**36726**
杭州市	Hangzhou	64.80	76.06	63.42	74.37	0.54	0.58	33868	37313
宁波市	Ningbo	40.83	53.64	39.85	52.59	0.21	0.24	32930	41168
温州市	Wenzhou	41.34	45.60	40.52	44.97	0.24	0.22	33063	36290
嘉兴市	Jiaxing	21.60	24.68	21.20	24.18	0.20	0.15	31093	32186
湖州市	Huzhou	12.67	14.77	12.27	14.25	0.06	0.09	28254	32857
绍兴市	Shaoxing	27.60	33.46	26.86	32.89	0.16	0.16	35951	42882
金华市	Jinhua	26.13	29.29	25.83	29.01	0.24	0.21	30714	32701
衢州市	Quzhou	9.26	10.47	9.08	10.26	0.05	0.07	27477	29937
舟山市	Zhoushan	7.61	8.09	7.48	7.99	0.16	0.16	29808	32621
台州市	Taizhou	32.56	42.92	31.88	42.02	0.35	0.32	33897	43396
丽水市	Lishui	12.20	13.55	12.10	13.44	0.20	0.24	24673	26729

5－16 各市机关单位从业人员劳动报酬
Remuneration Payment to Employed Persons in Government Agencies by City

单位:亿元 (100 million yuan)

城市 City		单位从业人员劳动报酬 Remuneration Payment to Employed Persons		#在岗职工工资总额 Wages of Staff and Workers at Work		离岗职工生活费 Living Expenses of Laid－off Staff and Workers		在岗职工平均工资(元) Average Wage of Staff and Workers at Work (yuan)	
		2004	2005	2004	2005	2004	2005	2004	2005
总　计	**Total**	**132.22**	**172.48**	**130.38**	**170.83**	**2.24**	**2.15**	**36895**	**45770**
杭州市	Hangzhou	27.96	34.59	27.70	34.28	0.66	0.72	41661	50354
宁波市	Ningbo	18.70	26.34	18.50	26.02	0.36	0.36	40046	52648
温州市	Wenzhou	18.03	23.93	17.78	23.73	0.16	0.18	32573	41607
嘉兴市	Jiaxing	9.31	10.59	9.23	10.52	0.23	0.19	43777	46076
湖州市	Huzhou	6.89	8.18	6.62	7.98	0.07	0.07	35461	43938
绍兴市	Shaoxing	11.40	14.51	11.06	14.36	0.26	0.15	42848	54830
金华市	Jinhua	12.07	14.89	11.99	14.84	0.12	0.10	35100	37659
衢州市	Quzhou	6.45	8.69	6.31	8.55	0.05	0.07	32007	37507
舟山市	Zhoushan	3.75	4.69	3.72	4.66	0.07	0.08	33534	37983
台州市	Taizhou	11.28	18.91	11.18	18.77	0.17	0.17	33307	55534
丽水市	Lishui	6.38	7.17	6.28	7.11	0.09	0.06	28665	30613

5-17 离休、退休、退职人员保险福利费用构成情况(2005年)
Social Insurance and Welfare Funds for Retired and Resigned Persons(2005)

单位:亿元 (100 million yuan)

项目	Item	合计 Total	离休金 Pensions for Retired Veterans	退休金 Pensions for Retired Persons	医疗卫生费 Expenses for Medical Care	其他 Others
总计	**Total**	**228.66**	**7.96**	**193.42**	**13.57**	**13.71**
企业	**Enterprises**	**133.54**	**2.76**	**117.30**	**7.24**	**6.24**
内资企业	Domestic Funded Enterprises	130.36	2.73	114.27	7.21	6.16
国有企业	State-owned Enterprises	53.86	1.84	45.75	3.55	2.72
集体企业	Collective Owned Enterprises	26.90	0.16	23.32	1.55	1.87
其他企业	Others	49.61	0.74	45.20	2.10	1.57
港澳台商及外商投资企业	Enterprises with Investment from HongKong, Macao and Taiwan	3.18	0.02	3.03	0.04	0.08
事业	**Institutions**	**65.41**	**2.15**	**53.73**	**3.94**	**5.58**
机关	**Government Agencies**	**25.84**	**3.03**	**18.76**	**2.25**	**1.79**
其他	**Others**	**3.86**	**0.02**	**3.62**	**0.13**	**0.09**

5－18　历年城镇居民生活水平(1978－2005年)
Living Standard of Urban Resident(1978－2005)

年份 Year	人均可支配收入(元) Per Capita Disposable Income(yuan)	人均可支配收入指数(上年＝100) Growth Rate of Per Capita Disposable Income (Preceding year＝100)	人均消费性支出(元) Per Capita Consumption Expenditure (yuan)	#食品支出 Food	恩格尔系数 Engel Coefficient	人均住房使用面积(平方米) Per Captia Floor Space of Residential Buildings(sq. m)
1978	332		301			
1980	488		428			
1981	523	105.4	476	264	55.6	
1982	530	99.4	471	270	57.3	
1983	551	101.2	484	288	59.5	9.44
1984	669	117.1	795	407	51.3	9.95
1985	904	117.4	795	407	51.3	11.07
1986	1104	114.9	969	492	50.8	11.76
1987	1228	100.3	1100	570	51.8	12.15
1988	1589	104.9	1453	741	51.0	12.49
1989	1797	96.8	1556	851	54.7	13.05
1990	1932	105.3	1604	885	55.1	13.55
1991	2143	105.0	1806	992	55.0	13.71
1992	2619	111.9	2154	1111	51.6	14.13
1993	3626	114.0	2856	1417	49.4	14.47
1994	5066	112.0	4079	1945	47.4	15.58
1995	6221	105.0	5263	2489	47.0	15.64
1996	6956	101.8	5764	2714	46.9	15.91
1997	7359	101.6	6170	2723	43.9	16.25
1998	7837	105.3	6218	2644	42.5	18.25
1999	8428	108.0	6522	2629	40.3	19.47
2000	9279	109.1	7020	2752	39.2	19.87
2001	10465	113.3	7952	2888	36.3	20.30
2002	11716	113.4	8713	3474	37.9	21.12
2003	13180	111.9	9713	3558	36.6	21.60
2004	14546	107.4	10636	3851	36.2	23.90
2005	16294	112.0	12254	4140	33.8	26.10

注：人均可支配收入指数扣除价格变动因素。
Growth rate of per－capita disposable income was excluded price changes.

5－19 城镇居民家庭基本情况
Basic Statistics on Urban Households

项　目		Item		2000	2001	2002	2003	2004	2005
调查户数	（户）	Number of Households Surveyed	(household)	1840	1900	1900	2250	2380	4150
平均每户家庭人口数	（人）	Average Household Size	(person)	2.91	2.84	2.84	2.81	2.81	2.80
平均每户就业人口数	（人）	Average Employed Persons Per Household	(person)	1.62	1.57	1.50	1.51	1.50	1.45
平均每户就业面	（%）	Percentage of Employed Persons Per Household	(%)	55.55	54.33	52.82	53.74	53.38	51.79
平均每一就业者负担人数(包括就业者本人)	（人）	Number of Persons Suppo－rted by Each Laborer (Including the Employee Himself or Herself)	(person)	1.80	1.84	1.89	1.86	1.87	1.93
平均每人全部年收入	（元）	Per Capita AnnualIncome	(yuan)	9271	10519	12682	14295	15882	17877
#可支配收入	（元）	Per Capita Disposal Income	(yuan)	9279	10465	11716	13180	14546	16294
工薪收入	（元）	Wages Income	(yuan)	6444	7214	8534	9693	10753	11941
经营净收入	（元）	Net Business Income	(yuan)	481	554	761	1172	1336	1922
财产性收入	（元）	Property Income	(yuan)	156	165	202	374	384	553
转移性收入	（元）	Transfer Income	(yuan)	2190	2586	3185	3057	3409	3462
出售财物收入	（元）	Income of Properties Sold	(yuan)	63	22	77	322	596	158
平均每人消费性支出	（元）	Per Annual Expenditure for Consumption	(yuan)	7020	7952	8713	9713	10636	12254
食品	（元）	Food	(yuan)	2752	2888	3474	3558	3851	4140
衣着	（元）	Clothing	(yuan)	570	669	744	830	942	1264

5－19 续表 continued

项 目		Item		2000	2001	2002	2003	2004	2005
家庭设备用品及服务	(元)	Household Facilities Articles and Services	(yuan)	662	927	283	593	597	609
医疗保健	(元)	Medicine and Medical Services	(yuan)	541	533	668	738	829	832
交通和通讯	(元)	Transportation and Communications	(yuan)	623	689	899	1224	1419	2097
娱乐教育、文化	(元)	Recreation, Education and Culture	(yuan)	917	1065	1407	1487	1681	1850
居住	(元)	Residence	(yuan)	600	724	739	953	971	1059
杂项商品和服务	(元)	Miscellaneous Commodities and Services	(yuan)	354	457	261	330	346	402
平均每人消费性支出构成(人均消费支出＝100)	(%)	Composition of Per Capita Annual Expenditure for Consumption(Per Capita Expenditure Consumption ＝100)	(%)	100	100	100	100	100	100
食品	(%)	Food	(%)	39.21	36.32	39.88	36.64	36.20	33.80
衣着	(%)	Clothing	(%)	8.12	8.41	8.54	8.55	8.90	10.30
家庭设备用品及服务	(%)	Household Facilities, Articles and Services	(%)	9.43	11.65	5.99	6.10	5.60	5.00
医疗保健	(%)	Medicine and Medical Services	(%)	7.71	6.70	7.66	7.60	7.80	6.80
交通和通讯	(%)	Transportation and Communications	(%)	8.88	8.66	10.32	12.60	13.30	17.10
娱乐教育、文化	(%)	Recreation, Education and Culture	(%)	13.07	13.39	16.15	15.31	15.80	15.10
居住	(%)	Residence	(%)	8.55	9.11	8.48	9.81	9.10	8.60
杂项商品和服务	(%)	Miscellaneous Commodities and Services	(%)	5.05	5.75	2.99	3.39	3.30	3.30

5-21 城镇居民家庭平均每人收支情况

Per Capita Annual Income and Expenditures of Urban Households

单位:元 (yuan)

项 目	Item	2000	2001	2002	2003	2004	2005
家庭总收入	**Total Income**	**9271**	**10519**	**12682**	**14295**	**15882**	**17877**
工薪收入	Wages	6444	7214	8534	9693	10753	11941
经营净收入	Net Business Income	481	554	761	1172	1336	1922
财产性收入	Property Income	156	165	202	374	384	553
转移性收入	Transfer Income	2190	2586	3185	3057	3409	3462
出售财物收入	**Income of Properties Sold**	**63**	**22**	**77**	**322**	**596**	**158**
借贷收入	**Borrowing Money and Loans**	**2540**	**3068**	**2632**	**3647**	**4204**	**5134**
#提取储蓄存款	Drawing Money from Banks	1662	2069	2097	2573	3080	4120
借入款	Borrowed Money	300	192	276	286	244	277
住房贷款	Asking for Banks Loan for Purchasing Houses	134	167	103	472	446	191
家庭总支出	**Tolal Expenditure**	**8786**	**10074**	**11836**	**13692**	**15220**	**16906**
消费性支出	Consumption Expenditure	7020	7952	8713	9713	10636	12254
购房与建房支出	Purchasing and Building Houses	833	1125	1079	1516	1844	1333
转移性支出	Transfer Expenditure	921	990	1237	1526	1602	1966
#缴纳个人收入税	Income Tax	21	40	112	134	163	206
捐赠支出	Expenditure for Presentation	636	682	786	896	948	1149
赡养支出	Expenditure for Alimony	185	203	269	406	389	453
财产性支出	Property Expenditure	6	6	9	20	48	77
借贷支出	**Lend Money and Savings**	**2455**	**3143**	**3127**	**3734**	**4933**	**5226**
#存入储蓄款	Savings Deposits	1735	2407	2590	2909	3901	3973
借出款	Lend Money	54	35	16	55	64	67
储蓄性保险支出	Expenditure for Savings and Insurance	148	215	106	142	195	138
期末手存现金	**Cash Now Available**	**1210**	**1378**	**1623**	**1770**	**1888**	**1920**

5－22 城镇居民家庭平均每人全年收支（2005 年）

Per Capita Annual Cash Income and Expenditures of Urban Households(2005)

单位:元 (yuan)

项 目	Item	总平均 Average	按可支配收入分组 Grouped by Disposable Income						
			最低收入户 Lowest Income Households	低收入户 Low Income Households	中等偏下户 Lower Middle Income Households	中等收入户 Middle Income Households	中等偏上户 Upper Middle Income Households	高收入户 High Income Households	最高收入户 Highest Income Households
家庭总收入	**Total Income**	**17877**	**5686**	**8377**	**11166**	**15325**	**20812**	**27527**	**42726**
工薪收入	Wages	11941	3209	5150	6716	9770	13974	20105	30090
经营净收入	Net Business Income	1922	818	1288	1568	1793	2083	1624	4642
财产性收入	Property Income	553	155	217	250	284	514	1009	2058
转移性收入	Transfer Income	3462	1505	1723	2633	3477	4241	4789	5936
出售财物收入	**Income of Properties Sold**	**158**	**6**	**11**	**20**	**172**	**38**	**15**	**1114**
借贷收入	**Borrowing Money and Loans**	**5134**	**1828**	**1908**	**2397**	**3340**	**5391**	**6712**	**18832**
#提取储蓄存款	Drawing Money from Banks	4120	1550	1633	2170	2661	4827	5885	12917
借入款	Borrowed Money	277	205	216	132	218	193	464	803
住房贷款	Asking for Banks Loan for Purchasing Houses	191		5		10	87	8	1728
家庭总支出	**Tolal Expenditure**	**16906**	**6470**	**8764**	**10838**	**14468**	**19265**	**23867**	**41033**
消费性支出	Consumption Expenditure	12254	5331	7135	8830	10748	13820	17548	25772
购房与建房支出	Purchasing and Building Houses	1333	2	91	121	939	1573	1131	6968
转移性支出	Transfer Expenditure	1966	488	868	1045	1612	2248	3152	5366
#缴纳个人收入税	Income Tax	206	6	18	42	115	210	388	925
捐赠支出	Expenditure for Presentation	1149	265	380	626	964	1329	1904	3125
赡养支出	Expenditure for Alimony	453	181	439	283	422	504	633	854
财产性支出	Property Expenditure	77	3	6	26	40	111	167	233
借贷支出	**Lend Money and Savings**	**5226**	**630**	**882**	**1913**	**3559**	**5824**	**8767**	**19549**
#存入储蓄款	Savings Deposits	3973	465	696	1498	2743	4656	6960	13921
借出款	Lend Money	67	10	3	4	152	28	139	152
储蓄性保险支出	Expenditure for Savings and Insurance	138	21	24	78	126	127	254	425
期末手存现金	**Cash Now Available**	**1920**	**944**	**1066**	**1451**	**1779**	**2132**	**3190**	**3345**

5－23 城镇居民家庭平均每人全年消费性支出

Per Capita Annual Consumption Expenditures of Urban Households

单位：元 (yuan)

项　目	Item	2000	2001	2002	2003	2004	2005
消费性支出	**Consumption Expenditure**	**7020**	**7952**	**8713**	**9713**	**10636**	**12254**
食品	**Food**	**2752**	**2888**	**3474**	**3558**	**3851**	**4140**
粮食类	Category of Grain	302	292	274	304	379	391
粮食	Grain	184	183	172	183	240	239
淀粉及薯类	Starches and Potatoes	15	14	10	13	13	21
干豆类及豆制品	Dried Bean and Related Products	48	47	41	45	52	53
油脂类	Fat or Oil	56	48	51	63	74	78
肉禽蛋水产品类	Meat, Poultry Eggs and Aquatic Products	900	892	1057	1070	1088	1151
肉禽及制品	Meat, Poultry and Related Products	448	433	457	475	537	579
蛋类	Eggs	48	46	48	48	52	57
水产品类	Aquatic Products	404	413	552	547	500	516
蔬菜类	Vegetables	237	234	319	311	336	335
调味品	Condiment	32	32	35	36	36	36
糖烟酒饮料	Sugar, Tobacco, Liquor and Beverage	362	396	409	456	506	553
糖类	Sugar	28	29	28	28	33	33
烟草类	Tobacco	196	219	233	255	292	326
酒和饮料	Liquor and Beverage	138	148	148	173	181	194
干鲜瓜果类	Dried and Fresh Melons, Fruits	224	227	232	255	281	297
糕点、奶及奶制品	Cake, Milk and Related Products	138	155	178	202	213	227
糕点	Cakes	56	58	58	63	69	72
奶及奶制品	Milk and Related Products	82	97	120	139	144	155
其他食品	Other Food	52	60	88	95	101	85
饮食服务	Catering Services	505	601	880	828	911	1065
#在外饮食	Eating Outside	504	601	879	828	911	1064

项 目	Item	2000	2001	2002	2003	2004	2005
衣着	**Clothing**	**570**	**669**	**744**	**830**	**942**	**1264**
#服装	Garments	389	472	543	628	718	970
衣着材料	Clothing Materials	28	21	15	11	10	11
鞋类	Shoes	115	140	152	159	183	241
其他衣着用品	Other Clothing	25	25	23	22	23	34
衣着加工服务费	Service Expenses of Clothing Processing	13	11	11	10	8	9
家庭设备用品及服务	**Family Articles and Services**	**662**	**927**	**522**	**593**	**597**	**609**
#耐用消费品	Durable Consumer Goods	414	545	283	320	316	285
室内装饰品	Interior Decorations	17	29	19	24	23	27
床上用品	Bed Articles	30	37	46	48	52	74
家庭日用杂品	Articles for Daily Use	103	115	117	141	147	155
家具材料	Furniture Materials	7	39	6	13	13	10
家庭服务	Services	90	162	51	47	46	58
医疗保健	**Medicine and Medical Services**	**541**	**533**	**668**	**738**	**829**	**832**
交通和通讯	**Transportation and Communication**	**623**	**689**	**899**	**1224**	**1419**	**2097**
交通	Transportation	274	262	410	640	794	1299
通讯	Communication	349	427	489	584	625	798
娱乐、教育、文化	**Recreation, Education and Cultural Services**	**917**	**1065**	**1407**	**1487**	**1681**	**1850**
文化娱乐用品	Goods for Recreation	367	360	408	389	415	412
文化娱乐服务	Services for Recreation	128	155	264	296	407	465
教育	Education	490	636	735	802	860	973
居住	**Residence**	**600**	**724**	**739**	**953**	**971**	**1059**
住房	Housing	250	347	292	428	447	368
水电燃料及其他	Water, Electricity and Fuels	323	349	421	492	496	641
居住服务费	Residence Services	26	28	25	34	28	50
杂项商品和服务	**Miscellaneous Commodities and Services**	**354**	**457**	**261**	**330**	**346**	**402**

注:杂项商品和服务自2002年起数据统计口径调整。
The data of miscellaneous commodities and services are adjusted since 2002.

5-24 城镇居民家庭平均每人全年消费性支出(2005年)

Per Capita Annual Consumption Expenditures of Urban Households(2005)

单位:元 (yuan)

项目	Item	总平均 Average	按可支配收入分组 Grouped by Disposable Income						
			最低收入户 Lowest Income Households	低收入户 Low Income Households	中等偏下户 Lower Middle Income Households	中等收入户 Middle Income Households	中等偏上户 Upper Middle Income House-holds	高收入户 High Income Households	最高收入户 Highest Income Households
消费性支出	**Consumption Expenditure**	**12254**	**5331**	**7135**	**8830**	**10748**	**13820**	**17548**	**25772**
食品	**Food**	**4140**	**2371**	**3152**	**3564**	**4160**	**4588**	**5090**	**6160**
粮食类	Category of Grain	391	361	388	404	404	392	383	375
粮食	Grain	239	222	242	245	247	240	235	230
淀粉及薯类	Starches and Potatoes	21	17	18	21	22	22	22	21
干豆类及豆制品	Dried Bean and Related Products	53	54	52	56	56	51	49	48
油脂类	Fat or Oil	78	68	75	82	78	80	78	76
肉禽蛋水产品类	Meat, Poultry Eggs and Aquatic Products	1151	819	1006	1105	1234	1221	1252	1313
肉禽及制品	Meat, Poultry and Related Products	579	474	548	590	619	597	573	580
蛋类	Eggs	57	44	54	58	60	58	60	57
水产品类	Aquatic Products	516	301	404	457	555	566	619	676
蔬菜类	Vegetables	335	288	303	332	354	351	341	345
调味品	Condiment	36	30	33	37	38	37	35	37
糖烟酒饮料	Sugar, Tobacco, Liquor and Beverage	553	238	427	467	563	624	622	939
糖类	Sugar	33	15	22	30	31	40	35	58
烟草类	Tobacco	326	135	264	271	331	358	366	571
酒和饮料	Liquor and Beverage	194	88	141	166	201	225	221	310
干鲜瓜果类	Dried and Fresh Melons, Fruits	297	148	201	253	307	344	374	440
糕点、奶及奶制品	Cake, Milk and Related Products	227	98	166	196	228	273	293	320
糕点	Cakes	72	32	48	63	77	85	91	97
奶及奶制品	Milk and Related Products	155	66	118	134	150	188	201	223
其他食品	Other Food	85	41	53	72	86	102	118	114
饮食服务	Catering Services	1065	348	575	698	947	1245	1673	2277
#在外饮食	Eating Outside	1064	347	575	697	946	1244	1666	2276

单位:元　　5-24　续表　continued　　(yuan)

项　目	Item	总平均 Average	按可支配收入分组 Grouped by Disposable Income 最低收入户 Lowest Income Households	低收入户 Low Income Households	中等偏下户 Lower Middle Income Households	中等收入户 Middle Income Households	中等偏上户 Upper Middle Income Households	高收入户 High Income Households	最高收入户 Highest Income Households
衣着	**Clothing**	**1264**	**354**	**559**	**809**	**1102**	**1568**	**2081**	**2691**
#服装	Garments	970	256	408	602	828	1214	1629	2121
衣着材料	Clothing Materials	11	5	6	9	12	12	14	18
鞋类	Shoes	241	80	124	166	226	292	371	463
其他衣着用品	Other Clothing	34	12	17	26	28	40	54	64
衣着加工服务费	Service Expenses of Clothing Processing	9	2	3	6	9	10	13	25
家庭设备用品及服务	**Family Articles and Services**	**609**	**201**	**287**	**409**	**508**	**766**	**1011**	**1224**
#耐用消费品	Durable Consumer Goods	285	97	139	193	237	400	444	512
室内装饰品	Interior Decorations	27	9	4	13	15	24	41	111
床上用品	Bed Articles	74	16	28	49	66	97	131	144
家庭日用杂品	Articles for Daily Use	155	68	98	124	150	182	212	260
家具材料	Furniture Materials	10	1	1	6	2	2	39	37
家庭服务	Services	58	10	18	24	39	60	144	160
医疗保健	**Medicine and Medical Services**	**832**	**404**	**510**	**648**	**821**	**1086**	**1069**	**1232**
交通和通讯	**Transportation and Communication**	**2097**	**449**	**814**	**1058**	**1322**	**2072**	**3181**	**7666**
交通	Transportation	1299	145	318	486	571	1153	2004	6142
通讯	Communication	798	304	496	572	750	918	1177	1524
娱乐、教育、文化	**Recreation, Education and Cultural Services**	**1850**	**785**	**995**	**1246**	**1529**	**2134**	**2976**	**3921**
文化娱乐用品	Goods for Recreation	412	113	172	241	355	506	673	967
文化娱乐服务	Services for Recreation	465	68	147	214	292	548	917	1405
教育	Education	973	604	676	792	883	1080	1386	1548
居住	**Residence**	**1059**	**685**	**671**	**843**	**955**	**1106**	**1486**	**1950**
住房	Housing	368	245	149	235	272	353	628	945
水电燃料及其他	Water, Electricity and Fuels	641	424	505	574	636	705	788	863
居住服务费	Residence Services	50	17	17	33	46	48	70	142
杂项商品和服务	**Miscellaneous Commodities and Services**	**402**	**83**	**147**	**252**	**351**	**501**	**654**	**928**

5－25 城镇居民家庭平均每人全年购买主要商品数量
Per Capita Annual Purchases of Major Commodities of Urban Households

名 称		Item		2000	2001	2002	2003	2004	2005
粮食	（公斤）	Grain	(kg)	77.24	74.58	70.28	72.00	73.07	69.05
鲜菜	（公斤）	Fresh Vegetables	(kg)	87.89	89.25	108.25	101.50	102.28	88.71
食用植物油	（公斤）	Edible Vegetables Oil	(kg)	6.73	6.35	6.71	7.37	7.76	8.18
猪肉	（公斤）	Pork	(kg)	15.06	14.32	17.60	17.58	18.19	18.73
牛羊肉	（公斤）	Beef and Mutton	(kg)	0.99	0.97	1.02	1.10	1.19	1.65
家禽	（公斤）	Poultry	(kg)	9.79	9.25	11.04	11.01	9.94	10.64
鲜蛋	（公斤）	Fresh Eggs	(kg)	8.96	8.06	7.17	7.24	6.49	6.40
鱼虾	（公斤）	Fish and Shrimp	(kg)	15.63	15.77	18.67	18.78	16.30	16.66
白酒	（公斤）	White Spirit	(kg)	1.80	2.03	1.47	1.56	1.95	1.93
啤酒	（公斤）	Beer	(kg)	9.83	9.89	10.11	10.52	11.14	9.97
其他酒	（公斤）	Other Liquor	(kg)	6.44	6.06	5.66	5.95	4.79	4.13
茶叶	（公斤）	Tea	(kg)	0.17	0.17	0.14	0.14	0.16	0.17
糕点	（公斤）	Cake	(kg)	3.72	3.69	3.68	4.00	4.13	4.08
干鲜瓜果及制品	（公斤）	Dried and Fresh Melons and Fruits and Related Products	(kg)	64.35	70.25	59.55	67.88	68.04	61.85
坚果及果仁	（公斤）	Nuts and Kernels	(kg)	3.95	4.03	2.96	3.15	3.52	3.59
鲜奶	（公斤）	Fresh Milk	(kg)	10.84	12.44	15.25	16.55	16.07	13.45
服装	（件）	Garments	(piece)	7.18	7.95	7.91	8.37	8.33	9.71
鞋	（双）	Shoes	(pair)	2.51	2.59	2.49	2.82	2.62	2.97
水	（吨）	Water	(tons)	39.02	38.13	44.07	42.39	43.68	56.38
电	（千瓦时）	Electricity	(kw. h)	318.96	361.84	424.33	543.50	542.11	656.07
煤炭	（公斤）	Coal	(kg)	16.77	15.40	13.08	12.31	12.37	11.56
液化石油气	（公斤）	Liquefied Petroleum Gas	(kg)	26.83	27.38	31.40	28.92	25.44	30.23
管道煤气	（立方米）	Pipeline Gas	(cu. m)	9.15	9.59	9.64	11.68	10.00	8.39

5-26 城镇居民家庭平均每人全年购买主要商品数量(2005年)

Per Capita Annual Purchases of Major Commodities of Urban Households(2005)

名称		Item		总平均 Average	按可支配收入分组 Grouped by Disposable Income						
					最低收入户 Lowest Income Households	低收入户 Low Income Households	中等偏下户 Lower Middle Income Households	中等收入户 Middle Income Households	中等偏上户 Upper Middle Income House-holds	高收入户 High Income Households	最高收入户 Highest Income Households
粮食	(公斤)	Grain	(kg)	69.05	71.71	74.4	73.31	71.74	67.42	60.57	58.80
鲜菜	(公斤)	Fresh Vegetables	(kg)	88.71	87.1	85.65	90.12	91.74	91.26	84.6	83.83
食用植物油	(公斤)	Edible Vegetables Oil	(kg)	8.18	7.23	7.94	9.41	8.19	7.95	7.94	7.52
猪肉	(公斤)	Pork	(kg)	18.73	18.46	19.14	19.65	19.73	18.72	17.37	16.10
牛羊肉	(公斤)	Beef and Mutton	(kg)	1.65	1.12	1.54	1.68	1.58	1.79	1.82	1.88
家禽	(公斤)	Poultry	(kg)	10.64	8.31	9.79	10.82	11.66	11.21	10.65	10.20
鲜蛋	(公斤)	Fresh Eggs	(kg)	6.40	5.62	6.25	6.59	6.75	6.48	6.48	6.00
鱼虾	(公斤)	Fish and Shrimp	(kg)	16.66	13.21	15.42	16.41	18.30	17.34	16.52	17.33
白酒	(公斤)	White Spirit	(kg)	1.93	1.59	2.01	2.15	2.23	1.84	1.27	2.02
啤酒	(公斤)	Beer	(kg)	9.97	7.09	10.24	11.32	11.65	9.53	9.27	7.96
其他酒	(公斤)	Other Liquor	(kg)	4.13	2.67	4.54	4.75	5.06	3.79	3.24	3.55
茶叶	(公斤)	Tea	(kg)	0.17	0.10	0.15	0.16	0.18	0.17	0.18	0.19
糕点	(公斤)	Cake	(kg)	4.08	2.34	3.04	3.85	4.42	4.68	4.71	4.81
干鲜瓜果及制品	(公斤)	Dried and Fresh Melons and Fruits and Related Products	(kg)	61.85	40.05	48.52	57.71	64.48	68.8	70.71	77.3
坚果及果仁	(公斤)	Nuts and Kernels	(kg)	3.59	2.50	2.94	3.49	4.10	3.74	3.86	3.93
鲜奶	(公斤)	Fresh Milk	(kg)	13.45	6.97	10.56	11.14	14.22	16.01	15.99	18.27
服装	(件)	Garments	(piece)	9.71	4.85	6.31	8.32	9.44	11.24	13.14	14.81
鞋	(双)	Shoes	(pair)	2.97	1.89	2.16	2.76	3.09	3.23	3.73	3.72
水	(吨)	Water	(ton)	56.38	34.82	47.95	52.63	54.56	61.39	71.11	71.98
电	(千瓦时)	Electricity	(kw.h)	656.07	383.55	472.21	551.08	641.85	723.65	873.19	997.27
煤炭	(公斤)	Coal	(kg)	11.56	24.21	17.23	15.66	11.86	6.52	4.72	1.53
液化石油气	(公斤)	Liquefied Petroleum Gas	(kg)	30.23	28.1	27.04	32.34	31.57	30.51	32.15	26.16
管道煤气	(立方米)	Pipeline Gas	(cu.m)	8.39	4.11	7.44	5.03	7.62	10.92	11.18	13.96

5-27 城镇居民家庭平均每百户耐用消费品购买量
Per 100 Urban Households Annual Average Purchases of Durable Consumer Goods

名称		Item		2000	2001	2002	2003	2004	2005
洗衣机	（台）	Washing Machine	(unit)	4.38	3.94	4.20	4.68	4.56	3.72
电风扇	（台）	Electric Fan	(unit)	11.09	12.25	9.96	14.04	12.48	13.32
电冰箱	（台）	Refrigerator	(unit)	3.75	3.34	4.80	4.20	4.80	4.56
微波炉	（台）	Microwave oven	(unit)	5.85	5.41	5.40	4.92	5.16	3.00
空调器	（台）	Air conditioner	(unit)	6.71	9.81	10.32	16.08	13.32	9.60
电炊具	（个）	Electric Cooking Appliances	(unit)	8.56	8.27	8.76	10.68	12.12	13.44
淋浴热水器	（个）	Shower	(unit)	4.18	3.68	4.56	5.52	4.56	5.64
排油烟机	（台）	Range Hoods	(unit)	3.29	3.13	3.48	3.24	3.60	2.04
吸尘器	（台）	Dust Collector	(unit)	0.47	0.33	1.08	0.84	0.60	0.24
摩托车	（辆）	Motorcycle	(unit)	1.97	2.45	2.28	1.44	2.28	1.44
自行车	（辆）	Bicycle	(unit)	17.13	17.55	18.48	16.80	15.12	11.16
家用汽车	（辆）	Household Car	(unit)	0.10		0.24	0.60	0.84	1.92
彩色电视机	（台）	Color TV Set	(unit)	9.02	10.88	9.84	7.80	8.04	7.44
影碟机	（台）	Video Disc Player	(unit)	4.76	4.09	4.44	3.72	3.36	2.40
录放像机	（台）	Videorecorder	(unit)	0.05	0.35	0.36	0.36	0.48	0.24
家用电脑	（台）	Household Electronic Computer	(unit)	5.33	4.30	7.08	7.32	6.48	6.12
组合音响	（台）	Hi-Fi Stereo Component System	(unit)	1.13	0.90	1.08	0.84	0.96	0.48
录音机	（台）	Recorder	(unit)	2.08	3.09	6.60	4.08	5.28	3.84
摄像机	（架）	Pickup Camera	(unit)	0.30		0.12	0.24	0.24	0.36
照相机	（架）	Camera	(unit)	1.60	2.47	1.44	2.28	2.64	3.24
钢琴	（架）	Piano	(unit)	0.10	0.04	0.12	0.12	0.12	0.24

5-28 城镇居民家庭平均每百户耐用消费品购买量(2005 年)

Per 100 Urban Households Annual Average Purchases of Durable Consumer Goods(2005)

名 称		Item		总平均 Average	按可支配收入分组 Grouped by Disposable Income						
					最低收入户 Lowest Income Households	低收入户 Low Income Households	中等偏下户 Lower Middle Income Households	中等收入户 Middle Income Households	中等偏上户 Upper Middle Income House-holds	高收入户 High Income Households	最高收入户 Highest Income Households
洗衣机	(台)	Washing Machine	(unit)	3.72	1.56	2.16	3.24	5.04	3.84	4.32	4.44
电风扇	(台)	Electric Fan	(unit)	13.32	8.88	13.80	9.96	14.88	13.56	13.08	19.32
电冰箱	(台)	Refrigerator	(unit)	4.56	2.28	3.96	4.44	5.28	5.40	3.72	5.40
微波炉	(台)	Microwave oven	(unit)	3.00	2.40	3.24	2.64	3.36	3.24	3.60	2.28
空调器	(台)	Air conditioner	(unit)	9.60	3.36	6.72	6.60	8.04	12.72	13.20	16.56
电炊具	(个)	Electric Cooking Appliances	(unit)	13.44	6.24	9.60	11.16	15.24	16.20	18.72	12.48
淋浴热水器	(个)	Shower	(unit)	5.64	4.08	3.60	5.16	5.40	5.64	7.92	7.08
排油烟机	(台)	Range Hoods	(unit)	2.04	0.36	0.96	1.68	2.64	2.40	3.24	2.40
吸尘器	(台)	Dust Collector	(unit)	0.24		0.36	0.24	0.36	0.24		0.72
摩托车	(辆)	Motorcycle	(unit)	1.44	0.84	0.48	0.60	1.80	2.16	1.80	1.44
自行车	(辆)	Bicycle	(unit)	11.16	6.24	11.88	10.92	12.12	12.36	10.56	11.16
家用汽车	(辆)	Household Car	(unit)	1.92		1.08	0.60	0.72	1.56	2.40	8.64
彩色电视机	(台)	Color TV Set	(unit)	7.44	3.36	3.12	6.00	7.32	9.36	9.72	11.04
影碟机	(台)	Video Disc Player	(unit)	2.40	0.48	1.20	0.96	2.76	2.88	2.40	5.52
录放像机	(台)	Videorecorder	(unit)	0.24				0.12	0.84	0.12	0.48
家用电脑	(台)	Household Electronic Computer	(unit)	6.12	3.84	5.04	5.16	5.64	5.88	8.28	10.20
组合音响	(台)	Hi-Fi Stereo Component System	(unit)	0.48		0.48		0.48	0.60	0.60	1.56
录音机	(台)	Recorder	(unit)	3.84	3.72	2.88	3.00	4.08	4.80	3.60	3.96
摄像机	(架)	Pickup Camera	(unit)	0.36		0.36	0.36	0.12	0.12	1.20	1.20
照相机	(架)	Camera	(unit)	3.24		0.96	2.04	1.56	4.80	7.20	6.48
钢琴	(架)	Piano	(unit)	0.24	0.12			0.12		0.96	0.48

5-29 城镇居民家庭平均每百户耐用消费品拥有量

Per 100 Urban Households Annual Average Possession of Durable Consumer Goods

名 称		Item		2000	2001	2002	2003	2004	2005
组合家具	（套）	Composite Furniture	(set)	55.39	60.88	70.37	80.26	80.56	88.47
摩托车	（辆）	Motorcycle	(unit)	16.32	20.39	18.82	25.53	29.41	32.65
自行车	（辆）	Bicycle	(unit)	198.65	200.09	190.20	176.55	170.42	123.36
家用汽车	（辆）	Household Car	(unit)	0.48	0.67	1.44	2.98	3.52	8.71
洗衣机	（台）	Washing Machine	(unit)	90.03	90.93	92.41	92.69	94.94	91.45
电风扇	（台）	Electric Fan	(unit)	263.56	270.30	265.01	258.44	264.98	255.90
电冰箱	（台）	Refrigerator	(unit)	96.32	97.67	98.96	98.60	98.93	97.79
冰柜	（台）	Ice Cabinet	(unit)	3.21	3.27	2.89	4.52	3.67	4.55
彩色电视机	（台）	Color TV Set	(unit)	139.17	150.01	152.46	159.39	163.14	178.62
影碟机	（台）	Video Disc Player	(unit)	44.29	50.57	56.68	63.19	64.15	70.09
录音机	（台）	Recorder	(unit)	58.67	56.77	55.73	51.46	50.41	39.37
录放像机	（台）	Video Recorder	(unit)	27.43	28.80	26.21	20.42	20.27	19.11
家用电脑	（台）	Household Computer	(unit)	14.02	20.04	29.60	40.23	44.72	59.47
组合音响	（台）	Hi-Fi Stereo Component System	(unit)	23.17	25.48	25.97	28.11	30.41	36.56
摄像机	（架）	Pickup Camera	(unit)	2.18	2.63	2.73	2.76	3.07	5.24
照相机	（架）	Camera	(unit)	45.92	50.59	49.36	50.72	51.47	51.35
钢琴	（架）	Piano	(unit)	0.78	1.11	1.22	2.00	2.28	2.64
中高档乐器	（件）	Medium and High-level Instrument	(unit)	6.90	8.54	7.15	6.50	8.19	7.83
微波炉	（台）	Microwave-oven	(unit)	23.00	30.84	41.44	51.21	51.65	58.24
空调器	（台）	Air Conditioner	(unit)	57.72	71.00	85.56	105.23	115.70	146.89
电炊具	（个）	Appliances for Electric Cooking	(unit)	105.84	110.70	105.80	112.09	123.66	115.30
淋浴热水器	（台）	Shower	(unit)	68.39	73.08	79.99	82.98	80.70	90.35
排油烟机	（台）	Range Hoods	(unit)	74.43	77.78	79.41	83.34	85.33	87.96
吸尘器	（台）	Dust Collector	(unit)	14.55	15.13	17.16	18.85	15.83	18.24
健身器材	（套）	Health Equipment	(unit)	4.67	5.15	5.12	5.68	4.45	6.29
移动电话	（部）	Mobile Telephone	(unit)	31.73	58.18	95.07	130.64	144.58	174.73

5-30 城镇居民家庭平均每百户耐用消费品拥有量(2005 年)

Per 100 Urban Households Annual Average Possession of Durable Consumer Goods(2005)

名 称		Item		总平均 Average	按可支配收入分组 Grouped by Disposable Income						
					最低收入户 Lowest Income Households	低收入户 Low Income Households	中等偏下户 Lower Middle Income Households	中等收入户 Middle Income Households	中等偏上户 Upper Middle Income Households	高收入户 High Income Households	最高收入户 Highest Income Households
组合家具	(套)	Composite Furniture	(set)	88.47	75.28	79.76	86.06	86.47	94.69	97.19	94.68
摩托车	(辆)	Motorcycle	(unit)	32.65	19.08	31.34	30.36	33.48	35.61	40.06	34.44
自行车	(辆)	Bicycle	(unit)	123.36	124.48	138.23	131.32	121.30	120.51	118.33	108.95
家用汽车	(辆)	Household Car	(unit)	8.71	1.74	1.45	3.81	5.21	11.36	13.43	26.67
洗衣机	(台)	Washing Machine	(unit)	91.45	75.26	84.53	86.85	94.23	97.32	96.35	98.07
电风扇	(台)	Electric Fan	(unit)	255.90	228.75	247.59	256.06	258.90	267.17	258.36	255.98
电冰箱	(台)	Refrigerator	(unit)	97.79	84.91	92.88	96.73	99.10	100.75	103.34	101.00
冰柜	(台)	Ice Cabinet	(unit)	4.55	4.77	3.35	3.84	4.25	4.85	4.69	6.62
彩色电视机	(台)	Color TV Set	(unit)	178.62	142.36	161.84	167.47	175.33	192.76	194.85	206.84
影碟机	(台)	Video Disc Player	(unit)	70.09	47.07	62.45	63.19	66.15	80.50	79.33	86.84
录音机	(台)	Recorder	(unit)	39.37	25.99	33.49	34.32	39.15	42.71	51.04	47.07
录放像机	(台)	Video Recorder	(unit)	19.11	9.76	15.00	14.42	17.48	21.33	24.26	32.61
家用电脑	(台)	Household Computer	(unit)	59.47	29.47	38.08	47.90	55.55	67.49	79.33	96.35
组合音响	(台)	Hi - Fi Stereo Component System	(unit)	36.56	16.28	28.68	26.77	35.35	47.16	44.63	52.24
摄像机	(架)	Pickup Camera	(unit)	5.24	2.04	1.83	2.17	4.04	6.56	8.51	12.99
照相机	(架)	Camera	(unit)	51.35	21.39	33.09	42.47	44.89	63.98	65.55	82.38
钢琴	(架)	Piano	(unit)	2.64	1.85	0.32	0.84	1.93	2.27	7.15	6.05
中高档乐器	(件)	Medium and High - level Instrument	(unit)	7.83	5.70	2.99	3.74	7.79	10.40	13.29	11.06
微波炉	(台)	Microwave-oven	(unit)	58.24	25.31	37.06	50.55	58.28	68.46	75.12	81.76
空调器	(台)	Air Conditioner	(unit)	146.89	74.96	98.64	116.13	138.99	168.67	196.82	228.33
电炊具	(个)	Appliances for Electric Cooking	(unit)	115.30	91.78	104.66	108.08	116.31	127.96	119.37	127.48
淋浴热水器	(台)	Shower	(unit)	90.35	61.88	79.01	84.68	87.18	98.96	107.28	106.67
排油烟机	(台)	Range Hoods	(unit)	87.96	67.42	77.45	86.34	90.30	92.71	96.12	95.55
吸尘器	(台)	Dust Collector	(unit)	18.24	2.58	14.71	10.09	16.81	22.97	30.39	30.55
健身器材	(套)	Health Equipment	(unit)	6.29	0.62	2.57	4.32	4.94	7.12	11.57	13.44
移动电话	(部)	Mobile Telephone	(unit)	174.73	111.27	147.99	157.35	175.18	191.94	210.90	212.44

5-31 城镇居民家庭居住情况
Living Conditions of Urban Households

单位:% (%)

名 称	Item	2000	2001	2002	2003	2004	2005
调查总户数	**Number of Households Surveyed**	**100**	**100**	**100**	**100**	**100**	**100**
按房屋产权分	**By Property Right of House**						
租赁公房	Rental State-owned House	13.9	10.4	8.2	6.4	5.2	4.1
租赁私房	Rental Private House	1.5	1.3	1.4	1.6	1.5	2.9
自有房	Private House	84.0	87.1	88.3	90.8	92.3	90.4
原有私房	Original Private House			14.1	14.7	16.5	12.7
房改私房	Private House after House Reforming			55.8	50.5	48.3	32.1
商品房	Commercial House			18.4	25.7	27.6	45.5
其他	Others	0.7	1.3	2.1	1.2	1.0	2.7
按住宅建筑式样分	**By Building Type**						
单栋住宅	One Household	5.5	6.2	5.2	5.8	8.7	8.7
四居室	Four Bedrooms	3.8	4.9	7.7	5.9	4.5	6.7
三居室	Three Bedrooms	26.7	27.8	23.0	25.4	29.9	32.4
二居室	Two Bedrooms	46.9	44.1	53.8	52.9	46.0	42.0
一居室	One Bedroom	4.9	4.1	3.4	3.3	3.5	3.4
普通楼房	Common House	5.4	6.7	6.0	5.2	5.8	5.6
平房及其他	Others	7.0	6.2	1.0	1.4	1.6	1.3
按用水情况分	**By Water Using**						
独用自来水	Tap Water Owned Per Household	98.8	98.6	99.2	99.2	99.1	97.9
公用自来水	Public Tap Water	1.1	1.4	0.5	0.6	0.7	1.8
井水、河水	Wall Water and River	0.1		0.3	0.2	0.2	0.3
按卫生设备情况分	**By Health Facilities**						
无卫生设备	Without Health Facilities	7.3	7.1	5.0	3.0	2.1	2.6
有浴室厕所	Bathroom and Toilet Room Owned Per Household	86.0	85.7	87.1	87.6	88.2	91.4
有厕所无浴室	Toilet Room Owned But Without Bath Room	5.7	5.9	6.9	8.7	9.0	5.7
公用卫生设备	Public Health Facilities	1.1	1.3	1.0	0.8	0.8	0.3
按取暖设备情况分	**By Heating Facilities**						
无取暖设备	Without Heating Equipment	62.6	56.4	42.3	36.2	33.2	19.5
空调设备	Air Coditioner Owned	37.1	43.5	53.7	62.2	65.7	80.4
暖气	Warm Gas	0.1					
其他	Others	0.1	0.1	4.0	1.6	1.1	0.1
按炊用燃料使用情况分	**By Fuel Types**						
管道煤气	Pipeline Gas	10.2	10.4	16.5	18.2	16.1	18.5
液化石油气	LPG	88.6	88.5	82.5	81.1	82.9	80.7
煤	Coal	0.9	0.8	0.7	0.7	0.8	0.5
其他	Others	0.3	0.3	0.2	0.1	0.2	0.4

5-32 历年农村居民生活水平(1978-2005年)
Living Standard of Rural Resident(1978-2005)

年份 Year	人均纯收入(元) Per Capita Net Income(yuan)	人均纯收入指数(上年=100) Growth Rate of Per Capita Net Income (Preceding year=100)	人均消费性支出(元) Per Capita Consumption Expenditure (yuan)	#食品支出 Food	恩格尔系数 Engel Coefficient	人均居住面积(平方米) Per Captia Floor Space of Residential Buildings (sq. m)
1978	165		157	93	59.1	
1979	195	115.2	175	100	57.1	
1980	219	103.3	192	109	56.8	16.07
1981	286	129.0	267	147	55.2	14.02
1982	346	120.4	302	170	56.3	16.57
1983	359	102.3	326	183	56.2	19.32
1984	446	123.5	369	202	54.6	20.45
1985	549	112.5	474	247	52.1	22.08
1986	609	105.0	561	282	50.3	23.02
1987	725	113.6	659	320	48.6	24.73
1988	902	108.1	839	389	46.4	25.98
1989	1011	97.4	927	445	48.0	27.09
1990	1099	102.7	946	436	46.1	29.26
1991	1211	108.9	1027	518	50.5	30.77
1992	1359	108.8	1112	548	49.2	31.34
1993	1746	110.2	1263	633	50.2	32.62
1994	2225	104.1	1680	800	47.6	32.77
1995	2966	105.3	2378	1198	50.4	34.14
1996	3463	106.1	2702	1367	50.6	35.78
1997	3684	103.8	2839	1378	48.5	37.30
1998	3815	104.7	2891	1362	47.1	38.53
1999	3948	105.6	2806	1293	46.1	40.27
2000	4254	107.8	3231	1406	43.5	46.42
2001	4582	106.9	3479	1449	41.6	47.82
2002	4940	108.4	3693	1508	40.8	49.53
2003	5431	107.8	4287	1637	38.2	50.73
2004	6096	107.4	4659	1839	39.5	51.29
2005	6660	106.4	5215	2011	38.6	54.98

注:人均纯收入指数扣除价格因素。
Growth rate of per-capita net income was excluded price changes.

5-33 农村居民家庭基本情况(2000-2005年)
Basic Statistics on Rural Households(2000-2005)

项 目		Item		2000	2001	2002	2003	2004	2005
调查户数	**(户)**	**Number of Household Surveyed**	**(household)**	**2700**	**2700**	**2700**	**2700**	**2700**	**4700**
常住人口	**(人)**	**Number of Permanent Residents**	**(person)**	**9873**	**9817**	**9694**	**9636**	**9532**	**16709**
户均常住人口	(人)	Average Permanent Residents Per Household	(person)	3.66	3.64	3.59	3.57	3.53	3.56
户均整半劳动力	**(人)**	**Average Able-bodied and Semi-ablebodied Laborers Per Household**	**(person)**	**2.63**	**2.60**	**2.59**	**2.61**	**2.58**	**2.60**
整半劳动力占人口比重	(%)	Percentage of Able-bodied and Semi-ablebodied Laborers	(%)	71.85	71.56	72.16	73.16	73.08	73.02
每百个劳动力中:		**Among Per 100 Laborers**							
乡村企业人数	**(人)**	**Laborers in Rural Enterprises**	**(person)**	**15.00**	**14.31**	**14.34**	**14.79**	**21.72**	**22.32**
外出劳动力人数	**(人)**	**Laborers Outside**	**(person)**	**9.37**	**8.80**	**9.25**	**12.68**	**12.98**	**10.70**
平均每百个劳动力中:		**Among Per 100 Laborers**							
不识字或识字很少	(人)	Illiterate or Semiliterate	(person)	6.64	6.49	6.52	6.31	7.05	6.84
小学程度	(人)	Primary School	(person)	37.07	34.59	34.45	33.77	32.86	32.25
初中程度	(人)	Junior Secondary School	(person)	44.30	44.00	44.19	45.60	45.20	45.06
高中程度	(人)	Senior Secondary School	(person)	9.79	11.76	11.69	11.32	11.73	12.23
中专程度	(人)	Specialized Secondary School	(person)	1.80	2.51	2.44	2.13	2.12	2.17
大专程度	(人)	College	(person)	0.41	0.65	0.70	0.87	1.03	1.46
按人均纯收入分组的户数占调查户数的比重	**(%)**	**Percentage of Households Grouped by Per Capita Net Income**	**(%)**						
500元以下		<500 yuan		1.0	0.8	0.6	0.7	0.5	1.4
500-1000元		500-1000 yuan		2.9	1.6	1.8	1.7	1.2	1.5
1000-1500元		1000-1500 yuan		4.8	5.0	4.1	3.4	3.2	2.5
1500-2000元		1500-2000 yuan		7.6	6.8	5.9	5.0	3.2	3.7
2000-2500元		2000-2500 yuan		9.4	8.3	8.7	6.4	4.6	4.5
2500-3000元		2500-3000 yuan		9.1	8.9	7.3	7.1	5.6	4.8
3000-3500元		3000-3500 yuan		9.3	9.3	8.9	7.2	6.4	4.7
3500-4000元		3500-4000 yuan		9.4	8.0	7.6	7.3	6.9	5.5
4000-4500元		4000-4500 yuan		9.5	7.6	7.9	7.0	6.7	5.6
4500-5000元		4500-5000 yuan		6.8	7.5	7.3	6.8	6.9	5.8
5000元以上		>=5000 yuan		30.2	36.4	40.1	47.5	54.8	60.1
人均经营耕地面积	**(亩)**	**Cultivated Areas Run by Per Capita**	**(mu)**	**0.84**	**0.82**	**0.79**	**0.72**	**0.73**	**0.70**
#自留地面积	(亩)	Private Plot	(mu)	0.05	0.05	0.05	0.05		
人均经营山地面积	(亩)	Hilly Areas Runned by Per Capita	(mu)	0.40	0.44	0.53	0.39	0.43	0.66

5－34 农村居民家庭基本情况(2005 年)
Basic Statistics on Rural Households(2005)

项　目		Item		总平均 Average	按人均纯收入等级分组 Grouped by Level of Net Income				
					低 20% 收入户 Lower Income Households (20%)	次低 20% 收入户 Low Income Households (20%)	中等 20% 收入户 Middle Income Households (20%)	次高 20% 收入户 High Income Households (20%)	高 20% 收入户 Higher Income Households (20%)
调查户数	(户)	**Number of Household Surveyed**	**(household)**	**4700**	**940**	**940**	**940**	**940**	**940**
家庭常住人口	(人)	**Permanent Residents**	**(person)**	**16709**	**3571**	**3489**	**3393**	**3249**	**3007**
户均常住人口	(人)	Average Permanent Residents Per Household	(person)	3.56	3.80	3.71	3.61	3.46	3.20
户均整半劳动力	(人)	**Average Able－bodied and Semi－ablebodied Laborers**	**(person)**	**2.60**	**2.75**	**2.65**	**2.62**	**2.52**	**2.44**
整半劳动力占人口比重	(%)	Percentage of Able－bodied and Semi－ablebodied	(%)	73.02	72.44	71.34	72.47	72.88	76.42
平均每百个劳动力中:	(人)	**Among Per 100 Laborers**	**(person)**						
乡村企业人数		Laborers in Rural Enterprises		22.32	7.77	14.62	21.56	31.12	31.85
外出劳动力人数		Laborers Outside		10.70	13.10	12.45	10.21	8.70	8.66
平均每百个劳动力中:	(人)	**Among Per 100 Laborers**	**(person)**						
不识字或识字很少		Illiterate or Semiliterate		6.84	9.81	6.87	6.40	5.57	5.27
小学程度		Primary School		32.25	34.67	34.46	32.23	30.97	28.54
初中程度		Junior Secondary School		45.06	45.41	45.07	45.40	45.85	43.50
高中程度		Senior Secondary School		12.23	8.57	11.44	12.37	12.96	16.21
中专程度		Specialized Secondary School		2.17	1.05	1.25	2.05	2.91	3.75

5－34 续表 continued

项 目	Item	总平均 Average	按人均纯收入等级分组 Grouped by Level of Net Income 低20%收入户 Lower Income Households (20%)	次低20%收入户 Low Income Households (20%)	中等20%收入户 Middle Income Households (20%)	次高20%收入户 High Income Households (20%)	高20%收入户 Higher Income Households (20%)
大专及以上程度 （人）	College (person)	1.46	0.48	0.92	1.55	1.74	2.72
人均经营耕地面积 （亩）	**Cultivated Areas Run by Per Capita (mu)**	**0.70**	**0.61**	**0.67**	**0.65**	**0.75**	**0.86**
人均经营山地面积 （亩）	Average Hilly Areas Run by Per Capita (mu)	0.66	1.34	0.83	0.31	0.39	0.37
人均新建(购)住房面积 （平方米）	**Living Floor Space of House Newly Built Per Capita (sq. m)**	**1.07**	**0.86**	**0.60**	**0.95**	**1.07**	**2.00**
#钢筋混凝土结构面积	Reinforced Concrete Structure	1.01	0.85	0.55	0.88	0.89	1.77
砖木结构面积	Brick and Wood Structure	0.05	0.02	0.05	0.14	0.09	0.22
新建(购)住房每平方米价值 （元）	**Value of Houses Newly Built Per Square Meter (yuan)**	**553.00**	**525.02**	**513.88**	**490.71**	**543.86**	**619.72**
年末人均住房面积 （平方米）	Per Capita Living Floor Space (sq. m)	54.98	43.37	48.00	54.95	60.26	71.22
#钢筋混凝土结构面积	Reinforced Concrete Structure	36.49	23.72	29.96	36.75	42.10	52.90
砖木结构面积	Brick and Wood Structure	16.20	15.94	15.39	16.30	16.23	17.28
户均年末使用住房屋价值 （元）	**Houses Value Per Households (the End of the Year) (yuan)**	**78179**	**51501**	**63864**	**72984**	**86876**	**115670**

5-35 农村居民家庭房屋状况
Housing Conditions of Rural Households

项目		Item		2000	2001	2002	2003	2004	2005
年内新建房屋户数	**(户)**	**Number of Houses Households Newly Built**	**(household)**	**94**	**52**	**67**	**72**	**45**	**105**
新建房户比重	(%)	Percentage of Houses Households Newly Built	(%)	3.48	1.93	2.48	2.67	1.67	2.23
新建房屋每平方米价值	**(元)**	**Value of Newly Built House Per Square Meter**	**(yuan)**	**393**	**433**	**493**	**468**	**546**	**553**
人均新建生活用房面积	**(平方米)**	**Living Floor Space of House Newly Built Per Capita**	**(sq. m)**	**1.44**	**0.98**	**1.11**	**1.26**	**0.62**	**1.07**
#新建楼房面积	(平方米)	Per Capita Floor Space of Multi-floor Buildings Newly Built	(sq. m)	1.34	0.91	1.05	1.20	0.59	1.01
人均年末使用生活用房面积	**(平方米)**	**Per Capita Living Floor Space (the End of Year)**	**(sq. m)**	**46.42**	**47.82**	**49.52**	**50.73**	**51.29**	**54.98**
#砖木结构		Brick and Wood Structure		22.50	22.11	20.95	21.69	20.88	16.20
钢筋混凝土结构		Reinforced Concrete Structure		21.53	23.44	26.05	27.30	28.55	36.49
年末每平方米生活用房价值	**(元)**	**Value of Living House Per Square Meter**	**(yuan)**	**268**	**281**	**299**	**327**	**362**	**400**
户均年末使用房屋价值	**(元)**	**Houses Value Per Household (the End of Year)**	**(yuan)**	**45461**	**48788**	**53149**	**59156**	**65569**	**78179**

5-36 农村居民人均总收入和纯收入

Per Capita Annual Total Income and Net Income of Rural Households

单位:元 (yuan)

项 目	Item	2000	2001	2002	2003	2004	2005
全年总收入	**Gross Income**	**5325**	**5804**	**6152**	**6709**	**7584**	**8580**
全年纯收入	**Net Income**	**4254**	**4582**	**4940**	**5431**	**6096**	**6660**
#生产性纯收入	Productive Income	3808	4113	4405	4934	5423	5939
基本收入	**Basic Income**	**3919**	**4226**	**4513**	**4949**	**5541**	**6065**
工资性收入	Wage Income	2001	2226	2437	2613	2987	3299
在非企业组织中劳动得到	Remuneration from The Organizations of Non - enterprises	399	456	467	411	456	250
企业劳动得到	Remuneration from Enterprises	1331	1451	1644	1713	1972	2615
乡村企业得到	from Township Enterprises	776	892	981	908	1018	1093
其他单位劳动得到	from Other Units	271	318	326	489	560	434
家庭经营收入	Income from Household Business	1918	2000	2075	2336	2554	2766
农业收入	Planting	682	720	734	754	805	810
林业收入	Forestry	16	18	19	28	35	117
牧业收入	Animal Husbandry	219	213	200	211	239	268
渔业收入	Fishery	36	39	39	37	45	53
工业收入	Industry	274	303	312	377	399	406
建筑业收入	Construction	135	138	160	205	258	247
运输业收入	Transportation	137	139	151	194	223	272
批发零售贸易餐饮业收入	Wholesale, Retail Sale and Catering Trade	211	221	255	299	334	340
服务业收入	Service Trade	111	113	107	116	118	126
文教卫生业收入	Culture, Education and Public Health	11	11	12	55	18	28
其他家庭经营收入	Others	85	83	86	99	79	99
转移性收入、财产性收入	**Transfer Income and Property Income**	**335**	**357**	**428**	**482**	**555**	**595**

5-37 农村居民人均总收入和纯收入(2005年)
Per Capita Annual Total Income and Net Income of Rural Households(2005)

单位:元 (yuan)

项 目	Item	总平均 Average	按人均纯收入等级分组 Grouped by Level of Net Income				
			低20%收入户 Lower Income Households (20%)	次低20%收入户 Low Income Households (20%)	中等20%收入户 Middle Income Households (20%)	次高20%收入户 High Income Households (20%)	高20%收入户 Higher Income Households (20%)
全年总收入	**Gross Income**	**8579.76**	**3680.98**	**5387.24**	**7293.54**	**10153.63**	**17852.44**
工资性收入	**Wage Income**	**3293.48**	**994.31**	**2048.95**	**3358.06**	**4445.05**	**6180.60**
在非企业组织中劳动得到	From Orgazinations of Non-enterprises	249.50	36.56	86.15	184.80	344.28	664.55
在本地企业中劳动得到	From Local Enterprises	2610.67	785.11	1655.64	2739.78	3549.64	4750.47
#在本地乡镇企业得到	From Local Township Enterprises	1089.00	351.53	973.80	1997.05	2711.94	3784.85
常住人口外出从业得到	Income of Permanent Population Going out to Work	433.32	172.64	307.15	433.49	551.12	765.58
家庭经营收入	**Income from Household Business**	**4541.06**	**2399.04**	**2906.76**	**3489.05**	**5026.88**	**9643.27**
农业收入	Planting	1192.41	805.61	1054.09	1098.96	1253.85	1851.29
林业收入	Forestry	141.69	95.87	126.45	127.47	164.55	205.14
牧业收入	Animal Husbandry	890.09	736.55	516.84	618.82	740.71	1973.01
渔业收入	Fishery	167.74	135.43	87.75	145.82	219.68	267.52
工业收入	Industry	737.96	289.21	360.70	425.97	888.02	1898.55
建筑业收入	Construction	273.46	223.49	333.10	411.37	743.08	1865.60
交通、运输和邮电业收入	Transportation, Posts and Telecommunication	382.57	78.28	166.81	230.28	443.36	1100.42
批发和零售贸易、餐饮收入	Wholesale, Retail Sale and Catering Trade	451.22	102.16	236.66	302.37	537.34	1189.60
社会服务业收入	Social Service Trade	147.87	26.08	98.18	127.43	226.21	288.55
文教卫生业收入	Culture, Education and Public Health	31.65	5.19	15.42	30.10	66.79	45.68
其他家庭经营收入	Others	112.37	57.02	82.43	108.33	131.63	196.56
财产性收入	**Property Income**	**299.78**	**94.70**	**94.78**	**154.16**	**251.23**	**997.96**
转移性收入	**Transfer Income**	**440.08**	**192.94**	**336.75**	**292.27**	**430.48**	**1030.61**
全年纯收入	**Net Income**	**6659.95**	**1863.79**	**4125.57**	**5942.03**	**8227.97**	**14412.20**

5－38 农村居民人均总支出

Per Capita Annual Expenditure of Rural Households

单位:元 (yuan)

项　目	Item	2000	2001	2002	2003	2004	2005
全年总支出	**Total Expenditure**	**4231.51**	**4890.33**	**5175.29**	**5908.32**	**6573.50**	**7533.91**
生活消费支出	Living Expenditure for Consumption	3230.88	3479.17	3692.89	4286.70	4659.11	5215.24
食品	Food	1406.37	1448.52	1507.49	1637.04	1838.57	2011.25
主食	Staple Food	264.45	257.93	246.50	237.05	250.17	256.80
副食	Non-Staple Food	651.33	663.53	674.24	689.72	774.46	870.30
其他食品	Other Food	369.10	383.49	402.96	491.58	553.38	617.30
在外饮食	Eating Outside	109.08	132.37	172.66	193.92	225.38	240.42
衣着	Clothing	167.40	181.93	206.93	229.47	258.59	309.79
居住	Residence	580.53	632.00	576.90	775.16	798.88	843.47
#住房	Housing	452.83	495.52	390.88	596.16	588.76	596.99
电费	Electricity	61.88	60.35	63.33	76.53	80.09	97.44
燃料	Fuel	47.23	50.16	49.29	71.77	80.39	93.97
家庭设备、用品及服务	Household Facilities, Articles and Services	145.89	155.89	170.36	206.69	242.09	259.37
医疗保健	Medicines and Medical Services	200.06	252.03	266.50	306.31	326.12	399.22
#医药卫生保健用品	Medical Articles	103.17	131.87	154.92	155.93	176.04	172.84
交通和通讯	Transportations and Communications	275.46	299.79	359.36	496.08	496.86	591.81
#交通工具	Means of Transportation	98.08	87.73	106.57	183.88	152.16	164.36
交通费	Traffic Fare	38.74	42.16	48.15	65.62	64.90	86.64
邮电通讯费	Postage	84.98	104.24	130.57	148.28	165.73	188.74

单位:元　　5-38 续表 continued　　(yuan)

项　目	Item	2000	2001	2002	2003	2004	2005
文教娱乐用品及服务	Cultural, Educational and Recreational Services	367.99	411.71	503.51	531.11	597.93	679.36
文化教育娱乐用品	Cultural, Educational and Recreational Articles	48.71	51.84	49.97	63.35	63.18	72.69
书报杂志	Botes, Newpapers and Magazines	5.45	5.15	6.41	7.35	8.21	8.15
教育服务费	Educational Services	275.00	315.00	393.61	412.41	460.89	526.14
旅游休闲娱乐费	Tourism and Pecreation	16.46	19.38	27.50	27.60	39.62	44.11
其他商品和服务	Other Commodities and Services	87.18	97.30	101.84	104.84	100.05	120.96
家庭经营费用支出	Expenditure for Household Business	737.22	820.50	811.76	938.38	1150.58	1524.84
农业生产支出	Planting	243.99	259.81	262.01	266.06	270.22	344.69
林业生产支出	Forestry	14.68	14.97	13.13	21.91	23.58	23.15
牧业生产支出	Animal Husbandry	252.25	242.23	253.09	267.59	428.57	595.13
渔业生产支出	Fishery	25.48	37.56	36.55	34.64	39.21	87.62
工业生产支出	Industry	98.50	156.57	140.77	241.50	272.77	245.59
建筑业支出	Construction	9.46	8.69	8.16	7.14	7.60	24.73
运输业支出	Transportation	52.06	57.61	57.52	50.11	52.84	74.20
批发和零售贸易餐饮业	Wholesale, Retail Sale and Catering Trade	15.24	22.90	22.65	25.04	39.28	90.73
服务业支出	Service Trade	14.87	14.26	9.63	15.21	5.77	17.47
文教卫生业支出	Culture, Education and Public Health	0.58	0.32	1.53	0.62	0.87	1.90
其他经营支出	Others	10.10	5.58	6.79	8.56	9.87	19.63
购置生产用固定资产支出	Expenditure for Purchasing Productive Fixed Assets	104.72	114.12	125.73	152.24	221.59	163.32
税费支出	Expenditure for Taxes and Expenses	60.85	60.48	57.62	44.03	33.15	24.75
#缴纳税金	Taxes	29.20	27.02	29.84	27.61	16.49	14.06
附:生产用固定资产折旧	**Depreciation of Productive Fixed Assets**	**128.91**	**145.10**	**156.32**	**172.28**	**190.31**	**225.11**

5-39 农村居民人均总支出(2005年)

Per Capita Annual Expenditure of Rural Households(2005)

单位:元 (yuan)

项　目	Item	总平均 Average	按人均纯收入等级分组 Grouped by Level of Net Income				
			低20%收入户 Lower Income Households (20%)	次低20%收入户 Low Income Households (20%)	中等20%收入户 Middle Income Households (20%)	次高20%收入户 High Income Households (20%)	高20%收入户 Higher Income Households (20%)
全年总支出	**Gross Expenditure**	**7533.91**	**4721.23**	**5170.92**	**6604.02**	**8339.49**	**13794.73**
生活消费支出	Living Expenditure for Consumption	5215.24	2806.34	3748.83	4693.97	6019.63	9496.51
#服务性支出	Service Expenditure	1695.58	836.00	1228.26	1566.65	2006.97	3067.62
食品	Food	2011.25	1266.38	1618.21	1956.35	2381.35	3013.96
#谷物	Cereal	245.76	205.60	238.10	243.83	270.18	278.16
食用油	Oil Edible	47.34	36.07	43.20	44.49	52.47	63.16
蔬菜及制品	Vegetables and Producted	151.72	112.68	135.08	147.65	166.38	206.13
肉禽、蛋奶及制品	Meat,Poulty Eggs Milk and Their Products	451.35	308.50	390.63	448.22	524.54	615.91
水产品及制品	Aquatic Products	219.90	110.48	154.00	223.00	266.20	372.77
烟、酒	Tobacco and Liquor	342.23	191.64	255.02	324.69	420.46	557.53
在外饮食	Eating Outside	240.42	114.93	163.20	214.98	305.91	436.99
衣着	Clothing	309.79	150.04	212.97	283.74	380.51	564.84
居住	Residence	843.47	377.41	540.43	558.42	873.55	2037.72
家庭设备、用品及服务	Household Facilities, Articles and Services	259.37	135.10	177.17	227.86	309.82	483.35
交通和通讯	Transportation and Communications	591.81	253.99	321.12	543.35	676.50	1270.25
文教娱乐用品及服务	Cultural, Educational and Recreational Articles and Services	679.36	288.16	478.72	648.33	861.49	1214.98
医疗保健	Medicines and Medical Services	399.22	279.01	318.08	352.05	417.99	669.09
其他商品和服务	Other Commodities and Services	120.96	56.24	82.13	123.86	118.42	242.32
家庭经营费用	Expenditure For Household Business	1524.84	1496.98	949.84	1021.21	1474.42	2847.85
农业生产	Planting	344.69	323.87	314.81	329.73	340.11	425.92
林业生产	Forestry	23.15	20.17	19.53	18.86	24.12	34.70
牧业生产	Animal Husbandry	595.13	631.06	332.74	334.68	394.79	1367.28
渔业生产	Fishery	87.62	161.05	40.03	69.18	91.91	71.79
工业生产	Industry	245.59	212.71	172.17	133.04	313.84	423.06
农村居民生产费用现金支出	Productive Expenditure Pay for Cash of Rural Inhabitant	1664.81	1590.18	1007.76	1162.34	1605.18	3147.19
农村居民生活消费现金支出	Living Expenditure Pay for Cash of Rural Inhabitant	4966.13	2554.51	3480.38	4438.19	5763.29	9288.40

项 目	Item	总平均 Average	按人均纯收入等级分组 Grouped by Level of Net Income				
			低20%收入户 Lower Income House-holds (20%)	次低20%收入户 Low Income House-holds (20%)	中等20%收入户 Middle Income House-holds (20%)	次高20%收入户 High Income House-holds (20%)	高20%收入户 Higher Income House-holds (20%)
食品	Food	1782.89	1037.89	1370.67	1726.37	2146.28	2817.04
#谷物	Cereal	106.40	78.57	91.49	99.21	116.91	153.52
食用油	Oil for Eating	47.32	36.06	43.19	44.49	52.47	63.14
蔬菜及制品	Vegetables and Related Products	112.93	68.46	92.25	110.69	129.98	173.82
肉禽、蛋奶及制品	Meat, Poulty Eggs Milk and Their Products	423.07	274.25	358.51	422.29	499.23	593.32
水产品及制品	Aquatic Products	217.72	107.94	151.48	220.74	264.41	371.09
烟、酒	Tobacco and Liquor	342.19	191.45	255.02	324.69	420.45	557.51
茶叶、饮料	Tea, Beverage	29.58	10.78	18.86	26.45	36.78	60.08
其他类食品	Others	228.41	133.01	170.34	226.82	272.71	363.03
在外饮食	Eating Outside	240.42	114.93	163.20	214.98	305.91	436.99
食品加工费	Food Processing	15.25	11.07	11.88	14.85	20.35	19.09
衣着	Clothing	309.53	149.95	212.61	283.58	380.15	564.50
#服装	Garments	220.04	103.28	146.76	197.26	272.99	412.21
鞋、帽、袜类	Shoes, Hats and Stockings	65.28	34.83	49.22	62.45	79.33	108.08
居住	Residence	823.21	354.48	520.07	533.00	852.87	2027.02
#装饰、装修	Decorating	376.92	201.82	250.71	269.88	477.58	868.04
住房	Housing	105.56		20.21	7.37	18.64	534.66
燃料	Fuel	74.12	48.87	60.57	76.25	81.30	109.67
电费	Electricity	97.44	55.94	75.31	92.81	118.42	154.95
家庭设备、用品及服务	Household Facilities, Articles and Services	259.22	134.86	177.02	227.64	309.79	483.27
交通和通讯	Transportation and Communications	591.81	253.99	321.12	543.35	676.50	1270.25
#交通工具	Means of Transportation	164.36	40.71	56.59	154.54	157.01	455.28
通讯工具	Means of Communitation	59.80	20.24	32.22	51.02	76.09	131.08
交通费	Traffic Fare	64.30	44.10	46.28	63.11	70.13	104.21
邮电费	Postage	188.74	103.36	134.29	175.77	217.76	336.60
文教娱乐用品及服务	Cultural, Educational and Recreational Articles and Services	679.36	288.16	478.72	648.33	861.49	1214.98
#文化教育娱乐用品	Cultural, Educational and Recreational Articles	72.69	30.40	38.98	51.23	93.64	163.61
#学杂费	Tuition Fee	411.14	183.02	312.70	416.98	533.05	657.97
技术培训费	Training Fee	18.92	5.60	9.21	15.89	21.95	46.12
文教娱乐服务	Cultural, Educational and Recreational Services	53.15	25.77	36.28	38.35	58.62	116.02
医疗保健	Medicines and Medical Services	399.22	279.01	318.08	352.05	417.99	669.09
#购买医疗保健用品	Medical Articles	172.84	128.68	138.48	145.26	175.91	292.95
医疗保健服务消费	Medical Services	226.38	150.33	179.60	206.79	242.08	376.14
其他商品和服务	Others	120.88	56.17	82.12	123.86	118.21	242.24

5-40 农村居民平均每人主要食品消费量
Per Capita Annual Foods Consumption of Major Commodities of Rural Households

名 称		Item		2000	2001	2002	2003	2004	2005
粮食	(公斤)	Grain	(kg)	227.26	232.62	224.02	207.26	203.17	187.85
#稻谷	(公斤)	Rice	(kg)	210.85	217.32	208.26	194.37	190.56	169.63
小麦	(公斤)	Wheat	(kg)	8.83	7.55	6.83	3.54	3.78	4.25
蔬菜及菜制品	(公斤)	Vegetable	(kg)	85.94	86.54	87.32	83.91	81.40	80.95
植物油	(公斤)	Vegetable Oil	(kg)	4.22	4.34	4.50	4.62	4.39	4.45
动物油	(公斤)	Animal Oil	(kg)	1.37	1.27	1.43	1.19	1.05	0.97
猪肉	(公斤)	Pork	(kg)	16.51	15.33	15.34	15.51	14.09	17.31
牛羊肉	(公斤)	Beef and Mutton	(kg)	0.87	0.92	0.79	0.91	0.92	1.04
奶及奶制品	(公斤)	Milk and Its Prooducts	(kg)	0.97	1.28	1.83	3.15	3.07	3.52
家禽	(公斤)	Poultry	(kg)	5.92	5.87	5.47	6.03	5.36	5.64
蛋及蛋制品	(公斤)	Eggs	(kg)	5.52	5.03	4.89	5.33	5.37	4.58
鱼类	(公斤)	Fish	(kg)	8.86	9.08	8.98	9.11	9.06	9.75
虾、贝、蟹类	(公斤)	Shrimps	(kg)	2.56	3.10	3.41	3.41	3.57	3.66
食糖	(公斤)	Sugar	(kg)	2.46	2.36	2.36	2.13	1.89	1.67
卷烟	(盒)	Cigarettes	(box)	34.92	34.53	33.02	34.18	34.98	37.88
酒	(公斤)	Wine	(kg)	22.64	22.76	21.16	24.15	23.63	25.88
#啤酒		Beer		11.60	12.09	12.40	15.63	15.56	17.95
水果	(公斤)	Fruit	(kg)	29.14	33.10	31.46	18.92	18.49	17.08

5-41 农村居民按纯收入等级分组的人均主要食物消费量(2005 年)

Per Capita Annual Consumption of Major Commodities of Rural Households(2005)

名 称		Item		总平均 Average	按人均纯收入等级分组 Grouped by Level of Net Income				
					低 20% 收入户 Lower Income Households (20%)	次低 20% 收入户 Low Income Households (20%)	中等 20% 收入户 Middle Income Households (20%)	次高 20% 收入户 High Income Households (20%)	高 20% 收入户 Higher Income Households (20%)
粮食	(公斤)	Grain	(kg)	187.85	164.71	190.60	187.70	206.06	192.66
#小麦	(公斤)	Wheat	(kg)	169.63	144.20	172.13	172.06	183.33	179.35
稻谷	(公斤)	Rice	(kg)	4.25	6.44	5.46	3.71	3.15	2.08
豆类及豆制品	(公斤)	Beans and Related Products	(kg)	9.63	5.30	6.74	7.05	7.43	7.97
蔬菜及菜制品	(公斤)	Vegetable	(kg)	80.95	76.85	81.78	77.63	82.22	87.25
油脂类	(公斤)	Oil	(kg)	5.41	4.11	4.82	5.13	6.14	7.19
#植物油	(公斤)	Vegetable Oil	(kg)	4.45	3.00	3.73	4.24	5.36	6.24
动物油	(公斤)	Animal Oil	(kg)	0.97	1.10	1.09	0.89	0.78	0.95
肉禽及其制品	(公斤)	Meat, Poulty and Their Products	(kg)	29.07	21.87	26.21	28.71	32.86	37.26
#猪肉	(公斤)	Pork	(kg)	17.31	15.68	16.95	16.75	17.90	19.68
牛肉	(公斤)	Beef	(kg)	0.68	0.32	0.59	0.75	0.78	1.03
羊肉	(公斤)	Mutton	(kg)	0.36	0.16	0.28	0.33	0.46	0.64
家禽	(公斤)	Poultry	(kg)	5.64	2.86	4.35	5.78	7.23	8.54
蛋类及蛋制品	(公斤)	Eggs and Products	(kg)	4.58	3.31	4.22	4.69	5.32	5.60
奶和奶制品	(公斤)	Milk and Products	(kg)	3.52	1.74	2.52	3.44	4.76	5.51
水产类	(公斤)	Aquatic Products	(kg)	15.96	9.52	12.52	15.96	19.39	23.90
#鱼类	(公斤)	Fish	(kg)	9.75	6.34	8.04	9.61	11.65	13.89
虾、贝、蟹类	(公斤)	Shrimp	(kg)	3.66	1.83	2.66	3.66	4.79	5.79
藻类	(公斤)	Alga	(kg)	0.44	0.35	0.37	0.49	0.49	0.50
食糖	(公斤)	Sugar	(kg)	1.67	1.61	1.58	1.66	1.63	1.87
酒	(公斤)	Wine	(kg)	25.88	19.85	23.07	25.68	29.57	32.56
#白酒	(公斤)	White Spirit	(kg)	2.39	1.95	1.94	2.26	3.00	2.91
啤酒	(公斤)	Beer	(kg)	17.95	14.86	16.05	17.47	19.72	22.45
果酒	(公斤)	Fruit Wine	(kg)	0.19	0.04	0.12	0.11	0.21	0.51

5-42 农村居民家庭主要商品购买情况

Annual Purchases of Major Commodities of Rural Households

名 称		Item		2000	2001	2002	2003	2004	2005
平均每人购买服装		**Per Capita Purchases of Clothing**	**(piece)**	**1.26**	**1.37**	**1.53**	**1.91**	**4.15**	**3.33**
每百户购买文化体育用品		**Per 100 Households Purchases of Cultural and Sports Goods**							
黑白电视机	（台）	Black/White TV Set	(unit)	0.15	0.14	0.04	0.19	0.11	0.09
彩色电视机	（台）	Color TV Set	(unit)	6.70	6.04	6.52	6.37	6.63	6.99
收录机	（台）	Radio Tape Recorder	(unit)	2.15	1.44	11.30	1.04	0.93	1.52
录放像机	（台）	Videorecorder	(unit)	0.37	0.11	0.11	0.37	0.04	0.15
照相机	（架）	Camera	(unit)	0.19	0.26	0.37	0.22	0.33	0.32
户均购买建筑材料		**Per Household Purchases of Building Materials**							
水泥	（公斤）	Cement	(kg)	424.40	394.70	371.57	487.29	326.97	519.21
木材	（立方米）	Timber	(cu. m)	0.54	0.13	0.37	0.24	0.07	0.11
钢材	（公斤）	Steel Products	(kg)	42.83	36.28	40.99	47.16	21.72	58.73
水泥预制	（件）	Cement Prefabricated Parts	(unit)	2.96	2.22	1.79	2.01	1.33	1.66
玻璃	（平方米）	Glass	(sq. m)	0.54	0.45	0.33	0.31	0.28	0.27
砖瓦	（块）	Brick	(unit)	1119	844	745	714	730	966
每百户购买耐用消费品		**Per 100 Households Purchases of Durable Consumer Goods**							
自行车	（辆）	Bicycle	(unit)	9.96	8.63	8.59	7.56	6.41	6.01
缝纫机	（架）	Sewing Machine	(unit)	0.37	0.04	0.04	0.30	0.19	0.28
洗衣机	（台）	Washing Machine	(unit)	1.93	2.33	1.44	2.15	1.93	2.43
电风扇	（台）	Electric Fan	(unit)	9.15	9.30	10.59	12.48	12.48	11.43
电冰箱	（台）	Refrigerator	(unit)	1.63	1.93	2.30	2.85	3.52	4.26
摩托车	（辆）	Motorcycle	(unit)	4.67	4.15	4.70	5.59	5.04	4.30
户均购买生产资料		**Per Household Purchases of Means of Production**							
化肥	（公斤）	Chemical Fertilizer	(kg)	414.52	406.74	364.01	328.57	351.29	295.17
饼肥	（公斤）	Cake Fertilizer	(kg)	7.00	2.18	1.09	3.10	1.37	3.01
农药	（公斤）	Chemical Pesticide	(kg)	14.79	13.86	13.59	12.20	18.67	22.71
农用薄膜	（公斤）	Farm Film	(kg)	3.15	1.88	1.46	2.57	1.69	3.94
生产用燃料	（公斤）	Fuel for Production	(kg)	41.10	40.48	45.22	37.56	43.00	64.57

5－43　农村居民主要耐用品购买情况(2005 年)
Per Capita Annual Purchase of Major Commodities of Rural Households(2005)

名　称		Item		总平均 Average	按人均纯收入等级分组 Grouped by Level of Net Income				
					低 20% 收入户 Lower Income Households (20%)	次低 20% 收入户 Low Income Households (20%)	中等 20% 收入户 Middle Income Households (20%)	次高 20% 收入户 High Income Households (20%)	高 20% 收入户 Higher Income Households (20%)
平均每人购买服装	**(件)**	**Per Capita Purchases of Clothing**	**(piece)**	**3.33**	**2.43**	**2.68**	**2.89**	**4.03**	**4.90**
每百户购买文化体育用品		**Per 100 Households Purchases of Cultural and Sports Goods**							
黑白电视机	(台)	Black/White TV Set	(unit)	0.09		0.32	0.11		
彩色电视机	(台)	Color TV Set	(unit)	6.99	3.72	7.02	6.81	7.71	9.68
录放像机	(台)	Videorecorder	(unit)	0.15	0.11	0.21		0.11	0.32
照相机	(架)	Camera	(unit)	0.32	0.11	0.21		0.43	0.85
影碟机	(台)	Video Disc Player	(unit)	1.50	0.64	1.38	1.91	1.81	1.76
组合音响	(台)	Composite Acoustics	(unit)	0.28	0.21	0.11		0.43	0.64
家用计算机	(台)	Computer	(unit)	2.28	0.53	0.64	1.49	3.40	5.32
每百户购买耐用消费品		**Per 100 Households Purchases of Durable Consumer Goods**							
洗衣机	(台)	Washing Machine	(unit)	2.43	1.06	1.91	2.55	3.19	3.40
电风扇	(台)	Electric Fan	(unit)	11.43	8.09	9.04	9.15	14.79	16.06
电冰箱	(台)	Refrigerator	(unit)	4.26	2.02	3.30	3.94	6.38	5.64
空调机	(台)	Air Conditioner	(unit)	4.31	0.21	2.55	3.40	5.96	9.41
热水器	(台)	Water Heater	(unit)	3.07	1.18	2.98	2.45	4.47	4.26
微波炉	(台)	Microware Oven	(unit)	0.77	0.43	0.85	0.43	0.74	1.38
自行车	(辆)	Bicycle	(unit)	6.01	3.83	4.36	6.06	7.23	8.57

5－43 续表 continued

名 称	Item	总平均 Average	按人均纯收入等级分组 Grouped by Level of Net Income 低20%收入户 Lower Income Households (20%)	次低20%收入户 Low Income Households (20%)	中等20%收入户 Middle Income Households (20%)	次高20%收入户 High Income Households (20%)	高20%收入户 Higher Income Households (20%)
摩托车 （辆）	Motorcycle (unit)	4.30	1.49	2.02	4.57	6.28	7.13
电话机 （部）	Telephone (unit)	6.54	5.16	5.69	5.16	7.45	9.26
移动电话 （部）	Mobile Telephone (unit)	18.50	6.70	12.34	16.38	22.50	34.57
每户购买建筑材料	**Per Household Purchases of Building Materials**						
水泥 （公斤）	Cement (kg)	519.21	442.21	361.72	382.07	450.21	959.86
木材 （立方米）	Timber (cu. m)	0.11	0.03	0.06	0.06	0.08	0.18
钢材 （公斤）	Steel Products (kg)	58.73	36.13	28.78	35.43	45.70	147.64
水泥预制件 （件）	Cement Prefabricated Parts (unit)	1.66	1.32	2.41	1.58	1.22	1.77
玻璃 （平方米）	Glass (sq. m)	0.27	0.10	0.28	0.08	0.35	0.54
砖瓦 （块）	Brick (unit)	966	667	575	702	1323	1561
沙石 （立方米）	Asphalt Felt (cu. m)	4.34	2.49	2.40	3.83	4.27	8.73
每户购买生产资料	**Per Household Purchases of Means of Production**						
化肥 （公斤）	Chemical Fertilizer (kg)	295.17	292.67	302.19	286.49	292.56	301.94
饼肥 （公斤）	Cake Fertilizer (kg)	3.01	1.51	1.70	3.15	4.95	3.73
农药金额 （元）	Chemical Pesticide (yuan)	192.92	176.48	192.34	184.65	212.25	198.86
农用薄膜 （公斤）	Farm Film (kg)	3.94	3.21	7.94	2.41	2.39	3.74
生产用燃料金额 （元）	Fuel for Production (yuan)	217.99	110.38	114.72	132.30	259.21	473.35

5－44 农村居民家庭平均每百户耐用消费品拥有量
Annual Average Possession of Durable Consumer Goods Per 100 Rural Households

名 称		Item		2000	2001	2002	2003	2004	2005
自行车	（辆）	Bicycle	(unit)	180.19	180.00	175.11	168.70	161.63	128.96
电风扇	（台）	Electric Fan	(unit)	270.52	281.63	289.62	292.19	294.67	283.09
洗衣机	（台）	Washing Machine	(unit)	34.70	37.96	40.15	43.11	45.56	52.36
电冰箱	（台）	Refrigerator	(unit)	42.04	46.63	48.59	53.11	56.59	62.21
摩托车	（辆）	Motorcycle	(unit)	29.78	35.93	40.33	47.56	52.70	61.04
黑白电视机	（台）	Black/White TV Set	(unit)	50.78	49.37	45.59	39.89	33.74	21.98
彩色电视机	（台）	Color TV Set	(unit)	83.15	93.41	103.48	109.67	116.70	130.04
电话机	（部）	Telephone	(unit)	60.26	72.33	77.15	84.15	88.81	94.43
移动电话	（部）	Moble Telephone	(unit)	20.22	35.44	52.22	73.48	89.74	119.21
录像机	（台）	Video Recorder	(unit)	9.04	9.56	10.30	10.19	9.70	9.47
收录机	（台）	Radio Tape Recorder	(unit)	28.15	27.33	26.93	25.19	22.96	13.21
照相机	（架）	Camera	(unit)	6.44	7.48	8.07	7.93	8.59	8.74
抽油烟机	（台）	Range Hoods	(unit)	18.81	23.19	25.63	28.44	30.70	35.43
吸尘器	（台）	Dust Catcher	(unit)	2.07	3.04	2.67	2.81	3.37	3.79
空调机	（台）	Air Conditioner	(unit)	5.85	9.44	13.00	20.37	26.63	36.04

5-45 农村居民家庭平均每百户耐用消费品拥有量(2005年)

Annual Average Possession of Durable Consumer Goods Per 100 Rural Households(2005)

名称		Item		总平均 Average	按人均纯收入等级分组 Grouped by Level of Net Income				
					低20%收入户 Lower Income Households (20%)	次低20%收入户 Low Income Households (20%)	中等20%收入户 Middle Income Households (20%)	次高20%收入户 High Income Households (20%)	高20%收入户 Higher Income Households (20%)
自行车	(辆)	Bicycle	(unit)	128.96	100.00	127.13	139.26	139.68	138.72
电风扇	(台)	Electric Fan	(unit)	283.09	219.89	263.19	291.70	312.77	327.87
洗衣机	(台)	Washing Machine	(unit)	52.36	37.98	43.72	53.62	57.66	68.83
电冰箱	(台)	Refrigerator	(unit)	62.21	43.94	53.19	61.60	71.17	81.17
摩托车	(辆)	Motorcycle	(unit)	61.04	33.19	45.11	66.49	76.06	84.37
组合音响	(台)	Hi-Fi Stereo Component System	(unit)	16.09	8.40	10.74	15.21	20.21	25.85
黑白电视机	(台)	Black/White Tv Set	(unit)	21.98	22.66	22.34	22.23	23.51	19.15
彩色电视机	(台)	Color TV Set	(unit)	130.04	108.72	119.79	128.51	136.91	156.28
电话机	(部)	Telephone	(unit)	94.43	84.47	89.57	94.57	100.43	103.09
移动电话	(部)	Moble Telphone	(unit)	119.21	76.70	100.11	121.91	133.72	163.62
录像机	(台)	Video Recorder	(unit)	9.47	5.00	7.77	9.15	11.49	13.94
收录机	(台)	Radio Tape Recorder	(unit)	13.21	6.17	10.64	14.79	14.47	20.00
照相机	(架)	Camera	(unit)	8.74	3.72	5.74	6.81	10.11	17.34
抽油烟机	(台)	Range Hoods	(unit)	35.43	17.66	24.15	35.21	44.36	55.74
吸尘器	(台)	Dust Catcher	(unit)	3.79	1.38	2.13	2.98	3.83	8.62
空调机	(台)	Air Conditioner	(unit)	36.04	11.91	21.28	33.40	47.23	66.38

5－46 农村居民家庭拥有生产性固定资产情况
Purchases of Productive Fixed Assets in Rural Households

指 标		Item		2000	2001	2002	2003	2004	2005
户均生产性固定资产原值	**（元）**	**Per Household Original Value of Productive Fixed Assets**	**（yuan）**	**7070.86**	**7913.71**	**8418.75**	**9222.73**	**10078.00**	**12004.69**
役畜、产品畜		Draught Animal and Product Livestock		165.79	171.43	157.87	143.37	185.00	266.77
大中型铁木农具		Large and Medium－sized Iron and wood Farm Tools		236.04	236.83	245.71	280.11	248.00	237.59
农林牧渔业机械		Agricultural Machinery		992.24	995.14	1005.45	499.42	1304.53	1458.72
工业机械		Industrial Machinery		1102.01	1800.90	2181.92	2568.73	3072.00	4211.63
运输机械		Transportation Machinery		1133.75	1390.82	1503.71	1437.00	1796.47	1807.40
平均每百户拥有：		**Possession Per 100 Households**							
汽车	（辆）	Vehicles for Agricultural Use	（unit）	1.52	1.60	1.97	2.21	2.18	1.85
大中型拖拉机	（辆）	Large and Medium sized Tractors	（unit）	0.44	0.59	1.00	1.52	1.30	1.53
小型和手扶拖拉机	（辆）	Small－sized and Walking Tractors	（unit）	6.15	6.35	5.89	4.89	4.22	2.70
机动脱粒机	（台）	Motorized Thresher	（unit）	33.05	29.6	28.85	27.45	25.58	16.52
水泵	（台）	Turbine Pump	（unit）	22.49	23.75	24.95	21.70	21.99	19.63
役畜	（头）	Draught Animal	（head）	5.27	4.07	4.29	2.99	1.96	3.47
产品畜	（头）	Product Livestock	（head）	29.77	29.22	20.41	14.00	24.74	30.15

5-47 农村居民家庭拥有生产性固定资产情况(2005年)
Investment in Fixed Assets for Production(2005)

指　标	Item	总平均 Average	按人均纯收入等级分组 Grouped by Level of Net Income				
			低20%收入户 Lower Income Households (20%)	次低20%收入户 Low Income Households (20%)	中等20%收入户 Middle Income Households (20%)	次高20%收入户 High Income Households (20%)	高20%收入户 Higher Income Households (20%)
户均生产性固定资产原值 (元)	**Per Household Original Value of Productive Fixed Assets (yuan)**	**12004.69**	**11855.52**	**8538.94**	**9551.77**	**12765.95**	**17311.27**
农业	Agricalture	4557.80	5210.77	2983.21	4081.28	3998.74	6515.02
工业	Industry	4211.63	4702.02	3192.34	2652.34	5046.68	5464.79
建筑业	Construction	115.97	8.88	88.83	106.55	159.26	216.33
交通运输机械	Transportation Machinery	1807.40	1424.89	824.65	1075.43	2241.70	3470.32
批发和零售贸易、餐饮业	Wholesale, Retail Sale and Catering Services	789.71	217.77	973.37	842.87	873.40	1041.12
社会服务业	Social Services	172.99	91.98	175.64	165.11	266.38	165.85
文教卫生业	Culture Education and Public Health	82.47	103.19	55.32	115.74	21.60	116.49
其他	Others	266.72	96.01	245.59	512.45	158.19	321.35
平均每百户拥有:	**Possession Per 100 Households**						
汽车 (辆)	Vehicles for Agricultural Use (unit)	1.85	1.28	0.96	1.06	2.55	3.40
大中型拖拉机 (台)	Large and Medium-sized Tractors (unit)	1.53	0.53	1.60	0.96	1.91	2.66
小型和手扶拖拉机 (辆)	Small-sized and Walking Tractors (unit)	2.70	0.96	2.93	3.09	3.88	2.66
机动脱粒机 (辆)	Motorized Thresher (unit)	16.52	15.32	15.55	16.57	17.39	17.77
收割机 (台)	Reaper (unit)	0.59	0.43	1.01	0.43	0.21	0.85
农用动力机械 (台)	Dynamioal Machirery for Agricultural Use (unit)	12.52	7.34	12.40	13.97	16.64	12.26
水泵 (台)	Turbine Pump (unit)	19.63	17.02	20.64	20.11	21.76	18.62
役畜 (头)	Draught Animal (head)	3.47	4.78	3.67	1.86	2.98	4.04
产品畜 (头)	Product Livestock (head)	30.15	23.30	26.49	30.21	32.98	37.77

主要统计指标解释

职工工资总额 指各单位在一定时期内直接支付给本单位全部职工的劳动报酬总额。

工资总额的计算原则应以直接支付给职工的全部劳动报酬为根据。各单位支付给职工的劳动报酬以及其他根据有关规定支付的工资,不论是计入成本的还是不计入成本的,不论是按国家规定列入计征奖金税项目的,还是未列入计征奖金税项目的,不论是以货币形式支付的还是以实物形式支付的,均包括在工资总额内。

计件超额工资 是计件工资的一部分,指计件工人超额完成定额任务后所得的工资。即计件工人实得的全部计件工资级别减去应提的计件标准工资后的数额。某些企业的工人由于从事生产的工作物等级高于本人工资等级,因而其计件标准工资高于本人标准工资,其计件超额也应是全部工资减去应得的计件标准工资后的数额。

奖金 指支付给职工的超额劳动报酬和增收节支的劳动报酬。

津贴和补贴 指为了补偿职工特殊或额外的劳动消耗和因其他特殊原因支付给职工的津贴,以及为了保证职工工资水平不受物价影响支付给职工的物价补贴。

职工平均工资 指企业、事业、机关单位的职工在一定时期内平均每人所得的货币工资额。它表明一定时期职工工资收入的高低程度,是反映职工工资水平的主要指标。计算公式为:

$$职工平均工资=\frac{报告期实际支付的全部职工工资总额}{报告期全部职工平均人数}$$

职工平均实际工资 指扣除物价变动因素后的职工平均工资。计算公式为:

$$职工平均实际工资=\frac{报告期职工平均工资}{报告期城镇居民消费价格指数}$$

城镇居民家庭实际收入 包括经常或固定得到的收入和一次性收入。不包括周转性收入,如提取银行存款、向亲友借入款、收回借出款以及其他各种暂收款。

城镇居民家庭可支配收入 指被调查城镇居民家庭在支付个人所得税之后,所余下的实际收入。

城镇居民家庭消费性支出 指被调查的城镇居民家庭用于日常生活的全部支出,包括购买商品支出和文化生活、服务等非商品性支出。不包括罚没、丢失款和缴纳的各种税款(如个人所得税、牌照税、房产税等),也不包括个体劳动者生产经营过程中发生的各项费用。

农村居民家庭纯收入 指农村常住居民家庭总收入中,扣除从事生产和非生产经营费用支出、缴纳税款和上交承包集体任务金额以后剩余的,可直接用于进行生产性、非生产性建设投资、生活消费和积蓄的那一部分收入。它是反映农民家庭实际收入水平的综合性的主要指标。农民家庭纯收入,既包括从事生产性和非生产性的经营收入,又包括取自在外人口寄回带回和国家财政救济、各种补贴等非经营性收入;既包括货币收入,又包括自产自用的实物收入。但不包括向银行、信用社和向亲友贷款等属于借贷性的收入。

农村居民家庭生活消费支出 指农村常住居民家庭用于日常生活的全部开支,是反映和研究农民家庭实际生活消费水平高低的重要指标。

Explanatory Notes on Main Statistical Indicators

Total Wages of Staff and Workers refer to the total remuneration payment to staff and workers in various units during a certain period of time.

The calculation of total wages is based on the total remuneration payment to the staff and workers. Therefore, all the wages and salaries and other payments to staff and workers are included in the total wages regardless of their sources, category, and forms (in kind or cash).

Extra Piece Wages refer to the payment to workers for their extra work beyond labour quota, i. e. total amount of piece wages minus standard piece wages. For some enterprises, the standard of piece wage for some workers exceeds their normal payment. In this case, the extra piece wage is still calculated as total amount of wages minus standard picec wages.

Bonus refers to remuneration payment to workers for extra work and for increasing earnings and practicing economy.

Subsidies and Allowances refer to subsidies paid to staff and workers for compensating special or extra labour and allowances paid to staff and workers to offset the impact of inflation on real wages.

Average Wage of Staff and Workers refers to the average wage in money terms per person during a certain period of time for staff and workers in enterprises, institutions, and government agencies, which reflects the general level of wage income during a certain period of time and is calculated as follows:

$$\text{Average Wage of Staff and Workers} = \frac{\text{Total Wages of Staff and Workers in Reference Period}}{\text{Average Number of Staff and Workers in Reference Period}}$$

Average Real Wage of Staff and Workers refers to average wage of staff and workers after removing the effects of price changes, which is calculated as follows:

$$\text{Average Real Wage of Staff and Workers} = \frac{\text{Average Wage of Staff and Workers in Reference Period}}{\text{Consumer Price Index of Urban Residents in Reference Period}}$$

Total Income of Urban Households refers to the total actual cash income of the sample households, including regular or fixed income and occasional income. The imcome of a circulating nature such as withdrawal from bank deposits, loans borrowed from relatives or friends, repayment of loans received and various temporary collection of money is excluded.

Disposable Income refers to the income of the sample households which can be used for daily expenses, i. e. total income minus income tax.

Expenditure for Consumption refers to total expenditure of the sample households for consumption in daily life, including expenditure for various commodities and expenses for non – commodity items such as culture and service, etc., but excluding fines and confiscation, loss, tax payments (such as income tax, license tax, real estates tax, etc.) and various expenses by individual laborers for business purposes.

Net Income of Rural Households refers to the total income of the permanent residents of the rural households during a year after the deduction of the expenses for productive and non – productive business operation, the payment for taxes and the payment for collective units for their contracted tasks. The net income can be spent for investments in productive and non – productive construction, for consumption in daily life and for savings deposit. It is a comprehensive indicator to show the actual level of the income of the peasants ′household. The net income of the rural households includes not only the income from the productive and non – productive business operation, but also the income from the non business operation, such as the money remitted or brought back by the members of the household who are in other places, the government relief payment and various subsidies. It includes not only the money income, but also the income in kind. But the income from borrowing from banks, friends and relatives is excluded.

Expenditure of Rural Households for Consumption refers to total expenses of rural households on daily life, including expenses on food, clothing, housing, fuel, articles for daily use and expenses on cultural life and services, This indicator is used to show the actual consumption level of peasants.

ZHEJIANG STATISTICAL YEARBOOK

CHAPTER 6

农 业

Agriculture

6. 农 业
Agriculture

2005年农村人口	Number of Rural Population	3790.49 万人	(10000 persons)
2005年农村劳动力	Number of Rural Labour Force	2298.54 万人	(10000 persons)
2005年农林牧渔业总产值	Gross Output Value of Agriculture	1428.28 亿元	(100 million yuan)
2005年农林牧渔业增加值	Added Value of Agriculture	892.83 亿元	(100 million yuan)
2005年年末实有耕地面积	Cultivated Area (Year-end)	1593.55 千公顷	(1000 hectares)
2005年农林牧渔业商品产值	Agriculture Commodity Output Value	1020.45 亿元	(100 million yuan)

农业总产值 （亿元）
Gross Output Value of Agriculture (100 million yuan)

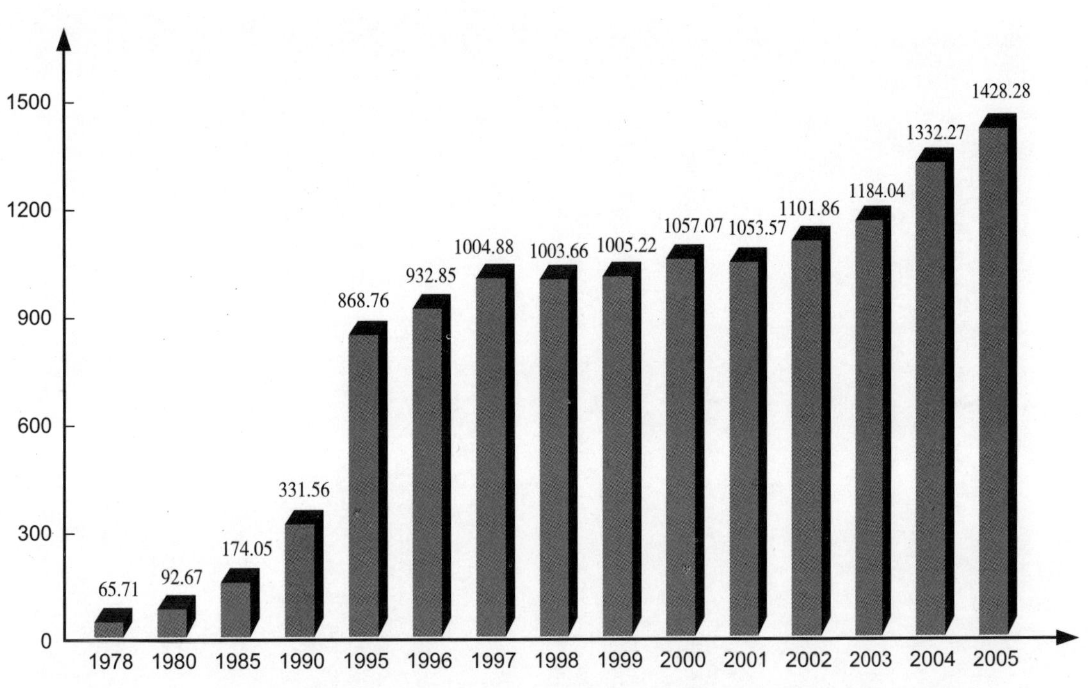

6-1 农村基本情况

Basic Statistics on Rural Areas

指标	Item	1995	2000	2003	2004	2005
农村基层组织	**Rural Grass Roots Units (unit)**					
乡镇政府 (个)	Number of Township and Town Governments (unit)	1841	1723	1334	1281	1251
#镇政府	Number of Town Governments	961	971	791	763	758
村民委员会 (个)	Number of Villages' Committees (unit)	43364	42226	38322	35445	34515
村民小组 (万个)	Number of Villages' Groups (10000 units)	35.50	34.35	33.45	33.28	33.22
农村住户数、人口、劳动力	**Number of Rural Households, Population and Labour Force**					
农村住户数 (万户)	Rural Households (10000 households)	1066.29	1075.96	1168.74	1193.53	1224.62
#农业生产户数 (万人)	Agricultural Producing (10000 persons)			943.15	920.61	903.47
农村人口 (万人)	Rural Population (10000 persons)	3588.15	3545.48	3712.12	3734.83	3790.49
农村劳动力资源 (万人)	Rural Labour Resource (10000 persons)	2181.35	2197.92	2323.05	2367.99	2430.78
农村劳动力 (万人)	Rural Labour Force (10000 persons)	2097.02	2108.44	2219.90	2252.34	2298.54
按性别分	By Sex					
男	Male	1146.60	1135.82	1186.65	1202.96	1231.68
女	Female	950.42	972.62	1033.25	1049.38	1066.86
按部门分	By Section					
农林牧渔业	Farming, Forestry, Animal Husbandry and Fishery	1145.87	1014.93	872.96	826.63	786.92
工业	Industry	447.25	474.25	647.41	700.68	754.89
建筑业	Construction	99.44	110.68	130.85	138.27	145.37
交通运输、仓储业及邮电通讯业	Transportation, Storage, Post and Telecommunication Services	62.89	69.03	79.61	89.93	92.15
批发、零售贸易、餐饮业	Wholesale, Retail Sales and Catering Trades	87.69	141.25	191.22	203.52	216.81
其他非农行业	Other Non-agricultural Sectors	253.88	298.30	297.85	293.31	302.40
#外出临时工、合同工	Temporary or Contract Workers Going Out	81.57	108.13	113.66	111.57	105.63
在农村实有劳动力中:外出劳动力 (万人)	**Among Rural Labour Force: Transferring Out (10000 persons)**	**228.82**	**367.51**	**386.95**	**404.44**	**417.68**
农村社会基础设施	**Social Basic Facilities in Rural Areas**					
自来水受益村数 (个)	Villages with Tap Water (unit)	28361	32270	31286	29509	29005
通汽车村数 (个)	Villages with Bus Services (unit)	33413	38501	35981	33711	33152
通邮村数 (个)	Villages with Post and Telecommunication Services (unit)		41633	37692	34944	34024
通电话村数 (个)	Villages with Telephone Communication (unit)	29180	40887	37704	34959	34220
通电村数 (个)	Villages with Electricity (unit)	43249	42211	38306	35440	34513

6－2 分行业农村从业人员（1978－2005年）
Employed Persons in Rural Areas by Sector（1978－2005）

单位：万人 （10000 persons）

年份 Year	农林牧渔业 Farming, Forestry, Animal Husbandry and Fishery	工业 Industry	建筑业 Construction	交通运输仓储业及邮电通讯业 Transport, Storage, Post and Telecommunications	其他非农行业 Other Non-agricultural Trade
1978	1300.00				
1979	1285.80				
1980	1257.40				
1981	1218.30				
1982	1274.70				
1983	1279.90				
1984	1277.90	319.42	55.82	21.77	110.99
1985	1299.10	339.14	63.74	28.36	133.46
1986	1263.70	376.15	68.99	32.62	173.04
1987	1260.40	399.73	72.97	37.91	184.09
1988	1260.80	409.16	76.65	41.66	199.43
1989	1308.50	375.58	75.00	41.88	210.04
1990	1336.50	368.41	74.11	41.70	214.08
1991	1348.74	376.99	74.36	42.90	229.13
1992	1338.56	367.88	78.27	46.56	268.11
1993	1239.16	418.91	87.15	52.53	307.89
1994	1187.43	436.72	91.87	58.31	326.97
1995	1145.87	447.25	99.44	62.89	341.57
1996	1123.06	446.52	104.38	64.07	358.00
1997	1106.59	448.24	102.66	64.00	378.12
1998	1102.70	439.93	102.11	64.31	387.45
1999	1073.58	445.65	104.51	66.44	399.90
2000	1014.93	474.25	110.68	69.03	439.55
2001	985.11	531.89	116.49	72.82	463.77
2002	929.58	582.40	122.71	76.18	474.73
2003	872.96	647.41	130.85	79.61	592.22
2004	826.63	700.68	138.27	89.93	496.83
2005	786.92	754.89	145.37	92.15	519.21

6-3 各市农村从业人员(2005年)

Rural Labour Force by City (2005)

单位:万人 (10000 persons)

地区	Region	合计 Total	#女 Female	农、林、牧、渔业 Farming, Forestry, Animal Husbandry and Fishery	#农业 Farming	工业 Industry
全省合计	**Total**	**2298.54**	**1066.86**	**786.92**	**641.31**	**754.89**
浙东北	**Eastern & Northern Region**	**1114.29**	**522.46**	**324.56**	**252.46**	**440.70**
杭州市	Hangzhou	267.05	125.62	88.82	70.64	85.50
宁波市	Ningbo	324.92	151.86	75.27	61.60	147.23
嘉兴市	Jiaxing	153.43	73.13	42.16	30.14	79.34
湖州市	Huzhou	114.66	54.04	40.04	27.00	41.36
绍兴市	Shaoxing	216.99	102.49	64.47	56.32	80.21
舟山市	Zhoushan	37.24	15.32	13.80	6.76	7.06
浙西南	**Western & Southern Region**	**1184.25**	**544.40**	**462.36**	**388.85**	**314.19**
温州市	Wenzhou	382.34	171.27	117.79	99.21	121.01
金华市	Jinhua	258.99	122.54	107.98	100.05	79.08
衢州市	Quzhou	118.98	54.55	61.03	49.10	15.62
台州市	Taizhou	309.44	144.17	107.23	87.17	88.98
丽水市	Lishui	114.50	51.87	68.33	53.32	9.50

单位:万人 6-3 续表 continued (10000 persons)

地区	Region	建筑业 Construction	交通运输仓储业及邮电通讯业 Transport, Storage, Post and Telecommunications	批发、零售贸易业、餐饮业 Wholesale, Retail Sale and Catering Services	其他非农行业 Other Non-agricultural Trade	#外出合同工、临时工 Contract or Temporary Workers Transferring Out	在农村实有劳动力中:外出 Among Rural Labour Force: Transferring Out
全省合计	**Total**	**145.37**	**92.15**	**216.81**	**302.40**	**105.63**	**417.68**
浙东北	**Eastern & Northern Region**	**78.99**	**49.29**	**83.90**	**136.85**	**51.47**	**151.64**
杭州市	Hangzhou	16.51	12.11	18.03	46.08	23.89	43.22
宁波市	Ningbo	19.89	13.51	25.88	43.14	11.27	36.32
嘉兴市	Jiaxing	7.86	5.90	9.19	8.98	3.89	8.48
湖州市	Huzhou	7.09	6.80	9.75	9.62	2.96	15.34
绍兴市	Shaoxing	24.28	8.34	17.31	22.38	7.37	40.46
舟山市	Zhoushan	3.36	2.63	3.74	6.65	2.09	7.82
浙西南	**Western & Southern Region**	**66.38**	**42.86**	**132.91**	**165.55**	**54.16**	**266.04**
温州市	Wenzhou	16.53	15.87	59.83	51.31	12.26	85.43
金华市	Jinhua	17.63	7.49	19.55	27.26	11.69	47.62
衢州市	Quzhou	9.24	3.91	6.98	22.20	11.13	43.82
台州市	Taizhou	19.19	12.27	38.25	43.52	9.38	55.66
丽水市	Lishui	3.79	3.32	8.30	21.26	9.70	33.51

6-4 农、林、牧、渔业总产值(1978-2005年)

Gross Output Value of Farming, Forestry, Animal Husbandry and Fishery(1978-2005)

单位:亿元 (100 million yuan)

年份 Year	农林牧渔业总产值 Total	农业产值 Farming	#种植业产值 Planting	林业产值 Forestry	牧业产值 Animal Husbandry	渔业产值 Fishery	农林牧渔服务产值 Services for Agriculture
1978	65.71	50.82	48.86	1.99	9.42	3.48	
1979	91.84	69.47	67.29	2.75	15.55	4.07	
1980	92.67	64.23	60.52	3.61	19.39	5.44	
1981	95.56	69.21	64.48	3.79	16.45	6.11	
1982	118.04	84.61	77.91	4.42	22.88	6.13	
1983	118.68	83.65	74.87	4.77	23.41	6.85	
1984	147.49	102.80	89.93	6.67	27.01	11.01	
1985	174.05	111.20	92.85	8.87	37.84	16.14	
1986	192.04	122.97	101.00	9.26	40.09	19.72	
1987	227.18	141.09	113.91	11.61	48.57	25.91	
1988	280.94	162.80	129.89	14.40	70.33	33.41	
1989	304.50	181.26	145.97	13.60	75.68	33.96	
1990	331.56	199.48	163.92	16.00	75.18	40.90	
1991	363.22	217.21	180.00	17.42	76.78	51.81	
1992	396.93	226.46	179.94	21.01	85.23	64.23	
1993	490.13	274.85	218.01	29.80	92.11	93.37	
1994	690.20	372.97	305.58	41.92	134.78	140.53	
1995	868.76	481.90	407.24	50.02	142.03	194.81	
1996	932.85	517.29	431.90	54.77	155.88	204.92	
1997	1004.88	516.21	426.56	59.26	190.03	239.38	
1998	1003.66	522.98	434.22	59.46	165.85	255.37	
1999	1005.22	519.00	431.57	62.31	157.00	266.91	
2000	1057.07	521.31	446.15	54.48	183.94	297.36	
2001	1053.57	488.59	471.52	60.20	195.94	308.84	
2002	1101.86	511.42	495.72	60.84	205.09	324.51	
2003	1184.04	529.44	515.24	65.67	233.01	337.11	18.81
2004	1332.27	592.59	578.22	78.36	78.89	361.99	21.44
2005	1428.28	654.81	640.20	83.51	285.95	380.81	23.20

注:1. 本表按当年价格计算。 The data in this table are calculated at current price.
2. 2003年起农林牧渔业总产值中包括服务业产值。 Gross output value includes services for agriculture since 2003.

6-5 农、林、牧、渔业总产值指数(1979-2005年)

Indices of Gross Output Value of Farming, Forestry, Animal Husbandry and Fishery (1979-2005)

(1978年=100) (1978=100)

年份 Year	农林牧渔业总产值 Gross Output Value of Farming Forestry, Animal Husbandry & Fishery	农业产值 Farming	#种植业产值 Planting	林业产值 Forestry	牧业产值 Animal Husbandry	渔业产值 Fishery	农林牧渔服务业(2003年=100) Services for Agriculture (2003=100)
1979	112.26	109.58	110.04	109.95	131.12	93.69	
1980	109.85	105.62	103.41	115.71	133.27	94.59	
1981	110.78	107.65	104.36	115.71	128.88	96.69	
1982	128.98	127.88	123.64	113.26	148.37	102.71	
1983	124.88	122.05	114.82	116.93	149.42	99.70	
1984	145.51	145.51	132.39	149.29	156.79	116.48	
1985	151.17	146.44	125.92	155.09	176.43	136.74	
1986	159.30	152.77	126.90	149.90	185.83	162.85	
1987	164.65	158.47	125.65	161.50	181.27	184.84	
1988	168.39	162.26	122.63	157.53	189.10	182.79	
1989	170.76	166.71	124.53	152.65	185.44	182.16	
1990	175.37	170.34	128.84	166.08	187.23	198.14	
1991	186.67	181.51	137.66	185.57	192.05	217.84	
1992	193.70	179.20	129.00	198.03	209.41	251.91	
1993	202.65	184.90	127.48	240.93	203.50	286.54	
1994	221.50	191.86	127.47	283.27	204.03	383.96	
1995	242.72	205.46	135.15	302.47	202.14	482.07	
1996	258.08	221.62	142.54	319.98	203.38	516.58	
1997	270.66	223.18	142.51	340.13	222.24	570.26	
1998	280.94	223.98	143.15	328.23	230.46	640.51	
1999	294.15	233.77	153.57	351.75	242.33	669.03	
2000	307.67	230.70	150.09	391.15	265.45	741.95	
2001	322.75	240.16	160.75	414.23	288.28	769.40	
2002	336.31	155.05	171.36	417.96	300.39	787.87	
2003	348.29	267.73	180.78	429.21	306.42	811.56	
2004	363.75	171.10	190.00	458.00	310.38	848.84	109.84
2005	372.48	175.72	195.13	463.04	326.52	847.99	117.53

注:本表按可比价格计算。 The data in this table are calculated at comparable price.

6-6 农、林、牧、渔业分项产值(2000-2005年)
Gross Output Value of Farming, Forestry, Animal Husbandry and Fishery by Branch(2000-2005)

单位:亿元　(100 million yuan)

指标	Item	2000	2001	2002	2003	2004	2005
农林牧渔业总产值	**Total**	**1057.07**	**1053.57**	**1101.86**	**1184.04**	**1332.27**	**1428.28**
农业产值	**Farming**	**521.31**	**488.59**	**511.42**	**529.44**	**592.59**	**654.81**
农作物种植业产值	Planting	446.15	471.52	495.72	515.24	578.22	640.20
#粮食	Grain	155.67	133.83	122.71	112.62	151.12	152.37
谷物	Cereal	135.99	117.96	103.26	93.71	128.96	128.17
豆类	Beans	10.89	6.86	10.62	10.76	12.37	13.76
薯类	Tubers	8.79	9.01	8.83	8.16	9.79	10.44
油料	Oil-bearing Crops	13.45	12.92	10.41	10.18	12.71	12.97
棉花	Cotton	3.18	3.19	2.24	2.62	2.08	2.27
麻类	Fiber Crops	0.11	0.10	0.09	0.08	0.07	0.06
糖料	Sugar Crops	8.43	8.34	9.03	9.65	8.53	8.75
蔬菜	Vegetables	140.35	149.26	158.56	159.29	153.24	192.91
茶、桑、果	Tea, Mulberry, Fruit	85.91	100.92	111.54	121.42	141.89	155.62
其他农业产值	Other Farming	75.16	17.07	15.70	14.20	14.37	14.61
林业产值	**Forestry**	**54.48**	**60.20**	**60.84**	**65.67**	**78.36**	**83.51**
人造林木生长	Man-made Forestry Growing	7.02	8.25	6.03	7.26	6.77	9.07
林产品	Forestry Products	27.27	31.79	32.49	36.20	46.87	45.34
竹木采伐	Lumbering	20.19	20.16	22.32	22.20	24.72	29.10
牧业产值	**Animal Husbandry**	**183.94**	**195.94**	**205.09**	**233.01**	**277.89**	**285.95**
牲畜繁殖、增长增重	Breeding and Growthing of Domestic Animals	104.85	112.92	118.66	142.90	184.57	180.01
家禽饲养	Poultry Raising	23.99	23.90	28.01	33.00	30.60	35.15
活的畜禽产品	Live Livestock Products	20.24	23.98	26.30	27.72	29.29	32.81
其他动物饲养	Other Animals Raising	34.65	34.91	31.97	29.25	33.23	37.76
渔业产值	**Fishery**	**297.35**	**308.84**	**324.63**	**337.11**	**361.99**	**380.81**
海水产品	Seawater Aquatic Products	220.57	221.08	234.63	240.84	261.54	279.85
淡水产品	Freshwater Aquatic Products	76.78	87.76	89.88	96.27	100.45	100.96
服务业产值	**Services for Agriculture**				**18.81**	**21.44**	**23.20**

注:1. 本表按当年价格计算。 The data in this table are calculated at current price.

2. 2001年起其他农业产值中不包括家庭兼营工业产值,2003年起总产值中包括服务业产值。
The output value of other farming did't include commercial industral activities undertaken by rural household as sideline production since 2001, Total gross output value includes services for agriculture since 2003.

6-7 农、林、牧、渔业分项产值指数(2000-2005年)
Indices of Gross Output Value of Farming, Forestry, Animal Husbandry and Fishery by Branch (2000-2005)

(1995年=100) (1995=100)

指标	Item	2000	2001	2002	2003	2004	2005
农林牧渔业总产值	**Total**	**124.8**	**130.8**	**136.3**	**141.0**	**147.2**	**150.73**
农业产值	**Farming**	**112.2**	**116.8**	**124.2**	**130.4**	**137.1**	**140.80**
农作物种植业产值	Planting	118.3	136.6	135.0	142.4	149.7	
#粮食	Grain	84.8	72.5	66.7	56.5	59.3	
油料	Oil-baring Crops	116.1	116.7	94.3	88.0	98.2	
棉花	Cotton	46.9	50.7	35.8	33.6	36.5	
麻类	Fiber Crops	21.4	19.3	12.5	10.8	10.8	
糖料	Sugar Crops	149.5	160.6	171.6	187.6	161.3	
蔬菜	Vegetables	145.9	202.4	218.7	238.4	234.3	
茶、桑、果	Tea, Mulberry and Fruit	113.6	144.0	144.0	156.5	175.0	
其他农业产值	Other Farming	97.1	91.9	94.5	90.0	99.9	
林业产值	**Forestry**	**89.7**	**95.0**	**95.9**	**98.5**	**105.1**	**106.26**
人造林木生长	Man-made Forestry Growing	106.7	113.1	85.9	104.4	95.8	
林产品	Forestry Products	62.7	71.5	77.6	85.1	92.6	
竹木采伐	Lumbering	118.3	118.9	121.5	114.2	124.5	
牧业产值	**Animal Husbandry**	**132.5**	**143.9**	**149.9**	**152.9**	**154.9**	**162.95**
牲畜繁殖、增长增重	Breeding of Domestic Animals	152.5	164.0	168.5	175.9	185.8	
家禽饲养	Poultry Raising	126.3	135.7	149.1	165.7	147.5	
活的畜禽产品	Live Livestock Products	116.9	129.4	140.4	137.7	137.6	
其他动物饲养	Other Animals Raising	116.5	130.2	130.8	121.3	119.5	
渔业产值	**Fishery**	**153.9**	**159.6**	**163.4**	**168.3**	**176.0**	**175.82**
海水产品	Seawater Aquatic Products	145.3	144.4	140.2	143.0	150.9	
淡水产品	Freshwater Aquatic Products	194.3	231.5	273.4	300.7	302.2	
服务业产值(以2003年=100)	**Services (2003=100)**					**109.7**	**117.53**

注:1. 本表按可比价格计算。 The data in this table are calculated at comparable price.

2. 2005年增长速度用价格指数缩减计算,无法计算各分项增长速度。
The indices are calculated at cutting price, while the subentries are uncalculated in 2005.

6-8 农、林、牧、渔业增加值(2000-2005 年)

The Added Value of Farming, Forestry, Animal Husbandry and Fishery(2000-2005)

单位:亿元 (100 million yuan)

指标	Item	2000	2001	2002	2003	2004	2005
总产值	**Gross Output Value**	**1057.07**	**1053.57**	**1101.86**	**1165.23**	**1332.27**	**1428.28**
中间消耗	**Intermediate Consumption**	**396.06**	**386.17**	**408.13**	**437.74**	**498.93**	**535.45**
中间物质消耗	Intermediate Material Consumption	351.99	342.65	356.02	380.92	427.52	458.04
对非物质生产部门的劳务支出	Labour Service Expenditure of Non-material Productive Sectors	44.07	43.52	52.11	56.82	71.41	77.41
增加值	**Added Value**	**661.02**	**667.40**	**693.73**	**727.49**	**833.34**	**892.83**
农业	Farming	371.13	362.89	375.45	389.31	436.38	480.83
林业	Forestry	40.94	46.64	47.02	50.25	59.91	63.07
牧业	Animal Husbandry	88.62	94.82	95.70	110.12	134.06	131.32
渔业	Fishery	160.32	163.05	175.56	177.81	192.49	206.24
服务业	Services				9.28	10.50	11.37

注:2003 年起农林牧渔业增加值中包括服务业增加值。 Gross Output Value includes Services for agricultuer since 2003.

6-9 各市农、林、牧、渔业增加值(2005 年)

The Added Value of Farming, Forestry, Animal Husbandry and Fishery by City (2005)

单位:亿元 (100 million yuan)

地区	Region	农、林、牧、渔业增加值 Total	#农业增加值 Farming	#固定资产折旧 Depreciation of Fixed Assets	# 劳动者报酬 Compensation of Labourers	中间消耗 Intermediate Consumption
全省合计	**Total**	**892.83**	**480.83**	**62.39**	**833.48**	**535.45**
浙东北	**Eastern & Northern Region**	**560.83**	**295.34**	**39.36**	**523.14**	**340.40**
杭州市	Hangzhou	148.21	84.09	7.91	146.47	71.27
宁波市	Ningbo	132.27	70.66	5.70	125.12	75.13
嘉兴市	Jiaxing	84.45	47.88	12.97	71.01	55.23
湖州市	Huzhou	63.00	29.12	2.49	60.51	43.08
绍兴市	Shaoxing	93.06	59.67	4.63	86.31	48.34
舟山市	Zhoushan	39.84	3.92	5.66	33.72	47.35
浙西南	**Western & Southern Region**	**326.30**	**183.18**	**23.05**	**305.13**	**211.25**
温州市	Wenzhou	64.89	32.10	3.93	61.13	43.55
金华市	Jinhua	65.66	40.78	5.66	60.20	37.22
衢州市	Quzhou	49.27	30.68	3.74	46.54	24.28
台州市	Taizhou	102.64	46.64	8.46	94.39	82.16
丽水市	Lishui	43.84	32.98	1.26	42.87	24.04

注:全省数为省级计算数,与分市相加不等。 The total is calculated by Provincial Bureau, it is not equal to the sum of regional figures by city.

6－10　农、林、牧、渔业分项商品产值（2000－2005年）
Commodity Output Value of Farming, Forestry, Animal Husbandry and Fishery by Branch(2000－2005)

单位：亿元　　(100 million yuan)

指标	Item	2000	2001	2002	2003	2004	2005
农林牧渔业商品总产值	**Total Commodity Output Value**	**693.90**	**742.25**	**782.34**	**833.11**	**946.11**	**1020.45**
农业商品产值	**Farming**	**241.10**	**259.46**	**273.68**	**289.04**	**330.63**	**375.65**
种植业商品产值	Planting	235.54	253.95	268.02	284.25	325.77	370.69
#粮食	Grain	42.19	36.64	34.15	30.72	42.93	44.34
谷物	Cereal	36.85	31.32	27.27	24.13	35.48	35.93
豆类	Beans	2.95	2.84	4.42	4.34	4.64	5.45
薯类	Tubers	2.47	2.49	2.47	2.26	2.81	2.96
油料	Oil-bearing Crops	7.44	7.69	6.21	5.62	7.59	7.88
棉花	Cotton	2.68	2.37	1.58	1.79	1.38	1.68
麻类	Fiber Crops	0.09	0.07	0.07	0.05	0.04	0.04
糖料	Sugar Crops	6.17	6.19	6.73	7.29	5.84	6.56
蔬菜	Vegetables	82.87	81.68	76.48	75.25	69.26	107.58
茶、桑、果	Tea, Mulberry and Fruit	46.89	68.26	78.00	82.71	104.54	110.66
其他农业商品产值	Other Farming	5.56	5.51	5.66	4.79	4.86	4.96
林业商品产值	**Forestry**	**34.79**	**38.08**	**40.30**	**42.03**	**52.70**	**57.44**
竹木采运	Lumbering	15.15	15.09	17.56	16.73	18.62	23.98
林产品	Forest Products	19.64	22.99	22.74	25.30	34.08	33.46
牧业商品产值	**Animal Husbandry**	**135.61**	**150.50**	**158.96**	**180.68**	**217.07**	**224.00**
猪	Hogs	75.43	83.25	89.89	110.04	143.16	138.70
牛	Cattle and Buffaloes	0.31	0.79	1.01	1.18	1.46	1.38
羊	Sheep and Goats	2.91	2.54	3.63	4.13	4.63	5.62
家禽饲养	Poultry Raising	13.32	17.43	18.68	22.01	20.44	23.48
活的畜禽产品	Live Livestock Products	11.76	17.07	18.51	18.04	18.59	21.55
其他动物饲养	Other Animal Raising	31.88	29.25	27.12	25.15	29.26	33.10
渔业商品产值	**Fishery**	**283.40**	**294.20**	**309.40**	**321.35**	**345.08**	**363.36**
海水产品	Seawater Aquatic Products	211.69	214.62	227.65	233.51	253.73	271.32
淡水产品	Freshwater Aquatic Products	71.71	79.59	81.75	87.84	91.35	92.04

注：本表按当年价格计算。　The data in this table are calculated at current price.

6－11 耕地面积变动情况(1978－2005年)
Change of Cultivated Area(1978－2005)

单位:千公顷 (1000 hectares)

年份 Year	年末实有耕地面积 Cultivated Area at Year-end	水田面积 Paddy Fields	旱地面积 Dry Fields	本年内增加数 Increased Area in the Year	本年内减少数 Decreased Area in the Year
1978	1838.00	1480.07	357.93	7.76	9.93
1979	1831.89	1475.53	356.33	6.09	12.12
1980	1823.03	1467.89	355.15	3.65	12.03
1981	1819.87	1465.20	354.67	3.48	6.71
1982	1817.80	1468.67	349.13	2.49	4.77
1983	1816.60	1468.73	347.87	3.45	4.40
1984	1805.97	1464.13	341.87	8.47	19.08
1985	1776.71	1443.09	333.62	4.89	34.15
1986	1753.53	1423.00	330.53	3.89	27.03
1987	1744.93	1419.33	325.60	5.43	14.07
1988	1736.47	1414.42	322.08	4.68	13.10
1989	1731.29	1422.89	308.24	4.31	9.52
1990	1723.53	1429.39	294.14	3.72	11.48
1991	1715.01	1424.04	290.97	3.67	12.19
1992	1691.22	1404.78	286.44	3.77	27.49
1993	1661.22	1377.50	283.72	3.27	33.27
1994	1635.47	1363.37	272.10	4.47	30.22
1995	1617.80	1344.49	272.86	4.57	22.24
1996	1613.78	1341.43	272.35	7.89	11.91
1997	1612.42	1339.00	273.42	9.79	11.20
1998	1613.44	1337.23	276.21	12.58	11.56
1999	1609.07	1330.05	279.02	12.82	17.19
2000	1607.56	1328.93	278.63	19.81	21.32
2001	1601.46	1322.75	278.71	28.88	34.99
2002	1599.11	1310.52	288.59	37.98	40.33
2003	1592.14	1301.15	290.99	34.61	41.58
2004	1594.92	1299.96	294.96	16.43	13.65
2005	1593.55	1293.38	300.17	19.15	20.51

6－12　耕地面积变动情况(2000－2005 年)
Change of Cultivated Area(2000－2005)

单位:千公顷　　(1000 hectares)

指标	Item	2000	2001	2002	2003	2004	2005
年末实有耕地面积	**Cultivated Area at Year-end**	**1607.56**	**1601.46**	**1599.11**	**1592.14**	**1594.92**	**1593.55**
水田	Paddy Fields	1328.93	1322.75	1310.52	1301.15	1299.96	1293.38
旱地	Dry Fields	278.63	278.71	288.59	290.99	294.96	300.17
本年内增加数	**Increased Areas in the Year**	**19.81**	**28.88**	**37.98**	**34.61**	**16.43**	**19.15**
#围垦海涂	Reclaim Land from Tideland	1.47	2.53	0.94	0.44	0.10	0.67
开荒	Bring Barren under Cultivation	5.09	6.07	7.10	6.63	3.25	3.52
本年内减少数	**Decreased Areas in the Year**	**21.32**	**34.99**	**40.33**	**41.58**	**13.65**	**20.51**
#国家基建占地	State Capital Construction	8.79	13.59	16.25	19.67	8.03	9.53
乡村基建占地	Village Capital Construction	4.29	8.71	12.93	15.28	3.94	7.05
改林、桑、茶、果园占地	Construction for Forestry, Mulberry, Tea and Fruit Areas	5.86	2.91	3.58	4.35	0.71	0.78
挖鱼塘占地	Construction for Digging Fish Groad	0.25	0.75	1.34	0.67	0.19	0.62
其他占地	Others	2.13	2.73	1.39	1.61	0.79	2.39
按总人口人均占有耕地　(公顷)	**Per Cultivated Construction by Total Population　(hectare)**	**0.036**	**0.035**	**0.035**	**0.035**	**0.035**	**0.035**
按农业人口人均占有耕地　(公顷)	**Per Cultivated Construction by Rural Population　(hectare)**	**0.046**	**0.046**	**0.047**	**0.047**	**0.048**	**0.048**

6－13　各市耕地面积(2005 年底)
Cultivated Areas by City (End of 2005)

单位:千公顷　　(1000 hectares)

地区	Region	年末实有耕地面积 Cultivated Areas at Year-end	旱地面积 Paddy Fields	水田面积 Dry Fields	本年内增加数 Increased Areas in the Year	本年内减少数 Decreased Areas in the Year	#乡村基建占地 Village Capital Construction	#国家基建占地 State Capital Construction
全省合计	**Total**	**1593.55**	**300.17**	**1293.38**	**19.15**	**20.51**	**7.05**	**9.53**
浙东北	**Eastern & Northern Region**	**931.75**	**188.50**	**743.26**	**12.56**	**14.52**	**5.19**	**6.96**
杭州市	Hangzhou	182.95	26.68	156.27	2.03	2.53	0.67	1.43
宁波市	Ningbo	209.96	67.17	142.79	2.27	3.36	0.98	2.03
嘉兴市	Jiaxing	211.03	34.54	176.49	2.18	2.00	0.74	1.21
湖州市	Huzhou	143.92	16.32	127.61	2.45	1.54	0.60	0.59
绍兴市	Shaoxing	167.16	37.05	130.11	3.14	3.68	2.08	1.35
舟山市	Zhoushan	16.73	6.74	9.99	0.49	1.41	0.12	0.35
浙西南	**Western & Southern Region**	**662.84**	**111.87**	**550.98**	**6.59**	**5.98**	**1.87**	**2.56**
温州市	Wenzhou	158.82	39.66	119.17	1.18	1.93	0.50	0.70
金华市	Jinhua	165.76	23.05	142.71	1.05	0.95	0.37	0.52
衢州市	Quzhou	101.77	13.42	88.34	1.95	0.91	0.13	0.52
台州市	Taizhou	146.83	26.60	120.24	1.15	1.36	0.81	0.51
丽水市	Lishui	89.66	9.14	80.52	1.26	0.83	0.06	0.31

6-14 各市、县耕地面积和人均耕地面积(2005年底)

Cultivated Areas and Per Capita Cultivated Area by City and County (End of 2005)

地区	Region	耕地面积合计(公顷) Total Cultivated Areas (hectare)	水田 Paddy Fields	旱地 Dry Fields	人均占有耕地面积(公顷) Per Capita Cultivated Areas (hectare)
全省合计	**Total**	**1593554.2**	**1293379.3**	**300174.9**	**0.035**
杭州市	**Hangzhou**	**182949.9**	**156269.3**	**26680.6**	**0.028**
杭州市区	District	97567.0	84696.5	12870.5	0.024
建德市	Jiande	18404.2	15665.0	2739.2	0.036
富阳市	Fuyang	21354.1	17479.0	3875.1	0.034
临安市	Linan	18833.6	16458.8	2374.8	0.036
桐庐县	Tonglu	15468.0	13165.0	2303.0	0.039
淳安县	Chunan	11323.0	8805.0	2518.0	0.025
宁波市	**Ningbo**	**209958.9**	**142789.9**	**67169.0**	**0.038**
宁波市区	District	62426.5	50567.7	11858.8	0.029
余姚市	Yuyao	39007.9	30725.1	8282.8	0.047
慈溪市	Cixi	43519.1	10089.0	33430.1	0.043
奉化市	Fenghua	21428.1	19300.5	2127.6	0.045
象山县	Xiangshan	20616.0	16354.0	4262.0	0.039
宁海县	Ninghai	22961.3	15753.6	7207.7	0.039
温州市	**Wenzhou**	**158824.5**	**119165.4**	**39659.1**	**0.021**
温州市区	District	15137.8	12281.6	2856.2	0.011
瑞安市	Ruian	28920.7	20388.9	8531.8	0.025
乐清市	Yueqing	23822.9	19921.9	3901.0	0.020
洞头县	Dongtou	935.9	211.0	724.9	0.008
永嘉县	Yongjia	19994.1	14943.3	5050.8	0.022
平阳县	Pingyang	22101.7	17003.4	5098.3	0.026
苍南县	Cangnan	28052.9	20867.2	7185.7	0.023
文成县	Wencheng	10313.8	6198.2	4115.6	0.028
泰顺县	Taishun	9544.7	7349.9	2194.8	0.027
嘉兴市	**Jiaxing**	**211030.1**	**176486.0**	**34544.1**	**0.063**
嘉兴市区	District	52452.3	44170.4	8281.9	0.065
海宁市	Haining	34551.3	26323.0	8228.3	0.054
平湖市	Pinghu	31062.1	28574.3	2487.8	0.064
桐乡市	Tongxiang	37274.0	27291.0	9983.0	0.056
嘉善县	Jiashan	30500.5	29015.0	1485.5	0.080
海盐县	Haiyan	25189.9	21112.3	4077.6	0.069
湖州市	**Huzhou**	**143924.4**	**127605.6**	**16318.8**	**0.056**
湖州市区	District	50464.3	45150.0	5314.3	0.047
德清县	Deqing	22250.6	20299.9	1950.7	0.052
长兴县	Changxing	46384.0	40447.6	5936.4	0.075
安吉县	Anji	24825.5	21708.1	3117.4	0.055
绍兴市	**Shaoxing**	**167160.8**	**130107.9**	**37052.9**	**0.038**
绍兴市区	District	10233.6	9732.4	501.2	0.016
诸暨市	Zhuji	43307.8	37986.0	5321.8	0.041
上虞市	Shangyu	40777.8	23789.1	16988.7	0.053

6－14 续表 continued

地区	Region	耕地面积合计（公顷）Total Cultivated Areas (hectare)	水田 Paddy Fields	旱地 Dry Fields	人均占有耕地面积（公顷）Per Capita Cultivated Areas (hectare)
嵊州市	Shengzhou	30724.3	24865.1	5859.2	0.042
绍兴县	Shaoxing	25952.1	22515.3	3436.8	0.037
新昌县	Xinchang	16165.2	11220.0	4945.2	0.037
金华市	**Jinhua**	**165762.2**	**142712.7**	**23049.5**	**0.037**
金华市区	District	38290.7	33796.8	4493.9	0.042
兰溪市	Lanxi	29099.8	26359.9	2739.9	0.044
东阳市	Dongyang	24076.8	19587.0	4489.8	0.030
义乌市	Yiwu	21716.7	18187.5	3529.2	0.031
永康市	Yongkang	17675.5	15208.5	2467.0	0.032
武义县	Wuyi	16010.0	14760.1	1249.9	0.049
浦江县	Pujiang	12057.0	10240.1	1816.9	0.032
磐安县	Panan	6835.7	4572.8	2262.9	0.033
衢州市	**Quzhou**	**101765.6**	**88343.4**	**13422.2**	**0.040**
衢州市区	District	27990.0	23648.3	4341.7	0.031
江山市	Jiangshan	24292.4	21492.1	2800.3	0.042
常山县	Changshan	12343.6	10714.2	1629.4	0.038
开化县	Kaihua	13014.4	11024.6	1989.8	0.038
龙游县	Longyou	24125.2	21464.2	2661.0	0.060
舟山市	**Zhoushan**	**16728.4**	**9987.0**	**6741.4**	**0.017**
舟山市区	District	14231.5	8555.9	5675.6	0.021
岱山县	Daishan	2419.1	1430.8	988.3	0.012
嵊泗县	Shengsi	77.8	0.3	77.5	0.001
台州市	**Taizhou**	**146834.9**	**120239.3**	**26595.6**	**0.026**
台州市区	District	34208.6	29335.6	4873.0	0.023
临海市	Linhai	29621.9	24582.9	5039.0	0.026
温岭市	Wenling	32830.1	27456.5	5373.6	0.029
仙居县	Xianju	14708.3	12963.1	1745.2	0.031
天台县	Tiantai	15520.5	13316.0	2204.5	0.028
三门县	Sanmen	13027.3	8399.9	4627.4	0.032
玉环县	Yuhuan	6918.2	4185.3	2732.9	0.017
丽水市	**Lishui**	**89659.7**	**80521.1**	**9138.6**	**0.036**
丽水市区	District	11152.9	9542.7	1610.2	0.030
龙泉市	Longquan	16990.6	16044.7	945.9	0.061
青田县	Qingtian	10748.3	9078.9	1669.4	0.022
云和县	Yunhe	4175.8	4085.2	90.6	0.038
庆元县	Qingyuan	10616.0	9588.3	1027.7	0.054
缙云县	Jinyun	10941.5	9596.3	1345.2	0.025
遂昌县	Suichang	10505.1	9419.4	1085.7	0.046
松阳县	Songyang	7680.1	7325.0	355.1	0.033
景宁自治县	Jingning	6849.4	5840.6	1008.8	0.039

6-15 农业机械年末拥有量(2000-2005年)

Possession of Major Agricultural Machinery (2000-2005)

指标		Item		2000	2001	2002	2003	2004	2005
农业机械总动力	**(万千瓦)**	**Total Power of Agricultural Machinery**	**(10000 kw)**	**1990.09**	**2017.24**	**2053.21**	**2039.68**	**2026.74**	**2111.27**
耕作机械动力	**(万千瓦)**	**Mechanical Power of Cultivation**	**(10000 kw)**	**241.27**	**229.51**	**216.91**	**201.88**	**190.10**	**187.59**
大中型拖拉机	(台)	Large and Medium Sized Tractors	(unit)	6758	6359	6117	4582	4376	4482
	(万千瓦)		(10000 kw)	18.14	16.31	15.65	12.91	12.67	13.09
农用小型拖拉机	(万台)	Mini-tractors for Agriculture	(10000 units)	25.20	24.10	22.84	21.82	19.93	19.75
	(万千瓦)		(10000 kw)	215.76	206.09	194.53	182.45	171.04	168.51
收获机械动力	**(万千瓦)**	**Mechanical Power of Harvesting**	**(10000 kw)**	**247.95**	**246.69**	**246.96**	**241.06**	**235.07**	**243.52**
联合收割机	(台)	Combine Harvesters	(unit)	14303	13911	13325	12554	12634	14173
	(万千瓦)		(10000 kw)	25.29	24.22	24.13	23.13	25.70	32.82
机动收割机(割晒机)	(台)	Motorized Harvesters	(unit)	394	420	448	406	373	397
机动脱粒机	(万台)	Motorized Thresher	(10000 units)	133.37	133.75	134.94	131.91	126.59	127.16
植保机械动力	**(万千瓦)**	**Mechanical Power of Plant Protection**	**(10000 kw)**	**7.30**	**7.46**	**8.11**	**8.99**	**13.53**	**15.28**
机动喷雾(粉)器	(万架)	Motorized Sprayer	(10000 units)	5.20	5.34	5.62	6.06	7.77	7.68
排灌机械动力	**(万千瓦)**	**Mechanical Power of Drainage and Irrigation**	**(10000 kw)**	**200.66**	**203.05**	**205.28**	**207.13**	**212.74**	**220.26**
柴油机	(万台)	Diesel Engines	(10000 units)	7.84	7.88	7.91	8.24	7.90	8.56
	(万千瓦)		(10000 kw)	39.73	39.67	39.84	41.50	39.45	44.60
电动机	(万台)	Electric Engines	(10000 units)	33.27	34.43	35.96	36.51	39.95	41.63
	(万千瓦)		(10000 kw)	160.85	163.31	165.35	165.34	171.76	173.87
农副产品加工机械动力	**(万千瓦)**	**Mechanical Power of Farm Sideline Products Manufacturing**	**(10000 kw)**	**156.53**	**157.12**	**157.77**	**158.60**	**154.03**	**166.21**
粮食加工机械	(万台)	Mechanical Power for Grain	(10000 units)	14.05	14.09	13.80	13.61	12.87	12.87
棉花加工机械	(万台)	Mechanical Power for Cotton	(10000 units)	0.58	0.61	0.56	0.36	0.56	0.99
油料加工机械	(万台)	Mechanical Power for Oil-bearing	(10000 units)	0.59	0.60	0.63	0.66	0.66	0.69
运输机械动力	**(万千瓦)**	**Mechanical Power of Transportation**	**(10000 kw)**	**561.62**	**577.73**	**597.80**	**629.83**	**617.18**	**635.73**
渔业机械动力	**(万千瓦)**	**Mechanical Power of Fishery**	**(10000 kw)**	**452.47**	**461.90**	**468.61**	**427.48**	**411.39**	**404.24**
机动船	(万艘)	Motorized Boats	(10000 units)	5.82	5.61	5.52	5.56	4.97	4.83
	(万吨)		(10000 tons)	220.32	228.92	232.85	227.21	217.35	213.11
	(万千瓦)		(10000 kw)	416.65	426.77	430.20	427.48	411.39	404.24
其他农业机械动力	**(万千瓦)**	**Other Mechanical Power**	**(10000 kw)**	**122.28**	**133.78**	**151.76**	**164.72**	**192.70**	**238.44**

6－16 各市主要农业机械拥有量(2005 年末)

Possession of Major Agricultural Machinery by City (End of 2005)

地区	Region	农业机械总动力(万千瓦) Total Power of Agricultural Machinery (10000 kw)	耕作机械动力(万千瓦) Mechanical Power of Cultivation (10000 kw)	大中型拖拉机(台) Large and Medium Tractors (unit)	农用小型拖拉机 Mini-tractors		收获机械动力(万千瓦) Mechanical Power of Harvesting (10000 kw)
					万台 (10000 units)	万千瓦 (10000 kw)	
全省合计	**Total**	**2111.27**	**187.59**	**4482**	**19.75**	**168.51**	**243.52**
浙东北	**Eastern & Northern Region**	**1272.95**	**113.99**	**2996**	**11.69**	**101.13**	**172.35**
杭州市	Hangzhou	297.28	22.48	915	2.23	19.22	32.33
宁波市	Ningbo	284.38	22.20	1145	1.93	17.36	25.93
嘉兴市	Jiaxing	171.97	24.45	203	2.53	22.26	56.98
湖州市	Huzhou	153.54	22.74	165	2.51	22.10	32.46
绍兴市	Shaoxing	202.22	21.17	405	2.43	19.69	23.00
舟山市	Zhoushan	163.56	0.95	163	0.06	0.50	1.65
浙西南	**Western & Southern Region**	**834.39**	**73.60**	**1486**	**8.06**	**67.38**	**71.17**
温州市	Wenzhou	198.10	14.02	349	1.40	12.32	11.38
金华市	Jinhua	192.88	22.75	523	2.64	21.32	26.08
衢州市	Quzhou	82.48	7.30	245	0.91	6.22	6.84
台州市	Taizhou	288.63	17.89	364	1.80	15.99	24.75
丽水市	Lishui	72.30	11.64	5	1.31	11.53	2.12
省直属单位	**Units Directly under Province**	**3.92**					

注:省直属单位指省属水产渔业公司。

Units Directly Under Province refers to aquatic fishery company attached to the Province.

6－16 续表1 continued

地区	Region	机动脱粒（打稻）机 Motorized Thresher		植保机械动力（万千瓦）Mechanical Power of Plant Protection (10000 kw)	机动喷雾（粉）器 Moterized Sprayer		排灌机械动力（万千瓦）Mechanical Power of Drainage and Irrigation (1000 kw)
		万台 (10000 units)	万千瓦 (10000 kw)		架 (unit)	千瓦 (1000 kw)	
全省合计	**Total**	**127.16**	**204.84**	**15.28**	**76764**	**129185.60**	**220.26**
浙东北	**Eastern & Northern Region**	**97.60**	**148.10**	**7.28**	**38218**	**57076.00**	**145.68**
杭州市	Hangzhou	20.67	29.95	1.14	4845	7544.00	37.96
宁波市	Ningbo	10.94	19.00	4.93	28902	40673.00	25.53
嘉兴市	Jiaxing	34.24	50.92	0.47	1851	3016.00	26.59
湖州市	Huzhou	18.88	30.08	0.07	422	715.00	29.38
绍兴市	Shaoxing	12.23	17.14	0.61	1843	4562.00	23.96
舟山市	Zhoushan	0.64	1.01	0.06	355	566.00	2.26
浙西南	**Western & Southern Region**	**29.58**	**56.74**	**7.99**	**38546**	**72109.60**	**74.58**
温州市	Wenzhou	3.38	6.57	0.40	2650	4017.60	13.49
金华市	Jinhua	11.02	23.21	0.82	4848	7275.00	22.78
衢州市	Quzhou	2.91	5.41	4.61	21552	44107.00	14.26
台州市	Taizhou	11.41	19.76	0.89	5656	8640.00	17.44
丽水市	Lishui	0.86	1.79	1.27	3840	8070.00	6.61

6－16 续表2 continued

地区	Region	农副产品加工机械动力（万千瓦）Mechanical Power of Farm Sideline Products Manufacturing (10000 kw)	运输机械动力（万千瓦）Mechanical Power of Transportation (10000 kw)	渔业机械动力（万千瓦）Mechanical Power of Fishery (10000 kw)	其他机械动力（万千瓦）Other Mechanical Power (10000 kw)
全省合计	**Total**	**166.21**	**635.73**	**404.24**	**238.44**
浙东北	**Eastern & Northern Region**	**84.13**	**375.07**	**221.90**	**152.55**
杭州市	Hangzhou	26.28	139.02	2.35	35.73
宁波市	Ningbo	12.12	68.07	72.55	53.05
嘉兴市	Jiaxing	10.29	41.02	2.64	9.53
湖州市	Huzhou	9.25	41.70	5.99	11.95
绍兴市	Shaoxing	25.04	70.87	1.38	36.18
舟山市	Zhoushan	1.15	14.39	136.99	6.11
浙西南	**Western & Southern Region**	**82.09**	**260.65**	**178.42**	**85.89**
温州市	Wenzhou	20.95	52.25	55.20	30.40
金华市	Jinhua	22.02	83.97	0.09	14.39
衢州市	Quzhou	10.59	28.84	0.13	9.91
台州市	Taizhou	12.43	72.34	122.72	20.16
丽水市	Lishui	16.10	23.25	0.28	11.03
省直属单位	**Units Directly under Province**			**3.92**	

6-17 农业机械化、电气化及化肥施用量(2000-2005年)

Agricultural Mechanization, Electrification, Chemical Fertilizer Applied(2000-2005)

指标		Item		2000	2001	2002	2003	2004	2005
农业机械化		**Agricultural Mechanization**							
当年机耕地面积	(千公顷)	Area Sown by Machine at Current Year	(1000 hectares)	1105.79	1068.77	1042.65	980.81	990.89	990.04
占耕地面积比重	(%)	Percentage to Cultivated Area	(%)	68.8	66.7	65.2	61.6	62.1	62.1
当年机械收割面积	(千公顷)	Mechanical Harvest Area at Current Year	(1000 hectares)	373.41	572.05	584.75	563.34	649.30	734.61
农村能源		**Energy in Rural Areas**							
农村用电量	(亿千瓦时)	Electricity Consumed	(100 million kw. h)	255.27	285.25	341.10	409.04	441.20	520.57
乡村办水电站	(处)	Hydropower Stations Run by Township and Village	(unit)	2319	2385	2482	2592	2546	2273
发电能力	(万千瓦)	Generating Capacity	(10000 kw)	38.54	116.98	134.96	154.90	179.90	192.00
农业化肥施用量		**Agricultural Consumption of Chemical Fertilizers**							
按折标准量计算	(万吨)	Calculated by Standard	(10000 tons)	431.21	433.81	440.66	432.69	446.45	450.15
每公顷耕地化肥施用量	(公斤)	Fertilizer Consumption of per Hectare Cultivated Area	(kg)	2682	2709	2756	2718	2799	2825
每公顷播种面积施用量	(公斤)	Consumption of per Hectare Sown Area	(kg)	1213	1336	1438	1527	1607	1586
按折纯量计算	(万吨)	Calculated by 100% Effective Component	(10000 tons)	89.72	90.32	91.91	90.38	93.34	94.27
每公顷耕地化肥施用量	(公斤)	Fertilizer Used per Hectare Cultivated Area	(kg)	558	564	575	568	585	592
每公顷播种面积施用量	(公斤)	Fertilizer Used per Hectare Sown Area	(kg)	252	278	300	319	336	332
农用塑料薄膜使用量	**(万吨)**	**Plastic Film Used for Agriculture**	**(10000 tons)**	**3.16**	**3.54**	**3.92**	**4.24**	**4.36**	**4.47**
农用柴油使用量	**(万吨)**	**Diesel Used for Agriculture**	**(10000 tons)**	**156.33**	**175.78**	**175.79**	**175.76**	**186.16**	**187.23**
农药使用量	**(万吨)**	**Pesticide Used**	**(10000 tons)**	**6.53**	**6.63**	**6.39**	**6.17**	**6.34**	**6.56**

6－18 各市农业机械化、农村能源及农业物资消耗情况（2005 年）
Agricultural Mechanization, Energy and Material Consumption by City (2005)

地区	Region	农业机械化情况（千公顷）Conditions of Agricultural Mechanization (1000 ha)		农村用电量（亿千瓦小时）Electricity Consumed in Rural Areas (100 million kw. h)	农用塑料薄膜使用量（吨）Plastic Film Used for Agriculture (ton)	农用柴油使用量（吨）Diesel Used for Agriculture (ton)	农药使用量（吨）Pesticide Used (ton)
		机耕面积 Area Cultivated by Machine	机械收获面积 Area Harvested by Machine				
全省合计	**Total**	**990.04**	**734.61**	**520.57**	**44730**	**1872668**	**65649**
浙东北	**Eastern & Northern Region**	**622.12**	**484.41**	**388.98**	**25149**	**986163**	**37908**
杭州市	Hangzhou	135.17	92.55	76.66	6893	23313	9458
宁波市	Ningbo	123.98	110.29	101.18	5579	287779	7523
嘉兴市	Jiaxing	137.14	109.42	55.62	4639	12464	6789
湖州市	Huzhou	107.13	70.71	27.55	4224	23466	7375
绍兴市	Shaoxing	109.83	95.61	119.98	3245	11429	6408
舟山市	Zhoushan	8.87	5.83	8.00	569	627712	355
浙西南	**Western & Southern Region**	**367.92**	**250.20**	**131.59**	**19581**	**886505**	**27741**
温州市	Wenzhou	80.91	99.02	48.53	2933	301323	4375
金华市	Jinhua	104.26	50.06	26.36	3050	31171	7230
衢州市	Quzhou	52.25	27.97	6.60	2119	12511	7616
台州市	Taizhou	102.40	70.67	46.81	7405	532714	5610
丽水市	Lishui	28.10	2.48	3.28	4074	8786	2910

6－19 各市农用化肥施用量(2005 年)
Chemical Fertilizer Applied by City (2005)

单位:万吨 (10000 tons)

地区	Region	氮肥 Nitrogenous Fertilizer		磷肥 Phosphate Fertilizer		钾肥 Potash Fertilizer		复合肥 Compound Fertilizer	
		标准量 Standard Data	折纯量 100% Effective Component	标准量 Standard Data	折纯量 100% Effective Component	标准量 Standard Data	折纯量 100% Effective Component	标准量 Standard Data	折纯量 100% Effective Component
全省合计	**Total**	**267.21**	**56.11**	**69.93**	**12.59**	**30.03**	**7.51**	**82.98**	**18.06**
浙东北	**Eastern & Northern Region**	**152.17**	**31.96**	**35.35**	**6.37**	**13.93**	**3.49**	**43.73**	**9.57**
杭州市	Hangzhou	33.48	7.03	8.39	1.51	3.93	0.98	15.92	3.52
宁波市	Ningbo	30.75	6.46	10.99	1.98	3.79	0.95	11.81	2.59
嘉兴市	Jiaxing	36.96	7.76	7.97	1.44	2.22	0.56	3.97	0.87
湖州市	Huzhou	16.33	3.43	3.32	0.60	1.33	0.33	5.69	1.25
绍兴市	Shaoxing	33.48	7.03	4.30	0.77	2.63	0.66	5.87	1.24
舟山市	Zhoushan	1.17	0.25	0.38	0.07	0.03	0.01	0.47	0.10
浙西南	**Western & Southern Region**	**115.03**	**24.16**	**34.57**	**6.23**	**16.09**	**4.03**	**39.26**	**8.49**
温州市	Wenzhou	25.03	5.26	8.20	1.48	3.56	0.89	5.64	1.26
金华市	Jinhua	27.20	5.71	8.84	1.59	4.10	1.03	10.32	2.24
衢州市	Quzhou	23.95	5.03	6.58	1.19	4.47	1.12	6.54	1.44
台州市	Taizhou	25.26	5.31	5.58	1.00	1.80	0.45	10.41	2.20
丽水市	Lishui	13.59	2.85	5.37	0.97	2.16	0.54	6.35	1.35

6-20 农田水利建设(2000-2005年)
Water Conservancy Facilities of Farmland(2000-2005)

指标	Item	2000	2001	2002	2003	2004	2005
水库年末累计 (座)	**Total Number of Reservoirs (set)**	**3828**	**3863**	**3910**	**3933**	**3977**	**4061**
总库容量 (亿立方米)	Capacity (100 million cu. m)	352.69	356.45	377.95	379.99	380.70	386.40
#大、中型水库(1000万立方米以上) (座)	Large and Medium-sized Reservoirs(above 10 million cu. m level) (set)	140	144	152	154	155	162
塘坝 (处)	**Small Reservoirs (place)**	**222613**	**229988**	**230292**	**226800**	**224892**	**221931**
蓄水量 (亿立方米)	Capacity of Retain Water (100 million cu. m)	8.63	8.74	9.05	9.09	8.88	8.78
水轮泵站 (处)	**Water Turbine-pump Station (place)**	**2157**	**2644**	**2243**	**2213**	**2446**	**3552**
水轮泵 (台)	Water Turbine-pump (unit)	2292	3252	2418	2432	2690	4607
堰坝 (万处)	**Weirs (10000 places)**	**4.75**	**4.76**	**4.79**	**4.58**	**4.73**	**4.82**
机电井 (眼)	**Motor-electric-pumped Well (unit)**	**2448**	**2450**	**2369**	**2389**	**2385**	**2577**
#已配套机电井 (眼)	Equiped Motor-electric-pumped Well (unit)	2167	2196	2127	2146	2154	2295
水闸 (座)	**Sluice (set)**	**3139**	**5381**	**5727**	**4076**	**4149**	**4015**

6-21 农田水利、除涝和治理水土流失情况(2000-2005年)

Water Conservation, Waterlogging and Soil Erosion under Control(2000-2005)

指标		Item		2000	2001	2002	2003	2004	2005
有效灌溉面积	**(千公顷)**	**Effective Irrigated Areas**	**(1000 ha)**	**1403.24**	**1403.99**	**1405.84**	**1403.80**	**1404.88**	**1411.06**
占耕地面积比重	(%)	Percentage to Cultivated Area	(%)	87.3	87.7	87.9	88.2	88.1	88.5
机电排灌面积	**(千公顷)**	**Mechanical and Electrical Irrigated Areas**	**(1000 ha)**	**1059.31**	**1046.57**	**1043.74**	**1038.00**	**1042.22**	**1049.02**
占耕地面积比重	(%)	Percentage to Cultivated Area	(%)	65.9	65.4	65.3	65.2	65.3	65.8
每千公顷耕地有效排灌能力	(千瓦)	Effective Irrigated Capacity per 1000 Hectare Cultivated Area	(kw)	1248.00	1266.00	927.00	934.05	942.00	
农田旱涝保收面积	**(千公顷)**	**Farmland Area of Stable Yields Despite Drought or Excessive Rain**	**(1000 ha)**	**1007.92**	**1020.35**	**1043.52**	**1041.14**	**1051.36**	**1061.05**
占耕地面积比重	(%)	Percentage to Cultivated Area	(%)	62.7	63.7	65.3	65.4	65.9	66.6
水田	**(千公顷)**	**Paddy Fields**	**(1000 ha)**	**915.16**	**907.08**	**923.41**	**941.43**	**940.68**	**925.14**
#抗旱能力在70天以上的水田	(千公顷)	Fight Drought above 70 Days	(1000 ha)	951.42	946.96	918.50	912.00	915.24	902.29
易涝面积	**(千公顷)**	**Area Liable to Flooding or Water Logging**	**(1000 ha)**	**528.41**	**526.28**	**526.82**	**528.61**	**529.19**	**530.06**
#除涝面积	(千公顷)	Flooded or Water Logged Areas under Control	(1000 ha)	477.03	472.12	477.03	479.93	482.76	489.28
占易涝面积比重	(%)	Percentage to Total Area Liable to Flooding or Waterlogging	(1000 ha)	90.28	89.70	90.54	70.79	91.20	92.31
水土流失总面积	**(千公顷)**	**Total Area of Soil Erosion**	**(1000 ha)**	**2820.35**	**2776.61**	**2718.38**	**2747.09**	**2758.38**	**2773.05**
#治理水土流失面积	(千公顷)	Area of Soil Erosion under Control	(1000 ha)	2117.45	2067.35	2072.38	2134.01	2207.62	2227.95
占水土流失比重	(%)	Percentage to Total Area of Soil Erosion	(%)	75.08	74.46	76.23	77.68	80.00	80.30
堤塘长度	**(公里)**	**Total Length of Dikes**	**(km)**	**9252**	**9948**	**10475**	**10711**	**11622**	**12077**

6-22 各市水利设施和除涝及旱涝保收面积

Water Conservancy Facilities, Waterlogging under Control by City

地区	Region	年末水库数(座) Number of Reservoirs (year-end) (set)		水库总库容 (亿立方米) Capacity of Reservoirs (100 million cu. m)		除涝面积 (千公顷) Waterlogging Area under Control (1000 ha)		旱涝保收面积 (千公顷) Area of Stable Yields Despite Drought or Excessive Rain (1000 ha)	
		2004	2005	2004	2005	2004	2005	2004	2005
全省合计	**Total**	**3977**	**4061**	**380.70**	**386.40**	**482.76**	**489.28**	**1051.36**	**1061.05**
浙东北	**Eastern & Northern Region**	**1882**	**1891**	**269.23**	**269.86**	**362.18**	**368.29**	**667.22**	**673.20**
杭州市	Hangzhou	582	584	233.20	233.25	53.33	53.35	132.08	132.88
宁波市	Ningbo	403	407	15.52	15.56	66.25	71.19	124.38	127.91
嘉兴市	Jiaxing					106.98	107.05	173.01	175.01
湖州市	Huzhou	152	153	6.30	6.82	89.98	91.01	119.64	119.66
绍兴市	Shaoxing	547	548	12.97	12.97	40.84	40.84	107.69	107.31
舟山市	Zhoushan	198	199	1.24	1.26	4.80	4.85	10.42	10.43
浙西南	**Western & Southern Region**	**2095**	**2170**	**111.47**	**116.54**	**120.58**	**120.99**	**384.14**	**387.85**
温州市	Wenzhou	261	296	25.28	25.79	66.27	66.41	73.58	74.56
金华市	Jinhua	783	791	17.60	17.71	11.04	11.10	115.01	116.94
衢州市	Quzhou	450	461	31.10	33.35	2.13	2.21	67.09	67.16
台州市	Taizhou	328	326	17.76	18.17	34.34	34.32	83.78	83.37
丽水市	Lishui	273	296	20.73	21.52	6.80	6.95	44.68	45.82

6-29 各市粮食播种面积和产量

Sown Area and Output of Grain by City

地区	Region	2004			2005		
		播种面积（千公顷）Sown Area（1000 ha）	公顷产（公斤）Output per Hectare（kg）	总产量（万吨）Total Output（10000 tons）	播种面积（千公顷）Sown Area（1000 ha）	公顷产（公斤）Output per Hectare（kg）	总产量（万吨）Total Output（10000 tons）
全省合计	**Total**	**1454.53**	**5740**	**834.90**	**1510.79**	**5393**	**814.70**
浙东北	**Eastern & Northern Region**	**794.62**	**6346**	**504.28**	**809.14**	**6016**	**486.81**
杭州市	Hangzhou	186.67	5722	106.80	186.18	5559	103.50
宁波市	Ningbo	145.12	5769	83.73	145.27	5515	80.12
嘉兴市	Jiaxing	178.24	7012	124.99	182.74	6533	119.40
湖州市	Huzhou	123.07	7108	87.48	125.29	6562	82.21
绍兴市	Shaoxing	149.48	6379	95.35	157.86	6106	96.39
舟山市	Zhoushan	12.04	4927	5.93	11.78	4415	5.20
浙西南	**Western & Southern Region**	**734.65**	**5415**	**397.84**	**743.90**	**5236**	**389.52**
温州市	Wenzhou	171.78	5472	94.00	171.95	4992	85.83
金华市	Jinhua	149.44	5710	85.39	152.73	5557	84.87
衢州市	Quzhou	135.46	5752	77.91	140.27	5805	81.42
台州市	Taizhou	162.45	5239	85.11	165.86	4973	82.48
丽水市	Lishui	115.52	4799	55.43	113.09	4856	54.92

注：全省粮食产量为抽样调查数，与分市相加不相等。

The total output of grain is obtained from the sample survey, total is not equal to the sum of regional figures.

6-30 商品粮基地粮食播种面积和产量
Sown Area and Output of Grain in Commodity Grain Bases

地区	Region	2004			2005		
		播种面积（千公顷）Sown Area (1000 ha)	公顷产（公斤）Output per Hectare (kg)	总产量（万吨）Total Output (10000 tons)	播种面积（千公顷）Sown Area (1000 ha)	公顷产（公斤）Output per Hectare (kg)	总产量（万吨）Total Output (10000 tons)
全省合计	**Total**	**1454.53**	**5740**	**834.90**	**1510.79**	**5393**	**814.70**
国家级小计	**Country Level**	**477.11**	**6489**	**309.59**	**487.95**	**6183**	**301.72**
萧山区	Xiaoshan	50.67	5395	27.34	50.09	5349	26.82
富阳市	Fuyang	22.80	6292	14.35	23.45	6120	14.35
余杭区	Yuhang	29.85	7148	21.33	29.84	6467	19.30
余姚市	Yuyao	30.40	6519	19.82	31.46	6211	19.55
奉化市	Fenghua	12.67	6084	7.71	13.07	5742	7.50
宁海县	Ninghai	16.78	5105	8.57	16.48	4445	7.33
鄞州区	Yinzhou	25.47	6863	17.48	26.99	6592	17.79
嘉兴市秀洲区	Xiuzhou, Jiaxing	24.80	7074	17.55	24.80	6810	16.89
嘉善县	Jiashan	26.27	6676	17.54	27.34	6288	17.19
海盐县	Haiyan	24.58	7280	17.89	25.41	6643	16.88
桐乡市	Tongxiang	23.25	7482	17.39	24.75	6884	17.04
德清县	Deqing	13.92	7347	10.23	13.65	6316	8.62
长兴县	Changxing	39.25	6965	27.34	39.60	6615	26.19
诸暨市	Zhuji	43.06	6651	28.64	45.52	6491	29.55
绍兴县	Shaoxing	23.04	7069	16.29	24.34	6711	16.34
金东区	Jindong	5.86	5665	3.32	5.59	5766	3.22
衢江区	Qujiang	31.29	5697	17.83	32.01	5706	18.27
龙游县	Longyou	33.15	5724	18.97	33.56	5629	18.89
省级小计	**Province Level**	**215.80**	**5920**	**127.76**	**223.97**	**5620**	**125.86**
桐庐县	Tonglu	16.95	6057	10.26	17.09	6010	10.27
瑞安市	Ruian	26.76	5854	15.66	27.17	5130	13.94
海宁市	Haining	28.77	6683	19.23	29.06	5964	17.33
安吉县	Anji	23.14	6504	15.05	24.82	5842	14.50
嵊州市	Shengzhou	25.06	5899	14.78	27.66	5413	14.98
武义县	Wuyi	17.18	5110	8.78	17.65	5108	9.02
江山市	Jiangshan	35.89	6115	21.95	38.14	6160	23.49
温岭市	Wenling	27.65	5656	15.64	28.84	5613	16.19
松阳县	Songyang	14.40	4454	6.41	13.54	4533	6.14

6-31 各市油菜籽播种面积和产量
Sown Area and Output of Repeseeds by City

地区	Region	2004			2005		
		播种面积（千公顷）Sown Area (1000 ha)	公顷产（公斤）Output per Hectare (kg)	总产量（万吨）Total Output (10000 tons)	播种面积（千公顷）Sown Area (1000 ha)	公顷产（公斤）Output per Hectare (kg)	总产量（万吨）Total Output (10000 tons)
全省合计	**Total**	**215.79**	**2016**	**43.48**	**227.19**	**1967**	**44.68**
浙东北	**Eastern & Northern Region**	**163.14**	**2168**	**35.37**	**169.53**	**2122**	**35.97**
杭州市	Hangzhou	36.01	1820	6.55	37.64	1879	7.07
宁波市	Ningbo	13.61	1983	2.50	12.62	1925	2.43
嘉兴市	Jiaxing	55.97	2517	14.09	57.54	2428	13.97
湖州市	Huzhou	41.98	2175	9.13	43.05	2086	8.98
绍兴市	Shaoxing	14.64	1867	2.73	16.73	1874	3.14
舟山市	Zhoushan	1.93	1912	0.37	1.95	1944	0.38
浙西南	**Western & Southern Region**	**52.65**	**1540**	**8.11**	**57.66**	**1510**	**8.71**
温州市	Wenzhou	3.01	1439	0.43	3.58	1419	0.51
金华市	Jinhua	17.28	1647	2.84	18.27	1573	2.87
衢州市	Quzhou	22.72	1451	3.30	24.90	1449	3.61
台州市	Taizhou	3.45	1728	0.60	3.89	1660	0.64
丽水市	Lishui	6.19	1545	0.94	7.02	1546	1.08

6－32　主要茶叶产区茶园面积和茶叶产量

Area of Tea Plantation and Output of Tea in Major Producing Regions

地区	Region	2004		2005	
		茶园面积（公顷）Area of Tea Plantations（ha）	茶叶总产量（吨）Output of Tea（ton）	茶园面积（公顷）Area of Tea Plantations（ha）	茶叶总产量（吨）Output of Tea（ton）
全省合计	**Total**	**147918**	**138700**	**154650**	**144370**
26 个主产区小计	**26 Producing Regions**	**101767**	**109011**	**109986**	**117676**
杭州市区	Hangzhou District	5521	9374	5655	10261
建德市	Jiande	3983	3123	3942	3337
桐庐县	Tonglu	3433	1498	3383	1467
富阳市	Fuyang	2131	2628	2310	2935
临安市	Linan	4016	1964	3814	2090
淳安县	Chunan	10739	6422	11208	5461
宁波市区	Ningbo District	3608	8229	3791	8743
余姚市	Yuyao	4152	5600	4136	6000
奉化市	Fenghua	989	1972	1200	1485
安吉县	Anji	6134	4703	6358	4408
诸暨市	Zhuji	6580	9267	6924	9492
上虞市	Shangyu	2360	2922	2444	3304
嵊州市	Shengzhou	11529	14837	11797	15098
绍兴县	Shaoxing	5579	8602	5621	9222
新昌县	Xinchang	5642	5542	5954	5634
金华区	Jinhua	2549	3648	2457	3389
东阳市	Dongyang	2272	2197	2300	2272
武义县	Wuyi	3756	5512	4476	6088
浦江县	Pujiang	2073	1269	2198	1270
衢江区	Qujiang	1403	1039	1479	1059
开化县	Kaihua	5520	1438	5416	1651
龙游县	Longyou	1251	2575	1442	2783
临海市	Linhai	929	704	1169	689
松阳县	Songyang	1117	121	5649	5195
遂昌县	Suichang	4501	3825	4863	4343

6-33 主要蚕茧产区桑园面积和蚕茧产量

Area of Mulberry Field and Output of Silk-worm Cocoons in Major Producing Regions

地区	Region	2004		2005	
		桑园面积（公顷）Area of Mulberry Field (ha)	蚕茧总产量（吨）Output of Silk-worm Cocoons (ton)	桑园面积（公顷）Area of Mulberry Field (ha)	蚕茧总产量（吨）Output of Silk-worm Cocoons (ton)
全省合计	**Total**	**74730**	**84112**	**75304**	**85364**
22个主产区小计	**22 Producing Regions**	**69947**	**80881**	**70609**	**82138**
萧山区	Xiaoshan	2568	902	2557	878
建德市	Jiande	805	855	1078	981
桐庐市	Tonglu	1925	3122	1890	3675
富阳市	Fuyang	825	1114	866	1225
临安市	Linan	2846	3712	2975	3701
淳安县	Chunan	5274	5039	5996	5879
嘉兴市区	Jiaxing District	5240	5504	5270	5568
海宁市	Haining	6329	11663	6061	11584
海盐县	Haiyan	3181	4801	3233	4753
桐乡市	Tongxiang	10715	14745	10706	15593
湖州市区	Huzhou District	11572	10773	11383	10376
德清县	Deqing	4552	5242	4570	5168
长兴县	Changxing	2157	1526	2111	1531
安吉县	Anji	1746	1965	1754	1845
诸暨市	Zhuji	1133	742	1070	747
上虞市	Shangyu	1773	2203	1707	1663
嵊州市	Shengzhou	2031	1644	2079	1652
新昌县	Xinchang	1293	1331	1256	1380
兰溪市	Lanxi	1849	1765	1774	1746
浦江县	Pujiang	255	133	279	147
临海市	Linhai	89	164	89	173
缙云县	Jinyun	1789	1936	1905	1873

6-34 林业生产(2000-2005年)
Basic Indicators on Forestry(2000-2005)

指标		Item		2000	2001	2002	2003	2004	2005
造林面积	(千公顷)	Afforestation Area	(1000 ha)	33.31	21.39	21.21	22.11	20.95	20.34
用材林		Timber Forest		7.17	3.13	0.87	1.77	1.82	3.63
经济林		Economic Forest		19.81	10.75	6.36	4.53	4.31	4.30
防护林		Shelter Forest		5.38	7.44	13.64	14.75	14.68	12.23
薪炭林		Fuel Forest		0.64		0.17	0.97	0.10	0.09
特种用途林		Forest for Special Use		0.31	0.07	0.17	0.09	0.04	0.09
零星(四旁)植树	(万株)	Planting Trees Piecemeal	(10000 trees)	3413	3270	2940	2448	2348	2105.05
幼林抚育实际面积	(千公顷)	Area of Tending Seedings	(1000 ha)	129.20	109.95	91.86	95.50	65.99	65.21
育苗面积	(千公顷)	Area of Growing Seedings	(1000 ha)	5.49	12.36	21.77	45.10	56.39	56.00
迹地更新面积	(千公顷)	Area of Forest Updating	(1000 ha)	24.20	26.55	10.06	5.32	4.46	17.60
主要林产品产量	(吨)	Output of Major Forest Products	(ton)						
油茶籽		Tea-oil Seeds		32547	30249	32800	33035	34179	43361
竹笋干		Tallow-seeds		119730	126778	141533	147701	160677	142267
山核桃		Walnuts		7152	8777	3630	7363	10633	11784
板　栗		Chestnut		33450	38654	44848	45884	55436	60428

6-35 水果生产
Basic Indicators on Fruit

指标	Item	2004		2005	
		果园面积(千公顷) Area of Orchards (1000 Hectares)	产量(万吨) Total Output (10000 tons)	果园面积(千公顷) Area of Orchards (1000 Hectares)	产量(万吨) Total Output (10000 tons)
合计	**Total**	**294.42**	**632.07**	**299.81**	**577.96**
柑桔	Orange	124.13	200.99	123.01	148.11
梨	Pear	25.74	28.58	26.59	31.04
桃子	Peach	23.75	25.96	24.60	28.58
柿子	Persimmon	7.04	3.68	7.17	3.60
枇杷	Loquat	9.57	6.37	10.13	4.31
杨梅	Red Bayberry	60.21	27.47	64.17	30.07
果用瓜	Melon as Fruit		301.86		294.27
其他	Others	43.98	37.16	44.14	37.98

6－36 农产品人均产量（1978－2005年）

Per Capital Output of Agricultural Products（1978－2005）

单位：公斤 (kg)

年份 Year	粮食 Grain	棉花 Cotton	油料 Oil－bearing Crops	糖料 Sugar Crops	茶叶 Tea	水果 Fruit	猪牛羊肉 Pork，Beef and Mutton	水产品 Aquatic Products
1978	393.44	1.95	5.92	17.20	1.57	3.92	11.33	23.47
1980	376.81	2.18	7.58	15.43	1.98	5.91	18.52	21.46
1985	404.18	2.03	11.02	27.43	2.32	11.12	19.10	26.13
1986	396.34	1.87	10.60	32.63	2.58	12.85	20.03	28.94
1987	387.97	1.60	9.68	26.56	2.83	17.32	18.60	30.52
1988	374.78	1.05	10.39	20.01	3.09	12.45	19.56	30.92
1989	371.01	1.00	9.14	16.74	2.81	23.57	19.67	30.84
1990	375.68	1.52	11.45	14.87	2.77	25.35	20.28	32.92
1991	386.05	1.77	10.72	16.19	2.69	31.66	20.13	35.57
1992	363.51	1.39	11.72	17.55	2.79	23.95	22.73	39.72
1993	334.03	1.35	8.97	18.43	2.84	34.63	22.74	44.02
1994	324.46	1.28	7.99	16.21	2.47	40.64	22.68	59.62
1995	328.53	1.43	11.48	15.11	2.34	49.28	23.61	73.03
1996	345.91	1.56	11.88	14.57	2.26	51.91	16.85	78.03
1997	338.58	1.08	11.08	13.61	2.31	61.07	18.44	90.61
1998	323.64	1.46	8.02	13.97	2.55	46.55	19.05	95.33
1999	312.52	0.91	12.14	15.94	2.64	62.64	19.27	99.33
2000	266.91	0.65	12.91	21.97	2.60	84.89	22.65	104.70
2001	234.05	0.70	12.91	23.49	2.67	114.54	24.67	104.83
2002	208.10	0.49	10.37	25.05	3.06	110.62	26.37	106.16
2003	174.61	0.46	9.63	27.27	2.92	125.09	26.90	106.26
2004	182.40	0.50	10.65	23.22	3.03	138.09	28.78	107.82
2005	177.03	0.47	10.90	19.55	3.14	125.59	28.34	105.12

6－37 牲畜饲养和畜产品产量(1978－2005年)

Number of Livestock and Output of Livestock Products(1978－2005)

年份 Year	大牲畜年底头数(万头) Large Animals (Year-end) (10000 heads)	#牛(万头) Cattle and Buffaloes (10000 heads)	生猪年末存栏头数(万头) Number of Hogs (10000 heads)	羊年末存栏头数(万只) Number of Sheep and Goats (10000 heads)	猪、牛、羊肉产量(万吨) Output of Pork, Beef and Mutton (10000 tons)	#猪肉产量(万吨) Pork (10000 tons)
1978	82.60	82.60	1334.70	294.90	42.27	41.59
1979	84.80	84.80	1550.00	345.60	56.87	55.95
1980	83.00	83.00	1403.80	324.00	70.55	69.48
1981	82.70	82.70	1344.60	288.60	62.78	62.00
1982	82.70	82.70	1383.20	262.60	67.11	66.24
1983	80.60	80.60	1387.30	229.30	68.53	67.59
1984	78.40	78.40	1326.20	197.90	68.88	67.80
1985	76.10	76.10	1368.80	176.20	76.60	75.57
1986	75.81	75.81	1403.31	172.21	81.11	80.00
1987	74.73	74.73	1278.69	175.98	76.19	75.01
1988	71.11	71.11	1228.05	180.02	78.47	77.12
1989	69.29	69.29	1213.19	187.47	77.24	75.87
1990	68.01	68.01	1170.00	185.07	77.88	76.33
1991	65.05	65.05	1135.49	181.36	78.05	76.41
1992	60.50	60.50	1188.97	183.26	83.08	80.97
1993	54.07	54.07	1061.04	191.38	80.64	78.94
1994	50.72	50.72	989.84	205.98	78.95	76.46
1995	50.32	50.32	964.30	218.63	80.17	77.38
1996	49.48	49.48	892.68	221.31	76.31	73.47
1997	46.36	46.36	1010.06	214.55	81.33	78.40
1998	43.52	43.52	1040.56	207.58	84.48	81.38
1999	40.64	40.64	1024.36	218.95	85.87	82.55
2000	38.95	38.95	1146.88	233.51	101.57	98.03
2001	39.25	39.25	1175.10	245.02	111.28	107.39
2002	39.63	39.63	1139.17	258.61	119.40	115.09
2003	38.90	38.90	1132.38	262.90	122.22	117.24
2004	39.25	39.25	1125.27	256.72	131.72	126.43
2005	35.54	35.54	1213.15	222.35	130.44	125.14

6－38 畜牧业生产(2000－2005 年)
Basic Indicators on Animal Husbandry(2000－2005)

指标		Item		2000	2001	2002	2003	2004	2005
生猪年末存栏头数(含未断奶小猪)	**(万头)**	**Pigs(year－end)**	**(10000 heads)**	**1146.88**	**1175.10**	**1139.17**	**1132.38**	**1125.27**	**1213.15**
#能繁殖的母猪	(万头)	Reproducable	(10000 heads)	90.00	97.78	91.03	92.66	93.20	89.03
年内肥猪出栏头数	(万头)	Slaughtered Fattened Hogs	(10000 heads)	1552.40	1669.30	1719.15	1792.01	1893.08	1867.07
生猪出栏率	(%)	Rate of Slaughtered Fattened Hogs	(%)	138.40	145.60	146.37	157.30	167.18	165.92
全年饲养量	(万头)	Number of Hogs Raised	(10000 heads)	2442.29	2816.18	2859.12	2924.39	3018.35	3080.22
牛年末存栏头数	**(万头)**	**Cattles(year－end)**	**(10000 heads)**	**38.95**	**39.25**	**39.63**	**38.90**	**39.25**	**35.54**
良种及改良种乳牛	(万头)	Milch Cows of Fine Breed and Improved Varieties	(10000 heads)	4.13	5.59	6.65	7.70	7.96	8.04
能耕田的牛	(万头)	Cultivatable Cattles	(10000 heads)	26.07	23.91	18.72	17.63	17.54	
牛年内出栏头数	**(万只)**	**Slaughtered Cattles**	**(10000 heads)**	**6.99**	**8.11**	**8.97**	**9.56**	**9.94**	**9.25**
牛奶产量	(万吨)	Milk	(10000 tons)	11.17	17.59	22.15	24.73	25.95	26.67
羊年末存栏只数	**(万只)**	**Sheep and Goats (year－end)**	**(10000 heads)**	**233.51**	**245.02**	**258.61**	**262.90**	**256.72**	**222.35**
#绵(湖)羊		Sheep		120.15	112.62	136.78	124.40	125.50	117.06
羊年内出栏只数	**(万只)**	**Slaughtered Sheep**	**(10000 heads)**	**159.25**	**168.43**	**181.08**	**200.21**	**212.22**	**218.03**
猪、牛、羊肉产量	**(万吨)**	**Output of Pork,Beef and Mutton**	**(10000 tons)**	**101.57**	**111.28**	**119.40**	**122.22**	**131.72**	**130.44**
#猪肉产量		Pork		98.03	107.39	115.09	117.24	126.43	125.14
兔年末存栏只数	**(万只)**	**Rabbits(year－end)**	**(10000 heads)**	**445.25**	**628.42**	**530.02**	**532.65**	**581.63**	**602.03**
兔年内出栏只数	**(万只)**	**Slaughtered Rabbits**	**(10000 heads)**	**223.16**	**594.24**	**703.02**	**683.71**	**703.58**	**759.62**
家禽年末存栏只数	**(万只)**	**Poultry(year－end)**	**(10000 heads)**	**10118.75**	**10416.91**	**11481.51**	**11036.92**	**10028.90**	**11910.64**
家禽年内出栏只数	**(万只)**	**Slaughtered Poultry**	**(10000 heads)**	**15840.00**	**17017.00**	**18693.32**	**20761.32**	**19174.84**	**21624.47**
全年饲养量	(万只)	Poultry Raised	(10000 heads)	25958.75	27433.91	30174.83	31798.24	29203.74	33535.11
禽蛋产量	(万吨)	Poultry Eggs	(10000 tons)	37.17	40.55	43.49	42.20	43.07	44.52
养蜂年末箱数	**(万箱)**	**Number of Beehives**	**(10000 boxes)**	**101.17**	**101.03**	**107.13**	**94.38**	**102.25**	**117.97**
蜂蜜产量	(万吨)	Honey	(10000 tons)	7.09	7.27	6.97	8.14	7.39	7.93
蜂皇浆产量	(吨)	Royal Jelly	(ton)	1387	1502	1644	1652	1976	
蚕茧产量	**(万吨)**	**Output of Silkworm Cocoon**	**(10000 tons)**	**9.51**	**11.03**	**9.88**	**7.91**	**8.41**	**8.54**
全年饲养蚕种张数	(万张)	Number of Silkworm Cocoon	(10000 pieces)	247.60	270.55	249.16	190.97	195.81	203.63

6－39　水产品产量（1978－2005年）
Output of Aquatic Products（1978－2005）

单位：万吨　　　　　　（10000 tons）

年份 Year	水产品产量 Total Aquatic Products	海水产品产量 Seawater Aquatic Products	#养殖 Artificially Cultured	淡水产品产量 Freshwater Aquatic Products	#养殖 Artificially Cultured
1978	87.52	81.69	3.56	5.83	4.90
1979	81.13	74.77	3.90	6.36	5.19
1980	81.79	75.03	6.60	6.76	6.67
1981	84.28	76.85	4.13	7.43	6.17
1982	87.69	78.91	4.82	8.78	7.43
1983	83.25	73.46	6.21	9.79	8.32
1984	95.28	83.26	7.86	12.02	10.29
1985	104.82	89.04	9.60	15.78	13.73
1986	117.21	97.36	10.57	19.85	17.74
1987	124.98	102.84	11.86	22.14	19.65
1988	128.20	104.31	12.33	23.89	21.28
1989	129.20	104.50	13.13	24.70	22.08
1990	138.98	113.17	13.81	25.80	23.00
1991	151.09	123.53	15.20	27.56	24.75
1992	169.75	140.20	17.34	29.54	26.68
1993	189.29	156.06	19.05	33.23	29.92
1994	258.02	222.30	24.68	35.72	32.07
1995	318.07	278.70	31.69	39.37	34.43
1996	342.14	299.23	39.51	42.91	37.00
1997	377.68	331.97	38.90	45.71	38.66
1998	422.73	372.80	46.49	49.93	42.62
1999	442.73	389.41	58.17	53.32	45.61
2000	469.51	410.46	70.88	59.05	51.42
2001	472.85	406.96	77.66	65.89	58.17
2002	480.68	409.33	85.15	71.35	63.21
2003	482.82	406.00	91.85	76.82	68.26
2004	493.53	414.98	92.94	78.55	69.45
2005	483.77	402.37	88.11	81.40	72.07

6-40 渔业生产(2000-2005年)
Basic Indicators on Fishery(2000-2005)

单位:万吨 (10000 tons)

指标	Item	2000	2001	2002	2003	2004	2005
水产品总产量	**Total Aquatic Products**	**469.51**	**472.85**	**480.68**	**482.82**	**493.53**	**483.77**
海水产品产量	**Seawater Aquatic Products**	**410.46**	**406.96**	**409.33**	**406.00**	**414.98**	**402.37**
按生产性质分	By Production Character						
海洋捕捞	Catching in Ocean	339.58	329.30	324.18	314.15	322.04	314.26
海水养殖	Seawater Aquiculture	70.88	77.66	85.15	91.85	92.94	88.11
按类别分	By Category						
鱼类	Fishes	225.15	222.96	218.92	208.45	202.06	208.61
虾蟹类	Shrimps, Prawns and Crabs	91.35	88.48	88.70	82.08	85.08	86.95
贝类	Shell-fish	90.56	91.62	98.09	76.75	76.31	72.72
藻类	Algae	2.73	2.83	3.23	3.86	4.34	3.46
头足类	Shrimps, Prawns and crabs	34.12					28.62
其他海水产品	Others	0.67	1.07	0.39	5.26	12.07	2.01
淡水产品产量	**Freshwater Aquatic Products**	**59.05**	**65.89**	**71.35**	**76.82**	**78.55**	**81.40**
按生产性质分	By Production Character						
天然生产	Naturally Grown	7.63	7.72	8.14	8.56	9.10	9.33
淡水养殖	Freshwater Aquiculture	51.42	58.17	63.21	68.26	69.45	72.07
按类别分	By Category						
鱼类	Fishes	46.94	51.28	54.70	54.28	54.27	55.91
虾蟹类	Shrimps, Prawns and Crabs	4.52	5.78	7.68	10.08	10.89	11.68
贝类	Shell-fish	4.50	4.48	4.13	4.48	4.89	4.80
其他类	Others	3.09	4.35	4.84	7.98	8.50	9.00
在海水产品中	**Among Seawater Aquatic Products**						
大黄鱼	Big Yellow Croaker	0.16	0.12	0.10	1.05	0.82	0.21
小黄鱼	Small Yellow Croaker	10.69	7.71	8.20	7.19	7.57	6.72
带鱼	Hairtail	64.91	59.48	52.96	53.10	55.29	46.59
墨鱼	Cuttle Fish	5.32	5.45	5.01	4.19	5.06	
海水养殖面积 (千公顷)	**Seawater Aquiculture Area (1000 ha)**	**106.36**	**112.75**	**116.91**	**117.41**	**118.28**	**112.44**
淡水养殖面积 (千公顷)	**Freshwater Aquiculture Area (1000 ha)**	**207.73**	**210.76**	**212.99**	**215.10**	**205.08**	**205.20**

6－41 各市水产品产量(2005 年)
Output of Aquatic Products by City (2005)

单位:万吨 (10000 tons)

地区	Region	水产品总产量 Total Output of Aquatic Products	海水产品产量 Seawater Aquatic Products	#鱼类 Fishes	淡水产品产量 Freshwater Aquatic Products	#鱼类 Fishes
全省合计	**Total**	**483.77**	**402.37**	**208.61**	**81.40**	**55.91**
浙东北	**Eastern & Northern Region**	**272.83**	**208.29**	**109.29**	**64.54**	**41.64**
杭州市	Hangzhou	14.78			14.78	9.80
宁波市	Ningbo	91.72	84.00	42.72	7.71	5.38
嘉兴市	Jiaxing	14.51	0.69	0.36	13.82	6.68
湖州市	Huzhou	17.84			17.84	13.05
绍兴市	Shaoxing	9.90	0.36	0.16	9.55	6.01
舟山市	Zhoushan	124.08	123.24	66.05	0.84	0.72
浙西南	**Western & Southern Region**	**207.40**	**190.53**	**96.82**	**16.87**	**14.27**
温州市	Wenzhou	62.34	59.69	34.74	2.65	2.07
金华市	Jinhua	5.13			5.13	4.38
衢州市	Quzhou	3.24			3.24	2.92
台州市	Taizhou	135.00	130.84	62.08	4.16	3.30
丽水市	Lishui	1.69			1.69	1.60
省直属	**Units Attached to the Province**	**3.54**	**3.54**	**2.50**		

6－42 农、林、牧、渔业商品产值和商品率
Agricultural Commodity Output Value and Commodity Rate

指标	Item	商品产值(亿元) Commodity Output Value (100 million yuan)		商品率(%) Commodity Rate(%)	
		2004	2005	2004	2005
合计	**Total**	**946.11**	**1020.45**	**72.6**	**71.4**
农业产品	Farming Products	330.63	375.65	55.8	57.4
#种植业产品	Planting Products	325.78	370.69	56.4	57.9
林业产品	Forestry Products	52.70	57.44	73.6	68.8
畜牧业产品	Animal Husbandry Products	217.70	224.00	78.3	78.3
渔业产品	Fishery Products	345.08	363.36	95.3	95.4

注:本表按当年价格计算。 The data in this table are calculated at current price.

6-43 平均每个农业劳动力提供的主要农产品产量(2000-2005年)
Output of Major Farm Products Provided by Per Rural Labour(2000-2005)

指标		Item		2000	2001	2002	2003	2004	2005
粮食	(公斤)	Grain	(kg)	1199.8	1072.6	1013.7	908.8	1010.0	1035.3
棉花	(公斤)	Cotton	(kg)	2.9	3.2	2.4	2.4	2.8	2.7
油菜籽	(公斤)	Rapeseeds	(kg)	52.9	54.3	45.1	44.2	52.6	56.8
蔬菜	(公斤)	Vegetables	(kg)	1539.1	1658.8	1899.0	2039.3	2116.7	2213.5
茶叶	(公斤)	Tea	(kg)	11.5	12.2	14.9	15.2	16.8	18.4
柑桔	(公斤)	Oranges	(kg)	95.8	166.3	176.7	202.4	243.1	188.2
生猪	(头)	Hogs	(head)	1.5	1.7	1.9	2.1	2.3	157.6
猪牛羊肉	(公斤)	Pork,Beef and Mutton	(kg)	100.1	113.0	128.4	140.0	159.3	165.8
禽蛋	(公斤)	Poultry Eggs	(kg)	36.6	41.2	46.8	48.3	50.9	56.6
水产品	(公斤)	Aquatic Products	(kg)	462.6	413.1	517.1	553.1	597.0	614.8

6-44 农村自然灾害情况(2000-2005年)
Basic Statistics on Rural Natural Disaster(2000-2005)

指标		Item		2000	2001	2002	2003	2004	2005
受灾面积	**(千公顷)**	**Area Covered**	**(1000 ha)**	**883**	**340**	**519.94**	**795.69**	**809.70**	**1093.30**
#旱灾		Drought		139	5	0.37	657.02	169.51	100.80
水灾		Flood		123	27	206.64	77.46	23.24	60.80
成灾面积	**(千公顷)**	**Area Affected**	**(1000 ha)**	**331**	**17**	**274.45**	**463.56**	**118.41**	
#旱灾		Drought		59	3	0.17	383.93	75.78	
水灾		Flood		59	13	101.81	42.27	8.94	

6-45 农村经济收入和分配(2000-2005年)

Income and Distribution of Rural Economy(2000-2005)

单位:亿元 (100 million yuan)

指标	Item	2000	2001	2002	2003	2004	2005
一、农村经济总收入	**Total Income of Rural Economy**	**12681.89**	**14367.61**	**17396.75**	**21138.92**	**25203.96**	**30515.35**
#出售产品收入	Income of Products for Sale	9897.50	11222.77	13436.16	16410.47	18914.95	22997.96
按经营形式划分	**By Type**						
乡(镇)办企业收入	Income of Enterprises Run by Townships	4005.01	4622.09	5561.16	7235.73	9027.31	11361.31
村组集体经营收入	Collective Operation Income from Villages and Groups	1415.02	1233.85	1347.48	1583.92	1393.80	1500.27
农民家庭经营收入	Income from Rural Household Operation	5432.90	5814.53	6695.18	7814.06	9133.66	10542.64
其他经营收入	Others	1828.96	2697.14	3792.93	4505.22	5649.19	7111.12
按行业划分	**By Sector**						
农林牧渔业收入	Farming, Forestry, Animal Husbandry & Fishery	999.40	1009.96	1058.85	1102.63	1218.4	1287.16
工业收入	Industry	9962.21	11445.44	14089.97	17382.48	20737.71	25110.28
建筑业收入	Construction	377.15	415.53	495.03	638.15	758.25	929.41
运输业收入	Transportation	219.35	233.02	258.27	290.22	320.33	394.87
商饮业收入	Commerce and Catering Service	725.77	844.92	1039.31	1213.87	1491.47	1850.17
服务业收入	Service	178.08	194.20	220.08	237.68	380.16	573.24
其他收入	Others	219.93	224.54	235.24	273.89	297.64	370.22
二、总费用	**Total Expenses**	**10529.93**	**12014.34**	**14711.81**	**18062.75**	**21767.81**	**26494.86**
生产费用	Production Expense	9479.46	10777.12	13125.87	16367.97	19597.87	23436.75
管理费用	Managing Expense	359.89	424.17	558.91	664.92	984.97	1414.90
其他费用	Others	690.58	813.04	1027.03	1029.86	1184.97	1623.21
三、净收入	**Net Income**	**2151.96**	**2353.27**	**2684.94**	**3076.17**	**3436.15**	**4020.49**
四、投资收益	**Investment Profits**		**9.16**	**8.99**	**8.76**	**27.23**	**14.85**
五、农民外出劳务收入	**Income of Peasants Transferring out**		**188.60**	**211.52**	**240.24**	**277.65**	**327.08**
六、可分配净收入总额	**Total Net Income Distributed**	**2330.41**	**2551.03**	**2905.45**	**3325.17**	**3740.82**	**4362.42**
#国家税收	National Taxes	357.35	417.04	511.12	616.24	724.58	867.83
乡村集体所得	Township and Village Collective	47.86	50.41	46.09	42.91	42.27	45.87
农民经营所得	Operation by Peasants	1523.55	1594.90	1717.28	1840.01	2018.60	2212.63
七、农民从集体再分配收入	**Re-distributed Income from Collective**		**30.75**	**33.83**	**34.38**	**37.38**	**45.60**
八、农民所得总额	**Peasants Income**	**1555.14**	**1625.65**	**1751.11**	**1886.93**	**2057.56**	**2258.23**

6-46 农业事业机构和服务组织(2000-2005年)
Institutions Rendering Agricultural Services(2000-2005)

指标	Item	2000	2001	2002	2003	2004	2005
农业事业机构 (个)	**Institutions Engaged in Agricultural Undertaking (unit)**						
乡镇农技服务站	Agricultural Technical Service Stations	1744	1695	1563	1530	1554	1595
家畜繁育改良站	Stations for Improving Domestic Animals Breed	18	17	13	10	10	10
乡镇畜牧兽医站	Veterinary Stations	1529	1417	1413	1257	1381	1201
农业服务组织	**Agricultural Service Organizations**						
县(市)农技推广中心 (个)	Centres for Spreading Agricultural Technique (unit)	130	81	80	81	88	105
乡镇农技站农业技术人员 (人)	Agricultural Technical Persons (person)	10908	12334	13135	11893	13227	12011
配有农技员的村数 (万个)	Villages with Agricultural Technical Persons (10000 units)	3.76	3.35	3.02	2.83	2.67	2.71
村不脱产农民技术人员 (万人)	Technical Peasants Unreleased from Agricultural Production in Village (10000 persons)	6.38	7.24	6.49	6.37	6.10	8.05
科技户 (万户)	Scientific and Technological Households (10000 households)	15.13	14.70	13.44	12.59	11.04	10.71

6-47 乡镇企业单位数、总产值及职工人数(2000-2005年)
Number, Gross Output Value, and Employed Persons of Township and Village Enterprises (2000-2005)

指标	Item	2000	2001	2002	2003	2004	2005
单位数 (万个)	**Number of Enterprises (10000 units)**	**108.15**	**107.98**	**107.32**	**108.12**	**108.22**	**112.06**
农业企业	Agriculture	0.03	0.03	0.11	0.02	0.15	0.08
工业企业	Industry	65.45	66.81	68.06	69.40	70.12	70.35
施工企业	Construction	0.50	0.52	0.48	0.43	0.61	0.51
交通运输业	Transportation	12.16	11.72	11.02	10.53	9.28	8.97
其他企业	Others	30.01	28.89	27.66	27.75	28.06	32.15
年末职工人数 (万人)	**Employed Persons (10000 persons)**	**880.39**	**929.52**	**993.64**	**1082.78**	**1176.24**	**1243.95**
农业企业	Agriculture	0.62	0.63	1.19	0.53	1.35	1.36
工业企业	Industry	760.26	809.01	868.65	952.09	1039.15	1094.69
施工企业	Construction	32.86	34.48	35.50	36.66	44.89	42.46
交通运输业	Transportation	19.21	18.41	18.89	19.18	17.47	17.21
其他企业	Others	67.44	66.99	69.41	74.32	73.88	88.23
总产值 (亿元)	**Total Output Value (100 million yuan)**	**13412.37**	**15464.52**	**18319.03**	**22062.25**	**26416.16**	**31225.22**
农业企业	Agriculture	14.92	17.64	25.82	7.75	22.95	22.20
工业企业	Industry	12438.62	14388.48	17005.21	20456.41	24331.76	28357.86
施工企业	Construction	319.24	381.82	513.50	689.34	916.53	977.33
交通运输业	Transportation	136.77	140.10	161.31	176.35	207.02	290.28
其他企业	Others	502.82	676.58	613.20	732.40	937.90	1577.55
工业销售产值 (亿元)	**Industrial Sales Value (100 million yuan)**	**12058.04**	**13964.50**	**16533.60**	**19934.73**	**23682.97**	**27595.79**
营业收入 (亿元)	**Business Income (100 million yuan)**	**12990.52**	**12990.52**	**17922.38**	**21771.20**	**26292.62**	**31788.41**
利润总额 (亿元)	**Total Profits (100 million yuan)**	**681.06**	**681.06**	**958.47**	**1194.73**	**1399.27**	**1560.68**
增加值 (亿元)	**Value Added (100 million yuan)**		**3267.92**	**3811.64**	**4555.15**	**5311.16**	**6275.67**

6－48　各市乡镇企业基本情况(2005 年)

Basic Statistics on Township and Village Enterprises by City (2005)

地区	Region	企业单位数（万个）Enterprises (10000 units)	#工业企业 Industry Run by Private	年末职工人数（万人）Workers and Staff (10000 persons)	#工业企业 Industry Run by Private	总产值（亿元）Total Output Value (100 million yuan)	#工业企业 Industry Run by Private
全省合计	**Total**	**112.06**	**70.35**	**1243.95**	**1094.69**	**31225.22**	**28537.86**
浙东北	**Eastern & Northern Region**	**73.87**	**43.48**	**779.54**	**666.66**	**21920.91**	**19494.25**
杭州市	Hangzhou	13.27	7.48	166.74	141.91	5915.13	4983.61
宁波市	Ningbo	9.88	9.84	219.11	215.98	5474.41	5416.72
嘉兴市	Jiaxing	16.16	7.87	113.81	96.41	2467.15	2308.49
湖州市	Huzhou	15.61	7.06	95.24	69.04	2442.51	2303.70
绍兴市	Shaoxing	18.20	10.52	170.61	131.34	5253.68	4169.10
舟山市	Zhoushan	0.75	0.71	14.03	11.98	368.03	312.63
浙西南	**Western & Southern Region**	**38.19**	**26.87**	**464.40**	**428.03**	**9304.31**	**8863.61**
温州市	Wenzhou	7.67	7.23	146.90	144.31	2452.50	2414.13
金华市	Jinhua	7.46	6.63	118.76	114.67	2505.97	2435.01
衢州市	Quzhou	4.86	2.18	28.81	21.55	362.57	331.88
台州市	Taizhou	13.86	9.16	143.53	125.51	3569.27	3287.66
丽水市	Lishui	4.34	1.67	26.40	21.99	414.00	394.93

地区	Region	营业收入 Business Income	利润总额 Total Profits	实交税金 Taxes	年末固定资产原值 Original Value of Fixed Assets (Year-end)	增加值 Value Added	工资总额 Total Wages
全省合计	**Total**	**31788.41**	**1560.68**	**914.68**	**7392.22**	**6275.67**	**1489.42**
浙东北	**Eastern & Northern Region**	**22537.34**	**1124.25**	**631.89**	**5341.35**	**4310.88**	**996.02**
杭州市	Hangzhou	6150.08	239.78	190.44	1468.80	1055.85	221.44
波市	Ningbo	5310.55	314.88	175.51	1185.43	1093.44	294.56
嘉兴市	Jiaxing	2429.53	84.04	59.56	593.46	492.76	131.72
湖州市	Huzhou	2816.55	111.01	66.56	544.58	570.77	99.69
绍兴市	Shaoxing	5527.08	364.76	131.58	1459.78	1023.23	230.74
舟山市	Zhoushan	303.55	9.78	8.24	89.30	74.83	17.87
浙西南	**Western & Southern Region**	**9251.07**	**436.43**	**282.79**	**2050.87**	**1964.79**	**493.40**
温州市	Wenzhou	2492.50	121.95	105.79	594.20	583.69	157.88
金华市	Jinhua	2404.84	109.22	60.97	630.87	482.15	115.85
衢州市	Quzhou	365.94	18.15	6.82	117.62	83.99	26.29
台州市	Taizhou	3598.38	166.95	97.49	601.85	721.31	168.57
丽水市	Lishui	389.41	20.16	11.72	106.33	93.65	24.81

主要统计指标解释

农林牧渔业总产值 是以货币表现的农、林、牧、渔业全部产品的总量,它反映一定时期内农业生产总规模和总成果。

农、林、牧、渔业的统计范围包括国有经济的各种专业农(农、林、牧、渔)场以及国家各级机关团体学校、部队;集体所有制的乡、镇、村各级办农场;工矿企业经营的农、林、牧、渔业,农村各种经济组织和农户经营的农林牧渔业和农民家庭兼营的商品性工业等。

粮食产量 指全社会的产量。包括国有经济经营的、集体统一经营的和农民家庭经营的粮食产量,还包括工矿企业办的农场和其他生产单位的产量。粮食除包括稻、小麦、玉米、高粱、谷子及其他杂粮外,还包括薯类和豆类。其产量计算方法,豆类按去豆荚后的干豆计算;薯类1963年以前按每4公斤鲜薯折1公斤粮食计算,从1964年开始及以后改为按5公斤鲜薯折1公斤粮食计算。作为蔬菜的马铃薯目前浙江按鲜品计算,并且不做为粮食统计。其他粮食一律按脱粒后的原粮计算。

油料产量 指全部油料作物的生产量。包括花生、油菜籽、芝麻、向日葵籽、胡麻籽(亚麻籽)和其他油料。不包括大豆,也不包括木本油料和野生油料。花生以带壳干花生计算。

水产品产量 指人工养殖的水产品和天然生长的水产品的捕捞量。包括海水的鱼类、虾蟹类、贝类和藻类以及内陆水域的鱼类、虾蟹类和贝类,不包括淡水生植物。

猪、牛、羊肉产量 指当年出栏并已屠宰后除去头蹄下水后带骨肉(即胴体重)的重量。

耕地面积 指年初可以用来种植农作物、经常进行耕锄的田地,除包括熟地、当年新开荒地、连续撂荒未满三年的耕地和当年的休闲地(轮歇地)外,还包括以种植农作物为主并附带种植桑树、茶树、果树和其他林木的土地,以及沿海、沿湖地区已围垦利用的"海涂"、"湖田"等面积。但不包括属于专业性的桑园、茶园、果园、果木苗圃、林地、芦苇地、天然或人工草地面积。

谷物 指籽实主要供作粮食的作物。这类作物包括稻谷、小麦、玉米、谷子、高粱和其他谷物,不包括豆类和薯类作物。

Explanatory Notes on Main Statistical Indicators

Gross Output Value of Farming, Forestry, Animal Husbandry and Fishery refers to the total volume of products of farming, forestry, animal husbandry and fishery in value terms, which reflects the total scale and total result of agricultural production during a given period of time.

The statistical coverage of farming, forestry, animal husbandry and fishery are as follows: In terms of ownership, China's agriculture includes specialized state farms (farming, forestry, animal husbandry, fishery), farms managed by various government agencies, organazations, schools, research institutions, and army; farms managed by rural collective organizations at levels of township, town, and village; farming, forestry, animal husbandry, fishery run by mining and industrial enterprises; farming, forestry, animal husbandry and fishery and some commodity industries run by various rural collective organizations and individual farmers.

Grain Yield refers to the yield in the whole country including grains produced by state farms, collective units, industrial enterprises and mines. Grain includes rice, wheat, corn, sorghum, millet and other miscellaneous grains as well as tubers and beans. Output of beans refers to dry beans without pods. The output of tubers was converted into that of grain at the ratio 4: 1, I. e. Four kilograms of fresh tubers was equivalent to one kilogram of grain up to 1963. Since 1964 the ratio for conversion has been 5: 1. The potatoes as vegetables are calculated as fresh vegetables in Zhejiang at present and their output is not included in the output of grain. Output of all other grains refers to husked grain.

Yield of Oil – bearing Crops refers to the total yield of oil-bearing crops of various kinds, including peanuts, (dry, in shell) rapeseeds, sesame, sunflower seeds, flax seeds, and other oil-bearing crops. Soybeans, oil-bearing woody plants, and wild oil-bearing crops are not included.

Output of Aquatic Products refers to catches of both artificially cultured and naturally grown aquatic products, including fish, shrimps, crabs and shellfish in sea and inland water as well as seaweed. Freshwater plants are not included.

Output of Pork, Beef, and Mutton refers to the meat of slaughtered hogs, cattle, sheep and goats with head, feet, and offal taken away.

Cultivated Area (Area under cultivation) refers to farmland which is plowed constantly for growing crops, including cultivated land, newly cultivated land in the current year, farmland left without cultivation for less than three years and fallow land in the current year, rotation land, rotation land of grass and crops, farmland with some fruit trees, mulberry trees and other trees and cultivated seashore land, lake land, and etc. The land of mulberry fields, tea plantations, orchards, nurseries of young plants, forest land, reed land, natural and man-made grassland and other land are not included in cultivated land.

Cereals refer to seeds of various kinds of crops which are used mainly for grain. Cereals include paddy, wheat, maize, millet, Chinese sorghum, etc., except beans and tubers.

ZHEJIANG STATISTICAL YEARBOOK

CHAPTER 7

工业和能源

Industry and Energy

7. 工业和能源
Industry and Energy

2005年年末全部国有及规模以上非国有工业企业单位数	Number Industrial Enterprises at Year-end	40275 个	(unit)
2005年年末全部国有及规模以上非国有工业企业总产值	Gross Industrial Output Value	23106.76 亿元	(100 million yuan)
#轻工业	Light Industry	10626.24 亿元	(100 million yuan)
重工业	Heavy Industry	12480.52 亿元	(100 million yuan)
#国有企业	State-owned Units	1800.27 亿元	(100 million yuan)
集体企业	Collective-owned Units	314.47 亿元	(100 million yuan)
股份合作企业	Share Cooperative	486.61 亿元	(100 million yuan)
联营企业	Joint-owned	85.52 亿元	(100 million yuan)
外商及港澳台投资企业	Foreign Funded Enterprises and Enterprises Funded by Entrepreneurs from Hong Kong, Macao & Taiwan	5517.38 亿元	(100 million yuan)
私营企业	Private	8250.03 亿元	(100 million yuan)
其他企业	Others	6525.02 亿元	(100 million yuan)

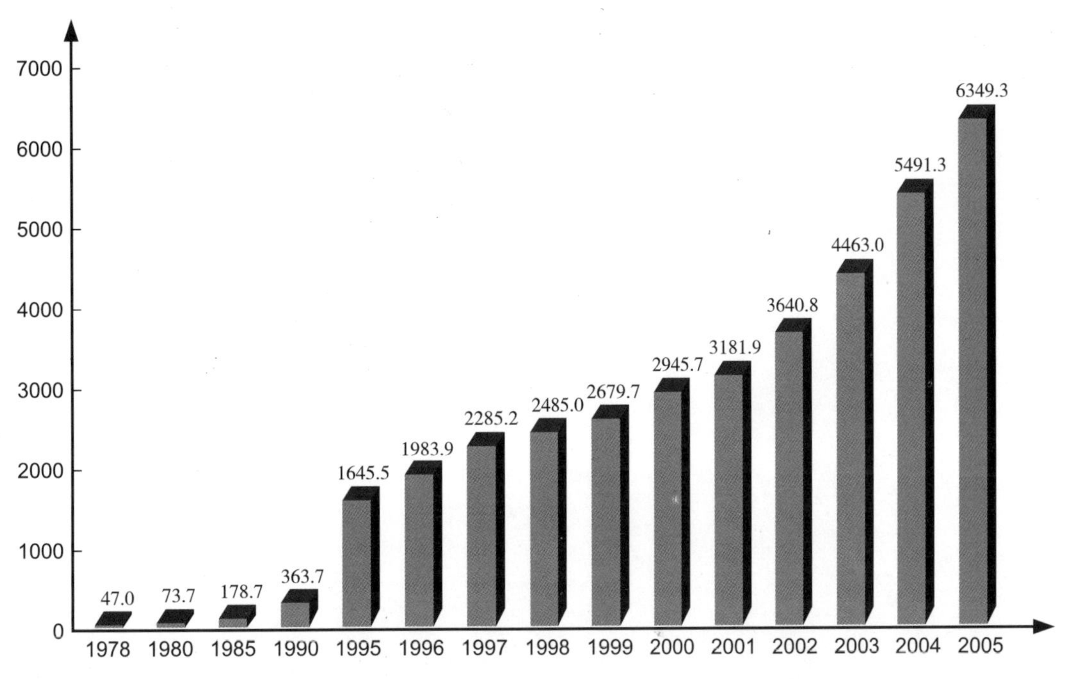

7－1 全部国有及规模以上非国有工业企业单位数

Number of All State-owned and Non-state-owned Above Designated Size Industrial Enterprises

单位:个 (unit)

指 标	Item	2000	2003	2004	2005
工业企业单位数	**Number of Industrial Enterprises**	**14575**	**25526**	**41357**	**40275**
按轻重工业分	**by Light and Heavy Industry**				
轻工业	Light Industry	8610	14276	21878	21241
重工业	Heavy Industry	5965	11250	19479	19034
按注册登记类型分	**by Registered Type**				
国有企业	State－owned	1002	496	573	430
集体企业	Collective owned	2183	1089	1077	794
股份合作企业	Share Cooperative	2575	2365	2107	1937
联营企业	Joint－owned	122	73	84	59
外商及港澳台商投资企业	Foreign Funded Enterprises and Enterprises Funded by Entrepreneurs from Hong Kong, Macao & Taiwan	2117	3675	6889	6807
私营企业	Private	4140	13411	24036	24244
其他企业	Others	2436	4417	6591	6004
在总计中:国有及国有控股	**State－owned and State－holding Industrial Enterprises**	**1418**	**861**	**1109**	**811**
按规模分	**by Size**				
大型企业	Large－sized Enterprises	318	122	84	154
中型企业	Medium－sized Enterprises	932	2227	2959	3203
小型企业	Small－sized Enterprises	13325	23177	38314	36918

注:自2003年大中小型企业划分实行了新标准。
The data by size are calculated at new standard since 2003.

7－2 全部国有及规模以上非国有工业总产值

Gross Output Value of All State-owned and Non-state-owned Above Designated Size Industrial Enterprises

单位:亿元 (100 million yuan)

指 标	Item	2000	2003	2004	2005
工业总产值	**Gross Industrial Output Value**	**6603.65**	**12864.23**	**18729.06**	**23106.76**
按轻重工业分	**by Light and Heavy Industry**				
轻工业	Light Industry	3573.91	6654.75	8615.93	10626.24
重工业	Heavy Industry	3029.74	6209.78	10113.12	12480.52
按注册登记类型分	**by Registered Type**				
国有企业	State-owned	538.46	545.81	1332.89	1800.27
集体企业	Collective owned	1078.65	690.81	345.34	314.47
股份合作企业	Share Cooperative	623.91	622.67	450.22	486.61
联营企业	Joint－owned	47.69	31.55	86.47	85.52
外商及港澳台商投资企业	Foreign Funded Enterprises and Enterprises Funded by Entrepreneurs from Hong Kong, Macao & Taiwan	1232.40	2585.81	4910.17	5517.38
私营企业	Private	1071.68	4053.19	6464.53	8250.03
其他企业	Others	2010.86	4334.39	5139.44	6525.02
在总计中:国有及国有控股	**State－owned and State－holding Industrial Enterprises**	**1292.72**	**1686.99**	**2803.43**	**3401.17**
按规模分	**by Size**				
大型企业	Large－sized Industrial Enterprises	1649.88	2300.14	2230.36	3803.69
中型企业	Medium－sized Industrial Enterprises	1086.27	4903.18	7100.47	8289.28
小型企业	Small－sized Industrial Enterprises	3867.50	5660.91	9398.23	11013.79

注:工业总产值按现行价格计算。
Gross industrial output value are calculated at current prices.

7-3 按行业分的全部国有及规模以上非国有工业企业总产值

Gross Output Value of All State-owned and Non-state-owned Above Designated Size Industrial Enterprises by Sector

行 业	Sector	工业总产值(亿元) Gross Industrial Output Value (100 million yuan)	
		2004	2005
总 计	**Total**	**18729.06**	**23106.76**
在总计中:轻工业	Light Industry	8615.93	10626.24
重工业	Heavy Industry	10113.12	12480.52
按工业行业分	**By Sector**		
煤炭采选业	Coal Mining and Dressing	3.16	9.24
黑色金属矿采选业	Ferrous Metals Mining and Dressing	12.41	19.19
有色金属矿采选业	Nonferrous Metals Mining and Dressing	9.14	18.50
非金属矿采选业	Nonmetal Minerals Mining and Dressing	57.85	51.40
其他采矿业	Other Minerals Mining and Dressing		
农副食品加工业	Non - staple Food Processing	355.95	404.58
食品制造业	Food Manufacturing	140.66	166.23
饮料制造业	Beverage Manufacturing	176.26	198.70
烟草制品业	Tobacco Processing	154.26	148.51
纺织业	Textile Industry	2470.11	2938.85
纺织服装、鞋、帽制造业	Garments, Shoes and Hats Manufacturing	706.38	955.72
皮革、毛皮、羽毛(绒)及其制品业	Leather, Furs, Down and Related Products	687.03	835.02
木材加工及木、竹、藤、棕、草制品业	Timber Processing, Bamboo, Cane Palm Fiber and Straw Products	182.70	215.30
家具制造业	Furniture Manufacturing	174.60	209.31
造纸及纸制品业	Papermaking and Paper Products	403.52	482.41
印刷业和记录媒介的复制	Printing and Record Medium Reproduction	129.07	156.69
文教体育用品制造业	Cultural, Educational and Sports Goods	195.78	248.81

注:工业总产值按现行价格计算。

Gross industrial output value are calculated at current prices.

7－3 续表 continued

行 业	Sector	工业总产值（亿元） Gross Industrial Output Value （100 million yuan）	
		2004	2005
石油加工、炼焦及核燃料加工业	Petroleum Processing, Cooking and Nuclear Fuel Processing	503.19	701.24
化学原料及化学制品制造业	Raw Chemical Materials and Chemical Products	1038.36	1241.60
医药制造业	Medical and Pharmaceutical Products	299.98	423.08
化学纤维制造业	Chemical Fiber	731.04	964.39
橡胶制品业	Rubber Products	190.53	231.65
塑料制品业	Plastic Products	703.42	913.51
非金属矿物制品业	Nonmetal Mineral Products	557.60	634.12
黑色金属冶炼及压延加工业	Smelting and Pressing of Ferrous Metals	530.44	623.79
有色金属冶炼及压延加工业	Smelting and Pressing of Nonferrous Metals	561.00	750.76
金属制品业	Metal Products	658.59	839.38
通用设备制造业	Equipment in Common Use	1363.00	1628.37
专用设备制造业	Special Purpose Equipment	414.45	504.69
交通运输设备制造业	Transport Equipment	926.10	1238.20
电气机械及器材制造业	Electric Equipment and Machinery	1497.73	1794.87
通信设备、计算机及其他电子设备制造业	Telecommunications Equipment, Computer and Other Electronic Equipment	909.18	1044.37
仪器仪表及文化、办公用机械制造业	Instruments, Meters, Cultural and Office Machinery	207.41	302.75
工艺品及其他制造业	Handicraft Article and Other Manufacturing Indust	301.58	395.24
废弃资源和废旧材料回收加工业	Recovery of Resource Discarded and Useless Material	74.69	94.89
电力、热力的生产和供应业	Production and Supply of Electricity and Heating Power	1339.89	1646.36
燃气生产和供应业	Production and Supply of Gas	20.53	27.19
水的生产和供应业	Production and Supply of Water	41.48	47.86

7－4 主要工业产品产量

Output of Major Industrial Products

产品名称		Item		2000	2003	2004	2005
原煤	（万吨）	Coal	（10000 tons）	72.96	69.39	56.31	41.29
原盐	（万吨）	Salt	（10000 tons）	9.50	9.81	10.31	4.92
配混合饲料	（万吨）	Forage	（10000 tons）	167.26	163.91	197.30	214.38
食用植物油	（万吨）	Edible Vegetable Oil	（10000 tons）	62.54	23.26	41.89	11.92
罐头	（万吨）	Canned Food	（10000 tons）	31.18	47.60	53.53	53.66
啤酒	（万吨）	Beer	（10000 tons）	163.69	201.68	223.49	239.67
黄酒	（万吨）	Millet Wine	（10000 tons）	42.99	40.76	42.03	42.50
软饮料	（万吨）	Soft Drink	（10000 tons）	291.94	489.46	314.03	331.25
卷烟	（万箱）	Cigarettes	（10000 cases）	99.21	112.95	686.70	657.65
纱	（万吨）	Yarn	（10000 tons）	34.19	57.34	91.75	96.41
布	（亿米）	Cloth	（100 million m）	16.19	42.77	87.47	83.64
毛线（绒线）	（吨）	Knitting Wool	（ton）	20565	24603	39968	17155
呢绒	（万米）	Woolen Goods	（10000 m）	1558.27	2592.39	5812.80	4587.00
丝	（吨）	Silk	（ton）	32418	36205	124779	53139
丝织品	（亿米）	Silk-knit Goods	（100 million m）	24.84	45.10	82.39	45.69
机制纸	（万吨）	Machine-made Paper and Paperboard	（10000 tons）	70.46	166.97	789.71	817.22
汽油	（万吨）	Gasoline	（10000 tons）	178.98	245.05	292.47	288.69
煤油	（万吨）	Kerosene	（10000 tons）	107.28	110.31	130.67	130.97
柴油	（万吨）	Diesel Oil	（10000 tons）	387.40	549.69	688.47	728.09
燃料油	（万吨）	Fuel Oil	（10000 tons）	123.40	75.41	180.35	109.76
焦炭	（万吨）	Coke	（10000 tons）	60.13	58.81	57.77	55.20
硫酸	（万吨）	Sulphuric Acid	（10000 tons）	50.24	60.00	95.98	125.55
烧碱	（万吨）	Caustic Soda	（10000 tons）	36.92	54.25	54.12	76.74
纯碱	（万吨）	Soda Ash	（10000 tons）	8.70	11.82	13.07	13.28

7－4　续表1　continued

产品名称		Item		2000	2003	2004	2005
电石(碳化钙)	(万吨)	Calcium Carbide	(10000 tons)	11.28	11.23	9.46	9.81
合成氨	(万吨)	Synthetic Ammonia	(10000 tons)	89.23	89.69	87.59	89.09
农用化肥	(万吨)	Chemical Fertilizer	(10000 tons)	59.22	55.75	60.41	59.46
# 氮肥		Nitrogen Fertilizer		51.88	47.33	53.50	53.44
磷肥		Phosphate Fertilizer		7.20	8.22	6.91	6.03
农药	(吨)	Chemical Pesticide	(ton)	117617	124534	123699	192478
纯苯	(吨)	Pure Benzene	(ton)	49210	55543	86381	159709
肥皂	(万吨)	Soap	(10000 tons)	17.43	22.77	43.20	25.81
合成洗涤剂	(吨)	Synthetic Detergents	(ton)	321099	428568	380642	454843
化学原料药	(吨)	Chemical Raw Medicine	(ton)	54545	131425	185962	210114
中成药	(吨)	Traditional Chinese Medicine	(ton)	11499	13625	26174	15956
化学纤维	(万吨)	Chemical Fiber	(10000 tons)	154.08	407.57	623.40	660.33
#粘胶纤维		Glutinous Fiber		4.85	3.90	5.01	3.89
合成纤维	(万吨)	Synthetic Fiber	(10000 tons)	149.23	403.67	616.57	656.43
轮胎外胎	(万条)	Outer Cover of Tyre	(10000 units)	708.26	1604.92	2369.41	2722.73
塑料制品	(万吨)	Plastic Products	(10000 tons)	153.86	320.11	686.68	439.68
水泥	(万吨)	Cement	(10000 tons)	4236.10	7127.08	8746.03	8829.40
平板玻璃	(万重量箱)	Plate Glass	(10000 wt. case)	763.98	1677.02	2196.29	2105.32
日用陶瓷	(万件)	Household Ceramics	(10000 units)	3165.47	1107.80	2731.03	357.05
生铁	(万吨)	Pig Iron	(10000 tons)	108.75	173.27	186.77	220.56
钢	(万吨)	Steel	(10000 tons)	144.96	334.24	401.25	432.03
成品钢材	(万吨)	Steel Products	(10000 tons)	292.14	527.03	833.50	716.98
十种有色金属	(万吨)	10 Nonferrous Metal	(10000 tons)	11.90	21.86	39.75	34.99
#铜	(吨)	Copper	(ton)	44424	82952	171900	224260
锌	(吨)	Zinc	(ton)	20846	20025	23418	23781
铝	(吨)	Aluminium	(ton)	53463	106382	196760	83777

7－4　续表2　continued

产品名称		Item		2000	2003	2004	2005
日用精铝制品	（吨）	Fine Aluminium Products for Daily Use	（ton）	24265.00	40653.00	70222.00	
内燃机	（万千瓦）	Internal Combustion Engines(Commodity)	（10000 kw）	435.59	828.00	1280.35	931.59
数控机床	（台）	Numerically Controlled Machine Tools	（unit）	1855	6983	56883	10615
缝纫机	（万架）	Sewing Machine	（10000 units）	200.81	455.70	549.10	588.11
大中型拖拉机	（台）	Large and Medium-sized Tractor	（unit）	2889	3392	9427	15855
小型拖拉机	（台）	Small-size Tractor	（unit）	47151	69086	28557	100558
汽车	（辆）	Motor Vehicle	（unit）	9514	82340	97594	149645
#载货汽车		Truck		1772	800	9841	6926
摩托车	（万辆）	Motorcycles	（10000 units）	147.64	161.68	180.10	179.61
自行车	（万辆）	Bicycles	（10000 units）	395.28	625.81	1090.07	675.56
发电设备	（万千瓦）	Generating Equipment	（10000 kw）	76.52	147.99	209.22	251.10
交流电动机	（万千瓦）	Alternating Current Motor	（10000 kw）	336.30	781.30	2166.09	1092.27
变压器	（万千伏安）	Transformer	（10000 kev）	939.58	2058.62	5018.59	3940.13
家用洗衣机	（万台）	Household Washing Machines	（10000 units）	199.91	525.85	905.22	953.63
家用电冰箱	（万台）	Household Refrigerators	（10000 units）	19.79	129.98	179.08	222.99
电风扇	（万台）	Electric Fan	（10000 units）	264.40	355.89	470.28	414.71
房间空气调节器	（万台）	House Air Conditioner	（10000 units）	87.70	419.13	455.82	430.11
电话机	（万部）	Telephone Set	（10000 units）	46.87	0.57	7.00	
灯泡	（亿只）	Bulb	（100 million units）	4.00	11.41	23.71	18.50
电视机	（万台）	Television Set	（10000 units）	240.52	313.29	377.76	394.83
#彩色电视机		Color TV Set		17.36	94.04	106.03	128.54
表	（万只）	Watch	（10000 units）	135.24	208.86	695.00	111.76
发电量	（亿千瓦小时）	Electricity	（100 million kw. h）	624.83	992.65	1203.93	1352.96

注:本表统计范围为全部国有及年销售收入500万元及以上的非国有工业企业。
The data in this table refer to state-owned industrial enterprises and non-state-owned industrial enterprises with annual sales income over 5 million yuan.

7-5 全部国有及规模以上非国有工业企业主要指标

单位:亿元

指标		Item	
企业单位数	(个)	Number of Enterprises	(unit)
#亏损企业单位数		Loss Enterprises	
工业总产值(当年价)		Gross Industrial Output Value(Current Price)	
工业增加值		Value Added of Industry	
全部职工年平均人数	(万人)	Average Number of Staff and Workers	(10000 persons)
流动资产合计		Circulating Funds	
固定资产合计		Fixed Assets	
流动资产年平均余额		Annual Average Balance of Circulating Funds	
固定资产原值		Original Value of Fixed Assets	
固定资产净值年平均余额		Annual Average Balance of Net Value of Fixed Assets	
资产总计		Total Assets	
流动负债合计		Circulating Liabilities	
长期负债合计		Long-term Liabilities	
所有者权益		Creditors' Equity	
实收资本		Total Capital Hold	
主营业务收入		Sales Revenue	
主营业务成本		Cost of Sales	
主营业务税金及附加		Sales Taxes and Extra Charges	
利润总额		Total Profits	
本年应交增值税		Value Added Taxes Payable	
利税总额		Total Profits and Taxes	

注:国有、集体分组按注册登记类型划分。

7-5 Principal Indicators of All State-owned and Non-state-owned Above Designated Sized Industrial Enterprises

(100 million yuan)

合计 Total			国有单位 State - owned Units			集体单位 Collective owned Units		
2000	2004	2005	2000	2004	2005	2000	2004	2005
14575	41357	40275	1002	537	430	2183	1077	794
1849	5166	4229	354	224	128	287	134	84
6603.65	18729.06	23106.76	538.46	1332.89	1800.72	1078.65	345.34	314.47
1560.11	4114.68	4830.97	213.67	393.97	515.11	215.63	69.91	64.65
323.22	620.98	659.12	35.14	13.42	16.63	48.72	11.10	8.86
3377.81	9008.58	10896.23	556.23	514.20	655.11	461.66	182.79	161.84
2947.13	6616.69	7506.14	744.90	1128.13	1280.11	389.01	93.26	72.76
3207.75	8330.77	10305.43	550.58	528.78	663.96	432.60	174.88	155.19
3753.68	8110.27	9522.84	924.52	1432.60	1722.39	493.52	131.28	106.95
2624.63	5541.68	6518.30	627.07	890.54	1069.12	341.07	86.35	69.28
7008.09	17202.38	20609.30	1458.21	1774.64	2076.80	925.79	297.37	259.68
3073.84	8376.01	10136.79	448.36	387.87	627.37	458.21	158.82	141.48
926.66	1885.48	1944.72	341.02	595.04	409.50	110.37	22.94	9.61
3005.97	6900.66	8315.61	668.83	790.72	925.63	384.21	110.30	107.81
1756.31	3933.80	4517.65	271.65	292.79	312.39	215.71	43.89	42.01
6488.67	18333.42	22704.19	752.67	1364.77	1820.77	1027.47	333.30	307.16
5495.26	15822.71	19794.01	649.34	1118.17	1556.20	885.67	293.42	269.44
84.83	190.34	193.41	31.54	73.94	76.68	8.66	2.15	1.90
353.44	999.73	1098.45	31.78	63.02	88.96	52.36	19.42	18.18
248.80	583.48	679.47	41.56	68.23	102.91	34.37	9.97	9.75
687.07	1773.56	1971.32	104.87	205.20	268.45	95.39	31.54	29.83

The data of state-owned units and collective owned units are grouped by registered type.

7-6 按行业分的工业企业主要指标(2005年)

Main Indicators of Industrial Enterprises by Sector(2005)

单位:亿元 (100 million yuan)

行 业	Sector	企业单位数(个) Number of Enterprises (unit)	#亏损企业 Loss	工业总产值 Gross Industrial Output Value	工业增加值 Value Added of Industry
总计	**Total**	**40275**	**4229**	**23106.76**	**4830.97**
在总计中:轻工业	Light Industry	21241	2361	10626.24	2257.53
重工业	Heavy Industry	19034	1868	12480.52	2573.44
按工业行业分	**By Sector**				
煤炭开采和洗选业	Coal Mining and Dressing	4	1	9.24	3.40
黑色金属矿采选业	Ferrous Metals Mining and Dressing	5	2	19.19	1.66
有色金属矿采选业	Nonferrous Metals Mining and Dressing	38	4	18.50	6.53
非金属矿采选业	Nonmetal Minerals Mining and Dressing	245	19	51.40	15.06
其他采矿业	Other Minerals Mining and Dressing				
农副食品加工业	Non-staple Food Processing	776	114	404.58	60.78
食品制造业	Food Manufacturing	322	64	166.23	40.29
饮料制造业	Beverage Manufacturing	276	46	198.70	63.54
烟草制品业	Tobacco Processing	5	1	148.51	118.81
纺织业	Textile Industry	6236	694	2938.85	571.28
纺织服装、鞋、帽制造业	Garments, Shoes and Hats Manufacturing	2288	307	955.72	233.12
皮革、毛皮、羽毛(绒)及其制品业	Leather, Furs, Down and Related Products	1705	134	835.02	185.08
木材加工及木、竹、藤、棕、草制品业	Timber Processing, Bamboo, Cane Palm Fiber and Straw Products	661	61	215.30	43.82
家具制造业	Furniture Manufacturing	441	44	209.31	45.27
造纸及纸制品业	Papermaking and Paper Products	1209	186	482.41	95.24
印刷业和记录媒介的复制	Printing and Record Medium Reproduction	629	52	156.69	37.08
文教体育用品制造业	Cultural, Educational and Sports Goods	788	88	248.81	52.87

注:本表统计范围为全部国有及年销售收入500万元及以上的非国有工业企业。表7-7同。
The data in this table refer to state-owned industrial enterprises and non-state-owned industrial enterprises with annual sales income over 5 million yuan. The same for table 7-7.

行　业	Sector	企业单位数(个) Number of Enterprises (unit)	#亏损企业 Loss	工业总产值 Gross Industrial Output Value	工业增加值 Value Added of Industry
石油加工、炼焦及核燃料加工业	Petroleum Processing, Cooking and Nuclear Fuel Processing	43	5	701.24	83.05
化学原料及化学制品制造业	Raw Chemical Materials and Chemical Products	1591	188	1241.60	257.52
医药制造业	Medical and Pharmaceutical Products	410	52	423.08	114.58
化学纤维制造业	Chemical Fiber	343	60	964.39	105.35
橡胶制品业	Rubber Products	466	32	231.65	51.35
塑料制品业	Plastic Products	2368	205	913.51	183.63
非金属矿物制品业	Nonmetal Mineral Products	1302	264	634.12	146.68
黑色金属冶炼及压延加工业	Smelting and Pressing of Ferrous Metals	615	108	623.79	97.39
有色金属冶炼及压延加工业	Smelting and Pressing of Nonferrous Metals	684	73	750.76	109.08
金属制品业	Metal Products	2338	182	839.38	172.44
通用设备制造业	Equipment in Common Use	4328	274	1628.37	381.75
专用设备制造业	Special Purpose Equipment	1303	121	504.69	125.01
交通运输设备制造业	Transport Equipment	2083	153	1238.20	248.80
电气机械及器材制造业	Electric Equipment and Machinery	3132	251	1794.87	365.56
通信设备、计算机及其他电子设备制造业	Telecommunications Equipment, Computer and Other Electronic Equipment	1039	154	1044.37	176.08
仪器仪表及文化、办公用机械制造业	Instruments, Meters, Cultural and Office Machinery	724	47	302.75	81.87
工艺品及其他制造业	Handicraft Article and Other Manufacturing Indust	1254	101	395.24	87.18
废弃资源和废旧材料回收加工业	Recovery of Resource Discarded and Useless Material	117	19	94.89	8.75
电力、热力的生产和供应业	Production and Supply of Electricity and Heating Power	331	64	1646.36	437.94
燃气生产和供应业	Production and Supply of Gas	24	5	27.19	2.12
水的生产和供应业	Production and Supply of Water	152	54	47.86	21.01

单位:亿元　　7－6　续表2　continued　　(100 million yuan)

行　业	Sector	资产总计 Total Assets	流动资产合　计 Circulating Funds	流动资产年平均余额 Annual Average Balance of Circulating Funds	固定资产合　计 Fixed Assets
总计	**Total**	**20609.30**	**10896.23**	**10305.43**	**7506.14**
在总计中:轻工业	Light Industry	9245.99	5120.56	4842.09	3132.87
重工业	Heavy Industry	11363.31	5775.66	5463.34	4373.27
按工业行业分	**By Sector**				
煤炭开采和洗选业	Coal Mining and Dressing	11.04	3.10	3.04	7.45
黑色金属矿采选业	Ferrous Metals Mining and Dressing	14.96	11.32	10.95	3.20
有色金属矿采选业	Nonferrous Metals Mining and Dressing	10.62	6.47	6.15	2.83
非金属矿采选业	Nonmetal Minerals Mining and Dressing	45.51	21.53	21.03	17.96
其他采矿业	Other Minerals Mining and Dressing				
农副食品加工业	Non－staple Food Processing	267.74	158.78	151.03	83.99
食品制造业	Food Manufacturing	169.53	93.01	86.06	57.75
饮料制造业	Beverage Manufacturing	232.38	122.88	119.40	84.18
烟草制品业	Tobacco Processing	138.03	102.49	103.37	32.19
纺织业	Textile Industry	2595.19	1388.15	1312.90	951.22
纺织服装、鞋、帽制造业	Garments, Shoes and Hats Manufacturing	715.32	436.75	412.24	207.68
皮革、毛皮、羽毛(绒)及其制品业	Leather, Furs, Down and Related Products	514.09	327.20	300.67	121.61
木材加工及木、竹、藤、棕、草制品业	Timber Processing, Bamboo, Cane Palm Fiber and Straw Products	157.64	85.16	79.87	47.17
家具制造业	Furniture Manufacturing	176.66	106.10	98.66	52.60
造纸及纸制品业	Papermaking and Paper Products	613.20	290.68	287.74	254.58
印刷业和记录媒介的复制	Printing and Record Medium Reproduction	181.23	91.54	88.39	70.14
文教体育用品制造业	Cultural, Educational and Sports Goods	201.77	117.77	112.17	55.73

行 业	Sector	资产总计 Total Assets	流动资产合计 Circulating Funds	流动资产年平均余额 Annual Average Balance of Circulating Funds	固定资产合计 Fixed Assets
石油加工、炼焦及核燃料加工业	Petroleum Processing, Cooking and Nuclear Fuel Processing	237.33	113.96	87.58	112.02
化学原料及化学制品制造业	Raw Chemical Materials and Chemical Products	1072.06	582.97	535.80	360.19
医药制造业	Medical and Pharmaceutical Products	496.59	273.74	259.81	168.61
化学纤维制造业	Chemical Fiber	738.13	336.58	310.68	324.67
橡胶制品业	Rubber Products	214.38	107.97	101.24	81.21
塑料制品业	Plastic Products	759.16	431.43	409.17	248.82
非金属矿物制品业	Nonmetal Mineral Products	889.94	415.30	393.26	362.88
黑色金属冶炼及压延加工业	Smelting and Pressing of Ferrous Metals	531.99	295.91	282.23	161.96
有色金属冶炼及压延加工业	Smelting and Pressing of Nonferrous Metals	365.59	234.82	212.18	82.74
金属制品业	Metal Products	653.82	411.63	384.98	165.37
通用设备制造业	Equipment in Common Use	1436.28	903.05	863.40	383.31
专用设备制造业	Special Purpose Equipment	494.02	306.83	287.57	135.66
交通运输设备制造业	Transport Equipment	1142.63	664.18	631.52	304.56
电气机械及器材制造业	Electric Equipment and Machinery	1484.93	964.58	906.73	331.25
通信设备、计算机及其他电子设备制造业	Telecommunications Equipment, Computer and Other Electronic Equipment	958.30	631.24	594.61	234.31
仪器仪表及文化、办公用机械制造业	Instruments, Meters, Cultural and Office Machinery	273.97	174.44	166.20	69.25
工艺品及其他制造业	Handicraft Article and Other Manufacturing Indust	298.10	176.11	165.06	88.62
废弃资源和废旧材料回收加工业	Recovery of Resource Discarded and Useless Material	26.34	20.59	20.06	3.94
电力、热力的生产和供应业	Production and Supply of Electricity and Heating Power	2154.60	402.28	422.38	1620.74
燃气生产和供应业	Production and Supply of Gas	50.75	11.65	11.43	34.51
水的生产和供应业	Production and Supply of Water	285.48	74.05	65.87	181.25

行　业	Sector	固定资产原价 Original Value of Fixed Assets	固定资产净值年平均余额 Annual Average Balance of Net Value of Fixed Assets	年末负债合计 Total Liabilities	流动负债 Circulating Liabilities
总计	**Total**	**9522.84**	**6518.30**	**12286.57**	**10136.79**
在总计中:轻工业	Light Industry	3924.24	2740.47	5519.57	4882.97
重工业	Heavy Industry	5598.60	3777.83	6767.00	5253.82
按工业行业分	**By Sector**				
煤炭开采和洗选业	Coal Mining and Dressing	10.78	6.76	6.37	4.51
黑色金属矿采选业	Ferrous Metals Mining and Dressing	4.36	3.13	9.95	9.74
有色金属矿采选业	Nonferrous Metals Mining and Dressing	4.63	2.43	6.25	4.82
非金属矿采选业	Nonmetal Minerals Mining and Dressing	24.40	17.72	24.78	20.12
其他采矿业	Other Minerals Mining and Dressing				
农副食品加工业	Non-staple Food Processing	110.76	77.84	176.14	160.15
食品制造业	Food Manufacturing	78.74	51.71	94.61	85.58
饮料制造业	Beverage Manufacturing	122.28	77.57	138.39	124.15
烟草制品业	Tobacco Processing	45.72	25.58	15.62	15.69
纺织业	Textile Industry	1229.22	872.56	1598.00	1431.08
纺织服装、鞋、帽制造业	Garments, Shoes and Hats Manufacturing	260.69	187.24	411.85	383.85
皮革、毛皮、羽毛(绒)及其制品业	Leather, Furs, Down and Related Products	140.37	108.13	309.58	294.96
木材加工及木、竹、藤、棕、草制品业	Timber Processing, Bamboo, Cane Palm Fiber and Straw Products	57.02	42.21	86.82	77.52
家具制造业	Furniture Manufacturing	61.40	45.42	109.01	98.46
造纸及纸制品业	Papermaking and Paper Products	295.80	184.50	405.97	317.40
印刷业和记录媒介的复制	Printing and Record Medium Reproduction	94.83	65.29	97.83	88.91
文教体育用品制造业	Cultural, Educational and Sports Goods	64.49	49.83	104.51	98.42

单位:亿元　　7-6　续表5　continued　　(100 million yuan)

行　业	Sector	固定资产原　价 Original Value of Fixed Assets	固定资产净　值年平均余额 Annual Average Balance of Net Value of Fixed Assets	年末负债合　计 Total Liabilities	流动负债 Circulating Liabilities
石油加工、炼焦及核燃料加工业	Petroleum Processing, Cooking and Nuclear Fuel Processing	181.59	105.03	85.13	78.98
化学原料及化学制品制造业	Raw Chemical Materials and Chemical Products	461.43	289.68	641.93	529.63
医药制造业	Medical and Pharmaceutical Products	198.73	140.74	275.17	243.26
化学纤维制造业	Chemical Fiber	419.13	294.50	473.64	371.46
橡胶制品业	Rubber Products	100.74	68.35	125.46	107.56
塑料制品业	Plastic Products	310.71	229.06	435.70	387.08
非金属矿物制品业	Nonmetal Mineral Products	454.05	328.36	549.89	436.30
黑色金属冶炼及压延加工业	Smelting and Pressing of Ferrous Metals	191.98	122.44	333.27	283.47
有色金属冶炼及压延加工业	Smelting and Pressing of Nonferrous Metals	104.28	70.78	215.88	196.96
金属制品业	Metal Products	201.66	148.93	391.04	366.87
通用设备制造业	Equipment in Common Use	493.16	336.62	828.14	774.86
专用设备制造业	Special Purpose Equipment	164.58	117.38	290.01	270.75
交通运输设备制造业	Transport Equipment	361.37	252.14	693.07	614.97
电气机械及器材制造业	Electric Equipment and Machinery	412.98	289.96	882.29	821.74
通信设备、计算机及其他电子设备制造业	Telecommunications Equipment, Computer and Other Electronic Equipment	296.79	200.93	581.97	542.79
仪器仪表及文化、办公用机械制造业	Instruments, Meters, Cultural and Office Machinery	82.63	62.97	154.37	141.05
工艺品及其他制造业	Handicraft Article and Other Manufacturing Indust	99.26	76.47	178.71	162.05
废弃资源和废旧材料回收加工业	Recovery of Resource Discarded and Useless Material	4.57	3.69	17.18	16.36
电力、热力的生产和供应业	Production and Supply of Electricity and Heating Power	2153.19	1409.25	1351.81	484.38
燃气生产和供应业	Production and Supply of Gas	24.81	14.50	26.27	10.75
水的生产和供应业	Production and Supply of Water	199.77	138.61	159.97	80.13

单位:亿元 7-6 续表6 continued (100 million yuan)

行业	Sector	长期负债 Long-term Liabilities	年末所有者权益合计 Creditors' Equity	实收资本 Total Capital Hold	主营业务收入 Revenues in Main Business	主营业务成本 Costs in Main Business
总计	**Total**	**1944.72**	**8315.61**	**4517.65**	**22704.19**	**19794.01**
在总计中:轻工业	Light Industry	588.90	3726.42	2124.73	10459.82	9027.52
重工业	Heavy Industry	1355.82	4589.19	2392.92	12244.38	10766.49
按工业行业分	**By Sector**					
煤炭开采和洗选业	Coal Mining and Dressing	1.87	4.66	3.49	10.90	9.14
黑色金属矿采选业	Ferrous Metals Mining and Dressing	0.21	5.01	2.14	19.92	18.04
有色金属矿采选业	Nonferrous Metals Mining and Dressing	1.38	4.36	1.92	17.49	13.10
非金属矿采选业	Nonmetal Minerals Mining and Dressing	3.20	20.73	12.93	49.44	39.80
其他采矿业	Other Minerals Mining and Dressing					
农副食品加工业	Non-staple Food Processing	15.18	91.60	62.27	386.31	348.15
食品制造业	Food Manufacturing	7.82	74.92	38.58	165.11	135.12
饮料制造业	Beverage Manufacturing	14.03	93.99	53.93	268.10	209.75
烟草制品业	Tobacco Processing	-0.07	122.42	10.18	158.54	51.62
纺织业	Textile Industry	147.36	997.19	678.75	2876.09	2590.09
纺织服装、鞋、帽制造业	Garments, Shoes and Hats Manufacturing	24.59	303.47	167.45	928.75	789.95
皮革、毛皮、羽毛(绒)及其制品业	Leather, Furs, Down and Related Products	11.82	204.52	122.64	808.86	717.09
木材加工及木、竹、藤、棕、草制品业	Timber Processing, Bamboo, Cane Palm Fiber and Straw Products	6.81	70.82	37.74	211.63	189.67
家具制造业	Furniture Manufacturing	8.74	67.65	46.29	204.29	174.58
造纸及纸制品业	Papermaking and Paper Products	87.79	207.23	137.89	459.83	412.26
印刷业和记录媒介的复制	Printing and Record Medium Reproduction	8.44	83.40	45.42	155.01	131.89
文教体育用品制造业	Cultural, Educational and Sports Goods	4.97	97.26	51.21	236.81	203.01

单位:亿元　　7-6　续表7　continued　　(100 million yuan)

行　业	Sector	长期负债 Long-term Liabilities	年末所有者权益合计 Creditors' Equity	实收资本 Total Capital Hold	主营业务收入 Revenues in Main Business	主营业务成本 Costs in Main Business
石油加工、炼焦及核燃料加工业	Petroleum Processing, Cooking and Nuclear Fuel Processing	6.14	152.17	34.43	719.04	658.98
化学原料及化学制品制造业	Raw Chemical Materials and Chemical Products	109.65	423.12	218.28	1265.54	1068.35
医药制造业	Medical and Pharmaceutical Products	30.72	221.42	90.69	411.96	299.30
化学纤维制造业	Chemical Fiber	101.39	264.49	158.62	960.92	909.35
橡胶制品业	Rubber Products	16.79	88.92	54.47	223.67	190.85
塑料制品业	Plastic Products	41.24	323.46	168.17	880.96	774.75
非金属矿物制品业	Nonmetal Mineral Products	106.92	340.05	205.23	612.12	532.52
黑色金属冶炼及压延加工业	Smelting and Pressing of Ferrous Metals	48.81	198.72	104.85	607.08	575.14
有色金属冶炼及压延加工业	Smelting and Pressing of Nonferrous Metals	14.01	149.72	68.20	736.26	700.13
金属制品业	Metal Products	20.28	262.78	150.32	805.96	701.19
通用设备制造业	Equipment in Common Use	51.49	608.14	318.90	1581.77	1326.55
专用设备制造业	Special Purpose Equipment	16.86	204.00	100.69	485.72	401.09
交通运输设备制造业	Transport Equipment	72.73	449.56	254.01	1171.55	1004.55
电气机械及器材制造业	Electric Equipment and Machinery	53.71	602.61	327.71	1726.25	1476.10
通信设备、计算机及其他电子设备制造业	Telecommunications Equipment, Computer and Other Electronic Equipment	38.68	376.33	211.20	1074.71	948.28
仪器仪表及文化、办公用机械制造业	Instruments, Meters, Cultural and Office Machinery	12.77	119.61	56.86	289.64	236.09
工艺品及其他制造业	Handicraft Article and Other Manufacturing Indust	8.58	119.39	63.87	383.48	332.17
废弃资源和废旧材料回收加工业	Recovery of Resource Discarded and Useless Material	0.82	9.16	5.99	94.72	89.34
电力、热力的生产和供应业	Production and Supply of Electricity and Heating Power	755.84	802.75	374.95	1640.58	1471.45
燃气生产和供应业	Production and Supply of Gas	14.07	24.47	15.35	28.44	27.89
水的生产和供应业	Production and Supply of Water	79.10	125.51	62.07	46.76	36.70

行 业	Sector	主营业务税金及附加 Sales Taxes and Extra Charges in Main Business	利润总额 Total Profits	利税总额 Total Profits and Taxes	本年应交增值税 Value Added Taxes Payable
总计	**Total**	**193.40**	**1098.45**	**1971.32**	**679.47**
在总计中:轻工业	Light Industry	122.46	490.10	899.96	287.41
重工业	Heavy Industry	70.95	608.35	1071.36	392.06
按工业行业分	**By Sector**				
煤炭开采和洗选业	Coal Mining and Dressing	0.10	0.13	0.88	0.65
黑色金属矿采选业	Ferrous Metals Mining and Dressing	0.08	0.65	1.07	0.34
有色金属矿采选业	Nonferrous Metals Mining and Dressing	0.10	1.88	3.24	1.26
非金属矿采选业	Nonmetal Minerals Mining and Dressing	1.25	2.77	6.28	2.26
其他采矿业	Other Minerals Mining and Dressing				
农副食品加工业	Non-staple Food Processing	1.28	8.70	15.34	5.37
食品制造业	Food Manufacturing	0.54	8.76	15.56	6.25
饮料制造业	Beverage Manufacturing	7.28	12.65	31.34	11.40
烟草制品业	Tobacco Processing	68.20	25.67	112.54	18.67
纺织业	Textile Industry	12.82	111.31	195.42	71.29
纺织服装、鞋、帽制造业	Garments, Shoes and Hats Manufacturing	4.09	51.35	81.67	26.23
皮革、毛皮、羽毛(绒)及其制品业	Leather, Furs, Down and Related Products	2.61	34.46	59.95	22.87
木材加工及木、竹、藤、棕、草制品业	Timber Processing, Bamboo, Cane Palm Fiber and Straw Products	1.03	11.23	18.48	6.21
家具制造业	Furniture Manufacturing	0.65	10.43	15.10	4.02
造纸及纸制品业	Papermaking and Paper Products	2.46	14.03	32.61	16.12
印刷业和记录媒介的复制	Printing and Record Medium Reproduction	0.77	11.42	18.02	5.83
文教体育用品制造业	Cultural, Educational and Sports Goods	0.97	10.68	17.12	5.47

行　业	Sector	主营业务税金及附加 Sales Taxes and Extra Charges in Main Business	利润总额 Total Profits	利税总额 Total Profits and Taxes	本年应交增值税 Value Added Taxes Payable
石油加工、炼焦及核燃料加工业	Petroleum Processing, Cooking and Nuclear Fuel Processing	18.99	43.62	85.45	22.85
化学原料及化学制品制造业	Raw Chemical Materials and Chemical Products	5.34	77.69	121.12	38.09
医药制造业	Medical and Pharmaceutical Products	2.19	38.46	59.46	18.81
化学纤维制造业	Chemical Fiber	3.28	20.33	33.80	10.19
橡胶制品业	Rubber Products	1.56	12.70	19.76	5.50
塑料制品业	Plastic Products	3.94	43.97	69.47	21.56
非金属矿物制品业	Nonmetal Mineral Products	3.71	23.26	52.93	25.95
黑色金属冶炼及压延加工业	Smelting and Pressing of Ferrous Metals	2.19	8.58	24.52	13.75
有色金属冶炼及压延加工业	Smelting and Pressing of Nonferrous Metals	2.29	25.68	47.27	19.30
金属制品业	Metal Products	3.99	41.60	65.03	19.43
通用设备制造业	Equipment in Common Use	7.55	111.70	169.78	50.53
专用设备制造业	Special Purpose Equipment	2.11	37.55	57.11	17.45
交通运输设备制造业	Transport Equipment	10.92	57.88	98.92	30.12
电气机械及器材制造业	Electric Equipment and Machinery	7.83	93.59	145.47	44.05
通信设备、计算机及其他电子设备制造业	Telecommunications Equipment, Computer and Other Electronic Equipment	2.31	24.95	44.50	17.23
仪器仪表及文化、办公用机械制造业	Instruments, Meters, Cultural and Office Machinery	1.13	17.77	28.70	9.81
工艺品及其他制造业	Handicraft Article and Other Manufacturing Indust	1.81	18.70	30.97	10.46
废弃资源和废旧材料回收加工业	Recovery of Resource Discarded and Useless Material	0.14	2.51	3.90	1.24
电力、热力的生产和供应业	Production and Supply of Electricity and Heating Power	7.34	82.87	186.47	96.26
燃气生产和供应业	Production and Supply of Gas	0.09	-0.73	-0.08	0.56
水的生产和供应业	Production and Supply of Water	0.48	-0.37	2.18	2.06

7-7 按行业分的工业企业主要经济效益指标(2005年)
Main Economic Beneficial Indicators of Industrial Enterprises by Sector(2005)

行业	Sector	每百元资金实现利税(元) Pre-tax Profits per 100 Yuan Funds(yuan)	每百元固定资产原值实现利税(元) Pre-tax Profits per 100 Yuan Original Value of Fixed Assets(yuan)	每百元主营业务收入实现利税(元) Pre-tax Profits per 100 Yuan Revenues in Main Business (yuan)
总计	**Total**	**11.72**	**20.70**	**8.68**
在总计中:轻工业	Light Industry	11.87	22.93	8.60
重工业	Heavy Industry	11.59	19.14	8.75
按工业行业分	**By Sector**			
煤炭开采和洗选业	Coal Mining and Dressing	9.00	8.19	8.10
黑色金属矿采选业	Ferrous Metals Mining and Dressing	7.58	24.50	5.36
有色金属矿采选业	Nonferrous Metals Mining and Dressing	37.75	70.02	18.51
非金属矿采选业	Nonmetal Minerals Mining and Dressing	16.22	25.75	12.71
其他采矿业	Other Minerals Mining and Dressing			
农副食品加工业	Non-staple Food Processing	6.70	13.85	3.97
食品制造业	Food Manufacturing	11.29	19.75	9.42
饮料制造业	Beverage Manufacturing	15.91	25.63	11.69
烟草制品业	Tobacco Processing	87.28	246.16	70.98
纺织业	Textile Industry	8.94	15.90	6.79
纺织服装、鞋、帽制造业	Garments, Shoes and Hats Manufacturing	13.62	31.33	8.79
皮革、毛皮、羽毛(绒)及其制品业	Leather, Furs, Down and Related Products	14.66	42.71	7.41
木材加工及木、竹、藤、棕、草制品业	Timber Processing, Bamboo, Cane Palm Fiber and Straw Products	15.13	32.40	8.73
家具制造业	Furniture Manufacturing	10.48	24.59	7.39
造纸及纸制品业	Papermaking and Paper Products	6.91	11.02	7.09
印刷业和记录媒介的复制	Printing and Record Medium Reproduction	11.72	19.00	11.62
文教体育用品制造业	Cultural, Educational and Sports Goods	10.57	26.55	7.23

注:劳动生产率按增加值计算。表7-9,7-11,7-13,7-15和7-17同。
Labor productivity is calculated at value added of industry. Table 7-9,7-11,7-13,7-15 and 7-17 are the same.

7-7 续表1 continued

行业	Sector	每百元资金实现利税(元) Pre-tax Profits per 100 Yuan Funds(yuan)	每百元固定资产原值实现利税(元) Pre-tax Profits per 100 Yuan Original Value of Fixed Assets(yuan)	每百元主营业务收入实现利税(元) Pre-tax Profits per 100 Yuan Revenues in Main Business (yuan)
石油加工、炼焦及核燃料加工业	Petroleum Processing, Cooking and Nuclear Fuel Processing	44.36	47.06	11.88
化学原料及化学制品制造业	Raw Chemical Materials and Chemical Products	14.67	26.25	9.57
医药制造业	Medical and Pharmaceutical Products	14.84	29.92	14.43
化学纤维制造业	Chemical Fiber	5.59	8.06	3.52
橡胶制品业	Rubber Products	11.65	19.61	8.83
塑料制品业	Plastic Products	10.88	22.36	7.89
非金属矿物制品业	Nonmetal Mineral Products	7.33	11.66	8.65
黑色金属冶炼及压延加工业	Smelting and Pressing of Ferrous Metals	6.06	12.77	4.04
有色金属冶炼及压延加工业	Smelting and Pressing of Nonferrous Metals	16.71	45.34	6.42
金属制品业	Metal Products	12.18	32.25	8.07
通用设备制造业	Equipment in Common Use	14.15	34.43	10.73
专用设备制造业	Special Purpose Equipment	14.10	34.70	11.76
交通运输设备制造业	Transport Equipment	11.19	27.37	8.44
电气机械及器材制造业	Electric Equipment and Machinery	12.16	35.22	8.43
通信设备、计算机及其他电子设备制造业	Telecommunications Equipment, Computer and Other Electronic Equipment	5.59	14.99	4.14
仪器仪表及文化、办公用机械制造业	Instruments, Meters, Cultural and Office Machinery	12.52	34.74	9.91
工艺品及其他制造业	Handicraft Article and Other Manufacturing Indust	12.82	31.20	8.08
废弃资源和废旧材料回收加工业	Recovery of Resource Discarded and Useless Material	16.41	85.26	4.11
电力、热力的生产和供应业	Production and Supply of Electricity and Heating Power	10.18	8.66	11.37
燃气生产和供应业	Production and Supply of Gas	-0.32	-0.34	-0.30
水的生产和供应业	Production and Supply of Water	1.06	1.09	4.66

单位:亿元　　7-8　续表2　continued　　(100 million yuan)

行　业	Sector	资产总计 Total Assets	流动资产合计 Circulating Funds	流动资产年平均余额 Annual Average Balance of Circulating Funds	固定资产合计 Fixed Assets
总计	**Total**	**3865.38**	**1325.52**	**1303.67**	**2198.71**
在总计中:轻工业	Light Industry	803.24	395.12	383.32	332.83
重工业	Heavy Industry	3062.15	930.41	920.35	1865.88
按工业行业分	**By Sector**				
煤炭开采和洗选业	Coal Mining and Dressing	10.64	2.87	2.83	7.29
黑色金属矿采选业	Ferrous Metals Mining and Dressing	6.69	3.77	3.44	2.61
有色金属矿采选业	Nonferrous Metals Mining and Dressing	2.28	1.03	1.02	1.15
非金属矿采选业	Nonmetal Minerals Mining and Dressing	5.70	2.56	2.68	2.13
其他采矿业	Other Minerals Mining and Dressing				
农副食品加工业	Non-staple Food Processing	30.33	20.24	16.94	7.99
食品制造业	Food Manufacturing	13.99	7.74	6.67	5.23
饮料制造业	Beverage Manufacturing	45.75	23.47	28.28	18.54
烟草制品业	Tobacco Processing	136.11	101.42	102.25	31.47
纺织业	Textile Industry	56.42	30.29	28.02	18.13
纺织服装、鞋、帽制造业	Garments, Shoes and Hats Manufacturing	4.09	2.14	1.96	1.63
皮革、毛皮、羽毛(绒)及其制品业	Leather, Furs, Down and Related Products	3.76	3.16	2.69	0.43
木材加工及木、竹、藤、棕、草制品业	Timber Processing, Bamboo, Cane Palm Fiber and Straw Products	4.36	2.32	2.42	1.85
家具制造业	Furniture Manufacturing				
造纸及纸制品业	Papermaking and Paper Products	26.20	6.65	7.14	18.10
印刷业和记录媒介的复制	Printing and Record Medium Reproduction	11.47	4.65	4.88	5.57
文教体育用品制造业	Cultural, Educational and Sports Goods	1.67	1.04	1.16	0.15

行业	Sector	资产总计 Total Assets	流动资产合计 Circulating Funds	流动资产年平均余额 Annual Average Balance of Circulating Funds	固定资产合计 Fixed Assets
石油加工、炼焦及核燃料加工业	Petroleum Processing, Cooking and Nuclear Fuel Processing	216.05	104.25	78.13	102.27
化学原料及化学制品制造业	Raw Chemical Materials and Chemical Products	158.90	68.57	69.26	68.36
医药制造业	Medical and Pharmaceutical Products	102.78	52.31	50.52	40.73
化学纤维制造业	Chemical Fiber	38.41	16.25	15.05	18.89
橡胶制品业	Rubber Products	54.27	28.16	26.22	22.29
塑料制品业	Plastic Products	4.20	1.98	1.94	2.10
非金属矿物制品业	Nonmetal Mineral Products	81.81	28.28	26.82	41.69
黑色金属冶炼及压延加工业	Smelting and Pressing of Ferrous Metals	217.03	104.30	105.03	64.61
有色金属冶炼及压延加工业	Smelting and Pressing of Nonferrous Metals	11.47	4.30	4.46	5.26
金属制品业	Metal Products	2.60	1.56	1.48	0.95
通用设备制造业	Equipment in Common Use	114.59	76.43	76.06	26.81
专用设备制造业	Special Purpose Equipment	33.23	23.13	25.07	4.94
交通运输设备制造业	Transport Equipment	148.69	98.44	94.06	33.29
电气机械及器材制造业	Electric Equipment and Machinery	11.30	7.55	7.21	3.17
通信设备、计算机及其他电子设备制造业	Telecommunications Equipment, Computer and Other Electronic Equipment	169.84	108.26	106.33	26.77
仪器仪表及文化、办公用机械制造业	Instruments, Meters, Cultural and Office Machinery	5.20	2.85	2.72	1.73
工艺品及其他制造业	Handicraft Article and Other Manufacturing Indust	0.31	0.24	0.23	0.06
废弃资源和废旧材料回收加工业	Recovery of Resource Discarded and Useless Material				
电力、热力的生产和供应业	Production and Supply of Electricity and Heating Power	1842.59	313.59	336.74	1423.11
燃气生产和供应业	Production and Supply of Gas	26.44	5.00	4.78	19.15
水的生产和供应业	Production and Supply of Water	266.19	66.74	59.15	170.29

行业	Sector	固定资产原价 Original Value of Fixed Assets	固定资产净值年平均余额 Annual Average Balance of Net Value of Fixed Assets	年末负债合计 Total Liabilities	流动负债 Circulating Liabilities
总计	**Total**	**2974.77**	**1907.16**	**2219.00**	**1249.00**
在总计中:轻工业	Light Industry	425.94	269.74	396.34	308.55
重工业	Heavy Industry	2548.83	1637.42	1822.66	940.45
按工业行业分	**By Sector**				
煤炭开采和洗选业	Coal Mining and Dressing	10.61	6.60	6.17	4.30
黑色金属矿采选业	Ferrous Metals Mining and Dressing	3.75	2.55	1.88	1.68
有色金属矿采选业	Nonferrous Metals Mining and Dressing	1.59	0.84	1.02	0.76
非金属矿采选业	Nonmetal Minerals Mining and Dressing	3.30	2.07	2.82	2.39
其他采矿业	Other Minerals Mining and Dressing				
农副食品加工业	Non-staple Food Processing	14.91	8.14	19.89	18.90
食品制造业	Food Manufacturing	8.48	4.94	9.43	8.71
饮料制造业	Beverage Manufacturing	25.99	17.37	23.50	19.35
烟草制品业	Tobacco Processing	44.88	25.00	14.57	14.65
纺织业	Textile Industry	26.61	17.06	33.79	28.47
纺织服装、鞋、帽制造业	Garments, Shoes and Hats Manufacturing	2.05	1.47	2.88	2.81
皮革、毛皮、羽毛(绒)及其制品业	Leather, Furs, Down and Related Products	0.76	0.43	0.78	0.73
木材加工及木、竹、藤、棕、草制品业	Timber Processing, Bamboo, Cane Palm Fiber and Straw Products	1.99	1.49	2.93	2.67
家具制造业	Furniture Manufacturing				
造纸及纸制品业	Papermaking and Paper Products	19.92	12.78	15.18	13.21
印刷业和记录媒介的复制	Printing and Record Medium Reproduction	8.52	5.49	5.87	4.72
文教体育用品制造业	Cultural, Educational and Sports Goods	0.23	0.15	0.13	0.08

单位:亿元　　7－8　续表5　continued　　(100 million yuan)

行　业	Sector	固定资产原　价 Original Value of Fixed Assets	固定资产净　值年平均余额 Annual Average Balance of Net Value of Fixed Assets	年末负债合　计 Total Liabilities	流动负债 Circulating Liabilities
石油加工、炼焦及核燃料加工业	Petroleum Processing, Cooking and Nuclear Fuel Processing	167.53	96.00	66.77	66.20
化学原料及化学制品制造业	Raw Chemical Materials and Chemical Products	103.76	61.93	99.90	82.60
医药制造业	Medical and Pharmaceutical Products	51.11	33.56	59.31	55.86
化学纤维制造业	Chemical Fiber	34.14	20.31	25.22	19.93
橡胶制品业	Rubber Products	29.28	16.60	38.90	33.73
塑料制品业	Plastic Products	2.99	2.08	2.17	1.86
非金属矿物制品业	Nonmetal Mineral Products	53.13	39.02	52.95	34.70
黑色金属冶炼及压延加工业	Smelting and Pressing of Ferrous Metals	98.04	49.39	122.17	94.64
有色金属冶炼及压延加工业	Smelting and Pressing of Nonferrous Metals	7.18	5.18	6.96	5.12
金属制品业	Metal Products	1.25	0.70	1.68	1.57
通用设备制造业	Equipment in Common Use	40.32	20.82	66.59	62.59
专用设备制造业	Special Purpose Equipment	7.89	4.40	22.30	21.02
交通运输设备制造业	Transport Equipment	43.90	29.97	103.75	90.74
电气机械及器材制造业	Electric Equipment and Machinery	4.76	2.80	6.27	5.88
通信设备、计算机及其他电子设备制造业	Telecommunications Equipment, Computer and Other Electronic Equipment	41.52	22.79	95.03	84.16
仪器仪表及文化、办公用机械制造业	Instruments, Meters, Cultural and Office Machinery	2.72	1.60	2.72	2.49
工艺品及其他制造业	Handicraft Article and Other Manufacturing Indust	0.11	0.07	0.11	0.11
废弃资源和废旧材料回收加工业	Recovery of Resource Discarded and Useless Material				
电力、热力的生产和供应业	Production and Supply of Electricity and Heating Power	1907.41	1256.53	1143.19	382.16
燃气生产和供应业	Production and Supply of Gas	17.86	8.69	11.72	6.59
水的生产和供应业	Production and Supply of Water	186.27	128.33	150.46	73.62

行 业	Sector	长期负债 Long－term Liabilities	年末所有者权益合计 Creditors' Equity	实收资本 Total Capital Hold	主营业务收入 Revenues in Main Business	主营业务成本 Costs in Main Business
总计	**Total**	**858.73**	**1639.29**	**658.11**	**3462.16**	**2992.02**
在总计中:轻工业	Light Industry	87.35	406.89	145.97	539.49	361.65
重工业	Heavy Industry	771.39	1232.40	512.14	2922.66	2630.38
按工业行业分	**By Sector**					
煤炭开采和洗选业	Coal Mining and Dressing	1.87	4.47	3.42	10.57	8.98
黑色金属矿采选业	Ferrous Metals Mining and Dressing	0.21	4.81	1.63	9.63	7.75
有色金属矿采选业	Nonferrous Metals Mining and Dressing	0.26	1.27	0.74	4.10	3.56
非金属矿采选业	Nonmetal Minerals Mining and Dressing	0.39	2.88	2.68	2.17	1.48
其他采矿业	Other Minerals Mining and Dressing					
农副食品加工业	Non－staple Food Processing	0.99	10.44	6.12	25.62	22.88
食品制造业	Food Manufacturing	0.66	4.56	2.66	12.44	10.25
饮料制造业	Beverage Manufacturing	4.16	22.25	7.12	21.52	15.59
烟草制品业	Tobacco Processing	-0.08	121.55	9.72	157.40	51.02
纺织业	Textile Industry	5.29	22.64	13.48	46.91	41.18
纺织服装、鞋、帽制造业	Garments, Shoes and Hats Manufacturing	0.07	1.21	1.04	6.31	5.46
皮革、毛皮、羽毛(绒)及其制品业	Leather, Furs, Down and Related Products	0.05	2.98	0.28	2.15	1.07
木材加工及木、竹、藤、棕、草制品业	Timber Processing, Bamboo, Cane Palm Fiber and Straw Products	0.26	1.43	0.48	2.14	2.04
家具制造业	Furniture Manufacturing					
造纸及纸制品业	Papermaking and Paper Products	1.97	11.02	7.71	12.24	9.64
印刷业和记录媒介的复制	Printing and Record Medium Reproduction	1.16	5.60	3.14	9.07	7.66
文教体育用品制造业	Cultural, Educational and Sports Goods	0.05	1.54	0.27	0.43	0.34

行 业	Sector	长期负债 Long-term Liabilities	年末所有者权益合计 Creditors' Equity	实收资本 Total Capital Hold	主营业务收入 Revenues in Main Business	主营业务成本 Costs in Main Business
石油加工、炼焦及核燃料加工业	Petroleum Processing, Cooking and Nuclear Fuel Processing	0.57	149.26	27.51	680.56	624.19
化学原料及化学制品制造业	Raw Chemical Materials and Chemical Products	17.30	51.99	28.53	114.06	94.84
医药制造业	Medical and Pharmaceutical Products	3.45	43.47	18.30	75.04	51.17
化学纤维制造业	Chemical Fiber	5.29	13.19	13.23	56.84	55.27
橡胶制品业	Rubber Products	5.17	15.36	9.57	73.75	65.12
塑料制品业	Plastic Products	0.31	2.03	1.76	6.22	5.44
非金属矿物制品业	Nonmetal Mineral Products	17.75	28.86	19.36	47.24	42.89
黑色金属冶炼及压延加工业	Smelting and Pressing of Ferrous Metals	27.53	94.86	40.91	160.97	154.73
有色金属冶炼及压延加工业	Smelting and Pressing of Nonferrous Metals	1.83	4.52	2.28	10.23	8.81
金属制品业	Metal Products	0.11	0.92	0.62	2.72	2.40
通用设备制造业	Equipment in Common Use	4.00	48.00	21.21	95.47	72.38
专用设备制造业	Special Purpose Equipment	1.29	10.92	4.52	23.70	20.36
交通运输设备制造业	Transport Equipment	11.27	44.94	22.13	99.05	83.47
电气机械及器材制造业	Electric Equipment and Machinery	0.39	5.03	2.60	11.13	8.70
通信设备、计算机及其他电子设备制造业	Telecommunications Equipment, Computer and Other Electronic Equipment	10.87	74.81	28.89	129.78	120.63
仪器仪表及文化、办公用机械制造业	Instruments, Meters, Cultural and Office Machinery	0.23	2.48	1.42	3.93	2.98
工艺品及其他制造业	Handicraft Article and Other Manufacturing Indust		0.20	0.13	0.33	0.28
废弃资源和废旧材料回收加工业	Recovery of Resource Discarded and Useless Material					
电力、热力的生产和供应业	Production and Supply of Electricity and Heating Power	652.87	699.36	293.30	1493.54	1343.34
燃气生产和供应业	Production and Supply of Gas	5.11	14.72	6.56	14.08	14.18
水的生产和供应业	Production and Supply of Water	76.09	115.73	54.79	40.81	31.94

行 业	Sector	主营业务税金及附加 Sales Taxes and Extra Charges in Main Business	利润总额 Total Profits	利税总额 Total Profits and Taxes	本年应交增值税 Value Added Taxes Payable
总计	**Total**	**102.78**	**182.23**	**448.94**	**163.93**
在总计中:轻工业	Light Industry	73.90	44.22	150.14	32.02
重工业	Heavy Industry	28.88	138.01	298.80	131.91
按工业行业分	**By Sector**				
煤炭开采和洗选业	Coal Mining and Dressing	0.10		0.74	0.64
黑色金属矿采选业	Ferrous Metals Mining and Dressing	0.08	0.92	1.30	0.30
有色金属矿采选业	Nonferrous Metals Mining and Dressing	0.01	0.13	0.22	0.08
非金属矿采选业	Nonmetal Minerals Mining and Dressing	0.13	-0.08	0.24	0.19
其他采矿业	Other Minerals Mining and Dressing				
农副食品加工业	Non-staple Food Processing	0.07	0.43	0.75	0.25
食品制造业	Food Manufacturing	0.08	0.63	1.24	0.52
饮料制造业	Beverage Manufacturing	1.44	0.98	3.83	1.41
烟草制品业	Tobacco Processing	68.19	25.34	112.10	18.56
纺织业	Textile Industry	0.11	1.86	3.03	1.06
纺织服装、鞋、帽制造业	Garments, Shoes and Hats Manufacturing	0.02	0.23	0.46	0.21
皮革、毛皮、羽毛(绒)及其制品业	Leather, Furs, Down and Related Products	0.03	0.61	0.89	0.26
木材加工及木、竹、藤、棕、草制品业	Timber Processing, Bamboo, Cane Palm Fiber and Straw Products	0.01	0.23	0.33	0.09
家具制造业	Furniture Manufacturing				
造纸及纸制品业	Papermaking and Paper Products	0.06	0.71	1.53	0.76
印刷业和记录媒介的复制	Printing and Record Medium Reproduction	0.03	0.49	0.78	0.26
文教体育用品制造业	Cultural, Educational and Sports Goods		-0.02		0.02

单位:亿元　　7－8　续表9　continued　　(100 million yuan)

行　业	Sector	主营业务税金及附加 Sales Taxes and Extra Charges in Main Business	利润总额 Total Profits	利税总额 Total Profits and Taxes	本年应交增值税 Value Added Taxes Payable
石油加工、炼焦及核燃料加工业	Petroleum Processing, Cooking and Nuclear Fuel Processing	18.93	43.61	84.40	21.86
化学原料及化学制品制造业	Raw Chemical Materials and Chemical Products	0.56	5.64	11.25	5.05
医药制造业	Medical and Pharmaceutical Products	0.26	8.67	12.74	3.81
化学纤维制造业	Chemical Fiber	0.09	0.06	0.82	0.67
橡胶制品业	Rubber Products	0.89	2.94	5.16	1.33
塑料制品业	Plastic Products	0.02	0.25	0.45	0.19
非金属矿物制品业	Nonmetal Mineral Products	0.22	0.56	3.12	2.34
黑色金属冶炼及压延加工业	Smelting and Pressing of Ferrous Metals	0.44	-0.81	3.55	3.92
有色金属冶炼及压延加工业	Smelting and Pressing of Nonferrous Metals	0.03	0.56	0.86	0.27
金属制品业	Metal Products	0.01	0.03	0.16	0.11
通用设备制造业	Equipment in Common Use	0.38	12.60	17.05	4.08
专用设备制造业	Special Purpose Equipment	0.09	1.24	2.02	0.69
交通运输设备制造业	Transport Equipment	3.03	3.90	9.86	2.92
电气机械及器材制造业	Electric Equipment and Machinery	0.06	0.95	1.55	0.55
通信设备、计算机及其他电子设备制造业	Telecommunications Equipment, Computer and Other Electronic Equipment	0.26	-2.00	-0.86	0.89
仪器仪表及文化、办公用机械制造业	Instruments, Meters, Cultural and Office Machinery	0.01	0.07	0.18	0.09
工艺品及其他制造业	Handicraft Article and Other Manufacturing Indust		-0.01		0.01
废弃资源和废旧材料回收加工业	Recovery of Resource Discarded and Useless Material				
电力、热力的生产和供应业	Production and Supply of Electricity and Heating Power	6.71	72.67	167.78	88.41
燃气生产和供应业	Production and Supply of Gas	0.03	-0.52	-0.16	0.33
水的生产和供应业	Production and Supply of Water	0.42	-0.65	1.58	1.81

7-9 按行业分的国有及国有控股工业企业主要经济效益指标(2005年)
Main Economic Beneficial Indicators of State-owned Industrial Enterprises by Sector (Including Enterprises with Controlling Share Hold by the State)(2005)

行　业	Sector	每百元资金实现利税(元) Pre-tax Profits per 100 Yuan Funds(yuan)	每百元固定资产原值实现利税(元) Pre-tax Profits per 100 Yuan Original Value of Fixed Assets(yuan)	每百元主营业务收入实现利税(元) Pre-tax Profits per 100 Yuan Revenues in Main Business (yuan)
总计	**Total**	**13.98**	**15.09**	**12.97**
在总计中:轻工业	Light Industry	22.99	35.25	27.83
重工业	Heavy Industry	11.68	11.72	10.22
按工业行业分	**By Sector**			
煤炭开采和洗选业	Coal Mining and Dressing	7.80	6.93	6.95
黑色金属矿采选业	Ferrous Metals Mining and Dressing	21.73	34.71	13.50
有色金属矿采选业	Nonferrous Metals Mining and Dressing	11.83	13.85	5.37
非金属矿采选业	Nonmetal Minerals Mining and Dressing	5.00	7.18	10.94
其他采矿业	Other Minerals Mining and Dressing			
农副食品加工业	Non-staple Food Processing	2.99	5.02	2.92
食品制造业	Food Manufacturing	10.65	14.57	9.93
饮料制造业	Beverage Manufacturing	8.39	14.74	17.81
烟草制品业	Tobacco Processing	88.09	249.77	71.22
纺织业	Textile Industry	6.73	11.39	6.46
纺织服装、鞋、帽制造业	Garments, Shoes and Hats Manufacturing	13.53	22.63	7.36
皮革、毛皮、羽毛(绒)及其制品业	Leather, Furs, Down and Related Products	28.65	118.15	41.67
木材加工及木、竹、藤、棕、草制品业	Timber Processing, Bamboo, Cane Palm Fiber and Straw Products	8.33	16.40	15.27
家具制造业	Furniture Manufacturing			
造纸及纸制品业	Papermaking and Paper Products	7.67	7.67	12.49
印刷业和记录媒介的复制	Printing and Record Medium Reproduction	7.48	9.10	8.55
文教体育用品制造业	Cultural, Educational and Sports Goods	-0.20	-1.11	-0.61

7-9 续表1 continued

行 业	Sector	每百元资金实现利税（元）Pre-tax Profits per 100 Yuan Funds(yuan)	每百元固定资产原值实现利税（元）Pre-tax Profits per 100 Yuan Original Value of Fixed Assets(yuan)	每百元主营业务收入实现利税（元）Pre-tax Profits per 100 Yuan Revenues in Main Business (yuan)
石油加工、炼焦及核燃料加工业	Petroleum Processing, Cooking and Nuclear Fuel Processing	48.47	50.38	12.40
化学原料及化学制品制造业	Raw Chemical Materials and Chemical Products	8.57	10.84	9.86
医药制造业	Medical and Pharmaceutical Products	15.15	24.92	16.97
化学纤维制造业	Chemical Fiber	2.31	2.40	1.44
橡胶制品业	Rubber Products	12.05	17.61	6.99
塑料制品业	Plastic Products	11.23	15.11	7.26
非金属矿物制品业	Nonmetal Mineral Products	4.74	5.88	6.61
黑色金属冶炼及压延加工业	Smelting and Pressing of Ferrous Metals	2.30	3.62	2.20
有色金属冶炼及压延加工业	Smelting and Pressing of Nonferrous Metals	8.88	11.91	8.36
金属制品业	Metal Products	7.37	12.80	5.88
通用设备制造业	Equipment in Common Use	17.60	42.29	17.86
专用设备制造业	Special Purpose Equipment	6.85	25.62	8.52
交通运输设备制造业	Transport Equipment	7.95	22.46	9.95
电气机械及器材制造业	Electric Equipment and Machinery	15.54	32.65	13.97
通信设备、计算机及其他电子设备制造业	Telecommunications Equipment, Computer and Other Electronic Equipment	-0.66	-2.06	-0.66
仪器仪表及文化、办公用机械制造业	Instruments, Meters, Cultural and Office Machinery	4.09	6.51	4.50
工艺品及其他制造业	Handicraft Article and Other Manufacturing Indust	1.35	3.68	1.22
废弃资源和废旧材料回收加工业	Recovery of Resource Discarded and Useless Material			
电力、热力的生产和供应业	Production and Supply of Electricity and Heating Power	10.53	8.80	11.23
燃气生产和供应业	Production and Supply of Gas	-1.16	-0.88	-1.11
水的生产和供应业	Production and Supply of Water	0.84	0.85	3.87

7-9 续表2 continued

行　业	Sector	产品销售率（%）Rate of Products Sold(%)	流动资金周转次数（次）Times of Turnover Circulating Funds(time)	劳动生产率（元/人）Overall Labor Productivity (yuan/person)
总计	**Total**	**99.72**	**2.66**	**246193**
在总计中:轻工业	Light Industry	98.95	1.41	186968
重工业	Heavy Industry	99.86	3.18	275559
按工业行业分	**By Sector**			
煤炭开采和洗选业	Coal Mining and Dressing	99.78	3.73	43001
黑色金属矿采选业	Ferrous Metals Mining and Dressing	101.36	2.80	165709
有色金属矿采选业	Nonferrous Metals Mining and Dressing	100.33	4.03	56733
非金属矿采选业	Nonmetal Minerals Mining and Dressing	99.28	0.81	29944
其他采矿业	Other Minerals Mining and Dressing			
农副食品加工业	Non-staple Food Processing	100.29	1.51	33401
食品制造业	Food Manufacturing	98.38	1.87	29323
饮料制造业	Beverage Manufacturing	102.53	0.76	89667
烟草制品业	Tobacco Processing	100.67	1.54	4072603
纺织业	Textile Industry	99.67	1.67	39648
纺织服装、鞋、帽制造业	Garments, Shoes and Hats Manufacturing	97.33	3.22	45642
皮革、毛皮、羽毛(绒)及其制品业	Leather, Furs, Down and Related Products	95.47	0.80	160841
木材加工及木、竹、藤、棕、草制品业	Timber Processing, Bamboo, Cane Palm Fiber and Straw Products	101.39	0.88	40494
家具制造业	Furniture Manufacturing			
造纸及纸制品业	Papermaking and Paper Products	99.94	1.71	101758
印刷业和记录媒介的复制	Printing and Record Medium Reproduction	100.19	1.86	93613
文教体育用品制造业	Cultural, Educational and Sports Goods	101.13	0.37	19055

行　业	Sector	产品销售率（%）Rate of Products Sold(%)	流动资金周转次数（次）Times of Turnover Circulating Funds(time)	劳动生产率（元/人）Overall Labor Productivity (yuan/person)
石油加工、炼焦及核燃料加工业	Petroleum Processing, Cooking and Nuclear Fuel Processing	100.87	8.71	767611
化学原料及化学制品制造业	Raw Chemical Materials and Chemical Products	99.85	1.65	95609
医药制造业	Medical and Pharmaceutical Products	96.11	1.49	148295
化学纤维制造业	Chemical Fiber	98.14	3.78	156260
橡胶制品业	Rubber Products	98.56	2.81	97675
塑料制品业	Plastic Products	97.54	3.20	97793
非金属矿物制品业	Nonmetal Mineral Products	98.95	1.76	89992
黑色金属冶炼及压延加工业	Smelting and Pressing of Ferrous Metals	94.72	1.53	194169
有色金属冶炼及压延加工业	Smelting and Pressing of Nonferrous Metals	99.33	2.30	81780
金属制品业	Metal Products	99.88	1.84	44319
通用设备制造业	Equipment in Common Use	99.32	1.26	109268
专用设备制造业	Special Purpose Equipment	99.78	0.95	71085
交通运输设备制造业	Transport Equipment	99.60	1.05	105735
电气机械及器材制造业	Electric Equipment and Machinery	96.40	1.54	73975
通信设备、计算机及其他电子设备制造业	Telecommunications Equipment, Computer and Other Electronic Equipment	99.15	1.22	127198
仪器仪表及文化、办公用机械制造业	Instruments, Meters, Cultural and Office Machinery	97.25	1.44	40949
工艺品及其他制造业	Handicraft Article and Other Manufacturing Indust	91.11	1.41	46725
废弃资源和废旧材料回收加工业	Recovery of Resource Discarded and Useless Material			
电力、热力的生产和供应业	Production and Supply of Electricity and Heating Power	100.07	4.44	611025
燃气生产和供应业	Production and Supply of Gas	100.43	2.95	15713
水的生产和供应业	Production and Supply of Water	98.60	0.69	119220

7－10 按行业分的规模以上集体工业企业主要指标(2005 年)

Main Indicators of Collective-owned Industrial Enterprises Above Designated Size by Sector(2005)

单位:亿元 (100 million yuan)

行 业	Sector	企业单位数(个) Number of Enterprises (unit)	#亏损企业 Loss	工业总产值 Gross Industrial Output Value	工业增加值 Value Added of Industry
总计	**Total**	**794**	**84**	**314.47**	**64.65**
在总计中:轻工业	Light Industry	299	40	163.31	31.96
重工业	Heavy Industry	495	44	151.16	32.69
按工业行业分	**By Sector**				
煤炭开采和洗选业	Coal Mining and Dressing				
黑色金属矿采选业	Ferrous Metals Mining and Dressing				
有色金属矿采选业	Nonferrous Metals Mining and Dressing	2		0.15	0.04
非金属矿采选业	Nonmetal Minerals Mining and Dressing	51	1	10.65	3.19
其他采矿业	Other Minerals Mining and Dressing				
农副食品加工业	Non－staple Food Processing	7		2.26	0.43
食品制造业	Food Manufacturing	4	2	0.61	0.07
饮料制造业	Beverage Manufacturing	9	2	2.86	0.75
烟草制品业	Tobacco Processing				
纺织业	Textile Industry	76	9	47.94	8.88
纺织服装、鞋、帽制造业	Garments, Shoes and Hats Manufacturing	20	2	5.13	1.22
皮革、毛皮、羽毛(绒)及其制品业	Leather, Furs, Down and Related Products	10	1	10.96	2.73
木材加工及木、竹、藤、棕、草制品业	Timber Processing, Bamboo, Cane Palm Fiber and Straw Products	16		2.18	0.59
家具制造业	Furniture Manufacturing	3		0.43	0.05
造纸及纸制品业	Papermaking and Paper Products	36	12	9.48	1.71
印刷业和记录媒介的复制	Printing and Record Medium Reproduction	7		0.90	0.27
文教体育用品制造业	Cultural, Educational and Sports Goods	6	1	0.94	0.17

注:本表按注册登记类型划分。表 7－11 同。

The data in this table are grouped by registered type. The Same for table 7－11.

单位:亿元　　7－10　续表1　continued　　(100 million yuan)

行　业	Sector	企业单位数(个) Number of Enterprises (unit)	#亏损企业 Loss	工业总产值 Gross Industrial Output Value	工业增加值 Value Added of Industry
石油加工、炼焦及核燃料加工业	Petroleum Processing, Cooking and Nuclear Fuel Processing	1		0.05	
化学原料及化学制品制造业	Raw Chemical Materials and Chemical Products	52		34.02	6.75
医药制造业	Medical and Pharmaceutical Products	4		2.10	0.41
化学纤维制造业	Chemical Fiber	4		10.65	2.46
橡胶制品业	Rubber Products	6		0.61	0.15
塑料制品业	Plastic Products	44	4	44.65	7.14
非金属矿物制品业	Nonmetal Mineral Products	59	11	12.94	3.35
黑色金属冶炼及压延加工业	Smelting and Pressing of Ferrous Metals	23	8	17.58	2.68
有色金属冶炼及压延加工业	Smelting and Pressing of Nonferrous Metals	20	2	19.43	2.63
金属制品业	Metal Products	46	3	7.88	1.85
通用设备制造业	Equipment in Common Use	92	4	16.48	4.05
专用设备制造业	Special Purpose Equipment	19		4.63	1.32
交通运输设备制造业	Transport Equipment	33	4	7.22	1.65
电气机械及器材制造业	Electric Equipment and Machinery	69	7	19.62	4.48
通信设备、计算机及其他电子设备制造业	Telecommunications Equipment, Computer and Other Electronic Equipment	15		6.36	1.69
仪器仪表及文化、办公用机械制造业	Instruments, Meters, Cultural and Office Machinery	12	1	2.18	0.52
工艺品及其他制造业	Handicraft Article and Other Manufacturing Indust	13	3	2.39	0.64
废弃资源和废旧材料回收加工业	Recovery of Resource Discarded and Useless Material	3		0.56	0.25
电力、热力的生产和供应业	Production and Supply of Electricity and Heating Power	8	2	7.78	1.81
燃气生产和供应业	Production and Supply of Gas	1		0.09	0.02
水的生产和供应业	Production and Supply of Water	23	5	2.74	0.69

行 业	Sector	资产总计 Total Assets	流动资产合 计 Circulating Funds	流动资产年平均余额 Annual Average Balance of Circulating Funds	固定资产合 计 Fixed Assets
总计	**Total**	**259.68**	**161.84**	**155.19**	**72.76**
在总计中:轻工业	Light Industry	126.28	72.73	70.37	40.88
重工业	Heavy Industry	133.41	89.11	84.82	31.87
按工业行业分	**By Sector**				
煤炭开采和洗选业	Coal Mining and Dressing				
黑色金属矿采选业	Ferrous Metals Mining and Dressing				
有色金属矿采选业	Nonferrous Metals Mining and Dressing	0.04	0.03	0.03	0.01
非金属矿采选业	Nonmetal Minerals Mining and Dressing	6.34	2.97	2.87	3.04
其他采矿业	Other Minerals Mining and Dressing				
农副食品加工业	Non－staple Food Processing	0.74	0.59	0.61	0.14
食品制造业	Food Manufacturing	0.80	0.46	0.44	0.32
饮料制造业	Beverage Manufacturing	4.72	3.67	3.47	0.77
烟草制品业	Tobacco Processing				
纺织业	Textile Industry	42.01	19.48	19.80	18.73
纺织服装、鞋、帽制造业	Garments, Shoes and Hats Manufacturing	4.70	3.66	3.69	0.83
皮革、毛皮、羽毛(绒)及其制品业	Leather, Furs, Down and Related Products	5.64	3.92	3.44	1.50
木材加工及木、竹、藤、棕、草制品业	Timber Processing, Bamboo, Cane Palm Fiber and Straw Products	0.98	0.70	0.69	0.26
家具制造业	Furniture Manufacturing	0.13	0.09	0.08	0.04
造纸及纸制品业	Papermaking and Paper Products	7.68	4.90	4.57	2.32
印刷业和记录媒介的复制	Printing and Record Medium Reproduction	0.89	0.50	0.49	0.32
文教体育用品制造业	Cultural, Educational and Sports Goods	0.47	0.31	0.33	0.14

单位:亿元　　7-10 续表3 continued　　(100 million yuan)

行　业	Sector	资产总计 Total Assets	流动资产合　计 Circulating Funds	流动资产年平均余额 Annual Average Balance of Circulating Funds	固定资产合　计 Fixed Assets
石油加工、炼焦及核燃料加工业	Petroleum Processing, Cooking and Nuclear Fuel Processing	0.03	0.03	0.02	
化学原料及化学制品制造业	Raw Chemical Materials and Chemical Products	31.41	21.23	20.24	6.81
医药制造业	Medical and Pharmaceutical Products	1.64	0.74	0.67	0.70
化学纤维制造业	Chemical Fiber	16.85	6.30	5.80	5.31
橡胶制品业	Rubber Products	0.82	0.66	0.48	0.13
塑料制品业	Plastic Products	19.54	13.69	13.22	4.31
非金属矿物制品业	Nonmetal Mineral Products	11.27	7.07	7.05	3.73
黑色金属冶炼及压延加工业	Smelting and Pressing of Ferrous Metals	11.90	8.58	9.32	1.84
有色金属冶炼及压延加工业	Smelting and Pressing of Nonferrous Metals	12.59	9.33	8.03	2.74
金属制品业	Metal Products	5.75	4.23	3.95	1.22
通用设备制造业	Equipment in Common Use	16.38	12.23	11.38	3.33
专用设备制造业	Special Purpose Equipment	4.92	4.28	3.93	0.55
交通运输设备制造业	Transport Equipment	7.52	5.27	5.29	1.29
电气机械及器材制造业	Electric Equipment and Machinery	19.01	14.70	13.72	3.09
通信设备、计算机及其他电子设备制造业	Telecommunications Equipment, Computer and Other Electronic Equipment	6.16	3.72	3.32	1.67
仪器仪表及文化、办公用机械制造业	Instruments, Meters, Cultural and Office Machinery	1.92	1.47	1.40	0.36
工艺品及其他制造业	Handicraft Article and Other Manufacturing Indust	1.73	1.13	1.10	0.32
废弃资源和废旧材料回收加工业	Recovery of Resource Discarded and Useless Material	0.48	0.27	0.29	0.12
电力、热力的生产和供应业	Production and Supply of Electricity and Heating Power	7.57	3.24	3.10	2.48
燃气生产和供应业	Production and Supply of Gas	0.25	0.02	0.02	0.22
水的生产和供应业	Production and Supply of Water	6.80	2.37	2.34	4.11

单位:亿元　　7－10　续表4　continued　　(100 million yuan)

行　业	Sector	固定资产原　价 Original Value of Fixed Assets	固定资产净　值年平均余额 Annual Average Balance of Net Value of Fixed Assets	年末负债合　计 Total Liabilities	流动负债 Circulating Liabilities
总计	**Total**	**106.95**	**69.28**	**151.88**	**141.48**
在总计中:轻工业	Light Industry	59.41	39.60	76.55	72.07
重工业	Heavy Industry	47.54	29.68	75.32	69.41
按工业行业分	**By Sector**				
煤炭开采和洗选业	Coal Mining and Dressing				
黑色金属矿采选业	Ferrous Metals Mining and Dressing				
有色金属矿采选业	Nonferrous Metals Mining and Dressing	0.03	0.01	0.02	0.02
非金属矿采选业	Nonmetal Minerals Mining and Dressing	4.01	2.99	3.68	2.39
其他采矿业	Other Minerals Mining and Dressing				
农副食品加工业	Non－staple Food Processing	0.22	0.13	0.49	0.38
食品制造业	Food Manufacturing	0.46	0.31	0.22	0.21
饮料制造业	Beverage Manufacturing	1.32	0.81	3.28	3.22
烟草制品业	Tobacco Processing				
纺织业	Textile Industry	25.51	18.79	27.64	25.59
纺织服装、鞋、帽制造业	Garments, Shoes and Hats Manufacturing	1.43	0.84	3.45	3.35
皮革、毛皮、羽毛(绒)及其制品业	Leather, Furs, Down and Related Products	1.76	1.48	3.33	3.29
木材加工及木、竹、藤、棕、草制品业	Timber Processing, Bamboo, Cane Palm Fiber and Straw Products	0.36	0.23	0.50	0.48
家具制造业	Furniture Manufacturing	0.06	0.04	0.09	0.09
造纸及纸制品业	Papermaking and Paper Products	3.67	2.27	4.70	4.23
印刷业和记录媒介的复制	Printing and Record Medium Reproduction	0.61	0.31	0.39	0.38
文教体育用品制造业	Cultural, Educational and Sports Goods	0.16	0.10	0.30	0.30

单位:亿元　　7-10　续表5　continued　　(100 million yuan)

行　业	Sector	固定资产原　价 Original Value of Fixed Assets	固定资产净　值年平均余额 Annual Average Balance of Net Value of Fixed Assets	年末负债合　计 Total Liabilities	流动负债 Circulating Liabilities
石油加工、炼焦及核燃料加工业	Petroleum Processing, Cooking and Nuclear Fuel Processing			0.02	0.02
化学原料及化学制品制造业	Raw Chemical Materials and Chemical Products	9.38	5.76	17.62	16.01
医药制造业	Medical and Pharmaceutical Products	0.65	0.66	1.14	0.90
化学纤维制造业	Chemical Fiber	8.90	4.91	11.35	10.95
橡胶制品业	Rubber Products	0.21	0.12	0.60	0.57
塑料制品业	Plastic Products	6.55	3.97	10.96	10.61
非金属矿物制品业	Nonmetal Mineral Products	6.17	3.66	6.92	6.37
黑色金属冶炼及压延加工业	Smelting and Pressing of Ferrous Metals	4.39	1.95	5.84	5.57
有色金属冶炼及压延加工业	Smelting and Pressing of Nonferrous Metals	3.85	2.53	8.27	7.75
金属制品业	Metal Products	2.05	1.16	3.77	3.51
通用设备制造业	Equipment in Common Use	4.76	3.33	8.71	8.25
专用设备制造业	Special Purpose Equipment	0.76	0.49	1.91	1.91
交通运输设备制造业	Transport Equipment	2.27	1.27	4.45	4.27
电气机械及器材制造业	Electric Equipment and Machinery	4.98	2.93	10.56	10.19
通信设备、计算机及其他电子设备制造业	Telecommunications Equipment, Computer and Other Electronic Equipment	2.04	1.33	3.34	3.25
仪器仪表及文化、办公用机械制造业	Instruments, Meters, Cultural and Office Machinery	0.61	0.32	1.00	0.97
工艺品及其他制造业	Handicraft Article and Other Manufacturing Indust	0.48	0.32	0.72	0.61
废弃资源和废旧材料回收加工业	Recovery of Resource Discarded and Useless Material	0.15	0.12	0.23	0.22
电力、热力的生产和供应业	Production and Supply of Electricity and Heating Power	3.59	2.18	3.14	2.64
燃气生产和供应业	Production and Supply of Gas	0.32	0.23	0.17	0.04
水的生产和供应业	Production and Supply of Water	5.23	3.72	3.08	2.97

行业	Sector	长期负债 Long-term Liabilities	年末所有者权益合计 Creditors' Equity	实收资本 Total Capital Hold	主营业务收入 Revenues in Main Business	主营业务成本 Costs in Main Business
总计	**Total**	**9.61**	**107.81**	**42.01**	**307.16**	**269.44**
在总计中:轻工业	Light Industry	4.36	49.72	21.33	159.87	141.22
重工业	Heavy Industry	5.26	58.08	20.68	147.29	128.22
按工业行业分	**By Sector**					
煤炭开采和洗选业	Coal Mining and Dressing					
黑色金属矿采选业	Ferrous Metals Mining and Dressing					
有色金属矿采选业	Nonferrous Metals Mining and Dressing		0.02	0.03	0.15	0.13
非金属矿采选业	Nonmetal Minerals Mining and Dressing	0.75	2.66	1.38	10.58	9.05
其他采矿业	Other Minerals Mining and Dressing					
农副食品加工业	Non-staple Food Processing	0.11	0.26	0.11	2.19	1.95
食品制造业	Food Manufacturing		0.59	0.50	0.57	0.49
饮料制造业	Beverage Manufacturing	0.06	1.44	0.89	3.02	2.36
烟草制品业	Tobacco Processing					
纺织业	Textile Industry	2.04	14.36	6.67	47.27	43.31
纺织服装、鞋、帽制造业	Garments, Shoes and Hats Manufacturing	0.10	1.25	0.53	4.74	4.03
皮革、毛皮、羽毛(绒)及其制品业	Leather, Furs, Down and Related Products	0.03	2.31	0.72	10.35	8.93
木材加工及木、竹、藤、棕、草制品业	Timber Processing, Bamboo, Cane Palm Fiber and Straw Products	0.01	0.48	0.11	2.21	2.06
家具制造业	Furniture Manufacturing		0.04	0.03	0.42	0.39
造纸及纸制品业	Papermaking and Paper Products	0.47	2.98	1.18	8.71	7.95
印刷业和记录媒介的复制	Printing and Record Medium Reproduction	0.01	0.50	0.26	0.85	0.74
文教体育用品制造业	Cultural, Educational and Sports Goods		0.17	0.06	0.94	0.80

单位:亿元 　　7-10 续表7 continued 　　(100 million yuan)

行　业	Sector	长期负债 Long-term Liabilities	年末所有者权益合计 Creditors' Equity	实收资本 Total Capital Hold	主营业务收入 Revenues in Main Business	主营业务成本 Costs in Main Business
石油加工、炼焦及核燃料加工业	Petroleum Processing, Cooking and Nuclear Fuel Processing		0.01	0.01	0.05	0.05
化学原料及化学制品制造业	Raw Chemical Materials and Chemical Products	1.57	13.79	2.76	34.16	29.39
医药制造业	Medical and Pharmaceutical Products	0.24	0.50	0.03	2.06	1.74
化学纤维制造业	Chemical Fiber	0.40	5.50	4.67	11.06	10.54
橡胶制品业	Rubber Products	0.04	0.22	0.06	0.58	0.49
塑料制品业	Plastic Products	0.30	8.59	2.45	43.69	37.79
非金属矿物制品业	Nonmetal Mineral Products	0.53	4.34	2.51	12.53	10.94
黑色金属冶炼及压延加工业	Smelting and Pressing of Ferrous Metals	0.27	6.06	3.18	16.60	15.56
有色金属冶炼及压延加工业	Smelting and Pressing of Nonferrous Metals	0.51	4.31	1.78	18.89	17.92
金属制品业	Metal Products	0.23	1.98	0.75	7.56	6.71
通用设备制造业	Equipment in Common Use	0.43	7.68	1.52	15.88	13.11
专用设备制造业	Special Purpose Equipment		3.01	0.50	4.25	3.47
交通运输设备制造业	Transport Equipment	0.17	3.08	0.95	7.08	5.94
电气机械及器材制造业	Electric Equipment and Machinery	0.33	8.45	1.80	19.10	15.59
通信设备、计算机及其他电子设备制造业	Telecommunications Equipment, Computer and Other Electronic Equipment	0.09	2.83	1.06	6.14	4.92
仪器仪表及文化、办公用机械制造业	Instruments, Meters, Cultural and Office Machinery	0.03	0.92	0.41	2.13	1.71
工艺品及其他制造业	Handicraft Article and Other Manufacturing Indust	0.11	1.01	0.39	2.35	2.03
废弃资源和废旧材料回收加工业	Recovery of Resource Discarded and Useless Material	0.01	0.24	0.03	0.59	0.44
电力、热力的生产和供应业	Production and Supply of Electricity and Heating Power	0.51	4.42	2.43	7.74	6.57
燃气生产和供应业	Production and Supply of Gas	0.13	0.08	0.05	0.09	0.09
水的生产和供应业	Production and Supply of Water	0.11	3.72	2.20	2.60	2.24

行 业	Sector	主营业务税金及附加 Sales Taxes and Extra Charges in Main Business	利润总额 Total Profits	利税总额 Total Profits and Taxes	本年应交增值税 Value Added Taxes Payable
总计	**Total**	**1.90**	**18.18**	**29.83**	**9.75**
在总计中:轻工业	Light Industry	0.77	9.16	14.26	4.32
重工业	Heavy Industry	1.13	9.02	15.58	5.43
按工业行业分	**By Sector**				
煤炭开采和洗选业	Coal Mining and Dressing				
黑色金属矿采选业	Ferrous Metals Mining and Dressing				
有色金属矿采选业	Nonferrous Metals Mining and Dressing			0.01	0.01
非金属矿采选业	Nonmetal Minerals Mining and Dressing	0.23	0.65	1.25	0.38
其他采矿业	Other Minerals Mining and Dressing				
农副食品加工业	Non - staple Food Processing	0.01	0.12	0.17	0.05
食品制造业	Food Manufacturing			0.01	0.01
饮料制造业	Beverage Manufacturing	0.08	0.22	0.42	0.12
烟草制品业	Tobacco Processing				
纺织业	Textile Industry	0.21	1.86	3.18	1.12
纺织服装、鞋、帽制造业	Garments, Shoes and Hats Manufacturing	0.03	0.24	0.44	0.18
皮革、毛皮、羽毛(绒)及其制品业	Leather, Furs, Down and Related Products	0.01	0.66	0.97	0.30
木材加工及木、竹、藤、棕、草制品业	Timber Processing, Bamboo, Cane Palm Fiber and Straw Products	0.02	0.18	0.39	0.18
家具制造业	Furniture Manufacturing			0.02	0.01
造纸及纸制品业	Papermaking and Paper Products	0.05	0.35	0.78	0.38
印刷业和记录媒介的复制	Printing and Record Medium Reproduction	0.01	0.02	0.07	0.04
文教体育用品制造业	Cultural, Educational and Sports Goods	0.01	0.04	0.06	0.02

行　业	Sector	主营业务税金及附加 Sales Taxes and Extra Charges in Main Business	利润总额 Total Profits	利税总额 Total Profits and Taxes	本年应交增值税 Value Added Taxes Payable
石油加工、炼焦及核燃料加工业	Petroleum Processing, Cooking and Nuclear Fuel Processing				
化学原料及化学制品制造业	Raw Chemical Materials and Chemical Products	0.22	3.02	4.40	1.16
医药制造业	Medical and Pharmaceutical Products	0.01	0.19	0.24	0.04
化学纤维制造业	Chemical Fiber	0.02	0.10	0.28	0.16
橡胶制品业	Rubber Products	0.01	0.04	0.07	0.02
塑料制品业	Plastic Products	0.14	3.00	4.06	0.93
非金属矿物制品业	Nonmetal Mineral Products	0.11	0.48	1.22	0.62
黑色金属冶炼及压延加工业	Smelting and Pressing of Ferrous Metals	0.12	0.65	0.95	0.18
有色金属冶炼及压延加工业	Smelting and Pressing of Nonferrous Metals	0.12	0.66	1.38	0.60
金属制品业	Metal Products	0.05	0.36	0.76	0.35
通用设备制造业	Equipment in Common Use	0.11	1.49	2.31	0.70
专用设备制造业	Special Purpose Equipment	0.03	0.52	0.77	0.21
交通运输设备制造业	Transport Equipment	0.05	0.47	0.83	0.30
电气机械及器材制造业	Electric Equipment and Machinery	0.12	1.42	2.35	0.81
通信设备、计算机及其他电子设备制造业	Telecommunications Equipment, Computer and Other Electronic Equipment	0.04	0.64	0.97	0.29
仪器仪表及文化、办公用机械制造业	Instruments, Meters, Cultural and Office Machinery	0.02	0.10	0.23	0.11
工艺品及其他制造业	Handicraft Article and Other Manufacturing Indust	0.02	0.16	0.24	0.07
废弃资源和废旧材料回收加工业	Recovery of Resource Discarded and Useless Material	0.01	0.13	0.18	0.04
电力、热力的生产和供应业	Production and Supply of Electricity and Heating Power	0.04	0.46	0.74	0.25
燃气生产和供应业	Production and Supply of Gas			0.01	
水的生产和供应业	Production and Supply of Water	0.03	-0.04	0.09	0.11

7-11 按行业分的规模以上集体工业企业主要经济效益指标(2005 年) Main Economic Beneficial Indicators of Collective-owned Industrial Enterprises Above Designated Size by Sector(2005)

行 业	Sector	每百元资金实现利税(元) Pre-tax Profits per 100 Yuan Funds(yuan)	每百元固定资产原值实现利税(元) Pre-tax Profits per 100 Yuan Original Value of Fixed Assets(yuan)	每百元主营业务收入实现利税(元) Pre-tax Profits per 100 Yuan Revenues in Main Business (yuan)
总计	**Total**	**13.29**	**27.90**	**9.71**
在总计中:轻工业	Light Industry	12.96	24.00	8.92
重工业	Heavy Industry	13.60	32.77	10.58
按工业行业分	**By Sector**			
煤炭开采和洗选业	Coal Mining and Dressing			
黑色金属矿采选业	Ferrous Metals Mining and Dressing			
有色金属矿采选业	Nonferrous Metals Mining and Dressing	34.09	41.73	8.44
非金属矿采选业	Nonmetal Minerals Mining and Dressing	21.40	31.27	11.86
其他采矿业	Other Minerals Mining and Dressing			
农副食品加工业	Non-staple Food Processing	23.53	80.63	7.97
食品制造业	Food Manufacturing	0.94	1.54	1.22
饮料制造业	Beverage Manufacturing	9.80	31.89	13.90
烟草制品业	Tobacco Processing			
纺织业	Textile Industry	8.24	12.46	6.73
纺织服装、鞋、帽制造业	Garments, Shoes and Hats Manufacturing	9.76	30.86	9.31
皮革、毛皮、羽毛(绒)及其制品业	Leather, Furs, Down and Related Products	19.62	54.81	9.34
木材加工及木、竹、藤、棕、草制品业	Timber Processing, Bamboo, Cane Palm Fiber and Straw Products	41.98	108.52	17.52
家具制造业	Furniture Manufacturing	12.98	25.25	3.71
造纸及纸制品业	Papermaking and Paper Products	11.40	21.26	8.94
印刷业和记录媒介的复制	Printing and Record Medium Reproduction	8.16	10.81	7.69
文教体育用品制造业	Cultural, Educational and Sports Goods	14.53	38.70	6.69

7－11　续表1　continued

行　业	Sector	每百元资金实现利税（元）Pre-tax Profits per 100 Yuan Funds(yuan)	每百元固定资产原值实现利税(元) Pre-tax Profits per 100 Yuan Original Value of Fixed Assets(yuan)	每百元主营业务收入实现利税(元) Pre-tax Profits per 100 Yuan Revenues in Main Business (yuan)
石油加工、炼焦及核燃料加工业	Petroleum Processing, Cooking and Nuclear Fuel Processing	7.17	41.69	3.37
化学原料及化学制品制造业	Raw Chemical Materials and Chemical Products	16.91	46.88	12.87
医药制造业	Medical and Pharmaceutical Products	17.70	36.23	11.44
化学纤维制造业	Chemical Fiber	2.59	3.12	2.51
橡胶制品业	Rubber Products	11.23	32.80	11.72
塑料制品业	Plastic Products	23.65	62.04	9.30
非金属矿物制品业	Nonmetal Mineral Products	11.37	19.73	9.71
黑色金属冶炼及压延加工业	Smelting and Pressing of Ferrous Metals	8.42	21.61	5.72
有色金属冶炼及压延加工业	Smelting and Pressing of Nonferrous Metals	13.05	35.74	7.29
金属制品业	Metal Products	14.81	36.92	10.03
通用设备制造业	Equipment in Common Use	15.68	48.44	14.52
专用设备制造业	Special Purpose Equipment	17.39	101.47	18.07
交通运输设备制造业	Transport Equipment	12.60	36.31	11.66
电气机械及器材制造业	Electric Equipment and Machinery	14.13	47.24	12.32
通信设备、计算机及其他电子设备制造业	Telecommunications Equipment, Computer and Other Electronic Equipment	20.95	47.81	15.87
仪器仪表及文化、办公用机械制造业	Instruments, Meters, Cultural and Office Machinery	13.32	37.75	10.81
工艺品及其他制造业	Handicraft Article and Other Manufacturing Indust	17.28	50.54	10.41
废弃资源和废旧材料回收加工业	Recovery of Resource Discarded and Useless Material	43.73	118.89	30.21
电力、热力的生产和供应业	Production and Supply of Electricity and Heating Power	14.01	20.62	9.56
燃气生产和供应业	Production and Supply of Gas	3.00	2.34	8.09
水的生产和供应业	Production and Supply of Water	1.53	1.78	3.57

7－11 续表2 continued

行 业	Sector	产品销售率（%）Rate of Products Sold（%）	流动资金周转次数（次）Times of Turnover Circulating Funds（time）	劳动生产率（元/人）Overall Labor Productivity（yuan/person）
总计	**Total**	**97.97**	**1.98**	**72948**
在总计中：轻工业	Light Industry	98.24	2.27	79824
重工业	Heavy Industry	97.68	1.74	67282
按工业行业分	**By Sector**			
煤炭开采和洗选业	Coal Mining and Dressing			
黑色金属矿采选业	Ferrous Metals Mining and Dressing			
有色金属矿采选业	Nonferrous Metals Mining and Dressing	100.00	5.65	43823
非金属矿采选业	Nonmetal Minerals Mining and Dressing	99.43	3.69	76211
其他采矿业	Other Minerals Mining and Dressing			
农副食品加工业	Non－staple Food Processing	98.48	3.60	78158
食品制造业	Food Manufacturing	97.04	1.32	21195
饮料制造业	Beverage Manufacturing	106.68	0.87	79614
烟草制品业	Tobacco Processing			
纺织业	Textile Industry	98.18	2.39	69114
纺织服装、鞋、帽制造业	Garments，Shoes and Hats Manufacturing	94.85	1.29	31688
皮革、毛皮、羽毛（绒）及其制品业	Leather，Furs，Down and Related Products	96.78	3.01	91469
木材加工及木、竹、藤、棕、草制品业	Timber Processing，Bamboo，Cane Palm Fiber and Straw Products	97.46	3.19	91915
家具制造业	Furniture Manufacturing	102.77	5.05	17807
造纸及纸制品业	Papermaking and Paper Products	96.31	1.91	59439
印刷业和记录媒介的复制	Printing and Record Medium Reproduction	98.51	1.74	49658
文教体育用品制造业	Cultural，Educational and Sports Goods	100.79	2.86	30359

7－11 续表3 continued

行 业	Sector	产品销售率 (%) Rate of Products Sold(%)	流动资金周转次数 (次) Times of Turnover Circulating Funds(time)	劳动生产率 (元/人) Overall Labor Productivity (yuan/person)
石油加工、炼焦及核燃料加工业	Petroleum Processing, Cooking and Nuclear Fuel Processing	116.78	2.21	30667
化学原料及化学制品制造业	Raw Chemical Materials and Chemical Products	97.27	1.69	130642
医药制造业	Medical and Pharmaceutical Products	96.95	3.07	103462
化学纤维制造业	Chemical Fiber	98.96	1.91	226213
橡胶制品业	Rubber Products	97.97	1.20	38659
塑料制品业	Plastic Products	99.05	3.31	133381
非金属矿物制品业	Nonmetal Mineral Products	96.89	1.78	48502
黑色金属冶炼及压延加工业	Smelting and Pressing of Ferrous Metals	97.55	1.78	118616
有色金属冶炼及压延加工业	Smelting and Pressing of Nonferrous Metals	97.41	2.35	124341
金属制品业	Metal Products	99.55	1.91	40240
通用设备制造业	Equipment in Common Use	97.29	1.40	49213
专用设备制造业	Special Purpose Equipment	96.72	1.08	63444
交通运输设备制造业	Transport Equipment	99.24	1.34	45745
电气机械及器材制造业	Electric Equipment and Machinery	97.53	1.39	65857
通信设备、计算机及其他电子设备制造业	Telecommunications Equipment, Computer and Other Electronic Equipment	93.82	1.85	41917
仪器仪表及文化、办公用机械制造业	Instruments, Meters, Cultural and Office Machinery	97.57	1.52	36498
工艺品及其他制造业	Handicraft Article and Other Manufacturing Indust	99.36	2.14	43887
废弃资源和废旧材料回收加工业	Recovery of Resource Discarded and Useless Material	99.55	2.04	193188
电力、热力的生产和供应业	Production and Supply of Electricity and Heating Power	99.89	2.49	253443
燃气生产和供应业	Production and Supply of Gas	100.00	3.83	34429
水的生产和供应业	Production and Supply of Water	98.00	1.11	63133

7-12 按行业分的外商投资和港澳台商投资工业企业主要指标(2005年)
Main Indicators of Foreign Funded Enterprises and Enterprises Funded by Entrepreneurs form Hong Kong, Macao and Taiwan by Sector(2005)

单位:亿元 (100 million yuan)

行业	Sector	企业单位数(个) Number of Enterprises (unit)	#亏损企业 Loss	工业总产值 Gross Industrial Output Value	工业增加值 Value Added of Industry
总计	**Total**	**6807**	**1208**	**5644.38**	**1128.33**
在总计中:轻工业	Light Industry	4163	736	2991.92	636.64
重工业	Heavy Industry	2644	472	2652.46	491.69
按工业行业分	**By Sector**				
煤炭开采和洗选业	Coal Mining and Dressing				
黑色金属矿采选业	Ferrous Metals Mining and Dressing	1	1	9.28	-1.02
有色金属矿采选业	Nonferrous Metals Mining and Dressing				
非金属矿采选业	Nonmetal Minerals Mining and Dressing	12	3	2.73	0.78
其他采矿业	Other Minerals Mining and Dressing				
农副食品加工业	Non-staple Food Processing	108	19	128.42	17.95
食品制造业	Food Manufacturing	77	19	68.13	18.09
饮料制造业	Beverage Manufacturing	42	8	110.88	39.64
烟草制品业	Tobacco Processing	1		1.02	0.55
纺织业	Textile Industry	1247	204	742.60	148.43
纺织服装、鞋、帽制造业	Garments, Shoes and Hats Manufacturing	722	138	352.30	91.11
皮革、毛皮、羽毛(绒)及其制品业	Leather, Furs, Down and Related Products	343	54	316.89	66.69
木材加工及木、竹、藤、棕、草制品业	Timber Processing, Bamboo, Cane Palm Fiber and Straw Products	132	19	54.97	12.24
家具制造业	Furniture Manufacturing	109	18	93.64	20.30
造纸及纸制品业	Papermaking and Paper Products	91	22	106.80	15.97
印刷业和记录媒介的复制	Printing and Record Medium Reproduction	34	6	24.69	6.16
文教体育用品制造业	Cultural, Educational and Sports Goods	212	46	94.77	19.27

注:本表统计范围为年产品销售收入500万元及以上的外商投资和港澳台商投资工业企业。表7-15同。
The data in this table refer to Foreign Funded Industrial Enterprises and Enterprises Funded by Entrepreneurs from Hong Kong, Macao and Taiwan with an annual sales income over 5 million yuan. The Same for table 7-15.

行　业	Sector	企业单位数(个) Number of Enterprises (unit)	#亏损企业 Loss	工业总产值 Gross Industrial Output Value	工业增加值 Value Added of Industry
石油加工、炼焦及核燃料加工业	Petroleum Processing, Cooking and Nuclear Fuel Processing	10	4	95.54	17.07
化学原料及化学制品制造业	Raw Chemical Materials and Chemical Products	263	46	378.72	73.00
医药制造业	Medical and Pharmaceutical Products	68	11	61.71	20.11
化学纤维制造业	Chemical Fiber	65	25	195.85	22.27
橡胶制品业	Rubber Products	48	8	49.98	13.41
塑料制品业	Plastic Products	311	56	200.47	43.04
非金属矿物制品业	Nonmetal Mineral Products	142	41	109.89	26.00
黑色金属冶炼及压延加工业	Smelting and Pressing of Ferrous Metals	51	14	125.30	7.72
有色金属冶炼及压延加工业	Smelting and Pressing of Nonferrous Metals	66	13	62.78	6.53
金属制品业	Metal Products	313	50	193.81	35.86
通用设备制造业	Equipment in Common Use	573	77	367.41	93.15
专用设备制造业	Special Purpose Equipment	209	40	100.78	25.60
交通运输设备制造业	Transport Equipment	232	31	173.28	37.39
电气机械及器材制造业	Electric Equipment and Machinery	524	95	397.63	74.64
通信设备、计算机及其他电子设备制造业	Telecommunications Equipment, Computer and Other Electronic Equipment	320	75	673.33	98.51
仪器仪表及文化、办公用机械制造业	Instruments, Meters, Cultural and Office Machinery	141	13	75.69	17.60
工艺品及其他制造业	Handicraft Article and Other Manufacturing Indust	241	29	133.83	27.50
废弃资源和废旧材料回收加工业	Recovery of Resource Discarded and Useless Material	45	9	47.11	3.13
电力、热力的生产和供应业	Production and Supply of Electricity and Heating Power	47	12	90.08	29.13
燃气生产和供应业	Production and Supply of Gas	5	2	2.65	0.17
水的生产和供应业	Production and Supply of Water	2		1.43	0.35

行 业	Sector	资产总计 Total Assets	流动资产合 计 Circulating Funds	流动资产年平均余额 Annual Average Balance of Circulating Funds	固定资产合 计 Fixed Assets
总计	**Total**	**5098.39**	**2879.66**	**2698.97**	**1783.95**
在总计中:轻工业	Light Industry	2659.16	1497.47	1405.34	936.04
重工业	Heavy Industry	2439.23	1382.18	1293.62	847.91
按工业行业分	**By Sector**				
煤炭开采和洗选业	Coal Mining and Dressing				
黑色金属矿采选业	Ferrous Metals Mining and Dressing	8.03	7.38	7.38	0.51
有色金属矿采选业	Nonferrous Metals Mining and Dressing				
非金属矿采选业	Nonmetal Minerals Mining and Dressing	5.14	1.76	1.69	2.69
其他采矿业	Other Minerals Mining and Dressing				
农副食品加工业	Non－staple Food Processing	86.78	54.14	52.01	27.07
食品制造业	Food Manufacturing	58.10	32.68	30.82	19.29
饮料制造业	Beverage Manufacturing	109.33	56.08	50.07	44.97
烟草制品业	Tobacco Processing	1.80	1.02	1.08	0.66
纺织业	Textile Industry	697.78	385.67	367.07	258.31
纺织服装、鞋、帽制造业	Garments,Shoes and Hats Manufacturing	287.00	165.13	156.96	95.11
皮革、毛皮、羽毛(绒)及其制品业	Leather,Furs,Down and Related Products	215.45	146.99	132.52	44.75
木材加工及木、竹、藤、棕、草制品业	Timber Processing,Bamboo, Cane Palm Fiber and Straw Products	40.33	20.22	18.96	16.47
家具制造业	Furniture Manufacturing	78.44	45.30	41.10	25.07
造纸及纸制品业	Papermaking and Paper Products	210.07	74.25	76.81	117.51
印刷业和记录媒介的复制	Printing and Record Medium Reproduction	26.71	15.01	15.37	9.31
文教体育用品制造业	Cultural,Educational and Sports Goods	81.57	52.59	49.87	23.65

行 业	Sector	资产总计 Total Assets	流动资产合 计 Circulating Funds	流动资产年平均余额 Annual Average Balance of Circulating Funds	固定资产合 计 Fixed Assets
石油加工、炼焦及核燃料加工业	Petroleum Processing, Cooking and Nuclear Fuel Processing	32.02	17.15	15.12	12.49
化学原料及化学制品制造业	Raw Chemical Materials and Chemical Prod-ucts	314.93	158.97	146.60	122.66
医药制造业	Medical and Pharmaceutical Products	64.03	39.68	37.26	18.11
化学纤维制造业	Chemical Fiber	196.47	86.01	76.54	97.93
橡胶制品业	Rubber Products	73.98	28.52	26.61	32.51
塑料制品业	Plastic Products	219.18	122.41	114.95	82.78
非金属矿物制品业	Nonmetal Mineral Products	163.01	76.64	70.90	70.57
黑色金属冶炼及压延加工业	Smelting and Pressing of Ferrous Metals	131.78	57.84	51.24	37.76
有色金属冶炼及压延加工业	Smelting and Pressing of Nonferrous Metals	40.93	24.89	21.23	13.50
金属制品业	Metal Products	137.86	87.01	82.67	40.79
通用设备制造业	Equipment in Common Use	332.02	205.14	200.17	99.40
专用设备制造业	Special Purpose Equipment	101.85	64.16	59.43	31.33
交通运输设备制造业	Transport Equipment	192.88	112.99	104.72	61.37
电气机械及器材制造业	Electric Equipment and Machinery	325.41	211.46	197.41	88.94
通信设备、计算机及其他电子设备制造业	Telecommunications Equipment, Computer and Other Electronic Equipment	521.89	368.62	342.89	132.12
仪器仪表及文化、办公用机械制造业	Instruments, Meters, Cultural and Office Machinery	66.30	42.95	38.95	17.94
工艺品及其他制造业	Handicraft Article and Other Manufacturing Indust	96.04	59.61	55.37	27.36
废弃资源和废旧材料回收加工业	Recovery of Resource Discarded and Useless Material	13.64	10.81	10.71	1.77
电力、热力的生产和供应业	Production and Supply of Electricity and Heating Power	161.73	44.07	42.06	106.31
燃气生产和供应业	Production and Supply of Gas	2.38	1.23	1.18	0.90
水的生产和供应业	Production and Supply of Water	3.52	1.26	1.26	2.03

单位:亿元　　7-12　续表4　continued　　(100 million yuan)

行　业	Sector	固定资产原　价 Original Value of Fixed Assets	固定资产净　值年平均余额 Annual Average Balance of Net Value of Fixed Assets	年末负债合　计 Total Liabilities	流动负债 Circulating Liabilities
总计	**Total**	**2202.85**	**1540.94**	**2933.30**	**2521.63**
在总计中:轻工业	Light Industry	1166.04	799.58	1530.59	1332.44
重工业	Heavy Industry	1036.81	741.35	1402.71	1189.19
按工业行业分	**By Sector**				
煤炭开采和洗选业	Coal Mining and Dressing				
黑色金属矿采选业	Ferrous Metals Mining and Dressing	0.53	0.51	7.89	7.89
有色金属矿采选业	Nonferrous Metals Mining and Dressing				
非金属矿采选业	Nonmetal Minerals Mining and Dressing	3.17	2.67	2.42	2.29
其他采矿业	Other Minerals Mining and Dressing				
农副食品加工业	Non-staple Food Processing	37.81	25.10	60.84	55.42
食品制造业	Food Manufacturing	31.84	18.51	29.08	27.13
饮料制造业	Beverage Manufacturing	68.96	42.35	62.92	57.82
烟草制品业	Tobacco Processing	0.73	0.52	1.00	1.00
纺织业	Textile Industry	327.24	238.30	400.91	359.29
纺织服装、鞋、帽制造业	Garments, Shoes and Hats Manufacturing	120.45	85.07	163.84	149.35
皮革、毛皮、羽毛(绒)及其制品业	Leather, Furs, Down and Related Products	51.96	39.28	129.75	125.09
木材加工及木、竹、藤、棕、草制品业	Timber Processing, Bamboo, Cane Palm Fiber and Straw Products	19.84	15.54	20.87	17.14
家具制造业	Furniture Manufacturing	29.22	21.81	46.30	41.55
造纸及纸制品业	Papermaking and Paper Products	123.73	62.39	141.34	77.24
印刷业和记录媒介的复制	Printing and Record Medium Reproduction	13.53	8.57	11.64	9.79
文教体育用品制造业	Cultural, Educational and Sports Goods	28.73	21.21	40.48	38.75

行业	Sector	固定资产原价 Original Value of Fixed Assets	固定资产净值年平均余额 Annual Average Balance of Net Value of Fixed Assets	年末负债合计 Total Liabilities	流动负债 Circulating Liabilities
石油加工、炼焦及核燃料加工业	Petroleum Processing, Cooking and Nuclear Fuel Processing	17.20	11.98	20.15	14.58
化学原料及化学制品制造业	Raw Chemical Materials and Chemical Products	138.53	89.98	177.45	135.24
医药制造业	Medical and Pharmaceutical Products	24.12	16.64	27.53	25.89
化学纤维制造业	Chemical Fiber	113.48	84.99	119.84	85.18
橡胶制品业	Rubber Products	36.78	27.91	35.72	27.09
塑料制品业	Plastic Products	99.24	77.74	117.52	94.93
非金属矿物制品业	Nonmetal Mineral Products	85.43	65.50	96.76	77.48
黑色金属冶炼及压延加工业	Smelting and Pressing of Ferrous Metals	46.91	35.17	84.69	57.30
有色金属冶炼及压延加工业	Smelting and Pressing of Nonferrous Metals	15.19	9.05	22.30	20.36
金属制品业	Metal Products	50.03	36.64	68.01	65.14
通用设备制造业	Equipment in Common Use	127.14	89.62	169.72	162.18
专用设备制造业	Special Purpose Equipment	37.69	27.34	51.27	47.82
交通运输设备制造业	Transport Equipment	74.31	51.41	109.75	100.89
电气机械及器材制造业	Electric Equipment and Machinery	114.65	78.82	189.42	180.43
通信设备、计算机及其他电子设备制造业	Telecommunications Equipment, Computer and Other Electronic Equipment	165.16	113.21	331.19	318.65
仪器仪表及文化、办公用机械制造业	Instruments, Meters, Cultural and Office Machinery	21.97	16.07	35.53	34.43
工艺品及其他制造业	Handicraft Article and Other Manufacturing Indust	30.00	23.12	53.17	49.11
废弃资源和废旧材料回收加工业	Recovery of Resource Discarded and Useless Material	2.23	1.69	9.56	9.16
电力、热力的生产和供应业	Production and Supply of Electricity and Heating Power	141.44	99.52	91.78	44.78
燃气生产和供应业	Production and Supply of Gas	1.07	0.82	0.97	0.95
水的生产和供应业	Production and Supply of Water	2.54	1.88	1.70	0.27

行业	Sector	主营业务税金及附加 Sales Taxes and Extra Charges in Main Business	利润总额 Total Profits	利税总额 Total Profits and Taxes	本年应交增值税 Value Added Taxes Payable
总计	**Total**	**8.96**	**281.96**	**424.27**	**133.35**
在总计中:轻工业	Light Industry	7.09	146.46	223.94	70.40
重工业	Heavy Industry	1.87	135.50	200.32	62.95
按工业行业分	**By Sector**				
煤炭开采和洗选业	Coal Mining and Dressing				
黑色金属矿采选业	Ferrous Metals Mining and Dressing		－0.32	－0.32	
有色金属矿采选业	Nonferrous Metals Mining and Dressing				
非金属矿采选业	Nonmetal Minerals Mining and Dressing	0.08	0.01	0.24	0.15
其他采矿业	Other Minerals Mining and Dressing				
农副食品加工业	Non－staple Food Processing	0.07	2.20	3.64	1.37
食品制造业	Food Manufacturing	0.02	4.98	7.93	2.93
饮料制造业	Beverage Manufacturing	3.55	9.77	20.57	7.24
烟草制品业	Tobacco Processing		0.30	0.40	0.10
纺织业	Textile Industry	0.91	32.47	47.60	14.22
纺织服装、鞋、帽制造业	Garments, Shoes and Hats Manufacturing	0.44	17.01	26.25	8.80
皮革、毛皮、羽毛(绒)及其制品业	Leather, Furs, Down and Related Products	0.18	12.10	20.63	8.34
木材加工及木、竹、藤、棕、草制品业	Timber Processing, Bamboo, Cane Palm Fiber and Straw Products	0.08	3.59	5.41	1.74
家具制造业	Furniture Manufacturing	0.04	5.82	6.79	0.94
造纸及纸制品业	Papermaking and Paper Products	0.10	－0.11	2.78	2.79
印刷业和记录媒介的复制	Printing and Record Medium Reproduction	0.02	2.39	3.46	1.05
文教体育用品制造业	Cultural, Educational and Sports Goods	0.08	3.11	4.54	1.36

行　业	Sector	主营业务税金及附加 Sales Taxes and Extra Charges in Main Business	利润总额 Total Profits	利税总额 Total Profits and Taxes	本年应交增值税 Value Added Taxes Payable
石油加工、炼焦及核燃料加工业	Petroleum Processing, Cooking and Nuclear Fuel Processing	0.11	7.44	16.66	9.11
化学原料及化学制品制造业	Raw Chemical Materials and Chemical Products	0.96	26.86	39.62	11.80
医药制造业	Medical and Pharmaceutical Products	0.12	7.58	11.18	3.49
化学纤维制造业	Chemical Fiber	0.17	3.35	5.12	1.60
橡胶制品业	Rubber Products	0.05	4.95	5.73	0.73
塑料制品业	Plastic Products	0.15	12.49	16.55	3.92
非金属矿物制品业	Nonmetal Mineral Products	0.08	4.59	8.32	3.64
黑色金属冶炼及压延加工业	Smelting and Pressing of Ferrous Metals	0.04	-3.86	-2.62	1.20
有色金属冶炼及压延加工业	Smelting and Pressing of Nonferrous Metals	0.05	2.20	3.16	0.90
金属制品业	Metal Products	0.17	13.63	16.98	3.18
通用设备制造业	Equipment in Common Use	0.33	31.92	41.44	9.20
专用设备制造业	Special Purpose Equipment	0.06	9.32	11.78	2.39
交通运输设备制造业	Transport Equipment	0.12	13.22	17.95	4.61
电气机械及器材制造业	Electric Equipment and Machinery	0.40	19.34	26.27	6.53
通信设备、计算机及其他电子设备制造业	Telecommunications Equipment, Computer and Other Electronic Equipment	0.21	13.83	23.47	9.42
仪器仪表及文化、办公用机械制造业	Instruments, Meters, Cultural and Office Machinery	0.09	5.37	7.03	1.56
工艺品及其他制造业	Handicraft Article and Other Manufacturing Indust	0.22	7.24	10.32	2.86
废弃资源和废旧材料回收加工业	Recovery of Resource Discarded and Useless Material	0.02	0.81	1.20	0.37
电力、热力的生产和供应业	Production and Supply of Electricity and Heating Power	0.05	8.28	14.00	5.66
燃气生产和供应业	Production and Supply of Gas		-0.01	0.06	0.07
水的生产和供应业	Production and Supply of Water		0.07	0.16	0.09

7-13 按行业分的外商投资和港澳台商投资工业企业主要经济效益指标(2005年)

Main Economic Beneficial Indicators of Foreign Funded Enterprises and Enterprises Funded by Entrepreneurs form Hong Kong, Macao and Taiwan by Sector(2005)

行　业	Sector	每百元资金实现利税(元) Pre-tax Profits per 100 Yuan Funds(yuan)	每百元固定资产原值实现利税(元) Pre-tax Profits per 100 Yuan Original Value of Fixed Assets(yuan)	每百元主营业务收入实现利税(元) Pre-tax Profits per 100 Yuan Revenues in Main Business (yuan)
总计	**Total**	**10.01**	**19.26**	**7.53**
在总计中:轻工业	Light Industry	10.16	19.21	7.52
重工业	Heavy Industry	9.84	19.32	7.55
按工业行业分	**By Sector**			
煤炭开采和洗选业	Coal Mining and Dressing			
黑色金属矿采选业	Ferrous Metals Mining and Dressing	-4.05	-60.37	-3.23
有色金属矿采选业	Nonferrous Metals Mining and Dressing			
非金属矿采选业	Nonmetal Minerals Mining and Dressing	5.49	7.54	9.52
其他采矿业	Other Minerals Mining and Dressing			
农副食品加工业	Non - staple Food Processing	4.72	9.62	2.91
食品制造业	Food Manufacturing	16.07	24.90	10.97
饮料制造业	Beverage Manufacturing	22.25	29.82	11.31
烟草制品业	Tobacco Processing	25.18	54.87	39.53
纺织业	Textile Industry	7.86	14.55	6.56
纺织服装、鞋、帽制造业	Garments, Shoes and Hats Manufacturing	10.85	21.79	7.74
皮革、毛皮、羽毛(绒)及其制品业	Leather, Furs, Down and Related Products	12.01	39.70	6.76
木材加工及木、竹、藤、棕、草制品业	Timber Processing, Bamboo, Cane Palm Fiber and Straw Products	15.67	27.26	9.98
家具制造业	Furniture Manufacturing	10.79	23.24	7.39
造纸及纸制品业	Papermaking and Paper Products	2.00	2.25	2.86
印刷业和记录媒介的复制	Printing and Record Medium Reproduction	14.45	25.56	14.80
文教体育用品制造业	Cultural, Educational and Sports Goods	6.39	15.81	4.94

7－13 续表1 continued

行 业	Sector	每百元资金实现利税(元) Pre-tax Profits per 100 Yuan Funds(yuan)	每百元固定资产原值实现利税(元) Pre-tax Profits per 100 Yuan Original Value of Fixed Assets(yuan)	每百元主营业务收入实现利税(元) Pre-tax Profits per 100 Yuan Revenues in Main Business (yuan)
石油加工、炼焦及核燃料加工业	Petroleum Processing, Cooking and Nuclear Fuel Processing	61.48	96.86	17.27
化学原料及化学制品制造业	Raw Chemical Materials and Chemical Products	16.75	28.60	10.70
医药制造业	Medical and Pharmaceutical Products	20.74	46.34	19.55
化学纤维制造业	Chemical Fiber	3.17	4.52	2.70
橡胶制品业	Rubber Products	10.51	15.58	11.95
塑料制品业	Plastic Products	8.59	16.68	8.67
非金属矿物制品业	Nonmetal Mineral Products	6.10	9.74	8.16
黑色金属冶炼及压延加工业	Smelting and Pressing of Ferrous Metals	-3.03	-5.58	-2.09
有色金属冶炼及压延加工业	Smelting and Pressing of Nonferrous Metals	10.42	20.77	5.27
金属制品业	Metal Products	14.23	33.94	8.92
通用设备制造业	Equipment in Common Use	14.30	32.60	11.54
专用设备制造业	Special Purpose Equipment	13.57	31.24	12.06
交通运输设备制造业	Transport Equipment	11.50	24.16	10.21
电气机械及器材制造业	Electric Equipment and Machinery	9.51	22.91	6.75
通信设备、计算机及其他电子设备制造业	Telecommunications Equipment, Computer and Other Electronic Equipment	5.15	14.21	3.28
仪器仪表及文化、办公用机械制造业	Instruments, Meters, Cultural and Office Machinery	12.77	31.99	9.59
工艺品及其他制造业	Handicraft Article and Other Manufacturing Indust	13.14	34.39	7.89
废弃资源和废旧材料回收加工业	Recovery of Resource Discarded and Useless Material	9.65	53.71	2.50
电力、热力的生产和供应业	Production and Supply of Electricity and Heating Power	9.89	9.90	16.07
燃气生产和供应业	Production and Supply of Gas	2.81	5.23	2.28
水的生产和供应业	Production and Supply of Water	4.99	6.15	10.87

7－13 续表2 continued

行 业	Sector	产品销售率（%）Rate of Products Sold(%)	流动资金周转次数（次）Times of Turnover Circulating Funds(time)	劳动生产率（元/人）Overall Labor Productivity (yuan/person)
总计	**Total**	**97.85**	**2.09**	**69407**
在总计中:轻工业	Light Industry	97.37	2.12	57597
重工业	Heavy Industry	98.39	2.05	94495
按工业行业分	**By Sector**			
煤炭开采和洗选业	Coal Mining and Dressing			
黑色金属矿采选业	Ferrous Metals Mining and Dressing	96.86	1.34	-848100
有色金属矿采选业	Nonferrous Metals Mining and Dressing			
非金属矿采选业	Nonmetal Minerals Mining and Dressing	99.69	1.49	116446
其他采矿业	Other Minerals Mining and Dressing			
农副食品加工业	Non－staple Food Processing	97.29	2.41	80556
食品制造业	Food Manufacturing	99.55	2.35	115032
饮料制造业	Beverage Manufacturing	98.59	3.63	261367
烟草制品业	Tobacco Processing	100.01	0.94	379651
纺织业	Textile Industry	97.10	1.98	52921
纺织服装、鞋、帽制造业	Garments, Shoes and Hats Manufacturing	97.62	2.16	39151
皮革、毛皮、羽毛(绒)及其制品业	Leather, Furs, Down and Related Products	97.56	2.30	45295
木材加工及木、竹、藤、棕、草制品业	Timber Processing, Bamboo, Cane Palm Fiber and Straw Products	98.14	2.86	62753
家具制造业	Furniture Manufacturing	97.23	2.24	50765
造纸及纸制品业	Papermaking and Paper Products	95.79	1.26	81529
印刷业和记录媒介的复制	Printing and Record Medium Reproduction	96.30	1.52	90192
文教体育用品制造业	Cultural, Educational and Sports Goods	97.29	1.84	34830

7－13 续表3 continued

行 业	Sector	产品销售率（%）Rate of Products Sold（%）	流动资金周转次数（次）Times of Turnover Circulating Funds（time）	劳动生产率（元/人）Overall Labor Productivity（yuan/person）
石油加工、炼焦及核燃料加工业	Petroleum Processing, Cooking and Nuclear Fuel Processing	101.11	6.38	2789181
化学原料及化学制品制造业	Raw Chemical Materials and Chemical Products	97.94	2.53	228929
医药制造业	Medical and Pharmaceutical Products	93.71	1.53	162960
化学纤维制造业	Chemical Fiber	97.07	2.48	119340
橡胶制品业	Rubber Products	94.52	1.80	92190
塑料制品业	Plastic Products	94.42	1.66	77817
非金属矿物制品业	Nonmetal Mineral Products	93.66	1.44	101994
黑色金属冶炼及压延加工业	Smelting and Pressing of Ferrous Metals	98.07	2.45	89767
有色金属冶炼及压延加工业	Smelting and Pressing of Nonferrous Metals	96.00	2.82	95171
金属制品业	Metal Products	98.62	2.30	58118
通用设备制造业	Equipment in Common Use	97.93	1.79	78815
专用设备制造业	Special Purpose Equipment	96.68	1.64	84373
交通运输设备制造业	Transport Equipment	95.99	1.68	71129
电气机械及器材制造业	Electric Equipment and Machinery	98.15	1.97	64409
通信设备、计算机及其他电子设备制造业	Telecommunications Equipment, Computer and Other Electronic Equipment	101.62	2.09	93101
仪器仪表及文化、办公用机械制造业	Instruments, Meters, Cultural and Office Machinery	97.50	1.88	49299
工艺品及其他制造业	Handicraft Article and Other Manufacturing Indust	97.72	2.36	43924
废弃资源和废旧材料回收加工业	Recovery of Resource Discarded and Useless Material	99.83	4.46	58363
电力、热力的生产和供应业	Production and Supply of Electricity and Heating Power	97.80	2.07	417809
燃气生产和供应业	Production and Supply of Gas	100.40	2.09	57969
水的生产和供应业	Production and Supply of Water	100.00	1.14	191147

7－14 大中型工业企业主要指标(2005 年)

Main Indicators of Large and Medium-sized Industrial Entrepreneurs(2005)

单位:亿元 (100 million yuan)

行业	Sector	企业单位数(个) Number of Enterprises (unit)	#亏损企业 Loss	工业总产值 Gross Industrial Output Value	工业增加值 Value Added of Industry
总计	**Total**	**3357**	**282**	**12092.97**	**2592.70**
在总计中:轻工业	Light Industry	1902	161	5759.18	1250.52
重工业	Heavy Industry	1455	121	6333.79	1342.18
按工业行业分	**By Sector**				
煤炭开采和洗选业	Coal Mining and Dressing	1		8.90	3.15
黑色金属矿采选业	Ferrous Metals Mining and Dressing	1		9.46	2.50
有色金属矿采选业	Nonferrous Metals Mining and Dressing	5		10.02	2.97
非金属矿采选业	Nonmetal Minerals Mining and Dressing	4	2	2.12	0.65
其他采矿业	Other Minerals Mining and Dressing				
农副食品加工业	Non－staple Food Processing	43	2	123.67	20.99
食品制造业	Food Manufacturing	36	3	79.53	21.21
饮料制造业	Beverage Manufacturing	32	5	120.95	41.52
烟草制品业	Tobacco Processing	2		147.29	118.15
纺织业	Textile Industry	610	63	1498.18	293.00
纺织服装、鞋、帽制造业	Garments,Shoes and Hats Manufacturing	221	16	519.73	127.81
皮革、毛皮、羽毛(绒)及其制品业	Leather,Furs,Down and Related Products	155	10	443.33	100.47
木材加工及木、竹、藤、棕、草制品业	Timber Processing,Bamboo, Cane Palm Fiber and Straw Products	21	2	45.14	8.66
家具制造业	Furniture Manufacturing	52	3	117.08	26.90
造纸及纸制品业	Papermaking and Paper Products	68	6	197.99	38.23
印刷业和记录媒介的复制	Printing and Record Medium Reproduction	28		55.89	11.58
文教体育用品制造业	Cultural,Educational and Sports Goods	60	9	109.79	22.41

行 业	Sector	企业单位数(个) Number of Enterprises (unit)	#亏损企业 Loss	工业总产值 Gross Industrial Output Value	工业增加值 Value Added of Industry
石油加工、炼焦及核燃料加工业	Petroleum Processing, Cooking and Nuclear Fuel Processing	2	1	585.76	63.85
化学原料及化学制品制造业	Raw Chemical Materials and Chemical Products	104	6	650.35	143.31
医药制造业	Medical and Pharmaceutical Products	64		278.67	79.98
化学纤维制造业	Chemical Fiber	62	8	778.52	79.60
橡胶制品业	Rubber Products	35	2	145.80	31.64
塑料制品业	Plastic Products	128	7	362.36	74.78
非金属矿物制品业	Nonmetal Mineral Products	109	32	294.00	70.58
黑色金属冶炼及压延加工业	Smelting and Pressing of Ferrous Metals	41	5	354.80	57.60
有色金属冶炼及压延加工业	Smelting and Pressing of Nonferrous Metals	40		344.99	47.49
金属制品业	Metal Products	123	7	335.69	69.82
通用设备制造业	Equipment in Common Use	319	14	768.92	187.86
专用设备制造业	Special Purpose Equipment	94	6	250.77	61.86
交通运输设备制造业	Transport Equipment	189	14	777.45	145.42
电气机械及器材制造业	Electric Equipment and Machinery	329	20	989.35	204.00
通信设备、计算机及其他电子设备制造业	Telecommunications Equipment, Computer and Other Electronic Equipment	142	23	709.22	127.39
仪器仪表及文化、办公用机械制造业	Instruments, Meters, Cultural and Office Machinery	71	4	175.55	51.38
工艺品及其他制造业	Handicraft Article and Other Manufacturing Indust	86	5	170.34	35.11
废弃资源和废旧材料回收加工业	Recovery of Resource Discarded and Useless Material	2		6.63	0.19
电力、热力的生产和供应业	Production and Supply of Electricity and Heating Power	64	1	592.73	210.68
燃气生产和供应业	Production and Supply of Gas	4	1	15.04	1.04
水的生产和供应业	Production and Supply of Water	10	5	16.95	8.93

单位:亿元　　7-14　续表2　continued　　(100 million yuan)

行　业	Sector	资产总计 Total Assets	流动资产合　计 Circulating Funds	流动资产年平均余额 Annual Average Balance of Circulating Funds	固定资产合　计 Fixed Assets
总计	**Total**	**11430.51**	**6089.50**	**5751.82**	**4001.30**
在总计中:轻工业	Light Industry	5363.20	2941.28	2770.46	1834.37
重工业	Heavy Industry	6067.31	3148.22	2981.36	2166.93
按工业行业分	**By Sector**				
煤炭开采和洗选业	Coal Mining and Dressing	10.64	2.87	2.83	7.29
黑色金属矿采选业	Ferrous Metals Mining and Dressing	6.62	3.73	3.41	2.60
有色金属矿采选业	Nonferrous Metals Mining and Dressing	5.04	2.78	2.43	1.79
非金属矿采选业	Nonmetal Minerals Mining and Dressing	3.08	1.36	1.34	1.66
其他采矿业	Other Minerals Mining and Dressing				
农副食品加工业	Non-staple Food Processing	98.99	63.86	59.45	26.63
食品制造业	Food Manufacturing	87.55	49.43	45.97	30.75
饮料制造业	Beverage Manufacturing	152.30	77.50	76.34	60.05
烟草制品业	Tobacco Processing	135.92	101.23	102.08	31.46
纺织业	Textile Industry	1488.58	789.43	745.75	543.29
纺织服装、鞋、帽制造业	Garments, Shoes and Hats Manufacturing	425.22	258.22	240.57	125.59
皮革、毛皮、羽毛(绒)及其制品业	Leather, Furs, Down and Related Products	291.47	183.00	164.02	66.38
木材加工及木、竹、藤、棕、草制品业	Timber Processing, Bamboo, Cane Palm Fiber and Straw Products	48.89	27.27	24.52	15.22
家具制造业	Furniture Manufacturing	94.61	57.06	52.70	29.15
造纸及纸制品业	Papermaking and Paper Products	321.02	124.02	127.58	159.05
印刷业和记录媒介的复制	Printing and Record Medium Reproduction	60.58	30.84	29.87	21.51
文教体育用品制造业	Cultural, Educational and Sports Goods	110.03	63.98	60.90	27.37

行　业	Sector	资产总计 Total Assets	流动资产合　计 Circulating Funds	流动资产年平均余额 Annual Average Balance of Circulating Funds	固定资产合　计 Fixed Assets
石油加工、炼焦及核燃料加工业	Petroleum Processing, Cooking and Nuclear Fuel Processing	193.73	88.33	65.70	97.15
化学原料及化学制品制造业	Raw Chemical Materials and Chemical Products	597.48	305.31	280.73	209.46
医药制造业	Medical and Pharmaceutical Products	330.67	182.73	172.94	114.78
化学纤维制造业	Chemical Fiber	577.46	257.28	235.63	259.89
橡胶制品业	Rubber Products	149.77	69.34	65.17	61.11
塑料制品业	Plastic Products	302.26	168.99	160.54	94.36
非金属矿物制品业	Nonmetal Mineral Products	485.43	206.25	198.03	212.83
黑色金属冶炼及压延加工业	Smelting and Pressing of Ferrous Metals	356.37	184.17	178.97	113.70
有色金属冶炼及压延加工业	Smelting and Pressing of Nonferrous Metals	176.50	101.39	88.96	43.56
金属制品业	Metal Products	283.93	181.27	170.65	64.56
通用设备制造业	Equipment in Common Use	743.22	469.82	455.98	184.94
专用设备制造业	Special Purpose Equipment	242.49	155.26	143.65	61.32
交通运输设备制造业	Transport Equipment	735.68	411.91	394.26	199.22
电气机械及器材制造业	Electric Equipment and Machinery	841.72	539.90	506.70	189.03
通信设备、计算机及其他电子设备制造业	Telecommunications Equipment, Computer and Other Electronic Equipment	699.35	463.83	437.83	165.59
仪器仪表及文化、办公用机械制造业	Instruments, Meters, Cultural and Office Machinery	155.16	99.62	94.60	38.60
工艺品及其他制造业	Handicraft Article and Other Manufacturing Indust	145.16	92.82	84.87	38.14
废弃资源和废旧材料回收加工业	Recovery of Resource Discarded and Useless Material	1.68	1.37	1.37	0.28
电力、热力的生产和供应业	Production and Supply of Electricity and Heating Power	928.71	237.20	246.18	605.22
燃气生产和供应业	Production and Supply of Gas	25.83	5.13	5.02	18.64
水的生产和供应业	Production and Supply of Water	117.40	30.96	24.28	79.13

行　业	Sector	固定资产原　价 Original Value of Fixed Assets	固定资产净　值年平均余额 Annual Average Balance of Net Value of Fixed Assets	年末负债合　计 Total Liabilities	流动负债 Circulating Liabilities
总计	**Total**	**5174.11**	**3419.35**	**6587.32**	**5662.85**
在总计中:轻工业	Light Industry	2325.23	1562.61	3190.44	2759.58
重工业	Heavy Industry	2848.87	1856.74	3396.88	2903.26
按工业行业分	**By Sector**				
煤炭开采和洗选业	Coal Mining and Dressing	10.61	6.60	6.17	4.30
黑色金属矿采选业	Ferrous Metals Mining and Dressing	3.68	2.53	1.84	1.64
有色金属矿采选业	Nonferrous Metals Mining and Dressing	3.06	1.49	3.60	2.51
非金属矿采选业	Nonmetal Minerals Mining and Dressing	2.39	1.57	2.42	1.83
其他采矿业	Other Minerals Mining and Dressing				
农副食品加工业	Non－staple Food Processing	36.64	23.99	69.79	65.66
食品制造业	Food Manufacturing	44.27	27.40	47.32	43.80
饮料制造业	Beverage Manufacturing	88.74	54.95	94.09	83.71
烟草制品业	Tobacco Processing	44.86	24.99	14.54	14.54
纺织业	Textile Industry	716.54	495.76	913.81	804.17
纺织服装、鞋、帽制造业	Garments, Shoes and Hats Manufacturing	159.33	112.75	236.81	215.95
皮革、毛皮、羽毛(绒)及其制品业	Leather, Furs, Down and Related Products	75.77	57.27	173.20	165.06
木材加工及木、竹、藤、棕、草制品业	Timber Processing, Bamboo, Cane Palm Fiber and Straw Products	18.82	12.82	26.23	24.11
家具制造业	Furniture Manufacturing	34.98	24.63	60.49	50.79
造纸及纸制品业	Papermaking and Paper Products	175.33	99.95	217.90	144.84
印刷业和记录媒介的复制	Printing and Record Medium Reproduction	29.95	19.48	32.43	29.08
文教体育用品制造业	Cultural, Educational and Sports Goods	31.30	23.64	53.95	50.39

单位:亿元　　7-14　续表5　continued　　(100 million yuan)

行　业	Sector	固定资产原　价 Original Value of Fixed Assets	固定资产净　值年平均余额 Annual Average Balance of Net Value of Fixed Assets	年末负债合　计 Total Liabilities	流动负债 Circulating Liabilities
石油加工、炼焦及核燃料加工业	Petroleum Processing,Cooking and Nuclear Fuel Processing	161.45	90.65	55.02	54.45
化学原料及化学制品制造业	Raw Chemical Materials and Chemical Products	275.24	163.45	360.52	293.09
医药制造业	Medical and Pharmaceutical Products	135.23	92.40	180.83	159.31
化学纤维制造业	Chemical Fiber	342.93	234.91	372.32	283.52
橡胶制品业	Rubber Products	74.66	49.94	88.76	72.78
塑料制品业	Plastic Products	120.51	87.24	165.39	144.15
非金属矿物制品业	Nonmetal Mineral Products	257.09	185.82	290.05	215.81
黑色金属冶炼及压延加工业	Smelting and Pressing of Ferrous Metals	137.70	79.87	217.41	173.33
有色金属冶炼及压延加工业	Smelting and Pressing of Nonferrous Metals	56.34	37.91	98.87	90.08
金属制品业	Metal Products	79.56	57.50	169.21	154.43
通用设备制造业	Equipment in Common Use	246.40	160.57	432.73	401.13
专用设备制造业	Special Purpose Equipment	74.48	50.70	148.48	138.56
交通运输设备制造业	Transport Equipment	235.43	158.67	448.84	392.61
电气机械及器材制造业	Electric Equipment and Machinery	232.08	160.34	518.65	477.03
通信设备、计算机及其他电子设备制造业	Telecommunications Equipment,Computer and Other Electronic Equipment	214.00	144.59	426.35	399.60
仪器仪表及文化、办公用机械制造业	Instruments,Meters,Cultural and Office Machinery	45.74	35.73	89.74	79.84
工艺品及其他制造业	Handicraft Article and Other Manufacturing Indust	42.89	32.28	91.19	80.73
废弃资源和废旧材料回收加工业	Recovery of Resource Discarded and Useless Material	0.29	0.28	1.50	1.50
电力、热力的生产和供应业	Production and Supply of Electricity and Heating Power	862.69	545.77	402.04	309.25
燃气生产和供应业	Production and Supply of Gas	17.16	8.23	11.38	6.42
水的生产和供应业	Production and Supply of Water	85.95	52.68	63.47	32.85

行　业	Sector	长期负债 Long - term Liabilities	年末所有者权益合计 Creditors' Equity	实收资本 Total Capital Hold	主营业务收入 Revenues in Main Business	主营业务成本 Costs in Main Business
总计	**Total**	**889.87**	**4836.16**	**2235.58**	**12681.43**	**10965.77**
在总计中:轻工业	Light Industry	417.43	2172.76	1030.22	5767.23	4884.75
重工业	Heavy Industry	472.44	2663.39	1205.36	6914.20	6081.03
按工业行业分	**By Sector**					
煤炭开采和洗选业	Coal Mining and Dressing	1.87	4.47	3.42	10.57	8.98
黑色金属矿采选业	Ferrous Metals Mining and Dressing	0.21	4.78	1.60	9.54	7.69
有色金属矿采选业	Nonferrous Metals Mining and Dressing	1.03	1.44	0.77	9.20	6.73
非金属矿采选业	Nonmetal Minerals Mining and Dressing	0.58	0.67	0.91	2.05	1.52
其他采矿业	Other Minerals Mining and Dressing					
农副食品加工业	Non - staple Food Processing	4.11	29.20	20.89	122.60	109.40
食品制造业	Food Manufacturing	2.44	40.23	16.42	85.58	67.29
饮料制造业	Beverage Manufacturing	10.38	58.20	31.03	197.24	152.22
烟草制品业	Tobacco Processing		121.37	9.67	157.30	50.97
纺织业	Textile Industry	107.08	574.78	306.15	1471.71	1317.04
纺织服装、鞋、帽制造业	Garments, Shoes and Hats Manufacturing	19.97	188.40	89.99	506.47	417.55
皮革、毛皮、羽毛(绒)及其制品业	Leather, Furs, Down and Related Products	7.95	118.27	65.66	429.91	375.42
木材加工及木、竹、藤、棕、草制品业	Timber Processing, Bamboo, Cane Palm Fiber and Straw Products	2.10	22.66	13.44	44.79	39.79
家具制造业	Furniture Manufacturing	8.18	34.12	21.49	115.26	97.93
造纸及纸制品业	Papermaking and Paper Products	73.02	103.12	67.64	185.46	164.89
印刷业和记录媒介的复制	Printing and Record Medium Reproduction	3.35	28.14	14.07	55.63	47.59
文教体育用品制造业	Cultural, Educational and Sports Goods	3.35	56.08	24.46	104.00	88.07

行 业	Sector	长期负债 Long－term Liabilities	年末所有者权益合计 Creditors' Equity	实收资本 Total Capital Hold	主营业务收入 Revenues in Main Business	主营业务成本 Costs in Main Business
石油加工、炼焦及核燃料加工业	Petroleum Processing, Cooking and Nuclear Fuel Processing	0.57	138.69	26.03	601.62	552.83
化学原料及化学制品制造业	Raw Chemical Materials and Chemical Products	67.43	229.95	100.96	691.42	571.06
医药制造业	Medical and Pharmaceutical Products	21.46	149.84	49.72	278.16	197.41
化学纤维制造业	Chemical Fiber	88.80	205.14	110.53	781.35	741.63
橡胶制品业	Rubber Products	15.54	61.00	38.75	140.53	118.96
塑料制品业	Plastic Products	15.77	136.88	50.04	347.43	301.81
非金属矿物制品业	Nonmetal Mineral Products	71.40	195.38	108.55	289.17	251.71
黑色金属冶炼及压延加工业	Smelting and Pressing of Ferrous Metals	44.07	138.96	64.98	351.62	334.15
有色金属冶炼及压延加工业	Smelting and Pressing of Nonferrous Metals	7.70	77.62	27.26	341.45	322.88
金属制品业	Metal Products	11.92	114.72	59.70	323.41	276.96
通用设备制造业	Equipment in Common Use	31.35	310.49	146.51	752.60	620.38
专用设备制造业	Special Purpose Equipment	9.45	94.01	38.62	241.22	201.34
交通运输设备制造业	Transport Equipment	55.38	286.84	152.07	745.17	642.60
电气机械及器材制造业	Electric Equipment and Machinery	37.39	323.07	167.51	957.26	808.90
通信设备、计算机及其他电子设备制造业	Telecommunications Equipment, Computer and Other Electronic Equipment	26.75	273.00	138.88	747.12	653.67
仪器仪表及文化、办公用机械制造业	Instruments, Meters, Cultural and Office Machinery	9.71	65.42	24.52	167.88	135.15
工艺品及其他制造业	Handicraft Article and Other Manufacturing Indust	4.50	53.98	24.96	165.35	143.77
废弃资源和废旧材料回收加工业	Recovery of Resource Discarded and Useless Material		0.18	0.13	7.11	6.89
电力、热力的生产和供应业	Production and Supply of Electricity and Heating Power	89.52	526.67	191.00	1211.22	1100.73
燃气生产和供应业	Production and Supply of Gas	4.96	14.45	6.03	16.42	16.37
水的生产和供应业	Production and Supply of Water	30.62	53.93	21.22	16.59	13.49

行业	Sector	主营业务税金及附加 Sales Taxes and Extra Charges in Main Business	利润总额 Total Profits	利税总额 Total Profits and Taxes	本年应交增值税 Value Added Taxes Payable
总计	**Total**	**139.39**	**656.19**	**1158.83**	**363.25**
在总计中:轻工业	Light Industry	95.61	310.86	567.75	161.27
重工业	Heavy Industry	43.78	345.32	591.08	201.98
按工业行业分	**By Sector**				
煤炭开采和洗选业	Coal Mining and Dressing	0.10		0.74	0.64
黑色金属矿采选业	Ferrous Metals Mining and Dressing	0.08	0.93	1.30	0.29
有色金属矿采选业	Nonferrous Metals Mining and Dressing	0.05	0.78	1.38	0.55
非金属矿采选业	Nonmetal Minerals Mining and Dressing	0.07	-0.10	0.13	0.15
其他采矿业	Other Minerals Mining and Dressing				
农副食品加工业	Non-staple Food Processing	0.24	3.30	5.10	1.56
食品制造业	Food Manufacturing	0.28	5.97	10.17	3.92
饮料制造业	Beverage Manufacturing	5.64	7.88	22.13	8.61
烟草制品业	Tobacco Processing	68.19	25.35	112.09	18.55
纺织业	Textile Industry	5.42	65.17	107.28	36.69
纺织服装、鞋、帽制造业	Garments, Shoes and Hats Manufacturing	2.21	38.77	55.17	14.20
皮革、毛皮、羽毛(绒)及其制品业	Leather, Furs, Down and Related Products	0.93	22.68	35.35	11.74
木材加工及木、竹、藤、棕、草制品业	Timber Processing, Bamboo, Cane Palm Fiber and Straw Products	0.19	2.61	4.09	1.29
家具制造业	Furniture Manufacturing	0.26	7.49	9.58	1.83
造纸及纸制品业	Papermaking and Paper Products	0.78	4.78	11.87	6.31
印刷业和记录媒介的复制	Printing and Record Medium Reproduction	0.16	4.67	6.90	2.07
文教体育用品制造业	Cultural, Educational and Sports Goods	0.32	5.71	8.05	2.02

单位:亿元　　7-14　续表9　continued　　(100 million yuan)

行　业	Sector	主营业务税金及附加 Sales Taxes and Extra Charges in Main Business	利润总额 Total Profits	利税总额 Total Profits and Taxes	本年应交增值税 Value Added Taxes Payable
石油加工、炼焦及核燃料加工业	Petroleum Processing, Cooking and Nuclear Fuel Processing	18.81	35.56	67.81	13.44
化学原料及化学制品制造业	Raw Chemical Materials and Chemical Products	2.64	50.21	76.40	23.55
医药制造业	Medical and Pharmaceutical Products	1.29	26.99	42.22	13.94
化学纤维制造业	Chemical Fiber	2.25	16.52	26.46	7.69
橡胶制品业	Rubber Products	1.07	8.66	12.65	2.92
塑料制品业	Plastic Products	1.24	21.27	29.80	7.29
非金属矿物制品业	Nonmetal Mineral Products	1.66	11.65	25.27	11.96
黑色金属冶炼及压延加工业	Smelting and Pressing of Ferrous Metals	1.17	4.10	13.88	8.61
有色金属冶炼及压延加工业	Smelting and Pressing of Nonferrous Metals	0.68	14.34	22.63	7.61
金属制品业	Metal Products	1.16	19.20	27.07	6.70
通用设备制造业	Equipment in Common Use	2.99	61.11	85.75	21.66
专用设备制造业	Special Purpose Equipment	0.63	19.86	28.73	8.24
交通运输设备制造业	Transport Equipment	7.32	35.45	58.95	16.18
电气机械及器材制造业	Electric Equipment and Machinery	3.69	55.19	82.98	24.11
通信设备、计算机及其他电子设备制造业	Telecommunications Equipment, Computer and Other Electronic Equipment	1.41	13.94	26.68	11.33
仪器仪表及文化、办公用机械制造业	Instruments, Meters, Cultural and Office Machinery	0.51	11.02	17.29	5.76
工艺品及其他制造业	Handicraft Article and Other Manufacturing Indust	0.47	8.59	12.71	3.66
废弃资源和废旧材料回收加工业	Recovery of Resource Discarded and Useless Material		0.05	0.06	0.01
电力、热力的生产和供应业	Production and Supply of Electricity and Heating Power	5.33	47.36	109.67	56.99
燃气生产和供应业	Production and Supply of Gas	0.06	-0.43	-0.06	0.31
水的生产和供应业	Production and Supply of Water	0.09	-0.42	0.55	0.88

7-15 按行业分的大中型工业企业主要经济效益指标(2005年)

Main Economic Beneficial Indicators of Large and Medium-sized Industrial Enterprises by Sector(2005)

行 业	Sector	每百元资金实现利税(元) Pre-tax Profits per 100 Yuan Funds(yuan)	每百元固定资产原值实现利税(元) Pre-tax Profits per 100 Yuan Original Value of Fixed Assets(yuan)	每百元主营业务收入实现利税(元) Pre-tax Profits per 100 Yuan Revenues in Main Business (yuan)
总计	**Total**	**12.64**	**22.40**	**9.14**
在总计中:轻工业	Light Industry	13.10	24.42	9.84
重工业	Heavy Industry	12.22	20.75	8.55
按工业行业分	**By Sector**			
煤炭开采和洗选业	Coal Mining and Dressing	7.80	6.93	6.95
黑色金属矿采选业	Ferrous Metals Mining and Dressing	21.81	35.21	13.58
有色金属矿采选业	Nonferrous Metals Mining and Dressing	35.24	45.22	15.02
非金属矿采选业	Nonmetal Minerals Mining and Dressing	4.39	5.35	6.23
其他采矿业	Other Minerals Mining and Dressing			
农副食品加工业	Non-staple Food Processing	6.12	13.93	4.16
食品制造业	Food Manufacturing	13.86	22.96	11.88
饮料制造业	Beverage Manufacturing	16.86	24.94	11.22
烟草制品业	Tobacco Processing	88.21	249.84	71.26
纺织业	Textile Industry	8.64	14.97	7.29
纺织服装、鞋、帽制造业	Garments, Shoes and Hats Manufacturing	15.62	34.63	10.89
皮革、毛皮、羽毛(绒)及其制品业	Leather, Furs, Down and Related Products	15.97	46.65	8.22
木材加工及木、竹、藤、棕、草制品业	Timber Processing, Bamboo, Cane Palm Fiber and Straw Products	10.94	21.71	9.12
家具制造业	Furniture Manufacturing	12.39	27.39	8.31
造纸及纸制品业	Papermaking and Paper Products	5.22	6.77	6.40
印刷业和记录媒介的复制	Printing and Record Medium Reproduction	13.99	23.05	12.41
文教体育用品制造业	Cultural, Educational and Sports Goods	9.52	25.71	7.74

7-15 续表1 continued

行 业	Sector	每百元资金实现利税（元）Pre-tax Profits per 100 Yuan Funds(yuan)	每百元固定资产原值实现利税(元) Pre-tax Profits per 100 Yuan Original Value of Fixed Assets(yuan)	每百元主营业务收入实现利税(元) Pre-tax Profits per 100 Yuan Revenues in Main Business (yuan)
石油加工、炼焦及核燃料加工业	Petroleum Processing, Cooking and Nuclear Fuel Processing	43.37	42.00	11.27
化学原料及化学制品制造业	Raw Chemical Materials and Chemical Products	17.20	27.76	11.05
医药制造业	Medical and Pharmaceutical Products	15.91	31.22	15.18
化学纤维制造业	Chemical Fiber	5.62	7.72	3.39
橡胶制品业	Rubber Products	10.99	16.94	9.00
塑料制品业	Plastic Products	12.03	24.73	8.58
非金属矿物制品业	Nonmetal Mineral Products	6.58	9.83	8.74
黑色金属冶炼及压延加工业	Smelting and Pressing of Ferrous Metals	5.36	10.08	3.95
有色金属冶炼及压延加工业	Smelting and Pressing of Nonferrous Metals	17.84	40.17	6.63
金属制品业	Metal Products	11.86	34.02	8.37
通用设备制造业	Equipment in Common Use	13.91	34.80	11.39
专用设备制造业	Special Purpose Equipment	14.78	38.57	11.91
交通运输设备制造业	Transport Equipment	10.66	25.04	7.91
电气机械及器材制造业	Electric Equipment and Machinery	12.44	35.76	8.67
通信设备、计算机及其他电子设备制造业	Telecommunications Equipment, Computer and Other Electronic Equipment	4.58	12.47	3.57
仪器仪表及文化、办公用机械制造业	Instruments, Meters, Cultural and Office Machinery	13.27	37.80	10.30
工艺品及其他制造业	Handicraft Article and Other Manufacturing Indust	10.85	29.65	7.69
废弃资源和废旧材料回收加工业	Recovery of Resource Discarded and Useless Material	3.70	20.80	0.86
电力、热力的生产和供应业	Production and Supply of Electricity and Heating Power	13.85	12.71	9.05
燃气生产和供应业	Production and Supply of Gas	-0.46	-0.35	-0.37
水的生产和供应业	Production and Supply of Water	0.72	0.64	3.33

7－15 续表2 continued

行 业	Sector	产品销售率（%）Rate of Products Sold（%）	流动资金周转次数（次）Times of Turnover Circulating Funds（time）	劳动生产率（元/人）Overall Labor Productivity（yuan/person）
总计	**Total**	**98.15**	**2.20**	**94679**
在总计中：轻工业	Light Industry	97.85	2.08	77117
重工业	Heavy Industry	98.41	2.32	120177
按工业行业分	**By Sector**			
煤炭开采和洗选业	Coal Mining and Dressing	99.78	3.73	43001
黑色金属矿采选业	Ferrous Metals Mining and Dressing	101.37	2.80	182426
有色金属矿采选业	Nonferrous Metals Mining and Dressing	95.69	3.79	72188
非金属矿采选业	Nonmetal Minerals Mining and Dressing	98.09	1.53	21848
其他采矿业	Other Minerals Mining and Dressing			
农副食品加工业	Non－staple Food Processing	97.12	2.06	67867
食品制造业	Food Manufacturing	99.16	1.86	69273
饮料制造业	Beverage Manufacturing	98.70	2.58	161426
烟草制品业	Tobacco Processing	100.68	1.54	4160206
纺织业	Textile Industry	97.50	1.97	64430
纺织服装、鞋、帽制造业	Garments，Shoes and Hats Manufacturing	97.59	2.11	57398
皮革、毛皮、羽毛（绒）及其制品业	Leather，Furs，Down and Related Products	98.04	2.62	54605
木材加工及木、竹、藤、棕、草制品业	Timber Processing，Bamboo，Cane Palm Fiber and Straw Products	97.23	1.83	46036
家具制造业	Furniture Manufacturing	98.53	2.19	53551
造纸及纸制品业	Papermaking and Paper Products	97.19	1.45	90905
印刷业和记录媒介的复制	Printing and Record Medium Reproduction	97.93	1.86	73928
文教体育用品制造业	Cultural，Educational and Sports Goods	96.69	1.71	45458

7－15　续表3　continued

行　业	Sector	产品销售率（%）Rate of Products Sold(%)	流动资金周转次数（次）Times of Turnover Circulating Funds(time)	劳动生产率（元/人）Overall Labor Productivity (yuan/person)
石油加工、炼焦及核燃料加工业	Petroleum Processing, Cooking and Nuclear Fuel Processing	100.63	9.16	634677
化学原料及化学制品制造业	Raw Chemical Materials and Chemical Products	98.28	2.46	162690
医药制造业	Medical and Pharmaceutical Products	95.59	1.61	139010
化学纤维制造业	Chemical Fiber	99.12	3.32	130441
橡胶制品业	Rubber Products	96.68	2.16	74334
塑料制品业	Plastic Products	96.35	2.16	93396
非金属矿物制品业	Nonmetal Mineral Products	96.65	1.46	99229
黑色金属冶炼及压延加工业	Smelting and Pressing of Ferrous Metals	96.66	1.96	158287
有色金属冶炼及压延加工业	Smelting and Pressing of Nonferrous Metals	98.53	3.84	188187
金属制品业	Metal Products	97.56	1.90	74134
通用设备制造业	Equipment in Common Use	97.84	1.65	86135
专用设备制造业	Special Purpose Equipment	96.48	1.68	101873
交通运输设备制造业	Transport Equipment	97.20	1.89	88732
电气机械及器材制造业	Electric Equipment and Machinery	97.77	1.89	82477
通信设备、计算机及其他电子设备制造业	Telecommunications Equipment, Computer and Other Electronic Equipment	101.31	1.71	87370
仪器仪表及文化、办公用机械制造业	Instruments, Meters, Cultural and Office Machinery	97.86	1.77	92170
工艺品及其他制造业	Handicraft Article and Other Manufacturing Indust	97.77	1.95	41458
废弃资源和废旧材料回收加工业	Recovery of Resource Discarded and Useless Material	107.25	5.18	17207
电力、热力的生产和供应业	Production and Supply of Electricity and Heating Power	99.91	4.92	50226
燃气生产和供应业	Production and Supply of Gas	100.46	3.27	33728
水的生产和供应业	Production and Supply of Water	99.97	0.68	140275

7-16 规模以上工业企业能源购进、消费及库存(2005年)

Purchasing, Consuming, Stocks of Energy in Industrial Enterprises Above Designated Size (2005)

能源名称		Item		年初库存 Stock at the Beginning of the Year	购进量实物量 Number of Purchasing	消费量 Consumption	#工业生产消费 Industry	年末库存 Stock at the End of the Year
原煤	(吨)	Coal	(ton)	3972748	87237361	87521764	87192232	3955454
洗精煤	(吨)	Coal Washing	(ton)	137429	913042	950255	950051	71888
其他洗煤	(吨)	Other Coal Washing	(ton)	1376	22818	23971	23795	223
型煤	(吨)	Forming Coal	(ton)	1624	34965	35175	34666	1406
焦炭	(吨)	Coke	(ton)	96258	1629116	2192508	2191815	115893
其他焦化产品	(吨)	Other Coking Products	(ton)	904	13227	14116	14063	5
焦炉煤气	(万立方米)	Coking Coal	(10000 cu. m)		23	23327	23326	
高炉煤气	(万立方米)	Blast Furnace Gas	(10000 cu. m)		7820	378763	378763	
其他煤气	(万立方米)	Other Gases	(10000 cu. m)		5921	16881	13644	
天燃气	(万立方米)	Natural Gas	(10000 cu. m)		11346	11323	11306	
原油	(吨)	Crude Oil	(ton)	739465	21230820	21130343	21130238	811698
汽油	(吨)	Gasoline	(ton)	3786	407224	407731	264409	3483
煤油	(吨)	Kerosene	(ton)	2319	66999	67199	66092	2084
柴油	(吨)	Diesel Oil	(ton)	46439	1693084	1701888	1361271	41967
燃料油	(吨)	Fuel Oil	(ton)	49933	1487093	1886715	1886356	71155
液化石油气	(吨)	LPG	(ton)	2015	236766	211507	207886	29735
其他石油制品	(吨)	Other Petroleum Products	(ton)	214747	1092061	2664285	2664146	86789
热力	(百万千焦)	Heat	(1000 million J)		112519944	153177682	152150108	
电力	(万千瓦时)	Electricity	(10000 kw. h)		9127409	10191128	10112697	
其他燃料	(吨标准煤)	Other Fuel	(tons of SCE)	10933	414137	420930	420570	9215

7－17 能源生产弹性系数(1990－2005 年)
Elasticity Ratio of Energy Production(1990－2005)

年份 Year	全省能源生产量(万吨标准煤) Output of Energy Production	全省电力生产量(万千瓦小时) Output of Electricity Production	能源生产比上年增长(%) Growth Rate of Energy Production Over Preceding year	电力生产比上年增长(%) Growth Rate of Electricity Production Over Preceding year	生产总值比上年增长(%) Growth Rate of GDP Over Preceding year	能源生产弹性系数 Elasticity Ratio of Energy Production	电力生产弹性系数 Elasticity Ratio of Electricity Production
1990	317.18	208.58			3.93		
1991	324.10	242.25	2.18	16.14	17.83	0.12	0.91
1992	355.57	284.13	9.71	17.29	19.02	0.51	0.91
1993	388.80	308.52	9.35	8.58	22.02	0.42	0.39
1994	402.53	340.90	3.53	10.50	19.97	0.18	0.53
1995	460.70	407.11	14.45	19.42	16.78	0.86	1.16
1996	379.17	448.36	－17.70	10.13	12.69	－1.39	0.80
1997	392.16	485.77	3.43	8.34	11.10	0.31	0.75
1998	494.04	539.16	25.98	10.99	10.17	2.55	1.08
1999	454.81	597.26	－7.94	10.78	10.03	－0.79	1.07
2000	439.24	696.59	－3.42	16.63	11.04	－0.31	1.51
2001	516.41	790.35	17.57	13.46	10.65	1.65	1.26
2002	745.64	887.82	44.39	12.33	12.64	3.51	0.98
2003	945.58	1090.86	26.81	22.87	14.70	1.82	1.56
2004	1091.63	1258.81	15.45	15.40	14.48	1.07	1.06
2005	1273.02	1456.42	16.62	15.70	12.78	1.30	1.23

7－18 能源消费弹性系数(1990－2005年)
Elasticity Ratio of Energy Consumption(1990－2005)

年份 Year	全省能源消费量 (万吨标准煤) Total Energy Consumption	全省电力消费量 (万千瓦小时) Total Electricity Consumption	能源消费比上年增长 (%) Growth Rate of Energy Consumption Over Preceding year	电力消费比上年增长 (%) Growth Rate of Electricity Consumption Over Preceding year	生产总值比上年增长 (%) Growth Rate of GDP Over Preceding year	能源消费弹性系数 Elasticity Ratio of Energy Consumption	电力消费弹性系数 Elasticity Ratio of Electricity Consumption
1990	2732.86	230.29			3.93		
1991	3123.17	263.07	14.28	14.23	17.83	0.80	0.80
1992	3484.22	303.28	11.56	15.28	19.02	0.61	0.80
1993	4044.22	346.75	16.07	14.33	22.02	0.73	0.65
1994	4496.67	396.74	11.19	14.42	19.97	0.56	0.72
1995	4851.26	439.59	7.89	10.80	16.78	0.47	0.64
1996	5165.43	479.34	6.48	9.04	12.69	0.51	0.71
1997	5446.74	511.45	5.45	6.70	11.10	0.49	0.60
1998	5656.96	547.78	3.86	7.10	10.17	0.38	0.70
1999	5960.14	611.67	5.36	11.66	10.03	0.53	1.16
2000	6560.37	742.89	10.07	21.45	11.04	0.91	1.94
2001	7253.11	855.29	10.56	15.13	10.65	0.99	1.42
2002	8279.64	1015.84	14.15	18.77	12.64	1.12	1.49
2003	9522.56	1240.35	15.01	22.10	14.70	1.02	1.50
2004	10824.69	1419.53	13.67	14.45	14.48	0.94	1.00
2005	12031.67	1642.32	11.15	15.69	12.78	0.87	1.23

7－19 规模以下工业主要指标(2005 年)

Basic Indicators on Total Industry Below Designated Size(2005)

指　标		Item		2005
企业(单位)数	(万家)	Number of Enterprises	(10000 units)	78.70
年末从业人数	(万人)	Number of Employed Persons at the Year－end	(10000 persons)	640.53
工业总产值	(亿元)	Gross Industrial Output Value	(100 million yuan)	7400.24

7－20 规模以下工业企业主要指标(2005 年)

Basic Indicators on Industrial Enterprises Below Designated Size(2005)

单位:亿元　(100 million yuan)

指　标		Item		2005
企业数	(万家)	Number of Enterprises	(10000 units)	14.42
年末从业人数	(万人)	Number of Employed Persons at the Year－end	(10000 persons)	267.23
工业总产值		Gross Industrial Output Value		3148.51
产品销售收入		Sales Revenue		3005.87
税金总额		Total Taxes		153.20
#所得税		Income Taxes		24.18
营业利润		Sales Profits		197.46
应付工资、福利及保险费		Expense of Payment,Benefits and Insurance		286.52
折旧		Depreciation		92.31

7－21 个体工业主要指标(2005 年)

Basic Indicators on Individual Industry(2005)

单位:亿元　(100 million yuan)

指　标		Item		2005
单位数	(万家)	Number	(10000 units)	64.28
年末从业人数	(万人)	Number of Employed Persons at the Year－end	(10000 persons)	373.30
营业收入		Revenues in Business		4251.73
生产支出		Cost of Produce		3249.74
雇员报酬		Employee Payment		335.08
上交税、费		Taxes and Expenses Payable		83.35

主要统计指标解释

工业增加值 是指工业行业在报告期内以货币表现的工业生产活动的最终成果。

固定资产原价 固定资产原值指企业在建造、购置、安装、改建、扩建、技术改造某项固定资产时所支出的全部货币总额。它一般包括买价、包装费、运杂费和安装费等。

固定资产净值 是指固定资产原价减去历年已提折旧额后的净额。

流动资产 流动资产是指可以在一年或者超过一年的一个营业周期内变现或者耗用的资产，包括现金及各种存款、短期投资、应收及预付货款、存货等。

利税总额 指企业利润总额、产品销售税金及附加和应交增值税之和。

主营业务收入 指企业在销售商品(不一定是本企业生产)、提供劳务及让渡资产使用权等日常活动中所产生的收入。

主营业务成本 指企业在销售商品、提供劳务及让渡资产使用权等日常活动而发生的实际成本。

主营业务税金及附加 指企业日常活动应负担的税金及附加，包括营业税、消费税、城市维护建设税、资源税、土地增值税和教育费附加等。

产品销售利润 指企业销售产品和提供工业性劳务等主要经营业务收入扣除其成本、费用、税金后的利润。

利润总额 指企业实现的利润。

应交增值税 指企业在报告期内应交纳的增值税额。

资本金 指企业在工商行政管理部门登记的注册资金合计。企业资本金按投资主体可分为国家资本金、法人资本金、个人资本金和外商资本金等。资本金合计包括企业各种投资主体注册的全部资本金。

总资产 指企业拥有或控制的全部资产。包括流动资产、长期投资、固定资产、无形及递延资产、其他长期资产、递延税项等，即为企业资产负债表的资产总计项。

(1) 流动资产 指企业可以在一年内或者超过一年的一个生产周期内变现或耗用的资产合计。包括现金及各种存款、短期投资、应收及预付款项、存货等。

(2) 固定资产 指企业固定资产净值、固定资产清理、在建工程、待处理固定资产损失所占用的资金合计。

(3) 无形资产 指企业长期使用而没有实物形态的资产。包括专利权、非专利技术、商标权、著作权、土地使用权、商誉等。

总负债 指企业承担并需要偿还的全部债务。包括流动负债和长期负债、递延税项等，即为企业资产负债表的负债合计项。

(1) 流动负债 指企业在一年内或者超过一年的一个营业周期内需要偿还的债务合计，其中包括短期借款、应付及预收款项、应付工资、应交税金和应交利润等。

(2) 长期负债 指企业在一年以上或者超过一年的一个生产周期以上需要偿还的债务合计，其中包括长期借款、应付债务、长期应付款项等。

所有者权益 指企业投资人对企业净资产的所有权。企业净资产等于企业全部资产减去全部负债后的余额，其中包括投资者对企业的最初投入，以及资本公积金、盈余公积金和未分配利润，对股份制企业即为股东权益。

流动资产周转次数 指在一定时间内流动资产完成的周转次数，反映流动资产的周转速度。

计算公式为流动资金周转次数 = 产品销售收入/全部流动资产平均余额。

全员劳动生产率 指根据产品的价值量指标计算的平均每一从业人员在单位时间内的产品生产量。计算公式为全员劳动生产率 = 工业增加值 ÷ 全部从业人员数。

能源生产总量 指一定时期内某地区一次能源生产量的总和。该指标是观察全国能源生产水平、规模、构成和发展速度的总量指标。一次能源生产量包括原煤、原油、天然气、水电、核能及其他动力能(如风能、地热能等)发电量，不包括低热值燃料生产值、生物能、太阳能等的利用和由一次能源加工转换而成的二次能源产量。

能源消费总量 指一定时期内某地区物质生产部门、非物质生产部门和生活消费的各种能源的总和。该指标是观察能源消费水平、构成和增长速度的总量指标。能源消费总量包括原煤和原油及其制品、天然气、电力，不包括低热值燃料、生物质能和太阳能等的利用。能源消费总量分为终端能源消费量、能源加工转换损失量和能源损失量三部分。

(1)终端能源消费量:指一定时期内生产和生活消费的各种能源在扣除了用于加工转换二次能源消费量和损失量以后的

数量。

(2)能源加工转换损失量:指一定时期内投入加工转换的各种能源数量之和与产出各种能源产品之和的差额。该指标是观察能源在加工转换过程中损失量变化的指标。

(3)能源损失量:指一定时期内能源在输送、分配、储存过程中发生的损失和由客观原因造成的各种损失量,不包括各种气体能源放空、放散量。

能源生产弹性系数 研究能源生产增长速度与国民经济增长速度之间关系的指标。计算公式为:

$$能源生产弹性系数=\frac{能源生产总量年平均增长速度}{生产总值年平均增长速度}$$

电力生产弹性系数 研究电力生产增长速度与国民经济增长速度之间关系的指标。一般来说,电力的发展应当快于国民经济的发展,也就是说电力应超前发展。计算公式为:

$$电力生产弹性系数=\frac{电力生产量年平均增长速度}{生产总值年平均增长速度}$$

能源消费弹性系数 反映能源消费增长速度与国民经济增长速度之间比例关系的指标。计算公式为:

$$能源消费弹性系数=\frac{能源消费量年平均增长速度}{生产总值年平均增长速度}$$

电力消费弹性系数 反映电力消费增长速度与国民经济增长速度之间比例关系的指标。计算公式为:

$$电力消费弹性系数=\frac{电力消费量年平均增长速度}{生产总值年平均增长速度}$$

Explanatory Notes on Main Statistical Indicators

Value Added of Industry refers to the final results of industrial production of the industrial trade in money terms during the reference period.

Original Value of Fixed Assets refers to the original value of all fixed assets owned by industrial enterprises, calculated at the cost paid at the time of purchase, installation, reconstruction, expansion, and technical innovation and transformation of the said assets, which includes expenses on purchase, package, transportation, and installation, etc.

Net Value of Fixed Assets is obtained by deducting depreciation over years from the original value of fixed assets.

Circulating Assets refers to assets which can be cashed in or spent or consumed in an operating cycle of one year or over one year, which includes cash, various deposits, short term investment, and receivable payments, and advance payments, stock, etc.

Total Value of Profit and Tax(Pre - tax Profits) refers to the sum of the total profits, products sales tax and surcharges and the value added tax payable of industrial enterprises. It is also called pre - tax profits.

Revenue on Main Business refers to revenues from the sales of products, labor services provided, alienation of using asset right and etc.

Cost on Main Business refers to real costs from the sales of products, labor services provided, alienation of using asset right and etc.

Tax and Extra Charges on Main Business refer to the tax the business tax, consumption tax, city maintenance and construction, resources tax, land increasing value tax and extra charges for education and etc.

Sales Profit of Products refers to the profit gained by the enterprises by deducting cost, charges and taxes from the business income of the enterprises obtained in selling products and providing industrial services.

Total Profits refer to the profits gained by the enterprises.

Value Added Tax Payable refers to the amount of the value added tax which should be paid by the enterprises in the reporting period.

Capital refers to the corporation's capital registered in the departments of administration for industry and commerce. According to the different nature of investors, corporations' capital can be divided into state capital, legal person's capital, personal capital, foreign capital, etc. Total capital includes total registered capital of all investors in the corporation.

Total Assets refer to all assets which are owned or controlled by enterprises, including circulating assets, long - term investment, fixed assets, intangible assets and deferred assets, other long - term assets, and deferred taxes, etc. The summation of above items is equal to total assets shown in the balance sheets of the enterprises.

(1) Circulating assets (working capital) refer to assets which can be cashed in or spent or consumed in an operating cycle of one year or over one year, including cash, all kinds of deposits, short term investment, receivables, advance payment, stock, etc.

(2) Fixed assets refer to the net value of fixed assets, clearance of fixed assets, project under construction, fixed assets losses in suspense. These are corporations' fund holdings.

(3) Intangible assets refer to the assets without material form used by enterprises over a long time, such as patents, non - patent technologies, trade marks, copyright, land use right, business reputation, etc.

Total liabilities refer to the debts that enterprises are responsible for repayment, including liquid liabilities, long - term liabilities and deferred taxes, etc. Total liabilities correspond to the summation item of liabilities shown in the balance sheets of the enterprises.

(1) Liquid liabilities (also called quick liabilities or immediate liabilities) refer to enterprises total debt payable within an operating cycle of one year or over one year, including short term loans, payables and advance payments, wages payables, taxes payable and profit payable, etc.

(2) Long - term liabilities refers to total debt payable within an operating cycle of one year or over one year, including long - term loans, payable liabilities, long - term payables, etc.

Creditors' Equity refers to investors' ownership of net assets of the enterprise. It is equal to the total assets of the enterprise minus its total liabilities, including the primary input from investors, capital accumulation fund, surplus accumulation fund and undistributed profit. It is the stock holders' equity in stock companies.

Turnover of working Capital refers to the number of times of turnover of working capital in a given period of time, which reflects the speed of the turnover of working capital and is calculated as follows:

Turnover of Working Capital(%) = (Sales Revenue of Products) ÷ (Average Balance of Total Working Capital) × 100%

Overall Labour Productivity of Industrial Enterprises refers to the average output per employed person in industrial enterprises in value terms. At present, the value added and the average number of staff and worders of an industrial enterprises in a given period are used to calculate the overall labour productivity. The formula used is:

Overall Labour Productivity = (Value Added of Industry) ÷ (Average Number of Staff and Worders)

Total Energy Production refers to the total production of primary energy by all energy producing enterprises in the region in a given period of time. It is a comprehensive indicator to show the capacity, scale, composition and development of energy production of the country. The production of primary energy includes that of coal, crude oil, natural gas, hydro – power and electricity generated by nuclear energy and other means such as wind power and geothermal power. However, it excludes the production of fuels of low calorific value, bio – energy, solar energy and the secondary energy converted from the primary energy.

Total Domestic Energy Consumption refers to the total consumption of energy of various kinds by material production sectors, non material production sectors and households in the region in a given period of time. It is a comprehensive indicator to show the scale, composition and development of energy consumption. The total energy consumption includes that of coal, crude oil and their products, natural gas and electricity. However, it excludes the consumption of fuel of low calorific value, bioenergy and solar energy. Total domestic energy consumption can be divided into three parts: final energy consumption, loss during the process of energy conversion, and energy loss.

(1) Final Energy Consumption: It refers to the total energy consumption by material production sectors, non material production sectors and households in the region in a given period of time, but excludes the consumption in conversion of the primary energy into the secondary energy and the loss in the process of energy conversion.

(2) Loss During the Process of Energy Conversion: It refers to the total input of various kinds of energy for conversion, minus the total output of various kinds of energy in the region in a given period of time. It is an indicator to show the loss that occurs during the process of energy conversion.

(3) Energy Loss: It refers to the total of the loss of energy during the course of energy transport, distribution and storage and the loss caused by any objective reason in a given period of time. The loss of various kinds of gas due to gas discharges and stocktaking is excluded.

Elasticity Ratio of Energy Production is an indicator to show the relationship between the growth rate of energy production and the growth rate of the national economy. The formula is:

Elasticity Ratio of the Energy Production = Average Annual Growth Rate of Energy Production/Average Annual Growth Rate of GDP.

Elasticity Ratio of Electricity Production is an indicator to show the relationship between the growth rate of electricity production and the growth rate of electricity production should be higher than that of the national economy.

Its formula is:

Elasticity Ratio of Electricity Production = Average Annual Growth Rate of Electricity Production/Average Annual Growth Rate of GDP.

Elasticity Ratio of Energy Consumption is an indicator to show the relationship between the growth rate of energy consumption and the growth rate of the national economy. The formula is:

Elasticity Ratio of Energy Consumption = Average Annual Growth Rate of Energy Consumption/Average Annual Growth Rate of GDP.

Elasticity Ratio of Electricity Consumption is an indicator to show the relationship between the growth rate of electricity consumption and the growth rate of the national economy. The formula is:

Elasticity Ratio of Electricity Consumption = Average Annual Growth Rate of Electricity Consumption/Average Annual Growth Rate of GDP.

ZHEJIANG STATISTICAL YEARBOOK
CHAPTER 8

建筑业
Construction

8－1　建筑业企业单位数(1990－2005 年)
Number of Construction Enterprises(1990－2005)

年　份 Year	总　计 Total	国有施工企业 State-owned Construction Enterprises	集体施工企业 Collective Owned Construction Enterprises	其他经济类型施工企业 Others
企业单位数(个) Enterprises(unit)				
1990	2550	109	2441	
1991	2503	120	2383	
1992	2450	112	2314	24
1993	2901	160	2721	20
1994	3538	215	3273	50
1995	3549	218	3216	115
1996	3691	354	2671	666
1997	3937	399	2569	969
1998	3540	341	1572	1627
1999	3657	330	1333	1994
2000	3592	283	971	3238
2001	3370	200	575	2595
2002	3210	155	254	2801
2003	3514	156	227	3131
2004	4053	128	169	3756
2005	4226	130	154	3942

注:8－1 至 8－3 表内数据为全部资质以上建筑企业。
The date in the table 8－1 to 8－3 refers to the construction enterprises which having qualification Certificates.

8-2 建筑业企业年平均从业人员(1990-2005年)

Annual Average Employed Persons in Construction Enterprises(1990-2005)

年份 Year	总计 Total	国有施工企业 State-owned Construction Enterprises	集体施工企业 Collective Owned Construction Enterprises	其他经济类型施工企业 Others
平均从业人员(万人) Average Employed Persons (10000 Persons)				
1990	67.37	10.79	56.58	
1991	70.46	11.05	59.40	
1992	75.25	10.67	63.90	0.68
1993	97.28	10.07	86.71	0.50
1994	127.89	14.71	112.08	1.11
1995	144.21	17.24	121.80	5.17
1996	145.32	21.76	105.32	18.24
1997	141.22	19.85	97.16	24.21
1998	142.51	19.89	77.45	45.17
1999	150.63	19.09	65.17	66.37
2000	165.90	15.77	52.99	97.14
2001	185.17	11.32	33.24	140.61
2002	201.10	10.25	19.36	171.49
2003	247.22	10.81	17.47	218.94
2004	276.87	7.68	12.80	256.39
2005	322.12	7.09	12.22	302.82

8-3 建筑业总产值(1990-2005年)
Gross Output Value of Construction Enterprises(1990-2005)

年 份 Year	总 计 Total	国有施工企业 State-owned Construction Enterprises	集体施工企业 Collective Owned Construction Enterprises	其他经济类型施工企业 Others
总产值(亿元) Gross Output Value (100 million yuan)				
1990	78.98	20.10	58.88	
1991	92.83	21.11	71.72	
1992	134.00	26.01	106.25	1.80
1993	260.54	35.97	222.95	1.62
1994	470.79	73.47	392.74	4.58
1995	710.23	113.69	560.75	35.79
1996	845.68	149.81	591.41	104.46
1997	883.33	157.11	572.15	154.07
1998	942.53	172.12	463.79	306.62
1999	1128.28	181.74	446.97	499.57
2000	1383.77	147.12	395.18	841.47
2001	1768.45	128.98	273.87	1365.60
2002	2282.99	143.49	179.78	1959.72
2003	3127.28	159.06	166.20	2802.02
2004	3911.30	147.60	140.40	3623.30
2005	4743.30	153.10	139.70	4450.60

8－4 国有建筑企业主要经济指标(2000－2005年)
Major Economic Indicators of State-owned Construction Enterprises(2000－2005)

指 标		Item		2000	2001	2002	2003	2004	2005
建筑业总产值	(亿元)	Gross Output Value of Construction	(100 million yuan)	147.10	128.90	143.50	159.06	147.60	153.10
增加值	(亿元)	Added Value	(100 million yuan)	30.2	27.3	27.4	32.6	29.1	39.2
实现利润总额	(亿元)	Total Profits	(100 million yuan)	2.2	2.3	2.6	3.5	3.5	11.1
上缴税金	(亿元)	Taxes Turned over to State	(100 million yuan)	4.3	4.4	3.9	4.9	4.7	5.3
房屋建筑施工面积	(万平方米)	Floor Space of Buildings under Construction	(10000 sq. m)	883.7	595.0	594.4	582.1	573.4	437.4
房屋建筑竣工面积	(万平方米)	Floor Space of Buildings Completed	(10000 sq. m)	375.9	264.3	228.8	227.6	151.4	146.6
房屋竣工率	(%)	Percentage of Buildings Completed	(%)	42.5	44.2	38.9	39.1	26.4	33.5
计算劳动生产率的平均人数	(万人)	Average Staff and Workers to Calculate Labor Productivity	(10000 persons)	15.77	11.32	10.24	10.80	7.68	7.09
年末拥有固定资产原值	(亿元)	Original Value of Fixed Assets Owned (year-end)	(100 million yuan)	47.8	39.3	39.0	40.0	30.2	34.7
年末拥有固定资产净值	(亿元)	Net Value of Fixed Assets Owned (year-end)	(100 million yuan)	33.0	25.4	25.5	29.0	19.9	12.9

注:8－4至8－20各表2004、2005年数据为资质以上总承包、专业承包建筑业企业,不包括劳务分包企业。
The data in table 8－4 to 8－20 include enterprises of labor contracting which having qualification Certificates in 2004、2005.

8－4 续表 continued

指 标		Item		2000	2001	2002	2003	2004	2005
年末拥有机械设备总台数	（万台）	Number of Machinery and Equipment Owned (year-end)	(10000 units)	4.96	5.70	3.16	2.90	2.60	2.60
年末拥有机械设备总功率	（万千瓦）	Total Power of Machinery and Equipment Owned (year-end)	(10000 kw)	87.80	74.40	62.90	61.90	48.99	47.98
年末拥有机械设备净值	（亿元）	Net Value of Machinery and Equipment Owned (year-end)	(100 million yuan)	15.33	15.42	15.46	15.18	11.05	12.92
全员劳动生产率		Overall Labor Productivity							
按总产值计算	（元/人）	Calculated by Gross Output Value	(yuan/person)	93292	113936	140082	147228	192215	215821
按增加值计算	（元/人）	Calculated by Added-value	(yuan/person)	19147	24074	26787	30160	37544	55259
技术装备率	（元/人）	Value of Machines per Labourer	(yuan/person)	9721	13622	15974	14502	15547	19550
动力装备率	（千瓦/人）	Power of Machines per Labourer	(kw/person)	5.6	6.6	6.5	5.9	6.9	7.2
产值利润率	（%）	Ratio of Profit to Gross Output Value	(%)	1.5	1.8	1.8	2.2	2.3	7.3

注:2004、2005 年末机械设备为年末施工机械设备。表 8－5 同。
The number of Machinery and Equipment Owned in 2004、2005 refers to the machinery and equipment under construction (year-end). The table 8－5 was the same.

8－5 集体建筑企业主要经济指标(2000－2005)

Major Economic Indicators of Collective Owned Construction Enterprises(2000－2005)

指 标		Item		2000	2001	2002	2003	2004	2005
建筑业总产值	(亿元)	Gross Output Value of Construction	(100 million yuan)	395.20	273.90	179.80	166.20	139.51	139.20
增加值	(亿元)	Added Value	(100 million yuan)	89.6	60.3	40.2	38.2	31.1	31.4
实现利润总额	(亿元)	Total Profits	(100 million yuan)	8.9	5.4	3.9	4.6	2.4	2.8
上缴税金	(亿元)	Taxes Turned over to State	(100 million yuan)	12.5	8.5	5.7	5.5	4.3	4.4
房屋建筑施工面积	(万平方米)	Floor Space of Buildings under Construction	(10000 sq. m)	5365.9	3753.8	2506.6	2195.1	2068.7	1801.1
房屋建筑竣工面积	(万平方米)	Floor Space of Buildings Completed	(10000 sq. m)	2359.8	1769.0	1174.0	1039.5	830.6	738.0
房屋竣工率	(%)	Percentage of Buildings Completed	(%)	44.0	47.1	46.8	47.4	40.2	41.0
计算劳动生产率的平均人数	(万人)	Average Staff and Workers to Calculate Labor Productivity	(10000 persons)	52.99	33.24	19.34	17.40	12.72	12.15
年末拥有固定资产原值	(亿元)	Original Value of Fixed Assets Owned (year-end)	(100 million yuan)	78.9	52.9	33.0	27.5	20.8	20.1
年末拥有固定资产净值	(亿元)	Net Value of Fixed Assets Owned (year-end)	(100 million yuan)	59.2	40.6	25.8	24.2	15.5	15.4

8－5 续表 continued

指 标	Item	2000	2001	2002	2003	2004	2005
年末拥有机械设备总台数 （万台）	Number of Machinery and Equipment Owned(year-end) (10000 units)	18.22	12.38	7.22	6.36	4.29	3.58
年末拥有机械设备总功率 （万千瓦）	Total Power of Machinery and Equipment Owned (year-end) (10000 kw)	177.4	120.7	75.7	61.4	44.7	35.7
年末拥有机械设备净值 （亿元）	Net Value of Machinery and Equipment Owned (year-end) (100 million yuan)	33.4	23.6	16.0	13.8	9.2	8.0
全员劳动生产率	Overall Labor Productivity						
按总产值计算 （元/人）	Calculated by Gross Output Value (yuan/person)	74573	82391	92948	95520	109686	114649
按增加值计算 （元/人）	Calculated by Added-value (yuan/person)	16904	18130	20798	21961	24482	25856
技术装备率 （元/人）	Value of Machines per Labourer (yuan/person)	6303	7088	8421	7997	7052	6447
动力装备率 （千瓦/人）	Power of Machines per Labourer (kw/person)	3.3	3.6	4.0	3.5	3.4	2.9
产值利润率 （%）	Ratio of Profit to Gross Output Value (%)	2.30	2.00	2.20	2.80	1.80	2.04

8－6 各地建筑业企业单位数（2000－2005 年）
Number of Construction Enterprises by Region（2000－2005）

单位：个 (unit)

地 区	Region	2000	2001	2002	2003	2004	2005
合 计	**Total**	**3592**	**3370**	**3134**	**3392**	**3795**	**3962**
杭州市	Hangzhou	734	695	719	755	805	861
宁波市	Ningbo	557	508	482	566	635	655
温州市	Wenzhou	412	417	372	398	477	478
嘉兴市	Jiaxing	261	237	195	189	194	202
湖州市	Huzhou	177	156	141	154	165	185
绍兴市	Shaoxing	343	320	340	373	414	451
金华市	Jinhua	413	338	326	368	456	465
衢州市	Quzhou	129	127	90	105	113	117
舟山市	Zhoushan	131	130	81	80	87	96
台州市	Taizhou	290	284	261	267	316	321
丽水市	Lishui	145	158	127	137	133	131

8－7 各地建筑业企业年末从业人员(2000－2005年)

Employed Persons in Construction Enterprises by Region(Year-end,2000－2005)

单位:万人 (10000 Persons)

地 区	Region	2000	2001	2002	2003	2004	2005
合 计	**Total**	**171.05**	**183.40**	**198.84**	**242.94**	**266.08**	**311.94**
杭州市	Hangzhou	33.13	32.22	36.98	45.35	49.52	56.09
宁波市	Ningbo	23.39	25.60	29.51	37.83	42.00	45.41
温州市	Wenzhou	15.02	18.31	17.96	20.12	20.27	22.33
嘉兴市	Jiaxing	7.87	7.67	7.67	9.76	10.04	11.71
湖州市	Huzhou	6.20	7.54	6.87	6.96	7.44	8.57
绍兴市	Shaoxing	38.54	41.71	48.71	59.81	69.65	88.43
金华市	Jinhua	21.16	21.16	21.86	28.61	30.47	37.71
衢州市	Quzhou	4.02	4.76	4.43	4.92	4.99	5.17
舟山市	Zhoushan	3.08	2.92	2.65	3.28	2.92	3.06
台州市	Taizhou	15.89	17.33	18.89	22.31	24.38	28.84
丽水市	Lishui	2.76	4.20	3.30	4.00	4.38	4.61

8-8 各地建筑业企业总产值(2000-2005年)

Gross Output Value of Construction Enterprises by Region(2000-2005)

单位:亿元 (100 million yuan)

地 区	Region	2000	2001	2002	2003	2004	2005
合 计	**Total**	**1383.8**	**1768.4**	**2283.0**	**3127.3**	**3895.6**	**4716.1**
杭州市	Hangzhou	290.4	358.2	526.0	710.0	873.0	1036.2
宁波市	Ningbo	203.6	250.4	331.9	474.6	595.9	659.9
温州市	Wenzhou	106.2	152.5	164.2	194.5	220.2	260.9
嘉兴市	Jiaxing	52.7	59.2	66.3	90.8	111.2	122.9
湖州市	Huzhou	39.8	56.7	66.6	85.6	105.5	142.4
绍兴市	Shaoxing	362.3	457.2	623.7	874.3	1136.1	1407.1
金华市	Jinhua	152.8	186.0	223.8	335.3	423.9	541.2
衢州市	Quzhou	22.1	40.9	38.4	49.3	48.6	54.6
舟山市	Zhoushan	17.6	21.2	22.0	28.6	37.7	41.4
台州市	Taizhou	120.7	153.5	186.4	242.0	293.5	392.1
丽水市	Lishui	15.5	32.6	33.6	42.2	50.0	57.3

8-9 各地区按登记注册类型分的建筑业企业单位数(2005 年)

Number of Construction Enterprises by Registration Status and Region(2005)

单位:个 (unit)

地 区 Region		建筑业企业单位数 Number of Construction Enterprises	内资企业 Domestic Capital Enterprises	#国有企业 State - owned Enterprises	#集体企业 Collective Owned Enterprises	#股份合作企业 Share Holdings Enterprises	#私营企业 Private Enterprises	港澳台商投资企业 Enterprises Funded by Entrepre - neurs from Hong Kong Macao and Taiwan	外商投资企业 Foreign Funded Enterprises
合 计	**Total**	**3962**	**3922**	**129**	**147**	**53**	**2400**	**21**	**19**
杭州市	Hangzhou	861	847	45	18	5	484	9	5
宁波市	Ningbo	655	650	19	8	6	516	2	3
温州市	Wenzhou	478	477	6	42	18	232		1
嘉兴市	Jiaxing	202	200	4	2	8	139		2
湖州市	Huzhou	185	178	18	9	3	64	4	3
绍兴市	Shaoxing	451	444	6	13	1	309	2	5
金华市	Jinhua	465	464	9	25	2	308	1	
衢州市	Quzhou	117	117	4	4	1	92		
舟山市	Zhoushan	96	95	5	3	2	63	1	
台州市	Taizhou	321	319	6	15	7	113	2	
丽水市	Lishui	131	131	7	8		80		

8－10 各地区按登记注册类型分的建筑业企业年末从业人员（2005 年底）

Number of Employed Persons in Construction Enterprises by Registration Status and Region（End of 2005）

单位：人　　　　　　　　　　　　　　　　　　　　　　　　　　　　　（person）

地　区 Region		年末从业人员 Average Number of Employed Persons	内资企业 Domestic Capital Enterprises	#国有企业 State－owned Enterprises	#集体企业 Collective Owned Enterprises	#股份合作企业 Share Holdings Enterprises	#私营企业 Private Enterprises	港澳台商投资企业 Enterprises Funded by Entrepre－neurs from Hong Kong Macao and Taiwan	外商投资企业 Foreign Funded Enterprises
合　计	**Total**	**3119377**	**3084239**	**66078**	**124517**	**31211**	**1270445**	**5716**	**29422**
杭州市	Hangzhou	560930	558119	22577	2830	5076	154866	1717	1094
宁波市	Ningbo	454093	453385	11781	1495	6710	219384	101	607
温州市	Wenzhou	223359	223229	7472	36028	7260	71451		130
嘉兴市	Jiaxing	117064	117005	1376	1150	3419	84401		59
湖州市	Huzhou	85758	84185	6489	2808	1545	12399	1085	488
绍兴市	Shaoxing	884364	855194	2254	26058	421	419619	2126	27044
金华市	Jinhua	377077	377057	7674	26095	412	152962	20	
衢州市	Quzhou	51723	51723	1141	2707	355	35495		
舟山市	Zhoushan	30582	30525	1723	798	478	16710	57	
台州市	Taizhou	288360	287750	2459	22518	5535	72389	610	
丽水市	Lishui	46067	46067	1132	2030		30769		

8－11 各地区建筑业总产值构成(2005 年)

Total Construction Output Value by Structure and Region(2005)

单位:万元 (10000 yuan)

地 区	Region	建筑业总产值 Gross output Value of Construction	建筑工程产值 Output Value of Construction	安装工程产值 Output Value of Installation	其他产值 Others
合 计	**Total**	**47161023**	**41460039**	**4159912**	**1541073**
杭州市	Hangzhou	10362449	8876738	1165128	320584
宁波市	Ningbo	6599517	5643318	756373	199825
温州市	Wenzhou	2609235	2331263	229227	48746
嘉兴市	Jiaxing	1229046	1012284	154829	61934
湖州市	Huzhou	1424006	1191954	141902	90150
绍兴市	Shaoxing	14071307	12323751	1129009	618548
金华市	Jinhua	5411537	4995339	334119	82079
衢州市	Quzhou	545868	464954	71373	9541
舟山市	Zhoushan	414245	370300	39237	4709
台州市	Taizhou	3920565	3737464	100435	82665
丽水市	Lishui	573248	512674	38281	22293

8－12 各地区按登记注册类型分的建筑业总产值(2005 年)

Total Construction Output Value by Registration Status and Region(2005)

单位:万元　　(10000 yuan)

地　区 Region		建筑业总产值 Gross Output Value of Construction	内资企业 Domestic Capital Enterprises	#国有企业 State－owned Enterprises	#集体企业 Collective Owned Enterprises	#股份合作企业 Share Holdings Enterprises	#私营企业 Private Enterprises	港澳台商投资企业 Enterprises Funded by Entrepre－neurs from Hong Kong Macao and Taiwan	外商投资企业 Foreign Funded Enterprises
合　计	**Total**	**47161023**	**46670983**	**1531059**	**1392477**	**348691**	**16885775**	**112799**	**377242**
杭州市	Hangzhou	10362449	10293080	651891	61680	59858	2207514	35319	34051
宁波市	Ningbo	6599517	6596001	376083	18524	66695	2750897	598	2919
温州市	Wenzhou	2609235	2608805	93424	350503	64692	947921		430
嘉兴市	Jiaxing	1229046	1228533	9137	13385	28926	817796		513
湖州市	Huzhou	1424006	1405722	134482	32618	12691	181735	14041	4243
绍兴市	Shaoxing	14071307	13679298	41284	306338	23055	6120372	56923	335086
金华市	Jinhua	5411537	5411437	99794	282078	8973	2010169	100	
衢州市	Quzhou	545868	545868	36090	11930	2581	356560		
舟山市	Zhoushan	414245	414017	37838	15337	7950	227271	228	
台州市	Taizhou	3920565	3914975	37286	270811	73270	891666	5590	
丽水市	Lishui	573248	573248	13750	29274		373872		

8－13 各地区按所含专业分的建筑业总产值(2005年)

Total Construction Output Value by Sector and Region(2005)

单位:万元 (10000 yuan)

地 区 Region		建筑业总产值 Gross Output Value of Construc－tion	房屋和土木工程建筑业 Housing and Civil Engineering	房屋工程建筑 Housing	土木工程建筑 Civil Engineering	#铁路、道路、隧道和桥梁工程建筑 Railways, Tunnels, Roads, and Bridges	建筑安装业 Installation	建筑装饰业 Building Decoration	其他建筑业 Others
合 计	**Total**	**47161023**	**43635909**	**34143788**	**9492121**	**6462519**	**1650361**	**1396310**	**478443**
杭州市	Hangzhou	10362449	9298109	6621898	2676211	1663420	607591	350947	105803
宁波市	Ningbo	6599517	5974971	4572007	1402964	730259	354844	213149	56553
温州市	Wenzhou	2609235	2354656	1455422	899234	611446	104958	106643	42978
嘉兴市	Jiaxing	1229046	1113517	900727	212790	126832	66449	42367	6714
湖州市	Huzhou	1424006	1260188	861155	399033	296184	98255	35958	29605
绍兴市	Shaoxing	14071307	13264869	11714606	1550263	1044626	246752	431769	127918
金华市	Jinhua	5411537	5170153	4208103	962050	840694	79500	119554	42330
衢州市	Quzhou	545868	518205	336865	181340	116305	15220	10284	2159
舟山市	Zhoushan	414245	353423	298675	54748	24374	36396	11317	13109
台州市	Taizhou	3920565	3809739	2816015	993724	908658	29193	57283	24350
丽水市	Lishui	573248	518079	358315	159764	99722	11205	17039	26925

8-14 各地区建筑业企业房屋建筑面积(2005年)
Floor Space of Building Construction by Region(2005)

单位:万平方米 (10000 sq. m)

地区 Region		房屋建筑面积 Floor Space of Building Construction		国有企业 State-owned Construction Enterprises		集体企业 Collective owned Construction Enterprises	
		施工面积 Floor Space under Construction	竣工面积 Floor Space Completed	施工面积 Floor Space under Construction	竣工面积 Floor Space Completed	施工面积 Floor Space under Construction	竣工面积 Floor Space Completed
合计	**Total**	**59883.7**	**24637.1**	**437.4**	**146.6**	**1801.1**	**738.0**
杭州市	Hangzhou	11142.5	4349.0	145.6	64.7	11.8	7.2
宁波市	Ningbo	9104.3	3874.9	16.5	3.7	4.1	3.3
温州市	Wenzhou	3475.0	1145.7	212.0	41.4	683.9	225.9
嘉兴市	Jiaxing	2000.4	1048.7	1.2	1.2	15.2	10.7
湖州市	Huzhou	1552.7	758.3	2.4	2.1	69.1	43.5
绍兴市	Shaoxing	18421.9	7757.8	18.0	12.2	245.7	108.0
金华市	Jinhua	7717.1	2837.3	21.2	17.0	390.2	153.7
衢州市	Quzhou	721.7	393.8	13.0	3.9	24.4	19.6
舟山市	Zhoushan	433.4	155.9	7.6	0.4	4.8	0.4
台州市	Taizhou	4655.9	1992.3			342.1	162.1
丽水市	Lishui	658.7	323.4			9.8	3.7

8-15 各地区建筑业企业劳动生产率(2005年)
Labor Productivity of Construction by Region(2005)

单位:元/人　　(yuan/person)

地区	Region	按建筑业总产值计算的劳动生产率 Overall Labor Productivity Calculated by Gross Output Value of Construction	#国有企业 State-owned Enterprises	#集体企业 Collective Owned Enterprises	按增加值计算的劳动生产率 Overall Labor Productivity Calculated by Added Value	国有企业 State-owned Enterprises	集体企业 Collective Owned Enterprises
合　计	**Total**	**151380**	**215821**	**114650**	**30618**	**55260**	**25857**
杭州市	Hangzhou	175745	254725	170857	29473	64702	26360
宁波市	Ningbo	150241	265333	134035	31869	84588	34127
温州市	Wenzhou	118473	130462	102181	25668	28289	22751
嘉兴市	Jiaxing	102435	60547	117722	23380	20370	30499
湖州市	Huzhou	171111	207439	118915	28037	41404	19320
绍兴市	Shaoxing	157848	204680	119598	32305	39341	28519
金华市	Jinhua	147241	145983	104648	32652	25581	23626
衢州市	Quzhou	109088	221277	50232	24313	40399	14014
舟山市	Zhoushan	127830	197585	159424	30163	48504	38253
台州市	Taizhou	141494	146277	132032	32565	45220	31375
丽水市	Lishui	128594	128024	157051	27024	32946	26313

8-16 各地区建筑业企业技术装备情况(2005 年)
Equipment Owned by Construction Enterprises by Region(2005)

地　区 Region		自有机械设备总台数(台) Number of Machinery and Equipment Owned (unit)	自有机械设备总功率(万千瓦) Total Power of Machinery and Equipment Owned (10000 kw)	自有机械设备净值(万元) Net Value of Machinery and Equipment Owned (10000 yuan)	技术装备率(元/人) Value of Machines per Labourer (yuan/person)	动力装备率(千瓦/人) Power of Machines per Labourer (kw/person)
合　计	**Total**	**696941**	**888.44**	**2040750**	**6542**	**2.85**
杭州市	Hangzhou	128901	148.67	393957	7023	2.65
宁波市	Ningbo	90917	114.38	276609	6092	2.52
温州市	Wenzhou	62614	81.75	203393	9106	3.66
嘉兴市	Jiaxing	34793	26.18	59535	5086	2.24
湖州市	Huzhou	33016	37.74	96598	11264	4.40
绍兴市	Shaoxing	154524	202.01	438481	4958	2.28
金华市	Jinhua	89338	134.46	255734	6782	3.57
衢州市	Quzhou	14864	20.68	33644	6505	4.00
舟山市	Zhoushan	10398	15.05	34564	11302	4.92
台州市	Taizhou	63344	88.69	203954	7073	3.08
丽水市	Lishui	14232	18.84	44281	9612	4.09

8－17 各地区建筑业企业资产与负债(2005年)

Assets and Liabilities of Construction Enterprises by Region(2005)

单位:万元 (10000 yuan)

地 区 Region		资产合计 Total Assets	#流动资产 Circulating Assets	#固定资产 Fixed Assets	流动负债 Liquid Liabilities	长期负债 Long-term Liabilities	所有者权益 Creditors' Equity
合 计	**Total**	**25930462**	**20474206**	**3816485**	**16470650**	**484616**	**8975196**
杭州市	Hangzhou	6101007	4773077	817298	4099139	179142	1822727
宁波市	Ningbo	4431378	3695394	521845	2888936	81229	1461213
温州市	Wenzhou	2435759	1992817	338874	1723139	16166	696455
嘉兴市	Jiaxing	980317	823678	121314	737855	6135	236327
湖州市	Huzhou	1127628	845418	212114	788278	26253	313097
绍兴市	Shaoxing	4848369	3687337	796508	2720006	66869	2061493
金华市	Jinhua	2647760	2021898	474049	1380999	60106	1206654
衢州市	Quzhou	492304	379693	82099	338815	10714	142776
舟山市	Zhoushan	557073	469661	64780	434948	6995	115130
台州市	Taizhou	1836894	1425255	303496	1091331	22716	722847
丽水市	Lishui	471973	359978	84109	267204	8292	196478

8－18 各地区建筑业企业总收入(2005 年)

Total Income of Construction Enterprises by Region(2005)

单位:万元 (10000 yuan)

地 区 Region		企 业 总收入 Total Income	工程结算 收 入 Revenue of Project Settlement Accounts	#工程结算 成 本 Costs of Project Settlement Accounts	#工程结算 利 润 Profits of Project Settlement Accounts	其他业务 收 入 Other Revenue from Business	#其他业务 利 润 Other Profits from Business
合 计	**Total**	**41254390**	**40815354**	**36871678**	**2450539**	**439036**	**65270**
杭州市	Hangzhou	9316594	9186108	8349034	500816	130486	17956
宁波市	Ningbo	5991113	5941560	5274691	460425	49553	9853
温州市	Wenzhou	2345499	2317037	2070266	154643	28462	7356
嘉兴市	Jiaxing	1159780	1147670	1043184	61641	12110	2337
湖州市	Huzhou	1326331	1236100	1114949	78418	90231	9284
绍兴市	Shaoxing	11670697	11596178	10584953	586606	74519	7739
金华市	Jinhua	4785815	4776752	4282942	313401	9063	4329
衢州市	Quzhou	541862	510666	462366	30229	31196	2429
舟山市	Zhoushan	403132	396398	357400	25389	6734	1152
台州市	Taizhou	3200417	3196738	2882641	197185	3679	2196
丽水市	Lishui	513151	510147	449253	41786	3004	641

8-19 各地区建筑业企业利税总额(2005年)
Profits and Taxes of Construction Enterprises by Region(2005)

地区 Region		利税总额(万元) Total Pre-tax Profits (10000 yuan)	利润总额 Total Profits	工程结算税金及附加 Taxes and Extra Charges on Project Settlement Accounts	税金 Taxes	产值利税率(%) Ratio of Pre-tax Profits to Output Value	资产利税率(%) Ratio of Pre-tax Profits to Assets
合计	**Total**	**2771261**	**1321971**	**1407823**	**41467**	**5.88**	**10.69**
杭州市	Hangzhou	533291	215396	309807	8088	5.15	8.74
宁波市	Ningbo	490438	289948	193349	7142	7.43	11.07
温州市	Wenzhou	165447	74352	86923	4172	6.34	6.79
嘉兴市	Jiaxing	70011	28296	40559	1157	5.70	7.14
湖州市	Huzhou	76961	37865	36511	2585	5.40	6.83
绍兴市	Shaoxing	759789	339752	411399	8637	5.40	15.67
金华市	Jinhua	353697	178918	169759	5019	6.54	13.36
衢州市	Quzhou	29265	11397	17089	779	5.36	5.94
舟山市	Zhoushan	20994	7173	13495	327	5.07	3.77
台州市	Taizhou	231566	117919	110680	2967	5.91	12.61
丽水市	Lishui	39801	20954	18253	594	6.94	8.43

8-20 建筑业企业财务状况(2005 年)

Financial Indicators of Construction Enterprises(2005)

单位:万元 (10000 yuan)

指标	Item	资产合计 Total Assets	流动资产小计 Liquid Assets	长期投资 Long-term Investment	固定资产小计 Fixed Assets	无形资产小计 Intangible and Deferred Assets	流动负债小计 Total Liquid Liabilities
总计	**Total**	**25930462**	**20474206**	**1229918**	**3816485**	**351581**	**16470650**
#特、一、二级企业	Superfine, The First and Second Grade Construction Enterprises	18796622	14946726	974540	2559943	271349	12243545
#国有及国有控股	State-owned and State-holding Industrial Enterprises	3457992	2735130	109754	543781	49953	2477816
按登记注册类型分组	**by Registration**						
内资企业	Domestic Capital Enterprises	25590772	20193654	1222963	3771223	345083	16220541
#国有企业	State-owned	1369946	1085033	29366	230371	8207	947163
集体企业	Collective Owned	956327	773124	21817	154071	6535	671289
股份合作企业	Share Holding	391802	309442	26111	54456	1580	269539
私营企业	Private	9905166	7799751	408689	1558787	116215	5854574
港、澳、台商投资企业	Funded by Entrepreneurs from Hong Kong, Macao and Taiwan	74301	59496	1932	12008	837	44111
外商投资企业	Foreign Funded	265389	221056	5023	33255	5661	205998
按国民经济行业分组	**by Sector**						
房屋和土木工程建筑业	Housing and Civil Engineering	22822105	18075839	1113894	3282015	297846	14633045
建筑安装业	Installation	1654590	1284731	65827	272801	28119	1054102
建筑装饰业	Building Decoration	967294	772659	34066	145023	13683	508243
其他建筑业	Others	486474	340976	16130	116645	11934	275260

指标	Item	长期负债 Long-term Liabilities	负债合计 Total Liabilities	所有者权益合计 Creditors' Equity	工程结算收入 Revenue of Project Settled Accounts	工程结算成本 Costs of Project Settled Accounts	工程结算税金及附加 Taxes and Extra Charges on Project Settled Accounts
总计	**Total**	**484616**	**16955266**	**8975196**	**40815354**	**36871678**	**1407823**
#特、一、二级企业	Superfine, The First and Second Grade Construction Enterprises	396869	12640414	6156209	33056288	30081389	1130813
#国有及国有控股	State-owned and State-holding Industrial Enterprises	74905	2552721	905271	5100402	4565568	159353
按登记注册类型分组	**by Registration**						
内资企业	Domestic Capital Enterprises	483994	16704535	8886237	40349859	36461397	1400299
#国有企业	State-owned	24798	971961	397985	1752311	1475711	50690
集体企业	Collective Owned	4498	675787	280540	1223857	1111933	43261
股份合作企业	Share Holding	6083	275622	116180	330231	296478	11696
私营企业	Private	187830	6042404	3862762	14372580	12862968	519964
港、澳、台商投资企业	Funded by Entrepreneurs from Hong Kong, Macao and Taiwan	118	44228	30073	126169	114169	2613
外商投资企业	Foreign Funded	504	206503	58887	339326	296113	4911
按国民经济行业分组	**by Sector**						
房屋和土木工程建筑业	Housing and Civil Engineering	459413	15092458	7729648	37652947	34163333	1306784
建筑安装业	Installation	17255	1071357	583233	1571723	1345262	47763
建筑装饰业	Building Decoration	5310	513553	453740	1157803	982346	41071
其他建筑业	Others	2639	277898	208576	432881	380737	12205

指标	Item	管理费用 Manage-ment Expenses	财务费用 Financial Expenses	营业利润 Business Profits	利润总额 Total Profits	应交所得税 Income Tax Payable	本年应付工资总额 Total Wages Payable
总计	**Total**	**1049508**	**169007**	**1297294**	**1321971**	**380533**	**5815031**
#特、一、二级企业	Superfine, The First and Second Grade Construction Enterprises	716307	132508	982542	1000336	280726	4684617
#国有及国有控股	State-owned and State-holding Industrial Enterprises	188093	12823	176243	170329	54937	430158
按登记注册类型分组	**by Registration**						
内资企业	Domestic Capital Enterprises	1030045	163738	1275862	1304386	378156	5746163
#国有企业	State-owned	94645	2739	128973	111211	39372	148985
集体企业	Collective Owned	38626	3009	28394	28360	10454	203039
股份合作企业	Share Holding	11824	3249	7599	10599	3346	49572
私营企业	Private	400423	85059	482823	484039	137403	2204798
港、澳、台商投资企业	Funded by Entrepreneurs from Hong Kong, Macao and Taiwan	4575	426	4295	3972	604	10546
外商投资企业	Foreign Funded	14888	4844	17136	13613	1773	58323
按国民经济行业分组	**by Sector**						
房屋和土木工程建筑业	Housing and Civil Engineering	861344	151404	1158091	1173149	340642	5466172
建筑安装业	Installation	102624	4760	69080	74674	21932	157282
建筑装饰业	Building Decoration	67464	9099	53447	51955	12785	148331
其他建筑业	Others	18077	3744	16675	22192	5173	43247

主要统计指标解释

建筑业增加值　指建筑业企业在报告期内以货币表现的建筑业生产经营活动的最终成果。目前建筑业增加值采用分配法计算，即从收入的角度出发，根据生产要素在生产过程中应得的收入份额计算。具体计算公式为：

建筑业企业增加值 = 本年提取的固定资产折旧 + 应付工资 + 应付福利费 + 管理费用中的劳动待业保险金、税金 + 工程结算税金及附加 + 营业利润 - 转作奖金的利润。

房屋建筑施工面积　指在报告期内施工的全部房屋建筑面积。包括本期内新开工的、上期施工跨入本期继续施工、上期停建本期复工的房屋建筑面积；不包括上期开工后又停工，本期未施工的房屋建筑面积。

房屋建筑竣工面积　指在报告期内，按照设计所规定的工程内容全部完成，达到了设计规定的交工条件，经有关部门检查验收鉴定合格的房屋建筑面积。

自有机械设备年末总台数　指归本企业（或单位）所有，属于本企业固定资产的生产性机械设备年末总台数。包括施工机械、生产设备、运输设备以及其他设备。

自有机械设备年末总功率　指本企业（或单位）自有施工机械、生产设备、运输设备以及其他设备等列为在册固定资产的生产性机械设备年末总功率，按设定能力或查定能力计算。包括机械本身的动力和为该机械服务的单独动力设备，如电动机等。计算单位用千瓦，动力换算可按 1 马力 = 0.735 千瓦折合成千瓦数。电焊机、变压器、锅炉不计算动力。

工程结算收入　指企业（或单位）按工程的分部分项自行完成的建筑产品价值并已与甲方在报告期内办理结算手续的工程价款收入，以及向甲方收取的除工程价款以外的按规定列作营业收入的各种款项，如临时设施费、劳动保险费、施工机械调迁费等以及向甲方收取的各种索赔款。

工程结算利润　指已结算工程实现的利润。如为亏损以“ - ”号表示。其计算公式为：

工程结算利润 = 工程结算收入 - 工程结算成本 - 工程结算税金及附加

企业总收入　指与企业生产经营直接有关的各项收入，包括工程结算收入和其他业务收入，即：

企业总收入 = 工程结算收入 + 其他业务收入

Explanatory Notes on Main Statistical Indicators

Gross Output Value of Construction (Output Value of Projects Under Construction) refers to the gross output value of construction and installation projects that are undertaken by construction enterprises or affiliated constructing units, calculated in line with the planned schedule. It includes:

(1) Output value of construction projects, that is the value of projects covered by the project budgets;

(2) Output value of installation projects, that is the value of the installation of equipment;

(3) Output value of repair of buildings and structures, that is the value created through the repairs of buildings or structures, but does not include the value of buildings or structures being repaired and the value of the repair of production equipment;

(4) Output value of manufactured non - standard equipment, that is the value of non - standard production equipment (including raw materials and manufacturing cost) made for the construction project, irrespective of whether the equipment is manufactured on the construction site or by subsidiary workshops.

Value Added of Construction refers to the final result of the activities of production and management of construction in monetary terms in the reference period. At present, the value added of construction is calculated with the method of distribution. In other words, it is the sum of incomes of various production factors in the production process. The formula is as follows:

Value added of construction = depreciation of fixed assets in the year + wages payable + welfare expenses payable + insurance premium and tax for waiting for employment in the administrative expenses + taxes and surcharges on project settlement + profit gained from project settlement – profit used as bonus.

Floor Space of Buildings Under Construction refers to floor space of buildings under construction during the reference period, including newly started buildings, buildings started earlier and continued during the reference period, and buildings suspended earlier but restarted during the reference period. Excluded are buildings started and then suspended earlier that have not been restarted during the reference time.

Floor Space of Buildings Completed refers to the floor space of buildings that are completed in the reference period in accordance with the requirements of the design, up to the standard for putting them into use, and have been checked and accepted by concerned departments as qualified ones.

Total Number of Machinery and Equipment Owned by the Construction Enterprises (or Units) by the End of Year refers to the number of machines and equipment owned by the enterprises (or units, and listed as the fixed assets of the enterprises (or units) by the end of the year, including machinery and equipment for construction, production and transportation.

Total Power of Machinery and Equipment Owned by the Construction Enterprises (or Units) by the End of Year refer to the total power of machinery and equipment owned by the enterprises (or units), and listed as the fixed assets of the enterprises (or units) by the end of the year, including machinery and equipment for construction, production and transportation. The power of the machinery is calculated on basis of the designed or verified capacity, covering the power of the machinery/equipment and the separate power equipment serving the machinery/equipment (such as electric motors), but excluding welders, transformers and boilers. The unit use for the calculation of power is kilowatt, with horsepower converted to kilowatt by 1 horsepower = 0.735 kilowatt.

Income from Settlement of Projects refers to the income received by the construction enterprise/unit from the completed portion of the project through settlement procedures with the contractee during the reference period, and other charges to the contractee as operational costs, such as facility fee, labour insurance premium, moving cost of construction unit, as well as various types of claims to the contractee.

Profit from Settlement of Projects refers to profit realized through settled projects. It is calculated with the following formula:

$$\text{Profit from Settlement of Projects} = \text{Income from Settlement of projects} - \text{Settled Cost} - \text{Settled Taxes and Other Cost}$$

Total Revenue of Enterprises refers to the sum of income from production and operation of enterprises, including income from settlement of projects and other operational income, namely:

$$\text{Total Revenue of Enterprises} = \text{Income from settlement of Projects} + \text{Other Operational Income}$$

CHAPTER 9

交通运输和邮电通信业

Transport, Posts and Telecommunications

9. 交通运输和邮电通信业

Transport, Posts and Telecommunications

2005年客运量	Passenger Traffic	160669	万人	(10000 persons)
2005年货运量	Freight Traffic	126176	万吨	(10000 tons)
2005年邮电业务总量	Business Volume of Posts and Telecommunicatic	830.39	亿元	(100 million yuan)
2005年函件数	Number of Letters	69844	万件	(10000 cases)
2005年订销报刊数	Newspapers and Magazines Subscribed	112417	万份	(10000 copies)
2005年年末固定电话普及率	Popularization Rate of Fixed Telephone	45.6	部／百人	(set/100 persons)
2005年年末移动电话用户	Mobile Telephone Subscribers	2686	万户	(10000 users)

客运量和货运量 （万人）、（万吨）

Passenger Traffic and Freight Traffic (10000 persons)、(10000 tons)

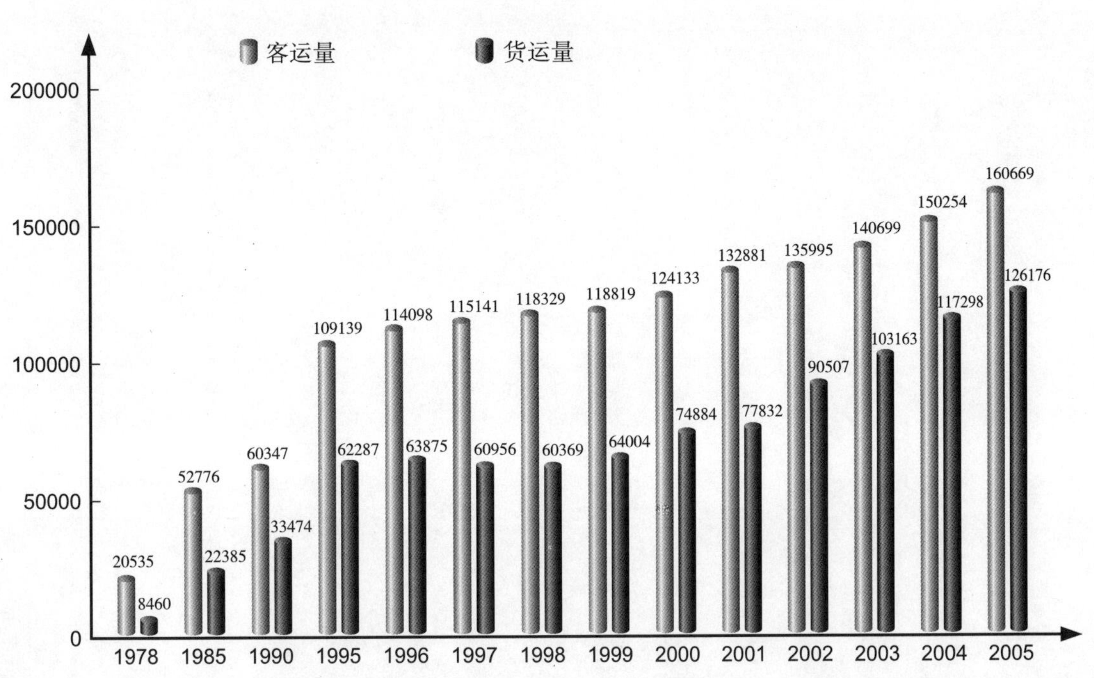

9－1 运输线路长度
Length of Transportation Routes

单位:公里 (km)

指 标	Item	2000	2001	2002	2003	2004	2005
铁路线路长度	**Length of Railways**						
营业里程	In Operation	1193	1207	1212	1212	1212	1255
#复线里程	Double-tracking Length	595	593	608	608	631	727
公路通车里程	**Length of Highways**	**41970**	**44005**	**45646**	**46193**	**46935**	**48600**
#一级公路	First Class Highways	999	1849	2070	2251	2487	2955
二级公路	Second Class Highways	4212	5682	5777	5948	6189	6569
高速公路	Expressway	627	774	1307	1438	1475	1866
内河通航里程	**Length of Navigable Inland Waterways**	**10408**	**10408**	**10408**	**10539**	**9893**	**9652**
民用航空航线(条)	**Number of Civil Aviation Routes(line)**	**174**	**182**	**165**	**174**	**149**	**173**
#国内航线	Domestic Routes	161	169	153	158	131	147

9－2 主要港口货物吞吐量
Cargo Handled at Principal Ports

单位:万吨 (10000 tons)

港口名称	Port	2000	2001	2002	2003	2004	2005
合 计	**Total**	**19638**	**21827**	**25503**	**32216**	**40810**	**47900**
杭 州 港	Hangzhou	2187	2337	2131	2828	4864	5094
宁 波 港	Ningbo	11547	12852	15398	18543	22586	26881
温 州 港	Wenzhou	859	1314	1676	2338	2630	3102
台 州 港	Taizhou	950	1024	1100	1457	2022	2067
舟 山 港	Zhoushan	3189	3281	4068	5722	7359	9052
嘉 兴 港	Jiaxing	906	1019	1130	1328	1349	1704

9-3 民用车辆拥有量

Number of Civil Vehicles Owned

单位:辆 (unit)

指 标	Item	合计 Total		#个人 Individual	
		2004	2005	2004	2005
总计	**Total**	**6543782**	**7281597**	**5878333**	**6545204**
汽车	**Vehicles**	**1647435**	**2046626**	**1050186**	**1367112**
载客汽车	Passenger Vehicles	1074810	1435115	740287	1026663
#大型	Large - Sized	31174	35221	801	689
中型	Medium - Sized	66111	72835	18933	22144
小型	Small - Sized	842732	1183356	605843	878933
微型	Minicar	134793	143703	114710	124897
#轿车	Cars	682083	939366	493821	702905
载货汽车	Trucks	518642	559043	284299	320644
#重型	Heavy - Sized	25186	30735	10574	12736
中型	Medium - Sized	111474	101618	46037	42180
轻型	Light - Sized	316325	367530	182276	222152
微型	Minicar	65657	59160	45412	43576
#普通载货	Ordinary	402933	430180	233745	264365
其它汽车	Others	53983	52468	25600	19805
电车	**Trolleybuses**	**60**	**41**		
无轨	Trackless	60	41		
有轨	Tramcars				
摩托车	**Motorcycles**	**4460639**	**4803534**	**4416592**	**4760245**
普通	Ordinary	3923345	4243805	3880828	4202290
轻便	Lightweigh	537294	559729	535764	557955
拖拉机	**Tractors**	**421877**	**415492**	**409221**	**415492**
#大型	Large - Sized	80488	92196	78073	92196
挂车	**Trailers**	**13652**	**15824**	**2327**	**2349**
其它类型车	**Others**	**119**	**80**	**7**	**6**
机动车驾驶员(人)	**Motor Drivers(person)**	**6170468**	**6945515**		
#汽车驾驶员	Automobile Drivers	3570475	4311933		

9-4 水路运输工具年末实有数
Number of Means of Waterway Transportation(Year-end)

指 标		Item		合计 Total		#私人 Individuals	
				2004	2005	2004	2005
机动船	(艘)	Motor Vessels	(unit)	28827	26873	22935	20543
净载重量	(吨位)	Dead Weight Tonnage	(ton)	8062402	10114638	2445426	2599190
载客量	(客位)	Passenger Capacity	(seat)	61462	63940	480	468
货船	(艘)	Cargo Ships	(unit)	27644	25700	22737	20379
净载重量	(吨位)	Dead Weight Tonnage	(ton)	8057282	10093099	2445425	2599188
客货船	(艘)	Passenger-cargo Vessels	(unit)	42	57		
净载重量	(吨位)	Dead Weight Tonnage	(ton)	4787	7574		
载客量	(客位)	Passenger Capacity	(seat)	10426	12175		
客船	(艘)	Passenger Ships	(unit)	764	792	40	39
载客量	(客位)	Passenger Capacity	(seat)	51036	51765	480	468
拖船	(艘)	Tugboats	(unit)	377	324	158	125
驳船	(艘)	Barges	(unit)	2972	2569	1023	766
净载重量	(吨位)	Dead Weight Tonnage	(ton)	274842	256539	57565	39057
载客量	(客位)	Passenger Capacity	(seat)	346			

9-5 客运量(1978-2005年)

Passenger Traffic(1978-2005)

单位:万人 (10000 persons)

年 份 Year	合 计 Total	铁 路 Railway	公 路 Highway	水 运 Waterway	民用航空 Civil Aviation
1978	20535	1889	12815	5828	3
1979	23781	2068	15543	6166	4
1980	28454	2421	19326	6702	5
1981	32458	2677	22864	6909	8
1982	35988	2735	26150	7094	9
1983	37856	2919	28468	6461	8
1984	40827	3252	30882	6683	10
1985	52776	3225	39375	10163	13
1986	57973	3126	45759	9066	22
1987	61403	3258	49589	8526	30
1988	64571	3595	52560	8382	34
1989	59477	3453	48726	7275	23
1990	60347	3018	51083	6214	32
1991	64906	3040	56495	5286	85
1992	71017	3051	62767	5087	112
1993	91553	3249	83606	4560	138
1994	100068	3559	92090	4269	150
1995	109139	3566	101370	3968	235
1996	114098	3071	107317	3446	264
1997	115141	2990	108654	3231	266
1998	118329	3169	111847	3034	279
1999	118819	3750	111771	3034	264
2000	124133	3909	116996	2938	290
2001	132881	4193	126008	2371	309
2002	135995	4511	128980	2122	382
2003	140699	4338	133968	1983	410
2004	150254	5195	142177	2311	571
2005	160669	5274	152222	2510	663

注:民用航空客运量指发送量。

Passenger Traffic of civil Aviation refers to volume of transmitting Passenger.

9-6 旅客周转量(1978-2005年)

Turnover Volume of Passenger Traffic(1978-2005)

单位:亿人公里 (100 million person-km)

年份 Year	合计 Total	铁路 Railway	公路 Highway	水运 Waterway
1978	66.68	29.75	27.60	9.33
1979	68.22	24.77	33.26	10.19
1980	96.74	43.55	41.70	11.49
1981	111.40	49.05	50.25	12.10
1982	120.66	50.73	57.28	12.65
1983	134.73	57.46	64.54	12.73
1984	157.81	66.74	76.86	14.21
1985	201.35	75.26	107.23	18.86
1986	220.38	78.43	124.91	17.04
1987	246.98	83.94	145.85	17.19
1988	269.43	93.12	158.81	17.50
1989	257.28	87.63	153.87	15.78
1990	257.29	75.94	166.87	14.48
1991	285.85	80.91	190.95	13.99
1992	322.40	87.83	220.68	13.89
1993	398.87	98.05	288.10	12.72
1994	435.15	108.35	314.95	11.85
1995	483.06	109.80	360.09	13.17
1996	500.98	98.11	391.65	11.22
1997	529.79	101.20	417.77	10.82
1998	552.35	106.57	436.34	9.44
1999	582.71	140.01	433.50	9.20
2000	606.73	148.33	449.51	8.89
2001	651.79	164.48	479.53	7.78
2002	706.85	180.95	519.20	6.70
2003	718.39	181.03	531.63	5.73
2004	795.32	216.41	571.50	7.41
2005	848.49	222.95	617.87	7.67

9-7 货运量(1978-2005年)

Freight Traffic(1978-2005)

单位:万吨 (10000 tons)

年份 Year	合计 Total	铁路 Railway	公路 Highway	水运 Waterway
1978	8460	1415	2690	4355
1979	9202	1461	2998	4743
1980	9577	1523	3012	5042
1981	9608	1495	3042	5071
1982	10746	1609	3616	5521
1983	10877	1681	3728	5468
1984	11781	1736	3988	6057
1985	22385	1781	9397	11207
1986	31775	1893	17680	12202
1987	32346	1924	19426	10996
1988	37502	1877	24128	11497
1989	36358	1911	24354	10093
1990	33474	1691	22879	8904
1991	35198	1773	24162	9263
1992	41115	1915	28957	10243
1993	49867	1989	36439	11439
1994	54765	1841	40593	12331
1995	62287	1914	45052	15321
1996	63875	1928	47400	14547
1997	60956	1721	45224	14011
1998	60369	1726	45338	13305
1999	64004	1710	45754	16540
2000	74884	1955	55008	17921
2001	77832	2181	55706	19945
2002	90507	2411	63532	24564
2003	103163	2658	70907	29598
2004	117298	2887	78540	35871
2005	126176	2960	81448	41768

9－8　货运周转量(1978－2005年)

Turnover Volume of Freight Traffic(1978－2005)

单位:亿吨公里 (100 million ton－km)

年 份 Year	合 计 Total	铁 路 Railway	公 路 Highway	水 运 Waterway
1978	164.19	112.77	6.69	44.73
1979	181.29	121.50	7.62	52.17
1980	190.76	126.23	8.25	56.28
1981	192.29	121.27	9.25	61.77
1982	201.83	120.49	11.49	69.85
1983	212.49	123.02	13.58	75.89
1984	232.67	127.59	16.67	88.41
1985	293.54	132.54	33.45	127.55
1986	341.20	135.18	68.14	137.88
1987	369.21	138.07	82.52	148.62
1988	403.96	136.50	96.25	171.21
1989	408.99	146.51	92.75	169.73
1990	400.65	144.43	100.75	155.47
1991	456.00	144.95	136.25	183.80
1992	546.81	167.52	158.83	220.46
1993	617.69	179.58	160.48	277.63
1994	685.41	181.55	171.63	332.23
1995	874.29	186.75	245.16	442.38
1996	900.80	178.92	266.22	455.66
1997	914.54	172.22	262.32	480.00
1998	897.88	173.28	257.11	467.49
1999	1004.10	171.80	256.90	575.40
2000	1199.74	187.16	280.02	732.56
2001	1371.60	206.48	282.53	882.59
2002	1616.61	230.41	293.60	1092.60
2003	2047.48	252.92	313.70	1480.86
2004	2701.48	288.22	353.62	2059.64
2005	3416.90	282.85	372.66	2761.39

9－9 邮电业务基本情况(1978－2005年)

Post and Telecommunications Services(1978－2005)

年 份 Year	邮电业务总量(万元) Business Volume of Post and Telecommuni－cations(10000 yuan)	函 件(万件) Number of Letters(10000 cases)	订销报刊累计份数(万份) Total Number of Newspaper and Magazine Subscribed(10000 copies)	特快专递(万件) Express Mail Services(10000 pieces)	长途电话通话时长(万分钟) Communication time by long－distance Telephone Call(10000 minutes)	市话年末户 数(户) Number of Urban Telephone Subscribers at Year-end(Subscriber)	农话年末户 数(户) Number of Rural Telephone Subscribers at Year-end(Subscriber)
1978	6851	11663	52264			42043	32919
1979	7832	14236	52264			46141	34120
1980	8991	16466	58538			51230	36838
1981	9970	18039	64945			57610	38749
1982	10834	19123	67993			65931	41513
1983	12477	23155	7373			75314	44677
1984	14879	28517	89384			89805	50487
1985	18837	33742	101657			104430	58012
1986	20564	34729	103759			121240	62935
1987	24878	39847	116953			145987	72806
1988	31300	42035	116694			188547	88729
1989	37020	36577	64557			234081	106895
1990	45396	34879	67183			280232	125783
1991	114607	32219	68849			355000	156500
1992	165815	33649	80349			486400	222100
1993	275148	39190	77457			782464	346685
1994	429179	38617	81515			1188163	585589
1995	630167	38678	85226	289	168588	1666979	936297
1996	865336	37785	90955	390	212709	1997814	1219930
1997	1129657	34186	98207	392	263562	2392544	1631650
1998	1577157	33133	102761	436	312660	2809491	2213890
1999	2190000	29439	107683	537	497232	3409993	3249300
2000	3240800	30643	106807	654	619793	4197800	4645000
2001	2799000	34839	116156	824	755690	5477000	5739000
2002	3634295	37862	114707	866	965782	7153572	6664178
2003	5047179	74901	116953	1014	1426075	9373773	7191544
2004	6771657	73462	110417	1164	1780713	11881841	7865948
2005	8303851	69844	112417	1256	2144549	14215278	8101240

注:1. 邮电业务总量1978－2000年按1990年不变价计算,2001年开始按2000年不变价计算。
Business volume of post and telecommunications from 1978 to 2000 were calculated at constant price of 1990, at constant price of 2000 since 2001.
2. 按最新统计口径,自2003年函件包括邮送广告。
The letters include advertisements sent by post according to new statistical scope since 2003.

9－10 邮电企业主要指标
Principal Indicators of Post and Telecommunications Enterprises

指 标		Item		2000	2004	2005
邮电线路长度		**Length of Postal Routes**				
邮路总长度	(公里)	Length of Postal Routes	(km)	100595	119537	131193
农村投递路线总长度	(公里)	Rural Delivery Routes	(km)	114076	127287	134966
长途电话电路总数	(2M)	Total Long-distance Telephone Circuits	(2M)	114384 (line)	10111	11529
邮运通信工具		**Telecommunications Facilities**				
火车邮厢	(辆)	Postal Railway Carriage	(unit)	8	7	7
邮政汽车	(辆)	Postal Cars	(unit)	1230	2473	2586
公用电话	(万部)	Public Telephone	(10000 units)	21	179	218
长途自动交换机	(路端)	Long distance Switchboard	(terminal circuit)	303633	535028	546115
本地电话交换机容量	(万门)	Urban Switchboard	(10000 lines)	1331	2621	2675
移动电话交换机	(万户)	Mobile Switchboard	(10000 users)	1224	3007	3582
移动电话	(万户)	Mobile Telephone	(10000 users)	675	2323	2686
无线寻呼机	(万户)	Radio Pager	(10000 users)	323	4	
分组交换用户	(户)	Exchange User	(user)	3400	849	
DDN 用户	(户)	User of DDN	(user)	24984	21733	19794
帧中继用户	(户)	User of ChinaFrn	(user)	5827	6265	5891
互联网用户	(万户)	Users of International Computer Network	(10000 users)		283	345
宽带用户	(万户)	Wide Band	(10000 users)		229	338
长途光缆线路长度	(公里)	Length of Long Distance Optical Fibre Cable	(km)		22889	24801

9－11 邮电通信水平
Level of Post and Telecommunications Services

指 标		Item		1995	2004	2005
邮电通信水平		**Level of Postal and Telecommunications Services**				
每百人平均函件量	(件/百人)	Average Number of Letters Mailed per 100 Persons	(pieces/100 persons)	882.7	1626.2	1426.0
每百人平均订阅报刊量	(份/百人)	Average Number of Newspaper Subscribed per 100 Persons	(copies/100 persons)	18.9	20.1	19.5
每百人平均包件	(件/百人)	Average Number of Parcels per 100 Persons	(pieces/100 persons)	16.3	13.4	12.0
每百人平均汇票量	(张/百人)	Average Number of Money Order per 100 Persons	(pieces/100 persons)	22.6	29.6	23.5
每百人长话量	(分钟/百人)	Number of Long-distance Telephone per 100 Persons	(minutes/100 persons)	3858	37730	43784
固定电话普及率	(部/百人)	Popularization Rate of Fixed Telephone	(set/100 persons)	8.5	41.8	45.6
移动电话普及率	(部/百人)	Popularization Rate of Mobile Telephone	(set/100 persons)		49.2	54.8
人均邮政、电信费用支出(按合计总量算)	(元/人)	Per Capital Expenditure of Telecommunications	(yuan/person)	144	806	869.0
已通电话的乡镇	(个)	Number of Townships with Telephone Communication	(unit)		1281	1217
已通电话的行政村	(个)	Number of Villages with Telephone Communication	(unit)		35005	32255
移动电话漫游国家和地区	(个)	Contries (Regions) Connected With The Mobile Telephone Communication Network	(unit)		180	206
移动电话(GSM)网络覆盖县(市)	(个)	Conties (Cities) Connected With GSM	(unit)		180	206
移动电话(CDMA)网络覆盖县(市)	(个)	Conties (Cities) Connected With CDMA	(unit)		14	14
设有局所的乡(镇)比重	(%)	Percentage of Townships with Postal Offices	(%)	93.5	85.1	80.3
按固定班期投递邮件的乡镇	(个)	Townships with Regularly Delivering Letters	(unit)	1842	1308	1266

注:2004 年开始固定电话普及率计算口径已作调整。 The Statistical Coverage of Popularization Rate of Fixed Telephone was adjusted since 2004.

主要统计指标解释

铁路营业里程 又称营业长度，指办理客货运输业务的铁路正线总长度。凡是全线或部分建成双线及以上的线路，以第一线的实际长度计算；复线、站线、段管线、岔线和特殊用途线以及不计算运费的联络线都不计算营业里程。铁路营业里程是反映铁路运输业基础设施发展水平的重要指标，也是计算客货周转量、运输密度和机车车辆运用效率等指标的基础资料。

公路里程 指在一定时期内实际达到《公路工程技术标准 JTJ01-88》规定的等级公路，并经公路主管部门正式验收交付使用的公路里程数。其计算单位为：km。它包括大中城市的郊区公路以及通过小城镇街道部分的公路里程，也包括桥梁、渡口的长度，但不包括大中城市的街道、厂矿、林区生产用道和农业生产用道的里程。两条或多条公路共同经由同一路段，只计算一次，不得重复计算里程长度。公路里程是反映公路建设发展规模的重要指标，也是计算运输网密度等指标的基础资料。

内河航道里程 也称"内河通航里程"，是反映内河水运网规模、水平和发展情况的主要指标；是指在一定时期内，能通航运输船舶及排筏的天然河流、湖泊水库、运河及通航渠道的长度。包括全年季节性通航累计三个月以上的航道，但不包括仅供零散流放竹、木排的河道。

货(客)运量 指在一定时期内，各种运输工具实际运送的货物(旅客)数量。是反映运输业为国民经济和人民生活服务的数量指标，也是制定和检查运输生产计划，研究运输发展规模和速度的重要指标。货运按吨计算，客运按人计算。货物不论运输距离长短，货物类别，均按实际重量统计；旅客不论行程远近或票价多少，均按一人一次作为客运量统计。半价票、小孩票也按一人统计。

货物(旅客)周转量 指在一定时期内，由各种运输工具运送的货物(旅客)数量与其相应运输距离的乘积之总和，是反映运输业生产总成果的重要指标，也是编制和检查运输生产计划，计算运输效率、劳动生产率以及核算运输单位成本的主要基础资料。通常以吨公里和人公里为计算单位。计算货物周转量通常按发出站与到达站之间的最短距离，也就是计费距离计算。

沿海主要港口货物吞吐量 指由水运进出沿海主要港区范围，并经过装卸的货物数量，包括邮件及办理托运手续的行李、包裹以及补给运输船舶的燃、物料和淡水。其计量单位为吨。货物吞吐量的货种分类及其主要流向流量，反映了港口在国内外物资交流和对外贸易运输中的地位和作用。吞吐量可以分为进口、出口，又可以分为国内贸易和对外贸易。

邮电业务总量 指以货币表现的邮电部门用于传递信息和提供其他邮电服务的总数量。它综合反映了一定时期邮电工作的总成果，是研究邮电业务量构成和发展趋势的重要指标。它用各种邮电分类业务量，如函件件数、长途电话业务量、市内电话和农村电话的年均户数、订销报刊累计份数等，分别乘以相应的平均单价(不变价)，加总后再加上出租电路和设备的收入、代用户维护电话交换机和线路等设备的收入、其他业务收入求得。

Explanatory Notes on Main Statistical Indicators

Length of Railways in Operation refers to the total length of the trunk line under passenger and freight transportation. The calculation is based on the actual length of the first line even if this line has a full or partial double track or more tracks, excluding double tracks, stationsidings, tracks under the charge of stations, , branch lines, specialpurpose lines and the non-payable connecting lines. The length of railways in operation is an important indicator to show the development of the intra – structure for the railway transport, and also the essential data to calculate volume of passenger freight transport, traffic density and utilization efficiency of the locomotives and carriages.

Length of Highways refers to the length of highways which are built in conformity with the grades specified by the highway engineering standard formulated by the Ministry of Communications, and have been formally checked and accepted by the departments of highways and put into use. The length of highways includes that of the suburb highways at large and medium – sized cities, highways passing through streets at small cities and towns, and also the length of bridges and ferries. It does not include the length of streets in big and medium – sized cities and highways built for the production purpose at factories, mines, forest areas and agricultural areas. If two or more highways go the same section of the way, the length of the section is only calculated for once and no duplication is allowed. The length of highways is an important indicator to show the development of the highway construction and to provide essential information to calculate the transport network density.

Length of Navigable Inland Waterways refers to the length of the natural rivers, lakes, reservoirs, canals, and ditches open to navigation during a given period, which enables the transport by ships and rafts. It includes the channels open to navigation for over 3 months accumulatively in a year, yet this does not include the river courses which are only used to float odd logs and bamboo rafts.

Length of Civil Aviation Routes refers to the length of all routes for regular civil aviation flights. There are usually two ways to calculate the distance between airports connected by the route length: One is to put the length of all air routes together, called duplicated calculation of the length of the routes; the other is not to allow the duplication in calculation when two or more routes passing the same section. The latter is usually used, as it can precisely show the size of the civil aviation network and indicate the extent of civil aviation serving the national economy and the people.

Freight (Passenger) Traffic refers to the volume of freight (passenger) transported with various means. Freight transport is calculated in tons and passenger traffic is calculated in the number of persons. Despite the type of freight and travelling distance, the freight transport is calculated by the principle that one person can be counted only once in one travel. The passenger who travel with a half – price ticket or a child ticket is also calculated as one person. The freight (passenger) traffic provides a quantitative measure to show how the transport industry serves the national economy and people, and is also an important indicator for planning the transport industry and for studying the development scale and speed of the transport industry.

Freight Ton-kilometers (Passenger – kilometers) refer to the sum of the products of the volume of transported cargo (passengers) multiplying by the transport distance, usually using ton – kilometre and passenger – kilometre as units for measurement. Normally, the shortest distance between the departure station and the destination station (i. e. , the payable distance) is the basis to calculate the freight ton – kilometres. This is an important indicator to show the total results of the transport industry, to prepare and examine the transport plan and to measure the efficiency, the labour productivity and the unit cost of transport.

Volume of Freight Handled in Major Coastal Ports refers to the volume of cargo passing in and out the harbor area of the major coastal ports and having been loaded and unloaded. The volume includes that of the postal matters, registered luggages and fuels, materials and fresh water as supplies of the ships. The volume of freight handled may be classfied as import, export, or as domestic trade and foreign trade. The volume of freight handled by type of cargo and by main flow direction reflects the position and function of the ports in the inflow of Chinese and foreign commodities and in the transportation for foreign trade.

Business Volume of Post and Telecommunications refers to the total amount of the imformation delivered and other post and telecommunications services provided by the post and telecommunications departments for the customers. It is derived by first multiplying the business volume of different types, such as number of letters, telegrams, long distance calls, city and rural telephone subscribers and accumulated number of newspapers and journals subscribed and sold, etc. by their respective average unit price (fixed price) and then adding these products together: plus the income from maintenance of telephone exchanges and lines, and the income from other business operations. The business volume of post and telecommunications indicates the total achievements made by the post and telecommunications department during a given period of time in a comprehensive way, and is an important indicator to study the composition and development of the post and telecommunications business.

ZHEJIANG STATISTICAL YEARBOOK

CHAPTER 10

批发、零售贸易和餐饮业

Wholesale and Retail Sale Trade and Catering Trade

10. 批发、零售贸易和餐饮业
Wholesale and Retail Sale Trade and Catering Trade

2005年社会消费品零售总额	Total Retail Sales of Consumer Goods	4631.69	亿元	(100 million yuan)
批发零售贸易业	Wholesale and Retail Sale Trade	4020.81	亿元	(100 million yuan)
餐饮业	Catering Trade	533.19	亿元	(100 million yuan)
其他	Others	77.69	亿元	(100 million yuan)

社会消费品零售总额 （亿元）
Total Retail Sales of Consumer Goods (100 million yuan)

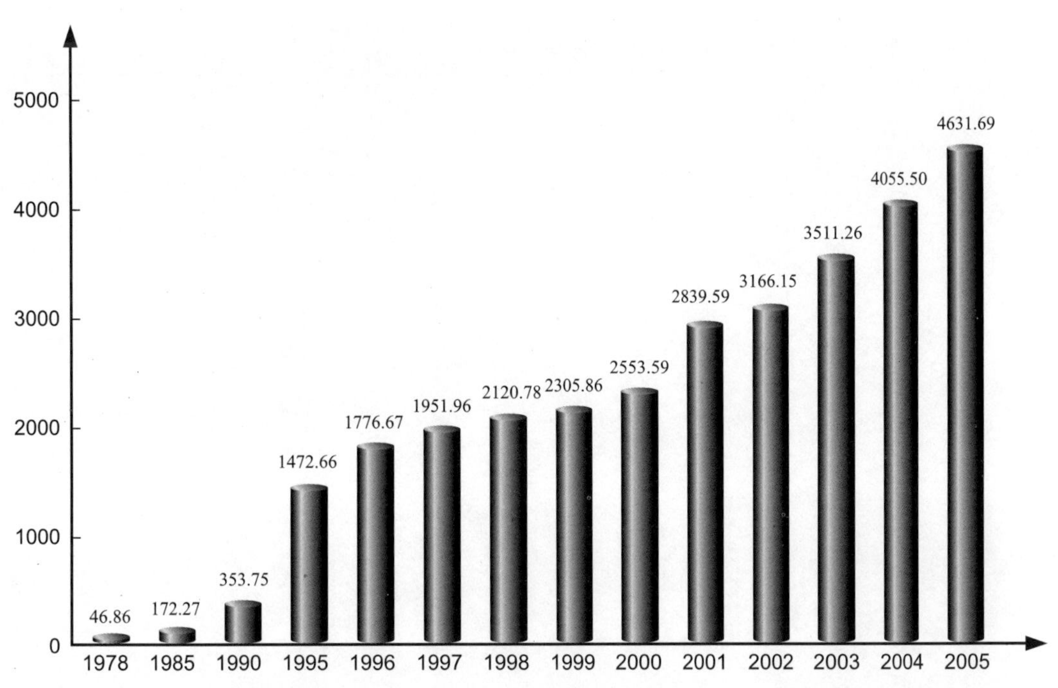

10－1 按地区分的社会消费品零售总额(1978－2005年)
Total Retail Sales of Consumer Goods by Region(1978－2005)

单位：亿元 (100 million yuan)

年份 Year	社会消费品零售总额 Total Retail Sales of Consumer Goods	市 City	县 County	县以下 Under County Level
1978	46.86	9.75	14.46	22.65
1979	58.97	11.56	17.68	29.73
1980	74.87	14.99	21.68	38.20
1981	85.99	23.76	17.59	44.64
1982	93.77	25.01	19.57	49.19
1983	104.24	28.06	23.10	53.08
1984	125.82	35.66	27.96	62.20
1985	172.27	55.99	40.74	75.54
1986	203.49	67.15	44.71	91.63
1987	242.58	87.80	45.29	109.49
1988	325.88	132.28	51.23	142.37
1989	346.01	141.80	51.91	152.30
1990	353.75	153.27	48.55	151.93
1991	404.00	184.56	55.79	163.65
1992	493.87	230.23	73.72	189.92
1993	772.11	371.59	112.72	287.80
1994	1133.18	615.40	115.15	402.63
1995	1472.66	791.45	142.73	538.48
1996	1776.67	950.80	181.68	644.19
1997	1951.96	1054.90	193.40	703.66
1998	2120.78	1150.81	203.92	766.05
1999	2305.86	1257.49	223.54	824.83
2000	2553.59	1394.29	250.36	908.94
2001	2839.59	1594.35	275.10	970.14
2002	3166.15	1816.22	315.53	1034.40
2003	3511.26	2224.23	366.42	920.61
2004	4055.50	2573.23	452.89	1029.38
2005	4631.69	3046.71	460.59	1124.39

注：2004年数据按经济普查资料测算，1993－2003年数据根据经济普查数据调整。
The data in 2004 are calculated from Economic Census, while the data are adjusted by Economic Census from 1993 to 2003.

10-2 按行业分的社会消费品零售总额(1978-2005年)

Total Retail Sales of Consumer Goods by Sector(1978-2005)

单位:亿元　　　　(100 million yuan)

年份 Year	社会消费品零售总额 Total Retail Sales of Consumer Goods	批发零售贸易业 Wholesale and Retail Sale Trade	餐饮业 Catering Trade	其他 Others
1978	46.86	43.57	1.84	1.45
1979	58.97	55.06	2.28	1.63
1980	74.87	69.62	2.86	2.39
1981	85.99	79.98	3.21	2.80
1982	93.77	86.78	3.45	3.54
1983	104.24	96.93	3.87	3.44
1984	125.82	116.37	4.98	4.47
1985	172.27	157.44	6.56	8.27
1986	203.49	185.26	7.90	10.33
1987	242.58	220.40	9.73	12.45
1988	325.88	298.19	12.55	15.14
1989	346.01	316.71	14.06	15.24
1990	353.75	321.45	15.90	16.40
1991	404.00	366.65	19.07	18.28
1992	493.87	442.64	25.04	26.19
1993	772.11	722.81	40.09	9.21
1994	1133.18	1013.18	55.24	64.76
1995	1472.66	1360.01	85.92	26.73
1996	1776.67	1610.94	115.02	50.71
1997	1951.96	1759.87	129.88	62.21
1998	2120.78	1896.93	149.33	74.52
1999	2305.86	2041.43	188.31	76.12
2000	2553.59	2235.01	237.67	80.91
2001	2839.59	2478.04	277.97	83.57
2002	3166.15	2736.10	340.34	89.72
2003	3511.26	2998.92	399.14	113.20
2004	4055.50	3525.14	452.78	77.58
2005	4631.69	4020.81	533.19	77.69

注:2004年数据按经济普查资料测算,1993-2003年数据根据经济普查数据调整。

The data in 2004 are calculated from Economic Census, while the data are adjusted by Economic Census from 1993 to 2003.

10-3 按登记注册类型分限额以上批发零售贸易业基本情况(2005年)

Basic Conditions of Enterprises Above Designated Size in Wholesale and Retail Trade by Types of Registration (2005)

单位:亿元 (100 million yuan)

指 标	Item	法人企业(个) Number of Corporation (unit)	产业活动单位数(个) Number of Economic Active(unit)	从业人员(人) Persons Employed (person)
总计	**Total**	**3852**	**11461**	**276276**
批发业合计	**Wholesale Trade**	**2757**	**6315**	**141928**
#国有及国有控股	State - owend and State Holding Enterprises	422	2309	49393
内资企业	Domestic Funded Enterprises	2751	6273	141350
国有企业	State - owned Enterprises	184	451	18909
集体企业	Collective Owned Enterprises	64	348	2992
股份合作企业	Cooperative Enterprises	47	90	3893
联营企业	Joint Ownership Enterprises	8	12	369
国有联营企业	State Joint Ownership Enterprises	4	8	233
集体联营企业	Collective Joint Ownership Enterprises	2	2	77
国有与集体联营企业	State - collective Joint Enterprises	2	2	59
有限责任公司	Limited Liability Corporations	975	2260	60204
国有独资公司	State Sole Funded Corporations	77	383	10058
其他有限责任公司	Other Limited Liability Corporations	898	1877	50146
股份有限公司	Share - holding Corporations Ltd.	59	1224	15920
私营企业	Private Enterprises	1413	1887	39059
私营独资企业	Private Funded Enterprises	19	28	673
私营合伙企业	Private Partnership Corporations	7	7	263
私营有限责任公司	Private Limited Liability Corporations	1363	1827	37476
私营股份有限公司	Private Share - holding Corporations Ltd.	24	25	647
其他企业	Other Enterprises	1	1	4
港澳台商投资企业	Enterprises With Funds From Hong Kong, Macao and Taiwan	1	5	67
合资经营企业	Joint - venture Enterprises		2	33
独资经营企业	Enterprises with Sole Investment	1	3	34
外商投资企业	Foreign Funded Enterprises	5	37	511
中外合资经营企业	Joint - venture Enterprises	2	25	212
中外合作经营企业	Cooperation Enterprises		4	98
外资企业	Enterprises With Sole Foreign Investment	3	8	201

单位：亿元　　10－3　续表　continued　　(100 million yuan)

指　标	Item	法人企业（个）Number of Corporation (unit)	产业活动单位数(个) Number of Economic Active(unit)	从业人员(人) Persons Employed (person)
零售业合计	**Retail Sale Trade**	**1095**	**5146**	**134348**
#国有及国有控股	State－owend and State Holding Enterprises	173	1242	23792
内资企业	Domestic Funded Enterprises	1082	5092	128110
国有企业	State－owned Enterprises	40	307	4370
集体企业	Collective Owned Enterprises	41	442	4660
股份合作企业	Cooperative Enterprises	27	52	2164
联营企业	Joint Ownership Enterprises	11	23	258
国有联营企业	State Joint Ownership Enterprises	5	17	121
国有与集体联营企业	Joint State－collective Enterprises	3	3	74
其他联营企业	Other Joint Ownership Enterprises	3	3	63
有限责任公司	Limited Liability Corporations	394	2162	61534
国有独资公司	State Sole Funded Corporations	56	183	3582
其他有限责任公司	Other Limited Liability Corporations	338	1979	57952
股份有限公司	Share－holding Corporations Ltd.	25	365	11446
私营企业	Private Enterprises	544	1741	43678
私营独资企业	Private Funded Enterprises	17	21	653
私营合伙企业	Private Partnership Corporations	4	68	993
私营有限责任公司	Private Limited Liability Corporations	508	1632	41426
私营股份有限公司	Private Share－holding Corporations Ltd.	15	20	606
港澳台商投资企业	Enterprises With Funds From Hong Kong, Macao and Taiwan	5	37	3160
合资经营企业	Joint－venture Enterprises	4	36	2811
合作经营企业	Cooperation Enterprises	1	1	349
外商投资企业	Foreign Funded Enterprises	8	17	3078
中外合资经营企业	Joint－venture Enterprises	5	8	2390
中外合作经营企业	Cooperation Enterprises	2	6	667
外资企业	Enterprises With Sole Foreign Investment	1	3	21

10－4 分行业限额以上批发零售贸易基本情况(2005 年)

Basic Conditions of Enterprises Above Designated Size in Wholesale and Retail Trade by Types of Registration(2005)

单位：亿元 (100 million yuan)

指 标	Item	法人企业(个) Number of Corporation (unit)	产业活动单位数(个) Number of Economic Active(unit)	从业人员(人) Persons Employed (person)
总计	**Total**	**3852**	**11461**	**276276**
批发业	**Wholesale**	**2757**	**6315**	**141928**
农畜产品批发	Agricultural and Animal Products	46	179	2529
食品、饮料及烟草制品批发	Food, Beverages, Tobacoo and Its Products	240	688	26474
#米、面制品及食用油批发	Rice, Flour and Its Products, Edible Oil	40	245	3305
烟草制品批发	Tobacoo and Its Products	78	209	11778
纺织、服装及日用品批发	Textile, Garments and Articles for Daily Use	448	583	21324
#服装批发	Garments	154	193	9518
文化、体育用品及器材批发	Culture, Sports Articles and Equipment	70	103	4718
医疗及医疗器材批发	Medicines and Medical Appliances	106	463	13414
矿产品、建材及化工产品批发	Mineral Products, Building Materials and Chemical Products	1203	2904	42414
#煤炭及制品	Coal and Related Products	97	129	2984
石油及制品批发	Petroleum and Related Products	176	1485	17720
金属及金属矿批发	Metal Materials and Mineral	551	677	11022
建材批发	Building Materials	69	88	2314
化肥批发	Fertilizer	36	219	1201
机械设备、五金交电及电子产品批发	Machinery Equipment, Hardware and Electric Products	490	662	26379
#汽车、摩托车及零配件批发	Motor Vehicles, Motorcycles and Parts	92	116	6140
家用电器批发	Household Appliances	73	111	4964
计算机、软件及辅助设备批发	Computers, Software and Auxiliary Equipment	57	82	2080
贸易经纪与代理	Manage and Agencies in Trade	8	9	239
其他批发	Others	146	724	4437

单位：亿元 10－4 续表 continued (100 million yuan)

指 标	Item	法人企业(个) Number of Corporation (unit)	产业活动单位数(个) Number of Economic Active(unit)	从业人员(人) Persons Employed (person)
零售业	**Retail Sale**	**1095**	**5146**	**134348**
综合零售	Synthesizs	261	1846	71563
#百货零售	Consumer Goods	95	560	24604
超级市场零售	Supermarkets	138	896	43478
食品、饮料及烟草制品专门零售	Food, Beverages, Tobacoos and Its Products	56	407	6298
纺织、服装及日用品专门零售	Textile Garments and Articles for Daily Use	27	114	3902
#服装零售	Garments Articles	17	59	2908
文化、体育用品及器材专门零售	Calture Sports Articles and Equipments	86	274	5541
#图书零售	Books	67	236	4574
医疗及医疗器材专门零售	Medicines and Medical Appliances	81	1017	11358
#药品零售	Medicines	79	1015	11309
汽车、摩托车、燃料及零售	Motor Vehicles Motorcycles Fuel	369	828	19554
#汽车零售	Motor Vehicles	266	340	12981
机动车燃料零售	Fuel for Motor Vehicles Use	56	355	5335
家用电器及电子产品专门零售	Household Appliance Electric Products	167	371	13833
#家用电器零售	Household Appliance	101	221	10190
计算机、软件及辅助设备零售	Computer, Software and Auxiliary Equipment	36	58	1129
通信设备零售	Communication Equipment	29	91	2296
五金、家具及室内装饰材料专门零售	Hardware Furniture Decoration Indoors	9	32	657
无店铺及其他零售	Non－shop and Other Retail Sale	39	257	1642
#邮购及电子销售业	Mail Order and Electron Vendition	1	21	129

10－5 按登记注册类型分限额以上批发零售贸易业商品销售总额(2005 年)

Total Sales of Enterprises Above Designated Size in Wholesale and Retail Trade by Types of Registration(2005)

单位：亿元 (100 million yuan)

指　标	Item	合计 Total	批发 Wholesale	零售 Retail Sale
总计	**Total**	**9164.14**	**7787.39**	**1376.75**
批发业合计	**Wholesale Trade**	**7841.43**	**7572.57**	**268.86**
#国有及国有控股	State－owend and State Holding Enterprises	2477.32	2371.26	106.06
内资企业	Domestic Funded Enterprises	7766.86	7500.42	266.43
国有企业	State－owned Enterprises	993.57	979.41	14.16
集体企业	Collective Owned Enterprises	84.93	83.75	1.18
股份合作企业	Cooperative Enterprises	97.71	83.30	14.41
联营企业	Joint Ownership Enterprises	10.15	9.77	0.38
国有联营企业	State Joint Ownership Enterprises	6.93	6.78	0.15
集体联营企业	Collective Joint Ownership Enterprises	1.74	1.74	
国有与集体联营企业	Joint State－collective Enterprises	1.48	1.26	0.22
有限责任公司	Limited Liability Corporations	3374.53	3260.23	114.29
国有独资公司	State Sole Funded Corporations	167.17	160.68	6.50
其他有限责任公司	Other Limited Liability Corporations	3207.35	3099.55	107.80
股份有限公司	Share－holding Corporations Ltd.	1112.99	1035.18	77.81
私营企业	Private Enterprises	2092.32	2048.12	44.20
私营独资企业	Private Funded Enterprises	18.28	17.51	0.77
私营合伙企业	Private Partnership Corporations	8.51	8.51	
私营有限责任公司	Private Limited Liability Corporations	2030.35	1987.72	42.63
私营股份有限公司	Private Share－holding Corporations Ltd.	35.17	34.38	0.79
其他企业	Other Enterprises	0.65	0.65	
港澳台商投资企业	Enterprises With Funds From Hong Kong, Macao and Taiwan	8.93	8.93	
合资经营企业	Joint－venture Enterprises	4.91	4.91	
独资经营企业	Enterprises with Sole Investment	4.02	4.02	
外商投资企业	Foreign Funded Enterprises	65.64	63.22	2.42
中外合资经营企业	Joint－venture Enterprises	12.80	12.67	0.12
中外合作经营企业	Cooperation Enterprises	13.78	11.52	2.26
外资企业	Enterprises With Sole Foreign Investment	39.06	39.02	0.04

指 标	Item	合计 Total	批发 Wholesale	零售 Retail Sale
零售业合计	**Retail Trade**	**1322.71**	**214.82**	**1107.89**
#国有及国有控股	State - owend and State Holding Enterprises	210.37	40.71	169.67
内资企业	Domestic Funded Enterprises	1230.68	201.29	1029.39
国有企业	State - owned Enterprises	29.72	5.95	23.77
集体企业	Collective Owned Enterprises	22.40	3.01	19.39
股份合作企业	Cooperative Enterprises	14.50	4.11	10.38
联营企业	Joint Ownership Enterprises	4.89	0.47	4.41
国有联营企业	State Joint Ownership Enterprises	1.60	0.08	1.52
国有与集体联营企业	Joint State - collective Enterprises	2.34	0.39	1.94
其他联营企业	Other Joint Ownership Enterprises	0.95		0.95
有限责任公司	Limited Liability Corporations	509.28	65.66	443.62
国有独资公司	State Sole Funded Corporations	17.55	1.59	15.97
其他有限责任公司	Other Limited Liability Corporations	491.73	64.07	427.66
股份有限公司	Share - holding Corporations Ltd.	231.45	77.71	153.75
私营企业	Private Enterprises	418.44	44.38	374.06
私营独资企业	Private Funded Enterprises	6.04	0.66	5.39
私营合伙企业	Private Partnership Corporations	5.97		5.97
私营有限责任公司	Private Limited Liability Corporations	396.01	43.65	352.37
私营股份有限公司	Private Share - holding Corporations Ltd.	10.41	0.07	10.33
港澳台商投资企业	Enterprises With Funds From Hong Kong, Macao and Taiwan	33.66	0.37	33.30
合资经营企业	Joint - venture Enterprises	31.57	0.37	31.20
合作经营企业	Cooperation Enterprises	2.09		2.09
外商投资企业	Foreign Funded Enterprises	58.37	13.16	45.21
中外合资经营企业	Joint - venture Enterprises	37.50	13.16	24.34
中外合作经营企业	Cooperation Enterprises	19.35		19.35
外资企业	Enterprises With Sole Foreign Investment	1.52		1.52

10－6 分行业限额以上批发零售贸易业销售总额(2005年)

Total Sales of Enterprises Above Designated Size in Wholesale and Retail Sale Trade by Sector (2005)

单位：亿元 (100 million yuan)

指 标	Item	销售总额 Sales		
		合计 Total	批发 Wholesale	零售 Retail Sale
总计	**Total**	**9164.14**	**7787.39**	**1376.75**
批发业	**Wholesale**	**7841.43**	**7572.57**	**268.86**
农畜产品批发	Agricultural and Animal Products	39.29	39.01	0.29
食品、饮料及烟草制品批发	Food, Beverages, Tobacoo and Its Products	816.39	806.13	10.26
#米、面制品及食用油批发	Rice, Flour and Its Products, Edible Oil	61.73	60.84	0.89
烟草制品批发	Tobacoo and Its Products	552.99	549.80	3.19
纺织、服装及日用品批发	Textile Garments and Articles for Daily Use	1417.72	1403.17	14.54
#服装批发	Garments	686.90	680.17	6.74
文化、体育用品及器材批发	Culture Sports Articles and Equipment	198.53	197.19	1.34
医疗及医疗器材批发	Medicines and Medical Appliances	290.14	202.42	87.73
矿产品、建材及化工产品批发	Mineral Products, Building Materials and Chemical Products	3712.84	3624.10	88.75
#煤炭及制品	Coal and Related Products	177.68	176.50	1.18
石油及制品批发	Petroleum and Related Produets	1125.33	1048.99	76.34
金属及金属矿批发	Metal Materials and Mineral	1557.99	1552.57	5.41
建材批发	Building Materials	90.56	88.97	1.58
化肥批发	Fertilizer	68.72	66.59	2.13
机械设备、五金交电及电子产品批发	Machinery Equipment Hardware and Electric Produets	1147.73	1084.11	63.62
#汽车、摩托车及零配件批发	Motor Vehicles Motorcycles and Parts	228.05	183.13	44.92
家用电器批发	Household Appliances	180.29	173.23	7.06
计算机、软件及辅助设备批发	Computers, Software and Auxiliary Equipment	71.41	66.39	5.02
贸易经纪与代理	Manage and Agencies in Trade	16.56	16.56	
其他批发	Others	202.22	199.88	2.33

指　标	Item	销售总额 Sales 合计 Total	批发 Wholesale	零售 Retail Sale
零售业	**Retail Sale**	**1322.71**	**214.82**	**1107.89**
综合零售	Synthesizs	440.70	39.94	400.76
#百货零售	Consumer Goods	199.16	26.47	172.69
超级市场零售	Supermarkets	231.80	11.10	220.70
食品、饮料及烟草制品专门零售	Food, Beverages, Tobacoos and Its Products	31.97	2.97	29.00
纺织服装及日用品专门零售	Textile Garments and Articles for Daily Use	36.42	3.72	32.70
#服装零售	Garments Articles	31.73	3.31	28.42
文化、体育用品及器材专门零售	Calture Sports Articles and Equipments	24.12	1.56	22.56
#体育用品零售	Sports Articles			
图书零售	Books	20.95	1.44	19.51
医药及医疗器材专门零售	Medicines and Medical Appliances	90.28	24.28	66.01
#药品零售	Medicines	89.99	24.21	65.78
汽车、摩托车、燃料及零配件零售	Motor Vehicles Motorcycles Fuel	548.77	112.81	435.95
#汽车零售	Motor Vehicles	369.11	42.30	326.81
机动车燃料零售	Fuel for Motor Vehicles Use	171.34	69.72	101.62
家用电器及电子产品专门零售	Household Appliance lectric Products	133.42	27.31	106.11
#家用电器零售	Household Appliance	105.48	22.31	83.17
计算机、软件及辅助设备零售	Computer Software and Auxiliary Equipment	8.90	1.90	7.01
通信设备零售	Communication Equipment	17.81	3.10	14.71
五金、家具及室内装饰材料专门零售	Hardware Furniture Deceration Indoors	4.13	0.02	4.11
无店铺及其他零售	Non－shop and Other Retail Sale	12.90	2.20	10.69
#邮购及电子销售业	Mail Order and Electron Vendition	1.00	0.36	0.63

10－7 限额以上批发零售贸易业商品分类销售额

Total Sales in Wholesale and Retail Sale Trade Above Designated Size by Commodity

单位：亿元 (100 million yuan)

商品分类	Commodity	总计 Total		
		2000	2004	2005
食品、饮料、烟酒类	Food, Beverage, Tobacco and Liquor	607.36	741.72	969.77
肉禽蛋类	Meat, Poultry and Eggs	33.92	37.02	45.27
其他食品类	Other Food	200.66	247.75	277.63
饮料类	Beverages	27.60	34.27	46.57
烟酒类	Tobacco and Liquor	345.19	422.67	600.30
服装鞋帽、针、纺织品类	Garments, Shoes, Hats, Knit and Textile Goods	343.55	1000.10	1040.00
服装类	Garments	188.90	459.89	482.38
鞋帽类	Shoes and Hats	40.24	106.43	108.64
针、纺织品类	Knit and Textile Goods	114.40	433.78	448.99
化妆品类	Cosmetics	15.14	28.30	35.39
金银珠宝类	Jewelry	11.25	18.26	15.27
日用品类	Articles For Daily Use	72.71	236.59	260.78
洗涤用品类	Washing	8.31	24.79	30.52
儿童玩具类	Toy For Children	3.80	7.13	10.61
五金、电料类	Hardware & Electric Materials	32.12	216.97	194.47
体育、娱乐用品类	Sports and Recreation	9.49	31.41	28.11
书报杂志类	Newspapers and Magazines	36.88	36.71	45.10
电子出版物及音像制品类	Electronic Publication and Audiovisual Products	2.41	8.38	5.19
家用电器及音像器材类	Household Appliances and Audiovisual Equipment	112.53	278.02	276.04
中西药品类	Traditional Chinese & Western Medicines	172.83	316.91	355.32
西药	Western Medicines	114.09	232.08	267.66
中草药及中成药	Chinese Herbal Medicine and Other Traditional Chinese Medicine	50.27	69.43	75.60
文化办公用品类	Culture and Official Articles	28.87	171.33	156.03
家具类	Furniture	4.15	15.29	19.56
通讯器材类	Communication Appliances	14.94	213.37	145.24
煤炭及制品类	Coal and Related Products	78.89	216.54	152.34
木材及制品类	Timber and Related Products	6.20	19.62	25.78
石油及制品类	Oil and Related Products	475.41	1201.80	1191.21
化工材料及制品类	Chemical Materials and Related Products	172.17	687.02	686.36
化肥类	Fertilizer	42.66	61.86	75.82
金属材料类	Metal Materials	216.67	1450.62	1517.41
建筑及装潢材料类	Building and Decoration Materials	9.38	86.40	67.48
机电成品及设备类	Mechanical and Electrical Products and Appliances	151.80	377.85	345.94
农机类	Agricutural Mechanical Products	5.41	14.90	4.61
汽车类	Motor Vehicles	115.92	551.04	580.93
种子饲料类	Seed and Forage	6.46	6.55	26.30
棉麻类	Cotton & Ambery	18.64	36.89	50.68
其他类	Others	191.36	440.61	460.77

单位：亿元　　10－7　续表1　continued　　(100 million yuan)

商品分类	Commodity	批发额 Wholesale		
		2000	2004	2005
食品、饮料、烟酒类	Food, Beverage, Tobacco and Liquor	515.57	598.72	764.31
肉禽蛋类	Meat, Poultry and Eggs	19.84	21.39	16.37
其他食品类	Other Food	147.77	164.86	160.18
饮料类	Beverages	20.79	17.46	23.78
烟酒类	Tobacco and Liquor	327.18	395.01	563.98
服装鞋帽、针、纺织品类	Garments, Shoes, Hats, Knit and Textile Goods	297.75	912.85	909.87
服装类	Garments	160.20	402.40	393.88
鞋帽类	Shoes and Hats	32.62	92.34	87.92
针、纺织品类	Knit and Textile Goods	104.94	418.11	428.06
化妆品类	Cosmetics	6.56	10.63	10.89
金银珠宝类	Jewelry	1.77	5.26	0.78
日用品类	Articles For Daily Use	51.86	202.79	214.53
洗涤用品类	Washing	4.26	13.11	14.10
儿童玩具类	Toy For Children	2.79	5.28	7.98
五金、电料类	Hardware & Electric Materials	29.33	206.72	189.75
体育、娱乐用品类	Sports and Recreation	7.42	26.58	21.41
书报杂志类	Newspapers and Magazines	25.35	18.24	23.83
电子出版物及音像制品类	Electronic Publication and Audiovisual Products	1.69	7.29	2.34
家用电器及音像器材类	Household Appliances and Audiovisual Equipment	65.55	175.30	158.85
中西药品类	Traditional Chinese & Western Medicines	97.44	186.69	196.28
西药	Western Medicines	66.47	139.73	148.12
中草药及中成药	Chinese Herbal Medicine and Other Traditional Chinese Medicine	26.58	39.95	41.07
文化办公用品类	Culture and Official Articles	22.93	152.91	136.70
家具类	Furniture	3.80	14.56	18.60
通讯器材类	Communication Appliances	11.79	192.81	121.98
煤炭及制品类	Coal and Related Products	78.08	216.22	152.20
木材及制品类	Timber and Related Products	5.99	19.14	25.68
石油及制品类	Oil and Related Products	446.40	1090.38	1045.78
化工材料及制品类	Chemical Materials and Related Products	170.97	685.54	685.71
化肥类	Fertilizer	42.56	61.86	75.82
金属材料类	Metal Materials	215.47	1444.93	1514.59
建筑及装潢材料类	Building and Decoration Materials	7.82	82.39	62.70
机电成品及设备类	Mechanical and Electrical Products and Appliances	138.63	363.11	337.13
农机类	Agricutural Mechanical Products	5.25	14.90	4.61
汽车类	Motor Vehicles	80.47	212.62	241.95
种子饲料类	Seed and Forage	6.46	6.55	26.30
棉麻类	Cotton & Ambery	18.61	36.89	50.68
其他类	Others	180.91	433.44	450.20

商品分类	Commodity	零售额 Retail Sale		
		2000	2004	2005
食品、饮料、烟酒类	Food, Beverage, Tobacco and Liquor	91.79	143.00	205.46
肉禽蛋类	Meat, Poultry and Eggs	14.08	15.63	28.90
其他食品类	Other Food	52.89	82.90	117.45
饮料类	Beverages	6.82	16.82	22.78
烟酒类	Tobacco and Liquor	18.01	27.66	36.32
服装鞋帽、针、纺织品类	Garments, Shoes, Hats, Knit and Textile Goods	45.80	87.25	130.13
服装类	Garments	28.71	57.49	88.49
鞋帽类	Shoes and Hats	7.63	14.09	20.71
针、纺织品类	Knit and Textile Goods	9.46	15.68	20.93
化妆品类	Cosmetics	8.58	17.67	24.50
金银珠宝类	Jewelry	9.47	13.00	14.49
日用品类	Articles For Daily Use	20.85	33.80	46.25
洗涤用品类	Washing	4.05	11.68	16.42
儿童玩具类	Toy For Children	1.01	1.85	2.63
五金、电料类	Hardware & Electric Materials	2.79	10.25	4.72
体育、娱乐用品类	Sports and Recreation	2.07	4.83	6.70
书报杂志类	Newspapers and Magazines	11.53	18.47	21.27
电子出版物及音像制品类	Electronic Publication and Audiovisual Products	0.72	1.09	2.85
家用电器及音像器材类	Household Appliances and Audiovisual Equipment	46.98	102.71	117.19
中西药品类	Traditional Chinese & Western Medicines	75.39	130.22	159.05
西药	Western Medicines	47.62	92.35	119.54
中草药及中成药	Chinese Herbal Medicine and Other Traditional Chinese Medicine	23.69	29.48	34.53
文化办公用品类	Culture and Official Articles	5.94	18.42	19.33
家具类	Furniture	0.35	0.73	0.95
通讯器材类	Communication Appliances	3.16	20.55	23.26
煤炭及制品类	Coal and Related Products	0.80	0.32	0.14
木材及制品类	Timber and Related Products	0.21	0.49	0.10
石油及制品类	Oil and Related Products	29.01	111.42	145.43
化工材料及制品类	Chemical Materials and Related Products	1.20	1.48	0.65
化肥类	Fertilizer	0.11		
金属材料类	Metal Materials	1.20	5.69	2.83
建筑及装潢材料类	Building and Decoration Materials	1.56	4.01	4.78
机电成品及设备类	Mechanical and Electrical Products and Appliances	13.17	14.73	8.81
农机类	Agricutural Mechanical Products	0.16		
汽车类	Motor Vehicles	35.45	338.42	338.98
种子饲料类	Seed and Forage			
棉麻类	Cotton & Ambery	0.03		
其他类	Others	10.45	7.17	10.58

10－8 限额以上批发零售贸易企业财务状况
Financial Conditions of Wholesale and Retail Sale Trade Above Designated Size

单位：亿元 (100 million yuan)

指　标	Item	2000	2001	2002	2003	2004	2005
法人企业数(个)	Corporation Units(unit)	2033	2204	2110	2244	4134	3852
从业人员(人)	Employed Persons(person)	215452	195125	200965	196689	268351	276276
流动资产合计	Total Circulating Assets	797.93	863.92	1035.12	1409.26	2042.94	2368.70
固定资产合计	Total Fixed Assets	246.81	256.45	262.20	281.26	301.10	452.50
资产总计	Total Assets	1182.55	1290.57	1476.42	1905.46	2762.60	3126.63
负债合计	Total Liabilities	837.35	878.74	1011.58	1352.74	1896.43	2170.05
商品销售收入净额	Net Value of Sales Revenue	2794.13	3021.10	3475.75	4593.29	7389.69	7923.82
商品销售成本	Cost of Sales	2600.46	2817.44	3225.72	4282.44	6955.13	7466.22
经营费用	Business Expenses	79.14	87.47	100.21	125.02	187.28	193.53
商品销售税金及附加费	Tax and Extra Charges on Goods Sales	3.86	4.07	5.58	5.81	11.99	9.48
主营业务利润	Profits of Major Management	111.64	113.12	145.14	180.02	422.56	429.90
管理费用	Management Expenses	62.47	66.23	73.00	84.30	112.62	122.24
财务费用	Financial Expenses	15.86	16.25	15.75	19.01	23.43	26.69
利润总额	Total Profits	62.63	62.63	84.10	113.14	156.16	146.98
本年应付工资总额	Total Wages Payable in the Year	32.37	37.52	38.55	46.00	59.29	64.69
本年应付福利费总额	Total Welfare Expenses Payable in the Year	4.57	4.81	6.19	7.24	8.29	10.19

10－9 按登记注册类型分限额以上批发零售贸易企业资产及负债情况(2005年)

Assets and Liabilities of Enterprises Above Designated Size in Wholesale and Retail Trade by Types of Registration(2005)

单位：亿元 (100 million yuan)

指标	Item	资产合计 Total Assets	固定资产 Fixed	流动资产 Circulating	负债合计 Total Liabilities	所有者权益合计 Total Creditor's Equity
批发和零售贸易业合计	**Total**	**3126.63**	**452.50**	**2368.70**	**2170.05**	**956.58**
批发企业合计	**Wholesale Trade**	**2597.84**	**295.20**	**2035.03**	**1795.52**	**802.32**
#国有及国有控股	State－owend and State Holding Enterprises	887.09	165.47	581.29	469.95	417.14
内资企业	Domestic Funded Enterprises	2592.11	294.20	2030.14	1791.08	801.03
国有企业	State－owned Enterprises	409.14	69.16	279.16	156.21	252.93
集体企业	Collective Owned Enterprises	36.89	3.80	25.23	29.19	7.70
股份合作企业	Cooperative Enterprises	39.57	3.89	32.57	30.16	9.41
联营企业	Joint Ownership Enterprises	1.32	0.66	0.75	0.58	0.74
国有联营企业	State Joint Ownership Enterprises	1.05	0.60	0.53	0.43	0.61
集体联营企业	Collective Joint Ownership Enterprises	0.03	0.01	0.03	0.02	0.02
国有与集体联营企业	Joint State－collective Enterprises	0.24	0.06	0.18	0.13	0.11
有限责任公司	Limited Liability Corporations	1158.51	111.73	950.20	879.11	279.81
国有独资公司	State Sole Funded Corporations	115.46	22.30	84.60	77.61	37.86
其他有限责任公司	Other Limited Liability Corporations	1043.45	89.43	865.60	801.50	241.95
股份有限公司	Share－holding Corporations Ltd.	261.38	59.54	134.27	147.63	113.75
私营企业	Private Enterprises	682.79	45.42	605.90	546.15	136.64
私营独资企业	Private Funded Enterprises	5.76	0.80	4.90	4.64	1.12
私营合伙企业	Private Partnership Corporations	1.73	0.04	1.71	1.55	0.18
私营有限责任公司	Private Limited Liability Corporations	662.86	43.86	579.35	530.47	132.39
私营股份有限公司	Private Share－holding Corporations Ltd.	12.45	0.72	19.94	9.49	2.95
其他	Other	2.11		2.06	2.06	0.05
港澳台商投资企业	Enterprises With Funds From Hong Kong, Macao and Taiwan	0.33	0.08	0.26	0.30	0.04
港澳台商独资经营企业	Enterprises With Sole Investment From Hong Kong, Macao and Taiwan	0.33	0.08	0.26	0.30	0.04
外商投资企业	Foreign Funded Enterprises	5.39	0.92	4.62	4.14	1.26
中外合资经营企业	Joint－venture Enterprises	1.48	0.87	0.74	1.30	0.18
外资企业	Enterprises With Sole Foreign Investment	3.91	0.05	3.88	2.84	1.07

指　标	Item	资产合计 Total Assets	固定资产 Fixed	流动资产 Circulating	负债合计 Total Liabilities	所有者权益合计 Total Creditor's Equity
零售企业总计	**Retail Trade**	**528.80**	**157.30**	**333.67**	**374.53**	**154.26**
#国有及国有控股	State－owend and State Holding Enterprises	109.34	49.07	52.01	62.15	47.18
内资企业	Domestic Funded Enterprises	515.96	151.44	327.13	365.86	150.10
国有企业	State－owned Enterprises	16.54	5.56	8.38	10.71	5.83
集体企业	Collective Owned Enterprises	10.31	5.33	6.34	7.93	2.38
股份合作企业	Cooperative Enterprises	3.82	1.54	2.16	2.85	0.96
联营企业	Joint Ownership Enterprises	0.75	0.39	0.49	0.47	0.28
国有联营企业	State Joint Ownership Enterprises	0.45	0.28	0.27	0.30	0.15
国有与集体联营企业	Joint State－collective Enterprises	0.11	0.08	0.08	0.03	0.08
其他联营企业	Other Joint Ownership Enterprises	0.18	0.03	0.15	0.14	0.04
有限责任公司	Limited Liability Corporations	216.87	60.34	144.55	163.02	53.85
国有独资公司	State Sole Funded Corporations	20.21	8.19	6.84	9.66	10.55
其他有限责任公司	Other Limited Liability Corporations	196.66	52.14	137.72	153.36	43.31
股份有限公司	Share－holding Corporations Ltd.	104.98	46.23	48.63	57.34	47.64
私营企业	Private Enterprises	162.69	32.06	116.58	123.53	39.15
私营独资企业	Private Funded Enterprises	2.01	0.12	1.83	1.49	0.52
私营合伙企业	Private Partnership Corporations	3.12	0.74	2.08	2.83	0.29
私营有限责任公司	Private Limited Liability Corporations	153.52	30.69	109.42	115.64	37.88
私营股份有限公司	Private Share-holding Corporations Ltd.	4.04	0.51	3.25	3.58	0.46
港澳台商投资企业	Enterprises With Funds From Hong Kong, Macao and Taiwan	5.11	2.23	2.86	4.21	0.91
与港澳台商合资经营	Joint－venture Enterprises From Hong Kong, Macao and Taiwan	4.04	2.09	1.99	3.13	0.91
与港澳台商合作经营	Cooperation Enterprises From Hong Kong, Macao and Taiwan	1.07	0.13	0.87	1.08	-0.01
外商投资企业	Foreign Funded Enterprises	7.72	3.64	3.67	4.46	3.26
中外合资经营企业	Joint-venture Enterprises	4.38	1.88	2.89	3.42	0.96
中外合作经营企业	Cooperation Enterprises	3.23	1.71	0.70	0.96	2.27
外商独资企业	Foreign Sole Funded Enterprises	0.11	0.05	0.08	0.08	0.03

10-10 分行业限额以上批发零售贸易企业资产及负债情况(2005年)

Assets and Liabilities of Enterprises Above Designated Size in Wholesale and Retail Sale Trade by Sector(2005)

单位：亿元 (100 million yuan)

指标	Item	资产合计 Total Assets	固定资产 Fixed	流动资产 Circulating	负债合计 Total Liabilities	所有者权益合计 Total Creditor's Equity
批发企业合计	**Wholesale Trade**	**2597.84**	**295.20**	**2035.03**	**1795.52**	**802.32**
农畜产品批发	Agricultural and Animal Products	37.68	7.57	30.83	32.21	5.47
食品、饮料及烟草制品批发	Food, Beverages, Tobacoo and Its Products	405.22	81.02	276.86	149.34	255.88
#米、面制品及食用油批发	Rice, Flour and Its Products, Edible Oil	56.60	9.98	40.08	42.44	14.16
烟草制品批发	Tobacoo and Its Products	258.51	49.26	177.65	52.71	205.80
纺织、服装及日用品批发	Textile, Garments and Articles for Daily Use	450.00	28.92	385.72	359.45	90.55
#服装批发	Garments	202.68	15.33	171.65	161.35	41.33
文化、体育用品及器材批发	Culture, Sports Articles and Equipment	96.36	10.71	62.22	59.07	37.29
医疗及医疗器材批发	Medicines and Medical Appliances	104.12	16.14	93.57	80.49	23.63
矿产品、建材及化工产品批发	Mineral Products, Building Materials and Chemical Products	1049.94	109.02	817.28	765.76	284.17
#煤炭及制品	Coal and Related Products	55.66	6.34	40.92	36.25	19.41
石油及制品批发	Petroleurn and Related Produets	222.72	58.42	106.27	124.80	97.92
金属及金属矿批发	Metal Materials and Mineral	513.44	26.29	438.27	415.41	98.03
建材批发	Building Materials	54.13	2.86	44.65	38.92	15.21
化肥批发	Fertilizer	36.85	4.38	45.23	22.27	14.58
机械设备、五金交电及电子产品批发	Machinery Equipment, Hardware and Elecric Produets	426.30	39.04	344.89	328.62	97.68
#汽车、摩托车及零配件批发	Motor Vehicles, Motorcycles and Parts	109.89	9.14	84.27	82.80	27.09
家用电器批发	Household Appliances	65.77	3.40	60.26	56.85	8.92
计算机、软件及辅助设备批发	Computers, Software and Auxiliary Equipment	22.33	0.56	20.98	18.79	3.54
贸易经纪与代理	Manage and Agencies in Trade	3.35	0.37	2.88	2.43	0.93
其他批发	Others	24.87	2.39	20.79	18.15	6.72

单位：亿元　　10－10　续表　continued　　(100 million yuan)

指标	Item	资产合计 Total Assets	固定资产 Fixed	流动资产 Circulating	负债合计 Total Liabilities	所有者权益合计 Total Creditor's Equity
零售企业合计	**Retail Trade**	**528.80**	**157.30**	**333.67**	**374.53**	**154.26**
综合零售	Synthesis	215.01	86.16	120.67	155.04	59.97
#百货零售	Consumer Goods	118.15	56.99	58.25	76.54	41.61
超级市场零售	Supermarkets	93.04	27.98	60.10	75.78	17.26
食品、饮料及烟草制品专门零售	Food, Beverages, Tobacoos and Its Products	12.11	3.77	6.68	7.20	4.91
纺织服装及日用品专门零售	Textile, Garments and Articles for Daily Use	20.43	8.27	13.23	15.36	5.07
#服装零售	Garments Articles	18.21	7.42	11.94	13.78	4.44
文化、体育用品及器材专门零售	Calture, Sports Articles and Equipments	32.51	12.59	11.98	15.27	17.24
#图书零售	Books	29.56	11.92	9.62	13.03	16.53
医疗及医疗器材专门零售	Medicines and Medical Appliances	40.64	6.87	30.06	29.71	10.93
#药品零售	Medicines	40.46	6.86	29.92	29.55	10.91
汽车、摩托车、燃料及零售	Motor Vehicles, Motorcycles Fuel	151.92	28.66	110.57	107.68	44.24
#汽车零售	Motor Vehicles	118.53	13.84	96.80	88.96	29.57
机动车燃料零售	Fuel for Motor Vehicles Use	28.67	14.10	9.94	14.85	13.83
家用电器及电子产品专门零售	Household Appliance and Electric Products	46.14	6.56	35.34	37.13	9.01
#家用电器零售	Household Appliance	34.70	4.10	29.19	28.82	5.88
计算机、软件及辅助设备零售	Computer, Software and Auxiliary Equipment	1.98	0.12	1.87	1.27	0.71
通信设备零售	Communication Equipment	9.12	2.24	4.03	6.79	2.33
五金、家具及室内装饰材料专门零售	Hardware, Furniture Decoration Indoors	3.08	1.25	1.33	2.42	0.65
无店铺及其他零售	Non－shop and Other Retail Sale	6.97	3.18	3.82	4.72	2.25
#邮购及电子销售业	Mail Order and Electron Vendition	0.43	0.05	0.40	0.26	0.17

10－11 按登记注册类型分限额以上批发零售贸易企业主要财务指标情况(2005 年)

Main Financial Indicators of Enterprises Above Designated Size in Wholesale and Retail Trade by Types of Registration(2005)

单位：亿元 (100 million yuan)

指　标	Item	主营业务收入 Revenue in Main Business	主营业务成本 Cost in Main Business	主营业务税金及附加 Tax and Extra Changes in Main Business	主营业务利润 Profits in Main Business	营业费用 Management Cost
批发和零售贸易业合计	**Total**	**7923.82**	**7466.22**	**9.48**	**429.90**	**193.53**
批发企业合计	**Wholesale Trade**	**6903.68**	**6535.37**	**6.36**	**345.75**	**141.71**
#国有及国有控股	State－owend and State Holding Enterprises	2304.34	2127.62	3.14	173.03	45.49
内资企业	Domestic Funded Enterprises	6884.37	6516.54	6.36	345.27	141.51
国有企业	State－owned Enterprises	845.52	738.71	2.05	104.26	15.77
集体企业	Collective Owned Enterprises	78.80	70.95	0.07	2.78	1.14
股份合作企业	Cooperative Enterprises	83.98	79.22	0.09	4.30	2.09
联营企业	Joint Ownership Enterprises	7.30	6.88	0.02	0.40	0.13
国有联营企业	State Joint Ownership Enterprises	5.81	5.47	0.01	0.33	0.10
集体联营企业	Collective Joint Ownership Enterprises	0.20	0.17		0.03	0.01
国有与集体联营企业	Joint State－collective Enterprises	1.29	1.24		0.04	0.02
有限责任公司	Limited Liability Corporations	3021.11	2888.76	1.79	124.52	65.17
国有独资公司	State Sole Funded Corporations	159.32	146.06	0.20	13.01	4.79
其他有限责任公司	Other Limited Liability Corporations	2861.79	2742.70	1.59	111.50	60.38
股份有限公司	Share－holding Corporations Ltd.	989.34	946.84	0.70	41.59	17.78
私营企业	Private Enterprises	1857.68	1784.54	1.64	67.42	39.41
私营独资企业	Private Funded Enterprises	16.67	15.99	0.02	0.63	0.24
私营合伙企业	Private Partnership Corporations	7.41	6.86	0.01	0.54	0.43
私营有限责任公司	Private Limited Liability Corporations	1802.54	1732.19	1.57	64.73	38.06
私营股份有限公司	Private Share－holding Corporations Ltd.	31.06	29.50	0.04	1.51	0.69
其他	Other	0.65	0.64		0.01	
港澳台商投资企业	Enterprises With Funds From Hong Kong, Macao and Taiwan	1.46	1.29		0.17	0.12
港澳台商独资经营企业	Enterprises With Sole Investment From Hong Kong, Macao and Taiwan	1.46	1.29		0.17	0.12
外商投资企业	Foreign Funded Enterprises	17.85	17.54		0.31	0.08
中外合资经营企业	Joint－venture Enterprises	1.61	1.56		0.05	0.01
外资企业	Enterprises With Sole Foreign Investment	16.24	15.98		0.26	0.08

指　标	Item	主营业务收入 Revenue in Main Business	主营业务成本 Cost in Main Business	主营业务税金及附加 Tax and Extra Changes in Main Business	主营业务利润 Profits in Main Business	营业费用 Management Cost
零售企业总计	**Retail Trade**	**1020.14**	**930.85**	**3.12**	**84.16**	**51.82**
#国有及国有控股	State－owend and State Holding Enterprises	199.44	177.06	0.57	21.79	10.70
内资企业	Domestic Funded Enterprises	995.20	909.43	3.08	80.68	48.34
国有企业	State－owned Enterprises	18.60	15.71	0.05	2.83	1.27
集体企业	Collective Owned Enterprises	20.12	18.07	0.74	1.12	0.38
股份合作企业	Cooperative Enterprises	7.84	7.20	0.02	0.61	0.31
联营企业	Joint Ownership Enterprises	4.17	3.95	0.01	0.22	0.09
国有联营企业	State Joint Ownership Enterprises	1.36	1.25		0.11	0.02
国有与集体联营企业	Joint State－collective Enterprises	2.00	1.93		0.07	0.05
其他联营企业	Other Joint Ownership Enterprises	0.81	0.77		0.03	0.02
有限责任公司	Limited Liability Corporations	421.01	380.94	1.04	38.78	26.15
国有独资公司	State Sole Funded Corporations	13.90	10.94	0.04	2.91	1.18
其他有限责任公司	Other Limited Liability Corporations	407.11	370.00	0.99	35.87	24.97
股份有限公司	Share－holding Corporations Ltd.	182.85	167.46	0.55	14.83	5.96
私营企业	Private Enterprises	340.61	316.09	0.67	22.29	14.18
私营独资企业	Private Funded Enterprises	5.20	4.76	0.01	0.43	0.13
私营合伙企业	Private Partnership Corporations	5.63	5.18	0.03	0.42	0.45
私营有限责任公司	Private Limited Liability Corporations	321.99	298.81	0.60	21.01	13.38
私营股份有限公司	Private Share-holding Corporations Ltd.	7.79	7.34	0.03	0.43	0.22
港澳台商投资企业	Enterprises With Funds From Hong Kong, Macao and Taiwan	9.41	7.79	0.03	1.59	1.60
与港澳台商合资经营	Joint－venture Enterprises From Hong Kong, Macao and Taiwan	7.59	6.15	0.03	1.41	1.51
与港澳台商合作经营	Cooperation Enterprises From Hong Kong, Macao and Taiwan	1.82	1.64		0.18	0.09
外商投资企业	Foreign Funded Enterprises	15.53	13.64	0.01	1.88	1.88
中外合资经营企业	Joint－venture Enterprises	10.57	9.20	0.01	1.36	1.49
中外合作经营企业	Cooperation Enterprises	4.92	4.41		0.51	0.39
外商独资企业	Foreign Sole Funded Enterprises	0.04	0.03		0.01	

10－12 分行业限额以上批发零售贸易企业主要财务指标情况(2005年)

Main Financial Indicators of Enterprises Designated Size in Wholesale and Retail Trade by Sector(2005)

单位：亿元 (100 million yuan)

指 标	Item	主营业务收入 Revenue in Main Business	主营业务成本 Cost in Main Business	主营业务税金及附加 Tax and Extra Changes in Main Business	主营业务利润 Profits in Main Business	营业费用 Management Cost
批发企业合计	**Wholesale Trade**	**6903.68**	**6535.37**	**6.36**	**345.75**	**141.71**
农畜产品批发	Agricultural and Animal Products	35.80	34.33	0.02	1.44	1.16
食品、饮料及烟草制品批发	Food, Beverages, Tobacoo and Its Products	691.26	580.95	2.07	107.74	15.56
#米、面制品及食用油批发	Rice, Flour and Its Products, Edible Oil	53.52	51.26	0.02	2.09	1.61
烟草制品批发	Tobacoo and Its Products	473.03	378.54	1.85	92.37	8.05
纺织、服装及日用品批发	Textile, Garments and Articles for Daily Use	1329.38	1265.67	0.66	56.11	30.34
#服装批发	Garments	645.51	615.16	0.28	28.10	15.65
文化、体育用品及器材批发	Culture, Sports Articles and Equipment	189.99	178.62	0.14	10.52	5.47
医疗及医疗器材批发	Medicines and Medical Appliances	256.48	239.38	0.29	16.56	8.92
矿产品、建材及化工产品批发	Mineral Products, Building Materials and Chemical Products	3214.34	3099.98	2.18	105.63	55.32
#煤炭及制品	Coal and Related Products	166.71	150.53	0.19	10.96	7.06
石油及制品批发	Petroleurn and Related Produets	1006.08	965.02	0.82	40.23	17.09
金属及金属矿批发	Metal Materials and Mineral	1288.84	1256.98	0.80	30.88	18.78
建材批发	Building Materials	69.03	66.16	0.06	2.33	1.26
化肥批发	Fertilizer	68.39	66.12	0.01	2.18	1.09
机械设备、五金交电及电子产品批发	Machinery Equipment, Hardware and Electric Products	978.87	933.15	0.84	43.98	23.15
#汽车、摩托车及零配件批发	Motor Vehicles, Motorcycles and Parts	194.67	186.27	0.17	8.23	4.72
家用电器批发	Household Appliances	139.84	132.56	0.13	6.64	3.56
计算机、软件及辅助设备批发	Computers, Software and Auxiliary Equipment	59.77	57.42	0.06	2.28	0.65
贸易经纪与代理	Manage and Agencies in Trade	16.02	14.98		0.73	0.46
其他批发	Others	191.53	188.32	0.15	3.05	1.33

指　标	Item	主营业务收入 Revenue in Main Business	主营业务成本 Cost in Main Business	主营业务税金及附加 Tax and Extra Changes in Main Business	主营业务利润 Profits in Main Business	营业费用 Management Cost
零售企业合计	**Retail Trade**	**1020.14**	**930.85**	**3.12**	**84.16**	**51.82**
综合零售	Synthesis	323.36	285.43	1.92	35.64	26.86
#百货零售	Consumer Goods	152.23	133.29	1.44	17.31	7.78
超级市场零售	Supermarkets	163.18	145.28	0.44	17.30	18.03
食品、饮料及烟草制品专门零售	Food, Beverages, Tobacoos and Its Products	22.66	19.92	0.04	2.65	1.40
纺织服装及日用品专门零售	Textile, Garments and Articles for Daily Use	29.43	22.43	0.19	6.82	3.03
#服装零售	Garments Articles	26.73	20.25	0.18	6.31	2.72
文化、体育用品及器材专门零售	Calture, Sports Articles and Equipments	20.75	15.32	0.16	5.27	2.12
#图书零售	Books	17.94	13.31	0.07	4.55	1.68
医疗及医疗器材专门零售	Medicines and Medical Appliances	77.09	70.90	0.13	6.02	3.11
#药品零售	Medicines	76.84	70.69	0.13	5.99	3.10
汽车、摩托车、燃料及零售	Motor Vehicles, Motorcycles Fuel	426.87	405.31	0.48	20.18	8.47
#汽车零售	Motor Vehicles	320.12	305.05	0.35	13.82	5.61
机动车燃料零售	Fuel for Motor Vehicles Use	99.07	93.09	0.12	5.86	2.59
家用电器及电子产品专门零售	Household Appliance and Electric Products	106.22	99.23	0.17	6.29	5.43
#家用电器零售	Household Appliance	82.05	76.97	0.12	4.90	4.46
计算机、软件及辅助设备零售	Computer, Software and Auxiliary Equipment	7.82	7.42	0.01	0.36	0.17
通信设备零售	Communication Equipment	15.30	13.97	0.03	0.86	0.74
五金、家具及室内装饰材料专门零售	Hardware, Furniture Decoration Indoors	3.48	3.12	0.01	0.35	0.88
无店铺及其他零售	Non－shop and Other Retail Sales	10.28	9.19	0.02	0.94	0.52
#邮购及电子销售业	Mail Order and Electron Vendition	0.86	0.74		0.12	0.07

10－13 按登记注册类型分限额以上批发零售贸易企业主要指标情况(2005年)

Main Financial Indicators of Enterprises Above Designated Size in Wholesale and Retail Trade by Types of Registration(2005)

单位：亿元 (100 million yuan)

指　标	Item	管理费用 Manag－ement Expenses	财务费用 Financial Expenses	利润总额 Profits	本年应付工资总额 Total Wages Pagable in the year	本年应付福利费总额 Total Welfare Funds in the year	本年应交增值税 Value Added Taxes Payable in the year
批发和零售贸易业合计	**Total**	**122.24**	**26.69**	**146.98**	**64.69**	**10.19**	**71.16**
批发企业合计	**Wholesale Trade**	**87.95**	**21.32**	**130.54**	**44.70**	**7.05**	**52.94**
#国有及国有控股	State－owend and State Holding Enterprises	43.86	3.91	95.18	24.92	4.16	32.50
内资企业	Domestic Funded Enterprises	87.82	21.25	130.49	44.63	7.05	52.87
国有企业	State－owned Enterprises	25.57	－0.05	68.26	14.23	2.28	16.58
集体企业	Collective Owned Enterprises	1.42	0.41	0.28	0.49	0.06	0.25
股份合作企业	Cooperative Enterprises	1.41	0.52	0.66	0.52	0.07	0.74
联营企业	Joint Ownership Enterprises	0.15	0.02	0.14	0.05	0.01	0.04
国有联营企业	State Joint Ownership Enterprises	0.10	0.02	0.13	0.04	0.01	0.04
集体联营企业	Collective Joint Ownership Enterprises	0.02					
国有与集体联营企业	Joint State－collective Enterprises	0.02			0.01		0.01
有限责任公司	Limited Liability Corporations	33.54	11.04	36.07	17.39	2.91	15.50
国有独资公司	State Sole Funded Corporations	5.53	0.87	7.17	3.13	0.60	2.96
其他有限责任公司	Other Limited Liability Corporations	28.01	10.17	28.91	14.26	2.31	12.54
股份有限公司	Share－holding Corporations Ltd.	8.61	1.92	16.63	5.43	0.77	9.23
私营企业	Private Enterprises	17.12	7.38	8.45	6.51	0.94	10.53
私营独资企业	Private Funded Enterprises	0.20	0.03	0.17	0.08	0.01	0.06
私营合伙企业	Private Partnership Corporations	0.06	0.01	0.05	0.04	0.01	－0.02
私营有限责任公司	Private Limited Liability Corporations	16.54	7.14	7.83	6.21	0.90	10.38
私营股份有限公司	Private Share-holding Corporations Ltd.	0.32	0.20	0.40	0.17	0.02	0.11
港澳台商投资企业	Enterprises With Funds From Hong Kong, Macao and Taiwan	0.02	0.01	0.02	0.01		
港澳台商独资经营企业	Enterprises With Sole Investment From Hong Kong, Macao and Taiwan	0.02	0.01	0.02	0.01		
外商投资企业	Foreign Funded Enterprises	0.11	0.06	0.02	0.06	0.01	0.07
中外合资经营企业	Joint－venture Enterprises	0.03					
外资企业	Enterprises With Sole Foreign Investment	0.08	0.06	0.02	0.06	0.01	0.07

指　标	Item	管理费用 Manag－ement Expenses	财务费用 Financial Expenses	利润总额 Profits	本年应付工资总额 Total Wages Pagable in the year	本年应付福利费总额 Total Welfare Funds in the year	本年应交增值税 Value Added Taxes Payable in the year
零售企业总计	**Retail Trade**	**34.29**	**5.37**	**16.44**	**19.98**	**3.14**	**18.22**
#国有及国有控股	State－owend and State Holding Enterprises	8.89	0.60	6.24	5.73	0.82	4.87
内资企业	Domestic Funded Enterprises	32.79	5.31	16.44	19.25	3.07	17.51
国有企业	State－owned Enterprises	1.70	0.11	0.29	1.02	0.14	0.49
集体企业	Collective Owned Enterprises	1.28	0.18	0.01	0.53	0.08	0.36
股份合作企业	Cooperative Enterprises	1.01	0.05	0.05	0.20	0.02	0.10
联营企业	Joint Ownership Enterprises	0.06		0.07	0.04	0.02	0.09
国有联营企业	State Joint Ownership Enterprises	0.05		0.04	0.02	0.02	0.07
国有与集体联营企业	Joint State－collective Enterprises			0.02	0.02		0.01
其他联营企业	Other Joint Ownership Enterprises	0.01			0.01		0.01
有限责任公司	Limited Liability Corporations	13.64	1.92	8.62	9.41	1.40	10.08
国有独资公司	State Sole Funded Corporations	1.40	0.09	0.66	0.83	0.11	0.44
其他有限责任公司	Other Limited Liability Corporations	12.25	1.83	7.95	8.58	1.29	9.63
股份有限公司	Share－holding Corporations Ltd.	5.77	1.10	5.21	2.68	0.54	2.90
私营企业	Private Enterprises	9.32	1.96	2.19	5.36	0.87	3.50
私营独资企业	Private Funded Enterprises	0.19	0.09	0.04	0.07		0.04
私营合伙企业	Private Partnership Corporations	0.19	0.03	0.02	0.22	0.16	0.02
私营有限责任公司	Private Limited Liability Corporations	8.76	1.78	2.15	4.98	0.70	3.39
私营股份有限公司	Private Share-holding Corporations Ltd.	0.18	0.06	－0.02	0.09	0.01	0.05
港澳台商投资企业	Enterprises With Funds From Hong Kong, Macao and Taiwan	0.59	0.02	－0.16	0.30	0.03	0.23
与港澳台商合资经营	Joint－venture Enterprises From Hong Kong, Macao and Taiwan	0.32	0.02	－0.08	0.25	0.03	0.21
与港澳台商合作经营	Cooperation Enterprises From Hong Kong, Macao and Taiwan	0.26	0.01	－0.09	0.05		0.03
外商投资企业	Foreign Funded Enterprises	0.91	0.03	0.16	0.43	0.03	0.48
中外合资经营企业	Joint－venture Enterprises	0.47	0.03	0.09	0.30	0.02	0.47
中外合作经营企业	Cooperation Enterprises	0.43		0.09	0.13	0.01	0.01
外商独资企业	Foreign Sole Funded Enterprises	0.01		－0.01			

10-14 分行业限额以上批发零售贸易企业主要财务指标情况(2005年)

Main Financial Indicators of Enterprises Designated Size in Wholesale and Retail Trade by Sector(2005)

单位:亿元 (100 million yuan)

指标	Item	管理费用 Manag-ement Expenses	财务费用 Financial Expenses	利润总额 Profits	本年应付工资总额 Total Wages Pagable in the year	本年应付福利费总额 Total Welfare Funds in the year	本年应交增值税 Value Added Taxes Payable in the year
批发企业合计	**Wholesale Trade**	**87.95**	**21.32**	**130.54**	**44.70**	**7.05**	**52.94**
农畜产品批发	Agricultural and Animal Products	1.21	0.71	0.38	0.49	0.13	0.10
食品、饮料及烟草制品批发	Food, Beverages, Tobacoo and Its Products	27.18	0.59	72.63	15.16	2.48	16.70
#米、面制品及食用油批发	Rice, Flour and Its Products. Edible Oil	1.52	0.96	0.46	0.74	0.10	0.29
烟草制品批发	Tobacoo and Its Products	19.86	-1.17	67.07	11.17	1.92	15.13
纺织、服装及日用品批发	Textile, Garments and Articles for Daily Use	13.51	4.66	12.19	7.55	1.08	8.17
#服装批发	Garments	6.70	2.04	6.70	4.25	0.57	1.93
文化、体育用品及器材批发	Culture, Sports Articles and Equipment	2.83	0.42	2.50	1.46	0.19	0.33
医疗及医疗器材批发	Medicines and Medical Appliances	5.91	1.04	2.01	2.95	0.51	3.47
矿产品、建材及化工产品批发	Mineral Products, Building Materials and Chemical Products	22.87	9.32	30.60	10.03	1.58	18.52
#煤炭及制品	Coal and Related Products	1.86	0.83	2.70	0.52	0.13	1.13
石油及制品批发	Petroleum and Related Products	6.56	1.99	17.10	3.79	0.60	10.40
金属及金属矿批发	Metal Materials and Mineral	7.63	3.67	4.06	2.80	0.43	4.14
建材批发	Building Materials	1.19	0.63	0.86	0.44	0.08	0.52
化肥批发	Fertilizer	0.71	0.17	1.36	0.40	0.06	0.01
机械设备、五金交电及电子产品批发	Machinery Equipment, Hardware and Electric Products	13.13	3.77	9.59	6.44	0.99	5.41
#汽车、摩托车及零配件批发	Motor Vehicles, Motorcycles and Parts	2.56	0.73	1.69	1.13	0.17	1.07
家用电器批发	Household Appliances	1.77	0.83	1.24	1.07	0.14	0.54
计算机、软件及辅助设备批发	Computers, Software and Auxiliary Equipment	0.74	0.19	0.09	0.33	0.07	0.21
贸易经纪与代理	Manage and Agencies in Trade	0.18	0.12	0.05	0.04		
其他批发	Others	1.13	0.70	0.60	0.59	0.08	0.23

指　标	Item	管理费用 Manag－ement Expenses	财务费用 Financial Expenses	利润总额 Profits	本年应付工资总额 Total Wages Pagable in the year	本年应付福利费总额 Total Welfare Funds in the year	本年应交增值税 Value Added Taxes Payable in the year
零售企业合计	**Retail Trade**	**34.29**	**5.37**	**16.44**	**19.98**	**3.14**	**18.22**
综合零售	Synthesis	16.71	2.20	4.81	10.21	1.73	6.24
#百货零售	Consumer Goods	10.16	1.70	2.43	3.89	0.85	3.04
超级市场零售	Supermarkets	6.21	0.50	2.39	5.91	0.85	3.02
食品、饮料及烟草制品专门零售	Food, Beverages, Tobacoos and Its Products	1.16	0.12	1.09	0.86	0.15	0.38
纺织服装及日用品专门零售	Textile, Garments and Articles for Daily Use	1.73	0.38	1.97	0.62	0.09	0.99
#服装零售	Garments Articles	1.50	0.35	1.95	0.50	0.07	0.94
文化、体育用品及器材专门零售	Calture, Sports Articles and Equipments	2.64	0.10	0.97	1.43	0.20	0.80
#图书零售	Books	2.36	0.08	0.97	1.28	0.18	0.68
医疗及医疗器材专门零售	Medicines and Medical Appliances	2.58	0.51	1.15	1.79	0.25	1.10
#药品零售	Medicines	2.56	0.50	1.15	1.79	0.24	1.10
汽车、摩托车、燃料及零售	Motor Vehicles, Motorcycles Fuel	6.59	1.52	5.78	2.98	0.40	5.31
#汽车零售	Motor Vehicles	4.61	1.39	3.30	2.13	0.30	4.33
机动车燃料零售	Fuel for Motor Vehicles Use	1.79	0.08	2.50	0.67	0.09	0.94
家用电器及电子产品专门零售	Household Appliance and Electric Products	2.39	0.45	0.77	1.62	0.27	3.19
#家用电器零售	Household Appliance	1.62	0.20	0.77	1.20	0.21	2.95
计算机、软件及辅助设备零售	Computer, Software and Auxiliary Equipment	0.22	0.02	0.04	0.12	0.02	0.11
通信设备零售	Communication Equipment	0.47	0.23	－0.03	0.25	0.04	0.12
五金、家具及室内装饰材料专门零售	Hardware, Furniture Decoration Indoors	0.14	0.01	－0.19	0.26	0.02	0.10
无店铺及其他零售	Non－shop and Other Retail Sale	0.34	0.08	0.09	0.21	0.03	0.10
#邮购及电子销售业	Mail Order and Electron Vendition	0.03		0.03	0.04	0.01	

10－15　住宿餐饮业基本情况(2005 年)

Main Indicators in Hotels and Catering Services(2005)

单位：亿元　　　　(100 million yuan)

指　标	Item	法人企业(个) Number of Corporation (unit)	产业活动单位(个) Number of Economic Active (unit)	从业人数(人) Persons Employed (person)	营业额 Business Volume
总计	**Total**	**1321**	**2552**	**201989**	**216.88**
住宿业	**Hotels**	**829**	**1592**	**120702**	**128.65**
#国有及国有控股	State－owend and State Holding Enterprises	177	341	27917	31.33
按登记注册类型分组	**by Registration**				
内资企业	Domestic Funded Enterprises	788	1506	106447	110.45
国有企业	State－owned Enterprises	127	240	18155	20.57
集体企业	Collective Owned Enterprises	56	110	6620	7.13
股份合作企业	Cooperative Enterprises	21	42	3155	3.09
联营企业	Joint Ownership Enterprises	4	8	419	0.46
国有联营企业	State Joint Ownership Enterprises	2	4	236	0.19
集体联营企业	Collective Joint Ownership Enterprises	1	2	50	0.06
国有与集体联营企业	Joint State－collective Enterprises	1	2	133	0.21
其他联营	Other Joint Ownership Enterprises				
有限责任公司	Limited Liability Corporations	210	419	37772	39.79
国有独资公司	State Sole Funded Corporations	10	22	1941	2.13
其他有限责任公司	Other Limited Liability Corporations	200	397	35831	37.66
股份有限公司	Share－holding Corporations Ltd.	21	49	6355	8.80
私营企业	Private Enterprises	349	638	33971	30.61
私营独资企业	Private Funded Enterprises	94	160	4282	3.11
私营合伙企业	Private Partnership Corporations	21	38	1368	1.32
私营有限责任公司	Private Limited Liability Corporations	219	413	25813	23.02
私营股份有限公司	Private Share－holding Corporations Ltd.	15	27	2508	3.15
港澳台商投资企业	Enterprises With Funds From Hong Kong, Macao and Taiwan	24	52	9924	12.99
合资经营企业	Joint－venture Enterprises	20	44	8705	11.24
合作经营企业	Cooperative Enterprises	2	4	318	0.47
独资经营企业	Enterprises with Sole Investment	2	4	901	1.29
独资股份有限公司	Sole Funded Share－holding Corporations Ltd.				
外商投资企业	Foreign Funded Enterprises	17	34	4331	5.21
中外合资经营企业	Joint－venture Enterprises	12	25	3743	4.52
中外合作经营企业	Cooperation Enterprises				
外资企业	Enterprises With Sole Foreign Investment	5	9	588	0.69
外商投资股份有限公司	Foreign Investment Share－holding Corporations Ltd.				
按住宿行业中类分组	**by Category**				
旅游饭店	Restaurant for Tourism	824	1575	118725	127.23
一般旅馆	Ordinary Hotels	2	11	848	0.75
其他住宿服务	Others	3	6	1129	0.66
按经营方式分组	**by Type of Management**				
独立店	Independent Shops	821	1572	118745	126.49
连锁总店	Chain Main Stores	4	9	957	0.82
连锁分店	Chain Branch Stores	4	8	848	0.80
其他	Others		3	152	0.54

指　标	Item	法人企业(个) Number of Corporation (unit)	产业活动单位(个) Number of Economic Active (unit)	从业人数(人) Persons Employed (person)	营业额 Business Volume
餐饮业	**Catering Services**	**492**	**960**	**81287**	**88.23**
#国有及国有控股	State－owend and State Holding Enterprises	25	81	5972	6.33
按登记注册类型分组	**by Registration**				
内资企业	Domestic Funded Enterprises	470	756	62712	70.73
国有企业	State－owned Enterprises	18	65	4972	4.80
集体企业	Collective Owned Enterprises	10	25	1194	1.25
股份合作企业	Cooperative Enterprises	17	26	1847	3.16
联营企业	Joint Ownership Enterprises				
国有联营企业	State Joint Ownership Enterprises				
集体联营企业	Collective Joint Ownership Enterprises				
国有与集体联营企业	Joint State－collective Enterprises				
其他联营	Other Joint Ownership Enterprises				
有限责任公司	Limited Liability Corporations	86	162	15736	18.09
国有独资公司	State Sole Funded Corporations	2	6	465	0.57
其他有限责任公司	Other Limited Liability Corporations	84	156	15271	17.52
股份有限公司	Share－holding Corporations Ltd.	5	19	1794	2.38
私营企业	Private Enterprises	332	457	36792	40.58
私营独资企业	Private Funded Enterprises	65	85	6307	7.32
私营合伙企业	Private Partnership Corporations	25	29	2586	1.97
私营有限责任公司	Private Limited Liability Corporations	233	333	26962	29.99
私营股份有限公司	Private Share－holding Corporations Ltd.	9	10	937	1.30
其他	Others	2	2	377	0.47
港澳台商投资企业	Enterprises With Funds From Hong Kong,Macao and Taiwan	12	15	1476	1.67
合资经营企业	Joint－venture Enterprises	7	8	886	1.06
合作经营企业	Cooperative Enterprises				
独资经营企业	Enterprises with Sole Investment	5	7	590	0.61
独资股份有限公司	Sole Funded Share－holding Corporations Ltd.				
外商投资企业	Foreign Funded Enterprises	10	189	17099	15.83
中外合资经营企业	Joint－venture Enterprises	3	158	13741	11.98
中外合作经营企业	Cooperation Enterprises	1	19	2211	2.98
外资企业	Enterprises With Sole Foreign Investment	6	12	1147	0.87
外商投资股份有限公司	Foreign Investment Share－holding Corporations Ltd.				
按餐饮行业中类分组	**by Category**				
正餐服务	Dinner Services	452	706	62013	69.12
快餐服务	Snack Services	16	206	16826	16.16
饮料及冷饮服务	Beverages and Cold Drink Services	12	17	666	0.61
其他餐饮服务	Other	12	31	1782	2.35
按经营方式分组	**by type of Management**				
独立商店	Independent Shops	462	690	59949	66.85
连锁商店总店	Chain Main Stores	23	200	16192	8.97
连锁商店分店	Chain Branch Stores	4	56	3683	10.01
其他	Others	3	14	1463	2.40

10－16 限额以上餐饮企业财务状况

Financial Conditions of Catering Trade Above Designated Size

单位：亿元 (100 million yuan)

指　标	Item	2000	2001	2002	2003	2004	2005
法人企业数(个)	Corporation Unit(unit)	226	277	319	401	518	492
从业人员(人)	Employed Persons(person)	44117	60201	70275	82637	113075	81287
流动资产合计	Total Circulating Assets	12.71	14.28	17.98	21.83	23.96	27.56
固定资产合计	Total Fixed Assets	31.94	33.39	31.35	40.97	33.22	44.13
资产总计	Total Assets	51.63	57.43	56.83	76.98	74.90	81.80
负债合计	Total Liabilities	34.39	34.14	39.26	49.45	50.83	56.26
主营业务收入	Businese Income	28.78	36.38	43.45	57.72	79.05	82.98
主营业务成本	Business Cost	14.04	17.70	21.49	28.46	41.73	43.22
营业费用	Business Expenses	8.29	11.01	12.67	17.11	22.58	24.78
主营业务税金及附加	Sale Tax and Extra Charges of Major Management	1.53	2.03	2.49	2.86	4.26	4.51
主营业务利润	Profits of Major Management	4.92	5.63	6.81	9.29	33.06	34.86
管理费用	Management Expenses	4.01	4.63	5.11	5.96	7.26	8.82
财务费用	Financial Expenses	0.99	1.16	0.96	1.12	1.12	1.23
利润总额	Total Profits	0.16	0.35	1.36	2.73	3.40	2.33
本年应付工资总额	Total Wages Payable in this year	3.29	3.92	4.83	5.87	8.62	8.89
本年应付福利费总额	Total Welfare Expenses Payable in this year	0.39	0.58	0.55	0.78	0.94	1.25

10－17 限额以上住宿餐饮企业资产负债情况(2005年)

Main Financial Indicators of Enterprises Above Designated Size in Hotels and Catering Services(2005)

单位：亿元 (100 million yuan)

指 标	Item	资产合计 Total Assets	固定资产 Fixed	流动资产 Circulating	负债合计 Total Liabilities	所有者权益合计 Total Creditor's Equity
总计	**Total**	**430.47**	**321.05**	**118.38**	**287.43**	**143.04**
住宿业	**Hotels**	**348.66**	**276.92**	**90.82**	**231.17**	**117.49**
#国有及国有控股	State－owend and State Holding Enterprises	86.16	79.68	18.63	47.99	38.17
按登记注册类型分组	**by Registration**					
内资企业	Domestic Funded Enterprises	290.88	225.42	73.20	194.44	96.44
国有企业	State－owned Enterprises	50.56	45.50	11.25	28.08	22.48
集体企业	Collective Owned Enterprises	20.35	17.40	4.32	14.28	6.06
股份合作企业	Cooperative Enterprises	10.24	9.44	0.96	8.50	1.74
联营企业	Joint Ownership Enterprises	0.93	1.12	0.25	0.58	0.35
国有联营企业	State Joint Ownership Enterprises	0.33	0.35	0.08	0.07	0.26
集体联营企业	Collective Joint Ownership Enterprises	0.08	0.18	0.02	0.02	0.06
国有与集体联营企业	Joint State－collective Enterprises	0.52	0.59	0.15	0.49	0.03
有限责任公司	Limited Liability Corporations	111.03	83.76	28.62	72.41	38.62
国有独资公司	State Sole Funded Corporations	6.02	4.52	2.51	2.22	3.81
其他有限责任公司	Other Limited Liability Corporations	105.01	79.23	26.11	70.20	34.81
股份有限公司	Share－holding Corporations Ltd.	26.86	21.95	7.82	18.40	8.46
私营企业	Private Enterprises	70.92	46.24	19.97	52.18	18.74
私营独资企业	Private Funded Enterprises	5.41	4.23	1.37	2.54	2.86
私营合伙企业	Private Partnership Corporations	1.82	0.98	0.44	1.44	0.39
私营有限责任公司	Private Limited Liability Corporations	57.46	37.87	15.72	43.20	14.26
私营股份有限公司	Private Share－holding Corporations Ltd.	6.23	3.17	2.45	5.00	1.23
港澳台商投资企业	Enterprises With Funds From Hong Kong, Macao and Taiwan	42.94	37.78	15.08	24.46	18.48
合资经营企业	Joint－venture Enterprises	38.18	33.80	13.40	21.20	16.98
合作经营企业	Cooperative Enterprises	1.26	0.77	0.36	0.85	0.42
独资经营企业	Enterprises with Sole Investment	3.49	3.21	1.32	2.41	1.08
外商投资企业	Foreign Funded Enterprises	14.84	13.73	2.54	12.27	2.57
中外合资经营企业	Joint－venture Enterprises	13.04	12.18	2.24	11.04	2.00
中外合作经营企业	Cooperation Enterprises					
外资企业	Enterprises With Sole Foreign Investment	1.80	1.54	0.30	1.23	0.56

指 标	Item	资产合计 Total Assets	固定资产 Fixed	流动资产 Circulating	负债合计 Total Liabilities	所有者权益合计 Total Creditor's Equity
按住宿行业中类分组	**by Category**					
旅游饭店	Restaurant for Tourism	340.88	271.71	89.52	225.16	115.72
一般旅馆	Ordinary Hotels	1.25	1.07	0.18	0.70	0.55
其他住宿服务	Others	6.53	4.15	1.13	5.31	1.23
餐饮业	**Catering Services**	**81.80**	**44.13**	**27.56**	**56.26**	**25.55**
#国有及国有控股	State－owend and State Holding Enterprises	8.48	4.27	2.16	4.13	4.35
按登记注册类型分组	**by Registration**					
内资企业	Domestic Funded Enterprises	69.29	36.69	24.87	47.57	21.72
国有企业	State－owned Enterprises	7.62	3.86	1.62	3.66	3.96
集体企业	Collective Owned Enterprises	7.48	5.81	0.39	7.28	0.19
股份合作企业	Cooperative Enterprises	1.98	1.67	0.78	1.18	0.80
有限责任公司	Limited Liability Corporations	20.88	11.55	8.03	13.41	7.48
国有独资公司	State Sole Funded Corporations	0.35	0.03	0.32	0.28	0.07
其他有限责任公司	Other Limited Liability Corporations	20.54	11.52	7.71	13.13	7.41
股份有限公司	Share－holding Corporations Ltd.	0.90	0.77	0.29	0.80	0.10
私营企业	Private Enterprises	30.24	13.00	13.60	21.03	9.20
私营独资企业	Private Funded Enterprises	4.39	2.23	2.25	2.81	1.58
私营合伙企业	Private Partnership Corporations	1.18	0.70	0.58	0.85	0.34
私营有限责任公司	Private Limited Liability Corporations	23.97	9.79	10.39	16.80	7.17
私营股份有限公司	Private Share － holding Corporations Ltd.	0.69	0.28	0.37	0.57	0.11
其他	Others	0.19	0.03	0.16	0.21	-0.02
港澳台商投资企业	Enterprises With Funds From Hong Kong, Macao and Taiwan	2.21	1.48	0.68	1.35	0.86
合资经营企业	Joint－venture Enterprises	1.77	1.37	0.53	1.06	0.70
独资经营企业	Enterprises with Sole Investment	0.44	0.11	0.15	0.28	0.16
外商投资企业	Foreign Funded Enterprises	10.31	5.95	2.00	7.34	2.97
中外合资经营企业	Joint－venture Enterprises	7.31	4.16	1.31	4.12	3.19
中外合作经营企业	Cooperation Enterprises	1.47	0.93	0.11	2.08	-0.60
外商独资企业	Foreign Sole Funded Enterprises	1.52	0.87	0.59	1.15	0.38
按餐饮行业中类分组	**by Category**					
正餐服务	Dinner Services	72.48	38.72	25.06	49.60	22.88
快餐服务	Snack Services	7.66	4.65	1.51	5.60	2.06
饮料及冷饮服务	Beverages and Cold Drink Services	0.37	0.12	0.22	0.28	0.10
其他餐饮服务	Other	1.30	0.65	0.77	0.79	0.51

指　标	Item	主营业务收入 Revenue in Main Business	主营业务成本 Cost in Main Business	主营业务税金及附加 Tax and Extra Changes in Main Business	营业费用 Management Cost
总计	**Total**	**224.00**	**97.14**	**11.12**	**64.21**
住宿业	**Hotels**	**141.02**	**53.92**	**6.61**	**39.93**
#国有及国有控股	State－owend and State Holding Enterprises	30.85	8.74	1.49	10.57
按登记注册类型分组	**by Registration**				
内资企业	Domestic Funded Enterprises	105.16	34.66	5.70	34.60
国有企业	State－owned Enterprises	20.36	5.69	0.94	7.24
集体企业	Collective Owned Enterprises	6.57	2.00	0.36	2.65
股份合作企业	Cooperative Enterprises	3.07	0.93	0.19	1.28
联营企业	Joint Ownership Enterprises	0.46	0.18	0.03	0.12
国有联营企业	State Joint Ownership Enterprises	0.19	0.08	0.01	0.07
集体联营企业	Collective Joint Ownership Enterprises	0.06	0.06		
国有与集体联营企业	Joint State－collective Enterprises	0.21	0.04	0.01	0.05
有限责任公司	Limited Liability Corporations	37.97	12.40	2.14	11.71
国有独资公司	State Sole Funded Corporations	1.96	0.65	0.11	0.58
其他有限责任公司	Share－holding Corporations Ltd.	36.01	11.75	2.04	11.14
股份有限公司	Other Limited Liability Corporations	7.07	1.91	0.38	2.20
私营企业	Private Enterprises	29.66	11.55	1.66	9.41
私营独资企业	Private Funded Enterprises	3.10	1.45	0.18	0.90
私营合伙企业	Private Partnership Corporations	1.31	0.72	0.05	0.30
私营有限责任公司	Private Limited Liability Corporations	22.17	8.33	1.25	7.22
私营股份有限公司	Private Share－holding Corporations Ltd.	3.09	1.06	0.17	0.99
港澳台商投资企业	Enterprises With Funds From Hong Kong, Macao and Taiwan	31.36	17.94	0.68	3.91
合资经营企业	Joint－venture Enterprises	29.65	17.40	0.60	3.59
合作经营企业	Cooperative Enterprises	0.42	0.12	0.02	0.09
独资经营企业	Enterprises with Sole Investment	1.30	0.43	0.06	0.23
外商投资企业	Foreign Funded Enterprises	4.49	1.31	0.23	1.42
中外合资经营企业	Joint－venture Enterprises	3.82	1.10	0.20	1.20
中外合作经营企业	Cooperation Enterprises				
外资企业	Enterprises With Sole Foreign Investment	0.67	0.21	0.03	0.22

单位：亿元　　10－17　续表3　continued　　(100 million yuan)

指　标	Item	主营业务收入 Revenue in Main Business	主营业务成本 Cost in Main Business	主营业务税金及附加 Tax and Extra Changes in Main Business	营业费用 Management Cost
按住宿行业中类分组	by Category				
旅游饭店	Restaurant for Tourism	140.10	53.59	6.56	39.66
一般旅馆	Ordinary Hotels	0.25	0.09	0.02	0.07
其他住宿服务	Others	0.67	0.24	0.04	0.20
餐饮业	**Catering Services**	**82.98**	**43.22**	**4.51**	**24.28**
#国有及国有控股	State－owend and State Holding Enterprises	4.89	2.48	0.20	1.56
按登记注册类型分组	by Registration				
内资企业	Domestic Funded Enterprises	64.45	36.15	3.57	17.18
国有企业	State－owned Enterprises	3.78	1.92	0.17	1.26
集体企业	Collective Owned Enterprises	1.04	0.49	0.06	0.37
股份合作企业	Cooperative Enterprises	3.58	2.40	0.15	0.59
有限责任公司	Limited Liability Corporations	15.29	7.95	0.82	4.37
国有独资公司	State Sole Funded Corporations	0.21	0.10		0.08
其他有限责任公司	Other Limited Liability Corporations	15.08	7.85	0.82	4.29
股份有限公司	Share－holding Corporations Ltd.	1.25	0.67	0.07	0.40
私营企业	Private Enterprises	39.05	22.43	2.27	10.05
私营独资企业	Private Funded Enterprises	7.24	4.55	0.40	1.49
私营合伙企业	Private Partnership Corporations	1.96	1.17	0.12	0.40
私营有限责任公司	Private Limited Liability Corporations	28.55	16.06	1.66	7.79
私营股份有限公司	Private Share-holding Corporations Ltd.	1.29	0.65	0.08	0.37
其他	Others	0.47	0.28	0.03	0.14
港澳台商投资企业	Enterprises With Funds From Hong Kong, Macao and Taiwan	1.68	0.87	0.09	0.64
合资经营企业	Joint－venture Enterprises	1.06	0.56	0.06	0.33
独资经营企业	Enterprises with Sole Investment	0.61	0.31	0.03	0.31
外商投资企业	Foreign Funded Enterprises	16.85	6.20	0.86	6.46
中外合资经营企业	Joint－venture Enterprises	13.92	4.96	0.71	4.96
中外合作经营企业	Cooperation Enterprises	2.05	0.89	0.10	1.13
外商独资企业	Foreign Sole Funded Enterprises	0.87	0.35	0.04	0.36
按餐饮行业中类分组	by Category				
正餐服务	Dinner Services	62.73	34.76	3.55	17.08
快餐服务	Snack Services	17.53	7.02	0.86	6.48
饮料及冷饮服务	Beverages and Cold Drink Services	0.60	0.26	0.03	0.23
其他餐饮服务	Other	2.12	1.18	0.07	0.50

指 标	Item	管理费用 Management Expenses	财务费用 Financial Expenses	利润总额 Profits	本年应付工资总额 Total Wages Pagable in the year	本年应付福利费总额 Total Welfare Funds in the year
总计	**Total**	**44.76**	**7.67**	**3.22**	**26.83**	**4.11**
住宿业	**Hotels**	**35.93**	**6.44**	**0.89**	**17.95**	**2.86**
#国有及国有控股	State－owend and State Holding Enterprises	9.40	1.23	0.52	4.70	0.97
按登记注册类型分组	**by Registration**					
内资企业	Domestic Funded Enterprises	28.97	5.18	－1.57	14.26	2.35
国有企业	State－owned Enterprises	5.87	0.75	0.46	3.17	0.73
集体企业	Collective Owned Enterprises	1.70	0.19	－0.22	0.98	0.14
股份合作企业	Cooperative Enterprises	0.68	0.13	－0.12	0.35	0.05
联营企业	Joint Ownership Enterprises	0.13		0.01	0.05	0.01
国有联营企业	State Joint Ownership Enterprises	0.02		0.01	0.03	
集体联营企业	Collective Joint Ownership Enterprises			－0.01		
国有与集体联营企业	Joint State－collective Enterprises	0.10		0.01	0.02	
有限责任公司	Limited Liability Corporations	11.27	2.02	－1.09	4.80	0.76
国有独资公司	State Sole Funded Corporations	0.57	0.03	0.03	0.24	0.07
其他有限责任公司	Other Limited Liability Corporations	10.70	1.99	－1.12	4.56	0.69
股份有限公司	Share－holding Corporations Ltd.	2.25	0.62	0.59	0.89	0.12
私营企业	Private Enterprises	7.07	1.46	－1.19	4.02	0.55
私营独资企业	Private Funded Enterprises	0.48	0.10	0.04	0.44	0.05
私营合伙企业	Private Partnership Corporations	0.19	0.02	0.03	0.17	0.01
私营有限责任公司	Private Limited Liability Corporations	5.62	1.23	－1.30	3.05	0.41
私营股份有限公司	Private Share－holding Corporations Ltd.	0.78	0.11	0.04	0.36	0.08
港澳台商投资企业	Enterprises With Funds From Hong Kong, Macao and Taiwan	5.44	1.03	2.62	3.03	0.47
合资经营企业	Joint－venture Enterprises	4.80	0.87	2.63	2.81	0.44
合作经营企业	Cooperative Enterprises	0.17	0.05	－0.03	0.08	0.02
独资经营企业	Enterprises with Sole Investment	0.47	0.11	0.02	0.15	
外商投资企业	Foreign Funded Enterprises	1.53	0.23	－0.16	0.65	0.04
中外合资经营企业	Joint－venture Enterprises	1.35	0.18	－0.16	0.55	0.04
中外合作经营企业	Cooperation Enterprises					
外资企业	Enterprises With Sole Foreign Investment	0.17	0.05		0.10	

单位：亿元　　10－17　续表5　continued　　(100 million yuan)

指　标	Item	管理费用 Management Expenses	财务费用 Financial Expenses	利润总额 Profits	本年应付工资总额 Total Wages Pagable in the Year	本年应付福利费总额 Total Welfare Funds in the Year
按住宿行业中类分组	**by Category**					
旅游饭店	Restaurant for Tourism	35.49	6.33	1.17	17.83	2.85
一般旅馆	Ordinary Hotels	0.04	0.05	-0.02	0.01	
其他住宿服务	Others	0.41	0.07	-0.26	0.10	0.01
餐饮业	**Catering Services**	**8.82**	**1.23**	**2.33**	**8.89**	**1.25**
#国有及国有控股	State－owend and State Holding Enterprises	0.80	0.09	0.52	0.89	0.12
按登记注册类型分组	**by Registration**					
内资企业	Domestic Funded Enterprises	7.21	0.99	0.45	7.07	1.08
国有企业	State－owned Enterprises	0.67	0.09	0.39	0.75	0.10
集体企业	Collective Owned Enterprises	0.19	0.01	-0.07	0.15	0.02
股份合作企业	Cooperative Enterprises	0.17	0.04	0.23	0.25	0.03
有限责任公司	Limited Liability Corporations	2.09	0.30	-0.05	1.99	0.35
国有独资公司	State Sole Funded Corporations	0.01		0.02	0.04	0.01
其他有限责任公司	Other Limited Liability Corporations	2.08	0.30	-0.07	1.96	0.35
股份有限公司	Share－holding Corporations Ltd.	0.06		0.06	0.11	0.02
私营企业	Private Enterprises	4.00	0.55	-0.09	3.79	0.57
私营独资企业	Private Funded Enterprises	0.60	0.08	0.09	0.70	0.12
私营合伙企业	Private Partnership Corporations	0.25	0.02	0.01	0.20	0.01
私营有限责任公司	Private Limited Liability Corporations	2.96	0.44	-0.17	2.78	0.43
私营股份有限公司	Private Share-holding Corporations Ltd.	0.20	0.01	-0.02	0.10	0.01
其他	Others	0.03		-0.01	0.02	
港澳台商投资企业	Enterprises With Funds From Hong Kong, Macao and Taiwan	0.17	0.06	-0.17	0.23	0.02
合资经营企业	Joint－venture Enterprises	0.10	0.05	-0.04	0.14	0.02
独资经营企业	Enterprises with Sole Investment	0.08		-0.13	0.09	0.01
外商投资企业	Foreign Funded Enterprises	1.44	0.18	2.05	1.59	0.14
中外合资经营企业	Joint－venture Enterprises	1.24	0.10	2.24	1.27	0.14
中外合作经营企业	Cooperation Enterprises	0.07	0.07	-0.21	0.21	
外商独资企业	Foreign Sole Funded Enterprises	0.13	0.01	0.01	0.11	
按餐饮行业中类分组	**by Category**					
正餐服务	Dinner Services	7.23	1.08	0.12	6.99	1.05
快餐服务	Snack Services	1.29	0.11	2.04	1.59	0.16
饮料及冷饮服务	Beverages and Cold Drink Services	0.08	0.03	-0.02	0.09	0.01
其他餐饮服务	Other	0.22		0.19	0.23	0.03

10－18　商品交易市场情况（1978－2005年）
Basic Conditions of Business Markets of Commodity（1978－2005）

年份 Year	交易市场数（个） Business Markets （unit）	10亿元以上（个） Above 1000 Million Yuan （unit）	100亿元以上（个） Above 10000 Million Yuan （unit）	商品市场成交额（亿元） Transaction （100 million yuan）
1978	1051			8.6
1979	1322			11.3
1980	1415			12.2
1981	1656			14.7
1982	1736			18.1
1983	1788			21.6
1984	2241			26.9
1985	2345			44.0
1986	3653			59.1
1987	3706			80.9
1988	3632			96.3
1989	3669			149.0
1990	3797			161.9
1991	3802			204.6
1992	3865			321.3
1993	4127			651.2
1994	4207			1480.5
1995	4349			2165.7
1996	4388	57	3	2545.3
1997	4488	57	2	2798.0
1998	4619	58	2	3209.6
1999	4347	69	3	3606.0
2000	4348	68	4	4023.0
2001	4278	78	6	4652.0
2002	4193	77	6	4997.0
2003	4036	93	9	5591.0
2004	4049	114	9	6384.0
2005	4008	120	10	7173.0

10－19 亿元以上商品交易市场成交情况
Basic Conditions of Business Markets of Commodity Above 100 Million Yuan

单位：万元 (10000 yuan)

指　标	Item	摊位数量(个) Number of Stall (unit)		成交额 Value	
		2004	2005	2004	2005
总计	**Total**	**310297**	**331295**	**53763589**	**62536236**
食品、饮料、烟酒类	Foods, Beverages, Tobacco and Liquor	115788	118903	12890369	14127522
服装鞋帽、针、纺织品类	Garments, Shoes, Hats, Knit and Textile Goods	96994	102984	14608802	17036945
化妆品类	Cosmetics	1841	2521	96906	172091
日用品类	Articles For Daily Use	25443	24785	2024582	2192952
五金电料类	Hardware & Electric Materials	6133	11150	1651696	1991806
体育、娱乐用品类	Sports and Recreation	2754	1054	221744	142851
书报杂志类	Newspapers and Magazines	48	139	1382	21151
电子出版物及音像制品类	Electronic Publication and Audiovisual Products	710	903	239853	288923
家用电器和音像器材类	Household Appliances and Audiovisual Equipment	2581	3032	461984	607505
中西药品类	Traditional Chinese & Western Medicines	298	328	59318	56110
#中草药及中成药类	Chinese Herbal Medicine and Other Traditional Chinese Medicine	296	179	59282	35596
文化办公用品类	Culture and Official Articles	3850	5595	405568	428087
家具类	Furniture	3274	4175	526788	620062
煤炭及制品类	Coal and Related Products	128	30	87500	35540
木材及制品类	Timber and Related Products	4053	3940	1140321	1194166
化工材料及制品类	Chemical Materials and Related Products	4029	4185	3543821	4168627
金属材料类	Metal Materials	9223	10135	5870176	8232190
建筑及装潢材料类	Building Decoration Materials	10494	11566	1970726	1631108
机电产品及设备类	Mechanical and Electrical Products and Appliances	2481	4689	389095	1140237
#农机类	Agricutural Mechanical Products	15	15	5070	4758
汽车类	Motor Vehicles	2431	3088	2029222	2701637
其他类	Others	16252	10579	5429747	4970398

10－20 个体经济发展情况
Developments on Individual Economy

项　目	Item	2000	2001	2002	2003
户数(户)	**Number of Households(household)**	**1588643**	**1580315**	**1528854**	**1585223**
农林牧渔业	Farming, Forestry, Animal Husbandry and Fishery	14935	14695	9627	11420
工业和手工业	Industry and Handicraft Industry	302479	292252	278032	282584
建筑业	Construction	902	1153	1225	1588
运输业	Transportation	161886	147340	130516	134461
商业	Commerce	763673	786245	771625	776741
饮食业	Catering Services	129570	115048	127321	154266
服务业	Services	165679	173210	163249	176429
修理业	Repairing Trades	45149	45350	41325	37338
其他行业	Others	4370	5022	5934	10396
从业人员(人)	**Number of Employed Persons(person)**	**2723835**	**2773251**	**2755789**	**2983394**
农林牧渔业	Farming, Forestry, Animal Husbandry and Fishery	25088	24134	17559	22251
工业和手工业	Industry and Handicraft Industry	825679	810179	809662	831091
建筑业	Construction	2925	3300	5625	6022
运输业	Transportation	210572	196658	165510	168854
商业	Commerce	1103070	1178455	1169228	1238146
饮食业	Catering Services	247263	227750	259133	338703
服务业	Services	243847	265322	263560	307335
修理业	Repairing Trades	58313	58971	54905	52393
其他行业	Others	7078	8482	10707	18599
总产值或营业额(亿元)	**Total Output Value(Volume of Business)(100 million yuan)**				
农林牧渔业	Farming, Forestry, Animal Husbandry and Fishery	21.71	27.10	32.43	30.86
工业和手工业	Industry and Handicraft Industry	2137.34	2307.33	2388.83	2607.89
建筑业	Construction	16.07	21.20	31.99	45.39
运输业	Transportation	270.28	274.40	272.57	332.47
商业	Commerce	2147.90	2417.71	2594.29	2586.56
饮食业	Catering Services	335.90	421.92	416.61	607.00
服务业	Services	188.04	239.04	275.08	262.24
修理业	Repairing Trades	32.69	29.11	29.43	29.95
其他行业	Others	6.41	11.06	13.42	15.33

10－21　私营经济发展情况

Developments of Private-owned Economy

项　目	Item	2000	2001	2002	2003
户数(户)	**Number of Households(household)**	**178771**	**208826**	**247287**	**302136**
农林牧渔业	Farming, Forestry, Animal Husbandry and Fishery	1602	2100	2795	4181
工业和手工业	Industry and Handicraft Industry	111494	125592	144508	171195
建筑业	Construction	2832	3541	4651	6400
运输业	Transportation	1999	2390	3281	4430
商业	Commerce	43241	52372	60041	68741
饮食业	Catering Services	4775	4516	5622	9019
服务业	Services	10675	15672	21459	31262
修理业	Repairing Trades	514	504	1563	1543
其他行业	Others	1639	2139	3367	5365
从业人员(人)	**Number of Employed Persons(person)**	**3004728**	**3471061**	**4040209**	**4839964**
农林牧渔业	Farming, Forestry, Animal Husbandry and Fishery	22940	28522	36714	55599
工业和手工业	Industry and Handicraft Industry	2175397	2421559	2764390	3267192
建筑业	Construction	73830	88663	119261	149226
运输业	Transportation	29358	38376	49425	61641
商业	Commerce	487168	581628	633658	748533
饮食业	Catering Services	54348	76437	109098	118856
服务业	Services	129541	201103	263790	345073
修理业	Repairing Trades	5730	5224	18167	19131
其他行业	Others	26416	29549	45706	74713
总产值或营业额(亿元)	**Total Output Value(Volume of Business)(100 million yuan)**				
农林牧渔业	Farming, Forestry, Animal Husbandry and Fishery	115.74	39.53	45.58	48.62
工业和手工业	Industry and Handicraft Industry	3271.27	3861.22	4643.60	5115.68
建筑业	Construction	174.66	196.68	284.31	422.72
运输业	Transportation	73.30	51.70	81.45	114.20
商业	Commerce	1166.27	1325.10	1540.73	1876.74
饮食业	Catering Services	137.80	185.67	297.50	647.82
服务业	Services	98.26	137.25	232.39	279.58
修理业	Repairing Trades	10.29	3091.00	7.73	8.75
其他行业	Others	19.90	27.82	72.60	75.04

10－22 个体和私营经济发展情况(2005年)

Developments on Individual and Private-owned Economy(2005)

项 目	Item	个私 Individuals	#城镇 Urban Areas	私营 Privates	#城镇 Urban Areas
户数(户)	**Number of Households(household)**	**1726694**	**862045**	**359039**	**168974**
农林牧渔业	Farming, Forestry, Animal Husbandry and Fishery	10821	2978	5206	1244
采矿业	Mining and Quarrying	1697	397	1265	168
制造业	Manufacturing	286178	95225	186657	57727
电力、燃气及水的生产和供应业	Electricity, Gas and Water Production and Supply	468	158	1241	332
建筑业	Construction	2427	1038	8615	4886
交通运输、仓储及邮政业	Transport, Storage and Post	127835	46741	6413	2986
信息传输、计算机服务和软件业	Information Transmissing, Computer Services and Software	4684	2998	9879	7478
批发和零售业	Wholesale and Retail Sale Trade	918411	499253	86888	57977
住宿餐饮业	Hotels and Catering Services	127159	67513	4595	2920
房地产业	Real Estate	1612	1431	4845	3200
租赁与商务服务业	Leasing and Commercial Services	18935	10814	16560	12643
居民服务及其他服务业	Resident Services and Other Services	164684	98679	14357	9750
卫生、社会保障和社会福利业	Health Care, Social Security and Social Welfare	1770	855	437	325
文化、体育与娱乐业	Culture, Sports and Recreation	11437	7088	2092	1316
其他行业	Others	48546	26877	9989	6022
从业人员(人)	**Number of Employed Persons(person)**	**3200822**	**1547595**	**5348221**	**2184639**
农林牧渔业	Farming, Forestry, Animal Husbandry and Fishery	26414	6498	68766	16986
采矿业	Mining and Quarrying	7184	1546	20364	2578
制造业	Manufacturing	847942	312693	3457866	1002817
电力、燃气及水的生产和供应业	Electricity, Gas and Water Production and Supply	883	290	18505	4308
建筑业	Construction	7170	3007	173915	91448
交通运输、仓储及邮政业	Transport, Storage and Post	160116	52176	74481	34801

项　目	Item	个私 Individuals	#城镇 Urban Areas	私营 Privates	#城镇 Urban Areas
信息传输、计算机服务和软件业	Information Transmissing, Computer Services and Software	8721	5725	89922	71085
批发和零售业	Wholesale and Retail Sale Trade	1447921	773133	858133	583423
住宿餐饮业	Hotels and Catering Services	283910	152288	68040	38271
房地产业	Real Estate	2985	2683	74045	49663
租赁与商务服务业	Leasing and Commercial Services	33043	18642	155851	117073
居民服务及其他服务业	Resident Services and Other Services	274035	163803	146549	92211
卫生、社会保障和社会福利业	Health Care, Social Security and Social Welfare	3730	1747	5428	3382
文化、体育与娱乐业	Culture, Sports and Entertainment	25299	15498	18292	12031
其他行业	Others	71469	37866	118064	64562
总产值(亿元)	Total Output(100 million yuan)				
农林牧渔业	Farming, Forestry, Animal Husbandry and Fishery	46.20	13.58	82.05	25.34
采矿业	Mining and Quarrying	39.10	9.23	88.77	18.15
制造业	Manufacturing	3041.51	922.41	7119.99	2454.76
电力、燃气及水的生产和供应业	Electricity, Gas and Water Production and Supply	4.27	1.26	78.05	5378.00
建筑业	Construction	71.14	26.37	959.08	340.08
交通运输、仓储及邮政业	Transpor, Storage and Post	397.28	122.34	186.51	100.44
信息传输、计算机服务和软件业	Information Transmission, Computer Service and Software	34.47	20.36	72.28	41.56
批发和零售业	Wholesale and Retail Trade	3153.19	1790.97	3083.82	1672.20
住宿餐饮业	Hotels and Catering Services	473.93	314.53	320.18	192.07
房地产业	Real Estate	38.84	6.73	464.87	240.38
租赁与商务服务业	Leasing and Services and Other Services	31.08	21.29	60.61	39.50
居民服务及其他服务业	Resident Services and Other Services	244.43	110.23	206.03	70.15
卫生、社会保障和社会福利业	Health Care, Sports and Social Welfare	3.31	1.87	6.99	4.65
文化、体育与娱乐业	Culture, Sports and Recreation	33.02	21.12	31.65	18.97
其他行业	Others	29.65	10.43	88.44	43.20

主要统计指标解释

社会消费品零售额 指各种经济类型的批发零售贸易业、餐饮业和除制造业和农业外的其他行业对城乡居民和社会集团的消费品零售额。这个指标反映通过各种商品流通渠道向居民和社会集团供应的生活消费品来满足他们生活需要，是研究人民生活，社会消费品购买力、货币流通等问题的重要指标。社会消费品零售额包括：(1)售给城乡居民作为生活用的商品和修建房屋用的建筑材料；(2)售给社会集团的各种办公用品和公用消费品；(3)售给机关、团体、学校、部队、企业、事业单位的职工食堂和旅店（招待所）附设专门供本店旅客食用，不对外营业的食堂的各种食品、燃料；企业、单位和国营农场直接售给本单位职工和职工食堂的自己生产的产品；(4)售给部队干部、战士生活用的粮食、副食品、衣着品、日用品、燃料；(5)售给来华的外国人、华侨、港澳（台）同胞的消费品；(6)居民自费购买的中、西药品、中药材及医疗用品；(7)报社、出版社直接售给居民和社会集团的报纸、图书、杂志、集邮公司出售的新、旧纪念邮票、特种邮票、首日封、集邮册、集邮工具等；(8)旧货寄售商店自购、自销部分的商品；(9)煤气公司、液化石油气站售给居民和社会集团的煤气灶具和罐装液化石油气。不包括售给国民经济各部门企业、事业单位（包括国有经济的农场）生产经营用的各种原材料、燃料、设备、工具等和售给批发零售贸易业、餐饮业作为转卖用的商品、旧货寄售商店受托寄售卖出的商品、服务业的营业收入、邮局出售邮票的收入、自来水、电力、煤气生产（供应）单位的产品供应收入。

商品销售总额 指对本企业（单位）以外的单位和个人出售（包括对国（境）外直接出口）的商品。这个指标反映批发零售贸易业在国内市场上销售商品以及出口商品的总量。商品销售总额包括：(1)售给城乡居民和社会集团消费用的商品；(2)售给工业、农业、建筑业、运输邮电业、批发零售贸易业、餐饮业、服务业等作为生产、经营使用的商品；(3)售给批发零售贸易业作为转卖或加工后转卖的商品；(4)对国（境）外直接出口的商品。不包括：出售本企业（单位）自用的废旧包装用品，未通过买卖行为付出的商品，经本单位介绍，由买卖双方直接结算，本单位只收取手续费的业务，购货退回的商品以及商品损耗和损失等。

消费品市场成交额 指在全国消费品交易市场成交的全部商品金额。消费品市场包括农副产品市场和工业消费品市场。

亿元商品交易市场成交额 年成交额达到亿元以上，经工商部门批准，专门从事商品批发、零售业务活动的市场，其市场所有摊位销售总额称为亿元商品交易市场成交额。

连锁企业（或称连锁店、连锁公司） 指在核心企业或总店的领导下，由分散的、经营同类商品或服务的企业或活动单位，采取共同方针，实行集中采购和分散销售的有机结合，通过规范化经营，实行集中采购和分散销售的有机结合，通过规范化经营，实现规模效益的经济联合组织形式。一般连锁店应由若干个分店组成。其经营特征：(1)经营同类商品；(2)使用统一商号；(3)统一采购配送，采购与销售相分离（部分商品可根据物流合理和保质保鲜原则，由供应商直接送货到门店，其余均由总部统一配送）。

连锁门店包括下列两种形式：

直营连锁：指正规连锁。连锁门店均由总部独资或控股开设，在总部的直接领导下统一经营。

加盟连锁：指特许连锁。各连锁门店（被特许人）通过合同形式，取得使用总部（特许人）商标、商号、经营技术和销售总部开发的商品的特许权，各加盟连锁门店为独立法人，在总部指导下统一经营。

Explanatory Notes on Main Statistical Indicators

Total Retail Sales of Consumer Goods refer to the sum of retail sales of consumer goods by the establishments in wholesale trade, retail sale trade, catering trade and other industries except manufacturing and agriculture of different types of ownership, to urban and rural residents and social groups. This indicator is used to show the supply of consumers goods through various channels to households and institutions to meet their demands, and is therefore very important for the study of the issues on people's livelihood, on the purchasing power of consumer goods and on the circulation of money. The retail sales of consumer goods include: (1) commodities sold to urban and rural residents for residential use and building materials sold to them for the construction or repair of houses; (2) food and fuels sold to canteens of institutions, enterprises, schools, military units and to canteens of hotels and hostels that only serve their guests, and commodities produced by enterprises, institutions or state farms and sold directly to their employees or their canteens; (3) grain and non-staple food, clothing, daily articles and fuels sold to military personnel; (4) consumer goods sold to foreigners, overseas Chinese, and Chinese compatriots from Taiwan, Hong Kong and Macao during their stay in the mainland of China; (5) Chinese and western medicines, herbs and medical facilities purchased by residents; (6) newspapers, books and magazines directly sold to residents and social groups by publishers, new and old commemorative stamps, special stamps, first-day covers, stamp albums and other stamp-collection articles sold by stamp companies; (7) consumer goods purchased and then sold by second-hand shops; (8) stoves and other heating facilities and liquified gas sold by gas companies to households and institutions. Excluded under this heading are: raw materials, fuels, equipment, tools sold to enterprises, institutions and state farms for production purpose; commodities sold to trade establishments for re-selling; commissioned sales at second-hand shops; operational income of urban public utilities; stamps sold at post offices; income of water, power, gas production and supply establishments from the supply of their products.

Total Sales of Commodities refer to selling of commodities by the establishments to other establishments and individuals (including direct export). This indicator is used to show the total value of sales of commodities at domestic markets and export. The total sales include: (1) commodities sold to urban and rural residents and social groups for their consumption; (2) commodities sold to establishments in industry, agriculture, construction, transportation, post and telecommunications, wholesale and retail trades, catering trade and public utility for their production and operation; (3) commodities sold to wholesale and retail establishments for re-selling, with or without further processing; and (4) commodities for direct export to other countries. Excluded are selling of waste packaging materials used by the establishments (units) themselves, commodities transferred without buying or selling procedures, commission income from brokerage in transactions whose settlement is directly handled by buyers and sellers, rejected commodities in the purchase, loss in commodities, etc.

Volume of Transaction at Consumer Goods Markets refers to the value of transaction of all goods at consumer goods markets in the country, including both markets for farm and sideline products and for industrial consumption goods.

Volume of Transaction at Large Commodity Markets (with transaction value over 100 million yuan) refers to markets approved by the industrial and commercial administration departments, which specialize in wholesale and retail of modities with transaction value over 100 million yuan. The stall of sales of all sellers in the markets makes up the transaction value of the markets.

Chain Enterprises (also called chain stores or called corporations) refer to a form of joint economic entities unit which scattered enterprises or establishments engaged in pithing homogeneous commodities or services, with the central leadership of core enterprise or headquarters and guided by policies, conduct centralized purchase and distributed selling commodities, in order to gain better efficiency through standardized operation. Consisting of a number of branch stores the chain stores have in general following features: (1) homogeneous commodities, (2) unique name of stores, (3) centralized purchase and delivery which is separated from the headquarters cept some items which, from logistics, quality or considerations, might be delivered by the suppliers directy.

Chain stores have two categories:

(a) Chain stores under direct management: These are chain stores invested or controlled by the headquarters operate under the direct and unified management from the headquarters.

(b) Chain stores through license arrangement: These are contracts, chain stores (their owners) obtain licenses from the headquarters to use designated trade marks, names, operates know-how, and to sell the commodity developed by the headquarters. Under this arrangement. Each store in the chairs an independent legal entity and operates under the guidance the headquarters.

ZHEJIANG STATISTICAL YEARBOOK

CHAPTER 11

对外经济贸易和旅游

Foreign Economy and Trade, Tourism

11. 对外经济贸易和旅游
Foreign Economy and Trade, Tourism

2005年进出口总值	Total Value of Imports and Exports	1073.91 亿美元	(USD 100 million)
#出口	Exports	768.04 亿美元	(USD 100 million)
2005年利用外资协议金额	Amount of Utilization of Foreign Capital Through Signed Contracts	185.81 亿美元	(USD 100 million)
#外商直接投资	Foreign Direct Investment	161.27 亿美元	(USD 100 million)
2005年实际利用外资金额	Amount of Foreign Capital Through Signed Contracts	139.38 亿美元	(USD 100 million)
#外商直接投资	Foreign Direct Investment	77.23 亿美元	(USD 100 million)
2005年接待境外旅游人数	International Tourists	348.01 万人	(10000 persons)
2005年国际旅游业创汇收入	Total Foreign Exchange From International Tourism	17.16 亿美元	(USD 100 million)

进出口总额 （亿美元）

Total Value of Imports and Exports (USD 100 million)

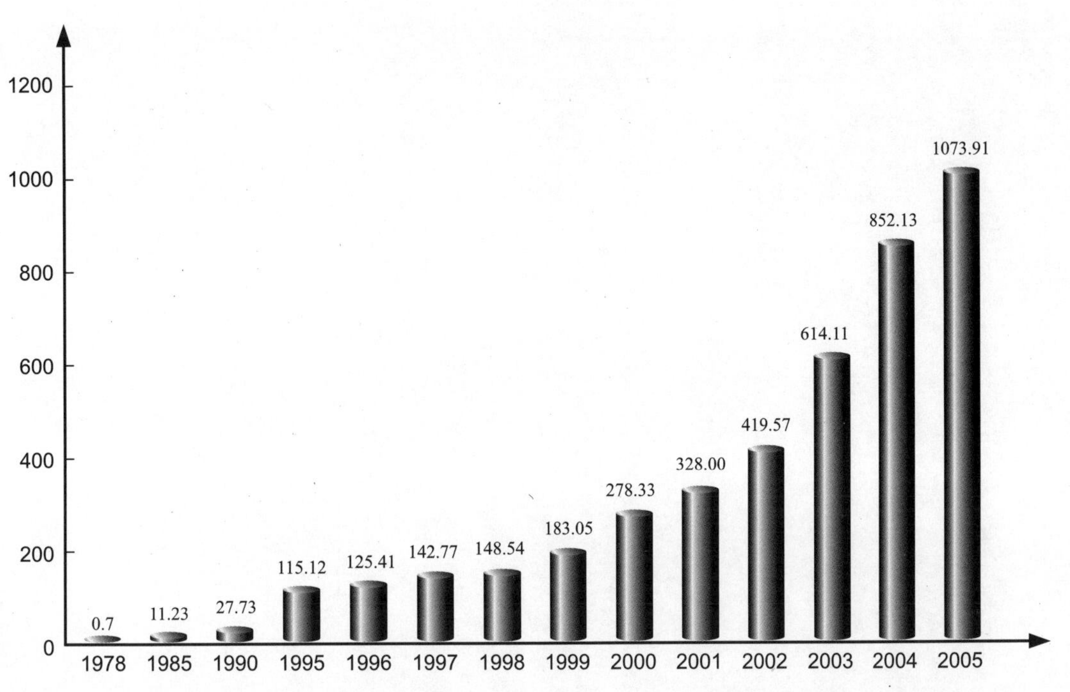

11－1 海关进出口总值(1986－2005 年)

Total Value of Imports and Exports (1986－2005, Custom Statistics)

单位：万美元 (USD 10000)

年份 Year	进出口总值 Total	出 口 Export	进 口 Import
1986	129291	109128	20163
1987	149984	123406	26578
1988	198628	149004	49624
1989	251387	187222	64165
1990	277342	218881	58461
1991	385052	290628	94424
1992	499907	357127	142780
1993	673269	432313	240956
1994	899144	608657	290487
1995	1151230	769782	381448
1996	1254126	804147	449979
1997	1427732	1011113	416619
1998	1485382	1086623	398759
1999	1830540	1287125	543415
2000	2783265	1944279	838986
2001	3279969	2297747	982222
2002	4195650	2941102	1254548
2003	6141083	4159499	1981584
2004	8521312	5814638	2706674
2005	10739123	7680353	3058770

11－2 出口总值分类表(2000－2005年)
Total Value of Exports by Category(2000－2005)

单位:万美元 (USD 10000)

项目	Item	2000	2001	2002	2003	2004	2005
总值	**Total**	**1944279**	**2297747**	**2941102**	**4159499**	**5814638**	**7680353**
#机电产品	Mechanical and Electrical Products	596260	725904	968386	1431975	2170159	3026157
总值中:	**Among Total**						
国有企业	State－owned Enterprises	1069245	1036036	1128977	1329950	1466064	1629362
三资企业	Foreign Funded Enterprises	534843	709961	919969	1304773	1964667	2726282
集体企业	Collective Owned Enterprises	271953	392526	518882	726222	887728	993168
私营企业	Private Enterprises	64657	154954	367536	793444	1493303	2328331
其他	Others	3581	4270	5738	5110	2876	3210
总值中:	**Among Total**						
工业制成品	Manufactured Goods	1748732	2104524	2735698	3914504	5493975	7299176
初级产品	Primary Goods	195547	193223	205404	244995	320663	381177

11－3 进口总值分类表(2000－2005年)
Total Value of Imports by Category(2000－2005)

单位:万美元 (USD 10000)

项目	Item	2000	2001	2002	2003	2004	2005
总值	**Total**	**838986**	**982222**	**1254548**	**1981584**	**2706674**	**3058770**
#机电产品	Mechanical and Electrical Products	280855	390638	506340	797903	1002151	921646
总值中:	**Among Total**						
国有企业	State－owned Enterprises	350382	357300	452039	629195	695255	671497
三资企业	Foreign Funded Enterprises	404142	477215	538283	887827	1297388	1512129
集体企业	Collective Owned Enterprises	69087	120376	164345	253098	350723	369722
私营企业	Private Enterprises	10527	22545	90692	210802	357233	505364
其他	Others	4848	4786	9189	662	6075	58
总值中:	**Among Total**						
工业制成品	Manufactured Goods	635891	799700	1029312	1665903	2190694	2457096
初级产品	Primary Goods	203095	182522	225236	315681	515980	601674

11－4 我省与各国(地区)的海关进出口总额

Zhejiang's Foreign Trade with Relate Countries (Regions)

单位: 万美元 (USD 10000)

国别(地区)	Country(Region)	出口 Exports		进口 Imports	
		2004	2005	2004	2005
总值	**Total**	**5814638**	**7680353**	**2706674**	**3058770**
#亚太经济合作组织	APEC	2905283	3752598	1864339	2152240
亚洲	**Asia**	**2148417**	**2638925**	**1668900**	**1992025**
#中国香港	Hong Kong, China	250693	277585	48671	36047
日本	Japan	611589	750394	544602	565289
中国台湾	Taiwan, China	79769	99994	273492	354757
韩国	Korea Rep	171334	206250	309451	378544
东南亚联盟	The Association of Southeast Asian Nations	353645	424147	281020	315882
非洲	**Africa**	**322856**	**404572**	**67338**	**79219**
欧洲	**Europe**	**1655608**	**2300766**	**530256**	**473394**
#欧洲联盟	EU	1385168	1950212	436485	402883
#英国	United Kingdom	192339	255138	25274	29305
德国	Germany	295602	418158	165860	141968
意大利	Italy	169539	244779	54747	55763
法国	France	134382	198360	62141	53745
比利时	Belgium	70278	102696	32453	35931
#俄罗斯	Russia	115840	142096	31715	34242
拉丁美洲	**Latin America**	**326167**	**403953**	**96919**	**125332**
北美洲	**North America**	**1227851**	**1763254**	**285214**	**313271**
#美国	United States	1125604	1612458	232817	253636
加拿大	Canada	102200	150753	52195	59522
大洋洲	**Oceania**	**133739**	**168883**	**57904**	**75263**
#澳大利亚	Australia	113320	144458	43621	58182

11－5 进出口货物分贸易方式总值表

Total Value of Imports and Exports by Type

单位：万美元 （USD 10000）

贸易方式	Type	出口 Exports			进口 Imports		
		2000	2004	2005	2000	2004	2005
总值	**Total**	**1944279**	**5814638**	**7680353**	**838986**	**2706674**	**3058770**
一般贸易	Original Trade	1540108	4674761	6023916	528135	1665622	1858590
补偿贸易	Compensation Trade						
来料加工装配贸易	Processing and Assembling Raw Material Supplied by Foreign Firms	81570	158526	166312	56614	131360	136049
进料加工贸易	Processing Imported Raw Materials	315887	963894	1455159	164359	530596	673474
外商投资企业作为投资进口的设备	Imported Equipment as Investment of Foreign Enterprises				59286	268073	193699
出料加工贸易	Processing Exported Raw Materials	820	106	20	338	56	56
保税仓库进出境货物	Import & Export Commodities in Protective Tariff Zone	5114	13313	18056	13145	56239	114754
保税区仓储转口货物	Transit Goods in Protective Tariff Zone	514	2326	8889	15398	41682	62725
国家间、国际组织无偿援助和赠送物资	Assistant Goods From International Organization	2	50	456	397	116	12
华侨、港澳台同胞、外籍华人捐赠物资	Assistant Goods From Overseas Chinese Compatriots from Hong Kong, Macao and Taiwan				7	18	41
来料加工装配进口的设备	Assembling Imported Equipment				631	2728	3685
对外承包工程出口货物	Exported Commodities for Contracted Projects	15	90	119			
其他	Others	249	1572	7426	676	10184	15685

11－6 出口主要商品情况

Statistics on Export of Commodities

单位：万美元 (USD 10000)

项目名称	Item	2003	2004	2005
机电产品	Electrical and Mechanical Products	1431975	2170159	3026157
高新技术产品	High－tech Products	209553	379539	591710
农副产品	Farm Products	400205	500119	533934
服装及衣着附件	Garments and Related Products	913984	1076380	1331815
纺织纱线、织物及制品	Spinning,Textile and Related Products	638603	888923	1111110
鞋类	Shoes	153409	199656	265635
家具及其零件	Furniture and Related Parts	71996	135814	217501
塑料制品	Plastic Articles	87953	118298	156266
自动数据处理设备及其部件	Automatic Data Processing Equipment and Related Parts	38006	114534	142792
灯具、照明装置及类似品	Lamps & Lanterns and Lighting Installation	77038	93887	116348
旅行用品及箱包	Travelling Articles and Bags	64597	84042	106287
汽车零件	Parts of Moter Vehicles	36042	79918	121769
手持或车载无线电话机	Mobile Telephone on Hand or Car	41312	79471	180387
床垫、寝具及类似品	Mattress and Bedding	52229	75092	92133
水海产品	Seawater Aquatic Products	45908	64818	58939
医药品	Medical and Pharmaceutical Products	48152	59642	62795
电线和电缆	Electric Wire and Cables	33789	56994	79862
摩托车	Motorcycle	33688	53775	56962
通断及保护电路装置	Equipment for Switching or Protecting Electrical Circuits	39062	51140	69499
钢铁或铜制标准紧固件	Standard Parts Made by Iron & Steel or Copper	26873	49876	72284

11－7 进口主要商品情况

Statistics on Import of Commodities

单位：万美元 (USD 10000)

商品名称	Item	2003	2004	2005
机电产品	Electrical and Mechanical Products	797903	1002151	921646
高新技术产品	High－tech Products	394253	460750	463756
农副产品	Farm Products	143315	208660	226769
钢材	Steel Products	213814	193228	220139
初级形状的塑料	Plastics of Primary Forms	108289	157467	199198
对苯二甲酸	Telephthatic Acid	87971	155314	191545
集成电路及微电子组件	Integrated Circuits and Microelectric Module	90904	126492	134909
纺织机械及零件	Textile Machinery and Related Parts	112658	110764	65305
废铜	Waste Copper	54341	108537	148804
自动数据处理设备及其部件	Automatic Data Processing Equipment and Related Parts	33096	70956	80715
电视、收音机及无线电讯设备的零附件	Parts of TV sets, Radio Sets and Radio Communications Equipment	67744	74392	64111
原油	Crude Oil	22284	53566	60969
液化石油气及其他烃类气	Liquefied Petroleum Gas and Other Hydrocarbon Gases	30954	44785	49876
苯乙烯	Styrene	25120	42029	46152
铁矿砂及其精矿	Iron ore in Sand Form and Refined ore	9492	40377	75480
橡胶或塑料机械零件	Machinery Parts for Processing Rubber and Plastics	27284	40281	19628
金属加工机床	Processing Machine Tools	29085	36319	35078
纸浆	Paper Pulp	25336	33838	39204
通断及保护电路装置	Electrical Apparatus for Switching or Protecting Electrical Circuits	23463	33711	35251
原木	Log	31207	33383	35669
计量检测分析自控仪器及器具	Automatic Instruments for Measurement Examination Analysis	23795	29165	30242
成品油	Processed Oil	19239	28318	6534

11－8 利用外资协议合同（项目）和金额（1979－2005年）

Total Amount of Foreign Capital Utilized Through the Signed Agreements and Contracts（1979－2005）

年份 Year	协议合同（项目）（个） Projects（unit）			协议金额（万美元） Value（USD 10000）		
	合 计 Total	对外借款 Foreign Loans	外商直接投资 Direct Foreign Investment	合 计 Total	对外借款 Foreign Loans	外商直接投资 Direct Foreign Investment
1979				1120		
1980	4		4	620		138
1981	1	1		749	385	
1982	1		1	552		1
1983	2		2	440		94
1984	25	2	23	8506	4005	3955
1985	58	3	55	9154	4352	3650
1986	33	3	30	5224	2414	2307
1987	68	29	39	14291	7745	4525
1988	185	33	152	26815	14865	11326
1989	226	41	185	37107	23910	12212
1990	296	2	294	24792	11274	13313
1991	592	7	585	37480	5634	31728
1992	2343	5	2338	324084	32076	290922
1993	4497	10	4487	404330	29274	374562
1994	2537	9	2528	321573	27839	289317
1995	1861	25	1836	422153	92950	325031
1996	1243	35	1208	429083	107750	312866
1997	888	36	852	486522	294123	121008
1998	1013	48	965	225795	41999	183390
1999	1154	41	1113	302839	85528	214793
2000	1742	100	1642	306977	56029	250948
2001	2311	1	2310	717502	209462	501588
2002	3364		3364	720846	38453	678912
2003	4442		4442	1317478	108301	1205014
2004	3824		3824	1567591	106407	1456066
2005	3396		3396	1858137	209649	1612667

11－9 实际利用外资金额(1984－2005年)
Amount of Foreign Capital Actually Used(1984－2005)

单位：万美元 (USD 10000)

年份 Year	合　计 Total	对外借款 Foreign Loans	外商直接投资 Direct Foreign Investment	其他投资 Others
1984	4887	4005	252	630
1985	6452	4352	1634	466
1986	4891	2414	1853	624
1987	11360	7745	2337	1278
1988	18124	14419	2957	748
1989	26918	21503	5181	234
1990	16235	11305	4844	86
1991	17186	7947	9162	77
1992	40971	10496	29398	1077
1993	121991	18226	103271	494
1994	137073	22038	114449	586
1995	153965	27692	125775	498
1996	238313	77825	152021	8467
1997	306641	84905	150345	71391
1998	241656	109448	131802	406
1999	252499	97036	153262	2201
2000	248919	87022	161266	631
2001	451934	223301	221162	7471
2002	469547	148515	316002	5030
2003	757824	207160	544936	5728
2004	974631	298657	668128	7846
2005	1393826	582049	772271	39506

11－10 利用外资情况
Utilization of Foreign Capital

项　目 Item	利用外资协议(合同) Signed Contracts(Agreements) for Utilization of Foreign Capital						实际利用外资金额(万美元) Amount of Foreign Capital Actually Used (USD 10000)		
	项　目(个) Projects (unit)			金　额(万美元) Value (USD 10000)					
	2004	2005	2005年止累计 Accumu－lation up to 2005	2004	2005	2005年止累计 Accumu－lation up to 2005	2004	2005	2005年止累计 Accumu－lation up to 2005
总计 Total	**3824**	**3396**	**36106**	**1567591**	**1858137**	**9571760**	**974631**	**1393826**	**5899130**
对外借款 Foreign Loans			**431**	**106407**	**209649**	**1514424**	**298657**	**582049**	**2068445**
外国政府贷款 Foreign Government Loans			66	725	1671	86266	1834	983	55888
境外非金融机构贷款 Loans from Overseas Non－Financial Organizations			59	18998	21888	220169	43243	67929	237623
境外金融机构贷款 Loans from Overseas Financial Organizations			282	11389	40746	467419	11883	25899	318645
贸易信贷 Credit in Trade			24			221781	236648	277841	831954
其　它 Others				75295	145344	518789	5049	209397	624335
外商直接投资 Foreign Direct Investment	**3824**	**3396**	**35675**	**1456066**	**1612667**	**7900333**	**668128**	**772271**	**3672489**
合资企业 Joint Enterprises	1641	1388	22270	365174	432004	2883085	238337	234626	1572602
合作企业 Cooperative Enterprises	62	50	1098	29053	35442	358825	10398	9637	164142
独资企业 Foreign Enterprises	2114	1954	12287	1058228	1141241	4644099	416840	523946	1923634
股份制企业 Share-system Enterprises	7	4	20	3611	3980	14324	2553	4062	12111
外商其他投资 Other Foreign Investment				**5118**	**35821**	**157003**	**7846**	**39506**	**158196**
补偿贸易 Compensation Trade						12189			8724
加工装配 Processing and Assembling						8045	2728	3685	12703
对外发行股票 Stocks to Foreign Countries				5118	35821	136424	5118	35821	136424
其　它 Others						345			345

11－11 按国别(地区)分的外商直接投资

Foreign Direct Investment by Country(Region)

国别(地区)	Country (Region)	2005年末实有企业 Number of Enterprises at the End of 2005		项目(个) Number of Projects (unit)		协议外资金额(万美元) Agreements of Foreign Capital (USD 10000)		实际利用外资(万美元) Foreign Capital Actually Used (USD 10000)	
		个数 Number	外方注册资本(万美元) Foreign Regi－stered Capital (USD 10000)	2004	2005	2004	2005	2004	2005
总计	**Total**	**19009**	**4143842**	**3824**	**3396**	**1456066**	**1612667**	**668128**	**772271**
#中国香港	Hong Kong,China	6522	1579718	2346	1189	824672	641006	408713	303747
中国台湾	Taiwan,China	2304	215565	339	312	55526	68448	35636	30090
日本	Japan	1643	332056	279	212	61419	69671	54092	49721
新加坡	Singapore	345	87983	72	58	34223	31957	16221	14417
韩国	Korea Rep	641	99240	170	154	33718	37402	16318	17698
英国	United Kingdom	287	72741	57	60	20930	18562	12342	9819
法国	France	278	37483	59	47	20502	12851	9402	9947
意大利	Italy	423	72719	111	122	30339	49802	13629	18912
美国	United States	2195	372566	431	356	137557	132829	51282	50261
加拿大	Canada	323	49491	91	78	25550	16031	7084	6196
澳大利亚	Australia	354	49745	69	69	18839	29883	7440	8824
维尔京群岛	Virgin Islands	865	425828	287	221	211467	218537	68786	103936

注:年末实有企业指在工商行政管理部门登记注册的企业。
The number of enterprises at year－end refer to the enterprises registered at Industry and Commerce Administrative Department.

11－12 对外劳务合作和承包工程情况

Labour Services Cooperation and Contracted Projects with Foreign Countries and Regions

项 目	Item	2000	2001	2002	2003	2004	2005
新签合同额 (万美元)	Amount of Newly Signed Contracts (USD 10000)	47842	54929	127900	122250	168000	173433
营业额 (万美元)	Business Income (USD 10000)	43338	67295	105483	125056	152510	176000
年底在外人数 (人)	Population in Foreign Countries and Regions (person)	27827	28311	28325	25228	26387	27728

11－13 国际旅游发展情况(1979－2005年)
Development of International Tourism(1979－2005)

单位：万美元 (USD 10000)

年 份 Year	入境旅游者人数(人) International Tourists	#外国人 Foreigners	#港澳台同胞 Compatriots from Hong Kong, Macao and Taiwan, China	旅游创汇收入(万美元) Foreign Exchange Earnings (USD 10000)
1979	93094	49021	42901	
1980	138877	68583	68218	
1981	171710	102088	67005	
1982	180271	109309	67972	
1983	184287	114524	64618	1458
1984	213098	131977	73916	1900
1985	272870	178282	84621	2519
1986	293968	190695	90501	4175
1987	330062	206192	104005	4289
1988	392672	169782	182901	5624
1989	294062	84800	187607	3568
1990	496218	116429	342248	5440
1991	554091	176605	351881	7489
1992	685367	234282	403458	10210
1993	728408	289559	393251	11679
1994	612689	329529	261226	18055
1995	672717	366491	283353	23591
1996	729012	412970	293000	29184
1997	811468	453449	328430	34495
1998	819615	414273	364074	36122
1999	947788	506650	408454	41009
2000	1125898	643840	482058	51397
2001	1469502	818686	650816	70693
2002	2041761	1214635	827126	92763
2003	1816986	1068318	748668	87249
2004	2766680	1776392	990288	130047
2005	3480089	2329202	1150887	171623

注：1979－1999年旅游者人数中包括华侨。
Total Tourists number from 1979－1999 in this table included Overseas Chinese.

11－14　旅游事业发展情况(2000－2005年)
Development of Tourism(2000－2005)

项　目	Item	2000	2001	2002	2003	2004	2005
国内旅游	**Domestic Tourism**						
人数(万人次)	Number of Tourism(10000 Person－times)	5870	6895	8020	8429	10600	12758
收入(亿元)	Earnings(100 million yuan)	430.0	529.0	633.8	695.3	902.5	1239.7
入境旅游	**International Tourism**						
人数合计(人次)	Total (person－times)	1125898	1469502	2041761	1816986	2766680	3480089
#外国人	Foreigners	643840	818686	1214635	1068318	1776392	2329202
港澳同胞	Compatriots from Hong Kong and Macao, China	210890	251159	302949	321491	456517	510490
台湾同胞	Compatriots from Taiwan, China	271168	399657	524177	427177	533771	640397
创汇收入(万美元)	**Foreign Exchange Earnings (USD 10000)**	**51397**	**70693**	**92763**	**87249**	**130047**	**171623**

11－15 接待入境旅游者人数(2000－2005年)

Number of International Tourists(2000－2005)

单位:人次 (person－time)

国别(地区)	Country(Region)	2000	2001	2002	2003	2004	2005
日本	Japan	162908	202571	262991	223193	348246	422076
韩国	Korea Rep	89332	121727	216004	202786	297199	454544
马来西亚	Malaysia	40010	48652	99033	81371	151475	177855
美国	United States	65672	72989	90745	75062	129821	176730
新加坡	Singapore	32421	37693	69848	57257	99754	108603
泰国	Thailand	20445	26851	48875	32983	67780	78977
德国	Germany	23742	27618	30067	27608	55083	71959
意大利	Italy	15338	21780	25830	26982	44095	62354
法国	France	18094	22104	28507	22383	41136	55926
印度尼西亚	Indonesia	14798	18042	22339	24009	37798	42598
澳大利亚	Australia	13076	16734	19628	20190	34590	45936
英国	United Kingdom	14153	16346	20867	19927	30685	43622
印度	India	8194	11474	13569	16738	30656	35691
菲律宾	Philippines	11813	15673	19817	14345	28946	29125
加拿大	Canada	14990	20639	22908	19716	28742	40741
西班牙	Spain	10463	13709	15377	11801	21970	42064
荷兰	Netherlands	7748	9924	11618	11371	20498	25742
俄罗斯	Russia	7872	11289	9776	9686	18712	28136
瑞典	Sweden	4129	5963	5862	5785	8761	10907
瑞士	Switzerland	2821	4171	3750	4378	6975	8989
新西兰	New Zealand	3464	5232	3612	4289	6074	8081
中国香港	Hong Kong, China	180726	221071	265651	289378	409385	451130
中国澳门	Macao, China	30164	30088	37298	32113	47132	59360
中国台湾	Taiwan, China	271168	399657	524177	427177	533771	640397

主要统计指标解释

利用外资 指我国各级政府、部门、企业和其他经济组织通过对外借款、吸收外商直接投资以及用其他方式筹措的境外现汇、设备、技术等。

对外借款 包括我国通过外国政府贷款,国际金融组织贷款,外国银行商业贷款,出口信贷以及对外发行债券、股票等方式,从境外筹措的资金。

外商直接投资 是指外国企业和经济组织或个人(包括华侨、港澳台胞以及我国在境外注册的企业)按我国有关政策、法规,用现汇、实物、技术等在我国境内开办外商独资企业、与我国境内的企业或经济组织共同举办中外合资经营企业、合作经营企业或作合作开发资源的投资(包括外商投资收益的再投资)。

对外承包工程 包括各对外承包公司以招标议标承包方式承揽的下列业务 (1) 承包国外工程建设项目; (2)承包我国对外经援项目; (3) 承包我国驻外机构的工程建设项目; (4) 承包我国境内利用外资进行建设的工程项目; (5) 与外国承包公司合营或联合承包工程项目时我国公司分包部分; (6) 以服务成果向业主收费的技术服务项目(包括承担地形地貌测绘;地质资源勘探与普查;建设区域规划;提供设计文件、图纸、生产工艺技术资料和工程技术经济咨询;工程项目的可行性考察、研究和评估;进行技术指导和培训人员等);(7) 对外承包兼营的房屋开发业务。对外承包工程的营业额是以货币表现的本期内完成的对外承包工程的工作量,包括以前年度签订的合同和本年度新签订的合同在报告期完成的工作量。

对外劳务合作 指以收取工资的形式向业主或承包商提供技术和劳动服务的活动。我国对外承包公司在境外开办的合营企业,中国公司同时又提供劳务的,其劳务部分也纳入劳务合作统计。劳务合作营业额按报告期内向雇主提交的结算数(包括工资、加班费和奖金等)统计。

旅游人数 指来我国参观、访问、旅行、探亲、访友、休养、考察、参加会议和从事经济、科技、文化、教育、体育、宗教等活动的外国人、华侨、港澳和台湾同胞的人数。不包括外国在我国的常住机构,如使领馆、通讯社、企业办事处的工作人员;来我国常驻的外国专家、留学生以及在岸逗留不过夜人员。

国际旅游(外汇)收入 指入境旅游的外国人、华侨、港澳台同胞在中国大陆旅游过程中发生的一切旅游支出。

Explanatory Notes on Main Statistical Indicators

Utilization of Foreign Capital refers to remittance, equipment and technology financed from abroad, by loans, foreign direct investment and other forms undertaken by the Chinese governments at all levels, by various departments, enterprises and other economic units.

Foreign Loans refers to funds borrowed from abroad, including loans of foreign governments, loans of international financial institutions, commercial loans of foreign banks, export credit, and funds raised by Chinese bonds and shares issued abroad.

Direct Investment by Foreign Entrepreneurs refers to the investments inside China by foreign enterprises and economic organizations or individuals (including overseas Chinese, compatriots from Hong Kong and Macao, and Chinese enterprises registered abroad), following the relevant policies and laws of China, for the establishment of ventures exclusively with foreign own investment, sino – foreign joint ventures and cooperative enterprises or for co – operative exploration of resources with enterprises or economic organizations in China. It includes the re – investment of the foreign entrepreneurs with the profits gained from the investment.

Contracted Projects with Foreign Countries refer to projects undertaken by Chinese contractors (project contracting companies) through bidding process. They include: (1) overseas civil engineering construction projects financed by foreign investors; (2) overseas projects financed by the Chinese government through its foreign – aid programs; (3) construction projects of Chinese diplomatic missions, trade offices and other institutions stationed abroad; (4) construction projects in China financed by foreign investment; (5) sub – contracted projects to be taken by Chinese contractors through a joint umbrella project with foreign contractor (s); (6) technical assistance projects in the form of service results and chargeable to the owners (such as topographic surveying, geological prospecting, development zone programming, provision of designing documents, blueprint, materials on production process, technical consultation, project feasibility studies and evaluation, personnel training, etc.); and (7) housing development projects. The business income from international contracted projects is the work volume of contracted projects completed during the reference period, expressed in monetary terms, including completed work on projects signed in previous years.

Service Co – operation with Foreign Countries refers to the activities of providing technology and labour services to employers or contractors in the forms of receiving salaries and wages. Labour services providing by contractual joint ventures of Chinese international contracting corporations should be included in the statistics of service co – operation with foreign countries. The business income of labour service co – operative is the income in the form of wages and salaries, overtime pay, bonuses and other remuneration received from the employers during the reference period.

Number of Tourists refers to the number of foreigners, overseas Chinese, and compatriots from Hong Kong, Macao and Taiwan coming to China for sightseeing, visits, tours, family reunions, vacations, study tours and other activities of an economic, scientific and technological, cultural, physical culture and religious nature. This does not include the number of employees of foreign organizations stationed in China such as embassies, consulates, news agencies, the offices of corporations and enterprises and foreign experts and students residing in China and the persons staying briefly in China but not for passing the night.

Foreign Exchange Earnings from International Tourism refer to the total expenditures of the foreigners, overseas Chinese, compatriots from Hong Kong, Macao and Taiwan in the process of their tourism in the mainland of China.

ZHEJIANG STATISTICAL YEARBOOK
CHAPTER 12

财政、金融和保险
Public Finance, Banking and Insurance

12. 财政、金融和保险
Public Finance, Banking and Insurance

2005年财政总收入	Total Financial Revenue	2115.36 亿元	(100 million yuan)
#地方财政收入	The Local Financial Revenue	1066.60 亿元	(100 million yuan)
2005年地方财政支出	The Local Financial Expenditure	1265.53 亿元	(100 million yuan)
2005年金融机构各项存款年末余额	Deposits of Financial System	20494.16 亿元	(100 million yuan)
2005年金融机构各项贷款年末余额	Loans of Financial System	16557.67 亿元	(100 million yuan)
2005年城乡居民储蓄存款年末余额	Residents' Savings Deposits in Urban and Rural Area	8746.02 亿元	(100 million yuan)

城乡居民储蓄存款年末余额 （亿元）

Residents' Savings Deposits in Urban and Rural Area (100 million yuan)

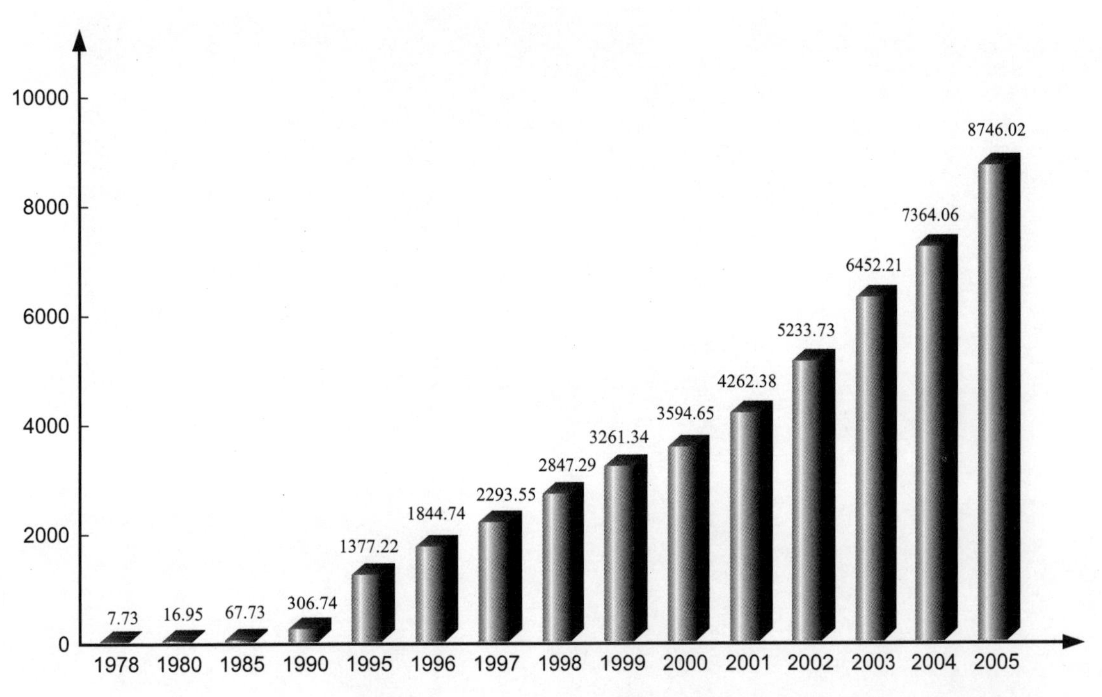

12 - 1　一般预算总收入和总支出(1978 - 2005 年)
Total Financial Budgetary Revenue and Expenditure(1978 - 2005)

单位：亿元　　(100 million yuan)

年份 Year	总收入 Total Revenue	#地方 The Local	总支出 Total Expenditure	#基本建设支出 Expenditure for Capital Construction	#企业挖潜改造资金 Innovation Funds in Enterprises	#科技三项费用 Science and Technology Promotion Funds	#城市维护费 Expenditure for City Maintenance
1978	27.45		17.43	6.07	1.40	0.23	0.22
1979	25.87		17.74	5.26	1.30	0.28	0.37
1980	31.13		17.34	3.81	1.71	0.30	0.50
1981	34.34		17.12	2.80	1.97	0.21	0.63
1982	36.64		18.88	3.04	1.76	0.27	0.71
1983	41.79		21.94	3.56	1.96	0.36	1.25
1984	46.67		28.80	4.38	2.54	0.60	1.79
1985	58.25		37.40	4.77	3.06	0.46	2.88
1986	68.61		50.96	5.56	3.03	0.51	4.21
1987	76.36		51.24	4.28	3.64	0.43	3.40
1988	85.55		63.14	4.05	4.43	0.50	4.76
1989	98.21		74.77	3.87	4.04	0.59	5.19
1990	101.59		80.23	3.84	4.07	0.77	5.48
1991	108.94		88.43	4.22	5.06	0.91	5.58
1992	118.36		95.31	5.41	6.26	0.96	6.32
1993	166.61		125.01	6.85	10.61	1.11	8.49
1994	209.39	94.63	153.03	7.18	10.72	1.32	11.06
1995	248.50	116.82	180.29	7.83	14.95	1.78	13.10
1996	291.75	139.63	213.71	9.53	18.50	2.20	16.01
1997	340.52	157.33	240.16	10.76	21.29	2.94	19.60
1998	401.80	198.10	286.81	15.81	19.45	4.09	22.97
1999	477.40	245.47	344.04	21.29	24.10	5.59	27.18
2000	658.42	342.77	431.30	28.00	26.34	9.20	33.54
2001	917.76	418.00	597.30	44.64	43.43	12.40	43.82
2002	1166.58	566.85	749.90	55.97	46.92	16.08	51.43
2003	1468.89	706.56	896.77	63.30	48.90	19.53	59.61
2004	1805.16	900.99	1062.94	73.29	53.76	25.24	62.19
2005	2115.36	1066.60	1265.53	92.41	57.28	34.08	76.41

注:本表 2004 年财政收入考虑出口退税因素,区别于 12 - 3 表。

The Revenue in 2004 was taken the factor of rebute into account, differing from table 12 - 3.

12－2 财政总收入占全省生产总值的比重(1978－2005 年)
Total Revenue Percentage to Gross Domestic Product(1978－2005)

年 份 Year	财政总收入 (亿元) Total Revenue (100 million yuan)	全省生产总值 (亿元) Gross Domestic Product (100 million yuan)	总收入占生产总值的比重(%) Percentage of Total Revenue to GDP(%)
1978	27.45	123.72	22.2
1980	31.13	179.92	17.3
1985	58.25	429.16	13.6
1989	98.21	849.44	11.6
1990	101.59	904.69	11.2
1991	108.94	1089.33	10.0
1992	118.36	1375.70	8.6
1993	166.64	1925.91	8.7
1994	209.39	2689.28	7.8
1995	248.50	3557.55	7.0
1996	291.75	4188.53	7.0
1997	340.52	4686.11	7.3
1998	401.80	5052.62	8.0
1999	477.40	5443.92	8.8
2000	658.42	6141.03	10.7
2001	917.76	6898.34	13.3
2002	1166.58	8003.67	14.6
2003	1468.89	9705.02	15.1
2004	1805.16	11648.70	15.5
2005	2115.36	13437.85	15.7

12-3 地方一般预算收入(2000-2005年)
The Local Budgetary Financial Revenue(2000-2005)

单位: 亿元 (100 million yuan)

项目	Item	2000	2001	2002	2003	2004	2005
地方一般预算收入	**The Local Budgetary Financial Revenue**	**342.77**	**418.00**	**566.85**	**706.56**	**805.95**	**1066.60**
#增值税	Value Added Taxes	90.04	102.41	129.72	155.01	176.62	204.23
营业税	Business Taxes	97.21	124.89	171.69	220.07	286.27	324.33
企业所得税	Enterprises Income Tax	87.91	110.66	108.14	106.52	147.79	167.90
个人所得税	Individual Income Tax	29.22	33.98	43.55	45.79	56.21	66.12
城市维护建设税	City Maintenance Taxes	23.57	28.49	36.33	42.17	51.75	61.64
房产税	Tax on Real Estates	9.32	11.30	15.12	17.26	21.94	30.60
印花税	Stamp Tax	2.29	3.03	4.19	6.48	9.29	11.99
农业四税	Four Agricultural Taxes	22.72	31.58	48.24	73.18	80.99	81.51
国有企业计划亏损补贴	Subsidies to Loss-making State-owned Enterprises	-54.80	-76.62	-59.05	-47.21	-46.20	-42.47
行政性收费收入	Income from Adiministrative Fees	5.32	7.58	13.56	20.32	25.30	26.55
罚没收入	Penalty and Confiscatory Income	12.29	18.59	27.75	31.29	42.87	58.44
专项收入	Income of Special Projects	15.35	17.70	21.72	25.90	34.45	41.84

12-4 地方一般预算支出(2000-2005年)
The Local Financial Budgetary Expenditure(2000-2005)

单位: 亿元 (100 million yuan)

项目	Item	2000	2001	2002	2003	2004	2005
地方一般预算支出	**Financial Expenditure of the Local Government**	**431.30**	**597.30**	**749.90**	**896.77**	**1062.94**	**1265.53**
#基本建设支出	Expenditure for Capital Construction	28.00	44.64	55.97	63.30	73.29	92.41
企业挖潜改造资金	Enterprises' Innovation Funds	26.34	43.43	46.92	48.90	53.76	57.29
科技三项费用	Science and Technology Promotion Funds	9.20	12.40	16.08	19.53	25.24	34.08
支农支出	Supporting Agricultural Production	31.93	40.22	50.50	59.86	75.10	86.15
文体广播事业费	Culture, Sports and Broadcasting	13.69	17.45	22.24	27.65	32.11	37.45
教育支出	Education	78.19	108.30	136.94	164.21	200.08	231.55
科学支出	Science	3.94	5.12	6.12	7.17	9.15	10.57
医疗卫生支出	Public Health	27.24	32.76	37.23	45.38	52.77	64.88
抚恤和社会福利救济费	Pensions and Relief Funds of Social Welfare	8.01	9.71	13.87	18.07	23.72	30.91
社会保障补助支出	Subsidies for Social Security	5.76	9.15	15.28	22.03	25.55	28.94
行政管理费	Government Administration	47.49	64.92	77.47	95.22	117.68	141.90
公检法司支出	Expenditure of Public Security, Procuratorial Work, Law Court and Justice	35.01	47.79	61.05	78.16	98.27	115.75
城市维护费	City Maintenance	33.54	43.82	51.43	59.61	62.19	76.41
政策性补贴支出	Price Subsidies	6.02	7.28	5.73	5.18	5.29	6.37
专项支出	Special Projects	14.59	16.62	19.14	22.50	25.15	37.47

注:农业四税指:农业税、农业特产税、耕地占用税、契税。

Four agricultural taxes include the agricultural tax, the tax on special agricultural products, the tax on the use of cultivated land and the contract tax.

12-5 金融机构人民币存贷款年末余额(1978-2005年)

Deposits and Loans of Financial Institutions(year-end, RMB, 1978-2005)

单位:亿元 (100 million yuan)

年份 Year	全部金融机构存款余额 Deposits	城乡居民储蓄存款年末余额 Savings Deposits	城乡居民人均储蓄存款年末余额(元) Per Capita Savings Deposits (year-end, yuan)	全部金融机构贷款余额 Loans
1978	35.79	7.73	21	48.90
1979	44.92	11.79	31	54.91
1980	60.74	16.95	44	73.30
1981	74.26	21.47	55	85.85
1982	88.20	28.52	73	97.88
1983	108.14	37.34	94	109.42
1984	143.17	49.58	124	161.39
1985	185.66	67.73	168	210.81
1986	248.68	97.92	241	288.97
1987	306.44	129.12	313	365.87
1988	354.26	144.03	345	433.41
1989	441.13	214.98	511	505.48
1990	606.01	306.74	724	618.14
1991	789.64	402.09	942	749.93
1992	1036.72	514.44	1195	972.09
1993	1316.53	664.64	1533	1247.76
1994	1910.98	990.26	2269	1627.87
1995	2623.60	1377.22	3138	2103.65
1996	3400.19	1844.74	4180	2584.09
1997	4297.07	2293.55	5172	3273.73
1998	5264.21	2847.29	6390	3897.12
1999	6273.15	3261.34	7287	4650.50
2000	7299.57	3594.65	7681	5423.52
2001	8823.12	4262.38	9074	6482.22
2002	11242.84	5233.73	11063	8612.81
2003	14758.15	6452.21	13545	12014.28
2004	17236.62	7364.06	15331	14350.75
2005	20494.16	8746.02	17856	16557.67

注:从1991年起城乡居民人均储蓄存款年末余额按常住人口计算。
The Per Capita Savings Deposits have calculated at permanent residence since 1991.

12-6 金融机构人民币信贷收支表(资金来源,2000-2005年)

Credit Funds Balance Sheet of Financial Institution(RMB, Sources of Funds, 2000-2005)

(年末余额)单位:亿元 (year-end)(100 million yuan)

项　目	Item	2000	2001	2002	2003	2004	2005
资金来源合计	**All Sources**	**5799.11**	**7068.02**	**9387.89**	**13112.52**	**15565.89**	**21523.80**
各项存款	**Deposits**	**7299.57**	**8823.12**	**11242.84**	**14758.15**	**17236.62**	**20494.16**
企业存款	Deposits of Enterprise	2889.08	3475.65	4314.47	5714.55	6558.11	7088.27
财政存款	Deposits of Finance	111.92	136.33	165.00	214.95	316.75	375.30
机关团体存款	Deposits of Government Department & Organizations	116.56	133.45	316.65	483.54	541.04	759.45
储蓄存款	Savings Deposits	3594.65	4262.38	5233.73	6452.21	7364.06	8746.02
农业存款	Agricultural Deposits	269.57	332.50	445.73	637.76	678.30	699.77
信托存款	Trusted Deposits	14.80	6.04	12.97	39.85	106.20	120.81
委托存款	Commission Deposits	134.46	125.27	92.24	102.65	96.26	115.36
其他存款	Other Deposits	168.53	351.50	662.05	1112.64	1575.90	2589.18
金融债券	**Bonds**	**1.30**	**0.02**	**0.02**	**-88.43**	**-159.52**	
应付及暂收款	**Account Payable and Collecting of Money for the Time Being**		**161.38**	**173.88**	**224.26**	**275.17**	**407.49**
所有者权益	**Creditor's Equity**	**105.23**	**133.90**	**171.56**	**253.67**	**447.95**	**606.04**
其他	**Others**	**-1762.16**	**-2091.99**	**-2260.53**	**-2273.18**	**-2517.38**	**-246.86**

注:金融机构包括人民银行、政策性银行、国有独资商业银行、邮政储蓄机构、其他商业银行、城市合作银行、农村信用社、城市信用社、信托投资公司、租赁公司、财务公司等。

Financial Institutions include the peoples banks, the state policy banks, the state-owned commercial banks, savings deposit agencies of postal office, other commercial banks, unban cooperative banks, rural credit cooperatives, urban credit banks, financial trust investment agencies, leasing corporations and financial companies etc.

12-7 金融机构人民币信贷收支表(资金运用,2000-2005年)

Credit Funds Balance Sheet of Financial Institution(RMB,Use of Funds,2000-2005)

(年末余额) 单位:亿元 (year-end)(100 million yuan)

项 目	Item	2000	2001	2002	2003	2004	2005
资金运用合计	**All Uses**	**5799.11**	**7068.02**	**9387.89**	**13112.52**	**15565.89**	**21523.80**
#各项贷款	**Loans**	**5423.52**	**6482.22**	**8612.81**	**12014.28**	**14350.75**	**16557.67**
短期贷款	Short-term Loans	3958.25	4184.40	5320.92	7036.28	8118.14	9283.91
工业贷款	Industrial Loans	713.95	832.81	1150.92	1620.47	2079.64	2795.09
商业贷款	Commercial Loans	739.64	782.67	778.72	932.51	843.39	816.50
建筑业贷款	Construction Loans	108.68	183.73	326.44	264.45	310.50	363.78
农业贷款	Agricultural Loans	181.60	235.71	343.83	586.55	692.15	842.11
乡镇企业贷款	Loans to Township Enterprises	745.13	814.31	914.44	1125.59	1240.47	1366.13
三资企业贷款	Loans to Sino-foreign Joint Venture and Cooperative Enterprises and Foreign-funded Enterprises	211.65	220.64	199.51	206.79	227.42	260.92
私营企业及个体贷款	Loans to Private Enterprises and Individuals	137.73	185.24	284.70	423.74	623.75	645.68
其他短期贷款	Other Short-term Loans	1119.87	929.29	1321.59	1876.18	2100.82	2193.70
中期流动资金贷款	Medium-term Circulating Funds Loans	135.56	142.94	226.50	279.58	293.36	
中长期贷款	Medium-term & Long-term Loans	1076.66	1874.23	2522.02	4031.40	5202.22	6237.66
基本建设贷款	Capital Construction	701.08	966.92	1348.51	2200.63	2806.44	3285.75
技术改造贷款	Technical Innovation	173.19	177.71	65.01	89.33	107.71	106.35
其他中长期贷款	Other Medium-term & Long-term Loans	202.39	729.60	1108.50	1741.44	2291.07	2845.56
信托贷款	Trusted Loans	8.30	10.35	10.92	21.27	93.16	107.63
融资租赁	Circulating Funds Tenancy	12.33	17.12	24.16	44.56	39.39	16.33
委托贷款	Commission Loans	117.53	100.72	85.17	102.61	95.81	109.38
票据融资	Circulating Funds of Bills		143.71	416.71	493.31	502.35	798.61
各项垫款	Paying in Advance		8.75	7.18	5.27	3.32	4.15
有价证券及投资	**Securities & Investment**	**243.27**	**361.04**	**551.91**	**563.45**	**598.51**	**735.09**
应收及预付款	**Collectable Account and Advance Payment**		**117.42**	**97.61**	**106.14**	**85.02**	**118.66**
委托投资	**Consigned Investments**	**8.51**	**9.52**	**11.24**	**12.89**	**18.59**	
金银占款	**Purchase of Gold & Silver**	**4.83**	**2.07**	**0.05**	**0.06**		
外汇占款	**Purchase of Foreign Excharges**	**7.30**	**2.62**	**9.79**	**13.86**	**20.59**	**17.06**
库存现金	**Storage Cash**	**100.11**	**93.13**	**104.48**	**130.26**	**164.90**	**174.14**

12-8 金融机构现金收入(2000-2005年)
Cash Income of Financial Institutions(2000-2005)

单位：亿元 (100 million yuan)

项 目	Item	2000	2001	2002	2003	2004	2005
收入合计	**Total Income**	**24468.18**	**29809.91**	**37622.18**	**49902.13**	**63773.82**	**70699.70**
商品销售收入	Commodity Sales	3102.96	3529.14	4169.16	5136.74	6468.24	6846.86
服务业收入	Service Trade	958.35	1106.09	1246.50	1473.01	1738.36	1807.58
税款收入	Taxes	120.15	137.62	171.72	224.03	268.29	283.01
城乡个体经营收入	Urban and Rural Individual Business	1964.25	2225.25	2805.19	3535.44	4363.63	4549.39
储蓄存款收入	Savings Deposits	15225.19	19053.51	24604.18	33734.45	43575.51	49272.09
其他金融机构收入	Other Financial Institutions	216.83	190.16	148.62	92.85	135.58	127.22
居民归还贷款收入	Repayment of Loans by Residents	555.64	702.58	828.56	1055.57	1371.41	1491.19
汇兑收入	Remittances	498.12	525.30	483.31	419.84	498.97	520.91
有价证券收入	Securities	123.59	112.33	75.72	78.77	76.03	83.09
其他收入	Other Income	1703.10	2227.93	3089.22	4151.43	5277.79	5718.36
#兑换外币收入	Income from Exchange of Foreign Currencies	6.84	4.01	4.68	9.24	8.77	11.68

12-9 金融机构现金支出(2000-2005年)
Cash Expenditures of Financial Institutions(2000-2005)

单位：亿元 (100 million yuan)

项 目	Item	2000	2001	2002	2003	2004	2005
支出合计	**Total Expenditure**	**24547.06**	**29958.60**	**37880.07**	**50285.59**	**64177.00**	**71198.24**
工资性支出	Wages	1040.45	1184.35	1424.00	1919.52	2530.25	2843.44
农副产品采购支出	Purchases of Agricultural and Sideline Products	675.18	816.31	919.62	1165.95	1426.27	1582.19
工矿及其他产品采购支出	Purchases of Industrial and Mineral Products	838.52	969.39	1216.33	1631.92	2002.38	2156.99
行政企事业管理费支出	Government and Enterprises Management Funds	1056.77	1219.79	1378.45	1582.23	1887.75	1937.22
城乡个体经营支出	Individual Business	2583.34	2902.20	3664.01	4639.85	5356.40	5508.25
储蓄存款支出	Savings Deposits	15793.08	19583.56	24971.11	33846.11	44388.80	50203.71
其他金融机构支出	Other Financial Institutions	129.44	152.87	141.15	99.83	92.64	103.79
居民提取贷款支出	Loans by Residents	381.02	495.24	624.51	773.10	707.78	621.24
汇兑支出	Remittances	286.58	276.54	249.42	210.71	249.71	277.10
有价证券支出	Securities	89.63	104.72	76.96	70.99	68.82	59.62
其他支出	Other Expenditure	1673.05	2253.63	3214.51	4345.38	5466.20	5904.69
#兑换外币支出	Exchange of Foreign Currencies	4.62	11.25	65.65	144.15	217.30	314.89
投放(+)回笼(-)	**Monetary Issues(+)Cash Withdrawn(-)**	**78.88**	**148.69**	**257.89**	**383.46**	**403.18**	**498.54**

12－10 农村信用社人民币存贷款年末余额(2000－2005年)

Deposits and Loans of Rural Credit Cooperatives(RMB, year-end, 2000－2005)

单位：亿元　　(100 million yuan)

项　目	Item	2000	2001	2002	2003	2004	2005
各项存款	**Deposits**	**1267.21**	**1510.71**	**1847.52**	**2399.62**	**2731.70**	**3170.60**
#企业存款	Deposits of Enterprises	60.19	86.50	111.70	160.63	206.49	235.14
储蓄存款	Savings Deposits	933.46	1084.35	1277.30	1573.63	1806.04	2121.81
活期储蓄存款	Current Deposits	192.72	253.79	332.21	459.70	577.39	745.94
定期储蓄存款	Fixed Deposits	740.74	830.56	945.09	1113.93	1228.65	1375.87
农业存款	Agricultural Deposits	252.26	310.22	421.27	609.18	653.29	675.92
其他存款	Other Deposits	21.30	20.86	25.90	39.52	37.29	98.10
各项贷款	**Loans**	**940.62**	**1084.05**	**1338.86**	**1802.87**	**1998.31**	**2310.36**
#短期贷款	Short－term Loans	908.72	1023.36	1248.38	1679.35	1879.82	2205.00
#农业贷款	Agricultural Loans	141.63	194.67	306.71	548.57	665.85	820.67
乡镇企业贷款	Loans to Township Enterprises	565.48	623.60	704.45	876.04	967.78	1141.00
其他短期贷款	Other Short－term Loans	188.54	205.09	237.22	254.74	246.19	243.21
中长期贷款	Medium－term & Long－term Loans	31.90	37.70	48.67	65.03	72.58	64.25

注：2005年农村信用社是指农村合作机构，具体包括农村信用社和农村合作银行两部分。
The Rural Credit Cooperatives include Rural Credit Cooperatives and Rural Cooperative Bank in 2005.

12－11　保险公司分支机构情况(2005 年底)

Basic Statistics on Institution of Insurance Corporations(End of 2005)

单位：个　　　　(unit)

城　市	City	人寿保险 Life Insurance					财产保险 Property Insurance				
		分公司 Companies at City Level	中心支公司 Centers	支公司 Business Branches	营业部 Business Division	营销服务部 Service Division of Business	分公司 Companies at City Level	中心支公司 Centers	支公司 Business Branches	营业部 Business Division	营销服务部 Service Division of Business
合计	**Total**	**16**	**54**	**103**	**138**	**1091**	**23**	**81**	**283**	**154**	**1129**
杭州市	Hangzhou	10	1	16	23	193	13	1	49	31	192
宁波市	Ningbo	6		18	8	132	10	4	53	5	222
温州市	Wenzhou		7	12	15	123		10	37	18	157
嘉兴市	Jiaxing		6	8	2	119		11	23	3	95
绍兴市	Shaoxing		8	8	22	95		11	22	22	106
湖州市	Huzhou		6	6	13	92		8	13	14	69
金华市	Jinhua		7	7	17	117		10	27	17	97
台州市	Taizhou		7	9	24	76		9	30	21	94
衢州市	Quzhou		4	5	14	37		7	9	16	17
丽水市	Lishui		4	8		60		5	12	7	34
舟山市	Zhoushan		4	6		47		5	8		46

12－12 保险公司主要业务经济技术指标(2000－2005年)
Economic Technical Indicators of Insurance Companies(2000－2005)

单位：亿元 (100 million yuan)

项 目	Item	2000	2001	2002	2003	2004	2005
保费收入	**Premium**	**108.17**	**154.88**	**210.35**	**260.33**	**291.08**	**313.33**
财产险	Property Insurance	43.42	51.68	61.46	71.85	93.10	110.91
#机动车辆保险	Motor Vehicle Insurance	26.11	31.35	38.29	46.25	64.54	78.37
人身意外伤害险	Unforeseen Human Injury Insurance	6.36	5.00	6.05	7.83	9.16	10.81
健康险	Health Insurance	1.20	4.31	7.25	13.87	16.46	17.12
寿险	Life Insurance	57.20	93.89	135.59	166.79	172.37	174.49
各项赔款和给付	**Settled Claim and Payment**	**33.10**	**37.71**	**46.02**	**60.00**	**88.54**	**94.53**
财产险	Property Insurance	20.45	22.96	29.41	36.58	60.15	68.25
#机动车辆保险	Motor Vehicle Insurance	12.58	14.64	18.95	27.31	38.49	43.04
人身意外伤害险	Unforeseen Human Injury Insurance	2.67	2.08	1.66	2.19	3.09	3.31
健康险	Health Insurance	0.37	2.30	3.70	4.27	5.29	5.59
寿险	Life Insurance	9.62	10.37	11.25	16.95	20.01	17.38
退保金	**Insurance Withdrawn**	**2.98**	**5.55**	**7.92**	**13.58**	**23.95**	**45.99**
手续费支出	**Service Charges**	**3.50**	**4.17**	**5.41**	**6.26**	**7.83**	**10.24**
#人身保险业务手续费支出	Service Charges of Life Insurance	0.67	0.69	1.12	1.39	1.71	2.32
佣金支出	**Expenditure for Commission**	**6.92**	**11.52**	**13.68**	**11.92**	**11.95**	**11.21**
营业费用	**Business Funds**	**12.38**	**16.40**	**21.05**	**23.44**	**28.00**	**33.55**
#人身保险业务手续费支出	Service Charges of Life Insurance	5.76	7.83	10.56	11.46	12.55	14.42

主要统计指标解释

财政收入 包括:(1) 各项税收 包括增值税、营业税、消费税、土地增值税、城市维护建设税、资源税、城市土地使用税、印花税、固定资产投资方向调节税、个人所得税、企业所得税、农牧业税和耕地占用税等。

(2)专项收入 包括征收排污费、征收城市水资源费收入、教育费附加收入等。

(3) 其他收入 包括基本建设贷款归还收入、国家能源交通重点建设基金收入、国家预算调节基金等。

(4) 国有企业计划亏损补贴 这项为负收入,冲减财政收入。

财政支出 国家财政将筹集起来的资金进行分配使用,以满足经济建设和各项事业的需要,主要包括:

(1) 基本建设支出

(2) 企业挖潜改造资金

(3) 地质勘探费用

(4) 科技三项费用

(5) 支农支出

(6) 农林水利气象等部门的事业费用

(7) 工业交通商业等部门的事业费

(8) 文教科学卫生事业费

(9) 抚恤和社会福利救济费

(10)国防支出

(11)行政管理费

(12)价格补贴支出

信贷资金 指金融机构以信用方式积聚和分配的货币资金。金融机构信贷资金的来源有各项存款、金融债券发行、应付及暂收款、对国际金融机构负债、流通中货币、各项准备、所有者权益和其他项目等;信贷资金的运用有各项贷款、有价证券及投资、应收入预付款、委托投资、金银占款、外汇占款、库存现金、财政借款及在国际金融机构中的资产等。

存款 指企业、机关、团体或居民根据资金必须收回的原则,把货币资金存入银行或其他信贷机构保管并取得一定利息的一种信用活动形式。根据存款对象或性质的不同可划分为企业存款、财政存款、机关团体存款、基本建设存款、储蓄存款、农村存款、委托存款、其他存款等科目。它是银行信贷资金的主要来源。

贷款 指银行或其他信贷机构根据资金必须归还的原则,按一定利率,为企业、个人等提供资金的一种信用活动形式。我国银行贷款分为短期贷款、中期流动资金贷款、中长期贷款、信托贷款、融资租赁,委托贷款、票据融资、各项垫款等。

保险公司 在中国境内的、经过保险监督管理部门批准设立,并依法登记注册的各类商业保险公司。

保险金额 指保险人承担赔偿或者给付保险责任的最高限额。

保费 指投保人为取得保险人在约定范围内所承担赔偿责任而支付给保险人的费用。

赔款 指保险人根据保险合同的规定,向被保险人支付的赔偿保险责任损失的金额。

给付 包括死伤医疗给付和满期给付。死伤医疗给付是指保险人根据人寿保险及长期健康保险合同的规定,因被保险人在保险期内发生保险责任范围内的保险事故支付给被保险人(或受益人)的金额。满期给付是指被保险人生存期满,保险人按人寿保险合同规定支付给被保险人的满期保险金额。

Explanatory Notes on Main Statistical Indicators

Government Revenue It includes the following main items:

(1) Various tax revenues, including value added tax, business tax, consumption tax, land value added tax, tax on city maintenance and construction, resources tax, tax on use of urban land, stamp tax, tax on adjustment of the orientation of investment in fixed assets, personal income tax, enterprise income tax, tax on agriculture and animal husbandry and tax on occupancy of cultivated land, etc.

(2) Special revenues, including revenue collected from imposing fee on sewage treatment, revenue collected from imposing fee on urban water resources, and extra – charges for education, etc.

(3) Other revenues, including revenue from the repayment of capital construction loan, the funds for the state key construction projects in energy industry and transportation, and the funds for state budget adjustment, etc.

(4) Planned subsidies for the losses of the state – owned enterprises. This is an item of negative revenue, used to eat up part of the government revenue.

Government Expenditure refers to the distribution and use of the funds the government finance has raised, so as to meet the needs of economic construction and various causes. It includes the following main items:

(1) Expenditure for capital construction

(2) Innovation funds of the enterprises

(3) Geological prospecting expenses

(4) Expenditures for science and technology promotion

(5) Expenditure for supporting rural production

(6) Operating expenses of the departments of farming, forestry, water conservancy and meteorology etc.

(7) Operating expenses of the departments of industry, transport and commerce

(8) Operating expenses of the departments of culture, education, science and public health

(9) Pension for the disabled or for the families of the bereaved and relief funds for social welfare

(10) Expenditures for national defence

(11) Administrative expenses

(12) Expenditure for price subsidies

Credit Funds refer to the funds issued as loans by banking institutions. The sources of credit funds of the banking institutions included deposits, issue of financial bonds ,account – pay – able and temporary gathering,liabilities to international financial institutions, currency in circulation, various reserves, owners' rights and interests and other items. The credit funds can be used in forms of loans, securities and investment, account receivable and advance payment, entrusted investment, gold,foreign exchange, cash on hand, government debt and assets in the international financial institutions.

Deposit is a form of credit by which enterprises, institutions, organizations or households can put money into banks and other credit institutions for safekeeping and interest earning under the principle of free withdrawal. According to different depositors, deposits are divided into enterprise deposits, treasury deposits, deposits of government agencies and organizations, capital construction deposits, savings deposits, rural saving deposits,entrusted deposits and other deposits. Deposits are major sources of the credit funds of banks.

Loan is a form of credit by which banks and other creditinstitutions provide funds at certain interest rate to enterprises and individuals in the light of the principle of unconditional repayment. Loans from Chinese banks include circulating capital loans, fixed assets loans, loans to urban and rural individuals engaged in industrial and commercial business and agricultural loans.

Insurance Companies refer to commercial insurance companies of various forms registered by law and established in China with the approval of insurance regulatory agencies.

Amount Insured refers to the maximum that the insurant will get for the claim of the case insured.

Premium is the fee paid by the insurant to the insurer to obtain the obligation of compensation from the insurance within the agreed terms.

Settled Claim is the compensation paid by the insurer to the insurant in accordance with the insurance contract.

Payment includes payment fordeath,injury or medical teatment and mature payment. Payment for death, injury or medical treatment refers to the money paid to the insurant(or the beneficiary) in accordance with the life or health irsurance contract when the insurant encounters accidents within the insured period covered in the contract. Mature payment refers to the mature payment to the insurant in accordance with the life insurance contract at the end of the insured period.

ZHEJIANG STATISTICAL YEARBOOK

CHAPTER 13

城市建设和环境保护

City Construction and Environment Protection

13－1 城市公用事业(2000－2005年)
Urban Public Utilities(2000－2005)

项 目	Item	2000	2001	2002	2003	2004	2005
自来水全年供水总量(万吨)	**Annual Supply of Tap Water (10000 tons)**	**196199**	**204437**	**221756**	**237136**	**242488**	**261613**
#生活用水量	Water Consumption for Residential Use	80205	91342	106810	111291	110032	119831
人均日生活用水量 (升)	Daily Water Consumption for Residential Use Per Capita (Litres)	213.00	219.16	239.85	236.32	228.06	243.93
用水普及率 (%)	Percentage of Population with Access to Tap Water (%)	82.30	93.52	96.64	98.24	98.86	99.10
公共车辆总数 (辆)	**Number of Public Transportation Vehicles (Unit)**	**10015**	**10171**	**12098**	**13244**	**15115**	**15981**
平均每万人拥有量(标台)	Number of Public Transportation Vehicles Owned Per 10000 Population	7.99	7.46	8.85	9.91	11.09	11.71
铺设道路面积(万平方米)	**Area of Paved Roads (10000 sq. m)**	**9050.0**	**11930.0**	**13716.0**	**16743.0**	**18776.8**	**21774.2**
人均拥有道路面积 (平方米)	Areas of Paved Roads Per Capita (sq. m)	7.22	9.77	10.86	12.75	14.04	16.03
排水道长度 (公里)	**Length of Sewer Pipelines (km)**	**7795.00**	**9903.00**	**12183.00**	**15331.00**	**16942.00**	**18607.33**
排水管道密度 (公里/平方公里)	Length of Sewer Pipelines Per sq. km (km/sq. km)	8.09	8.89	9.82	10.97	11.23	11.08
液化石油气供气总量(万吨)	**LPG (10000 tons)**	**63.10**	**77.70**	**92.33**	**118.52**	**105.07**	**106.06**
液化石油气家庭用量 (万吨)	Consumption of LPG for Residential Use (10000 tons)	38.95	51.76	62.73	65.87	65.66	67.13
用气普及率 (%)	Percentage of Population with Access to LPG (%)		91.11	94.43	96.85	98.22	98.47
城市绿化覆盖面积 (公顷)	**Afforestation in Cities (hectare)**	**32972**	**39253**	**45876**	**51174**	**56563**	**64892**
园林绿地面积 (公顷)	Green Areas in Gardens (hectare)	26394	30268	36206	42846	47976	54980
#公共绿地面积	Public Green Areas	4723	6250	8213	9836	11252	12648
人均公共绿地 (平方米)	Public Green Areas Per Capita (sq. m)	3.77	5.12	6.51	7.49	8.42	9.31
公园个数 (个)	Number of Parks (unit)	360	400	459	525	626	748
公园面积 (公顷)	Areas of Parks (hectare)	2343	2763	3351	4113	4869	5943
环境卫生	**Environmental Sanitation**						
生活垃圾清运量 (万吨)	Volume of Living Garbage Disposal (10000 tons)	436	516	576	675	705	763

注:生活用水量:2001年开始为家庭用水量。 Water consumption was that of families since 2001.

13－2 环境保护机构和人员情况(2005年)
Institutions and Personnel on Environmental Protection(2005)

项 目	Item	合计 Total	环保局 Environment Protection Bureau	监测站 Monitoring Station	监理所 Control Station	科研所 Research Institutions	其他 Others
机构数(个)	**Number of Institutions**	**361**	**98**	**81**	**83**	**8**	**91**
年末实有人数(人)	Number of Personnel	5047	1300	1810	1219	196	522
科技人员	Scientific and Technical Personnel	2745	188	1464	656	175	262
#高级职称	Senior Titles	470	32	299	47	71	21
中级职称	Medium Titles	1133	96	650	264	61	62

13－3 环境保护投资情况(2000－2005年)
Investment in Environmental Protection(2000－2005)

单位:万元 (10000 yuan)

项 目	Item	2000	2001	2002	2003	2004	2005
本年完成环境污染治理投资总额	**Total Investment**	**1542953**	**1604148**	**1740394**	**2316792**	**2102637**	**2183728**
老工业区污染源治理	Pollution Treatment of Old Industrial Estate	223064	115842	151324	152657	168896	270890
新扩建“三同时”项目	New Extended Projects of “Three Simultaneity”	87123	140432	91266	143005	195030	392552
城市环境基础建设	Basic Construction of City Environment	1232766	1347874	1497803	2021130	1738711	1520286
环境管理能力建设	**Capacity Construction of Environment Management**	**15816**	**14005**	**13824**	**16478**	**19852**	**25289**
工业环境治理运行费用	**Expenses of Treatment for Industrial Environment**	**136441**	**360156**	**233463**	**267776**	**287098**	**352178**

13－4　废水排放及处理利用情况（2000－2005年）

Discharging and Using of Industrial Waste Water（2000－2005）

单位：万吨　　（10000 tons）

项　目	Item	2000	2001	2002	2003	2004	2005
废水排放总量	**Waste Water Discharged**	**213316**	**242570**	**259099**	**270262**	**281326**	**313196**
生活及其他	For Living and Others	76883	84457	91051	102174	116052	120770
工业	Industry	136433	158113	168048	168088	165274	192426
工业废水排放达标量	**Volume of Industrial Waste Water up to the Dischange Standards**	**115680**	**152527**	**161873**	**163387**	**158556**	**185978**
工业重复用水率（%）	**Rate of Water Utilized Repeatedly in Industry（%）**		**33.79**	**33.2**	**36.38**	**37.92**	**37.95**

13－5　工业废气排放及处理利用情况（2000－2005年）

Discharging and Using of Industrial Waste Gas（2000－2005）

项　目	Item	2000	2001	2002	2003	2004	2005
工业废气排放总量（亿标立方米）	**Total Volume of Industrial Waste Gas Discharged（100 million cu. m）**	**6509**	**8530**	**8532**	**10432**	**11749**	**13025**
燃料燃烧废气排放总量（万吨）	Waste Gas in the Process of Fuel Burning（10000 tons）	4262	5862	5921	7208	8223	8148
生产工艺废气排放量（万吨）	Volume of Waste Gas from the Process of Production（10000 tons）	2246	2669	2611	3224	3526	4877
二氧化硫排放量（万吨）	**Volume of Industrial SO_2 Discharged（10000 tons）**	**61.0**	**56.0**	**59.0**	**71.0**	**78.9**	**83.1**
烟尘排放量（万吨）	**Volume of Industrial Soot Discharged（10000 tons）**	**25.0**	**23.0**	**19.0**	**18.0**	**20.8**	**19.9**
粉尘排放量（万吨）	**Volume of Industrial dust Discharged（10000 tons）**	**49.0**	**46.0**	**33.0**	**28.0**	**33.3**	**23.1**

13－6 工业固体废物排放及处理利用情况(2000－2005年)
Discharging and Treatment of Industrial Solid Wastes(2000－2005)

单位:万吨 (10000 tons)

项　目	Item	2000	2001	2002	2003	2004	2005
工业固体废物生产量	**Volume of Industrial Solid Wastes Produced**	**1386**	**1603**	**1778**	**1976**	**2318**	**2514**
工业固体废物排放量	Volume of Industrial Solid Wastes Discharged	6.00	5.00	5.00	4.00	4.43	5.64
工业固体废物综合利用量	Volume of Industrial Solid Wastes Utilized	1099	1390	1506	1722	2037	2336
工业固体废物贮存总量	Volume of Industrial Solid Wastes Accumulated	142.0	130.0	132.0	34.0	15.5	24.6

13－7 自然保护工作情况(2005年)
Basic Conditions of Natural Protection Work(2005)

项　目	Item	合计 Total	国家级 Country Level	省级 Province Level	县级 County Level
自然保护区情况	**Conditions of Natural Protective Zone**				
自然保护区数 (个)	Number of Zone (unit)	55	9	7	39
自然保护区面积 (公顷)	Areas of Zone (hectare)	262853	82811	126597	53445
生态示范区情况	**Conditions of Demonstration Zone of Ecology**				
生态示范区个数 (个)	Number of Demonstration Zone of Ecology (unit)	37	34	3	
生态示范区面积 (公顷)	Areas of Demonstration Zone of Ecology (hectare)	7938327	7788220	150107	

主要统计指标解释

工业废水排放量 指经过企业厂区所有排放口排到企业外部的工业废水量 。包括生产废水、外排的直接冷却水、超标排放的矿井地下水和与工业废水混排的厂区生活污水,不包括外排的间接冷却水(清污不分流的间按冷却水应计算在内)。

工业废水排放达标量 指各项指标都达到国家或地方排放标准的外排工业废水量,包括未经处理外排达标的和经过处理后外排达标的两部分。国家排放标准见 GB8978-88。

工业废气排放量 指企业厂区内燃料燃烧和生产工艺过程中产生的各种排入空气的含有污染物的气体的总量,以标准状态(273K,101325Pa)计。

工业固体废物产生量 指企业在生产过程中产生的固体状、半固体状和高浓度液体状废弃物的总量,包括危险废物、冶炼废渣、粉煤灰、炉渣、煤矸石、尾矿、放射性废物和其他废物等;不包括矿山开采的剥离废石和掘进废石(煤矸石和呈酸性或碱性的废石除外)。酸性或碱性废石是指采掘的废石其流经水、雨淋水的 pH 值小于 4 或 pH 值大于 10.5 者 。

工业固体废物综合利用量 指通过回收、加工、循环、交换等方式,从固体废物中提取或者使其转化为可以利用的资源、能源和其他原材料的固体废物量(包括当年利用往年的工业固体废物累计贮存量)。如用作农业肥料、生产建筑材料、筑路等。综合利用量由原产生固体废物的单位统计。

Explanatory Notes on Main Statistical Indicators

Volume of Industrial Waste Water Discharged refers to the volume of industrial waste water discharged, through all outlets, to the outside of industrial enterprises, including waste water produced, direct – cooling water, underground water from mines that does not meet the standard of discharge, and the domestic sewage mixed up with industrial waste water when discharged, but excluding discharged indirect – cooling water.

Volume of Waste Water up to the Standard for Discharge refers to the volume of discharged industrial waste water that, with or without treatment, has come up to the national or local standards for discharge.

Volume of Waste Gas Emission refers to waste gas emitted from burning of fuels and from production process in the area of the factory, and is measured by 10000 standard cubic metres each year under normal condition.

Volume of Industrial Solid Wastes Produced refers to the total volume of solid, semi – solid or highconcentration liquid residue produced by industrial enterprises in their production process, including dangerous wastes, residues from melting, slag, powdered coal ash, gangue, chemical residues, tailings, radioactive residues and other residues, but excluding stripped or dug stones in mining (except gangue and acid or alkali stones which are stones washed or soaked by water with a pH value smaller than 4 or larger than 10.5.)

Volume of Industrial Solid Wastes Utilized in a Comprehensive Way refers to the volume of solid wastes from which useful materials can be extracted or which can be changed to be utilizable resources, energy or other materials, including the volume of industrial solid wastes stored up in the previous years and utilized in the current year, such as the solid wastes utilized as fertilizers, building materials, for making roads or for other purpose. Statistical data on utilization of industrial solid wastes are collected by solid wastes producing units.

ZHEJIANG STATISTICAL YEARBOOK

CHAPTER 14

教育、科技、专利、测绘和标准计量

Education,Science,Patent,Surveying and Mapping and Standard Calculating

14. 教育、科技、专利、测绘和标准计量

Education, Science, Patent, Surveying and Mapping and Standard Calculating

2005年高等学校毕业学生数	Graduates in Institutions of Higher Education	13.86 万人	(10000 persons)
2005年中等职业学校毕业学生数	Graduates in Secondary Specialized School	3.83 万人	(10000 persons)
2005年每万人口在校大学生数	University and College Students Enrollment Per 10000 Population	132.97 人	(person)
2005年小学学龄儿童入学率	Percentage of School-age Children Enrolled	99.99%	
2005年大中型工业企业科技活动人员数	Specialized Technical Personnel in Local Enterprises and Institutions	11.35 万人	(10000 persons)
2005年专利申请授权量	Patent Applications Approved	19056 项	(item)
2005年测绘部门完成地形图测图	Maps Completed by Surveying and Mapping Departments	68210 幅	(map)

每万人口在校大学生人数 (人)

University and College Students Enrollment Per 10000 Population (person)

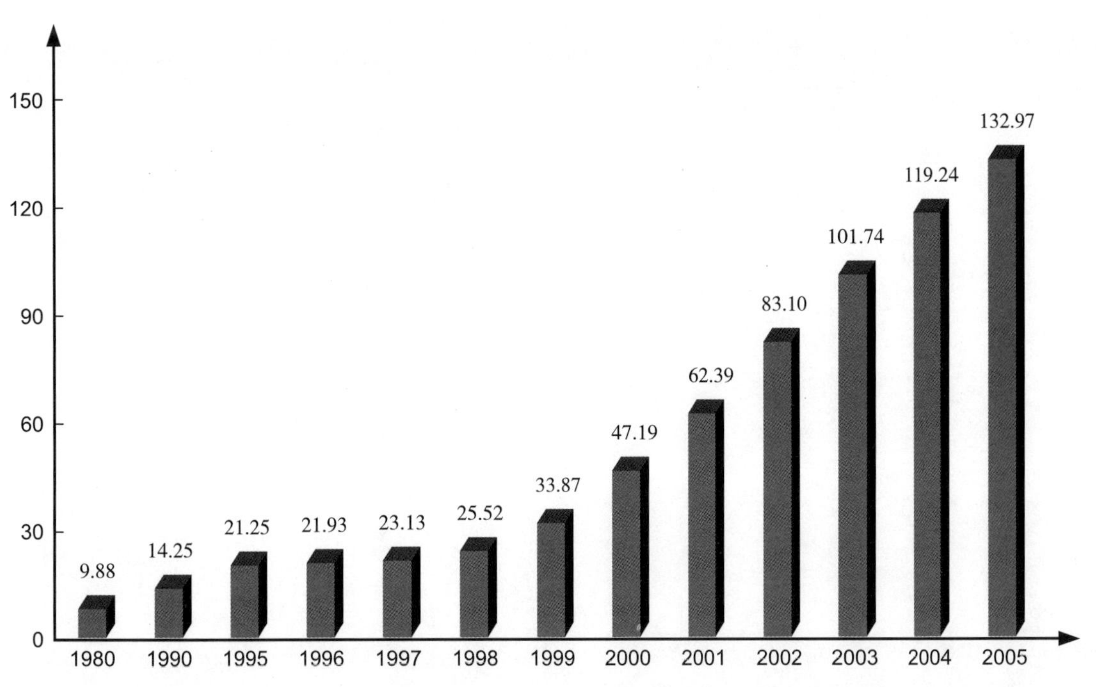

14－1 高等学校基本情况(1978－2005年)
Basic Statistics on Institutions of Higher Education(1978－2005)

年份 Year	学校数（所）Number of Schools (unit)	招生数（人）New Students Enrollment (person)		在校学生数（人）Students Enrollment (person)		毕业生数（人）Graduates (person)		教职员工数（人）Number of School Staff and Workers (person)	
		本专科 Regular College Course and Specialized Subject	研究生 Postgraduates	本专科 Regular College Course and Specialized Subject	研究生 Postgraduates	本专科 Regular College Course and Specialized Subject	研究生 Postgraduates		#专任教师 Teachers
1978	20	14241		24223		3743		11961	5389
1979	20	9498		32227		1013		13889	6275
1980	22	9387		37815		3710		15619	6886
1981	22	9208		41020		5852		16365	6933
1982	22	10162		36088		14968		18181	7701
1983	24	12750		39008		10411		19274	8219
1984	27	15030		44883		9002		20431	8690
1985	35	19026		52688		11044		22497	9908
1986	37	17877		57352		13027		24723	10804
1987	37	18190		60072		15017		25620	11223
1988	37	19364		60419		18712		26472	11578
1989	37	18270		61045		17323		26772	11574
1990	37	18264		60327		18417		26787	11578
1991	36	18651		59822		18175		27004	11208
1992	35	21217		62226		18267		27821	11105
1993	36	27716		73586		15971		27898	11148
1994	37	30482		87428		17895		28212	11345
1995	37	28094		92857		22443		28194	11491
1996	36	30541		96480		27133		28107	11530
1997	35	33145		102302		26386		28123	11595
1998	32	36668	2155	113543	5991	24296		28327	11816
1999	36	59300	3216	151318	7460	30561	1578	30532	13140
2000	35	93516	4130	212375	9895	32477	1600	40037	18981
2001	38	120195	5577	293078	13237	37230	1882	44347	22168
2002	60	152470	6111	393145	16297	48431	2645	48481	25993
2003	64	173519	6863	484639	19269	78685	3514	48691	29945
2004	68	195617	8029	572759	22062	103123	4858	60833	35766
2005	67	215362	9577	651307	25637	133051	5558	58924	38402

14－2 高等学校分类情况(2005 年)
Institutions of Higher Schools by Type(2005)

分类	Item	学校数(所) Number of Schools (unit)	本、专科学生(人) Regular College Course and Specialized Subject (person)			教职员工数(人) Number of School Staff and Workers (person)	
			毕业生数 Graduates	招生数 New Students Enrollment	在校学生数 Students Enrollment		#专任教师 Teachers
总计	**Total**	**82**	**133051**	**215362**	**651307**	**66832**	**39466**
普通高校	**Institutions of Higher Education**	**67**	**130083**	**208512**	**632832**	**58924**	**38402**
大学	Universities	7	24680	28444	110362	18526	8777
学院	Institutes	20	41671	57567	185251	17902	10200
高等专科学校	Higher Technological Academy	5	4789	6915	20105	2748	1669
高等职业学院	Higher Professional Institutes	35	39171	71998	178578	12957	8730
独立学院	Independency Institutes	20	17117	39487	124233	7688	6021
分校大专班	The Junior College Classes of Underling Schools	9	2655	4101	14303	2581	1533
成人高校	**Adult Higher School**	**15**	**2968**	**6850**	**18475**	**6378**	**4009**

14－3　中等职业学校基本情况（1978－2005 年）
Basic Statistics on Secondary Professional Schools（1978－2005）

年份 Year	学校数 （所） Number of Schools （unit）	招生数 （万人） New Students Enrollment （10000 persons）	在校学生数 （万人） Students Enrollment （10000 persons）	毕业生数 （万人） Graduates （10000 persons）	教职员工数 （万人） Staff and Workers （10000 persons）	#专任教师 Teachers
1978	73	1.29	2.79	0.14	0.54	0.24
1979	75	1.24	3.42	0.61	0.55	0.30
1980	81	1.13	3.10	1.44	0.67	0.33
1981	83	1.16	2.67	1.59	0.75	0.35
1982	92	1.19	2.77	1.08	0.85	0.39
1983	96	1.30	3.07	0.98	0.87	0.41
1984	104	1.64	3.66	1.16	0.96	0.44
1985	119	1.99	4.36	1.29	1.12	0.49
1986	130	2.14	5.22	1.27	1.25	0.58
1987	134	2.26	5.79	1.66	1.34	0.65
1988	136	2.31	6.31	1.81	1.40	0.70
1989	140	2.31	6.61	2.02	1.49	0.72
1990	141	2.23	6.67	2.12	1.50	0.73
1991	141	2.41	6.77	2.29	1.52	0.72
1992	142	2.72	7.20	2.27	1.54	0.72
1993	144	3.59	8.48	2.28	1.55	0.72
1994	155	4.92	10.87	2.32	1.58	0.74
1995	158	6.00	13.91	2.90	1.61	0.78
1996	161	7.30	17.72	3.44	1.63	0.80
1997	151	5.68	15.74	3.99	1.64	0.81
1998	150	5.65	16.70	4.58	1.60	0.79
1999	149	5.16	16.52	5.08	1.49	0.78
2000	86	3.54	14.80	5.08	0.97	0.53
2001	82	3.10	12.93	4.77	0.57	0.31
2002	62	4.22	12.25	4.67	0.59	0.34
2003	57	4.67	12.07	4.12	0.60	0.36
2004	53	4.33	12.81	3.22	0.57	0.37
2005	51	4.36	12.94	3.83	0.55	0.37

14－4 各级成人教育基本情况

Adult Education by Level

类　别	Item	学校数（所）Schools（unit）		毕（结）业生数（万人）Graduates（10000 persons）		在校学生数（万人）Students Enrollment（1000 persons）	
		2004	2005	2004	2005	2004	2005
成人高等学历教育	**Adult Higher Education**	**15**	**15**	**9.58**	**8.09**	**17.78**	**21.31**
广播电视大学	Radio and TV Universities	2	2	0.48	0.26	0.62	0.62
职工高等学校	Schools of Higher Education for Staff and Workers	9	9	0.63	0.65	1.36	1.10
教育学院	Pedagogical Colleges	4	4	0.87	0.65	1.24	1.13
普通高校	Institutions of Higher Education	68	67	7.59	6.53	14.55	18.46
成人中等学历教育	**Secondary Education for Adults**	**87**	**83**	**1.83**	**2.17**	**5.32**	**4.42**
成人中学	**Secondary Schools for Adults**	**505**	**391**	**4.58**	**9.15**	**7.03**	**11.75**
成人技术培训学校	**Technical Training Schools for Adults**	**12384**	**9756**	**480.74**	**420.63**	**447.39**	**405.95**
成人初等学校	**Primary Schools for Adults**	**325**	**266**	**2.83**	**2.09**	**2.58**	**2.10**

14－5 技工学校基本情况(1980－2005年)
Basic Statistics on Technical Schools(1980－2005)

年份 Year	学校数 (所) Number of Schools (unit)	在校学生数 (人) Students Enrollment (person)	毕业生数 (人) Graduates (person)	招生数 (人) New Students Enrollment (person)	教职员工数 (人) Staff and Workers (person)
1980	140	17093	5895	5139	2709
1981	139	12180	8718	4115	4462
1982	141	9386	5798	3813	3987
1983	142	8536	3935	4260	4266
1984	101	11152	2696	6110	4673
1985	94	14065	4138	6790	5146
1986	94	17122	3529	6717	5936
1987	92	19006	4663	6907	5960
1988	91	18243	6121	6125	5881
1989	94	17323	6377	6060	4464
1990	96	16365	5815	6176	5826
1991	94	18230	5083	7489	6131
1992	98	21663	5414	9480	6373
1993	99	31998	7523	14204	6541
1994	102	38658	10523	17603	6993
1995	104	15149	12140	20852	7273
1996	107	49246	15415	20438	7335
1997	107	56633	13709	24026	6758
1998	106	62052	17268	23916	6560
1999	99	63128	18081	22681	6197
2000	95	60968	21029	22630	7204
2001	97	59068	20410	23983	5914
2002	96	62572	17684	27123	5774
2003	87	70650	15933	33494	5616
2004	83	88652	19062	40536	6335
2005	79	97783	21954	39406	5441

14－6 特殊教育情况(1980－2005年)
Basic Statistics on Special Education(1980－2005)

年份 Year	学校数(所) Number of Schools (unit)	在校学生数(人) Students Enrollment (person)	毕业生数(人) Graduates (person)	招生数(人) New Students Enrollment (person)	教职员工数(人) Staff and Workers (person)	#专任教师 Teachers
1980	7	1293	73	203	174	116
1981	7	1347	109	204	177	117
1982	7	1407	118	224	186	136
1983	8	1478	129	271	225	162
1984	11	1668	81	340	258	186
1985	13	1784	150	380	311	231
1986	15	1979	125	412	334	242
1987	18	2303	128	553	410	294
1988	24	2621	201	641	507	370
1989	32	2985	135	594	600	435
1990	43	3443	222	832	729	555
1991	46	3963	142	784	847	639
1992	47	6907	346	918	963	735
1993	53	13202	548	4288	1081	824
1994	55	18038	1172	2774	1291	1003
1995	56	23690	1791	2831	1433	1130
1996	60	22691	1778	2261	1462	1169
1997	61	23919	2190	2306	1419	1154
1998	63	22812	3086	2486	1453	1172
1999	62	21840	3315	2437	1382	1120
2000	62	19749	3701	2445	1396	1139
2001	64	19358	2783	2593	1385	1068
2002	64	16484	2603	2158	1424	1122
2003	63	15357	2561	1947	1445	1133
2004	62	14195	2124	1663	1475	1194
2005	62	12889	1782	1465	1531	1233

14 - 7 普通中学基本情况(1978 - 2005年)

Basic Statistics on Regular Secondary Schools(1978 - 2005)

年份 Year	学校数(所) Number of Schools (unit)	招生数(万人) New Students Enrollment (10000 persons)	在校学生数(万人) Students Enrollment (10000 persons)	毕业生数(万人) Graduates (10000 persons)	教职员工数(万人) Staff and Workers (10000 persons)	#专任教师 Teachers
1978	4097	83.92	214.65	83.59	12.29	9.94
1979	3680	72.29	181.12	80.45	11.04	9.04
1980	3391	64.67	170.04	49.05	11.45	8.53
1981	3243	61.03	155.75	50.75	10.88	8.07
1982	3115	59.93	151.08	44.01	10.34	7.89
1983	3161	61.28	154.91	39.43	10.44	7.90
1984	3199	61.95	166.13	39.50	10.56	7.87
1985	3235	63.29	177.46	41.84	10.94	8.24
1986	3296	65.09	184.04	47.49	11.14	8.41
1987	3346	62.41	182.95	50.19	11.26	8.56
1988	3389	54.34	169.74	52.04	11.53	8.83
1989	3384	58.19	163.34	52.09	11.76	8.95
1990	3353	64.78	169.62	49.92	11.59	8.98
1991	3381	66.01	180.75	46.02	11.87	9.24
1992	3283	66.14	188.38	49.55	12.17	9.53
1993	3259	63.08	185.02	55.67	12.36	9.73
1994	3315	72.82	194.02	56.88	12.72	10.12
1995	3255	80.67	210.54	58.84	13.37	10.77
1996	3240	75.03	223.64	57.41	14.15	11.55
1997	3186	71.92	222.74	68.10	14.74	12.19
1998	3128	76.23	217.67	75.49	15.11	12.52
1999	2995	85.72	228.15	69.91	15.78	13.14
2000	2940	92.51	249.55	66.83	16.52	13.93
2001	2900	89.34	263.00	71.57	17.70	14.73
2002	2781	92.10	270.30	81.36	18.25	15.33
2003	2695	90.99	270.07	88.09	18.78	15.83
2004	2609	84.72	266.14	86.48	19.17	16.29
2005	2524	86.45	261.08	89.71	19.49	16.69

14－8 小学基本情况（1978－2005年）

Basic Statistics on Primary Schools（1978－2005）

年份 Year	学校数 （万所） Number of Schools （10000 unit）	招生数 （万人） New Students Enrollment （10000 persons）	在校学生数 （万人） Students Enrollment （10000 persons）	毕业生数 （万人） Graduates （10000 persons）	教职员工数 （万人） Staff and Workers （10000 persons）	#专任教师 Teachers
1978	4.45	104.85	501.43	81.56	18.07	17.35
1979	4.26	86.44	486.77	72.47	18.38	17.54
1980	4.17	83.58	482.42	71.07	18.45	17.26
1981	4.10	74.19	459.83	78.66	17.66	16.50
1982	3.94	70.63	430.59	81.06	17.09	15.94
1983	3.82	70.20	407.20	83.03	16.44	15.25
1984	3.75	70.10	395.46	76.47	16.08	14.82
1985	3.65	67.78	384.91	75.34	16.09	14.62
1986	3.56	69.38	378.09	72.15	15.84	14.42
1987	3.45	57.33	365.15	67.32	15.55	14.16
1988	3.36	63.19	366.04	58.54	15.78	14.39
1989	3.27	72.30	375.73	60.16	16.11	14.65
1990	3.18	64.60	372.43	65.81	14.88	13.46
1991	2.97	57.85	362.64	65.64	14.97	13.50
1992	2.73	57.90	355.21	63.74	15.10	13.63
1993	2.53	64.74	359.23	59.33	15.23	13.77
1994	2.37	72.71	366.15	66.20	15.46	13.98
1995	2.26	66.19	362.98	70.01	15.84	14.34
1996	2.14	63.84	363.80	63.90	16.30	14.85
1997	1.97	61.39	368.57	57.72	16.84	15.40
1998	1.69	56.19	365.23	59.59	17.17	15.69
1999	1.38	65.46	363.31	67.83	17.53	16.00
2000	1.18	61.58	353.76	71.58	17.57	16.04
2001	1.00	58.45	346.28	66.66	17.64	15.99
2002	0.90	57.78	343.75	64.48	17.65	16.01
2003	0.77	52.45	340.29	59.78	17.54	15.91
2004	0.67	51.42	344.31	53.24	17.61	16.01
2005	0.61	48.96	342.40	55.25	17.79	16.22

14－9　小学学龄儿童入学率(1978－2005年)
Percentage of School-age Children Enrolled(1978－2005)

年份 Year	学龄儿童数 (万人) School-age Children (10000 persons)	已入学学龄儿童数 (万人) School-age Children Enrolled in Schools (10000 persons)	入学率 (%) Enrollment Rate
1978	457.50	446.51	97.60
1979	455.10	443.28	97.40
1980	437.95	424.77	97.00
1981	418.90	407.28	97.20
1982	389.78	378.28	97.00
1983	367.53	358.01	97.40
1984	356.60	348.85	97.80
1985	343.07	336.54	98.10
1986	339.00	333.24	98.30
1987	314.42	310.03	98.60
1988	302.91	299.46	98.90
1989	311.49	308.58	99.10
1990	312.18	309.86	99.30
1991	345.41	342.99	99.30
1992	337.16	335.20	99.40
1993	336.74	335.06	99.50
1994	348.46	347.42	99.70
1995	346.50	345.62	99.70
1996	347.43	346.84	99.80
1997	356.06	355.63	99.88
1998	356.16	355.87	99.92
1999	346.20	346.03	99.95
2000	329.22	328.99	99.93
2001	331.70	331.60	99.97
2002	336.52	336.49	99.99
2003	316.79	316.73	99.98
2004	321.50	321.47	99.99
2005	319.16	319.13	99.99

14－10　幼儿园基本情况(1979－2005年)

Basic Statistics on Kindergartens(1979－2005)

年份 Year	园数 (所) Number of Kindergartens (unit)	班数 (个) Number of Classes (unit)	在园幼儿数 (万人) Number of Children Enrollment (10000 persons)	教职员工数 (人) Staff and Workers (person)	#专任教师 Teachers
1979	3100	8908	28.34	13400	10095
1980	7067	14951	43.39	20601	17473
1981	5235	14605	41.97	20737	17473
1982	6409	14916	44.52	22209	18212
1983	6120	15440	47.19	23198	18839
1984	11511	20043	60.65	28735	24074
1985	12468	21902	65.41	30801	26180
1986	12375	24286	71.90	34210	29012
1987	13366	25980	81.25	37548	31680
1988	12590	26048	80.32	38205	32261
1989	12153	26277	74.85	38955	32703
1990	11824	26684	75.16	39859	33556
1991	11242	28308	85.72	41706	34425
1992	9860	29035	94.30	41052	34024
1993	9179	29396	97.63	43522	35887
1994	11705	31178	99.33	48006	39453
1995	11794	31530	99.43	49377	40220
1996	11915	32654	98.95	50389	40678
1997	12920	34637	100.21	54459	43503
1998	14068	37270	105.90	58867	46500
1999	14864	38637	108.38	61549	47902
2000	15073	41271	112.45	67773	51168
2001	12501	43167	115.13	72593	48195
2002	11920	44483	117.61	75000	49442
2003	11560	44651	117.96	83022	54056
2004	11367	46490	127.85	91772	58732
2005	11472	47153	132.22	98629	62679

14－11　各级学校女学生和女教师数

Female Students and Teachers by Level of Schools

类　别	Item	2000	2003	2004	2005
女学生数　（万人）	**Number of Female Students （10000 persons）**	**315.45**	**344.93**	**350.25**	**352.00**
普通高等学校	Institutions of Higher Education	8.81	22.92	27.69	33.15
中等职业学校	Specialized Secondary Schools	9.42	35.55	37.05	36.98
普通中学	Regular Secondary Schools	116.01	126.96	125.08	123.13
小学	Primary Schools	167.09	159.50	160.43	158.74
女学生占学生总数　%	**Percentage of Female Students to Total Students**	**47.25**	**47.41**	**47.39**	**47.56**
普通高等学校	Institutions of Higher Education	44.03	48.75	49.67	52.38
中等职业学校	Specialized Secondary Schools	63.65	51.08	50.85	50.46
普通中学	Regular Secondary Schools	46.49	46.91	47.00	47.16
小学	Primary Schools	47.23	46.87	46.59	46.36
女教师数　（万人）	**Number of Female Teachers （10000 persons）**	**17.33**	**19.80**	**20.78**	**21.58**
普通高等学校	Institutions of Higher Education	0.70	1.24	1.50	1.62
中等职业学校	Specialized Secondary Schools	0.24	1.36	1.51	1.60
普通中学	Regular Secondary Schools	6.19	7.44	7.80	8.12
小学	Primary Schools	9.52	9.77	9.97	10.24
女教师占教师总数　%	**Percentage of Female Teachers to Total Teachers**	**50.05**	**52.59**	**53.25**	**53.96**
普通高等学校	Institutions of Higher Education	36.84	41.43	41.90	42.22
中等职业学校	Specialized Secondary Schools	45.28	46.68	48.09	49.23
普通中学	Regular Secondary Schools	44.44	46.97	47.88	48.65
小学	Primary Schools	59.35	61.37	62.27	63.14

14－12 每万人口中在校学生数和构成(1979－2005年)

Students Enrollment Per 10 Thousand Population and Its Composition(1979－2005)

年份 Year	各级学校在校学生占全省人口(%) Students Enrollment as Percentage of Total Population(%)	平均每万人口中 Number of Students Per 10000 Population			大、中、小学生占学生总数(%) Students of Different Level as Percentage of Total Students(%)		
		大学生(人) University and College Students (person)	中学生(人) Secondary School Students (person)	小学生(人) Primary School Students (person)	大学生(人) University and College Students (person)	中学生(人) Secondary School Students (person)	小学生(人) Primary School Students (person)
1979	17.79	8.50	486.60	1283.56	0.5	27.4	72.2
1980	17.27	9.88	456.50	1260.71	0.6	26.4	73.0
1981	16.11	10.60	412.65	1187.73	0.7	25.6	73.7
1982	15.01	9.20	394.84	1097.23	0.6	26.3	73.1
1983	14.43	9.84	405.18	1027.48	0.7	28.1	71.2
1984	14.38	11.24	436.36	990.36	0.8	30.3	68.9
1985	14.37	13.08	469.11	955.22	0.9	32.6	66.5
1986	14.29	14.09	486.19	928.95	1.0	34.0	65.0
1987	13.80	14.58	479.78	886.03	1.1	34.8	64.2
1988	13.36	14.49	443.83	877.83	1.1	33.2	65.7
1989	13.32	14.50	424.92	892.71	1.1	31.9	67.0
1990	13.33	14.25	439.14	879.43	1.1	32.9	66.0
1991	13.29	14.04	463.63	850.99	1.1	34.9	64.0
1992	13.25	14.52	481.58	828.79	1.1	36.3	62.6
1993	13.28	17.06	477.71	832.84	1.3	36.0	62.7
1994	13.72	20.14	508.46	843.42	1.5	37.0	61.5
1995	14.07	21.25	554.97	830.70	1.5	39.5	59.0
1996	14.37	21.93	588.29	826.80	1.5	41.0	57.5
1997	14.48	23.13	591.39	833.44	1.6	40.8	57.6
1998	14.34	25.52	587.47	821.32	1.8	41.0	57.2
1999	14.58	33.87	611.26	813.24	2.3	41.9	55.8
2000	14.86	47.19	554.41	785.92	3.2	43.9	52.9
2001	14.71	62.39	671.88	737.19	4.3	45.2	50.5
2002	15.08	83.10	698.64	726.63	5.5	46.3	48.2
2003	15.30	101.74	712.76	714.38	6.7	46.6	46.7
2004	15.49	119.24	713.13	716.79	7.7	46.0	46.3
2005	15.26	132.97	681.65	699.06	9.1	44.6	46.3

注:从2001年起按常住人口算。 The data in this table were calculated accroding to permanent Residence.

14－13 学校教师负担学生数（1978－2005 年）
Student-teachers Ratio by Level of Schools（1978－2005）

年份 Year	高等学校 Institutions of Higher Education		中等学校 Secondary Schools		小学 Primary Schools	
	教师数（万人）Number of Teachers（10000 persons）	平均每个教师负担学生（人）Student-Teacher Ratio（person）	教师数（万人）Number of Teachers（10000 persons）	平均每个教师负担学生（人）Student-Teacher Ratio（person）	教师数（万人）Number of Teachers（10000 persons）	平均每个教师负担学生（人）Student-Teacher Ratio（person）
1979	0.63	5.10	9.34	19.80	17.54	27.80
1980	0.69	5.50	8.95	19.50	17.26	28.00
1981	0.69	5.90	8.51	18.80	16.50	27.90
1982	0.77	4.70	8.35	18.60	15.94	27.00
1983	0.82	4.70	8.45	19.00	15.25	26.70
1984	0.87	5.20	8.54	20.40	14.82	26.70
1985	0.99	5.30	9.12	20.70	14.62	26.30
1986	1.08	5.30	9.45	20.90	14.42	26.20
1987	1.12	5.40	9.71	20.40	14.16	25.80
1988	1.16	5.20	10.12	18.30	14.39	25.40
1989	1.16	5.30	10.28	17.40	14.65	25.60
1990	1.16	5.20	10.36	18.00	13.46	27.70
1991	1.12	5.30	10.62	18.60	13.50	26.90
1992	1.11	5.60	10.97	18.80	13.63	26.10
1993	1.11	6.60	11.27	18.30	13.77	26.10
1994	1.13	7.70	11.75	18.80	13.98	26.20
1995	1.15	8.10	12.57	19.30	14.34	25.30
1996	1.15	8.40	13.43	19.30	14.85	24.50
1997	1.16	8.80	13.46	19.40	15.40	23.93
1998	1.18	9.60	14.66	17.80	15.69	23.28
1999	1.31	11.55	15.40	17.73	16.00	22.71
2000	1.90	11.17	14.83	18.24	16.04	22.05
2001	2.22	13.20	17.08	18.48	15.99	21.66
2002	2.60	15.12	18.01	18.35	16.01	21.47
2003	2.99	16.21	18.82	18.04	15.91	21.39
2004	3.58	16.00	19.57	17.50	16.01	21.51
2005	3.84	17.60	19.36	17.04	16.22	21.11

14－17 县级以上政府部门属研究与开发机构情况(2005年)
Basic Statistics on Research and Development Organizations Attached to Government at County Level and Above(2005)

项目	Item	机构数（个）Institutions (unit)	科技活动人员数（人）Specialized Technical Persons (person)	#科学家工程师 Scientists and Engineers	经费收入（万元）Income (10000 yuan)	#政府拨款 Government Appropriations	经费支出（万元）Expenditures (10000 yuan)	#科技费用 Charge of science
总计	**Total**	**99**	**5798**	**4543**	**144821**	**109676**	**144063**	**120907**
按隶属关系分	**By Relationship of Subordination**							
中央	State Council	8	1055	938	28848	23287	23206	24042
地方	Local	91	4743	3605	115973	86389	120857	96865
按机构地域分	**By Region**							
杭州市	Hangzhou	39	3953	3233	111886	83119	109043	94093
宁波市	Ningbo	13	465	397	11286	8393	14979	10977
温州市	Wenzhou	13	609	394	10239	8206	8925	7028
嘉兴市	Jiaxing	2	75	44	1023	1003	706	665
湖州市	Huzhou	4	102	68	1913	1831	2393	1459
绍兴市	Shaoxing	2	48	42	1170	1146	815	771
金华市	Jinhua	7	123	78	1928	1464	1633	1247
衢州市	Quzhou	5	37	28	483	481	664	628
舟山市	Zhoushan	7	121	62	1365	1133	1837	1340
台州市	Taizhou	4	175	137	2517	1889	2238	1902
丽水市	Lishui	3	90	60	1011	1011	831	797

14－18 县级以上政府部门属研究与开发机构课题情况(1986－2005年)

Basic Statistics on Research and Development Organizations Attached to Government at County Level and Above(1986－2005)

年份 Year	课题数 (项) Number of Topics (topic)	投入人员 (人年) Persons (person-year)	#科学家工程师 Scientists and Engineers	投入经费 (万元) Funds (10000 yuan)	人均经费 (元/人年) Funds per Capital (yuan/person-year)	课题平均经费 (元/项) Funds per Topic (yuan/topic)
1986	2568	6506		3590	5518	13980
1987	3272	6892		4467	6481	13652
1988	3066	7053	5232	5180	7344	16895
1989	3134	7405	5765	5644	7622	18009
1990	3120	6276	4669	5551	8845	17792
1991	3457	5506	4256	4720	8572	13653
1992	3452	5533	4274	6772	12239	19618
1993	2941	4948	3955	7418	14992	25223
1994	2540	4401	3623	9262	21045	36465
1995	2453	4301	3414	10058	23385	41003
1996	2315	4331	3451	12792	29536	55257
1997	2440	4390	3475	17798	40542	72943
1998	2534	5568	4106	25194	45248	99424
1999	2558	5070	3870	26927	53110	105266
2000	1989	4040	3293	29664	73426	149140
2001	1790	2818	2240	21663	76874	121022
2002	1746	2812	2323	23329	89262	133614
2003	1700	2944	2338	30816	104674	181271
2004	1540	2769	2026	42463	153351	275734
2005	2121	3383	2441	58242	172161	274597

14－19 高等学校自然科学领域研究与发展课题情况(1986－2005年)

Basic Statistics on Topics of Natural Scientific Research and Development in Institutions of Higher Education(1986－2005)

年份 Year	课题数 (项) Number of Topics (topic)	投入人员 (人年) Persons (person-year)	#科学家工程师 Scientists and Engineers	投入经费 (万元) Funds (10000 yuan)	课题平均经费 (元/项) Funds per Topic (yuan/topic)
1986	1684			2295	13569
1987	1849			2681	14500
1988	2163			2616	12094
1989	2285			3848	16840
1990	2925			4667	15956
1991	3400			5053	14862
1992	4083			7905	19361
1993	4263			12961	30403
1994	4398			17082	38840
1995	4264			16211	38018
1996	4415			17900	40544
1997	4713			23901	50713
1998	5173			24912	48158
1999	5412			25385	46905
2000	5268			29482	55964
2001	6375	3821	3421	40110	62918
2002	8736	4295	3974	37511	42938
2003	13385	6363	6191	90175	67370
2004	16003	8354	7913	154804	96734
2005	18789	8676	8340	133346	70970

14－20 高等学校科技活动情况(1986－2005 年)
Basic Statistics on Scientific Technological Activities on Higher Education(1986－2005)

年份 Year	科技活动机构数(个) Institutions (unit)	科技活动人员(人) Persons Engaged in Scientific and Technological Activities (person)	#科学家工程师 Scientists and Engineers	经费拨入总额(万元) Funds (10000 yuan)	#政府拨款 Government Appropriations	经费支出总额(万元) Expenditures (10000 yuan)	#仪器设备费 Expenditures for Instrument and Equipment
1986	31	16086	11910	2760	2061	2191	943
1987	32	15363	12803	2954	1836	2557	823
1988	45	19874	16864	3167	1789	2757	639
1989	44	20166	17087	4514	2039	3926	884
1990	45	20267	17278	5320	2773	4068	881
1991	43	20251	17397	6442	3234	5505	1101
1992	58	20597	17468	11083	5250	9996	2128
1993	234	20940	17769	26974	9129	26563	4917
1994	262	20933	17179	25766	8965	24830	3449
1995	259	21098	18584	28731	7522	24805	3067
1996	259	22111	19026	32341	7404	29516	3417
1997	295	22247	20129	38327	10791	34538	4497
1998	433	23092	20848	45677	11598	45008	4592
1999	365	23869	21441	58749	13654	51850	3035
2000	430	28555	26870	81153	23554	74714	8225
2001	534	34716	32503	108576	37059	90486	11448
2002	405	19659	18258	150651	61506	112630	17339
2003	421	21763	21289	178362	67396	136090	19425
2004	203	29031	26979	209249	90951	178960	27796
2005	191	25077	21629	271011	136055	203204	37122

14－21 高等学校自然科学领域研究与发展课题情况(2005年) Basic Statistics on Topics of Natural Scientific Research and Development in Institutions of Higher Education(2005)

项目	Item	课题数(项) Number of Topics (topic)	投入人员(人年) Persons (person)	#科学家工程师 Scientists and Engineers	投入经费(万元) Funds (10000 yuan)	课题平均经费(元) Funds per Topic (yuan)
总计	**Total**	**18789**	**8676**	**8340**	**133346**	**70970**
按活动类型分	**By type of Activities**					
基础研究	Fundational Research	3978	2032	1959	18976	47702
应用研究	Applied Research	6814	3991	3834	49129	72100
试验发展	Experimental Development	3174	1329	1282	28025	88296
研究与试验发展成果应用	Applying in R&D Results	2555	668	639	18245	71409
科技服务	Technology Senices	2268	656	628	18971	83646

14－22 高等学校自然科学领域研究与发展机构科技著作(2005年) Scientific and Technical Works of Research and Development Organizations in Institutions of Higher Education(2005)

项目	Item	出版科技专著(部) Science and Technology Workers Published (work)		发表学术论文(篇) Academic Papers Published (paper)		#国外及全国性学术刊物 Published in Foreign Academic Publications	
		2004	2005	2004	2005	2004	2005
合计	**Total**	**67**	**74**	**22757**	**24358**	**3974**	**4689**
自然科学	Natural Sciences	12	9	5068	6011	1463	1781
工程与技术	Engineering and Technology	35	34	9757	10529	1907	2025
农业科学	Agricultural Sciences	14	6	6237	1638	393	319
医学科学	Medical Sciences	6	25	1695	6180	211	564

14－23 大中型工业企业科技活动情况(1987－2005 年)

Basic Statistics on Scientific and Technological Activities in Large and Medium-sized Industrial Enterprises(1987－2005)

年份 Year	企业办技术开发机构(个) Institutions of Technical Development (unit)	企业科技活动人员数(人) Personnel of Scientific and Technical Activities (person)	#科学家工程师 Scientists and Engineers	经费筹集总额(万元) Funds (10000 yuan)	#上级拨款 Appropriations from Higher Authorities	经费支出总额(万元) Expenditures (10000 yuan)	#开发新产品 for New Product Development
1987	134	12180	3492	17354	1212	13475	7146
1988	158	12917	4493	26854	980	21969	6752
1989	187	12491	4804	22471	1187	15959	7125
1990	313	14384	5586	32894	1246	24741	9808
1991	420	19768	7261	70379	1061	45012	161035
1992	467	23567	8847	108283	2040	85373	35594
1994	506	26605	10343	82272	908	85747	40244
1995	632	35879	11827	188267	2700	168373	59934
1996	583	27812	16542	160765	3036	141596	87027
1997	618	31359	19103	187588	6216	161050	86451
1998	599	27689	14705	217032	6825	179347	98161
1999	476	33922	17700	235902	9030	200347	110671
2000	442	35690	21018	336794	13420	342251	168023
2001	436	41881	25746	438501	10013	420620	208580
2002	394	44975	26491	484952	8127	457409	241924
2003	752	78200	45465	996263	19150	853636	487992
2004	947	79488	45147	1239240	38436	1156830	651958
2005	1261	113488	70071	1977611	47935	1799974	1408969

注:自 2003 年统计口径已做调整。 The statistical scope was adjusted since 2003.

14-24 大中型工业企业科技活动情况(2005年)

Basic Statistics on Scientific and Technological Activities in Large and Medium-sized Industrial Enterprises(2005)

项目	Item	企业科技活动人员数(人) Personnel of Scientific and Technical Activities (person)	#科学家工程师 Scientists and Engineers	经费筹集总额(万元) Funds (10000 yuan)	#上级拨款 Appropriations from Higher Authorities	经费支出总额(万元) Expenditures (10000 yuan)	#开发新产品 Expenditure for New Product Development
总计	**Total**	**113488**	**70071**	**1977611**	**47935**	**1799974**	**1408969**
按企业规模分	**By Size of Enterjprises**						
大型企业	Large - sized	37880	26381	838907	11704	812707	610142
中型企业	Medium - sized	75608	43690	1138704	36231	987267	798827
按登记注册类型分	**By Registered Type**						
国有	State - owned Units	6181	3987	68582	710	72179	40825
集体	Collective Owned Units	1852	873	22873	434	18747	13909
股份合作	Share - cooperations	1299	721	17486	202	14239	9639
国有联营	State Joint	75	22	18		18	18
国有与集体联营	State - collective Joint	124	103	3343	260	3343	2611
其他联营	Other Joint	27	14	5769		913	811
国有独资公司	Company Solely Owned by State - owned Unit	1522	812	21257	835	19983	16918
其他有限责任公司	Other Limited Liability Corporations	29201	18304	489271	22290	428117	349603
股份有限公司	Share - holding Corporations Ltd.	20423	14508	454404	11243	426675	270957
私营独资	Private Sole Funds	596	398	6335	324	5375	3568
私营合伙	Private	178	123	2832	42	2823	2571

14－24　续表　continued

项目	Item	企业科技活动人员数（人）Personnel of Scientific and Technical Activities (person)	#科学家工程师 Scientists and Engineers	经费筹集总额（万元）Funds (10000 yuan)	#上级拨款 Appropriations from Higher Authorities	经费支出总额（万元）Expenditures (10000 yuan)	#开发新产品 Expenditure for New Product Development
私营有限责任公司	Private Limited Liability Corporations	26493	14822	387871	6599	355539	298371
私营股份有限公司	Private Share－holding Corporations Ltd.	2072	1134	17276	328	16975	13929
与港澳台商合资经营	Joint－venture Enterprises with Foreign Funds	4743	2604	71854	666	62963	57587
与港澳台商合作经营	Cooperative Enterprises with Foreign Funds	383	295	978	10	1102	1099
港澳台商独资	Enterprises with Sole Investment From Hong Kong, Macao and Taiwan	4137	2740	95972	361	92591	86860
港澳台商投资股份有限公司	Investment with Hong Kong, Macao and Taiwan Share－holding Corporations Ltd.	486	356	15304	605	14875	12871
中外合资经营	Joint-venture Enterprises	6514	3481	127743	2208	107574	80302
中外合作经营	Cooperation Enterprises	630	270	8586	124	7949	7225
外商独资	Enterprises with Sole Foreign Investment	6046	4234	152925	663	141061	133505
外商投资股份有限公司	Foreign Investment Share－holding Corporations Ltd.	506	270	6934	32	6934	5790
按隶属关系分	**By Relationship of Subordination**						
中央企业	Enterprises Run by Central Government	2131	1724	24549	366	25121	20824
省属企业	Enterprises Run by Provincial Government	3813	2718	40947	2567	43732	22740
地属企业	Enterprises Run by Prefectural City Government	5681	3474	84169	2521	80205	64919
县及县以下	Enterprises Run by at and Below County Level	101863	62155	1827945	42482	1650917	1300486

14－25 “星火”计划项目情况
Basic Statistics on “Sparkle Plan” Programmes

项 目	Item	验收项目数(项) Programmes (item)		新增经济效益(万元) Newly Added Economic Efficiency (10000 yuan)			
				新增产值 Newly Added Output Value		新增利税 Newly Added Profits and Taxes	
		2004	2005	2004	2005	2004	2005
合计	**Total**	**446**	**333**	**531504**	**337189**	**102576**	**68226**
国家级	Country Level	65	40	234407	146214	44707	30415
省级	Province Level	51	49	83990	82560	18765	17064
市县级	City and County Level	330	244	213100	108415	39104	20747

14－26 “星火”计划项目情况(1986－2005年)
Basic Statistics on “Sparkle Plan” Programmes(1986－2005)

单位:项 (item)

年 份 Year	国家级 Country Level		省级 Province Level		市县级 City and County Level	
	立项 Programmmes	验收 Checked and Accepted	立项 Programmes	验收 Checked and Accepted	立项 Programmes	验收 Checked and Accepted
1986	29	7	70	188	203	44
1987	33	3	71	11	191	21
1988	38		66	2	185	2
1989	10		71	3	208	6
1990	28	8	79	44	298	102
1991	37	9	81	66	343	159
1992	37	26	89	65	413	161
1993	44	40	149	78	246	124
1994	43	14	152	34	302	100
1995	45	19	165	54	379	175
1996	58	17	119	38	509	165
1997	74	26	144	37	587	193
1998	82	35	144	35	636	200
1999	79	42	143	75	656	285
2000	80	54	171	83	540	261
2001	88	39	156	61	665	303
2002	100	35	84	45	785	535
2003	115	58	138	65	831	498
2004	118	65	116	51	493	330
2005	107	40	131	49	591	244

14－27 技术市场成交情况
Business of Technological Markets

项 目	Item	成交项目(项) Transaction Projects (item)			成交金额(万元) Transaction Value (10000 yuan)		
		2000	2004	2005	2000	2004	2005
总 计	**Total**	**31218**	**39974**	**20628**	**276275**	**581465**	**386954**
按卖方分	**By Selling Part**						
工业企业	Industrial Enterprises	8444	13506	5627	88050	204995	167544
科研机构	Institutions of Scientific Research	4411	2589	1027	35383	70147	23873
技术贸易机构	Institutions of Technological Trade	13633	19021	9146	113090	211498	108390
大中专院校	Universities, Colleges and Specialized Secondary Schools	1495	2964	4086	7849	64886	78297
个人经营	Individuals	62	55	114	300	1490	1400
其他	Others	3173	1839	628	31603	28450	7540
按买方分	**By Buying Part**						
工业企业	Industrial Enterprises	22108	31375	15833	182381	454449	312274
科研机构	Institutions of Scientific Research	1780	1293	824	15324	20230	15312
各级管理部门	Administrative Departments	2694	3304	2286	37717	59953	37614
技术贸易机构	Institutions of Technological Trade	436	103	33	6104	1341	377
个人经营	Individuals	232	256	187	1029	1167	1132
其他	Others	3968	3643	1465	33720	44324	20245

14-28 科协系统科技活动情况(2005年)

Basic Statistics on Scientific and Technological Activities(2005)

项目		Item		科协合计 Total Associations for Science and Technology System	省科协 Associations at province Level	市科协 Associations at City level	县级科协 Associations at County Level
机构数	**(个)**	**Institutions**	**(unit)**	**102**	**1**	**11**	**90**
人员数	**(人)**	**Personnel**	**(person)**	**692**	**39**	**132**	**521**
学术活动		**Academic Activities**					
学术会议		Academic Meetings					
次数	(次)	Number	(time)	702	8	367	327
参加人数	(人)	Participants	(person)	141172	7000	91985	42187
科技培训		Training					
办培训班	(个)	Training Classes	(class)	5526	62	745	4719
培训人次	(人次)	Persons Trained	(person-time)	700349	4852	57369	564667
科普活动		Activities for Popular Science					
讲座次数	(次)	Lectures	(time)	4865	10	935	3920
听讲人数	(人次)	Participants	(person-time)	1626921	1680	218391	1406850
展览次数	(次)	Exhibitions	(time)	2003	30	143	1830
参观人数	(人次)	Participants	(person-time)	6755090	157400	1071186	5526504
咨询活动		Consultative Activities					
完成合同	(项)	Consultative Contracts Completed	(kind)	3295	1160	1218	917
合同实现金额	(千元)	Funds of Contracts Completed	(1000 yuan)	340721	130000	142320	68401
技术交易额	(千元)	Transaction Value of Technology	(1000 yuan)	331260	130000	141670	59590
出版		**Publications**					
编著科技图书	(种)	Books Edited	(kind)	79		25	54
年发行总量	(册)	Number of Annual Published	(copy)	905750		254150	651600

14-29 科协系统省级学会情况(2000-2005年)
Basic Statistics on Academy in Science System(2000-2005)

项目		Item		2000	2001	2002	2003	2004	2005
机构数	**(个)**	**Institutions**	**(unit)**	**133**	**133**	**138**	**144**	**147**	**149**
会员数	**(人)**	**Personnel**	**(person)**	**153909**	**134412**	**158487**	**135243**	**132062**	**148298**
学术活动		**Academic Activities**							
学术会议		Domestic Academic Meetings							
次数	(次)	Number	(time)	441	488	468	486	517	567
参加人数	(人)	Participants	(person)	41535	47425	46336	48904	58954	66100
交流论文数	(篇)	Papers Presented	(paper)	12399	19728	12378	16904	14092	22988
科技培训		Training							
办培训班	(个)	Training Class	(class)	265	242	282	326	350	286
培训人次	(人次)	Persons Trained	(person-time)	26872	16237	20744	24910	25754	20625
继续教育	(人次)	Continuing Education	(person-time)	8708	6135	4203	9208	4821	7354
科普活动		Activities for Popular Science							
讲座次数	(次)	Lectures	(time)	426	373	321	328	588	696
听讲人数	(人次)	Participants	(person-time)	99885	72361	37053	65740	77955	117214
展览次数	(次)	Exhibitions	(time)	103	37	48	105	88	118
参观人数	(人次)	Participants	(person-time)	278144	97880	110317	307790	326814	445843
青少年科技竞赛次数	(次)	Teenagers Participating in Science-technology Competitions	(unit)	20	44	23	30	30	33
咨询活动		Consultative Activities							
完成合同	(项)	Consultative Contracts Completed	(kind)	288	238	268	283	309	319
合同实现金额	(千元)	Funds of Fulfillment Contracts	(1000 yuan)	5490	20555	8426	11549	12591	38009
技术交易额	(千元)	Transaction Value of Technology	(1000 yuan)	1507	4220	3009	7437	2573	2682
出版		**Publications**							
主办科技期刊	(种)	Journals by held	(kind)	49	38	14	51	51	42
年发行总数	(册)	Number of Copies Distributed	(copy)	2376465	569530	236600	1712535	999100	1052500
编著科技图书	(种)	Academic Newspaper	(kind)	57	133	78	178	21	24
年发行总量	(册)	Number of Copies Distributed	(copy)	63057	394200	259300	306800	95000	160500

14－30 专利申请量和授权量
Patent Applications Accepted and Approved

项　目	Item	1995	2000	2003	2004	2005
申请量合计(项)	**Number of Patent Applications Accepted(item)**	**4042**	**10316**	**21463**	**25294**	**43221**
发明	Inventions	357	859	2750	3578	6776
实用新型	Utility Models	2323	4439	7758	9021	12723
外观设计	Outward Designs	1362	5018	10955	12695	23722
授权量合计(项)	**Number of Patent Applications Approved(item)**	**2131**	**7495**	**14402**	**15249**	**19056**
发明	Inventions	54	184	398	785	1110
实用新型	Utility Models	1455	3439	4928	5492	6778
外观设计	Outward Designs	622	3872	9076	8972	11168

14－31 测绘部门主要指标完成情况
Major Indicators of Surveying and Mapping Departments

项　目		Item		2000	2001	2002	2003	2004	2005
测绘工作产值	（万元）	Gross Output Value	(10000 yuan)	27996	31615	42126	55357	73011	78758
年末测绘人数	（人）	Personnel	(person)	4929	4767	5398	5637	6616	7324
劳动生产率	（元/人）	Overall Labor Productivity	(yuan/person)	56798	66320	78041	98202	110355	107534
地形图测图	（幅）	Mapping	(map)	45805	39350	57309	54061	65111	68210
各等级三角导线，GPS 测量	（点）	Trigonometrical Survey	(point)	6955	10229	13159	14747	11811	11801
各等级水准测量	（公里）	Level Survey	(km)	7452	10507	8918	18719	13736	14712
编制各种专题图	（幅）	Maps of Special Subject	(map)	1167	649	467	396	2028	3001
地图印刷	（令）	Map Printing	(piece)	12370	17462	6767	2572	7907	
提供各种比例尺地形图	（张）	Topographic Maps of All Kinds	(piece)	20195	15531	17295	20392	17362	20721
提供航摄照片	（片）	Aetial Photograph	(piece)	13066	8192	5560	5780	4372	213
提供大地控制点成果	（点）	Geodesic Results	(point)	2246	993	3727	3562	1525	1455

14－32 标准计量、质量监督机构和人员数(2000－2005年)

Institutions and Personnel Engaged in Standard Measuring and Quality Supervising(2000－2005)

项 目		Item		2000	2001	2002	2003	2004	2005
质量技术监督行政部门及其技术机构	(个)	Number of Institutions Engaged in Standard Measuring	(unit)	156	157	166	186	190	186
省级机构数	(个)	Institutions at Province Level	(unit)	11	10	11	14	14	14
市级机构数	(个)	Institutions at City Level	(unit)	44	45	48	56	55	52
县(市、区)级机构数	(个)	Institutions at County Level	(unit)	101	102	107	116	121	120
产品质量监督检验机构数	(个)	Number of Institutions Engaged in Quality Supervising	(unit)	175	151	166	176	810	943
省级院	(所)	Institutions at Province Level	(unit)	67	58	60	68	144	151
市级院	(所)	Institutions at City Level	(unit)	47	45	39	44	418	507
县级院	(所)	Institutions at County Level	(unit)	61	48	67	64	248	285
年末职工总数	(人)	Number of Staff anf Workers year－end	(person)	3644	4113	4551	4552	4761	4903
专业技术人员	(人)	Specialized Technological Personnel	(person)	1808	2056	2123	2190	2224	2330
业务管理人员	(人)	Professional Management Personnel	(person)	749	729	597	587	655	668
行政人员	(人)	Administrative Porsonnel	(person)	722	915	1408	1429	1515	1471
工人	(人)	Workers	(person)	365	413	429	346	367	434
已建省级社会公用计量标准	(大类)	Social Public Measurement Standard Established at Province Level	(kind)	10	10	10	10	10	10
已建市级社会公用计量标准	(大类)	Social Public Measurement Standard Establishcd at City Level	(kind)	10	10	10	10	10	10
已开展强制检定工作计量器具	(项)	Measurement Implement Tested Compulsively	(kind)	46	52	49	48	683	41

14－32 续表 continued

项 目	Item	2000	2001	2002	2003	2004	2005
强制检定计量器具实际检出数（万台件）	Actual Quantity Checked by Measurement Implement Tested Compulsively (10000 units)	43	48	134	76	58	61
计量仪器检定（万台件）	Quantity Checked by Measurement Implement (10000 units)	114	109	268	107	143	135
产品质量监督检验受检企业数（个）	Number of Enterprises Passed Quality Check (unit)		23877	22819	22780	17113	19999
本年度财政拨款（万元）	Financial Allocations (10000 yuan)	7240	15993	21194	26134	43060	51823
#省级机构拨款	Province Level	1372	2914	3911	3578	8154	9353
市级机构拨款	City Level	2275	5397	6146	9306	13985	16967
县级机构拨款	County Level	3593	7682	11137	13250	20920	25502
固定资产总值（万元）	Total Value of Fixed Assets (10000 yuan)	32381	42340	48250	68268	74754	87220
省级固定资产	Province Level	5897	6305	10010	13979	15263	19049
市级固定资产	City Level	13105	15381	17456	21473	24213	27863
县级固定资产	County Level	13379	20651	20784	32816	35278	40308
现有工作用房（万平方米）	Floor Space of Working Houses (sq. m)	15.08	18.84	21.63	26.99	35.37	31.32
标准馆藏总量（万件）	Volume of Standard Measurement Implement Collected (10000 pieces)	13	7.5	9.5	20	20	20
国内标准	Domestic Standard	6	5	5	12.4	16	15
国外标准	Foreign Standard	7	2.5	4.5	7.6	4	5
打击假冒伪劣案件立案数（个）	Cases of Imitions and Poor Guantity Products Registered (case)	9833	11736	11989	11085	10667	9889

14－33　按行业分的事业单位专业技术人员(2005 年)

Specialized Technical Personnel in Enterprises by Sector(2005)

单位:人　　　　(person)

项目	Item	总数 Total	农林牧渔业 Farming, Forestry, Animal Husbandry and Fishery	交通运输仓储及邮电通讯业 Transport, Storage, Post and Telecommunications	信息传输、计算机服务和软件业 Information Transfer, Computer Services and Software	金融保险业 Banking and Insurance
总计	**Total**	**722162**	**29929**	**8390**	**1110**	**670**
按职务分	**By Post**					
高级职务	Senior	59265	1513	526	68	18
#正高级职务	Chief Senior	5026	61	4		
中级职务	Middle Rank	274653	8905	3083	389	232
初级职务	Junior	346217	18150	4579	504	332
按专业分	**By Occupation**					
#工程技术人员	Engineering	57136	8035	4017	743	24
农业技术人员	Agriculture	18951	15825	4	8	
科学技术人员	Scientific Research	6090	131	4		
卫生技术人员	Health Care	149046	345	14	6	2
教学人员	Teaching	412464	59	29	7	

项目	Item	租赁和商务服务业 Leasing and Commercial Services	科学研究技术服务和地质勘查业 Scientific Research and Technic Services and Geological Prospecting	水利环境和公共设施管理业 Water Conservancy, Environment and Public Facilities Management	居民服务和其他服务业 Resident Services and Other Services
总计	**Total**	**2119**	**16752**	**16949**	**5819**
按职务分	**By Post**				
高级职务	Senior	48	2812	1253	95
#正高级职务	Chief Senior	1	175		
中级职务	Middle Rank	646	9521	5588	1222
初级职务	Junior	1142	6529	9289	4243
按专业分	**By Occupation**				
#工程技术人员	Engineering	589	11145	12304	2591
农业技术人员	Agriculture	25	617	193	272
科学技术人员	Scientific Research	1	1724	69	20
卫生技术人员	Health Care	8	308	88	249
教学人员	Teaching	18	87	35	58

单位:人　　14－33　续表2　continued　　(person)

项目	Item	教育 Education	卫生、社会保障和社会福利业 Health Care, Social Securities and Social Welfare	文化体育和娱乐业 Culture, Sports and Recreation	其他行业 Others
总计	**Total**	**427087**	**160185**	**29142**	**24010**
按职务分	**By Post**				
高级职务	Senior	38256	11180	2782	714
#正高级职务	Chief Senior	2533	1770	444	38
中级职务	Middle Rank	179634	49988	10587	4858
初级职务	Junior	185880	89130	13720	12719
按专业分	**By Occupation**				
#工程技术人员	Engineering	2698	2285	4665	8040
农业技术人员	Agriculture	106	253	85	1563
科学技术人员	Scientific Research	3930	121	33	57
卫生技术人员	Health Care	1957	145181	139	749
教学人员	Teaching	409838	550	1290	493

项目	Item	租赁和商务服务业 Leasing and Commercial Services	科学研究技术服务和地质勘查业 Scientific Research and Technic Services and Geological Prospecting	水利环境和公共设施管理业 Water Conservancy, Environment and Public Facilities Management	居民服务和其他服务业 Resident Services and Other Services	教育 Education	卫生、社会保障和社会福利业 Health Care, Social Securities and Social Welfare	文化体育和娱乐业 Culture, Sports and Recreation
总计	**Total**	**2135**	**2407**	**2034**	**1103**	**232**	**894**	**1131**
按职务分	**By Post**							
高级职务	Senior	30	398	82	42	11	52	64
#正高级职务	Chief Senior		4				6	9
中级职务	Middle Rank	476	842	639	255	121	272	404
初级职务	Junior	714	862	1222	669	100	516	587
按专业分	**By Occupation**							
#工程技术人员	Engineering	186	1840	1256	295		14	253
农业技术人员	Agriculture	1		5				20
科学技术人员	Scientific Research		113	1	4			
卫生技术人员	Health Care	426		2	10		802	1
教学人员	Teaching	5	25	1	34	205		14

主要统计指标解释

普通高等学校 指按照国家规定的设置标准和审批程序批准举办，通过国家统一招生考试，招收高中毕业生为主要培养对象，实施高等教育的全日制大学、独立设置的学院和高等专科学校、短期职业大学。

成人高等学校 指按照国家有关规定审批，招收通过全国成人高教统一招生考试的具有高中毕业或同等学历的在职从业人员利用脱产、半脱产、业余或函授等多种形式对其实施高等学历教育，培养高等教育专科或本科毕业水平的专门人才，修业年限、课程设置和总学时数均按高等学历教育要求付诸实施的学校。包括广播电视大学、职工高等学校、农民高等学校、管理干部学院、教育学院、独立设置的函授学院等。

小学学龄儿童入学率 指调查范围内已入小学学习的学龄儿童占校内外学龄儿童总数（包括弱智儿童在内，但不包括盲聋哑儿童）的比重。计算公式：

$$小学学龄儿童入学率=\frac{已入学的小学学龄儿童数}{校内外小学学龄儿童总数}\times 100\%$$

独立研究与开发机构 指有明确的任务和研究方向，有一定学术水平的业务骨干和一定数量的研究人员，具有研究、开发、开展学术工作的基本条件，主要进行科学研究与技术开发活动，并且在行政上有独立的组织形式，财务上独立核算盈亏，有权与其他单位签订合同，在银行有单独户头的单位。包括国务院各部门、中国科学院、中国社会科学院和各省、自治区、直辖市以及地（市）以上（含地，市）各部门所属的国有独立的科学研究与技术开发机构。

科学家和工程师 指具有大学本科及以上学历的和不具备上述学历但有高、中级职称的人员。

Explanatory Notes on Main Statistical Indicators

Regular Institutions of Higher Learning refer to educational establishments set up according to the government evaluation and approval procedures, enrolling graduates from senior secondary schools and providing higher education courses and training for senior professionals. They include full-time universities, colleges, high professional schools and short-term professional universities.

Institutions of Higher Learning for Adults refer to educational establishments, set up in line with relevant rules approved by the government, enrolling staff and workers with senior secondary school or equivalent education, and providing higher education courses in many forms of full-time, part-time, spare-time, or correspondence for adults. Professionals thus trained receive a qualification equivalent to graduates studying regular courses at regular universities, colleges and professional colleges. Institutions of higher learning for adults include Radio and TV universities, schools of high education for staff and workers and peasants, colleges for management cadres, pedagogical colleges, independent correspondence colleges.

Enrollment Rate of Primary School-age Children refers to the proportion of school-age children enrolled at schools to the total number of school-age children both in and outside schools (including retarded children, but excluding blind, deaf and mute children). The formula is:

$$\text{Enrollment Rate of Primary School-age Children} = \frac{\text{Total Primary School-age Children at Schools}}{\text{Total Primary School-age Children Both at and Outside Schools}} \times 100\%$$

Independent Research and Development Institutions refer to the state-owned insitutions which have direct mission and research purpose, a certain number of core member with higher research level and a certain number of research personnel, favorable conditions for R&D and engaging in scientific rese arch and technological development. The institutions also have their own indepen dent organization and finance, authority to sign contracts with other units, with their own accounts in banks. Independent research and development institutions include the institutions attached to central government agencies, Chinese Acade my of Sciences. Chinese Academy of Social Sciences and the institutions attached to local governments.

Scientists and Engineers refer to persons who have completed university or higher education or obtained titles of senior and middle-level professional positions.

CHAPTER 15

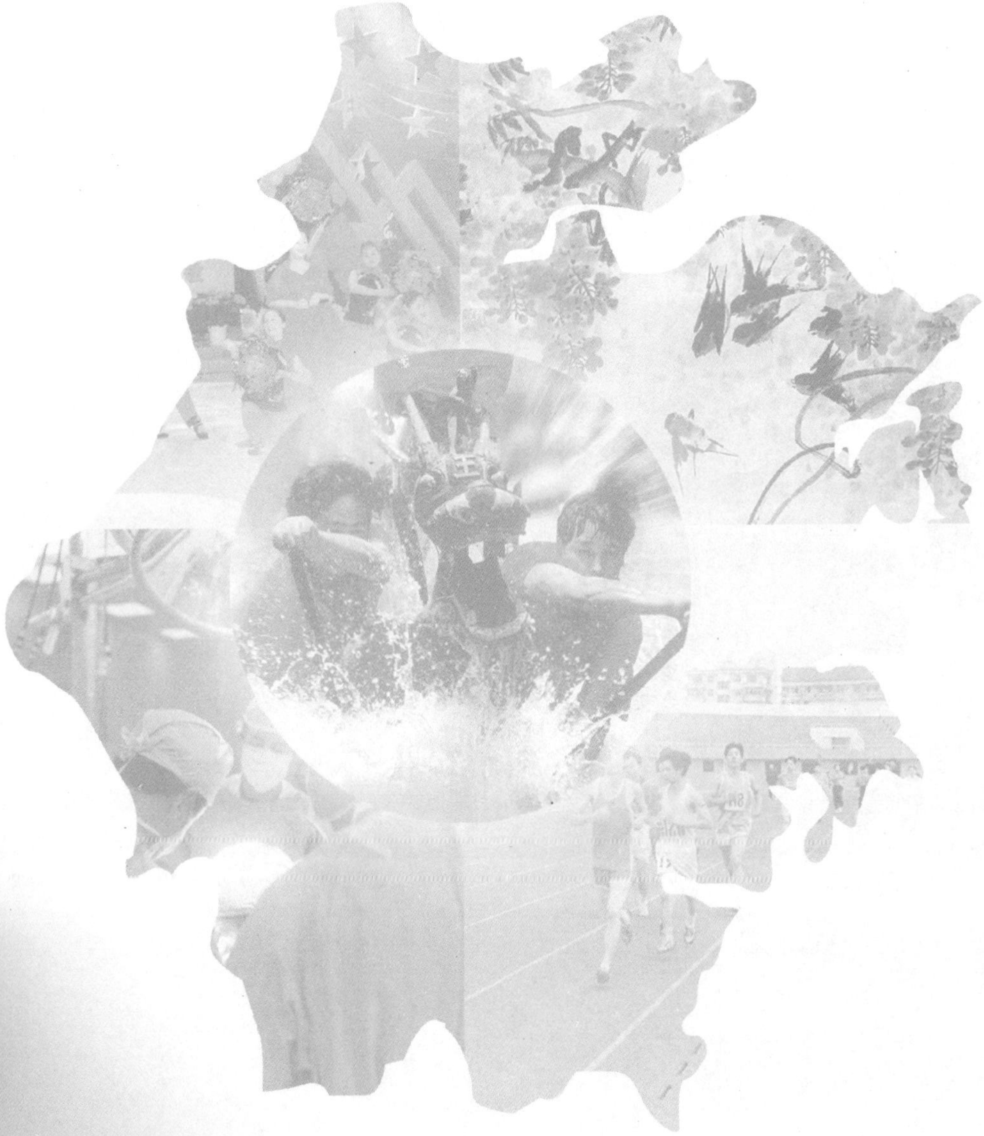

文化、体育和卫生

Culture, Sports and Public Health

15－1　文化、艺术、文物事业单位数（1978－2005年）

Number of Institutions for Culture, Art and Cultural Relic（1978－2005）

单位：个　　　　　　　　　　　　　　　　　　　　　　　　　　　　　　　　（unit）

年　份 Year	电影放映单位 Film Projection Units	艺术表演团体 Art Performance Troupes	文化馆、站 Cultural Centers, Stations	#文化馆 Cultural Centers	公共图书馆 Public Libraries	博物馆 Museums
1978	4375	128	1125	76	63	19
1979	4320	161	1332	79	69	17
1980	4218	170	1659	79	69	19
1981	4126	147	1753	79	70	20
1982	4095	135	2124	82	73	20
1983	4625	131	2954	86	73	20
1984	5242	133	3607	91	74	21
1985	5592	126	3598	93	76	21
1986	5375	122	3617	95	78	35
1987	5089	112	3619	93	80	40
1988	4896	98	3501	87	80	45
1989	4673	90	3547	87	80	47
1990	4580	90	3554	85	80	51
1991	4436	91	3695	85	80	55
1992	4050	89	2065	84	80	55
1993	3600	89	2033	84	81	58
1994	3327	87	2010	84	82	58
1995	3029	83	1974	83	81	59
1996	2817	85	2114	83	81	61
1997	2766	86	2014	83	81	63
1998	2723	82	2016	83	82	68
1999	2381	82	1956	84	83	69
2000	2129	79	1932	84	83	65
2001	1868	80	1640	86	83	69
2002	1984	80	1676	86	83	70
2003	83	77	1650	87	83	70
2004	1758	71	1634	99	84	73
2005	1505	68	1592	87	90	80

注：2003年电影放映单位为发行机构数。
The film projection units in 2003 had been changed to publishing institutions.

15－2 文化事业机构和人员数(2005 年)

Number of Cultural Institutions and Persons(2005)

单位：个、人 (unit, person)

类别	Category	总计 Total		#文化部门 Cultural Department			
				国有单位 State－owned Units		集体单位 Collective－owned Units	
		机构数 Institutions	人数 Persons	机构数 Institutions	人数 Persons	机构数 Institutions	人数 Persons
总计	**Total**	2259	16978	2235	16462	10	190
艺术事业	Art Institutions	148	4877	135	4624	9	180
公共图书馆	Public Libraries	84	1999	84	1999		
群众文化事业	Mass Culture	1634	5258	1634	5258		
艺术教育事业	Art and Education	7	651	6	621		
文艺科研	Culture, Art and Science Research	7	208	5	35		
其他文化事业	Other Cultural Institutions	197	965	197	965		
文物业	Cultural Relic	182	3020	174	2960	1	10

15－3 电影放映情况

Conditions of Film Projection

项目	Item	2000	2001	2002	2003	2004	2005
放映单位 (个)	**Projection Units (unit)**	**2129**	**1868**	**1984**	**83**	**1758**	**1505**
放映场次 (万场)	Number of Projection (10000 shows)	21	17	17	19	24	25
观众人数 (万人次)	Number of Audiences (10000 person－times)	2171	1331	602	496	557	588
放映收入 (万元)	Projection Income (10000 yuan)	7850	6797	8382	8832	12166	13115
发行收入 (万元)	Income from Publishing (10000 yuan)	4055	3523	3117	279		

15－4 群众艺术馆、文化馆(站)业务活动和经费情况(2005年)

Basic Statistics on Activities and Expenditures of Mass Art Centers and Cultural Centers(2005)

单位：亿元 (100 million yuan)

项 目		Item		总 计 Total	群 众 艺术馆 Mass Art Centers	文化馆 Cultural Centers	国 办 文化站 Cultural Stations Run by State－Owned
单位数	**(个)**	**Number of Units**	**(unit)**	**1592**	**12**	**87**	**1493**
举办展览	(个)	Number of Exhibitions	(unit)	8065	100	731	7234
组织文艺活动	(次)	Entertainment Activities	(time)	23580	285	5028	18267
举办训练班班次	(次)	Number of Training Classes	(time)	11354	515	2705	8134
结业人次	(千人次)	Persons Completing Courses	(1000 person-times)	464	12	66	386
群众艺术馆、文化馆负责指导单位		**Units Responsible for Guiding Mass Art Centers and Cultural Centers**					
农村集镇文化中心	(个)	Cultural Centers in Towns	(unit)	850	31	819	
基层文化示范点文化俱乐部(室)	(个)	Cultural Clubs	(unit)	663	30	633	
文化户	(户)	Households Specializing in Cultural Activities	(household)	21005	44	3636	17325
群众业余演出团队	(个)	Part-time Art Groups	(unit)	2891	465	2426	
总支出	**(万元)**	**Total Expenditures**	**(10000 yuan)**	**39851**	**4981**	**13202**	**21668**
#事业支出		Operating Expenditures		38062	4951	11696	21416

15－5 博物馆、文物保护管理单位基本情况
Basic Statistics on Museums and Cultural Relic Protection & Management Agencies

项 目		Item		博物馆 Museums		文物保护管理单位 Protection & Management Agencies	
				2004	2005	2004	2005
单位数	**(个)**	**Number of Units**	**(unit)**	**73**	**80**	**92**	**91**
藏　品	**(件)**	**Number of Collections**	**(case)**	**511604**	**516562**	**84053**	**74886**
#一级品		Grade One		1371	1391	265	278
业务活动	**(万元)**	**Vocational Activities**	**(10000 yuan)**				
陈列、展览	(个)	Number of Displays(Exhibitions)	(unit)	451	556	116	92
参观人数	(万人次)	Number of Visitors	(10000 person－times)	749	791	967	948
本年收入	**(万元)**	**Total Income**	**(10000 yuan)**	**18837**	**21874**	**28287**	**31393**
经费支出	**(万元)**	**Total Expenditure**	**(10000 yuan)**	**15044**	**17196**	**25514**	**22584**
#维修费	(万元)	Maintenance Expenses	(10000 yuan)	545	848	3608	4269
固定资产原值	**(万元)**	**Original Value of Fixed Assets**	**(10000 yuan)**	**39895**	**45556**	**12197**	**18594**

15－6 公共图书馆基本情况
Basic Statistics on Public Libraries

项 目		Item		2000	2001	2002	2003	2004	2005
单位数	**(个)**	**Number of Units**	**(unit)**	**83**	**83**	**83**	**83**	**84**	**90**
从业人员	(人)	Staff and Workers	(person)	1936	1949	1924	1932	1999	2122
藏　书	**(万册)**	**Total Collections**	**(10000 volumes)**	**1715**	**1773**	**1848**	**1918**	**2087**	**2324**
发放借书证数	(万个)	Number of Library Cards Distributed	(10000 units)	38	36	45	48	59	63
书刊外借人次	(万人次)	Number of Persons Borrowing Books	(10000 person－times)	674	597	582	614	641	672
书刊外借册次	(万册次)	Number of Books Bo－rrowed by the Readers	(10000 volume－times)	1054	1141	1156	1087	1099	1233
经费总支出	**(万元)**	**Total Expenditure**	**(10000 yuan)**	**8500**	**9930**	**12229**	**16506**	**18951**	**22905**
本年新购图书	(万册)	Number of Books Purchased During the Year	(10000 volumes)	54	58	78	76	102	142
固定资产原值	**(万元)**	**Original Value of Fixed Assets**	**(10000 yuan)**	**30131**	**32924**	**51564**	**59006**	**69211**	**70028**
建筑面积	**(万平方米)**	**Floor Space of Buildings**	**(10000 sq. m)**	**27**	**28**	**28**	**30**	**36**	**41**
阅览室座席数	**(千个)**	**Seating Capacity of Reading Rooms**	**(1000 seats)**	**2**	**2**	**2**	**20**	**21**	**25**

15－7　报纸和杂志出版数量

Number of Newspapers and Magazines Published

项　目	Item	种数(种) Number of Publications (kind)		总印量 (万册、万份) Total Printed Copies (10000 Copies)		总印张 (千印张) Total Printed Sheets (1000 sheets)	
		2004	2005	2004	2005	2004	2005
报　纸	**Newspaper**	**70**	**70**	**255639**	**264913**	**11013153**	**12819128**
综合报	Synthetical Newspapers	46	45	220318	223547	10271475	11813154
专业报	Special Newspapers	24	25	35321	41366	741678	1005974
杂　志	**Magazines**	**217**	**218**	**8925**	**9016**	**260982**	**319879**
综　合	Synthesis	21	47	47	1070	1739	67660
哲学、社会科学	Philosophy and Social Science	51	36	2200	1046	67499	50456
自然科学技术	Natural Science and Technology	100	98	441	517	19257	29426
文化教育	Culture and Education	31	24	5167	5921	133884	153168
文学艺术	Literature and Arts	13	11	1064	447	38453	18502
画　刊	Pictorial	1	2	6	15	150	667
#少年儿童读物	Books for Children	6	7	2637	4685	61492	117057

15－8 图书出版数量

Number of Books Published

项 目	Item	本版图书种数(种) Number of Publications (kind)		租型图书种数(种) Number of Publications for Lease (kind)		总印数(万册、万份) Total Printed Copies (10000 Copies)		总印张(千印张) Total Printed Sheets (1000 sheets)	
		2004	2005	2004	2005	2004	2005	2004	2005
图书总计	**Total**	**6334**	**6818**	**306**	**304**	**26919**	**27443**	**1516174**	**1620919**
使用《中国标准书号》部分合计	Publications with "China Standard Book Number"	6128	6467	306	304	26758	26797	1506412	1599748
#哲学	Philosophy	48	55			37	50	4649	6255
社会科学总论	General Social Science	31	67			16	33	2165	5136
文化、科学、教育、体育	Culture, Science, Education and Sports	3813	4108	260	258	23790	22098	1276827	1331550
文学	Literature	580	404			782	604	63683	54584
艺术	Arts	585	575	36	38	935	975	44312	50690
自然科学总论	General Natural Science	25	19			93	56	3737	2523
不使用《中国标准书号》部分合计	Publications without "China Standard Book Number"	206	351			161	646	9754	21171

15－9 电视节目制作情况
Production of Television Programs

项 目	Item	2000	2001	2002	2003	2004	2005
基本情况	**Basic Statistics**						
省市级电视台 （座）	Television Station （set）	12	12	12	12	12	12
电视节目套数 （套）	Sets of Television Programs （set）		103	104	104	108	111
电视发射台及转播台 （座）	Number of TV Transmission Stations and Relaying Stations at 1 kw and Higher Level （set）	46	44	45	42	624	526
播出时间 （小时）	Broadcasting Hours （Hour/per week） （hour）	6057	9614	9697	10157	531526	593373
新闻资讯节目	News and Information Programs						64183
专题服务节目	Special Subject Service Programs						61198
综艺益智节目	Programs of General Entertainment						36392
影视剧节目	Movie and Teleplay Programs						292007
广告节目	Advertisement						83309
其他节目	Others						56283
电视人口覆盖率 （%）	Viewer Rating （%）	95.80	96.71	97.31	98.14	98.69	98.84
中央电视台（一套节目） （%）	CCTV －1 （%）	93.90	94.32	95.30	95.88	97.18	96.60
浙江电视台（一套节目） （%）	ZJTV－1 （%）	95.00	95.35	96.25	97.03	97.94	95.28
有线电视入户率 （%）	Rate of Households with Cable Television （%）		44.67	51.00	52.55	56.37	58.97

注:2000－2005年电视台座数不包括县级电视台座数。
The data of Television stations from 2000 to 2005 did not include ones at county level.

15－10 广播节目制作情况
Production of Broadcasting Programs

项　目	Item	2000	2001	2002	2003	2004	2005
基本情况	**Basic Statistics**						
省市级广播电台（座）	Broadcasting Stations (set)	12	12	12	12	12	12
广播节目套数（套）	Sets of Broadcasting Programs (set)		92	92	98	103	104
中短波广播发射台和转播台（座）	Number of Broadcasting Transmission Stations and Relaying Stations (set)	37	37	36	36	36	36
县级广播电视台（个）	Number of Broadcast Stations at County and Higher Level (unit)	66	62	62	62	66	66
乡(镇)县属区广播站（个）	Number of Broadcast Stations under County (Township) (unit)	1661	1492	1478	1355	1229	
广播人口综合覆盖率（%）	Listener Rating (%)	93.66	94.85	96.25	97.34	98.18	98.37
中央人民广播电台第一套节目（%）	Channel 1, Central People Broadcasting Station (%)		92.04	94.67	95.71	96.00	97.30
浙江电台第一套节目（%）	Zhejiang Channel 1 (%)	91.14	91.12	92.39	95.84	95.88	94.11
有线广播专用线路（万公里）	Special Routes for Broadcasting (10000 km)		9.0	8.0	7.2	5.9	5.1
农村广播喇叭数（万只）	Number of Broadcast Loudspeaker (10000 units)	563.0	480.0	448.0	391.5	321.1	356.2
全年公共广播节目播出时间（小时）	Broadcasting Hours Per Day (hour)	1064	1453	1450	1615	622907	637577
新闻咨讯类节目	News Programs	99	123	130	150	108455	105668
专题服务类节目	Special Subject Programs	166	242	244	280	139588	156482
综艺类节目	Programs of Entertainment	320	372	385	455	168823	174263
广播剧类节目	Educational Programs	34	53	48	51	21803	22372
广告类	Advertisement	70	102	118	147	69163	63072
其他类节目	Service Programs	161	143	157	168	115073	115719

15－11　体委系统职工人数(2005 年)

Number of Staff and Workers in Sports Commissions(2005)

单位:人　　(person)

类别	Category	总计 Total	体委机关 Sports Commis－sion Or－ganizations	优秀运动队 Excellent Sports Teams	体育运动学校 Physical Education and Sports Schools	业余体校 Sparetime Sports Schools	体育场所 Public Sports Places	其他事业单位 Others
总计	**Total**	**4641**	**855**	**1252**	**621**	**709**	**679**	**525**
公务员	Government Office Worker	562	562					
运动员	Athletes	779		772		3		4
专职教练员(教练员)	Full-time Coaches	814		152	212	408	30	12
专职教师(文化教师)	Full-time Teachers	280		13	182	73		12
科研人员	Scientific and Technical Personnel	15		1	7			7
医务人员	Medical Personnel	51		35	13	1	1	1
管理人员	Administrative Personnel	1153	222	135	113	127	290	266
其他人员	Others	987	71	144	94	97	358	223

注:业余体校包括重点业余体校和普通业余体校。
Sparetime sports schools included key and ordinary sparetime schools.

15－12　等级运动员、裁判员人数

Number of Athletes and Referees in Grades

单位:人　　(person)

项目	Item	2004	2005	项目	Item	2004	2005
等级运动员	**Number of Athletes in Grades**	**1118**	**1842**	**等级裁判员**	**Number of Referees in Grades**	**1136**	**1179**
国际级健将	International Master of Sports	6	1	国际裁判	International Referees		3
国家级健将	National Master of Sports	48	51	国家级	National Referees	34	32
一级	First Grade Sportsmen	55	234	一级	First Grade Referees	227	369
二级	Second Grade Sportsmen	1009	1556	二级	Second Grade Referees	875	775

15-13 运动员分项获奖情况
Awards Won by Athletes by Item

单位:项 (item)

项　目	Item	世界冠军 World Championships 2004	2005	亚洲冠军 Asia Championships 2004	2005	全国冠军 National Championships 2004	2005
合计	**Total**	**12**	**12**	**15**	**19**	**70**	**87**
举重	Weightlifting						
游泳	Swimming	1	2			19	28
田径	Track and Field			1	4	2	10
棋类	Chess	1		2	1	1	2
羽毛球	Badminton	1				1	
射击	Shooting	2	2	8		2	4
拳击	Boxing					1	3
其他	Others	7	8	4	14	44	40

15-14 群众体育活动和新建体育场地情况
Basic Statistics on Activities of Mass Sports and Number of Newly-built Sports Ground

单位:万人、个 (10000 persons、unit)

项　目	Item	2000	2001	2002	2003	2004	2005
参加《国家级体育锻炼标准》活动的学生人数	Number of Students Who Take Part in the State Physical Training Standard	483	498	503	503	511	484
《国家级体育锻炼标准》达标人数	Number of Persons Who Have Come to the State Physical Training Standards	473	487	494	480	501	476
体育场	Sports Grounds	1	1	2	2		
体育馆	Gymnsiums	2	1	2	2	1	
游泳池	Swimming Pools	1	1	2	2	3	3
#室内游泳池	Indoor	1	1			2	3
有固定看台灯光球场	Illuminated Fields with Fixed Seating	1	1				

15－15 卫生事业情况
Statistics on Health Undertakings

项 目	Item	2002	2003	2004	2005
卫生机构数合计(个)	**Total Number of Health Institutions (unit)**	**10708**	**11177**	**11937**	**12555**
医院	Hospital	502	480	519	555
疗养院	Sanatoriam		17	17	16
社区服务中心(站)	Centers of Community Service	872	1274	1880	2345
卫生院	Commune Hospital	2653	2506	2400	2339
门诊部	Clinics	446	494	450	446
诊所医务室卫生所	Consulting Room	5500	5650	5934	6135
专科防治所站	Specialized Prevention Station	33	30	27	27
疾控中心防疫站	Sanitation and Antiepidemic Institutions	102	104	97	98
#卫生防疫站	Sanitation Station	9	4	3	3
妇幼保健机构	Maternity and Child Care Institutions	88	88	88	87
卫生监督所	Sanitation Supervisory Station	84	93	100	102
医学科学研究机构	Research Institutions of Medical Science	9	8	9	9
医学在职培训机构	Training Institutions	21	51	50	45
其他卫生机构	Others	398	382	366	351
床位合计数(张)	**Total Beds(bed)**	**119522**	**126678**	**135139**	**141221**
#医院	Hospital	90794	94866	102295	108958
社区服务中心(站)	Centers of Community Service	1163	1549	1637	1862
卫生院	Commune Hospital	22500	23058	22936	22154
门诊部	Clinics	158	261	400	373
妇幼保健机构	Maternity and Child Care Institutions	3583	3575	4136	4259
专科防治所站	Specialized Prevention Station	484	527	462	607
其他卫生机构	Others	840	2842	3273	3008
卫生人员合计(人)	**Persons Engaged in Health Institutions(person)**	**198335**	**207937**	**221539**	**236197**
卫生技术人员	Medical Technical Personnel	163205	173010	185376	198148
医生	Doctors	74668	79310	83052	88050
其他技术人员	Others	6665	8284	9008	10719
管理人员	Management Personnel	13202	11313	12277	12181
工勤人员	Logistics Workers	15262	15330	14878	15149
在卫生技术人员中	Among them				
执业医师	Licenced Doctors	58290	62781	65213	69549
执业助理医师	Licenced Assistant Doctors	16378	16529	17839	18501
注册护士	Registered Nurses	47075	49298	54874	60259
药剂人员	Medical Pharmacists	14655	15233	15748	16359
检验人员	Laboratory Technicians	8307	8602	9077	9478
其他	Others	18500	20567	22625	24002
平均每千人口拥有卫生技术人员	Number of Medical Technical Personnel Per 1000 Population	3.60	3.80	4.05	4.31
#医生	Doctors	1.65	1.74	1.81	1.91

15－16 医院诊疗次数和入院人数(2005 年)
Number of Hospital Patients(2005)

类 别	Type	机构数(个) Number of Institutions (unit)	诊疗人次数(万人次) Total Number of Patients Treated (10000 person-times)	#门、急诊 Out-Patients and Emergency Patients	入院人数(万人) Hospital Admissions (10000 persons)	每百门急诊次入院人数(人) Hospital Admissions Per 100 Patient-times (person)
医院合计	**Hospitals**	**555**	**9809.43**	**9563.62**	**264.26**	**2.76**
综合医院	**General Hospitals**	**325**	**6989.37**	**6803.63**	**206.56**	**3.04**
中医医院	**Hospitals of Chinese Medicine**	**93**	**1873.44**	**1830.13**	**34.94**	**1.91**
中西医结合医院	**Hospitals which Integrate Traditional Chinese Therapeutics with Western Therapeutics**	**6**	**135.07**	**134.08**	**1.72**	**1.28**
专科医院	**Specialized Hospitals**	**128**	**811.55**	**795.77**	**21.05**	**2.64**
传染病院	Hospitals for Infectious Diseases	3	31.32	31.25	1.62	5.19
精神病院	Mental Hospitals	31	136.70	129.60	3.60	2.78
肿瘤医院	Tumor Hospitals	2	14.39	14.39	2.03	14.10
眼科病院	Ophthalmology Hospitals	9	60.60	60.58	1.00	1.65
妇幼保健院	**Hospitals for Maternity and Children Care**	**87**	**802.48**	**770.74**	**18.55**	**2.41**
社区卫生服务中心	**Center of Community Service**	**66**	**805.57**	**762.14**	**2.42**	**0.32**
卫生院	**Rural Hospitals**	**2339**	**6036.58**	**5837.73**	**39.72**	**0.68**
门诊部	**Clinics**	**446**	**507.91**	**393.33**	**0.36**	**0.09**

15－17 县及县以上医疗机构病床使用情况(2005 年)
Utilization of Hospital Beds at and Above County Level(2005)

类 别	Type	入院人数(人) Hospital Admissions (person)	治愈率(%) Care Rate (%)	病床使用率(%) Utilization Rate of Beds (%)	病床周转次数(次) Turnover of Beds (time)	出院者平均住院日(日) Average Hospitalization Period (day)
合计	**Total**	**3258460**	**61.37**	**78.11**	**25.74**	**10.79**
医院	Health Departments	2642640	57.06	86.16	26.05	11.82
社区卫生服务中心	Center of Community Service	24231	53.45	62.24	13.43	14.46
卫生院	Rural Hospitals	397197	78.35	36.17	21.42	5.71
门诊部	Clinics	3552	93.52	26.80	22.62	3.72

15－18　城市和农村前十位疾病死亡原因和构成
Main 10 Diseases of Death in Urban and Rural Areas

位次 No.	城市死因	Cause of Death in Urban Areas	占死亡总数(%) As % of Total Death		
			2000	2004	2005
	总计	Tolal	93.96	88.83	91.94
1	恶性肿瘤	Malignant Tumour	29.13	30.06	30.78
2	呼吸系统疾病	Respiratory Disease	16.38	16.47	16.42
3	脑血管病	Cerebrovasular Disease	17.65	15.86	16.94
4	损伤和中毒外部原因	Trauma and Toxicosis	5.86	9.92	7.47
5	心脏病	Heart Trouble	13.30	6.78	10.23
6	消化系统疾病	Diseases of Digestion System	3.84	2.94	2.19
7	传染病(不包括呼吸道结核)	Infections and Parasite Pisease	0.83	2.50	2.29
8	泌尿生殖系统疾病	Urinary Disease	1.35	1.66	1.55
9	精神障碍	Mental Disease	1.98	1.59	1.00
10	内分泌、营养和代谢的其他疾病	Other Diseases of Endocrine, Nutrition and Supersession	3.64	1.05	3.07

位次 No.	农村死因	Cause of Death in Rural	占死亡总数(%) As % of Total Death		
			2000	2004	2005
	总计	Tolal	92.53	91.65	91.02
1	恶性肿瘤	Malignant Tumour	21.82	25.07	25.50
2	脑血管病	Cerebrovasular Disease	17.29	19.14	17.60
3	呼吸系统疾病	Respiratory Disease	23.79	17.85	20.28
4	心脏病	Heart Trouble	8.83	11.61	8.74
5	损伤和中毒外部原因	Trauma and Toxicosis	10.77	9.24	10.29
6	内分泌、营养和代谢的其他疾病	Other Diseases of Endocrine, Nutrition and Supersession	1.40	2.95	1.72
7	消化系统疾病	Diseases of Digestion System	3.81	1.67	2.37
8	传染病(不包括呼吸道结核)	Infections and Parasite Pisease	1.39	1.64	2.06
9	泌尿生殖系统疾病	Urinary Disease	1.37	1.30	1.41
10	精神障碍	Mental Disease	2.06	1.18	1.05

15－19 县(区)村卫生室基本情况

项 目		Item		总计 Total		村办 Villiage－run	
				2004	2005	2004	2005
机构数	(个)	Number of Institutions	(unit)	16249	16355	11023	10794
执业(助理)医师	(个)	Licensed (Assistant) Doctors	(unit)	3039	3927	2285	2507
乡村医生和卫生员	(人)	Rural Doctors and Health Workers	(person)	16348	16054	10378	10372
乡村医生数	(人)	Rural Doctors	(person)	16033	15765	10140	10188
#大专及以上学历		College and Above		315	235	231	165
中专学历及中专水平		The Level on Special Secondary School		6616	6663	4510	4653
在职培训合格者		Persons Passed Training		8700	8641	5384	5328
卫生员	(人)	Health Workers	(person)	315	289	238	184
年总收入	(千元)	Total Income	(1000 yuan)	849065	807840	414944	487977
#上级补助收入		Subsidies of the Higher Level		1121	870	999	778
村或集体补助收入		Subsidies of Villiage		4591	1942	3825	1622
业务收入		Business Income		723457	797069	400591	480066
年总支出	(千元)	Total Expenditure	(1000 yuan)	748985	743876	385813	452902
#人员经费		Persons Expenditure		217070	265839	138008	168049
药品支出		Medicines Expenditure		492134	454784	240403	274033
诊疗人次数	(万人)	Patients Treated	(10000 person－times)	2938	3403	1765	2143
孕产妇检查人次数	(人)	Pregnant Women Being Heen Physical Examination	(person)	24800	4144	3800	3376
接生人数	(人)	Number of Deliver Children	(person)	182		182	
儿童疫苗接种人次数	(人)	Children Inoculated	(person)	224334	81885	155744	58289

15 – 19 Basic Conditions of Rural Clinics on County

按设置/主办单位分 by Ownership								按行医方式分 by Type					
乡卫生院设点 Township – run		联合办 Combination		私人办 Private – run		其他 Others		西医为主 Taking Western Medicine as The Dominant Type		中医为主 Taking Chinese Medicine The Dominant Type		中西医结合 Combining Chinese Medicine With Western Medicine	
2004	2005	2004	2005	2004	2005	2004	2005	2004	2005	2004	2005	2004	2005
768	620	326	460	3915	4272	217	209	15174	15466	122	160	953	729
83	87	198	219	449	1043	24	71	2773	3572	94	133	172	222
2160	1289	198	611	3464	3629	148	153	15021	15267	35	48	1292	739
2137	1277	196	572	3412	3575	148	153	14713	14983	35	47	1285	735
17	11	2	6	64	52	1	1	287	202		1	28	32
581	367	87	172	1405	1453	33	18	5940	6172	10	20	666	471
1159	899	107	394	1936	1886	114	134	8466	8384	25	25	209	232
23	12	2	39	52	54			308	284		1	7	4
111458	94267	41316	45591	272761	170759	8586	9246	804186	763074	1825	10409	43054	34357
	14			122	78			1047	796	4	4	70	70
410			5	297	290	59	25	4427	1866		1	164	75
109189	94088	40847	45050	164412	168803	8418	9062	679113	752622	1811	10375	42533	34072
99593	82289	36963	43130	219510	156554	7106	9001	709313	704251	1618	9734	38054	29891
32159	28554		12538	37329	53135	2715	3563	207553	251029	546	3703	8971	11107
54216	48953	29165	25910	163972	100497	4378	5391	463037	431137	1040	5439	28057	18208
345	281	113	183	678	752	36	45	2739	3192	11	37	188	175
16940	249		519	4060				22783	2275			2017	1869
								182					
46729	1000		2040	21051	20176	810	380	210724	79022	2450	100	11160	2763

主要统计指标解释

文化事业机构　指从事专业文化工作和为专业文化工作服务的独立建制的单独核算的单位。不包括这些单位另外举办独立核算的其他机构和各部门的业余文化组织。

艺术表演团体　指从事戏曲、音乐、舞蹈、杂技等专业艺术表演，有独立帐户，实行单独核算的团体。不包括半工半艺、半农半艺和民间职业剧团。

电影放映单位　指具有放映机器设备、固定或不固定的放映场所与专职或兼职的放映技术人员，经有关部门登记批准，经常为一定的观众对象放映电影的机构。包括经批准对外开放进行营业，并与电影发行放映管理机构分帐的专用放映单位和军委系统租片单位。

等级运动员人数　指经考核正式批准授予等级运动员称号的人数。运动员等级分为国际级运动健将、运动健将、一级运动员、二级运动员、三级运动员、少年级运动员 。

等级裁判员人数　指经考核正式批准授予等级裁判员称号的人数。裁判员等级分为国际裁判、国家级裁判、一级裁判、二级裁判、三级裁判。

医院　指名称为医院，设有固定床位能收容病人住院并能为病人提供医疗、护理服务的医疗机构。包括县及县以上医院、农村乡卫生院、其他医院三部分。按所属性质分为卫生部门、工业及其他部门，集体经济单位三类。其中县及县以上医院按业务性质分为综合医院和专科医院。

卫生技术人员　指卫生事业机构支付工资的全部固定职工和合同制职工中现任职务为卫生技术工作的专业人员。包括中医师、西医师、中西医结合高级医师、护师、中药师、西药师、检验师、其他技师、中医士、西医士、护士、助产士、中药剂士、西药剂士 、检验士、其他技士、其他中医、护理员、中药剂员、西药剂员、检验员，其他初级卫生技术人员。

医生　指领取职业医生证书，从事医疗工作的专业人员。分为中医医生、西医医生和助理中西医医生。

Explanatory Notes on Main Statistical Indicators

Cultural Institutions refer to units which have their own organizational system and independent accounting system and specialize in or serve cultural development. They exclude other establishments run by these cultural institutions and amateur cultural groups established by various departments.

Art Troupe refers to the troupe which is engaged in drama, opera, music, dance, acrobatics or other art performance, opens independent accounts with banks and has self – supporting accounting system; excluding the troupes which are engaged partly in industrial or agricultural activities, partly in art performance and the professional troupes organized by the people.

Film Projection Units refer to units with film projection equipment, full or part – time projectionists, permanent or non – permanent places, approved by related administrative departments to show films regularly for certain groups of audience, including those film projection units which have been approved to give commercial shows and run business with independent accounting system as well as those film – renting units of the military system.

Number of Athletes in Grades refers to the number of at athletes who have been given titles through examination. The titles of athletes include international masters of sports, masters of sports, first – grade, second – grade and third – grade sportsmen and young athletes.

Number of Referees in Grades refers to the number of referees who have been given titles after examination. They are classified as international referees, national referees and referees of the first, second and third grades.

Hospitals refer to medical institutions named as "hospital" with permanent hospital beds, which are able to take in patients and provide them with medical and nursing services. Hospitals are classified into three categories: hospitals at or above the county level, hospitals of rural townships, and other hospitals. According to their ownership, hospitals can be classified into three categories: hospitals under the public health departments, hospitals under industrial and other departments and Collective Owned hospitals. Hospitals at or above county level are divided into comprehensive and specialized hospitals.

Medical Technical Personnel refers to all permanent medical staff and workers employed by medical institutions, including doctors of Chinese and Western medicine, senior doctors who integrate traditional Chinese thrapeutics with Western thrapeutics in practice, senior nurses, pharmacists of Chinese and Western medicine, laboratory specialists, other specialists, paramedics of Chinese and Western medicine, nurses, midwives, druggists in Chinese and Western medicine, laboratory technicians, other technicians, other practitioners of Chinese medicine, nursing attendants, pharmacological workers of Chinese and Western medicine, laboratory workers, and other primary medical personnel.

Doctors refer to qualified professional medical workers approved to practice by public health departments. They are classified into doctors of Chinese medicine, doctors of Western medicine, Assistant Doctors.

CHAPTER 16

档案、司法、社会福利和工会组织

Archives, Judicature, Social Welfare and Labour Union

16－1 档案事业机构和人员数
Number of Persons and Institutions of Archives

项 目	Item	机构数（个）Number of Institutions (unit)		专职人员数（人）Full-time Persons (person)		#女性 Female		#大专以上文化程度 College and Higher Level	
		2004	2005	2004	2005	2004	2005	2004	2005
总 计	**Total**	**471**	**498**	**2051**	**2044**	**1115**	**1141**	**1693**	**1700**
档案行政管理部门	Administrative Department of Archives	91	94	959	1016	423	460	799	861
档案馆	Archives	113	114	707	597	361	317	597	515
档案室(处、科)	Archive Offices(Sections)	267	290	385	431	331	364	297	324

16－2 档案馆档案资料馆藏和利用情况(2000－2005 年)
Conditions of Files Stored and Used in the Archives(2000－2005)

项 目	Item	2000	2001	2002	2003	2004	2005
馆藏档案	**Archives Stored**						
全 宗 （个）	Whole Volume (unit)	15131	15285	15405	16366	16446	16954
案 卷 （万卷）	Files (10000 volumes)	486	546	610	681	709	825
录音录像影片 （盘）	Records, Films on Videotape (copy)	11293	13183	16690	17198	13195	14568
照 片 （万张）	Pictures (10000 pieces)	47	48	48	47	45	53
馆藏资料 （万册）	**Number of Material Stored (10000 volumes)**	**96**	**91**	**94**	**100**	**101**	**102**
档案馆面积 （平方米）	**Areas of Archives (sq. m)**	**130889**	**142743**	**151520**	**164637**	**165096**	**202277**
#库房建筑面积	Areas of Storerooms	69335	78948	81402	90537	88185	98140
档案资料利用	**Use of Archive Material**						
利用人次 （万人次）	Number of Persons Using Material (10000 person-times)	3	7	8	10	14	16
利用档案 （万卷、次）	Number of Archives Used (10000 volume-times)	7	27	22	31	50	51
利用资料 （万册、次）	Number of Material Used (10000 volume-times)	3	2	2	3	3	1.1
复 制 （万页）	Copies (10000 pages)	44	32	41	63	51	57
开放档案	**Opening Archives**						
全 宗 （个）	Whole Volume (unit)	8806	8542	8339	9045	9572	9756
案 卷 （万卷）	Files (10000 volumes)	156	147	132	153	154	193

16－3 律师、公证及调解工作基本情况(2000－2005年)
Basic Statistics on Lawyers, Notarization and Mediation(2000－2005)

项 目		Item		2000	2001	2002	2003	2004	2005
律师工作		**Lawyers**							
律师事务所	(个)	Number of Law Offices	(unit)	413	442	469	499	530	547
律师工作人员	(人)	Number of Lawyers	(person)	5607	6340	6931	7137	7851	8285
聘请担任常年法律顾问单位	(处)	Number of Units with Permanent Legal Advisors	(unit)	16569	18432	19552	20186	21398	23218
民事诉讼代理	(件)	Agent of Civil Cases	(case)	42930	51797	58696	65020	75706	83372
刑事辩护及代理	(件)	Defending and Agent of Criminal Cases	(case)	23385	31020	29881	24059	28488	28132
非诉讼法律事务	(件)	Agent of Non-litigious Legal Affairs	(case)	22329	23874	26373	39052	30398	26217
解答法律咨询	(人次)	Legal Advisory Services	(person-times)	219233	177880	250780	225211	210090	271562
代写法律事务文书	(件)	Agent of Legal Document Written on Behalf of Clients	(case)	114172	50962	45499	45663	47393	56887
公证工作		**Notarization**							
公证处	(个)	Number of Notary Offices	(unit)	97	96	97	97	97	97
公证人员	(人)	Notarial Personnel	(person)	601	626	640	757	830	860
#公证员		Notaries		415	406	288	300	296	313
公证员助理		Assistant Notaries		45	30	86	129	534	255
办理国内公证文书	(件)	Number of Domestic Notarized Documents	(case)	399687	378676	390518	491120	458630	402627
#经济合同公证	(件)	Notarized Business Contracts	(case)	188126	170556	203860	271151	241123	199176
人民调解工作		**People's Mediation**							
专职司法助理员	(人)	Number of Full-time Judicial Assistants	(person)	2003	1852	1969	1953	1927	2384
人民调解委员会	(个)	Number of People's Mediation Committees	(unit)	53920	51701	49225	49195	48316	46989
调解人员	(人)	Number of Mediators	(person)	385990	346434	199945	166576	171351	166264
调解民事纠纷	(件)	Number of Civil Disputes Mediated	(case)	169646	166056	169533	161419	178127	190274
法律援助机构	(个)	Assistance Institution of Law	(unit)				100	100	102
工作人员	(人)	Staff and Workers	(person)				384	401	449
承办案件总数	(件)	Number of Cases Accepted	(case)					12365	17244
受援人总数	(人)	Number of Persons Being Assisted	(person)					17399	21412

16－4 涉外公证文书分类(2000－2005年)
Foreign-related Notarial Documents by Type(2000－2005)

单位:件 (case)

分 类	Item	2000	2001	2002	2003	2004	2005
合 计	**Total**	**151888**	**168532**	**206813**	**178765**	**184389**	**212931**
收养子女	Children Adoption	466	237	188	64	87	110
遗 嘱	Testaments	4	3	5836	6	4	2
出 生	Births	34160	34795	40278	29977	33832	40832
死 亡	Deaths	429	381	323	386	455	740
生存、居住	Survival and Residence	427	453	921	623	745	738
学 历	Schooling	6958	8233	9889	8530	5984	5615
经 历	Personal Histories	3017	2579	2566	2066	1716	1404
婚姻状况	Marriages	17419	18082	24761	19496	19912	19167
亲属关系	Kinship	17705	17771	17688	17679	21399	22883
继 承 权	Rights of Inheritance	35	8	5562	9	94	114
受、未受刑事处分	Criminal Records & Uncriminal Records	27556	31778	33302	34236	32864	39301
声 明 书	Declarations	3033	3795	4161	3718	8108	9292
委 托 书	Trust Deeds	906	1028	1561	1184	1669	2265
文本相符	Confirmation of Copies and Photo-offset Copies to Originals	11178	12357	12263	11899	14244	20710
其 他	Others	28595	37032	47514	48892	43276	49758

16－5 调解民间纠纷分类(2000－2005年)
Civil Disputes Mediated by Type(2000－2005)

单位:件 (case)

分 类	Item	2000	2001	2002	2003	2004	2005
合 计	**Total**	**169646**	**166056**	**169533**	**161419**	**74655**	**190274**
婚 姻	Marriages	24711	23102	25708	23820	9558	28232
邻 里	Neighbor Disputes	31155	31233	31928	27793	13376	41829
合 同	Contracts						8132
损害赔偿	Compensation for Damages	18821	18796	20345	20983	11389	28246
劳 动	Labour Dispates						18796
村务管理	Management of Rural Business						3040
土地承包	Contracts of Land						7553
征地拆迁	Land Expropriating and Rehouse						8174
计划生育	Family Planning						1068
施工扰民	Fazing Civilian with Construction						2668
房屋、宅基地	Housing and Housing Sites	19780	18982	16671	14821	7327	13676
其 他	Others	75179	73943	74881	74002	33005	28860

16－6 国内公证文书分类(2000－2005年)

Domestic Notarial Documents by Type(2000－2005)

单位:件 (case)

分 类	Item	2000	2001	2002	2003	2004	2005
总计	**Total**	**399687**	**378676**	**390518**	**484490**	**458630**	**402627**
经济公证	**Notarized Documents on Economic Affairs**	**188126**	**170556**	**203860**	**271151**	**241123**	**199176**
购 销	Purchases and Sales of Products	1983	1149	1080	1079	920	961
联 营	Joint Business	219	179	205	328	207	141
拍 卖	Auctions	7102	988	1010	5686	10949	1973
贷 款	Loans	66210	82033	139718	190875	168643	124692
担 保	Guarantees	4535	5148	5809	1883	947	1314
招标、投标	Bidding	40575	25454	9293	20426	10410	10748
科技协作	Coordination of Science and Technology	12	9	40	7	1	171
供用电	Supply and Use of Electric Power	3031	2356	2	137		1
劳务合同	Labor Contracts	5345	2515	1057	2468	2453	1150
建筑工程承包	Construction Project Contracts	1657	2581	2826	3027	2830	1738
工商服务业承包	Industrial and Commercial Service Contracts	608	407	415	739	356	157
农林牧副渔业承包	Farming, Forestry, Animal Husbandry, Sideline Production and Fishery Contracts	1240	1312	678	645	445	753
财产租赁	Property Leases	941	1557	2127	2128	819	1398
企业租赁	Enterprise Leases	148	170	67	87	37	15
资产经营责任制	System of Asset Business Responsibility	42	96	19	1499	38	6
其他经济合同	Other Business Contracts	28914	14327	7190	9158	8557	5086
法人(代表人)资格	Legal Person (Agent) Identification	190	389	578	734	783	1049
法人委托书	Legal Person Trust Deeds	798	1265	2318	4199	5919	7004
公司章程	Corporation Constitutions	136	162	204	185	229	86
执行许可证明	Operating Permits	167	807	689	1829	2301	3839
其 他	Others	24273	27652	28535	24032	24279	36894

单位:件　　16－6　续表　continued　　(case)

分 类	Item	2000	2001	2002	2003	2004	2005
民事公证	**Notarized Documents on Civil Relations**	**211561**	**208120**	**186658**	**213339**	**217507**	**203451**
收　养	Child Adoption	255	81	56	96	97	70
解除收养	Adoption Renouncements	665	6	19	39	12	5
继 承 权	Rights of Inheritance	8838	9289	11237	13715	14107	14819
遗　嘱	Testaments	2835	2727	3642	4938	4619	4813
产　权	Property Rights	6372	5415	2988	7929	7909	6458
亲属关系	Kinship	3076	3176	6726	4851	2347	2189
死　亡	Death Certificates	45	213	636	38	47	93
房屋买卖	Purchases and Sales of Houses	13476	11387	10263	13375	15316	11890
房屋租赁	House Leases	621	436	658	1123	825	872
留学协议	Foreign Study Contracts	506	457	470	340	185	236
遗赠扶养协议	Donations and Family Fostering	207	255	264	373	325	353
委 托 书	Trust Deeds	6739	9377	13569	26511	56301	49534
赠 与 书	Presentation Documents	4286	3483	4243	5507	4851	4987
声 明 书	Declarations	3029	3815	3304	5524	8878	7461
现场监督	Field Supervision	14629	12173	17599	11805	15758	31894
文本相符	Confirmation of Copies and Photo-offset Copies to Originals	538	756	819	1697	1710	2495
宅基地使用权	Rights to Housing Site	240	264	3864	1425	1278	1334
证据保全	Evidence Preservation	1532	1285	2222	3766	5074	4396
计划生育协议	Birth Control Contracts	63150	56392	10742	7909	3902	3514
其他民事协议	Other Civil Agreements	26861	30125	28416	22856	23781	13581
其　他	Others	53661	57008	64921	79522	50185	42457

16－7 社会福利事业单位基本情况(2000－2005年)

Basic Statiatics on Social Welfare Institutions(2000－2005)

项 目	Item	2000	2001	2002	2003	2004	2005
机构数 (个)	**Number of Institutions (unit)**						
优抚休(疗)养院数	Number of Convalescent Homes	107	85	49	49	45	46
国家举办的社会福利事业单位	Social Welfare Institutions Run by Government	79	83	87	88	146	
社会福利院	Social Welfare Homes	70	74	78	76	76	99
儿童福利院	Welfare Homes for Children	6	6	6	6	6	8
精神病人福利院	Welfare Homes for Mental Patients	2	2	2	2	1	1
其他收养单位	Others		1	1	1	3	
社会办收养性单位	Adoption Units Run by Communities	1976	1863	1808	1663	1470	
非收养性事业单位	Number of Non-adoption Institutions	291	284	298	300		
#殡葬事业	Funeral and Interment Institutions	187	174	187	185	190	195
福利企业单位	Number of Social Welfare Enterprises and Institutions						
#国有	State-owned	83	50	60	9	8	7
集体	Collective Owned	3436	3401	3096	3167	3037	2751
民办	Run by Individuals			488	439	300	493
收养人数 (人)	**Number of Persons Adopted (person)**	**40727**	**43589**	**49784**	**53842**	**71495**	**82374**
优抚休(疗)养院	Convalescent Hospital	378	532	558	580	627	689
国家举办的社会福利事业单位	Social Welfare Institutions Run by Government	6519	7352	8171	9078	11456	
社会福利院	Social Welfare Homes	5314	6003	6810	7412	7640	
儿童福利院	Welfare Homes for Children	848	958	978	1163	1116	
精神病人福利院	Welfare Homes for Mental Patients	335	350	324	384	36	
其他收养单位	Others	22	41	59	119	233	
社会办收养性单位	Adoption Units Run by Communities	33830	35705	41055	44184	60039	
福利企业单位全部职工人数 (万人)	**Total Number of Staff and Workers Engaged in Welfare Institutions (10000 persons)**		**24.3**	**22.22**	**24.36**	**23.69**	**21.74**
#残疾人数	Number of Disabled Persons	9.4	9.6	9.6	10.69	10.46	9.81

16-8 享受国家抚恤、补助及救济人员情况(2000-2005年)
Persons Enjoying Subsidy and Commiseration of Country(2000-2005)

单位:人、户 (person, household)

项 目	Item	2000	2001	2002	2003	2004	2005
享受定期抚恤人数	Number of Persons Receiving Periodical Commiseration	6465	6279	6235	6490	6385	6114
革命伤残人员抚恤人数	Number of Persons Receiving Disability Commiseration	22247	21777	21874	21373	21346	21300
享受定期补助优抚对象数	Number of Persons Receiving Periodical Subsidies	84339	80755	79887	79304	77966	74783
#在乡复员军人	Rural Demobilized Soldier	55815	52149	50154	48055	44712	43577
在乡退伍军人	Rural Veteran	27345	27556	28993	30161	30831	30646
社会困难户得到国家临时救济人次数	Number of Persons in Poor Households Receiving Temporary Government Relief Funds	467547	384799	300103	228090	420595	620592
社会困难户得到国家定期定量救济人数	Number of Persons in Poor Households Receiving Periodical and Fixed Government Relief Funds	26266	32835	32443	28397		
精减退职老弱残职工得到救济人数	Number of Laid-off, Retired, Elderly and Disabled Staff and Workers Receiving Relief Funds	16386	16363	15753	11734	10527	11588
享受原工资40%救济人数	Persons Receiving 40% of Their Original Wages	3256	3204	3021	2964	2619	2573
享受定期定量救济人数	Persons Receiving Periodical and Fixed Relief Funds	13130	13159	12732	14972	14091	13664

16－9 自然灾害救济情况(2000－2005年)
Relief for Natural Disasters(2000－2005)

项　目		Item		2000	2001	2002	2003	2004	2005
遭受自然灾害成灾人口	(万人)	Number of Persons Affected by Natural Disasters	(10000 persons)	836	457	772	936	984	2778
救济人口	(万人)	Number of Affected Persons Receiving Government Relief	(10000 persons)	108	75	110	174	148	85
占成灾人口比重(%)		Percentage to Persons Affected	(%)	12.9	16.4	14.2	18.6	15.0	
自然灾害救济支出	(万元)	Number of Relief Expenditure for Natural Disasters	(10000 yuan)	7108	5990	10298	10819	20365	26457

注:遭受自然灾害成灾人口2005年指标口径已作调整。　The Number of Persons Affected by Natural Disasters in 2005 was adjusted.

16－10 内地居民婚姻登记情况(2000－2005年)
Marriages of Interior Residents(2000－2005)

项　目		Item		2000	2001	2002	2003	2004	2005
准予登记结婚数	**(对)**	**Registered Marriages**	**(couple)**	**384032**	**333846**	**355987**	**356910**	**399211**	**353040**
初婚数	(人)	First Marriages	(person)	727576	628281	655481	658873	721680	641745
恢复结婚人数	(人)	Resume Marriages	(person)	1226	1878	1947	2052	2792	3387
再婚数	(人)	Remarriages	(person)	40488	39411	56493	54947	67730	64335
男	(人)	Male	(person)	19302	17953	22817	26368	31593	35329
女	(人)	Female	(person)	21186	21458	33676	28579	36137	29006
准予登记离婚数	**(对)**	**Divorces Approved**	**(couple)**	**20447**	**22965**	**24012**	**32248**	**46424**	**52055**

16－11 工会工作情况(2000－2005年)
Basic Statistics on Unions(2000－2005)

项 目		Item		2000	2001	2002	2003	2004	2005
工会情况		**Basic Statistics on Unions**							
基层工会组织数	**(个)**	**Number of Grassroots Unions**	**(unit)**	**65176**	**84341**	**133067**	**56429**	**63683**	**71168**
全省已建立工会组织的基层单位职工和会员人数		**Membership and Number of Staff and Workers in Grassroots Unions**							
在岗职工人数	(万人)	Number of Staff and Workers	(10000 persons)	566.66	655.90	709.47	721.05	783.56	888.83
#女职工		Female		223.37	227.27	305.10	312.36	349.41	396.15
会员人数	(万人)	Membership	(10000 persons)	449.36	650.57	636.27	643.06	704.09	803.77
#女会员		Female		178.67	195.78	267.25	271.75	307.35	346.69
工会专职干部	(万人)	Full-time Cadres	(10000 persons)	0.58		0.64	0.74	0.67	0.60
提出合理化建议	**(万件)**	**Advanced Rationalization Proposals**	**(10000 cases)**	**26.72**		**19.44**	**28.50**	**19.00**	**24.86**
已实施合理化建议创造的经济效益	(万元)	Economic Benefit Created by Carrying out Rationalization Proposals	(10000 yuan)	63335		68600	120820	117171	176585
开展技术创新活动的单位	**(个)**	**Developing Labour Emulation**	**(unit)**			**6690**	**12029**	**10363**	**10884**
建立了工会劳动法律监督组织	**(个)**	**Organization of Labor Law Supervision Established by Grossroots Unions**	**(unit)**			**7450**	**8179**	**11274**	**14461**
妇联工作情况		**Condition of the Women Federation**							
妇联的基层组织数	(个)	Number of Grassroots Women Federation	(unit)	56308	42746	41284	43914	43922	45410
接受技术培训人数	(万人)	Number of Women Participating in Technical Training	(10000 persons)	93.36	52.57	111.52	79.56	79.56	90.14
巾帼文明示范岗		**The Demonstration Posts of Women Civilization**							
巾帼文明示范岗数	(个)	Number of Posts	(unit)	1398	4024	4891		4891	4423
评选巾帼建功标兵数	(人)	Number of Persons	(person)		335	838	308	970	898
来信来访处理情况		**Treatment of the Letters From the People and the Persons Coming to Visit**							
来信件数	(件)	The letters	(case)	2412	3158	1591	1653	1653	1372
来访人数	(人)	Persons	(person)	9724	14982	17965	16894	16894	17451
重大案件	(件)	Major Cases	(case)	172	140	77	46	46	50
五好文明家庭	**(户)**	**Civilized Families**	**(household)**	**73348**	**150164**	**1817227**	**2360108**	**2360108**	**3055408**

主要统计指标解释

社会福利事业单位 指集中收养社会孤老,残,幼的机构。包括由民政部门管理的社会福利院、儿童福利院、精神病人福利院和城镇集体办的福利院,以及农村集体举办的敬老院。

社会福利事业单位收养人数 包括民政部门管理和城镇及农村集体举办的社会福利事业单位中收养的老人,少年儿童,缺乏生活自理能力的残疾人员和精神病人。

社会福利企业单位 指以安置城镇有一定劳动能力的盲,聋,哑和肢体残疾人员就业为目的,享受国家减免税待遇的国有或集体经济性质的企业。包括福利工厂、福利商业服务业、假肢厂和安置农场等单位。

律师 指受聘参加法律顾问处工作,提任法律顾问、刑(民)事代理人、刑事辩护人、办理非诉讼事件、解答法律询问、代定法律事务文书等主要从事律师业务的专职法律工作者和兼职律师。

公证人员 指在国家公证机关依法办理公证事务的司法人员。包括公证员、助理公证员和在公证员和在公证处工作的其他人员。

办理公证文书 指公证处在一定时期内办结的公证文书件数。公证文书系按司法部规定或批准的格式制作。包括国内公证和涉外公证两部分。其中国内公证分为经济合同公证和民事法律关系公证两大类。

调解人员 在人民调解委员会担负调解民间一般民事纠纷和轻微违法行为所引起和纠纷的工作人员。包括调解委员会的委员和调解小组的调解员。

调解民间纠纷 指调解委员会依照法律规定,根据自愿原则,用说服教育的方法调解民间发生的有关民事权利和义务的争执,促成当事双方达到协议和谅解,解决纠纷。包括婚姻家庭纠纷,财产权益纠纷等。不包括法院受理调解的民事案件数。

受理劳动争议案件数 是指劳动争议仲裁委员会根据国家有关规定,对劳动争议当事人的申请予以审查,符合受理条件而正式立案,准备处理的劳动争议案件数。

离休、退休、通职人员 指正式办理了离休、退休、退职手续,并享受相应的离休、退休、退职待遇的人员。

保险福利费用 指企业、事业、机关单位在工资以外实际支付给职工和离休、退休、退职人员个人以及用于集体的劳动保险和福利费用。

Explanatory Notes on Main Statistical Indicators

Social Welfare Institutions refer to institutions taking care of old people without children, handicapped people and orphans. They include social welfare institutions run by civil affairs departments, children' s welfare institutions social welfare institutions for mental patients, and Collective Owned old people' s homes in tual areas.

Number of People Taken in by Social Welfare Institutions refers to the number of old people, children, totally dependent handicapped people and mental patiens taken in by scoial welfare institutions run by civil affairs departments and those run by collective units in urban and rural aress.

Social Welfare Enterprises are Collective Owned enterprises which employ the blind, deaf-mute, and other handicapped people who are able to work in cities and towns and enjoy exemption from state taxes, including welfare plants, welfare commercial services, artificial limb plants and farms, etc.

Lawyers are legal workers who are employed full-time by legal counseling firms to act as legal advisres, agents in criminal or civil lawsuits, or defenders in criminal lawsuits, or to handle non-litigious legal affairs, to advise on matters of law or to write legal papers for others. Both full-time and part-time lawyers are included.

Notary Personnel refers to judicial workers of the state notary offices handing notarization work according to law. They include notaries, assistant notaries, and other people working for notary offices.

Notarized Documents refer to the documents settled by notary offices in a year. The notarial documents are drawn up in accordance with the regulations of the Ministry of Justice, including domestic documents and foreign-related documents. Domestic documents are divided into two major categoriees, documents on economic contracts and documents on civil legal relations.

Mediators refer to workers on people' s mediation committees responsible for mediating in civil dispites and cases of slight infraction of the law. They include members of the mediation committees and mediators of mediation groups.

Medliation of Civil Disputes refers to mediation committees' work in mediating in civi ldisputes concerning civil rights and duties through persuasion and education in accordance with the provisions of law on a voluntary basis, so as to solve disputes by helping the parties involved come to an agreement and understanding. These disputes include divorce cases and disputes over property ownership, but exclude the civil cases to be handled by the court.

Number of Labour Dispute Cases Accepted refers to the number of cases of labour dispute submitted that, after being reviewed by the labour dispute arbitration committees in line with the relevant state regulations, are accepted and registered for trearment.

Retired or Resigned Personnel refers to the persons who have formally gone through the formalities for their retorement or quitting work and enjoy the corresponding treatments.

Insurance and welfare funds refers to labour insurance and welfare fund paid by enterprises, organizations and institutions to their staff and workers as well as retired and resigned in addition to their wages and salaries.

ZHEJIANG STATISTICAL YEARBOOK

CHAPTER 17

各市、县国民经济主要指标

Major Indicators of National Economy by City and County

17－1 各市土地面积和行政区划(2005 年)
Land Area and Administrative Divisions by City(2005)

城 市 City		土地面积(平方公里) Land Area (sq. km)	市辖区(个) Districts Under City Administration (unit)	县(县级市)(个) Counties (Cities) (unit)	建制镇(个) Towns (unit)	乡(个) Townships (unit)	村(个) Villages (unit)
浙东北	**Eastern and Northern Region**	**45697**	**21**	**25**	**390**	**96**	**13256**
杭州市	Hangzhou	16596	8	5	110	39	3681
宁波市	Ningbo	9672	6	5	80	11	3075
嘉兴市	Jiaxing	3915	2	5	53	1	953
湖州市	Huzhou	5818	2	3	44	16	1046
绍兴市	Shaoxing	8256	1	5	80	17	4077
舟山市	Zhoushan	1440	2	2	23	12	424
浙西南	**Western and Southern Region**	**58252**	**11**	**33**	**368**	**397**	**21259**
温州市	Wenzhou	11784	3	8	119	143	5322
金华市	Jinhua	10918	2	7	69	37	4828
衢州市	Quzhou	8841	2	4	52	65	2597
台州市	Taizhou	9411	3	6	65	28	5036
丽水市	Lishui	17298	1	8	63	124	3476

17－2 各市国民经济主要指标(2005年)

Main Indicators of National Economy by City(2005)

城 市 City		年末总人口(万人) Total Population by year－end (10000 persons)	生产总值(亿元) Gross Domestic Product (100 million yuan)	第一产业 Primary Industry	第二产业 Secondary Industry	#工业 Industry
浙东北	**Eastern and Northern Region**	**2340.88**	**8923.5**	**560.83**	**4857.86**	**4305.74**
杭州市	Hangzhou	660.45	2942.65	148.21	1496.94	1329.60
宁波市	Ningbo	556.70	2449.31	132.26	1341.46	1188.55
嘉兴市	Jiaxing	334.33	1159.66	84.45	681.93	609.12
湖州市	Huzhou	257.58	644.25	63.00	353.27	313.07
绍兴市	Shaoxing	435.09	1447.47	93.07	873.00	779.33
舟山市	Zhoushan	96.73	280.16	39.84	111.26	86.08
浙西南	**Western and Southern Region**	**2261.22**	**4546.76**	**326.29**	**2379.64**	**2114.95**
温州市	Wenzhou	750.28	1596.35	64.89	866.88	795.39
金华市	Jinhua	454.13	1063.54	65.66	565.15	491.41
衢州市	Quzhou	245.57	329.11	49.27	152.31	122.92
台州市	Taizhou	559.85	1251.77	102.64	658.14	597.72
丽水市	Lishui	251.39	305.99	43.84	137.15	107.51

17－2 续表1 continued

城 市 City		第三产业 Tertiary Industry	人均生产总值（元） Per Capita GDP (yuan)	全社会从业人员年末数（万人） Total Employed Persons by year－end (10000 persons)	社会消费品零售总额（亿元） Total Retail Sales of Consumer Goods (100 million yuan)
浙东北	**Eastern and Northern Region**	**3504.81**		**1635.30**	**2829.23**
杭州市	Hangzhou	1297.50	44853	481.10	975.43
宁波市	Ningbo	975.59	44156	415.10	759.83
嘉兴市	Jiaxing	393.28	34706	240.83	374.44
湖州市	Huzhou	227.98	25030	157.72	237.75
绍兴市	Shaoxing	481.40	33283	284.83	381.63
舟山市	Zhoushan	129.05	28936	55.72	100.14
浙西南	**Western and Southern Region**	**1840.83**		**1436.93**	**1802.46**
温州市	Wenzhou	664.58	21335	488.39	680.86
金华市	Jinhua	432.72	23482	312.00	418.84
衢州市	Quzhou	127.53	13401	125.46	134.74
台州市	Taizhou	490.99	22438	368.67	439.92
丽水市	Lishui	125.00	12189	142.41	128.10

17－2 续表2 continued

城 市 City		全社会固定资产投资(亿元) Total Investment in Fixed Assets (100 million yuan)	出口总额(亿美元) Exports (USD 100 million)	财政总收入(亿元) Total Financial Revenue (100 million yuan)	地方财政收入(亿元) Local Financial Revenue (100 million yuan)
浙东北	**Eastern and Northern Region**	**4679.74**	**602.13**	**1376**	**664**
杭州市	Hangzhou	1386.68	198.04	521	250
宁波市	Ningbo	1336.30	222.33	466	212
嘉兴市	Jiaxing	703.46	70.44	135	67
湖州市	Huzhou	416.05	19.96	74	40
绍兴市	Shaoxing	676.13	81.42	151	76
舟山市	Zhoushan	161.12	9.95	29	18
浙西南	**Western and Southern Region**	**2019.20**	**165.32**	**544**	**290**
温州市	Wenzhou	542.11	61.84	205	110
金华市	Jinhua	507.47	43.87	124	68
衢州市	Quzhou	233.84	3.24	32	20
台州市	Taizhou	537.62	51.96	147	72
丽水市	Lishui	198.16	4.41	35	20

17－2 续表3 continued

城　市 City		地方财政支出（亿元） Local Financial Expenditure (100million yuan)	城乡居民储蓄存款年末余额（亿元） Savings Deposits of Urban and Rural Residents (100 million yuan)	城镇居民人均可支配收入（元） Per Capita Disposable Income of Urban Residents (yuan)	农村居民人均纯收入（元） Per Capita Net Income of Rural Residents (yuan)
浙东北	**Eastern and Northern Region**	**733**	**5781.17**		
杭州市	Hangzhou	238	2191.66	16601	7655
宁波市	Ningbo	265	1458.80	17394	7810
嘉兴市	Jiaxing	73	737.14	16189	8007
湖州市	Huzhou	44	330.93	15375	7288
绍兴市	Shaoxing	80	889.10	17516	7704
舟山市	Zhoushan	32	173.54	15524	7190
浙西南	**Western and Southern Region**	**345**	**3052.74**		
温州市	Wenzhou	93	1161.31	19805	6845
金华市	Jinhua	81	774.94	15387	5516
衢州市	Quzhou	37	198.16	13006	4850
台州市	Taizhou	88	711.76	17394	6689
丽水市	Lishui	46	206.57	12846	3572

17－3 全社会从业人员数(2005 年底)

Total Employed Persons(End of 2005)

单位:万人 (10000 persons)

城 市 City		全社会从业人员数 Total Employed Persons	第一产业 Primary Industry	第二产业 Secondary Industry	第三产业 Tertiary Industry
浙东北	**Eastern and Northern Region**	**1635.30**	**329.92**	**814.18**	**491.20**
杭州市	Hangzhou	481.10	91.63	222.16	167.31
宁波市	Ningbo	415.10	76.40	213.20	125.50
嘉兴市	Jiaxing	240.83	42.40	144.45	53.98
湖州市	Huzhou	157.72	41.11	66.39	50.22
绍兴市	Shaoxing	284.83	64.52	147.65	72.66
舟山市	Zhoushan	55.72	13.86	20.33	21.53
浙西南	**Western and Southern Region**	**1436.93**	**428.13**	**527.84**	**480.96**
温州市	Wenzhou	488.39	102.30	192.86	193.23
金华市	Jinhua	312.00	93.00	128.20	90.80
衢州市	Quzhou	125.46	60.01	34.45	31.00
台州市	Taizhou	368.67	103.83	140.06	124.78
丽水市	Lishui	142.41	68.99	32.27	41.15

17－4 各市年末单位从业人员数(2005年底)

Employed Persons by City(End of 2005)

单位:万人 (10000 persons)

城市 City		年末单位从业人员数 Total Employed Persons by Unit	农、林、牧、渔业 Agriculture	采矿业 Mining and Quarrying	制造业 Manufacturing	电力、煤气及水的生产和供应业 Electricity, Gas and Water Production and Supply	建筑业 Construction	交通运输仓储及邮电通信业 Transport, Storage, Post & Telecommunication
浙东北	**Eastern and Northern Region**	**337.95**	**0.64**	**1.30**	**142.32**	**6.14**	**47.32**	**12.62**
杭州市	Hangzhou	101.77	0.21	0.08	37.30	1.61	6.96	5.81
宁波市	Ningbo	81.03	0.17	0.03	27.64	1.40	18.82	3.53
嘉兴市	Jiaxing	61.18	0.15	0.03	41.08	1.14	1.87	0.71
湖州市	Huzhou	24.26	0.04	0.85	10.13	0.56	1.70	0.70
绍兴市	Shaoxing	58.94	0.05	0.24	23.69	1.03	16.96	0.97
舟山市	Zhoushan	10.77	0.02	0.07	2.48	0.40	1.01	0.90
浙西南	**Western and Southern Region**	**190.25**	**1.21**	**0.52**	**61.09**	**3.92**	**35.20**	**6.72**
温州市	Wenzhou	82.71	0.14	0.23	38.26	1.21	12.89	2.85
金华市	Jinhua	38.74	0.12	0.02	8.71	0.65	9.40	1.65
衢州市	Quzhou	13.43	0.09	0.05	4.09	0.42	0.94	0.54
台州市	Taizhou	41.38	0.51	0.08	7.52	1.01	11.26	1.13
丽水市	Lishui	13.99	0.35	0.14	2.51	0.63	0.71	0.55

城 市 City		信息传输、计算机服务和软件业 Information Transmission, Computer Services and Software	批发和零售贸易 Wholesale and Retail Sale Trade	住宿、餐饮业 Hotels and Catering Services	金融业 Finance	房地产业 Real Estate	租赁和商业服务 Leasing and Commercial Services	科学研究、技术服务和地质勘查 Technic and Geological Prospecting
浙东北	**Eastern and Northern Region**	**3.22**	**12.84**	**6.74**	**11.89**	**3.89**	**8.73**	**5.24**
杭州市	Hangzhou	1.77	5.10	3.41	3.94	1.71	4.01	3.03
宁波市	Ningbo	0.44	3.32	1.43	3.18	0.75	1.75	0.97
嘉兴市	Jiaxing	0.31	1.57	0.65	1.70	0.68	0.85	0.51
湖州市	Huzhou	0.21	0.58	0.38	0.97	0.22	1.33	0.25
绍兴市	Shaoxing	0.38	1.65	0.61	1.59	0.25	0.55	0.31
舟山市	Zhoushan	0.11	0.62	0.26	0.51	0.28	0.24	0.17
浙西南	**Western and Southern Region**	**1.73**	**6.38**	**3.10**	**7.21**	**2.28**	**3.13**	**2.17**
温州市	Wenzhou	0.55	2.85	1.20	2.01	1.24	0.64	0.65
金华市	Jinhua	0.32	1.17	0.60	1.58	0.27	1.36	0.53
衢州市	Quzhou	0.17	0.26	0.08	0.77	0.09	0.11	0.17
台州市	Taizhou	0.43	1.67	1.07	2.05	0.57	0.81	0.57
丽水市	Lishui	0.26	0.43	0.15	0.80	0.11	0.21	0.25

城　市 City		水利、环境和公共设施管理业 Water Conservancy, Environment and Public Facilities Management	居民服务和其他服务业 Resident Services and Other Services	教育 Education	卫生、社会保障和社会福利业 Health Care, Social Security and Social Welfare	文化、体育和娱乐业 Culture, Sports and Recreation	公共管理和社会组织 Public Management and Social Organization
浙东北	**Eastern and Northern Region**	**3.82**	**0.77**	**29.23**	**14.28**	**3.18**	**23.79**
杭州市	Hangzhou	1.33	0.35	10.43	5.30	1.54	7.87
宁波市	Ningbo	1.06	0.21	6.84	3.28	0.74	5.47
嘉兴市	Jiaxing	0.53	0.09	3.97	1.90	0.29	3.16
湖州市	Huzhou	0.33	0.01	2.24	1.10	0.11	2.56
绍兴市	Shaoxing	0.42	0.09	4.57	2.12	0.35	3.11
舟山市	Zhoushan	0.15	0.02	1.18	0.58	0.15	1.62
浙西南	**Western and Southern Region**	**2.09**	**0.20**	**22.31**	**9.65**	**1.44**	**19.95**
温州市	Wenzhou	0.37	0.07	7.56	3.04	0.53	6.44
金华市	Jinhua	0.74	0.03	4.88	2.18	0.31	4.23
衢州市	Quzhou	0.11	0.01	2.07	0.79	0.11	2.56
台州市	Taizhou	0.61	0.07	5.18	2.50	0.27	4.09
丽水市	Lishui	0.26	0.02	2.62	1.14	0.22	2.63

17－5 各市农、林、牧、渔业总产值(2005年)

Gross Output Value of Farming, Forestry, Animal Husbandry and Fishery by City(2005)

单位:亿元 (100 million yuan)

城市	City	农、林、牧、渔业总产值 Total Output Value	农业产值 Farming	林业产值 Forestry	牧业产值 Animal Husbandry	渔业产值 Fishery	农林牧渔业服务业产值 Services
浙东北	**Eastern and Northern Region**	**901.23**	**401.26**	**55.13**	**187.08**	**243.19**	**14.56**
杭州市	Hangzhou	219.48	113.66	23.30	49.59	27.08	5.85
宁波市	Ningbo	207.40	91.14	5.31	32.93	75.31	2.71
嘉兴市	Jiaxing	139.68	64.03	0.60	50.46	19.99	4.60
湖州市	Huzhou	106.08	42.33	14.36	24.48	24.14	0.77
绍兴市	Shaoxing	141.40	84.18	11.38	26.93	18.27	0.64
舟山市	Zhoushan	87.19	5.92	0.18	2.69	78.40	
浙西南	**Western and Southern Region**	**537.51**	**254.32**	**22.73**	**103.19**	**150.22**	**7.06**
温州市	Wenzhou	108.43	43.95	2.11	19.47	41.51	1.39
金华市	Jinhua	102.88	58.09	3.32	30.86	8.07	2.54
衢州市	Quzhou	73.54	40.08	5.64	24.29	2.97	0.56
台州市	Taizhou	184.79	65.87	2.84	18.27	96.16	1.65
丽水市	Lishui	67.87	46.33	8.82	10.30	1.51	0.91

17－6 各市播种面积(2005年)
Sown Area by City(2005)

城市 City		农作物播种面积(千公顷) Sown Area of Farm Crop (1000 hectares)	#粮食 Grain	#谷物 Cereal	#油料 Oilbearing Crops	#棉花 Cotton	#蔬菜瓜类 Vegetable and Melon	果用瓜 Melon Used as Fruit
浙东北	**Eastern and Northern Region**	**1645.54**	**809.12**	**647.52**	**183.60**	**12.35**	**392.89**	**59.88**
杭州市	Hangzhou	397.59	186.18	135.55	40.90	0.74	103.05	9.83
宁波市	Ningbo	332.53	145.27	110.06	17.71	6.77	93.36	21.28
嘉兴市	Jiaxing	354.19	182.74	157.62	57.59	1.53	78.02	11.48
湖州市	Huzhou	233.11	125.29	103.32	43.79	0.02	37.53	6.98
绍兴市	Shaoxing	300.89	157.86	134.12	20.88	3.17	70.98	8.43
舟山市	Zhoushan	27.23	11.78	6.85	2.73	0.12	9.95	1.88
浙西南	**Western and Southern Region**	**1236.50**	**743.90**	**586.09**	**65.65**	**5.58**	**273.84**	**42.62**
温州市	Wenzhou	276.02	171.95	140.06	4.72	0.09	72.97	11.91
金华市	Jinhua	262.19	152.73	127.02	20.58	3.63	46.26	8.22
衢州市	Quzhou	216.85	140.27	116.24	26.82	1.23	30.46	2.60
台州市	Taizhou	286.01	165.86	123.32	4.83	0.59	72.22	16.90
丽水市	Lishui	195.43	113.09	79.45	8.70	0.04	51.93	2.99

17－7 各市主要农产品产量(2005 年)
Output of Major Farm Products by City(2005)

单位:吨 (ton)

城市 City		粮食 Grain	#谷物 Cereal	油菜籽 Rapeseeds	棉花 Cotton	水果 Fruit	#柑桔 Citrus	茶叶 Tea	蚕茧 Silkworm Cocoons
浙东北	**Eastern and Northern Region**	**4868113**	**4271118**	**359642**	**13716**	**3010962**	**395139**	**99128**	**78443**
杭州市	Hangzhou	1034950	848155	70733	1038	525535	105697	25551	16339
宁波市	Ningbo	801155	681174	24294	7184	1187917	224098	21411	106
嘉兴市	Jiaxing	1193952	1103506	139664	1940	485102	26352	158	37578
湖州市	Huzhou	822112	732106	89792	28	249613	817	8461	18920
绍兴市	Shaoxing	963920	869738	31364	3448	485595	19400	43415	5500
舟山市	Zhoushan	52024	36439	3795	78	77200	18775	132	
浙西南	**Western and Southern Region**	**3895188**	**3325997**	**87206**	**7850**	**2768682**	**1085914**	**45242**	**6921**
温州市	Wenzhou	858299	730381	5084	73	385701	48640	3120	
金华市	Jinhua	848676	760660	28742	5426	444894	106838	17552	3359
衢州市	Quzhou	814219	721030	36074	1695	544547	455234	7334	1080
台州市	Taizhou	824828	661446	6461	602	1069970	314849	3143	461
丽水市	Lishui	549166	452480	10845	54	323570	160353	14093	2021

17－7 续表 continued

城 市 City		生猪年末存栏头数（万头）Year-end Hogs（10000 heads）	牛年末存栏头数（头）Year-end Cattle（head）	羊年末存栏只数（万只）Year-end Sheep and Goats（10000 heads）	肉产量（吨）Output of Meat（ton）	#猪肉 Pork	禽蛋产量（吨）Poultry Eggs（ton）	牛羊奶产量（吨）Cow and Sheep Milk（ton）	水产品产量（吨）Output of Aquatic Products（ton）
浙东北	**Eastern and Northern Region**	**768.28**	**88734**	**180.99**	**1158633**	**829227**	**400914**	**106087**	**2728340**
杭州市	Hangzhou	165.28	35504	22.44	307377	229145	98722	50436	147800
宁波市	Ningbo	85.86	21730	10.60	174579	112906	141194	28029	917155
嘉兴市	Jiaxing	320.81	3374	88.28	330169	257652	65463	10444	145136
湖州市	Huzhou	83.98	8703	41.48	163965	99737	36908	12009	178383
绍兴市	Shaoxing	99.90	18286	16.31	163897	114408	50303	3597	99033
舟山市	Zhoushan	12.45	1137	1.88	18646	15379	8324	1572	1240833
浙西南	**Western and Southern Region**	**562.10**	**234440**	**48.25**	**704197**	**568506**	**165331**	**145675**	**2073928**
温州市	Wenzhou	77.18	46132	16.92	114551	82391	46958	24593	623381
金华市	Jinhua	142.08	64036	10.11	187712	144863	50829	103730	51265
衢州市	Quzhou	171.17	33119	3.87	188572	170626	21731	2907	32372
台州市	Taizhou	100.10	38723	6.47	132300	108590	37919	13461	1350028
丽水市	Lishui	71.57	52430	10.88	81062	62036	7894	984	16882

17-8 各市农业现代化情况(2005年)
Agricultural Modernization by City(2005)

城市 City		农业机械总动力(千瓦) Total Power of Agricultural Machinery (kw)	农村用电量(万千瓦小时) Electricity Consumed in Rural Area (10000 million kw. h)	农用化肥施用量(折标)(吨) Consumption of Chemical Fertilizers (standard) (ton)	农用化肥施用量(折纯)(吨) Consumption of Chemical Fertilizers (pure) (ton)	机耕面积(千公顷) Area Ploughed by Tractors (1000 hectares)	有效灌溉面积(千公顷) Irrigated Area (1000 hectares)	旱涝保收面积(千公顷) Stable Yields Ensured Despite Disasters (1000 hectares)
浙东北	**Eastern and Northern Region**	**12729512**	**3889797**	**2451831**	**513740**	**622.12**	**832.48**	**673.20**
杭州市	Hangzhou	2972806	766614	617204	130462	135.17	165.43	132.88
宁波市	Ningbo	2843753	1011773	573432	119747	123.98	179.81	127.91
嘉兴市	Jiaxing	1719725	556154	511162	106242	137.14	196.75	175.01
湖州市	Huzhou	1535388	275484	266648	56045	107.13	128.32	119.66
绍兴市	Shaoxing	2022195	1199766	462829	97031	109.83	149.60	107.31
舟山市	Zhoushan	1635644	80006	20556	4213	8.87	12.57	10.43
浙西南	**Western and Southern Region**	**8343985**	**1315895**	**2049678**	**428925**	**367.93**	**578.58**	**387.85**
温州市	Wenzhou	1980990	485328	424373	88784	80.89	126.79	74.56
金华市	Jinhua	1928812	263646	504601	105686	104.28	157.68	116.94
衢州市	Quzhou	824810	66014	415368	87739	52.26	89.33	67.16
台州市	Taizhou	2886332	468125	430547	89625	102.40	126.45	83.37
丽水市	Lishui	723042	32782	274789	57091	28.10	78.33	45.82

17－9 各市规模以上工业企业单位数(2005 年)

Number of Industrial Enterprises Above Designated Size by City(2005)

单位:个 (unit)

城 市	City	工业企业单位数 Number of Enterprises	内资企业 Domestic－funded Enterprises	港澳台商投资企业 Enterprises with Investment from Hong Kong, Macao and Taiwan	外商投资企业 Enterprises with Foreign Investment
浙东北	**Eastern and Northern Region**	**26657**	**20932**	**2863**	**2862**
杭州市	Hangzhou	7359	6045	657	657
宁波市	Ningbo	8788	6457	1176	1155
嘉兴市	Jiaxing	4497	3516	429	552
湖州市	Huzhou	1895	1589	160	146
绍兴市	Shaoxing	3676	2918	427	331
舟山市	Zhoushan	442	407	14	21
浙西南	**Western and Southern Region**	**13618**	**12536**	**419**	**663**
温州市	Wenzhou	5226	4831	131	264
金华市	Jinhua	2968	2711	98	159
衢州市	Quzhou	722	688	12	22
台州市	Taizhou	3945	3593	170	182
丽水市	Lishui	757	713	8	36

17-10 各市规模以上工业总产值(2005年)
Gross Output Value of Industry by City Above Designated Size(2005)

单位:亿元 (100 million yuan)

城市 City		工业总产值 Gross Output Value of Industry	内资企业 Domestic-funded Enterprises	港澳台商投资企业 Enterprises with Investment from Hong Kong, Macao and Taiwan	外商投资企业 Enterprises with Foreign Investment
浙东北	**Eastern and Northern Region**	**17080.26**	**12091.95**	**2260.21**	**2728.10**
杭州市	Hangzhou	5441.13	3716.09	632.58	1092.45
宁波市	Ningbo	4890.97	3104.74	916.48	869.75
嘉兴市	Jiaxing	2178.96	1507.85	221.42	449.69
湖州市	Huzhou	1070.79	913.75	88.34	68.70
绍兴市	Shaoxing	3215.07	2618.68	394.62	201.77
舟山市	Zhoushan	283.34	230.85	6.75	45.74
浙西南	**Western and Southern Region**	**6018.21**	**5362.14**	**236.53**	**419.53**
温州市	Wenzhou	2243.97	2015.47	74.61	153.89
金华市	Jinhua	1398.53	1235.72	60.72	102.09
衢州市	Quzhou	321.21	307.92	2.94	10.34
台州市	Taizhou	1737.70	1508.87	94.37	134.46
丽水市	Lishui	316.81	294.16	3.89	18.75

17－11 各市工业企业经济指标(2005年)

Main Indicators of Industrial Enterprises by City(2005)

单位:亿元 (100 million yuan)

城市 City		从业人员平均人数(万人) Average Number of Employed Persons (10000 persons)	流动资产年平均余额 Annual Average Balance of Circulating Assets	固定资产净值年平均余额 Annual Average Balance of Net Value of Fixed Assets	主营业务收入 Revenues in Main Business
浙东北	**Eastern and Northern Region**	**430.25**	**7543.20**	**4932.35**	**16573.01**
杭州市	Hangzhou	106.49	2560.65	1319.07	5282.80
宁波市	Ningbo	140.82	2089.71	1249.59	4698.16
嘉兴市	Jiaxing	79.33	870.33	1000.96	2158.87
湖州市	Huzhou	25.10	389.73	342.47	1029.51
绍兴市	Shaoxing	70.97	1489.52	950.87	3148.12
舟山市	Zhoushan	7.54	143.26	69.39	255.55
浙西南	**Western and Southern Region**	**228.66**	**2681.53**	**1619.86**	**5840.21**
温州市	Wenzhou	93.23	988.68	547.17	2153.92
金华市	Jinhua	51.25	700.44	443.11	1361.74
衢州市	Quzhou	10.41	160.35	151.18	313.18
台州市	Taizhou	62.23	710.16	368.04	1682.92
丽水市	Lishui	11.54	121.90	110.37	328.45

城　市 City		利税总额 Total Profits and Taxes	产品销售税金及附加 Sales Tax and Extra Charges	本年应交增值税 Tax Payable of Value Added	利润总额 Total Profits
浙东北	**Eastern and Northern Region**	**1439.92**	**156.02**	**463.48**	**820.42**
杭州市	Hangzhou	450.69	68.22	147.48	234.99
宁波市	Ningbo	446.14	57.69	126.09	262.36
嘉兴市	Jiaxing	179.98	8.85	69.48	101.65
湖州市	Huzhou	93.27	5.85	34.73	52.69
绍兴市	Shaoxing	255.70	14.45	79.75	161.50
舟山市	Zhoushan	14.18	0.97	5.96	7.25
浙西南	**Western and Southern Region**	**505.25**	**36.10**	**195.16**	**273.99**
温州市	Wenzhou	191.77	12.92	74.65	104.20
金华市	Jinhua	112.07	7.92	44.80	59.35
衢州市	Quzhou	26.94	2.11	12.60	12.23
台州市	Taizhou	148.09	11.51	51.40	85.18
丽水市	Lishui	26.37	1.64	11.70	13.03

17－12 各市客运量和货运量(2005 年)
Passenger Traffic and Freight Traffic by City(2005)

城 市 City		客运量(万人) Passenger Traffic (10000 persons)				货运量(万吨) Freight Traffic (10000 tons)		
		铁路 Railways	公路 Highways	水运 Waterways	航空 Civil Aviation	铁路 Railways	公路 Highways	水运 Waterways
浙东北	**Eastern and Northern Region**	**3465.66**	**93417**	**2312.06**	**538.18**	**1939.91**	**42212**	**32733.60**
杭州市	Hangzhou	2011.00	21431	304.00	377.50	525.00	13539	5833.00
宁波市	Ningbo	607.20	27570	113.00	122.28	1207.10	10480	5618.60
嘉兴市	Jiaxing	445.21	15747	5.00		68.55	2596	6792.00
湖州市	Huzhou		7555	8.06			5385	8426.00
绍兴市	Shaoxing	402.25	14200	2.00		139.26	8406	1153.00
舟山市	Zhoushan		6914	1880.00	38.41		1806	4911.00
浙西南	**Western and Southern Region**	**772.34**	**64634**	**265.48**	**155.60**	**766.40**	**39573**	**7290.41**
温州市	Wenzhou	383.77	25500	142.00	122.06	32.81	12942	2372.00
金华市	Jinhua	64.61	14858	18.00	20.86	62.88	11189	251.00
衢州市	Quzhou	206.70	4980	4.48	0.88	501.45	7142	4.41
台州市	Taizhou		15590	73.00	11.81		5948	4299.00
丽水市	Lishui	117.26	3706	28.00		169.26	2352	364.00

17-13 各市公路里程、邮电通信和用电量情况(2005年)
Length of Highways, Posts and Telecommunications and Electricity Consumption by City (2005)

城市	City	境内公路里程(公里) Length of Highways (km)	#高速公路 Expressway	民用汽车拥有量(辆) Civil Motor Vehicles (unit)	固定电话用户(万户) Telephone Subscribers (10000 subscribers)	年末移动电话用户数(万户) Number of Mobile Telephones Subscribers (10000 subscribers)
浙东北	**Eastern and Northern Region**	**31468.16**	**1075.33**	**1222661**	**1310.86**	**1782.75**
杭州市	Hangzhou	11644.14	334.77	492696	411.05	618.61
宁波市	Ningbo	5823.80	226.00	333084	339.41	467.10
嘉兴市	Jiaxing	2779.22	149.56	132673	172.51	243.90
湖州市	Huzhou	2930.00	86.00	80960	117.78	150.04
绍兴市	Shaoxing	7603.00	279.00	164639	221.39	243.91
舟山市	Zhoushan	688.00		18609	48.72	59.18
浙西南	**Western and Southern Region**	**24426.91**	**791.00**	**797533**	**913.84**	**1320.82**
温州市	Wenzhou	5564.93	204.21	279101	359.07	448.26
金华市	Jinhua	7439.98	230.19	210006	207.56	289.61
衢州市	Quzhou	3181.00	101.00	36407	79.29	76.74
台州市	Taizhou	3689.00	128.00	211745	207.69	360.83
丽水市	Lishui	4552.00	127.60	60274	60.23	145.39

17－13　续表　continued

城　市 City		国际互联网用户数（户）Users of International Computer Network (subscriber)	固定电话普及率（部/百人）Popularization Rate of Fixed Telephone (set/100 persons)	全年用电量（亿千瓦小时）Total Electricity Consumption (100 million kw. h)	#工业用电 Industrial Consumption	#城乡居民生活用电 Residential Consumption
浙东北	**Eastern and Northern Region**	**3862887**		**1028.69**	**806.50**	**98.07**
杭州市	Hangzhou	1094996	62.24	320.76	235.31	35.08
宁波市	Ningbo	1705300	61.19	268.49	211.07	26.33
嘉兴市	Jiaxing	414482	51.60	150.21	121.43	12.16
湖州市	Huzhou	168317	46.00	85.26	68.62	7.89
绍兴市	Shaoxing	314883	82.00	185.52	158.62	13.47
舟山市	Zhoushan	164909	50.40	18.45	11.45	3.15
浙西南	**Western and Southern Region**	**2205076**		**502.69**	**372.95**	**75.13**
温州市	Wenzhou	1225265	45.55	184.21	132.10	33.35
金华市	Jinhua	291716	45.70	124.78	94.70	14.63
衢州市	Quzhou	140199	32.30	58.73	50.74	4.12
台州市	Taizhou	431934	37.10	104.85	74.41	17.98
丽水市	Lishui	115962		30.13	21.00	5.04

17－14 各市固定资产投资(2005年)

Total Investment in Fixed Assets by City(2005)

单位:亿元 (100 million yuan)

城　市 City		全社会固定资产投资 Total Investment in Fixed Assets	限额以上固定资产投资 Investment in Fixed Assets Above Designated Size	第一产业 Primary Industry	第二产业 Secondary Industry	第三产业 Tertiary Industry
浙东北	**Eastern and Northern Region**	**4679.74**	**4323.58**	**10.31**	**2095.80**	**2217.46**
杭州市	Hangzhou	1386.68	1277.80	1.40	445.19	831.21
宁波市	Ningbo	1336.30	1268.55	1.53	691.31	575.71
嘉兴市	Jiaxing	703.46	617.10	4.91	330.62	281.57
湖州市	Huzhou	416.05	380.15	1.22	202.34	176.58
绍兴市	Shaoxing	676.13	626.67	0.95	388.72	236.99
舟山市	Zhoushan	161.12	153.32	0.30	37.62	115.40
浙西南	**Western and Southern Region**	**2019.20**	**1642.79**	**9.79**	**738.61**	**894.39**
温州市	Wenzhou	542.11	465.92	1.44	157.41	307.06
金华市	Jinhua	507.47	449.35	2.26	183.77	263.32
衢州市	Quzhou	233.84	204.63	2.14	92.63	109.86
台州市	Taizhou	537.62	334.53	2.36	243.75	88.42
丽水市	Lishui	198.16	188.36	1.59	61.04	125.73

城 市 City		#房地产开发投资 Real Estate Development	#住宅 Residential Buildings	新增固定资产 Newly Incresaed Fixed Assets
浙东北	**Eastern and Northern Region**	**993.52**	**753.24**	**2457.36**
杭州市	Hangzhou	410.57	319.21	670.98
宁波市	Ningbo	259.50	181.68	570.83
嘉兴市	Jiaxing	123.40	92.20	510.35
湖州市	Huzhou	69.05	54.54	246.56
绍兴市	Shaoxing	103.33	83.07	379.98
舟山市	Zhoushan	27.67	22.54	78.65
浙西南	**Western and Southern Region**	**462.97**	**336.26**	**962.63**
温州市	Wenzhou	153.97	113.67	290.08
金华市	Jinhua	120.10	88.39	278.03
衢州市	Quzhou	37.92	27.11	161.45
台州市	Taizhou	116.13	86.10	152.76
丽水市	Lishui	34.85	20.99	80.31

17－14 续表2 continued

城 市 City		施工住宅面积（万平方米）Floor Space Under Construction（10000 sq. m）	竣工住宅面积（万平方米）Floor Space Completed（10000 sq. m）	商品房屋销售面积（万平方米）Floor Space of Commercial Houses Sold（10000 sq. m）	商品房屋销售额（亿元）Total Value of Commercial Houses Sold（100 million yuan）
浙东北	**Eastern and Northern Region**	**13957.06**	**4577.57**	**2261.10**	**1001.17**
杭州市	Hangzhou	6671.39	1856.34	704.19	395.66
宁波市	Ningbo	2327.50	761.52	466.98	234.78
嘉兴市	Jiaxing	1396.91	571.45	386.47	130.33
湖州市	Huzhou	628.70	269.35	248.50	69.41
绍兴市	Shaoxing	2695.06	1009.94	367.19	137.15
舟山市	Zhoushan	237.50	108.97	87.77	33.84
浙西南	**Western and Southern Region**	**4436.67**	**1184.37**	**1044.68**	**413.72**
温州市	Wenzhou	1764.11	342.29	261.90	128.45
金华市	Jinhua	901.68	260.50	362.37	139.42
衢州市	Quzhou	434.36	192.14	138.69	32.65
台州市	Taizhou	1028.05	310.34	184.29	76.98
丽水市	Lishui	308.47	79.10	97.43	36.22

17－15 各市内外贸易情况(2005年)
Domestic and Foreign Trade by City(2005)

城 市 City		社会消费品零售总额(亿元) Total Retail Sales of Consumer Goods (100 million yuan)	限额以上批发、零售贸易业商品销售总额(亿元) Total Sales of Wholesale and Retailsale Trade Above Designated Size (100 million yuan)	进口总额(亿美元) Imports (100 million USD)	出口总额(亿美元) Exports (100 million USD)
浙东北	**Eastern and Northern Region**	**2829.23**	**7350.41**	**270.38**	**602.13**
杭州市	Hangzhou	975.43	4309.90	100.66	198.04
宁波市	Ningbo	759.83	1827.33	112.62	222.33
嘉兴市	Jiaxing	374.44	472.89	28.79	70.44
湖州市	Huzhou	237.75	215.89	2.75	19.96
绍兴市	Shaoxing	381.63	375.74	23.43	81.42
舟山市	Zhoushan	100.14	148.66	2.14	9.95
浙西南	**Western and Southern Region**	**1802.46**	**1810.87**	**33.35**	**165.32**
温州市	Wenzhou	680.86	816.93	16.75	61.84
金华市	Jinhua	418.84	380.31	3.34	43.87
衢州市	Quzhou	134.74	101.45	0.85	3.24
台州市	Taizhou	439.92	440.03	11.57	51.96
丽水市	Lishui	128.10	72.15	0.83	4.41

17－16 各市利用外资情况(2005 年)
Utilization of Foreign Capital by City(2005)

城 市 City		外国和港澳台地区在华直接投资 Foreign Funded Enterprises and Enterprises Funded by Entrepreneurs from Hong Kong, Macao & Taiwan				
		新签项目(合同)数(个) Newly Signed Contracts (unit)	合同外资金额(万美元) Value for Utilization of Foreign Capital (USD 10000)	实际使用外资金额(万美元) Amount of Foreign Capital Actually Used (USD 10000)	已投产企业个数(个) Enterprises Put into Operation (unit)	从业人员(人) Employed Persons (person)
浙东北	**Eastern and Northern Region**	**2981**	**1449817**	**676324**	**9509**	**1549531**
杭州市	Hangzhou	756	400503	171274	2178	317374
宁波市	Ningbo	873	421015	231097	4004	600312
嘉兴市	Jiaxing	440	250049	115666	1337	286899
湖州市	Huzhou	475	169171	65072	561	74587
绍兴市	Shaoxing	416	202139	90095	1347	256645
舟山市	Zhoushan	21	6940	3120	82	13714
浙西南	**Western and Southern Region**	**586**	**210451**	**120248**	**1788**	**318644**
温州市	Wenzhou	224	89069	35708	706	132072
金华市	Jinhua	180	62803	45775	431	63806
衢州市	Quzhou	38	12161	3042	86	6197
台州市	Taizhou	117	39893	33780	521	107558
丽水市	Lishui	27	6525	1943	44	9011

17 - 17 各市国际旅游事业情况(2005年)
International Tourism by City(2005)

城市	City	海外游客人数(人) Total Number of International Tourists (person)	#外国人 Foreigners	#港澳台同胞 Compatriots from Hong Kong Macao and Taiwan, China	国际旅游收入(万美元) Total International Income From Tourism (USD 10000)
浙东北	**Eastern and Northern Region**	**2838436**	**1833186**	**1005250**	**132140**
杭州市	Hangzhou	1513585	1020840	492745	75773
宁波市	Ningbo	438300	270400	167900	24800
嘉兴市	Jiaxing	442458	264906	177552	13848
湖州市	Huzhou	102132	41978	60154	3688
绍兴市	Shaoxing	201933	143232	58701	6679
舟山市	Zhoushan	140028	91830	48198	7352
浙西南	**Western and Southern Region**	**640651**	**495003**	**145648**	**39242**
温州市	Wenzhou	213254	173436	39818	9097
金华市	Jinhua	283905	230001	53904	15320
衢州市	Quzhou	27430	11059	16371	1320
台州市	Taizhou	75321	42979	32342	5304
丽水市	Lishui	40741	37528	3213	8201

17－18 各市财政收支情况(2005年)

Total Financial Revenue and Expenditure by City(2005)

单位:万元 (10000 yuan)

城市	City	财政总收入 Total Financial Revenue	地方财政预算内收入 Total Local Government Budgetary Financial Revenue	地方财政预算内支出 Total Local Government Financial Expenditures	#企业挖潜改造 Expenses for Enterprises' Innovation	#教育支出 Expenses for Education
浙东北	**Eastern and Northern Region**	**13757515**	**6636996**	**7326204**	**457430**	**1155452**
杭州市	Hangzhou	5207930	2504565	2383344	145908	363360
宁波市	Ningbo	4664968	2123797	2647747	243277	312652
嘉兴市	Jiaxing	1351398	667918	734502	22490	159676
湖州市	Huzhou	742378	397308	440839	18023	95391
绍兴市	Shaoxing	1505617	761326	800388	19554	173222
舟山市	Zhoushan	285224	182082	319384	8178	51151
浙西南	**Western and Southern Region**	**5437174**	**2900114**	**3454517**	**84820**	**876574**
温州市	Wenzhou	2049215	1096116	933908	7430	268430
金华市	Jinhua	1243422	680416	807397	25216	199429
衢州市	Quzhou	322014	200177	373183	20679	85045
台州市	Taizhou	1474457	723324	880887	20167	223667
丽水市	Lishui	348066	200081	459142	11328	100003

17－19 各市金融保险情况(2005年)

Finance and Insurance by City(2005)

单位:亿元 (100 million yuan)

城市	City	金融机构年末存款余额 Deposits	城乡居民储蓄年末余额 Residents' Savings Deposits	金融机构年末贷款余额 Loans	保费 Premium	赔款、给付 Settled Claim
浙东北	**Eastern and Northern Region**	**14709.37**	**5781.17**	**11603.25**	**199.32**	**55.65**
杭州市	Hangzhou	6748.72	2191.66	5545.30	72.53	17.65
宁波市	Ningbo	3791.94	1458.80	2959.78	51.20	16.98
嘉兴市	Jiaxing	1341.75	737.14	960.51	27.14	6.64
湖州市	Huzhou	598.59	330.93	453.72	15.63	3.91
绍兴市	Shaoxing	1864.89	889.10	1399.26	24.77	8.01
舟山市	Zhoushan	363.49	173.54	284.70	8.04	2.46
浙西南	**Western and Southern Region**	**5922.19**	**3052.74**	**4542.78**	**113.51**	**35.21**
温州市	Wenzhou	2268.13	1161.31	1711.09	37.46	12.15
金华市	Jinhua	1536.99	774.94	1187.94	31.43	7.75
衢州市	Quzhou	373.24	198.16	312.33	8.81	2.71
台州市	Taizhou	1369.44	711.76	1044.55	27.45	10.15
丽水市	Lishui	374.40	206.57	286.87	8.35	2.45

17-20 各市社会保险福利情况(2005 年)

Basic Statistics on Social Insurance & Welfare of Staff and Workers by City(2005)

单位:万人 (10000 persons)

城市	City	基本养老保险参保人数 Persons Participating in the Basic Retirement Security Program	基本医疗保险参保人数 Persons Participating in the Basic Health Care Program	失业保险人数 Persons Participating in the Unemployment Insurance Program
浙东北	**Eastern and Northern Region**	**607.95**	**435.37**	**306.31**
杭州市	Hangzhou	227.58	187.71	118.36
宁波市	Ningbo	151.28	106.04	75.78
嘉兴市	Jiaxing	74.39	43.37	38.17
湖州市	Huzhou	47.37	30.37	22.18
绍兴市	Shaoxing	89.38	49.39	40.10
舟山市	Zhoushan	17.95	18.48	11.71
浙西南	**Western and Southern Region**	**294.51**	**168.18**	**138.31**
温州市	Wenzhou	115.20	52.57	41.61
金华市	Jinhua	63.96	39.83	35.31
衢州市	Quzhou	25.81	21.45	14.85
台州市	Taizhou	69.98	37.52	34.83
丽水市	Lishui	19.56	16.80	11.71

17－20 续表 continued

城 市 City		社会福利院数（个）Social Welfare Homes(unit)	社会福利院床位数（张）Beds of Social Welfare Homes(bed)	社区服务设施数（个）Number of Community Service Facilities Established in Urban Areas (unit)	居民最低生活保障线以下人数（人）Residents under Minimum Life Guarantee Relief (person)
浙东北	**Eastern and Northern Region**	**747**	**56672**	**12591**	**59462**
杭州市	Hangzhou	206	15719	5822	16782
宁波市	Ningbo	174	15443	4195	16829
嘉兴市	Jiaxing	91	7373	774	8108
湖州市	Huzhou	79	4978	165	7637
绍兴市	Shaoxing	155	10661	1512	7890
舟山市	Zhoushan	42	2498	123	2216
浙西南	**Western and Southern Region**	**798**	**60033**	**20415**	**29519**
温州市	Wenzhou	376	26366	17993	12303
金华市	Jinhua	91	9841	294	4827
衢州市	Quzhou	92	8023	1390	4570
台州市	Taizhou	168	10391	665	3829
丽水市	Lishui	71	5412	73	3990

17－21 各市各类学校在校学生数(2005年)
Students Enrollment by Type of School and by City(2005)

城 市 City		高等学校(人) Institutions of Higher Education (person)	中等职业学校(人) Vocational Secondary Schools (person)	普通中学(万人) Regular Secondary Schools (10000 person)	小学(万人) Primary Schools (10000 person)
浙东北	**Eastern and Northern Region**	**520959**	**418251**	**136.76**	**176.63**
杭州市	Hangzhou	328524	124395	36.23	45.89
宁波市	Ningbo	110548	104750	32.30	47.60
嘉兴市	Jiaxing	21298	48730	20.42	26.60
湖州市	Huzhou	16406	44699	15.25	18.25
绍兴市	Shaoxing	30702	79363	27.75	33.28
舟山市	Zhoushan	13481	16314	4.81	5.01
浙西南	**Western and Southern Region**	**143895**	**365006**	**124.43**	**165.76**
温州市	Wenzhou	49947	101779	46.54	61.25
金华市	Jinhua	47153	96346	25.51	33.17
衢州市	Quzhou	9633	40273	12.58	15.80
台州市	Taizhou	18069	89656	28.40	38.75
丽水市	Lishui	19093	36952	11.40	16.79

17－22 各市专业技术人员和专利申请(2005年)

Specialized Technical Persons and Patent Application by City(2005)

城市	City	各类专业技术人员数(万人) Number of Scientific and Technological Personnel (10000 persons)	#中级技术职称以上人员数 Persons with Intermediate Technical Title Level and Above	专利申请受理量(项) Patent Application Accepted (item)	专利申请授权量(项) Patent Application Approved (item)
浙东北	**Eastern and Northern Region**	**143.27**	**56.11**	**26136**	**11030**
杭州市	Hangzhou	37.91	15.34	9486	4072
宁波市	Ningbo	42.25	19.02	7752	3985
嘉兴市	Jiaxing	14.25	5.17	3806	1464
湖州市	Huzhou	12.51	3.14	1774	482
绍兴市	Shaoxing	30.81	11.46	3068	957
舟山市	Zhoushan	5.55	1.98	250	70
浙西南	**Western and Southern Region**	**81.05**	**27.62**	**17065**	**8096**
温州市	Wenzhou	30.34	11.29	4932	3073
金华市	Jinhua	19.48	5.43	6318	2499
衢州市	Quzhou	7.63	2.57	297	116
台州市	Taizhou	19.18	6.45	4834	2136
丽水市	Lishui	4.42	1.88	684	272

17－23　各市文化和卫生事业主要指标(2005年)
Main Indicators of Culture and Public Health by City(2005)

城　市 City		体育场馆数(个) Number of Sports Grounds and Gymnasiums (unit)	剧场、影剧院数(个) Number of Theaters and Music Halls (unit)	公共图书馆图书藏量(千册件) Total Collections of Books in Public Libraries (1000 copies)	医院卫生院数(个) Number of Health Institutions (unit)	医院卫生院床位数(张) Number of Beds in Health Institutions (bed)	医生数(人) Doctors (person)
浙东北	**Eastern and Northern Region**	**268**	**189**	**15809**	**2372**	**83338**	**51961**
杭州市	Hangzhou	98	35	8160	834	30780	17833
宁波市	Ningbo	77	21	2644	265	17856	13203
嘉兴市	Jiaxing	15	74	2100	746	11165	6054
湖州市	Huzhou	20	18	799	132	8721	4704
绍兴市	Shaoxing	47	34	1586	315	11315	8074
舟山市	Zhoushan	11	7	520	80	3501	2093
浙西南	**Western and Southern Region**	**186**	**147**	**7436**	**1575**	**52641**	**37501**
温州市	Wenzhou	50	35	2223	504	16569	12297
金华市	Jinhua	48	23	2218	343	11891	7767
衢州市	Quzhou	20	9	606	169	5996	5595
台州市	Taizhou	46	64	1407	237	12367	8577
丽水市	Lishui	22	16	982	322	5818	3265

17-24 各市、县国民经济主要指标(2005年)

Main Indicators of National Economy by City and County(2005)

市县名称 City and County		土地面积(平方公里) Land Area (sq. km)	年末总人口(万人) Total Population by year-end (10000 persons)	生产总值(亿元) Gross Domestic Product (100 million yuan)	第一产业 Primary Industry	第二产业 Secondary Industry	#工业 Industry
杭州市区	Hangzhou District	3068	409.52	2341.92	73.23	1158.35	1022.74
富阳市	Fuyang	1808	63.18	201.18	18.30	120.97	112.31
临安市	Linan	3124	52.25	135.27	16.87	75.91	69.00
建德市	Jiande	2364	50.71	98.84	15.97	55.06	48.98
桐庐县	Tonglu	1780	39.53	103.32	10.69	64.36	59.22
淳安县	Chunan	4452	45.25	62.12	13.16	22.28	17.35
宁波市区	Ningbo District	2634	213.41	1384.72	32.21	745.19	645.03
余姚市	Yuyao	1527	82.58	298.12	22.53	175.13	161.67
慈溪市	Cixi	1154	101.54	375.41	20.86	230.33	216.35
奉化市	Fenghua	1249	47.88	124.82	12.25	63.97	58.58
象山县	Xiangshan	1177	52.74	136.38	26.99	60.23	49.24
宁海县	Ninghai	1931	58.55	129.87	17.42	66.60	57.67
温州市区	Wenzhou District	1187	139.02	674.17	6.92	366.00	328.74
瑞安市	Ruian	1271	113.48	242.55	10.54	130.22	123.97
乐清市	Yueqing	1174	116.97	260.19	11.60	161.11	154.79
洞头县	Dongtou	100	12.34	19.38	3.15	5.75	4.09
永嘉县	Yongjia	2674	89.34	118.99	5.11	75.58	70.07
平阳县	Pingyang	1051	84.82	105.79	8.24	51.89	46.03
苍南县	Cangnan	1272	123.11	136.06	14.22	61.42	56.42
文成县	Wencheng	1293	36.47	19.89	3.09	5.32	4.30
泰顺县	Taishun	1762	34.74	19.36	2.56	6.88	4.04
嘉兴市区	Jiaxing District	968	80.83	293.76	18.16	155.27	129.15
平湖市	Pinghu	537	48.31	170.46	11.16	109.35	102.35
海宁市	Haining	668	64.39	217.96	14.22	132.78	117.20
桐乡市	Tongxiang	727	66.32	196.85	15.21	108.44	95.42
嘉善县	Jiashan	507	38.05	129.07	13.75	72.28	64.90
海盐县	Haiyan	508	36.43	144.47	11.94	98.15	94.47
湖州市区	Huzhou District	1566	108.01	300.48	25.50	163.85	144.85
德清县	Deqing	936	42.47	118.79	11.05	71.42	63.92
长兴县	Changxing	1430	61.87	136.06	15.45	74.09	66.88
安吉县	Anji	1886	45.23	89.70	10.99	44.12	37.62
绍兴市区	Shaoxing District	362	64.84	259.73	6.34	136.01	111.29

17－24 续表1 continued

市县名称 City and County		土地面积（平方公里）Land Area (sq. km)	年末总人口（万人）Total Population by year-end (10000 persons)	生产总值（亿元）Gross Domestic Product (100 million yuan)	第一产业 Primary Industry	第二产业 Secondary Industry	#工业 Industry
诸暨市	Zhuji	2311	105.59	324.92	24.44	201.59	184.62
上虞市	Shangyu	1403	77.37	229.16	19.53	139.40	123.30
嵊州市	Shengzhou	1790	73.38	141.26	16.18	78.31	70.07
绍兴县	Shaoxing	1177	70.47	386.82	16.91	250.69	227.57
新昌县	Xinchang	1213	43.44	117.18	9.67	67.67	63.15
金华市区	Jinhua District	2044	92.16	205.22	16.42	93.48	77.97
兰溪市	Lanxi	1310	65.97	88.36	9.90	51.36	46.02
东阳市	Dongyang	1739	79.77	159.84	9.17	90.55	71.33
义乌市	Yiwu	1103	69.74	303.45	9.41	139.40	121.56
永康市	Yongkang	1049	54.89	156.32	5.18	102.96	96.91
武义县	Wuyi	1577	32.84	58.44	6.52	32.37	28.38
浦江县	Pujiang	900	38.20	67.03	4.43	42.04	38.56
磐安县	Panan	1196	20.55	24.88	4.63	13.00	10.69
衢州市区	Quzhou District	2354	80.46	137.05	17.44	63.09	50.01
江山市	Jiangshan	2019	58.08	73.79	12.14	36.33	31.69
常山县	Changshan	1096	32.48	34.92	5.15	16.93	12.93
开化县	Kaihua	2228	34.50	32.08	6.97	13.66	10.12
龙游县	Longyou	1143	40.05	50.54	7.31	24.92	20.15
舟山市区	Zhoushan District	1028	69.11	201.36	21.35	81.10	66.59
岱山县	Daishan	326	19.50	45.06	11.88	14.83	12.05
嵊泗县	Shengsi	86	8.12	33.86	6.61	15.33	7.44
台州市区	Taizhou District	1536	148.75	469.31	21.87	245.96	222.83
温岭市	Wenling	836	115.09	305.12	28.64	161.85	152.65
临海市	Linhai	2171	111.92	164.82	16.41	86.14	76.23
玉环县	Yuhuan	378	39.86	148.67	13.05	91.25	84.06
三门县	Sanmen	1072	40.97	49.17	10.34	19.17	16.17
天台县	Tiantai	1426	55.88	62.51	6.32	28.60	24.61
仙居县	Xianju	1992	47.39	51.26	6.01	23.97	19.97
丽水市区	Lishui District	1502	37.38	80.77	8.52	33.64	26.81
龙泉市	Longquan	3059	27.84	29.27	5.96	11.56	8.59
青田县	Qingtian	2484	47.81	49.45	3.91	28.00	19.39
云和县	Yunhe	978	11.04	16.25	2.36	7.76	6.27
庆元县	Qingyuan	1898	19.84	15.03	3.62	5.23	4.00
缙云县	Jinyun	1482	43.86	47.61	5.24	25.88	22.68
遂昌县	Suichang	2539	22.74	28.27	4.83	12.81	10.10
松阳县	Songyang	1406	23.14	21.92	6.28	6.88	5.14
景宁自治县	Jingning	1950	17.73	14.68	3.12	5.43	4.60

17－24 续表2 continued

市县名称 City and County		第三产业 Tertiary Industry	人均生产总值（元）Per-capita GDP (yuan)	社会消费品零售总额（亿元）Total Retail Sales of Consumer Goods (100 million yuan)	全社会固定资产投资（亿元）Total Investment in Fixed Assets (100 million yuan)	财政总收入（亿元）Total Financial Revenue (100 million yuan)
杭州市区	Hangzhou District	1110.35	57746	841.47	1078.74	458.41
富阳市	Fuyang	61.91	31944	38.18	106.67	24.58
临安市	Linan	42.49	25978	32.58	64.98	11.87
建德市	Jiande	27.81	19470	21.15	40.98	10.87
桐庐县	Tonglu	28.27	26170	27.16	62.70	10.28
淳安县	Chunan	26.67	13740	14.90	32.61	4.78
宁波市区	Ningbo District	607.31	65324	398.39	862.56	329.46
余姚市	Yuyao	100.46	36101	97.72	138.05	40.36
慈溪市	Cixi	124.21	37065	135.43	161.42	50.00
奉化市	Fenghua	48.60	26054	38.44	40.49	15.04
象山县	Xiangshan	49.16	25952	49.91	70.24	15.02
宁海县	Ninghai	45.85	22227	39.94	63.55	16.61
温州市区	Wenzhou District	301.25	48825	358.40	284.77	108.62
瑞安市	Ruian	101.80	21408	83.02	62.15	27.50
乐清市	Yueqing	87.49	22315	69.27	70.75	31.46
洞头县	Dongtou	10.48	15720	4.43	13.17	1.79
永嘉县	Yongjia	38.31	13373	39.59	35.95	12.33
平阳县	Pingyang	45.66	12475	46.78	28.93	9.05
苍南县	Cangnan	60.41	11060	63.59	30.79	10.54
文成县	Wencheng	11.47	5465	8.72	6.69	1.82
泰顺县	Taishun	9.93	5574	7.06	8.91	1.81
嘉兴市区	Jiaxing District	120.33	36440	106.57	261.26	42.82
平湖市	Pinghu	49.95	35252	42.02	113.22	19.48
海宁市	Haining	70.95	33874	81.89	101.42	24.00
桐乡市	Tongxiang	73.20	29687	73.40	102.48	23.01
嘉善县	Jiashan	43.04	33894	40.43	73.08	15.33
海盐县	Haiyan	34.38	39523	30.13	52.00	10.50
湖州市区	Huzhou District	111.13	27832	121.62	214.14	34.64
德清县	Deqing	36.31	27990	34.98	72.34	14.29
长兴县	Changxing	46.52	21960	48.92	86.11	17.51
安吉县	Anji	34.60	19917	32.23	43.46	7.81
绍兴市区	Shaoxing District	117.38	40175	94.83	161.37	37.70
诸暨市	Zhuji	98.89	30766	76.49	145.23	27.19
上虞市	Shangyu	70.23	29607	63.27	95.17	20.18

17－24 续表3 continued

市 县 名 称 City and County		第三产业 Tertiary Industry	人均生产总值（元） Per-capita GDP (yuan)	社会消费品零售总额（亿元） Total Retail Sales of Consumer Goods (100 million yuan)	全社会固定资产投资（亿元） Total Investment in Fixed Assets (100 million yuan)	财 政 总收入（亿元） Total Financial Revenue (100 million yuan)
嵊州市	Shengzhou	46.77	19240	55.85	62.88	11.76
绍兴县	Shaoxing	119.22	54946	54.71	170.11	42.32
新昌县	Xinchang	39.84	26986	36.48	41.36	11.41
金华市区	Jinhua District	95.32	22261	100.31	123.60	29.52
兰溪市	Lanxi	27.11	13438	33.14	58.53	8.82
东阳市	Dongyang	60.12	20095	58.47	71.08	13.79
义乌市	Yiwu	154.64	43797	128.86	126.08	35.03
永康市	Yongkang	48.18	28620	43.12	52.85	19.68
武义县	Wuyi	19.54	17796	21.32	28.32	7.21
浦江县	Pujiang	20.56	17571	26.28	34.62	7.22
磐安县	Panan	7.25	12119	7.35	12.39	3.07
衢州市区	Quzhou District	56.52	17020	51.82	105.20	16.62
江山市	Jiangshan	25.32	12738	25.79	44.01	6.05
常山县	Changshan	12.84	10755	13.42	27.87	3.22
开化县	Kaihua	11.45	9328	14.87	16.96	2.42
龙游县	Longyou	18.31	12535	28.85	39.81	3.89
舟山市区	Zhoushan District	98.91	29150	76.80	102.52	23.57
岱山县	Daishan	18.35	22975	15.44	15.71	2.62
嵊泗县	Shengsi	11.92	41652	7.90	42.89	2.34
台州市区	Taizhou District	201.47	31698	185.75	217.41	63.82
温岭市	Wenling	114.63	26543	106.86	98.36	29.42
临海市	Linhai	62.27	14776	50.14	66.57	17.66
玉环县	Yuhuan	44.37	37466	37.16	72.38	18.01
三门县	Sanmen	19.66	12059	17.24	27.30	5.33
天台县	Tiantai	27.59	11208	24.45	33.96	7.70
仙居县	Xianju	21.28	10881	18.32	21.65	5.50
丽水市区	Lishui District	38.60	21636	38.60	54.52	9.75
龙泉市	Longquan	11.75	10544	12.56	17.57	2.36
青田县	Qingtian	17.54	10374	19.93	46.27	6.60
云和县	Yunhe	6.12	14772	6.09	11.30	1.93
庆元县	Qingyuan	6.18	7580	7.35	7.87	1.20
缙云县	Jinyun	16.49	10876	17.51	23.23	4.61
遂昌县	Suichang	10.63	12462	10.82	18.74	4.02
松阳县	Songyang	8.75	9479	8.90	12.59	1.97
景宁自治县	Jingning	6.13	8220	6.33	5.45	2.38

17－24　续表 4　continued

市县名称 City and County		地方财政收入（亿元）Local Financial Revenue (100 million yuan)	地方财政支出（亿元）Local Financial Expenditure (100 million yuan)	城乡居民储蓄存款年末余额（亿元）Savings Deposits of Urban and Rural Residents (100 million yuan)	城镇居民人均可支配收入（元）Per Capita Disposable Income of Urban Residents (yuan)	农村居民人均纯收入（元）Per Capita Net Income of Rural Residents (yuan)
杭州市区	Hangzhou District	217.26	195.76	1923.18	16601	
富阳市	Fuyang	12.76	14.29	81.72	15036	7585
临安市	Linan	6.73	7.56	56.89	14859	7263
建德市	Jiande	5.86	7.28	52.40	14061	5613
桐庐县	Tonglu	5.08	6.93	48.58	14708	6823
淳安县	Chunan	2.77	6.50	28.89	12262	4358
宁波市区	Ningbo District	147.51	180.33	900.54	17408	8329
余姚市	Yuyao	19.58	22.13	163.52	17381	7661
慈溪市	Cixi	23.56	28.86	239.38	19019	8445
奉化市	Fenghua	7.12	11.29	66.34	16752	7188
象山县	Xiangshan	7.02	10.46	44.47	16259	7001
宁海县	Ninghai	7.59	11.71	44.55	16440	6919
温州市区	Wenzhou District	60.54	39.30	645.99	19805	8873
瑞安市	Ruian	14.41	14.60	146.89	18830	7436
乐清市	Yueqing	14.60	16.41	132.31	18126	8388
洞头县	Dongtou	1.11	3.03	6.10	10812	4872
永嘉县	Yongjia	6.12	8.67	68.13	14518	4751
平阳县	Pingyang	4.55	7.33	61.82	15642	5754
苍南县	Cangnan	5.80	9.42	64.14	13921	4992
文成县	Wencheng	1.21	4.40	20.47	12234	3184
泰顺县	Taishun	1.26	4.90	15.47		2966
嘉兴市区	Jiaxing District	22.91	25.15	213.40	15555	7936
平湖市	Pinghu	9.00	9.73	95.55	16173	7987
海宁市	Haining	11.43	12.58	143.47	16684	8089
桐乡市	Tongxiang	11.17	12.06	133.12	15913	8036
嘉善县	Jiashan	7.28	7.86	73.51	16529	8042
海盐县	Haiyan	5.01	6.07	78.08	18017	8542
湖州市区	Huzhou District	18.16	19.28	184.00	15561	7372
德清县	Deqing	7.60	8.32	58.44	15335	7461
长兴县	Changxing	9.40	9.57	52.20	15350	7307
安吉县	Anji	4.57	6.91	36.30	14688	7034
绍兴市区	Shaoxing District	21.18	22.27	262.07	17319	
诸暨市	Zhuji	14.15	14.43	143.53	17788	8065
上虞市	Shangyu	10.01	11.16	141.85	17008	7796

市县名称 City and County		全社会从业人员数 Total Employed Persons	第一产业 Primary Industry	第二产业 Secondary Industry	第三产业 Tertiary Industry
上虞市	Shangyu	53.67	15.10	28.66	9.91
嵊州市	Shengzhou	47.90	11.78	23.83	12.29
绍兴县	Shaoxing	44.06	6.42	25.57	12.07
新昌县	Xinchang	26.55	9.44	11.51	5.60
金华市区	Jinhua District	58.10	22.80	17.70	17.60
兰溪市	Lanxi	34.69	16.63	12.89	5.17
东阳市	Dongyang	58.01	11.60	32.90	13.51
义乌市	Yiwu	74.35	10.47	39.67	24.21
永康市	Yongkang	39.87	7.95	21.79	10.13
武义县	Wuyi	20.36	6.04	8.25	6.07
浦江县	Pujiang	25.79	7.20	14.03	4.56
磐安县	Panan	13.50	6.59	5.47	1.44
衢州市区	Quzhou District	45.13	21.24	11.22	12.67
江山市	Jiangshan	26.03	11.03	8.65	6.35
常山县	Changshan	15.73	7.79	4.15	3.79
开化县	Kaihua	15.89	9.25	3.27	3.37
龙游县	Longyou	22.76	8.50	7.72	6.54
舟山市区	Zhoushan District	38.66	8.65	15.63	14.38
岱山县	Daishan	12.37	3.77	3.82	4.78
嵊泗县	Shengsi	4.69	1.44	0.88	2.37
台州市区	Taizhou District	106.84	20.37	53.12	33.35
温岭市	Wenling	76.44	18.15	31.01	27.28
临海市	Linhai	67.84	20.62	23.06	24.16
玉环县	Yuhuan	32.58	5.33	14.91	12.34
三门县	Sanmen	22.79	10.63	6.78	5.38
天台县	Tiantai	32.33	13.80	7.92	10.61
仙居县	Xianju	23.19	10.18	5.96	7.05
丽水市区	Lishui District	22.09	7.53	5.60	8.96
龙泉市	Longquan	17.02	8.78	2.58	5.66
青田县	Qingtian	20.77	10.08	5.27	5.42
云和县	Yunhe	7.85	2.30	2.39	3.16
庆元县	Qingyuan	12.55	8.55	1.91	2.09
缙云县	Jinyun	23.95	13.72	5.26	4.97
遂昌县	Suichang	14.14	7.77	3.20	3.17
松阳县	Songyang	12.55	8.13	2.14	2.28
景宁自治县	Jingning	9.32	4.72	1.90	2.70

17-26 各市、县年末单位从业人员数(2005年底)

Employed Persons by City and County(End of 2005)

单位:万人 (10000 persons)

市县名称	City and County	年末单位从业人员数 Total Employed Persons by Unit	农、林、牧、渔业 Agriculture	采矿业 Mining and Quarrying	制造业 Manufacturing	电力、煤气及水的生产和供应业 Electricity, Gas and Water Production and Supply	建筑业 Construction	交通运输仓储及邮电通信业 Transport, Storage, Post & Telecommunication
杭州市区	Hangzhou District	85.73	0.10		31.13	1.13	6.50	5.51
富阳市	Fuyang	5.19	0.01	0.02	2.15	0.15	0.34	0.06
临安市	Linan	3.92	0.01	0.03	1.88	0.08	0.04	0.06
建德市	Jiande	2.58	0.01	0.03	0.78	0.13	0.02	0.04
桐庐县	Tonglu	2.53			1.11	0.09	0.01	0.07
淳安县	Chunan	1.84	0.09		0.24	0.04	0.05	0.06
宁波市区	Ningbo District	47.59	0.05	0.03	21.90	0.96	3.37	2.88
余姚市	Yuyao	5.84	0.02		2.34	0.11	0.46	0.03
慈溪市	Cixi	5.23	0.07		1.68	0.12	0.06	0.24
奉化市	Fenghua	3.02			0.86	0.08	0.29	0.12
象山县	Xiangshan	17.27			0.83	0.04	14.62	0.13
宁海县	Ninghai	2.08	0.02		0.05	0.09	0.01	0.14
温州市区	Wenzhou District	32.37	0.01		13.33	0.42	5.25	1.86
瑞安市	Ruian	8.91	0.01		4.31	0.06	1.23	0.25
乐清市	Yueqing	18.59	0.03		13.52	0.31	1.18	0.18
洞头县	Dongtou	0.74		0.01	0.09	0.03	0.11	0.03
永嘉县	Yongjia	4.12	0.03		1.28	0.11	0.72	0.10
平阳县	Pingyang	7.37	0.02		3.16	0.09	1.77	0.17
苍南县	Cangnan	6.72	0.02	0.19	2.49	0.04	1.00	0.17
文成县	Wencheng	1.36	0.02		0.06	0.08	0.25	0.05
泰顺县	Taishun	2.54	0.01	0.03	0.02	0.06	1.39	0.05
嘉兴市区	Jiaxing District	18.23	0.06	0.01	11.74	0.26	0.50	0.32
平湖市	Pinghu	9.92	0.02		7.71	0.17	0.07	0.07
海宁市	Haining	10.46	0.02	0.01	7.02	0.12	0.15	0.14
桐乡市	Tongxiang	8.69	0.02		5.36	0.07	0.39	0.08
嘉善县	Jiashan	8.24	0.02		6.60	0.07	0.02	0.04
海盐县	Haiyan	5.63	0.02	0.02	2.65	0.46	0.75	0.07
湖州市区	Huzhou District	11.11		0.13	5.46	0.22	0.43	0.47
德清县	Deqing	4.21		0.01	1.18	0.06	0.24	0.03
长兴县	Changxing	5.18		0.70	1.81	0.21	0.63	0.11
安吉县	Anji	3.76	0.03	0.01	1.68	0.07	0.40	0.09
绍兴市区	Shaoxing District	18.85		0.21	7.42	0.27	6.43	0.37
诸暨市	Zhuji	17.13	0.01	0.03	5.23	0.09	8.49	0.04

单位:万人　　17－26　续表1　continued　　(10000 persons)

市　县　名　称 City and County		年末单位从业人员数 Total Employed Persons by Unit	农、林、牧、渔业 Agriculture	采矿业 Mining and Quarrying	制造业 Manufacturing	电力、煤气及水的生产和供应业 Electricity, Gas and Water Production and Supply	建筑业 Construction	交通运输仓储及邮电通信业 Transport, Storage, Post & Telecommunication
上虞市	Shangyu	8.71		0.01	4.49	0.08	1.49	0.13
嵊州市	Shengzhou	6.03			3.62	0.08	0.31	0.19
绍兴县	Shaoxing	4.09	0.02		0.76	0.44		0.19
新昌县	Xinchang	4.13	0.01		2.17	0.07	0.25	0.06
金华市区	Jinhua District	9.57	0.02		2.29	0.28	1.30	0.76
兰溪市	Lanxi	4.00	0.03		1.68	0.08	0.35	0.11
东阳市	Dongyang	13.65	0.02	0.02	3.57	0.06	7.03	0.17
义乌市	Yiwu	4.57	0.01		0.35	0.05	0.08	0.38
永康市	Yongkang	2.77	0.02		0.31	0.06	0.06	0.09
武义县	Wuyi	1.46	0.01		0.26	0.05	0.01	0.06
浦江县	Pujiang	1.44	0.01		0.03	0.03	0.13	0.07
磐安县	Panan	1.28	0.01		0.23	0.03	0.45	0.01
衢州市区	Quzhou District	7.08		0.04	2.61	0.18	0.71	0.27
江山市	Jiangshan	2.28	0.02	0.01	0.68	0.11	0.11	0.08
常山县	Changshan	1.05	0.03			0.04	0.03	0.06
开化县	Kaihua	1.15	0.03		0.21	0.05		0.08
龙游县	Longyou	1.87	0.01		0.59	0.04	0.09	0.05
舟山市区	Zhoushan District	8.93	0.01	0.02	2.32	0.27	0.99	0.78
岱山县	Daishan	0.99			0.05	0.08	0.01	0.07
嵊泗县	Shengsi	0.85	0.01	0.05	0.11	0.05	0.01	0.05
台州市区	Taizhou District	17.11	0.11		4.21	0.47	3.42	0.53
温岭市	Wenling	6.81	0.17		1.15	0.08	2.43	0.15
临海市	Linhai	6.29	0.04		0.42	0.18	2.25	0.19
玉环县	Yuhuan	2.77	0.01		0.84	0.06	0.18	0.09
三门县	Sanmen	2.44	0.06	0.06	0.08	0.04	1.15	0.05
天台县	Tiantai	3.12	0.05		0.25	0.10	1.04	0.07
仙居县	Xianju	2.84	0.07	0.01	0.57	0.08	0.79	0.06
丽水市区	Lishui District	4.15	0.04		0.74	0.14	0.30	0.19
龙泉市	Longquan	1.50	0.04	0.07	0.26	0.06	0.07	0.06
青田县	Qingtian	1.46	0.01	0.04	0.03	0.06	0.07	0.08
云和县	Yunhe	0.94			0.16	0.13	0.12	0.03
庆元县	Qingyuan	0.79	0.03		0.05	0.06		0.03
缙云县	Jinyun	1.66	0.02		0.38	0.04	0.04	0.06
遂昌县	Suichang	1.67	0.08	0.01	0.80	0.05	0.01	0.05
松阳县	Songyang	0.94	0.03		0.06	0.05	0.07	0.02
景宁自治县	Jingning	0.88	0.09	0.02	0.03	0.05	0.03	0.04

市县名称 City and County		信息传输、计算机服务和软件业 Information Transmission, Computer Services and Software	批发和零售贸易 Wholesale and Retail Sale Trade	住宿、餐饮业 Hotels and Catering Services	金融业 Finance	房地产业 Real Estate	租赁和商业服务 Leasing and Commercial Services	科学研究、技术服务和地质勘查 Technic and Geological Prospecting
杭州市区	Hangzhou District	1.63	4.54	3.16	3.52	1.52	3.72	2.90
富阳市	Fuyang	0.06	0.15	0.02	0.08	0.07	0.06	0.04
临安市	Linan	0.03	0.16	0.05	0.10	0.04	0.04	0.01
建德市	Jiande	0.02	0.12	0.03	0.11	0.04	0.06	0.04
桐庐县	Tonglu	0.04	0.04	0.03	0.09	0.03	0.06	0.03
淳安县	Chunan		0.09	0.13	0.04	0.02	0.07	0.02
宁波市区	Ningbo District	0.23	2.66	1.14	2.26	0.57	1.32	0.76
余姚市	Yuyao	0.07	0.14	0.11	0.23	0.05	0.09	0.04
慈溪市	Cixi	0.04	0.24	0.10	0.27	0.07	0.12	0.08
奉化市	Fenghua	0.03	0.14	0.08	0.14	0.03	0.08	0.03
象山县	Xiangshan	0.03	0.08	0.01	0.13	0.01	0.03	0.02
宁海县	Ninghai	0.04	0.07		0.15	0.01	0.10	0.04
温州市区	Wenzhou District	0.31	1.91	0.71	1.03	0.86	0.35	0.42
瑞安市	Ruian	0.04	0.19	0.11	0.20	0.11	0.10	0.04
乐清市	Yueqing	0.05	0.33	0.17	0.25	0.10	0.07	0.06
洞头县	Dongtou	0.01	0.04	0.01	0.02	0.01	0.01	0.01
永嘉县	Yongjia	0.03	0.06	0.06	0.11	0.03		0.02
平阳县	Pingyang	0.03	0.08	0.03	0.11	0.09	0.03	0.04
苍南县	Cangnan	0.04	0.16	0.07	0.16	0.03	0.06	0.03
文成县	Wencheng	0.01	0.04	0.02	0.07	0.01	0.01	0.01
泰顺县	Taishun	0.01	0.04	0.01	0.06	0.01		0.01
嘉兴市区	Jiaxing District	0.18	0.61	0.22	0.69	0.39	0.31	0.26
平湖市	Pinghu	0.03	0.10	0.09	0.21	0.05	0.05	0.04
海宁市	Haining	0.04	0.26	0.13	0.25	0.11	0.22	0.06
桐乡市	Tongxiang	0.03	0.29	0.11	0.24	0.05	0.15	0.04
嘉善县	Jiashan	0.02	0.13	0.02	0.14	0.03	0.03	0.06
海盐县	Haiyan	0.02	0.17	0.08	0.16	0.05	0.09	0.05
湖州市区	Huzhou District	0.20	0.31	0.27	0.85	0.13	0.04	0.16
德清县	Deqing		0.07	0.01	0.04	0.01	1.19	0.05
长兴县	Changxing	0.01	0.10	0.05	0.04	0.04	0.08	0.03
安吉县	Anji		0.09	0.05	0.04	0.04	0.02	0.02
绍兴市区	Shaoxing District	0.23	0.46	0.29	0.54	0.09	0.15	0.16
诸暨市	Zhuji	0.05	0.42	0.08	0.23	0.04	0.02	0.06
上虞市	Shangyu	0.05	0.30	0.07	0.27	0.04	0.03	0.03

市县名称 City and County		信息传输、计算机服务和软件业 Information Transmission, Computer Services and Software	批发和零售贸易 Wholesale and Retail Sale Trade	住宿、餐饮业 Hotels and Catering Services	金融业 Finance	房地产业 Real Estate	租赁和商业服务 Leasing and Commercial Services	科学研究、技术服务和地质勘查 Technic and Geological Prospecting
嵊州市	Shengzhou		0.09	0.10	0.15	0.03	0.06	0.02
绍兴县	Shaoxing	0.03	0.27	0.05	0.25	0.04	0.10	0.02
新昌县	Xinchang	0.02	0.11	0.01	0.15	0.02	0.18	0.02
金华市区	Jinhua District	0.16	0.32	0.17	0.64	0.08	0.17	0.20
兰溪市	Lanxi	0.04	0.18	0.02	0.07	0.04	0.04	0.03
东阳市	Dongyang	0.01	0.22	0.16	0.18	0.03	0.58	0.03
义乌市	Yiwu	0.04	0.21	0.10	0.31	0.08	0.41	0.11
永康市	Yongkang	0.02	0.13	0.09	0.18	0.03	0.10	0.04
武义县	Wuyi	0.04	0.04	0.04	0.06	0.01	0.02	0.02
浦江县	Pujiang	0.01	0.05		0.12	0.01	0.04	0.08
磐安县	Panan		0.02	0.01	0.03			0.01
衢州市区	Quzhou District	0.12	0.12	0.04	0.45	0.04	0.08	0.09
江山市	Jiangshan	0.02	0.06	0.01	0.14	0.01	0.01	0.02
常山县	Changshan	0.01	0.02	0.02	0.06	0.01		0.02
开化县	Kaihua	0.01	0.03		0.06	0.01		0.01
龙游县	Longyou	0.01	0.03	0.01	0.06	0.02	0.02	0.03
舟山市区	Zhoushan District	0.10	0.51	0.24	0.41	0.26	0.22	0.16
岱山县	Daishan		0.06	0.01	0.06			0.01
嵊泗县	Shengsi	0.01	0.05	0.01	0.04	0.02	0.02	
台州市区	Taizhou District	0.26	0.83	0.43	1.23	0.30	0.47	0.32
温岭市	Wenling	0.05	0.21	0.02	0.24	0.08	0.07	0.06
临海市	Linhai	0.06	0.33	0.17	0.22	0.12	0.09	0.04
玉环县	Yuhuan	0.02	0.07	0.28	0.15	0.03	0.07	0.02
三门县	Sanmen	0.01	0.06	0.04	0.06		0.02	0.02
天台县	Tiantai	0.01	0.09	0.06	0.08	0.02	0.05	0.08
仙居县	Xianju	0.01	0.08	0.05	0.08	0.01	0.04	0.03
丽水市区	Lishui District	0.15	0.12	0.06	0.40	0.03	0.10	0.14
龙泉市	Longquan	0.01	0.05	0.04	0.05	0.01	0.01	0.02
青田县	Qingtian	0.02	0.04	0.01	0.09	0.01	0.04	0.02
云和县	Yunhe	0.01	0.01	0.01	0.03	0.01		
庆元县	Qingyuan	0.01	0.03		0.03	0.01	0.01	0.02
缙云县	Jinyun	0.02	0.06	0.03	0.08	0.01	0.03	0.02
遂昌县	Suichang	0.01	0.02		0.04	0.01	0.01	0.01
松阳县	Songyang	0.02	0.04		0.04		0.01	0.01
景宁自治县	Jingning	0.01	0.06	0.01	0.03	0.01	0.01	0.01

单位:万人 17-26 续表4 continued (10000 persons)

市县名称 City and County		水利、环境和公共设施管理业 Water Conservancy, Environment and Public Facilities Management	居民服务和其他服务业 Resident Services and Other Services	教育 Education	卫生、社会保障和社会福利业 Health Care, Social Security and Social Welfare	文化、体育和娱乐业 Culture, Sports and Recreation	公共管理和社会组织 Public Management and Social Organization
杭州市区	Hangzhou District	1.10	0.30	7.69	4.18	1.36	5.74
富阳市	Fuyang	0.10	0.01	0.82	0.34	0.10	0.61
临安市	Linan	0.03	0.01	0.62	0.24	0.01	0.48
建德市	Jiande	0.04		0.48	0.24	0.04	0.35
桐庐县	Tonglu	0.03		0.40	0.15		0.34
淳安县	Chunan	0.02	0.03	0.42	0.15	0.02	0.34
宁波市区	Ningbo District	0.62	0.15	3.49	1.83	0.51	2.86
余姚市	Yuyao	0.10	0.01	0.87	0.34	0.04	0.77
慈溪市	Cixi	0.13	0.01	0.95	0.44	0.08	0.54
奉化市	Fenghua	0.05	0.03	0.45	0.21	0.03	0.38
象山县	Xiangshan	0.10		0.53	0.25	0.04	0.42
宁海县	Ninghai	0.07	0.01	0.55	0.21	0.04	0.50
温州市区	Wenzhou District	0.14	0.04	2.13	1.27	0.25	2.08
瑞安市	Ruian	0.05	0.01	0.97	0.45	0.02	0.77
乐清市	Yueqing	0.09	0.01	1.02	0.41	0.08	0.73
洞头县	Dongtou	0.01		0.13	0.04	0.01	0.17
永嘉县	Yongjia			0.73	0.20	0.01	0.62
平阳县	Pingyang	0.01		0.76	0.27	0.02	0.69
苍南县	Cangnan	0.03	0.01	1.19	0.19	0.10	0.74
文成县	Wencheng	0.01		0.28	0.11	0.01	0.32
泰顺县	Taishun	0.01		0.36	0.10	0.03	0.32
嘉兴市区	Jiaxing District	0.10	0.01	0.96	0.64	0.12	0.87
平湖市	Pinghu	0.06		0.60	0.23	0.04	0.38
海宁市	Haining	0.14		0.80	0.33	0.06	0.60
桐乡市	Tongxiang	0.12	0.01	0.77	0.32	0.02	0.62
嘉善县	Jiashan	0.05	0.01	0.42	0.20	0.02	0.37
海盐县	Haiyan	0.06	0.05	0.42	0.18	0.03	0.31
湖州市区	Huzhou District	0.10		0.67	0.55	0.04	1.08
德清县	Deqing	0.12		0.51	0.22	0.02	0.46
长兴县	Changxing	0.06		0.62	0.16	0.03	0.50
安吉县	Anji	0.05		0.43	0.18	0.01	0.53
绍兴市区	Shaoxing District	0.08	0.01	0.84	0.48	0.16	0.68
诸暨市	Zhuji	0.04	0.06	1.02	0.54	0.04	0.66
上虞市	Shangyu	0.08		0.76	0.29	0.03	0.56

市县名称 City and County		水利、环境和公共设施管理业 Water Conservancy, Environment and Public Facilities Management	居民服务和其他服务业 Resident Services and Other Services	教育 Education	卫生、社会保障和社会福利业 Health Care, Social Security and Social Welfare	文化、体育和娱乐业 Culture, Sports and Recreation	公共管理和社会组织 Public Management and Social Organization
嵊州市	Shengzhou	0.07	0.01	0.65	0.25	0.05	0.34
绍兴县	Shaoxing	0.07	0.01	0.87	0.42	0.04	0.51
新昌县	Xinchang	0.07		0.43	0.15	0.03	0.37
金华市区	Jinhua District	0.10	0.01	1.31	0.61	0.14	1.02
兰溪市	Lanxi	0.09	0.01	0.63	0.23	0.03	0.35
东阳市	Dongyang	0.09		0.62	0.33	0.03	0.49
义乌市	Yiwu	0.20	0.01	0.88	0.37	0.04	0.94
永康市	Yongkang	0.17		0.58	0.31	0.04	0.56
武义县	Wuyi	0.05		0.33	0.14	0.01	0.31
浦江县	Pujiang	0.02		0.36	0.15	0.03	0.31
磐安县	Panan	0.02		0.17	0.06		0.24
衢州市区	Quzhou District	0.05	0.01	0.81	0.29	0.07	1.10
江山市	Jiangshan	0.02		0.44	0.16	0.01	0.37
常山县	Changshan	0.01		0.27	0.12	0.01	0.34
开化县	Kaihua	0.02		0.24	0.11		0.29
龙游县	Longyou	0.01		0.31	0.11	0.02	0.46
舟山市区	Zhoushan District	0.12	0.01	0.87	0.42	0.11	1.11
岱山县	Daishan	0.01	0.01	0.20	0.10	0.03	0.29
嵊泗县	Shengsi	0.02		0.11	0.06	0.01	0.22
台州市区	Taizhou District	0.27	0.02	1.56	0.90	0.13	1.63
温岭市	Wenling	0.11	0.01	0.98	0.44	0.03	0.53
临海市	Linhai	0.12	0.02	1.10	0.46	0.03	0.46
玉环县	Yuhuan		0.01	0.28	0.17	0.02	0.47
三门县	Sanmen	0.02		0.34	0.12	0.01	0.30
天台县	Tiantai	0.06		0.54	0.22	0.04	0.35
仙居县	Xianju	0.02		0.39	0.18	0.01	0.35
丽水市区	Lishui District	0.08		0.58	0.41	0.07	0.60
龙泉市	Longquan	0.06		0.28	0.11	0.02	0.28
青田县	Qingtian	0.03		0.39	0.13	0.04	0.35
云和县	Yunhe	0.02		0.14	0.05	0.01	0.20
庆元县	Qingyuan	0.01		0.20	0.07	0.01	0.22
缙云县	Jinyun	0.02		0.42	0.11	0.01	0.31
遂昌县	Suichang	0.02		0.21	0.10	0.01	0.23
松阳县	Songyang	0.01		0.24	0.09	0.01	0.24
景宁自治县	Jingning	0.02		0.17	0.08	0.02	0.19

17－27 各市、县农、林、牧、渔业总产值(2005年)

Gross Output Value of Farming, Forestry, Animal Husbandry and Fishery by City and County(2005)

单位:万元 (10000 yuan)

市县名称 City and County		农、林、牧、渔业总产值 Total Output Value of Agriculture	农业产值 Farming	林业产值 Forestry	牧业产值 Animal Husbandry	渔业产值 Fishery	农林牧渔业服务业产值 Services
杭州市区	Hangzhou District	1116630	582022	40972	241026	208760	43850
富阳市	Fuyang	264310	143353	30289	68163	20573	1932
临安市	Linan	238270	77223	109851	44395	3477	3324
建德市	Jiande	226119	130842	13167	60985	15992	5133
桐庐县	Tonglu	159832	90310	10985	44040	11894	2603
淳安县	Chunan	189638	112809	27775	37291	10114	1649
宁波市区	Ningbo District	473775	273548	12458	116923	60968	9878
余姚市	Yuyao	333022	216695	11633	58693	43807	2194
慈溪市	Cixi	309538	185327	2246	41023	70931	10011
奉化市	Fenghua	193140	80697	14279	28420	66778	2966
象山县	Xiangshan	518142	80315	3860	40916	392151	900
宁海县	Ninghai	246382	74812	8609	43319	118442	1200
温州市区	Wenzhou District	120202	57441	718	36506	24648	889
瑞安市	Ruian	175736	72528	2713	17977	80842	1676
乐清市	Yueqing	181277	64228	2180	30586	81763	2520
洞头县	Dongtou	68052	1043	126	1058	65740	85
永嘉县	Yongjia	79877	44719	3483	28008	2279	1388
平阳县	Pingyang	145842	69484	3930	29332	37902	5194
苍南县	Cangnan	232409	78178	2397	28740	121536	1558
文成县	Wencheng	42973	27903	1974	12589	199	308
泰顺县	Taishun	37957	23993	3589	9878	240	257
嘉兴市区	Jiaxing District	356001	143886	698	145316	59725	6376
平湖市	Pinghu	171253	86230	1287	43687	31844	8205
海宁市	Haining	205053	84836	1355	78344	31691	8827
桐乡市	Tongxiang	234721	100064	286	110579	12433	11359
嘉善县	Jiashan	243048	133992	174	63062	41553	4267
海盐县	Haiyan	186697	91310	2191	63641	22641	6914
湖州市区	Huzhou District	426508	156470	13569	122804	130815	2850
德清县	Deqing	196653	34753	41904	56591	62201	1204
长兴县	Changxing	272212	154309	31337	43889	40677	2000
安吉县	Anji	165381	77801	56754	21542	7684	1600
绍兴市区	Shaoxing District	99222	42331	1987	24969	29652	283
诸暨市	Zhuji	359767	185069	41817	74042	56667	2172
上虞市	Shangyu	348777	210996	17733	59919	58015	2114
嵊州市	Shengzhou	233401	169769	19652	40102	3481	397

市县名称 City and County		农、林、牧、渔业总产值 Total Output Value of Agriculture	农业产值 Farming	林业产值 Forestry	牧业产值 Animal Husbandry	渔业产值 Fishery	农林牧渔业服务业产值 Services
绍兴县	Shaoxing	243733	139289	20664	50315	32803	662
新昌县	Xinchang	129146	94382	11916	19953	2105	790
金华市区	Jinhua District	284799	149373	6864	97100	24531	6931
兰溪市	Lanxi	170461	74166	1313	57313	30759	6910
东阳市	Dongyang	133132	93812	3997	25312	6493	3518
义乌市	Yiwu	138126	72913	2502	51542	9169	2000
永康市	Yongkang	69123	34260	3750	24232	4621	2260
武义县	Wuyi	95739	57539	6231	27123	3036	1810
浦江县	Pujiang	66738	41606	2045	19241	1970	1876
磐安县	Panan	70669	57186	6502	6754	77	150
衢州市区	Quzhou District	262265	127282	17393	106480	9610	1500
江山市	Jiangshan	189186	107312	8560	66501	5613	1200
常山县	Changshan	67496	42830	8058	12306	2704	1598
开化县	Kaihua	96454	69835	11081	13759	923	856
龙游县	Longyou	120046	53576	11299	43828	10857	486
舟山市区	Zhoushan District	475407	48937	1095	20991	404384	
岱山县	Daishan	272231	9718	538	5629	256346	
嵊泗县	Shengsi	124253	506	126	330	123291	
台州市区	Taizhou District	360576	187019	1991	37642	130674	3250
温岭市	Wenling	551419	132729	360	45887	363553	8890
临海市	Linhai	276462	128316	9539	41128	96479	1000
玉环县	Yuhuan	261319	33432	375	6638	220609	265
三门县	Sanmen	209947	50517	1950	12186	145224	70
天台县	Tiantai	95733	65180	5164	19808	2943	2638
仙居县	Xianju	92472	61476	9064	19383	2162	387
丽水市区	Lishui District	130456	94398	9305	21241	3530	1982
龙泉市	Longquan	91818	57238	20663	12067	1230	620
青田县	Qingtian	57620	39624	4755	8348	4043	850
云和县	Yunhe	37476	27488	3914	2856	1661	1557
庆元县	Qingyuan	54852	39590	9687	4462	897	216
缙云县	Jinyun	84097	53952	7628	19972	1145	1400
遂昌县	Suichang	77022	49004	15031	11467	717	803
松阳县	Songyang	97187	68542	9657	17426	1442	120
景宁自治县	Jingning	48217	33462	7528	5175	477	1575

17－28 各市、县农作物播种面积(2005 年)

Sown Area by City and County(2005)

单位:千公顷 (1000 hectares)

市县名称 City and County		农作物播种面积(千公顷) Sown Area of Farm Crops (1000 hectares)	#粮食 Grain	#谷物 Cereal	#油料 Oilbearing Crops	#棉花 Cotton	#蔬菜 Vegetable	#果用瓜 Melon Used as Fruit
杭州市区	Hangzhou District	195.55	83.99	65.39	10.44	0.57	64.39	3.13
建德市	Jiande	38.77	19.49	13.77	5.61	0.03	7.19	2.68
桐庐县	Tonglu	35.90	17.09	11.48	6.55		8.34	1.14
富阳市	Fuyang	48.38	23.45	17.94	7.97		9.20	1.30
临安市	Linan	34.96	16.09	11.86	2.88		6.58	0.83
淳安县	Chunan	44.03	26.08	15.11	7.46	0.14	7.35	0.76
宁波市区	Ningbo District	100.05	41.31	37.53	1.85	0.17	24.31	7.08
余姚市	Yuyao	64.90	31.46	27.42	3.00	1.93	21.47	1.55
慈溪市	Cixi	80.72	27.09	9.86	8.57	3.84	26.32	7.19
奉化市	Fenghua	24.05	13.07	11.84	0.25		3.38	1.32
象山县	Xiangshan	30.74	15.86	11.82	1.43	0.08	9.27	1.90
宁海县	Ninghai	32.08	16.48	11.60	2.62	0.74	8.61	2.24
温州市区	Wenzhou District	26.92	11.30	9.66	0.31	0.03	12.91	0.61
瑞安市	Ruian	44.81	27.17	24.32	1.07		11.99	2.86
洞头县	Dongtou	1.42	0.80	0.13	0.19		0.43	0.01
乐清市	Yueqing	42.90	28.73	25.17	0.33	0.05	9.16	2.01
永嘉县	Yongjia	32.32	21.80	16.95	0.96	0.01	7.16	1.38
平阳县	Pingyang	37.73	25.04	20.71	0.58		8.04	2.44
苍南县	Cangnan	48.03	34.54	29.46	0.26		9.70	2.04
文成县	Wencheng	21.94	11.24	6.35	0.27		7.88	0.51
泰顺县	Taishun	19.95	11.33	7.33	0.75		5.70	0.07
嘉兴市区	Jiaxing District	93.89	45.75	38.99	12.79	0.27	23.51	4.39
海宁市	Haining	51.17	29.06	23.60	7.64	0.04	9.03	0.75
平湖市	Pinghu	56.62	30.44	28.00	16.12	0.44	7.75	1.54
嘉善县	Jiashan	50.96	27.34	23.86	3.75		15.62	2.55
海盐县	Haiyan	46.98	25.41	21.84	10.83	0.79	7.03	1.48
桐乡市	Tongxiang	54.57	24.75	21.33	6.46		15.09	0.77
湖州市区	Huzhou District	81.72	47.23	38.10	14.81		14.87	0.84
德清县	Deqing	19.55	13.65	11.38	1.34		3.03	0.35
长兴县	Changxing	90.93	39.60	33.90	21.97	0.02	13.28	4.63
安吉县	Anji	40.90	24.82	19.94	5.67		6.36	1.16
绍兴市区	Shaoxing District	14.37	8.00	7.63	0.46	0.01	3.97	0.21

市县名称 City and County		农作物播种面积(千公顷) Sown Area of Farm Crops (1000 hectares)	#粮食 Grain	#谷物 Cereal	#油料 Oilbearing Crops	#棉花 Cotton	#蔬菜 Vegetable	#果用瓜 Melon Used as Fruit
诸暨市	Zhuji	72.58	45.52	38.93	2.91	0.05	12.80	2.23
上虞市	Shangyu	82.87	41.56	35.61	8.81	2.92	21.62	2.60
嵊州市	Shengzhou	56.87	27.66	20.63	2.71	0.12	13.73	1.78
绍兴县	Shaoxing	49.34	24.34	23.03	2.42	0.02	13.40	0.98
新昌县	Xinchang	24.86	10.78	8.30	3.57	0.05	5.46	0.64
金华市区	Jinhua District	50.97	26.39	23.44	4.47	1.28	8.30	1.70
兰溪市	Lanxi	44.43	24.82	21.21	7.61	2.14	5.62	1.65
东阳市	Dongyang	46.15	31.17	25.23	1.78	0.08	6.46	0.75
义乌市	Yiwu	28.84	17.12	13.44	1.37	0.03	7.05	1.59
永康市	Yongkang	18.49	12.19	10.65	0.34		3.82	0.63
武义县	Wuyi	29.20	17.65	15.01	2.47	0.01	6.01	0.79
浦江县	Pujiang	25.09	14.98	12.57	2.02	0.08	3.98	0.56
磐安县	Panan	19.01	8.42	5.48	0.52		5.02	0.57
衢州市区	Quzhou District	57.42	36.58	29.48	5.21	0.03	9.96	1.06
江山市	Jiangshan	60.00	38.14	32.36	7.32	0.54	8.15	0.35
常山县	Changshan	20.25	13.29	11.55	1.83	0.04	3.37	0.25
开化县	Kaihua	32.51	18.70	12.83	6.16	0.07	5.27	0.42
龙游县	Longyou	46.67	33.56	30.02	6.30	0.55	3.72	0.51
舟山市区	Zhoushan District	22.37	9.74	5.77	2.19	0.12	7.99	1.62
岱山县	Daishan	4.65	2.02	1.08	0.53		1.78	0.25
嵊泗县	Shengsi	0.21	0.02				0.18	0.01
台州市区	Taizhou District	60.74	29.49	22.31	0.09	0.12	20.15	5.02
玉环县	Yuhuan	10.70	5.12	2.33	0.16	0.03	4.27	0.70
三门县	Sanmen	26.84	16.62	10.34	1.19	0.17	5.90	2.15
天台县	Tiantai	38.48	27.45	22.75	0.91	0.05	6.67	0.41
仙居县	Xianju	34.80	22.19	17.40	2.11		5.71	0.88
温岭市	Wenling	60.42	28.84	19.57	0.17	0.16	17.65	5.32
临海市	Linhai	54.04	36.15	28.62	0.20	0.06	11.88	2.43
丽水市区	Lishui District	26.14	11.15	6.28	1.26	0.01	11.25	1.13
龙泉市	Longquan	30.26	18.80	15.02	1.21		6.32	0.20
青田县	Qingtian	20.41	13.49	9.66	0.60	0.01	5.25	0.39
云和县	Yunhe	8.28	5.41	3.43	0.21		2.22	0.13
庆元县	Qingyuan	16.14	11.30	9.38	0.03		3.08	0.13
缙云县	Jinyun	23.56	13.21	10.62	1.97	0.01	5.61	0.42
遂昌县	Suichang	28.44	16.13	10.39	1.84		5.84	0.28
松阳县	Songyang	22.93	13.54	8.53	1.23		6.42	0.20
景宁自治县	Jingning	19.26	10.06	6.16	0.35	0.01	5.94	0.12

17 - 29 各市、县主要农产品产量(2005 年)

Output of Major Farm Products by City and County(2005)

单位：吨　　　　　　　　　　　　　　　　　　　　　　　　　　　　　　　　(ton)

市县名称 City and County		粮食 Grain	#谷物 Cereal	油菜籽 Rapeseeds	棉花 Cotton	水果 Fruit	#柑桔 Citrus	茶叶 Tea	蚕茧 Silkworm Cocoons
杭州市区	Hangzhou District	485898	426311	18881	854	149875	1121	10261	878
富阳市	Fuyang	143490	114802	14798		67870	3387	2935	1225
临安市	Linan	93079	76132	5083		31170	578	2090	3701
建德市	Jiande	103581	78484	8487	31	136823	60023	3337	981
桐庐县	Tonglu	102690	76695	12306		69010	4937	1467	3675
淳安县	Chunan	106212	75731	11178	153	70787	35651	5461	5879
宁波市区	Ningbo District	268298	249169	1951	132	341839	69559	8743	
余姚市	Yuyao	195464	178316	5046	2300	157323	2536	6000	7
慈溪市	Cixi	109391	54227	12411	4193	280142	5198	248	
奉化市	Fenghua	75048	71308	119		105806	18989	2276	6
象山县	Xiangshan	79696	65678	1424	71	133043	78441	1485	56
宁海县	Ninghai	73258	62476	3343	488	169764	49375	2659	37
温州市区	Wenzhou District	61064	52841	418		44581	20380	49	
瑞安市	Ruian	139390	128603	1159	1	64816	619	75	
乐清市	Yueqing	155251	137238	305	65	76197	12792	116	
洞头县	Dongtou	2417	581	184		113			
永嘉县	Yongjia	100490	79933	843	7	51512	6827	350	
平阳县	Pingyang	122574	106961	629		70974	673	383	
苍南县	Cangnan	168506	152295	238		57574	6643	700	
文成县	Wencheng	53801	33076	311		15620	427	152	
泰顺县	Taishun	54806	38853	997		4314	279	1295	
嘉兴市区	Jiaxing District	306929	282293	29501	337	175206			5568
平湖市	Pinghu	202654	193575	40929	503	57555	468		20
海宁市	Haining	173320	154376	17548	55	48372	11083		11584
桐乡市	Tongxiang	170352	157565	14228		34761	192		15593
嘉善县	Jiashan	171905	160143	8164		93246	2084		60
海盐县	Haiyan	168792	155554	29294	1045	75962	12525	158	4753
湖州市区	Huzhou District	329023	287174	35046		31259	102	252	10376
德清县	Deqing	86188	75836	2741	8	18293	133	1243	5168
长兴县	Changxing	261924	240989	42677	17	152128	480	2558	1531
安吉县	Anji	144977	128107	9328	3	47933	102	4408	1845
绍兴市区	Shaoxing District	54141	52659	855	9	10755	78	665	
诸暨市	Zhuji	295489	261816	3691	78	114461	5613	9492	747
上虞市	Shangyu	242649	224592	15932	3108	170871	1253	3304	1663

市县名称 City and County		粮食 Grain	#谷物 Cereal	油菜籽 Rapeseeds	棉花 Cotton	水果 Fruit	#柑桔 Citrus	茶叶 Tea	蚕茧 Silkworm Cocoons
嵊州市	Shengzhou	149760	125090	2516	129	112815	11218	15098	1652
绍兴县	Shaoxing	163356	156219	4428	37	43019	196	9222	58
新昌县	Xinchang	58525	49362	3942	87	33674	1042	5634	1380
金华市区	Jinhua District	153703	142090	5469	2046	132858	48314	3389	44
兰溪市	Lanxi	129070	119430	11813	3086	84325	26101	1333	1746
东阳市	Dongyang	170173	155462	2418	103	41915	6379	2272	144
义乌市	Yiwu	104232	87395	2035	37	69985	11399	1391	51
永康市	Yongkang	74102	66800	488		31525	5069	253	182
武义县	Wuyi	90172	83383	3341	15	32726	6212	6088	695
浦江县	Pujiang	84680	76959	2790	139	37565	2934	1270	147
磐安县	Panan	42544	29141	388		13995	430	1556	350
衢州市区	Quzhou District	206921	183968	6886	33	309144	273265	1059	86
江山市	Jiangshan	234941	209959	9990	741	42413	25291	1701	60
常山县	Changshan	75047	69145	2529	56	115185	106195	140	71
开化县	Kaihua	108412	80069	8192	55	15161	5483	1651	845
龙游县	Longyou	188898	177889	8477	810	62644	45000	2783	18
舟山市区	Zhoushan District	42098	30281	3080	78	68513	15879	64	
岱山县	Daishan	9819	6158	715		8493	2796	68	
嵊泗县	Shengsi	107				194	100		
台州市区	Taizhou District	154937	129538		190	306959	87223	68	5
温岭市	Wenling	161879	121492	40	152	264934	24965	67	
临海市	Linhai	171532	141648	198	67	201681	94317	689	173
玉环县	Yuhuan	28171	13334	157	47	47233	17959	45	
三门县	Sanmen	74882	53655	1896	108	138377	58574	750	
天台县	Tiantai	122202	108797	1006	36	47402	20087	1053	136
仙居县	Xianju	111225	92982	3164	2	63384	11724	471	147
丽水市区	Lishui District	53834	38813	953	8	143554	86240	798	1
龙泉市	Longquan	100230	89346	1524		10679	3978	734	
青田县	Qingtian	62509	48779	484	21	47296	26674	144	
云和县	Yunhe	25371	18687	204		8300	1570	217	
庆元县	Qingyuan	57152	51707	19		5615	2011	505	
缙云县	Jinyun	70105	60309	2885	12	37117	5424	1653	1873
遂昌县	Suichang	70157	57104	2728	1	13840	3068	4343	
松阳县	Songyang	61378	49863	1833	3	48121	27630	5195	147
景宁自治县	Jingning	48430	37872	215	9	9048	3758	504	

单位:吨　　17－29　续表 2　continued　　(ton)

市县名称	City and County	生猪年末存栏头数(万头) Year－end Hogs (10000 heads)	牛年末存栏头数(头) Year－end Cattle (head)	羊年末存栏只数(万只) Year－end Sheep and Goats (10000 heads)	肉产量(吨) Output of Meat (ton)	#猪肉(吨) Pork (ton)	禽蛋产量(吨) Poultry Eggs (ton)	牛羊奶产量(吨) Cow and Sheep Milk (ton)	水产品产量(吨) Output of Aquatic Products (ton)
杭州市区	Hangzhou District	80.54	11871	10.68	170335	119797	32238	38814	109795
富阳市	Fuyang	18.17	3427	2.79	40934	28287	6405	5455	7998
临安市	Linan	15.84	8246	6.32	29091	25421	4821	4715	3310
建德市	Jiande	14.76	2604	0.88	24149	17456	47527	397	10377
桐庐县	Tonglu	15.35	2769	1.23	22196	18766	3284	1055	6382
淳安县	Chunan	20.62	6587	0.54	20672	19418	4447		9940
宁波市区	Ningbo District	40.26	6839	2.15	69913	53150	43951	21802	63294
余姚市	Yuyao	15.02	2330	2.58	32988	16820	10814	2507	24108
慈溪市	Cixi	6.95	837	1.02	15545	8344	13619	1507	56258
奉化市	Fenghua	7.00	2577	1.23	11642	8032	22013	1871	88986
象山县	Xiangshan	8.90	1802	1.96	25653	17319	27301	42	566749
宁海县	Ninghai	7.73	7345	1.66	18838	9241	23496	300	117760
温州市区	Wenzhou District	15.42	6068	0.75	24078	16443	7105	8981	16146
瑞安市	Ruian	7.32	6160	0.99	11358	8284	3996	3642	116138
乐清市	Yueqing	10.00	5117	1.70	12214	8820	16815	6266	84864
洞头县	Dongtou	0.49	33	0.38	735	618	115		149909
永嘉县	Yongjia	13.48	13414	4.20	18548	13123	3147	653	2380
平阳县	Pingyang	8.86	4152	1.53	14564	10368	3398	3150	42276
苍南县	Cangnan	9.40	3909	2.25	16185	12686	10775	1833	211032
文成县	Wencheng	7.28	4336	1.74	8781	6184	1173	23	306
泰顺县	Taishun	4.93	2943	3.38	8088	5865	434	45	330
嘉兴市区	Jiaxing District	98.4	698	8.57	122270	105363	7935	3743	39886
平湖市	Pinghu	56.56	670	1.49	27472	22765	10953	1851	32461
海宁市	Haining	23.77	1692	23.45	39707	17779	3783	4041	23858
桐乡市	Tongxiang	24.17	87	44.31	51254	33586	20585	144	10080
嘉善县	Jiashan	61.03	227	0.85	50617	43911	19434	665	25597
海盐县	Haiyan	56.88		9.61	38849	34248	2773		13253
湖州市区	Huzhou District	28.10	197	25.31	77200	39829	14248		93301
德清县	Deqing	27.94	949	4.49	43521	34870	11591	1329	45829
长兴县	Changxing	18.60	3363	8.91	30219	17053	9268	7800	32485
安吉县	Anji	9.34	4194	2.77	13025	7985	1801	2880	6768
绍兴市区	Shaoxing District	6.00	44		16958	8051	5828	84	14088
诸暨市	Zhuji	26.00	3934	3.00	42083	31016	18586	195	14485
上虞市	Shangyu	20.37	3021	4.72	40252	23656	6281	150	39754

市县名称 City and County		生猪年末存栏头数(万头) Year－end Hogs (10000 heads)	牛年末存栏头数(头) Year－end Cattle (head)	羊年末存栏只数(万只) Year－end Sheep and Goats (10000 heads)	肉产量(吨) Output of Meat (ton)	#猪肉(吨) Pork (ton)	禽蛋产量(吨) Poultry Eggs (ton)	牛羊奶产量(吨) Cow and Sheep Milk (ton)	水产品产量(吨) Output of Aquatic Products (ton)
嵊州市	Shengzhou	20.00	7127	6.00	21769	17787	5284	1508	3956
绍兴县	Shaoxing	19.00	758	1.00	32883	25954	11914	1650	24420
新昌县	Xinchang	8.53	3402	1.59	9952	7944	2410	10	2330
金华市区	Jinhua District	43.53	43380	2.20	53205	40835	8948	98678	12332
兰溪市	Lanxi	20.22	7528	1.98	28638	23297	19700	2483	13693
东阳市	Dongyang	13.30	2453	1.89	15161	12331	4574	423	8420
义乌市	Yiwu	23.98	1113	0.82	39263	29599	7575	657	5160
永康市	Yongkang	7.17	686	0.41	11755	7487	3622	122	6048
武义县	Wuyi	14.54	5127	1.38	18198	13454	1298	1332	2160
浦江县	Pujiang	15.42	1267	0.59	17134	14146	4610	35	3218
磐安县	Panan	3.92	2482	0.84	4358	3714	502		234
衢州市区	Quzhou District	68.25	9662	1.37	87977	81628	5704	1576	10868
江山市	Jiangshan	43.84	10149	0.99	44973	39403	3918	639	7387
常山县	Changshan	10.31	2896	0.43	9838	7767	1266	36	2824
开化县	Kaihua	11.19	3419	0.18	10765	9886	1061		1273
龙游县	Longyou	37.58	6993	0.90	35019	31942	9782	656	10020
舟山市区	Zhoushan District	10.48	958	1.18	15306	12640	6806	1564	663493
岱山县	Daishan	1.81	169	0.58	3027	2467	1478	8	333272
嵊泗县	Shengsi	0.16	10	0.12	313	272	40		244069
台州市区	Taizhou District	17.25	4687	0.39	24794	20649	10954	7744	260305
温岭市	Wenling	17.87	2620	0.28	41844	30246	12291	2869	525222
临海市	Linhai	21.77	5628	1.13	20021	19071	3353	790	114200
玉环县	Yuhuan	3.12	690	0.78	7031	4285	1015		257242
三门县	Sanmen	6.70	4486	1.02	8944	7736	6153	150	187559
天台县	Tiantai	21.57	12218	1.35	14854	13775	2378	508	2715
仙居县	Xianju	11.82	8394	1.52	14812	12828	1775	1400	2785
丽水市区	Lishui District	11.86	6928	0.60	18337	11298	2048	620	3995
龙泉市	Longquan	11.06	4830	1.43	10712	9487	610	105	2020
青田县	Qingtian	6.70	10294	2.11	8250	7123	512		2702
云和县	Yunhe	2.54	3438	0.42	2720	1909	100		2520
庆元县	Qingyuan	4.57	2244	1.48	3977	3491	234		970
缙云县	Jinyun	7.65	3537	2.03	6759	3887	2334	159	1775
遂昌县	Suichang	10.09	6950	0.72	10453	9357	407	10	920
松阳县	Songyang	12.81	6473	0.33	14878	11626	1418	90	1475
景宁自治县	Jingning	4.29	7736	1.76	4976	3858	231		505

17－30 各市、县农业现代化情况(2005年)

Agricultural Modernization by City and County(2005)

市县名称 City and County		农业机械总动力(千瓦) Total Power of Agricultural Machinery (kw)	农村用电量(万千瓦小时) Electricity Consumed in Rural Areas(10000 kw. h)	农用化肥施用量(折标)(吨) Consumption of Chemical Fertilizers (standard) (ton)	农用化肥施用量(折纯)(吨) Consumption of Chemical Fertilizers (pure) (ton)	机耕面积(千公顷) Area Ploughed by Tractors (1000 hectares)	有效灌溉面积(千公顷) Irrigated Area(1000 hectares)	旱涝保收面积(千公顷) Stable Yields Ensured Despite Disasters (1000 hectares)
杭州市区	Hangzhou District	1615307	443181	328623	68662	73.28	93.29	80.69
富阳市	Fuyang	387803	201280	34308	7246	15.97	19.59	15.07
临安市	Linan	344456	61003	88013	19483	12.77	16.62	10.65
建德市	Jiande	216545	14768	89366	19038	15.29	13.12	11.50
桐庐县	Tonglu	195311	39803	39642	8158	10.69	14.05	9.26
淳安县	Chunan	205384	6579	37252	7875	7.17	8.76	5.71
宁波市区	Ningbo District	595367	360457	199333	41730	39.16	60.16	38.19
余姚市	Yuyao	451771	189255	50145	10395	25.43	36.73	28.46
慈溪市	Cixi	401447	297932	125295	26102	22.49	39.50	27.34
奉化市	Fenghua	344365	73080	91735	19252	12.00	19.12	17.32
象山县	Xiangshan	743834	28412	65524	13567	14.45	15.88	8.81
宁海县	Ninghai	250337	62637	41400	8701	10.45	12.38	7.79
温州市区	Wenzhou District	193711	184067	40425	8438	8.36	14.11	6.93
瑞安市	Ruian	373352	81215	74570	15654	16.45	20.68	15.24
乐清市	Yueqing	279305	77112	75864	15745	17.77	21.56	10.73
洞头县	Dongtou	148976	1684	746	153	0.06	0.11	0.30
永嘉县	Yongjia	153412	54137	57726	12043	4.49	14.56	6.15
平阳县	Pingyang	247698	40182	73270	15276	15.15	21.94	11.27
苍南县	Cangnan	461381	34451	43586	9079	14.17	22.02	18.76
文成县	Wencheng	59137	7917	30288	6494	2.37	5.25	2.13
泰顺县	Taishun	55866	4563	27898	5902	2.07	6.56	3.05
嘉兴市区	Jiaxing District	364156	98286	134321	28198	36.12	42.75	34.72
平湖市	Pinghu	222530	103559	107591	22007	23.15	31.06	30.67
海宁市	Haining	249234	83349	49135	10255	18.07	34.55	26.80
桐乡市	Tongxiang	356659	150679	81049	16861	23.45	37.58	36.88
嘉善县	Jiashan	344791	53023	54476	11421	21.38	28.97	24.90
海盐县	Haiyan	179830	67258	84590	17500	14.97	22.52	21.04
湖州市区	Huzhou District	543137	129821	79239	16613	42.40	47.11	46.99
德清县	Deqing	370054	76291	30310	6354	11.98	20.45	18.83
长兴县	Changxing	330418	45872	86817	18320	34.64	40.26	40.22
安吉县	Anji	242549	23500	70282	14758	18.11	20.50	13.62
绍兴市区	Shaoxing District	76931	144160	25163	5300	9.23	9.93	8.32
诸暨市	Zhuji	715393	332788	156400	32509	34.84	39.00	29.30
上虞市	Shangyu	477883	91900	160060	33531	28.16	38.56	22.79

17－30 续表 continued

市县名称 City and County		农业机械总动力（千瓦）Total Power of Agricultural Machinery（kw）	农村用电量（万千瓦小时）Electricity Consumed in Rural Areas（10000 kw. h）	农用化肥施用量（折标）（吨）Consumption of Chemical Fertilizers（standard）（ton）	农用化肥施用量（折纯）（吨）Consumption of Chemical Fertilizers（pure）（ton）	机耕面积（千公顷）Area Ploughed by Tractors（1000 hectares）	有效灌溉面积（千公顷）Irrigated Area（1000 hectares）	旱涝保收面积（千公顷）Stable Yields Ensured Despite Disasters（1000 hectares）
嵊州市	Shengzhou	285682	53916	47095	9753	14.10	25.59	18.80
绍兴县	Shaoxing	330895	551052	37146	8154	18.14	23.95	20.10
新昌县	Xinchang	134296	25950	36965	7784	5.36	12.57	8.00
金华市区	Jinhua District	382590	31362	119652	25297	19.54	37.68	31.07
兰溪市	Lanxi	210911	80997	114977	24680	17.83	28.49	15.00
东阳市	Dongyang	380862	41472	50093	10421	18.16	23.04	20.07
义乌市	Yiwu	253214	56000	60971	12525	15.39	20.83	15.19
永康市	Yongkang	346429	22908	45327	9248	14.89	16.85	13.47
武义县	Wuyi	133890	14630	67685	13952	9.85	14.93	10.46
浦江县	Pujiang	119400	13679	24344	5156	6.80	10.89	9.10
磐安县	Panan	101434	2598	21552	4407	1.82	4.97	2.58
衢州市区	Quzhou District	265313	20165	175671	36922	12.91	26.40	21.53
江山市	Jiangshan	195922	18057	62649	13200	9.49	20.67	13.58
常山县	Changshan	83621	11800	43831	9318	8.19	10.76	5.80
开化县	Kaihua	77689	3271	47233	10103	7.65	10.33	8.77
龙游县	Longyou	201272	12721	85984	18196	14.02	22.17	17.48
舟山市区	Zhoushan District	194350	74256	18747	3838	7.93	10.88	9.61
岱山县	Daishan	475736	3530	1693	350	0.94	1.65	0.79
嵊泗县	Shengsi	244753	2220	116	25		0.04	0.03
台州市区	Taizhou District	366691	160892	110893	23385	28.31	34.96	20.92
温岭市	Wenling	836007	152693	96583	19995	24.03	29.38	23.20
临海市	Linhai	630447	53163	115134	23581	21.90	22.34	20.24
玉环县	Yuhuan	234738	61472	15205	3108	4.07	4.64	2.20
三门县	Sanmen	246214	11870	32097	6674	7.01	9.57	0.60
天台县	Tiantai	151212	16122	32613	6970	6.13	13.05	9.90
仙居县	Xianju	142570	11913	28022	5912	10.95	12.92	6.31
丽水市区	Lishui District	102561	3623	55612	11726	4.19	10.92	7.58
龙泉市	Longquan	129371	3973	35584	7374	5.34	13.51	9.97
青田县	Qingtian	70007	10008	13632	2862	1.31	10.70	3.66
云和县	Yunhe	40467	1537	5206	1094	1.11	3.98	
庆元县	Qingyuan	98217	1340	28823	5876	3.39	9.68	6.19
缙云县	Jinyun	97230	3765	27724	5646	6.23	10.01	7.99
遂昌县	Suichang	71300	1676	34507	7212	3.22	6.89	3.12
松阳县	Songyang	68548	3995	56228	11749	2.61	8.21	5.51
景宁自治县	Jingning	44900	2865	17473	3552	0.70	5.03	1.80

17-31 各市、县规模以上工业企业单位数(2005年)

Number of Industrial Enterprises Above Designated Size by City and County(2005)

单位：个 (unit)

市县名称	City and County	工业企业单位数 Number of Enterprises	内资企业 Domestic - Funded Enterprises	港澳台商投资企业 Enterprises with Investment from Hong Kong, Macao and Taiwan	外商投资企业 Enterprises with Foreign Investment
杭州市区	Hangzhou District	4995	3974	494	527
富阳市	Fuyang	874	750	65	59
临安市	Linan	513	460	27	26
建德市	Jiande	421	402	10	9
桐庐县	Tonglu	453	363	60	30
淳安县	Chunan	103	96	1	6
宁波市区	Ningbo District	4321	2952	695	674
余姚市	Yuyao	1196	859	191	146
慈溪市	Cixi	1448	1171	146	131
奉化市	Fenghua	605	491	44	70
象山县	Xiangshan	561	443	52	66
宁海县	Ninghai	657	541	48	68
温州市区	Wenzhou District	2216	1999	75	142
瑞安市	Ruian	982	930	8	44
乐清市	Yueqing	881	832	18	31
洞头县	Dongtou	26	23	2	1
永嘉县	Yongjia	485	455	6	24
平阳县	Pingyang	285	250	17	18
苍南县	Cangnan	297	289	5	3
文成县	Wencheng	31	30		1
泰顺县	Taishun	23	23		
嘉兴市区	Jiaxing District	967	723	93	151
平湖市	Pinghu	602	460	46	96
海宁市	Haining	1024	870	69	85
桐乡市	Tongxiang	750	597	73	80
嘉善县	Jiashan	716	497	119	100
海盐县	Haiyan	438	369	29	40
湖州市区	Huzhou District	771	662	60	49
德清县	Deqing	397	296	57	44
长兴县	Changxing	370	337	15	18
安吉县	Anji	357	294	28	35
绍兴市区	Shaoxing District	711	490	118	103
诸暨市	Zhuji	752	628	58	66
上虞市	Shangyu	698	567	77	54

市 县 名 称 City and County		工业企业单位数 Number of Enterprises	内资企业 Domestic－Funded Enterprises	港澳台商投资企业 Enterprises with Investment from Hong Kong, Macao and Taiwan	外 商 投资企业 Enterprises with Foreign Investment
嵊州市	Shengzhou	425	337	56	32
绍兴县	Shaoxing	866	694	109	63
新昌县	Xinchang	224	202	9	13
金华市区	Jinhua District	455	418	10	27
兰溪市	Lanxi	239	212	14	13
东阳市	Dongyang	347	306	18	23
义乌市	Yiwu	711	636	41	34
永康市	Yongkang	500	476	5	19
武义县	Wuyi	310	297	1	12
浦江县	Pujiang	298	268	7	23
磐安县	Panan	108	98	2	8
衢州市区	Quzhou District	214	202	4	8
江山市	Jiangshan	187	177	4	6
常山县	Changshan	95	92	2	1
开化县	Kaihua	67	67		
龙游县	Longyou	159	150	2	7
舟山市区	Zhoushan District	351	328	9	14
岱山县	Daishan	68	58	3	7
嵊泗县	Shengsi	23	21	2	
台州市区	Taizhou District	1303	1220	36	47
温岭市	Wenling	1022	948	30	44
临海市	Linhai	411	351	38	22
玉环县	Yuhuan	743	674	32	37
三门县	Sanmen	102	87	6	9
天台县	Tiantai	175	164	3	8
仙居县	Xianju	189	149	25	15
丽水市区	Lishui District	112	105		7
龙泉市	Longquan	81	78	1	2
青田县	Qingtian	103	88		15
云和县	Yunhe	55	53	1	1
庆元县	Qingyuan	52	51		1
缙云县	Jinyun	183	176	5	2
遂昌县	Suichang	62	55	1	6
松阳县	Songyang	62	60		2
景宁自治县	Jingning	47	47		

17-32 各市、县规模以上工业总产值(2005年)
Gross Output Value of Industry Above Designated Size by City and County(2005)

单位:亿元 (100 million yuan)

市县名称	City and County	工业总产值 Gross Output Value of Industry	内资企业 Domestic-Funded Enterprises	港澳台商投资企业 Enterprises with Investment from Hong Kong, Macao and Taiwan	外商投资企业 Enterprises with Foreign Investment
杭州市区	Hangzhou District	4477.53	2941.84	522.10	1013.59
富阳市	Fuyang	443.74	354.38	51.98	37.38
临安市	Linan	179.12	149.70	16.70	12.72
建德市	Jiande	139.42	126.66	3.21	9.55
桐庐县	Tonglu	157.01	100.62	38.08	18.30
淳安县	Chunan	44.32	42.89	0.51	0.92
宁波市区	Ningbo District	3180.17	1915.30	631.34	633.53
余姚市	Yuyao	502.94	289.02	133.82	80.10
慈溪市	Cixi	639.90	482.78	88.06	69.05
奉化市	Fenghua	217.04	167.47	22.12	27.45
象山县	Xiangshan	159.83	108.55	26.40	24.87
宁海县	Ninghai	191.09	141.61	14.73	34.74
温州市区	Wenzhou District	1003.55	854.88	45.74	102.93
瑞安市	Ruian	334.14	309.13	7.29	17.73
乐清市	Yueqing	470.23	450.45	4.84	14.93
洞头县	Dongtou	16.19	15.46	0.56	0.17
永嘉县	Yongjia	208.84	199.19	3.17	6.48
平阳县	Pingyang	90.70	67.98	12.00	10.73
苍南县	Cangnan	107.18	105.52	1.02	0.63
文成县	Wencheng	7.77	7.46		0.31
泰顺县	Taishun	5.40	5.40		
嘉兴市区	Jiaxing District	511.78	336.02	57.21	118.55
平湖市	Pinghu	359.28	216.52	25.88	116.88
海宁市	Haining	413.39	286.71	27.28	99.41
桐乡市	Tongxiang	414.28	339.87	38.21	36.20
嘉善县	Jiashan	252.43	131.43	61.47	59.54
海盐县	Haiyan	227.80	197.31	11.38	19.11
湖州市区	Huzhou District	548.43	485.38	38.19	24.86
德清县	Deqing	220.83	171.80	29.60	19.43
长兴县	Changxing	183.95	167.69	8.69	7.56
安吉县	Anji	117.58	88.88	11.86	16.84
绍兴市区	Shaoxing District	592.88	456.16	83.86	52.86
诸暨市	Zhuji	654.86	583.27	42.45	29.15
上虞市	Shangyu	469.63	392.73	47.53	29.37

市县名称 City and County		工业总产值 Gross Output Value of Industry	内资企业 Domestic-Funded Enterprises	港澳台商投资企业 Enterprises with Investment from Hong Kong, Macao and Taiwan	外商投资企业 Enterprises with Foreign Investment
嵊州市	Shengzhou	149.55	106.16	31.35	12.04
绍兴县	Shaoxing	1159.28	909.65	183.47	66.17
新昌县	Xinchang	188.87	170.70	5.98	12.19
金华市区	Jinhua District	268.18	243.98	6.95	17.25
兰溪市	Lanxi	147.08	138.56	4.82	3.71
东阳市	Dongyang	165.93	153.21	4.38	8.34
义乌市	Yiwu	251.68	189.42	36.06	26.20
永康市	Yongkang	321.19	296.50	1.97	22.72
武义县	Wuyi	100.85	94.79	0.23	5.83
浦江县	Pujiang	119.45	99.29	5.85	14.31
磐安县	Panan	24.16	19.98	0.46	3.73
衢州市区	Quzhou District	154.71	152.43	0.47	1.81
江山市	Jiangshan	70.47	67.36	0.69	2.42
常山县	Changshan	29.36	26.87	1.26	1.24
开化县	Kaihua	20.09	20.09		
龙游县	Longyou	46.58	41.18	0.52	4.88
舟山市区	Zhoushan District	243.98	203.76	3.62	36.60
岱山县	Daishan	29.96	18.18	2.64	9.14
嵊泗县	Shengsi	9.41	8.91	0.50	
台州市区	Taizhou District	667.84	597.64	31.50	38.69
温岭市	Wenling	394.13	331.10	25.27	37.77
临海市	Linhai	254.03	226.82	8.99	18.22
玉环县	Yuhuan	256.56	210.61	19.99	25.97
三门县	Sanmen	56.48	51.65	1.91	2.91
天台县	Tiantai	61.15	52.39	0.95	7.82
仙居县	Xianju	47.50	38.67	5.77	3.07
丽水市区	Lishui District	89.31	85.37		3.93
龙泉市	Longquan	18.60	17.86	0.24	0.49
青田县	Qingtian	60.09	51.73		8.36
云和县	Yunhe	15.31	15.08	0.07	0.16
庆元县	Qingyuan	8.60	8.08		0.52
缙云县	Jinyun	62.07	57.30	3.26	1.51
遂昌县	Suichang	39.78	35.99	0.32	3.47
松阳县	Songyang	12.32	12.01		0.31
景宁自治县	Jingning	10.74	10.74		

17-33 各市、县工业企业经济指标(2005年)

Main Indicators of Industrial Enterprises by City and County(2005)

单位:亿元 (100 million yuan)

市县名称	City and County	从业人员平均人数(万人) Average Number of Employed Persons (10000 persons)	流动资产年平均余额 Annual Average Balance of Circulating Assets	固定资产净值年平均余额 Annual Average Balance of Net Value of Fixed Assets	主营业务收入 Revenues in Main Business
杭州市区	Hangzhou District	81.38	2116.93	1074.53	4387.21
富阳市	Fuyang	9.53	246.94	111.14	411.71
临安市	Linan	5.67	87.56	56.14	169.80
建德市	Jiande	3.89	50.77	39.49	139.87
桐庐县	Tonglu	4.79	45.89	25.11	134.23
淳安县	Chunan	1.23	12.56	12.66	39.98
宁波市区	Ningbo District	72.64	1244.25	884.16	3057.36
余姚市	Yuyao	15.94	237.56	108.40	485.09
慈溪市	Cixi	26.14	303.44	130.75	614.50
奉化市	Fenghua	8.91	101.88	37.41	209.14
象山县	Xiangshan	6.82	94.20	34.89	152.16
宁海县	Ninghai	10.37	108.39	53.98	179.92
温州市区	Wenzhou District	45.12	404.01	273.21	963.11
瑞安市	Ruian	15.47	150.97	64.29	316.37
乐清市	Yueqing	15.08	254.56	97.89	446.93
洞头县	Dongtou	0.25	8.50	3.30	16.75
永嘉县	Yongjia	8.21	82.84	42.33	205.24
平阳县	Pingyang	4.52	32.50	21.18	87.90
苍南县	Cangnan	4.10	48.92	32.92	105.07
文成县	Wencheng	0.20	4.32	4.81	7.42
泰顺县	Taishun	0.29	2.07	7.24	5.13
嘉兴市区	Jiaxing District	15.96	213.28	211.71	509.95
平湖市	Pinghu	17.36	153.42	159.91	355.21
海宁市	Haining	15.24	175.92	110.74	403.88
桐乡市	Tongxiang	13.24	134.85	98.48	415.56
嘉善县	Jiashan	9.86	88.28	63.83	249.36
海盐县	Haiyan	7.67	104.59	356.30	224.91
湖州市区	Huzhou District	10.39	198.58	138.87	514.00
德清县	Deqing	6.22	90.59	56.98	216.83
长兴县	Changxing	4.87	70.89	88.79	184.47
安吉县	Anji	3.63	29.67	57.83	114.21
绍兴市区	Shaoxing District	13.53	242.70	255.54	594.96
诸暨市	Zhuji	14.33	254.50	125.83	644.99
上虞市	Shangyu	10.20	221.67	95.56	449.14

市县名称 City and County		从业人员平均人数(万人) Average Number of Employed Persons (10000 persons)	流动资产年平均余额 Annual Average Balance of Circulating Assets	固定资产净值年平均余额 Annual Average Balance of Net Value of Fixed Assets	主营业务收入 Revenues in Main Business
嵊州市	Shengzhou	4.96	75.44	37.49	147.86
绍兴县	Shaoxing	22.58	574.73	389.94	1125.92
新昌县	Xinchang	5.37	120.49	46.52	185.25
金华市区	Jinhua District	7.76	126.32	118.99	261.19
兰溪市	Lanxi	4.00	58.85	42.76	145.85
东阳市	Dongyang	7.55	91.22	59.10	158.65
义乌市	Yiwu	12.44	156.31	117.51	246.47
永康市	Yongkang	8.65	168.54	52.52	315.36
武义县	Wuyi	4.01	41.48	19.27	96.49
浦江县	Pujiang	5.56	45.89	27.10	115.66
磐安县	Panan	1.28	11.85	5.86	22.07
衢州市区	Quzhou District	4.45	86.67	84.33	149.96
江山市	Jiangshan	2.28	29.26	28.42	69.96
常山县	Changshan	1.16	13.18	14.58	28.82
开化县	Kaihua	0.70	9.02	6.37	19.24
龙游县	Longyou	1.82	22.22	17.48	45.20
舟山市区	Zhoushan District	6.27	122.00	59.37	220.54
岱山县	Daishan	1.02	17.15	7.65	27.02
嵊泗县	Shengsi	0.25	4.11	2.36	7.98
台州市区	Taizhou District	19.67	276.31	162.51	645.32
温岭市	Wenling	15.60	134.71	57.24	382.84
临海市	Linhai	7.81	106.00	67.00	249.87
玉环县	Yuhuan	11.83	113.80	41.34	246.50
三门县	Sanmen	2.09	28.85	12.17	52.28
天台县	Tiantai	2.13	27.22	16.53	59.56
仙居县	Xianju	3.10	23.27	11.25	46.56
丽水市区	Lishui District	2.19	38.10	37.28	114.28
龙泉市	Longquan	1.06	7.19	7.63	16.70
青田县	Qingtian	2.08	18.18	7.50	59.06
云和县	Yunhe	1.01	4.59	10.03	13.86
庆元县	Qingyuan	0.59	4.44	4.89	8.01
缙云县	Jinyun	2.42	21.86	13.25	55.37
遂昌县	Suichang	1.25	18.59	15.11	38.97
松阳县	Songyang	0.46	4.41	5.82	11.76
景宁自治县	Jingning	0.47	4.55	8.86	10.44

17－34 各市、县客运量和货运量(2005年)

Passenger Traffic and Freight Traffic by City and County(2005)

市县名称 City and County		客运量(万人) Passenger Traffic (10000 persons)			货运量(万吨) Freight Traffic (10000 tons)		
		铁路 Railways	公路 Highways	水运 Waterways	铁路 Railways	公路 Highways	水运 Waterways
杭州市区	Hangzhou District	2000.00	14475.00	10.54	364.00	9193.00	3501.93
富阳市	Fuyang		1626.00	3.00		968.00	715.16
临安市	Linan		2188.00	38.94		1601.00	4.69
建德市	Jiande	11.00	1149.00	2.35	161.00	680.00	352.05
桐庐县	Tonglu		1305.00	34.60		753.00	1175.49
淳安县	Chunan		688.00	214.57		344.00	83.68
宁波市区	Ningbo District	475.00	15740.00	27.90	1189.00	5995.00	3874.40
余姚市	Yuyao	132.20	2700.00		15.70	1180.00	15.40
慈溪市	Cixi		3100.00		2.40	1420.00	15.50
奉化市	Fenghua		2290.00			680.00	107.50
象山县	Xiangshan		1820.00	75.50		535.00	1241.70
宁海县	Ninghai		1920.00	9.60		670.00	364.10
温州市区	Wenzhou District	383.77	8413.00	70.00	32.81	6761.00	849.00
瑞安市	Ruian		3029.00	9.00		1450.00	144.00
乐清市	Yueqing		4733.00	9.00		1712.00	772.00
洞头县	Dongtou		528.00	43.00		99.00	216.00
永嘉县	Yongjia		1827.00			1332.00	185.00
平阳县	Pingyang		2333.00	7.00		745.00	33.00
苍南县	Cangnan		3362.00			384.00	164.00
文成县	Wencheng		609.00	4.00		318.00	9.00
泰顺县	Taishun		666.00			141.00	
嘉兴市区	Jiaxing District	254.78	5171.86	5.00	45.23	450.72	1393.00
平湖市	Pinghu		2296.24			539.56	845.00
海宁市	Haining	108.11	2744.03		6.73	260.86	1084.00
桐乡市	Tongxiang		2306.62			595.34	1128.00
嘉善县	Jiashan	82.32	1986.51		16.59	460.67	1134.00
海盐县	Haiyan		1241.85			288.39	1208.00
湖州市区	Huzhou District		4354.00	0.02		1997.00	2826.00
德清县	Deqing		930.00	8.04		1093.00	722.00
长兴县	Changxing		1101.00			1047.00	3262.00
安吉县	Anji		1170.00			1248.00	1616.00
绍兴市区	Shaoxing District	134.18	2294.00	2.00	102.00	787.00	191.00
诸暨市	Zhuji	168.73	3399.00		22.00	2995.00	234.00
上虞市	Shangyu	94.18	2051.00		11.00	1158.00	485.00

17－34 续表 continued

市县名称 City and County		客运量(万人) Passenger Traffic (10000 persons)			货运量(万吨) Freight Traffic (10000 tons)		
		铁路 Railways	公路 Highways	水运 Waterways	铁路 Railways	公路 Highways	水运 Waterways
嵊州市	Shengzhou		2027.00			1218.00	56.00
绍兴县	Shaoxing	5.17	2869.00		4.00	1335.00	187.00
新昌县	Xinchang		1560.00			913.00	
金华市区	Jinhua District	2.30	2379.43		35.05	2414.22	
兰溪市	Lanxi		898.34	9.00		792.31	251.00
东阳市	Dongyang		2480.95	9.00		1134.90	
义乌市	Yiwu		4902.00			2739.23	
永康市	Yongkang	45.16	2001.13		5.25	2441.90	
武义县	Wuyi	17.15	733.95		22.58	567.28	
浦江县	Pujiang		879.56			451.52	
磐安县	Panan		582.64			647.64	
衢州市区	Quzhou District	113.60	1544.00	4.08	138.55	2418.00	
江山市	Jiangshan	54.79	1115.00	0.40	339.54	1547.00	
常山县	Changshan		579.00			991.00	
开化县	Kaihua		845.00			1007.00	
龙游县	Longyou	38.31	897.00		23.36	1179.00	4.41
舟山市区	Zhoushan District		5659.00	1545.00		1322.00	3551.00
岱山县	Daishan		1058.00	240.00		371.00	1178.00
嵊泗县	Shengsi		197.00	95.00		113.00	182.00
台州市区	Taizhou District		6446.00	6.00		2627.00	2324.00
温岭市	Wenling		3432.00			1363.00	848.00
临海市	Linhai		1556.00			330.00	251.00
玉环县	Yuhuan		1713.00	67.00		554.00	379.00
三门县	Sanmen		825.00			309.00	497.00
天台县	Tiantai		850.00			510.00	
仙居县	Xianju		768.00			255.00	
丽水市区	Lishui District	59.96	1073.00	2.00	101.90	985.00	85.00
龙泉市	Longquan		483.00	4.00		242.00	2.00
青田县	Qingtian	38.30	592.00	2.00	23.36	256.00	275.00
云和县	Yunhe		132.00	15.00		84.00	2.00
庆元县	Qingyuan		191.00			68.00	
缙云县	Jinyun	19.00	491.00		44.00	252.00	
遂昌县	Suichang		314.00	3.00		193.00	
松阳县	Songyang		275.00			226.00	
景宁自治县	Jingning		155.00	2.00		46.00	

17 - 35 各市、县公路里程、邮电通信和用电量情况(2005 年)
Length of Highways, Posts and Telecommunications, Electricity Consumption by City and County(2005)

市县名称	City and County	境内公路里程(公里) Length of Highways (km)	#高速公路 Expressway	民用汽车拥有量(辆) Civil Motor Vehicles (unit)	固定电话用户(万户) Telephone Subscribers (10000 subscribers)	年末移动电话用户数(万户) Number of Mobile Telephones Subscribers (10000 subscribers)
杭州市区	Hangzhou District	3524.90	197.59	418551	303.00	497.79
富阳市	Fuyang	1765.19	37.30	28937	31.23	35.46
临安市	Linan	1850.81	36.68	21293	25.54	28.29
建德市	Jiande	1390.83	33.87	8771	18.95	20.12
桐庐县	Tonglu	1417.27	29.33	10744	19.52	20.84
淳安县	Chunan	1695.14		4400	12.82	16.11
宁波市区	Ningbo District	1645.40	76.30	190354	155.35	242.12
余姚市	Yuyao	904.70	42.00	45406	44.06	60.00
慈溪市	Cixi	629.10		52776	60.51	69.21
奉化市	Fenghua	878.40	56.80	15595	24.31	28.87
象山县	Xiangshan	589.00		13780	24.61	34.30
宁海县	Ninghai	1177.20	50.90	15173	30.57	32.60
温州市区	Wenzhou District	599.69	52.91	88061	121.08	172.82
瑞安市	Ruian	571.88	15.35	66428	60.98	67.97
乐清市	Yueqing	648.46	65.77	41185	55.09	63.67
洞头县	Dongtou	125.08		2145	4.43	4.83
永嘉县	Yongjia	962.82	19.24	43007	25.69	32.48
平阳县	Pingyang	473.46	27.39	13195	29.11	37.11
苍南县	Cangnan	599.24	23.55	17324	47.14	53.24
文成县	Wencheng	704.06		4442	7.73	7.21
泰顺县	Taishun	880.24		3314	7.82	8.91
嘉兴市区	Jiaxing District	548.52	79.55	44157	46.62	70.81
平湖市	Pinghu	314.79	5.92	15204	23.87	36.34
海宁市	Haining	552.53	27.62	18639	32.03	41.73
桐乡市	Tongxiang	661.50	19.02	23606	31.17	45.58
嘉善县	Jiashan	347.10	14.75	19792	20.52	28.09
海盐县	Haiyan	354.78	2.70	11275	18.31	21.34
湖州市区	Huzhou District	730.00	34.00	38589	56.29	73.64
德清县	Deqing	427.00	22.00	14627	19.37	26.60
长兴县	Changxing	863.00	31.00	14817	25.22	27.87
安吉县	Anji	911.00		12927	16.90	21.93
绍兴市区	Shaoxing District	379.00	10.00	34671	45.57	71.15
诸暨市	Zhuji	1654.00	53.00	43503	50.37	51.29
上虞市	Shangyu	1351.00	58.00	23501	35.20	29.68

17－35 续表1 continued

市 县 名 称	City and County	境内公路里程（公里）Length of Highways (km)	#高速公路 Expressway	民用汽车拥有量（辆）Civil Motor Vehicles (unit)	固定电话用户（万户）Telephone Subscribers (10000 subscribers)	年末移动电话用户数（万户）Number of Mobile Telephones Subscribers (10000 subscribers)
嵊州市	Shengzhou	1780.00	100.00	18918	31.95	29.04
绍兴县	Shaoxing	1519.00	17.00	33009	37.28	43.91
新昌县	Xinchang	921.00	40.00	11037	21.02	18.85
金华市区	Jinhua District	1549.53	73.40	40199	43.63	53.50
兰溪市	Lanxi	739.69	14.72	10932	21.67	19.66
东阳市	Dongyang	1514.12	33.49	23542	30.64	38.40
义乌市	Yiwu	900.08	54.12	72953	50.12	91.65
永康市	Yongkang	649.79	15.45	41467	27.07	42.21
武义县	Wuyi	902.52	25.90	7218	12.52	16.60
浦江县	Pujiang	546.07	13.13	10372	14.68	19.90
磐安县	Panan	638.18		3323	7.23	7.69
衢州市区	Quzhou District	775.00	35.00	16385	31.18	34.63
江山市	Jiangshan	711.00		9249	16.17	14.68
常山县	Changshan	397.00	42.00	3101	9.10	7.51
开化县	Kaihua	729.00		3256	8.50	7.20
龙游县	Longyou	569.00	24.00	4416	14.34	12.71
舟山市区	Zhoushan District	459.00		15971	36.72	45.79
岱山县	Daishan	146.00		1674	8.00	8.02
嵊泗县	Shengsi	83.00		964	4.00	5.37
台州市区	Taizhou District	862.00	21.00	98178	73.77	136.47
温岭市	Wenling	553.00	11.00	48198	42.94	75.19
临海市	Linhai	713.00	33.00	21418	30.83	54.27
玉环县	Yuhuan	233.00		22096	23.11	42.54
三门县	Sanmen	358.00	21.00	5788	10.53	15.51
天台县	Tiantai	392.00	42.00	8263	13.94	19.44
仙居县	Xianju	579.00		7804	12.57	17.42
丽水市区	Lishui District	400.00	38.80	29045	17.60	35.98
龙泉市	Longquan	904.00		4141	6.24	14.14
青田县	Qingtian	550.00	67.30	6978	9.87	22.08
云和县	Yunhe	270.00		1822	2.96	11.66
庆元县	Qingyuan	568.00		1725	4.38	10.36
缙云县	Jinyun	429.00	21.50	6488	10.10	16.49
遂昌县	Suichang	641.00		2875	5.67	13.29
松阳县	Songyang	343.00		3032	4.92	12.06
景宁自治县	Jingning	446.00		1571	3.49	9.32

17－35 续表2 continued

市县名称	City and County	固定电话普及率（部/百人）Popularization Rate of Fixed Telephone (set/100 persons)	全年用电量（万千瓦小时）Total Electricity Consumption (10000 kw.h)	#工业用电 Industrial Consumption	#城乡居民生活用电 Residential Consumption
杭州市区	Hangzhou District	73.99	2447837	1725628	279757
富阳市	Fuyang	49.43	355848	314219	22279
临安市	Linan	48.88	145334	113479	16669
建德市	Jiande	37.37	137910	117126	10263
桐庐县	Tonglu	49.37	84108	57566	16961
淳安县	Chunan	28.32	36545	25049	4852
宁波市区	Ningbo District	73.30	1515517	1173294	131956
余姚市	Yuyao	53.35	356407	296860	32026
慈溪市	Cixi	59.74	509440	424340	52682
奉化市	Fenghua	50.74	116300	89360	15408
象山县	Xiangshan	46.83	75162	43878	14414
宁海县	Ninghai	52.32	112061	83004	16846
温州市区	Wenzhou District	81.40	785520	548408	126330
瑞安市	Ruian	51.70	332548	263336	50046
乐清市	Yueqing	45.69	226332	154552	50073
洞头县	Dongtou	35.89	8592	2792	4757
永嘉县	Yongjia	27.27	118788	88532	20123
平阳县	Pingyang	32.65	128516	97751	22655
苍南县	Cangnan	36.08	208190	146569	50386
文成县	Wencheng	21.20	21521	14487	4980
泰顺县	Taishun	22.50	12117	4593	5267
嘉兴市区	Jiaxing District	57.67	432298	351453	36519
平湖市	Pinghu	49.42	167511	126942	14491
海宁市	Haining	49.74	255598	203820	24419
桐乡市	Tongxiang	47.00	321413	274125	20450
嘉善县	Jiashan	53.92	171439	140799	15560
海盐县	Haiyan	50.27	146650	123685	10563
湖州市区	Huzhou District	52.00	343691	293117	40703
德清县	Deqing	46.00	163264	136127	12861
长兴县	Changxing	41.00	238554	210928	14181
安吉县	Anji	37.00	107068	46037	11108
绍兴市区	Shaoxing District	113.00	353473	283190	28419
诸暨市	Zhuji	78.00	365030	305371	36233
上虞市	Shangyu	74.00	182068	145164	17741

市县名称 City and County		固定电话普及率（部/百人）Popularization Rate of Fixed Telephone (set/100 persons)	全年用电量（万千瓦小时）Total Electricity Consumption (10000 kw. h)	#工业用电 Industrial Consumption	#城乡居民生活用电 Residential Consumption
嵊州市	Shengzhou	72.00	98200	69323	16513
绍兴县	Shaoxing	83.00	752030	698269	24229
新昌县	Xinchang	76.00	93534	74015	11577
金华市区	Jinhua District	47.30	203827	131533	30381
兰溪市	Lanxi	32.80	260887	237408	12349
东阳市	Dongyang	38.40	144920	106951	22607
义乌市	Yiwu	71.90	313938	214550	40767
永康市	Yongkang	49.30	147776	117655	17728
武义县	Wuyi	38.10	64866	52388	6788
浦江县	Pujiang	38.40	84455	65340	12182
磐安县	Panan	35.20	14555	8618	3533
衢州市区	Quzhou District	38.80	329944	293503	16673
江山市	Jiangshan	27.80	110671	95633	8897
常山县	Changshan	28.00	52858	44731	4395
开化县	Kaihua	24.60	26539	19524	3914
龙游县	Longyou	35.80	62288	49036	3100
舟山市区	Zhoushan District	53.10	152535	95456	25882
岱山县	Daishan	41.00	19161	12099	3651
嵊泗县	Shengsi	49.30	12826	6945	1919
台州市区	Taizhou District	49.59	423922	301840	67531
温岭市	Wenling	37.31	223905	158863	38681
临海市	Linhai	27.55	117392	76600	24034
玉环县	Yuhuan	57.98	136881	104271	24289
三门县	Sanmen	25.70	34541	21610	6894
天台县	Tiantai	24.95	45275	28818	9929
仙居县	Xianju	26.52	31651	17216	8492
丽水市区	Lishui District		67766	38882	12537
龙泉市	Longquan		19281	12146	4880
青田县	Qingtian		55375	37038	11006
云和县	Yunhe		18910	13714	2792
庆元县	Qingyuan		8819	4538	2311
缙云县	Jinyun		58465	46744	7107
遂昌县	Suichang		49856	43410	3800
松阳县	Songyang		15370	9825	3620
景宁自治县	Jingning		8534	4772	2356

17－36 各市、县固定资产投资(2005年)

Total Investment in Fixed Assets by City and County(2005)

单位：亿元 (100 million yuan)

市县名称	City and County	全社会固定资产投资 Total Investment in Fixed Assets	限额以上固定资产投资 Investment in Fixed Assets Above Designated Size	第一产业 Primary Industry	第二产业 Secondary Industry	第三产业 Tertiary Industry
杭州市区	Hangzhou District	1078.74	1035.85	0.55	325.81	709.50
富阳市	Fuyang	106.67	87.63	0.26	50.13	37.24
临安市	Linan	64.98	52.58		17.53	35.06
建德市	Jiande	40.98	31.68	0.38	15.52	15.78
桐庐县	Tonglu	62.70	42.50	0.05	25.95	16.49
淳安县	Chunan	32.61	27.55	0.16	10.26	17.14
宁波市区	Ningbo District	862.56	838.44	0.51	418.91	419.02
余姚市	Yuyao	138.05	125.82	0.09	68.37	57.36
慈溪市	Cixi	161.42	145.40	0.59	81.70	63.10
奉化市	Fenghua	40.49	35.99	0.01	24.28	11.70
象山县	Xiangshan	70.24	63.68	0.13	50.61	12.94
宁海县	Ninghai	63.55	59.22	0.20	47.43	11.59
温州市区	Wenzhou District	284.77	262.41	0.05	68.66	193.71
瑞安市	Ruian	62.15	48.75		15.42	33.34
乐清市	Yueqing	70.75	55.49	0.01	27.14	28.34
洞头县	Dongtou	13.17	12.28	0.15	2.06	10.08
永嘉县	Yongjia	35.95	30.13		15.18	14.95
平阳县	Pingyang	28.93	19.72	0.25	10.32	9.15
苍南县	Cangnan	30.79	24.71	0.82	14.53	9.36
文成县	Wencheng	6.69	5.20		2.06	3.14
泰顺县	Taishun	8.91	7.23	0.17	2.05	5.00
嘉兴市区	Jiaxing District	261.26	241.79	1.27	91.90	148.61
平湖市	Pinghu	113.22	103.53	0.66	66.15	36.71
海宁市	Haining	101.42	87.20	1.22	55.32	30.67
桐乡市	Tongxiang	102.48	82.12	1.27	46.09	34.77
嘉善县	Jiashan	73.08	61.24	0.06	40.69	20.50
海盐县	Haiyan	52.00	41.21	0.43	30.47	10.31
湖州市区	Huzhou District	214.14	196.47		89.82	106.65
德清县	Deqing	72.34	68.40	0.63	40.67	27.10
长兴县	Changxing	86.11	78.92	0.37	50.80	27.75
安吉县	Anji	43.46	36.36	0.23	21.05	15.08
绍兴市区	Shaoxing District	161.37	152.64	0.61	75.59	76.45
诸暨市	Zhuji	145.23	134.19	0.31	86.90	46.98
上虞市	Shangyu	95.17	83.68		55.38	28.29

市县名称 City and County		全社会固定资产投资 Total Investment in Fixed Assets	限额以上固定资产投资 Investment in Fixed Assets Above Designated Size	第一产业 Primary Industry	第二产业 Secondary Industry	第三产业 Tertiary Industry
嵊州市	Shengzhou	62.88	57.17	0.04	33.10	24.04
绍兴县	Shaoxing	170.11	165.29		110.56	54.73
新昌县	Xinchang	41.36	33.70		27.20	6.51
金华市区	Jinhua District	123.60	119.41	1.06	45.79	72.56
兰溪市	Lanxi	58.53	53.66		43.19	10.47
东阳市	Dongyang	71.08	57.96	0.05	25.50	32.41
义乌市	Yiwu	126.08	110.29	0.38	28.30	81.60
永康市	Yongkang	52.85	40.62		13.93	26.70
武义县	Wuyi	28.32	25.73	0.27	13.33	12.13
浦江县	Pujiang	34.62	31.21	0.50	12.87	17.84
磐安县	Panan	12.39	10.47		0.86	9.61
衢州市区	Quzhou District	105.20	93.89	0.15	41.42	52.31
江山市	Jiangshan	44.01	34.67	0.54	19.06	15.06
常山县	Changshan	27.87	24.52	0.47	10.91	13.15
开化县	Kaihua	16.96	14.87	0.45	5.35	9.07
龙游县	Longyou	39.81	36.69	0.53	15.90	20.27
舟山市区	Zhoushan District	102.52	98.15	0.24	32.63	65.28
岱山县	Daishan	15.71	13.43	0.06	3.53	9.84
嵊泗县	Shengsi	42.89	41.74		1.46	40.28
台州市区	Taizhou District	217.41	123.06	0.08	94.97	28.02
温岭市	Wenling	98.36	50.89	1.76	36.86	12.27
临海市	Linhai	66.57	52.55		30.52	22.03
玉环县	Yuhuan	72.38	53.39		47.39	6.00
三门县	Sanmen	27.30	18.63		12.45	6.18
天台县	Tiantai	33.96	23.27	0.42	17.62	5.23
仙居县	Xianju	21.65	12.73	0.11	3.94	8.69
丽水市区	Lishui District	54.52	52.33	0.03	16.67	35.63
龙泉市	Longquan	17.57	17.15	0.93	3.88	12.34
青田县	Qingtian	46.27	44.67		16.33	28.34
云和县	Yunhe	11.30	10.41		1.82	8.60
庆元县	Qingyuan	7.87	7.49	0.20	3.32	3.97
缙云县	Jinyun	23.23	22.10	0.23	10.25	11.63
遂昌县	Suichang	18.74	17.64	0.02	4.84	12.79
松阳县	Songyang	12.59	11.88	0.16	1.97	9.75
景宁自治县	Jingning	5.45	4.70	0.02	1.99	2.69

市县名称 City and County		#房地产开发投资 Real Estate Development	#住宅 Residential Buildings	新增固定资产 Newly Incresaed Fixed Assets
杭州市区	Hangzhou District	348.58	270.09	581.71
富阳市	Fuyang	22.10	17.61	34.23
临安市	Linan	17.90	13.63	13.90
建德市	Jiande	7.77	6.13	8.11
桐庐县	Tonglu	8.22	6.28	19.43
淳安县	Chunan	6.00	5.47	13.60
宁波市区	Ningbo District	194.86	138.09	432.74
余姚市	Yuyao	28.36	17.22	37.37
慈溪市	Cixi	18.86	10.92	45.58
奉化市	Fenghua	7.14	6.05	25.19
象山县	Xiangshan	4.49	3.86	7.48
宁海县	Ninghai	5.78	5.55	22.48
温州市区	Wenzhou District	99.16	68.40	210.81
瑞安市	Ruian	19.08	14.44	21.08
乐清市	Yueqing	13.97	12.77	18.74
洞头县	Dongtou	2.37	1.94	3.00
永嘉县	Yongjia	10.72	9.08	10.27
平阳县	Pingyang	4.84	3.96	8.23
苍南县	Cangnan	3.34	2.68	12.36
文成县	Wencheng	0.25	0.18	2.05
泰顺县	Taishun	0.23	0.22	3.56
嘉兴市区	Jiaxing District	54.90	38.81	191.39
平湖市	Pinghu	20.58	16.47	104.56
海宁市	Haining	15.48	12.60	72.31
桐乡市	Tongxiang	15.13	11.37	55.03
嘉善县	Jiashan	10.58	7.82	59.46
海盐县	Haiyan	6.74	5.12	27.60
湖州市区	Huzhou District	27.40	21.22	125.91
德清县	Deqing	15.47	11.46	53.87
长兴县	Changxing	17.07	13.78	56.28
安吉县	Anji	9.11	8.08	10.51
绍兴市区	Shaoxing District	32.67	25.25	70.25
诸暨市	Zhuji	21.73	20.14	102.21
上虞市	Shangyu	11.33	10.49	52.02

市县名称 City and County		#房地产开发投资 Real Estate Development	#住宅 Residential Buildings	新增固定资产 Newly Incresaed Fixed Assets
嵊州市	Shengzhou	6.90	6.31	37.58
绍兴县	Shaoxing	27.88	18.48	87.97
新昌县	Xinchang	2.81	2.41	29.96
金华市区	Jinhua District	36.48	29.20	77.06
兰溪市	Lanxi	6.07	4.50	24.74
东阳市	Dongyang	14.12	11.50	41.59
义乌市	Yiwu	39.84	24.74	49.11
永康市	Yongkang	7.35	6.29	39.33
武义县	Wuyi	6.73	5.20	24.27
浦江县	Pujiang	9.21	6.68	15.02
磐安县	Panan	0.28	0.28	6.90
衢州市区	Quzhou District	17.56	11.93	63.64
江山市	Jiangshan	6.33	5.35	38.98
常山县	Changshan	3.82	3.06	24.18
开化县	Kaihua	2.77	2.21	13.68
龙游县	Longyou	7.44	4.56	20.97
舟山市区	Zhoushan District	21.96	17.80	67.45
岱山县	Daishan	4.96	4.28	5.63
嵊泗县	Shengsi	0.76	0.46	5.57
台州市区	Taizhou District	67.08	51.20	86.22
温岭市	Wenling	12.08	9.18	20.94
临海市	Linhai	10.88	6.52	23.81
玉环县	Yuhuan	11.00	8.32	8.51
三门县	Sanmen	4.54	1.67	3.18
天台县	Tiantai	7.14	6.42	3.37
仙居县	Xianju	3.41	2.81	6.74
丽水市区	Lishui District	11.88	5.49	23.81
龙泉市	Longquan	3.19	1.93	9.65
青田县	Qingtian	8.24	5.99	16.26
云和县	Yunhe	1.68	1.34	1.62
庆元县	Qingyuan	0.64	0.54	4.88
缙云县	Jinyun	5.48	3.18	10.74
遂昌县	Suichang	2.27	1.68	5.59
松阳县	Songyang	0.90	0.35	5.45
景宁自治县	Jingning	0.58	0.48	2.30

17－36　续表4　continued

市县名称 City and County		施工住宅面积(万平方米) Flovr Space Under Construction (10000 sq. m)	竣工住宅面积(万平方米) Flovr Space Completed (10000 sq. m)	商品房屋销售面积(万平方米) Flour Space of Commercial Houses Sold (10000 sq. m)	商品房屋销售额(亿元) Total Value of Commercial Houses Sold (100 million yuan)
杭州市区	Hangzhou District	5533.58	1478.07	558.26	345.29
富阳市	Fuyang	388.11	162.13	47.24	21.42
临安市	Linan	254.37	59.24	31.73	10.92
建德市	Jiande	118.03	32.49	24.41	6.03
桐庐县	Tonglu	260.74	90.01	19.71	5.72
淳安县	Chunan	116.56	34.40	22.84	6.27
宁波市区	Ningbo District	1625.17	456.33	290.78	161.36
余姚市	Yuyao	269.83	118.48	70.20	27.59
慈溪市	Cixi	228.71	133.41	40.59	20.31
奉化市	Fenghua	86.39	24.84	16.71	6.21
象山县	Xiangshan	71.34	15.93	21.07	8.48
宁海县	Ninghai	46.07	12.53	27.63	10.83
温州市区	Wenzhou District	1153.86	203.08	157.56	86.84
瑞安市	Ruian	285.21	82.09	21.98	12.41
乐清市	Yueqing	55.87	6.30	19.46	14.57
洞头县	Dongtou	33.37	3.14	7.83	1.97
永嘉县	Yongjia	101.36	25.16	17.37	3.45
平阳县	Pingyang	61.30	11.95	15.92	4.08
苍南县	Cangnan	53.24	3.93	19.12	4.34
文成县	Wencheng	14.34	6.24	1.59	0.48
泰顺县	Taishun	5.56	0.40	1.06	0.30
嘉兴市区	Jiaxing District	639.79	272.66	182.61	64.98
平湖市	Pinghu	271.31	106.18	51.07	16.55
海宁市	Haining	175.73	72.34	43.43	14.46
桐乡市	Tongxiang	156.00	46.75	46.54	14.72
嘉善县	Jiashan	96.23	46.83	40.85	13.54
海盐县	Haiyan	57.84	26.68	21.97	6.08
湖州市区	Huzhou District	339.50	175.22	100.26	31.24
德清县	Deqing	112.27	40.71	59.81	15.77
长兴县	Changxing	131.34	50.20	74.33	19.13
安吉县	Anji	45.59	3.22	14.10	3.27
绍兴市区	Shaoxing District	707.01	253.04	109.23	41.63
诸暨市	Zhuji	545.91	250.60	45.68	16.06
上虞市	Shangyu	390.09	213.48	63.45	23.55

17－36 续表5 continued

市 县 名 称 City and County		施工住宅 面 积 （万平方米） Flovr Space Under Construction （10000 sq. m）	竣工住宅 面 积 （万平方米） Flovr Space Completed （10000 sq. m）	商品房屋 销售面积 （万平方米） Flour Space of Commercial Houses Sold （10000 sq. m）	商品房屋 销售额 （亿元） Total Value of Commercial Houses Sold （100 million yuan）
嵊州市	Shengzhou	202.25	39.16	37.16	11.80
绍兴县	Shaoxing	727.75	213.60	85.93	37.55
新昌县	Xinchang	122.04	40.07	25.75	6.56
金华市区	Jinhua District	371.22	89.65	132.33	40.89
兰溪市	Lanxi	46.39	25.39	15.99	3.74
东阳市	Dongyang	135.81	67.94	48.40	15.71
义乌市	Yiwu	158.94	20.54	91.48	57.81
永康市	Yongkang	64.46	19.43	22.60	7.43
武义县	Wuyi	76.67	23.46	29.93	6.58
浦江县	Pujiang	37.06	10.75	18.61	6.70
磐安县	Panan	11.13	3.34	3.04	0.56
衢州市区	Quzhou District	226.57	117.87	69.16	15.19
江山市	Jiangshan	70.12	17.95	26.57	6.75
常山县	Changshan	26.09	1.20	8.02	2.66
开化县	Kaihua	38.15	16.36	13.62	2.31
龙游县	Longyou	73.43	38.76	21.32	5.74
舟山市区	Zhoushan District	198.32	97.90	64.74	28.18
岱山县	Daishan	26.93	7.38	19.74	4.83
嵊泗县	Shengsi	12.25	3.69	3.29	0.82
台州市区	Taizhou District	576.38	176.58	86.50	42.60
温岭市	Wenling	161.64	68.95	35.72	13.02
临海市	Linhai	73.89	17.05	23.39	7.80
玉环县	Yuhuan	69.22	10.77	13.84	5.40
三门县	Sanmen	36.54	12.88	6.47	2.70
天台县	Tiantai	66.05	14.13	6.45	2.04
仙居县	Xianju	44.32	9.99	11.91	3.41
丽水市区	Lishui District	97.95	18.17	29.62	14.98
龙泉市	Longquan	38.69	8.25	15.71	4.28
青田县	Qingtian	80.80	23.10	19.77	8.01
云和县	Yunhe	16.02	4.28	6.40	1.81
庆元县	Qingyuan	10.76	0.37	3.64	0.67
缙云县	Jinyun	26.77	8.36	7.77	2.60
遂昌县	Suichang	25.80	7.09	3.61	1.39
松阳县	Songyang	5.34	3.81	4.30	0.94
景宁自治县	Jingning	6.34	5.66	6.60	1.55

17－37 各市、县国内外贸易情况(2005年)

Domestic and Foreign Trade by City and County(2005)

市县名称	City and County	社会消费品零售总额(亿元) Total Retail Sales of Consumer Goods (100 million yuan)	批发、零售贸易业商品销售总额(亿元) Total Sales of Wholesale and Retailsale Trade Designated Size (100 million yuan)	进口总额(万美元) Imports (10000 USD)	出口总额(万美元) Exports (10000 USD)
杭州市区	Hangzhou District	841.47	4201.01	959260	1860574
富阳市	Fuyang	38.18	47.03	38723	33634
临安市	Linan	32.58	21.12	4142	29120
建德市	Jiande	21.15	17.98	2893	22948
桐庐县	Tonglu	27.16	14.04	991	29497
淳安县	Chunan	14.90	8.74	594	4617
宁波市区	Ningbo District	398.39	1503.23	924820	1486315
余姚市	Yuyao	97.72	116.88	61543	219086
慈溪市	Cixi	135.43	111.89	65041	307707
奉化市	Fenghua	38.44	49.16	60195	88105
象山县	Xiangshan	49.91	31.95	8461	59289
宁海县	Ninghai	39.94	14.24	6111	62754
温州市区	Wenzhou District	358.40	600.54	88052	431010
瑞安市	Ruian	83.02	65.34	25303	81460
乐清市	Yueqing	69.27	50.46	2184	54398
洞头县	Dongtou	4.43	45.46	39964	2345
永嘉县	Yongjia	39.59	14.43	2119	13306
平阳县	Pingyang	46.78	10.06	6097	19373
苍南县	Cangnan	63.59	22.51	3738	12942
文成县	Wencheng	8.72	5.83	92	3279
泰顺县	Taishun	7.06	2.28		317
嘉兴市区	Jiaxing District	106.57	229.49	64847	193036
平湖市	Pinghu	42.02	44.40	100257	150010
海宁市	Haining	81.89	84.45	37779	147673
桐乡市	Tongxiang	73.40	54.28	45619	81150
嘉善县	Jiashan	40.43	29.38	27278	80747
海盐县	Haiyan	30.13	30.89	12070	51769
湖州市区	Huzhou District	121.62	164.14	17581	103745
德清县	Deqing	34.98	24.22	6200	38924
长兴县	Changxing	48.92	14.68	2567	19392
安吉县	Anji	32.23	12.85	1158	37495
绍兴市区	Shaoxing District	94.83	147.65	60012	163379
诸暨市	Zhuji	76.49	58.66	29227	134626
上虞市	Shangyu	63.27	43.42	15773	80878

17－37 续表 continued

市 县 名 称 City and County		社会消费品零售总额（亿元） Total Retail Sales of Consumer Goods（100 million yuan）	批发、零售贸易业商品销售总额（亿元） Total Sales of Wholesale and Retailsale Trade Designated Size（100 million yuan）	进口总额（万美元） Imports（10000 USD）	出口总额（万美元） Exports（10000 USD）
嵊州市	Shengzhou	55.85	15.37	4946	46330
绍兴县	Shaoxing	54.71	97.45	117017	337405
新昌县	Xinchang	36.48	13.19	7336	51545
金华市区	Jinhua District	100.31	147.54	6532	68386
兰溪市	Lanxi	33.14	28.25	2034	21341
东阳市	Dongyang	58.47	48.55	3417	76242
义乌市	Yiwu	128.86	81.40	8358	109207
永康市	Yongkang	43.12	48.09	8306	104593
武义县	Wuyi	21.32	9.34	2393	27532
浦江县	Pujiang	26.28	12.15	2059	26507
磐安县	Panan	7.35	5.00	328	4936
衢州市区	Quzhou District	51.82	73.59	6732	14822
江山市	Jiangshan	25.79	11.93	116	4153
常山县	Changshan	13.42	2.34	149	4648
开化县	Kaihua	14.87	2.68	807	3148
龙游县	Longyou	28.85	10.91	653	5619
舟山市区	Zhoushan District	76.80	130.12	13539	86122
岱山县	Daishan	15.44	8.82	7831	12844
嵊泗县	Shengsi	7.90	9.72		572
台州市区	Taizhou District	185.75	252.69	97504	222720
温岭市	Wenling	106.86	80.83	2791	100123
临海市	Linhai	50.14	32.53	6872	62382
玉环县	Yuhuan	37.16	50.93	5868	88581
三门县	Sanmen	17.24	5.05	989	12203
天台县	Tiantai	24.45	7.61	1458	17053
仙居县	Xianju	18.32	10.38	266	16491
丽水市区	Lishui District	38.60	31.86	6334	7517
龙泉市	Longquan	12.56	7.00	88	4257
青田县	Qingtian	19.93	9.98	1090	12589
云和县	Yunhe	6.09	1.83	283	3021
庆元县	Qingyuan	7.35	1.11	3	545
缙云县	Jinyun	17.51	8.09	159	9342
遂昌县	Suichang	10.82	7.57	280	5257
松阳县	Songyang	8.90	1.90		762
景宁自治县	Jingning	6.33	2.82	40	772

17－38 各市、县的外国和港澳台地区在华直接投资情况(2005年)
Foreign Funded Enterprises and Enterprises Funded by Entrepreneurs from Hong Kong, Macao & Taiwan by City and County(2005)

市县名称	City and County	新签协议(合同)数(个) Number of Agreements & Contracts Newly Signed (unit)	合同外资金额(万美元) Value for Utilization of Foreign Capital (USD 10000)	实际使用外资金额(万美元) Amount of Foreign Capital Actually Used (USD 10000)	已投产企业个数(个) Enterprises Put into Operation (unit)	从业人员(人) Employed Persons (person)
杭州市区	Hangzhou District	608	339253	146006	1852	266743
富阳市	Fuyang	56	19534	7949	128	18763
临安市	Linan	25	15344	6041	74	21859
建德市	Jiande	17	9044	4337	29	231
桐庐县	Tonglu	28	7781	2585	85	9671
淳安县	Chunan	22	9547	4356	10	107
宁波市区	Ningbo District	513	268136	155875		
余姚市	Yuyao	115	66601	33058		
慈溪市	Cixi	124	60054	30446		
奉化市	Fenghua	30	2943	2072		
象山县	Xiangshan	41	9442	4122		
宁海县	Ninghai	50	13839	5524		
温州市区	Wenzhou District	116	39493	17993	443	77949
瑞安市	Ruian	21	15488	5628	76	28552
乐清市	Yueqing	23	14256	5109	90	10734
洞头县	Dongtou	5	642	203	5	353
永嘉县	Yongjia	18	6565	2405	29	4213
平阳县	Pingyang	15	5153	2030	46	9089
苍南县	Cangnan	19	6333	2024	12	1036
文成县	Wencheng	6	939	206	4	95
泰顺县	Taishun	1	200	110	1	51
嘉兴市区	Jiaxing District	129	91080	37424	315	61291
平湖市	Pinghu	66	30960	14907	203	71481
海宁市	Haining	58	41917	23080	261	51712
桐乡市	Tongxiang	75	26588	13025	163	28688
嘉善县	Jiashan	85	43816	21212	301	54725
海盐县	Haiyan	27	15688	6018	94	19002
湖州市区	Huzhou District	194	80387	32866	204	25902
德清县	Deqing	131	30703	13620	197	27977
长兴县	Changxing	83	30073	13006	68	7741
安吉县	Anji	67	28008	5580	92	12967
绍兴市区	Shaoxing District	87	43671	20278	288	51650
诸暨市	Zhuji	83	39107	18912	213	38635

市县名称 City and County		新签协议（合同）数（个）Number of Agreements & Contracts Newly Signed (unit)	合同外资金额（万美元）Value for Utilization of Foreign Capital (USD 10000)	实际使用外资金额（万美元）Amount of Foreign Capital Actually Used (USD 10000)	已投产企业个数（个）Enterprises Put into Operation (unit)	从业人员（人）Employed Persons (person)
上虞市	Shangyu	84	32139	15504	334	43179
嵊州市	Shengzhou	66	23645	10246	133	19924
绍兴县	Shaoxing	83	50864	23480	308	88743
新昌县	Xinchang	13	12713	1675	71	14514
金华市区	Jinhua District	61	25521	15805	112	11235
兰溪市	Lanxi	17	5528	4039	47	6319
东阳市	Dongyang	14	6673	4004	73	8985
义乌市	Yiwu	45	14275	12039	97	21762
永康市	Yongkang	14	4629	4035	35	5483
武义县	Wuyi	12	2385	2526	19	2264
浦江县	Pujiang	8	2399	2521	35	5753
磐安县	Panan	9	1393	806	13	2005
衢州市区	Quzhou District	19	3487	1366	44	2329
江山市	Jiangshan	5	3289	453	13	2480
常山县	Changshan	3	410	230	8	234
开化县	Kaihua	3	905	541	3	151
龙游县	Longyou	8	4070	452	18	1003
舟山市区	Zhoushan District	14	5713	1329	63	11740
岱山县	Daishan	4	642	1159	16	1785
嵊泗县	Shengsi	3	585	632	3	189
台州市区	Taizhou District	38	18632	18956	148	20579
温岭市	Wenling	21	7011	4918	97	36392
临海市	Linhai	27	5951	3850	101	15785
玉环县	Yuhuan	17	6639	4223	81	18967
三门县	Sanmen	4	577	421	23	4211
天台县	Tiantai	8	1046	1259	14	2485
仙居县	Xianju	2	37	153	57	9139
丽水市区	Lishui District	12	4521	851	7	3276
龙泉市	Longquan	1	118		3	945
青田县	Qingtian	3	1001	507	15	1680
云和县	Yunhe	2	81	50	2	315
庆元县	Qingyuan			15	1	128
缙云县	Jinyun	1	324	214	7	1754
遂昌县	Suichang	8	479	184	7	732
松阳县	Songyang			123	2	181
景宁自治县	Jingning					

17－39 各市、县财政收支情况(2005年)

Total Financial Revenue and Expenditure by City and County(2005)

单位：亿元 (100 million yuan)

市县名称	City and County	财政总收入 Total Financial Revenue	地方财政预算内收入 Total Local Government Budgetary Financial Revenue	地方财政预算内支出 Total Local Government Financial Expenditures	#企业挖潜改造 Expenses for Enterprises' Innovation	#教育事业费 Expenses for Education
杭州市区	Hangzhou District	458.41	217.26	195.76	14.28	24.90
富阳市	Fuyang	24.58	12.76	14.29	0.03	4.43
临安市	Linan	11.87	6.73	7.56	0.05	1.86
建德市	Jiande	10.87	5.86	7.28	0.01	1.71
桐庐县	Tonglu	10.28	5.08	6.93	0.20	1.66
淳安县	Chunan	4.78	2.77	6.50	0.02	1.78
宁波市区	Ningbo District	329.46	147.51	180.33	19.27	16.91
余姚市	Yuyao	40.36	19.58	22.13	0.33	3.45
慈溪市	Cixi	50.00	23.56	28.86	3.66	3.95
奉化市	Fenghua	15.04	7.12	11.29	0.26	2.15
象山县	Xiangshan	15.02	7.02	10.46	0.45	2.28
宁海县	Ninghai	16.61	7.59	11.71	0.37	2.53
温州市区	Wenzhou District	108.62	60.54	39.30	0.41	8.50
瑞安市	Ruian	27.50	14.41	14.60	0.23	4.12
乐清市	Yueqing	31.46	14.60	16.41	0.12	4.50
洞头县	Dongtou	1.79	1.11	3.03	0.08	0.68
永嘉县	Yongjia	12.33	6.12	8.67	0.01	2.94
平阳县	Pingyang	9.05	4.55	7.33	0.01	2.05
苍南县	Cangnan	10.54	5.80	9.42	0.01	3.43
文成县	Wencheng	1.82	1.21	4.40	0.01	1.11
泰顺县	Taishun	1.81	1.26	4.90	0.02	1.13
嘉兴市区	Jiaxing District	42.82	22.91	25.15	0.71	4.06
平湖市	Pinghu	19.48	9.00	9.73	0.56	2.01
海宁市	Haining	24.00	11.43	12.58	0.07	2.72
桐乡市	Tongxiang	23.01	11.17	12.06	0.38	2.95
嘉善县	Jiashan	15.33	7.28	7.86	0.43	2.49
海盐县	Haiyan	10.50	5.01	6.07	0.09	1.75
湖州市区	Huzhou District	34.64	18.16	19.28	0.34	3.91
德清县	Deqing	14.29	7.60	8.32	0.57	1.50
长兴县	Changxing	17.51	9.40	9.57	0.49	2.38
安吉县	Anji	7.81	4.57	6.91	0.40	1.75
绍兴市区	Shaoxing District	37.70	21.18	22.27	0.24	3.79
诸暨市	Zhuji	27.19	14.15	14.43	0.38	3.57
上虞市	Shangyu	20.18	10.01	11.16	0.62	2.83

市县名称 City and County		财政总收入 Total Financial Revenue	地方财政预算内收入 Total Local Government Budgetary Financial Revenue	地方财政预算内支出 Total Local Government Financial Expenditures	#企业挖潜改造 Expenses for Enterprises' Innovation	#教育事业费 Expenses for Education
嵊州市	Shengzhou	11.76	5.74	7.01	0.03	2.47
绍兴县	Shaoxing	42.32	20.13	18.90	0.49	3.16
新昌县	Xinchang	11.41	4.92	6.28	0.19	1.49
金华市区	Jinhua District	29.52	17.59	20.62	1.18	4.45
兰溪市	Lanxi	8.82	4.53	6.53	0.36	1.87
东阳市	Dongyang	13.79	7.29	9.23	0.22	2.82
义乌市	Yiwu	35.03	19.61	19.89	0.03	4.23
永康市	Yongkang	19.68	9.93	9.77	0.19	2.96
武义县	Wuyi	7.21	3.75	5.75	0.47	1.31
浦江县	Pujiang	7.22	3.73	4.80	0.01	1.39
磐安县	Panan	3.07	1.62	4.15	0.06	0.90
衢州市区	Quzhou District	16.62	10.09	16.74	1.42	3.37
江山市	Jiangshan	6.05	3.65	5.92	0.30	1.68
常山县	Changshan	3.22	2.21	5.22	0.07	1.07
开化县	Kaihua	2.42	1.48	4.58	0.02	1.07
龙游县	Longyou	3.89	2.58	4.86	0.25	1.32
舟山市区	Zhoushan District	23.57	14.77	23.89	0.48	3.67
岱山县	Daishan	2.62	1.63	4.24	0.18	0.85
嵊泗县	Shengsi	2.34	1.81	3.81	0.16	0.60
台州市区	Taizhou District	63.82	33.72	35.23	0.69	7.54
温岭市	Wenling	29.42	13.48	14.93	0.28	4.50
临海市	Linhai	17.66	8.63	11.25	0.64	3.00
玉环县	Yuhuan	18.01	7.50	8.95	0.20	2.27
三门县	Sanmen	5.33	2.75	5.69	0.08	1.37
天台县	Tiantai	7.70	3.75	6.96	0.06	2.13
仙居县	Xianju	5.50	2.51	5.07	0.06	1.57
丽水市区	Lishui District	9.75	6.09	11.64	0.20	2.21
龙泉市	Longquan	2.36	1.48	4.31	0.01	1.08
青田县	Qingtian	6.60	3.78	6.87	0.14	1.63
云和县	Yunhe	1.93	1.14	2.84	0.01	0.50
庆元县	Qingyuan	1.20	0.71	3.36	0.07	0.69
缙云县	Jinyun	4.61	2.34	5.22	0.12	1.52
遂昌县	Suichang	4.02	2.12	4.04	0.15	0.89
松阳县	Songyang	1.97	1.13	3.43	0.18	0.78
景宁自治县	Jingning	2.38	1.22	4.19	0.26	0.70

17－40 各市、县金融和保险业(2005 年)

Finance and Insurance by City and County(2005)

单位：亿元 (100 million yuan)

市县名称	City and County	金融机构年末存款余额 Deposits in Financial Institutions	#城乡居民储蓄存款年末余额 Savings Deposits of Urban and Rural Residents	金融机构年末贷款余额 Loans in Financial Institutions	保费 Premium	赔款、给付 Settled Claim
杭州市区	Hangzhou District	6224.95	1923.18	5145.59	60.97	14.80
富阳市	Fuyang	178.30	81.72	153.16	3.11	1.02
临安市	Linan	117.73	56.89	108.16	3.07	0.79
建德市	Jiande	90.09	52.40	53.73	2.22	0.41
桐庐县	Tonglu	87.03	48.58	57.45	1.78	0.40
淳安县	Chunan	50.62	28.89	27.21	1.39	0.23
宁波市区	Ningbo District	2720.74	900.54	2123.11		
余姚市	Yuyao	324.34	163.52	246.32		
慈溪市	Cixi	455.92	239.38	324.82		
奉化市	Fenghua	113.48	66.34	76.87		
象山县	Xiangshan	86.38	44.47	81.62		
宁海县	Ninghai	91.08	44.55	107.03		
温州市区	Wenzhou District	1390.61	645.99	1052.45	19.70	4.84
瑞安市	Ruian	261.92	146.89	195.66	5.40	1.52
乐清市	Yueqing	251.37	132.31	209.84	4.08	1.86
洞头县	Dongtou	12.66	6.10	7.24	0.20	0.09
永嘉县	Yongjia	112.68	68.13	83.31	2.55	0.81
平阳县	Pingyang	87.68	61.82	60.43	2.13	1.91
苍南县	Cangnan	97.40	64.14	72.83	2.49	0.84
文成县	Wencheng	28.55	20.47	16.60	0.44	0.14
泰顺县	Taishun	25.27	15.47	12.74	0.48	0.14
嘉兴市区	Jiaxing District	459.48	213.40	382.56		
平湖市	Pinghu	173.94	95.55	118.36		
海宁市	Haining	242.98	143.47	158.95		
桐乡市	Tongxiang	215.46	133.12	131.90		
嘉善县	Jiashan	122.42	73.51	78.13		
海盐县	Haiyan	127.46	78.08	90.62		
湖州市区	Huzhou District	340.67	184.00	250.70	7.28	2.06
德清县	Deqing	100.44	58.44	69.24	2.92	0.60
长兴县	Changxing	99.88	52.20	86.81	3.08	0.71
安吉县	Anji	57.59	36.30	46.96	2.35	0.54
绍兴市区	Shaoxing District	691.36	262.07	543.14		
诸暨市	Zhuji	262.89	143.53	185.14		

单位：亿元　　17－40　续表　continued　　(100 million yuan)

市县名称 City and County		金融机构年末存款余额 Deposits in Financial Institutions	#城乡居民储蓄存款年末余额 Savings Deposits of Urban and Rural Residents	金融机构年末贷款余额 Loans in Financial Institutions	保费 Premium	赔款、给付 Settled Claim
上虞市	Shangyu	251.08	141.85	184.68		
嵊州市	Shengzhou	118.38	73.67	100.43		
绍兴县	Shaoxing	451.13	219.23	318.56		
新昌县	Xinchang	90.05	48.74	67.32		
金华市区	Jinhua District	375.91	141.52	398.09		
兰溪市	Lanxi	76.20	46.22	71.23		
东阳市	Dongyang	180.83	113.05	124.70		
义乌市	Yiwu	574.72	287.99	350.82		
永康市	Yongkang	187.07	107.24	144.91		
武义县	Wuyi	58.22	29.24	40.53		
浦江县	Pujiang	59.66	36.18	45.30		
磐安县	Panan	24.38	13.50	12.36		
衢州市区	Quzhou District	183.09	84.26	161.73	3.72	1.06
江山市	Jiangshan	73.08	44.41	56.57	1.85	0.57
常山县	Changshan	30.98	18.88	22.96	0.92	0.27
开化县	Kaihua	29.74	18.19	19.15	0.91	0.38
龙游县	Longyou	56.34	32.42	51.92	1.42	0.43
舟山市区	Zhoushan District	293.16	132.88	248.99	6.35	2.10
岱山县	Daishan	39.65	26.51	22.39	1.14	0.24
嵊泗县	Shengsi	30.68	14.16	13.31	0.56	0.11
台州市区	Taizhou District	695.41	308.43	548.95		
温岭市	Wenling	270.11	174.41	188.46		
临海市	Linhai	147.13	83.32	106.32		
玉环县	Yuhuan	102.67	55.39	84.60		
三门县	Sanmen	38.23	20.30	36.61		
天台县	Tiantai	56.65	32.71	43.74		
仙居县	Xianju	59.25	37.19	35.88		
丽水市区	Lishui District	118.62	50.54	121.46		
龙泉市	Longquan	26.99	15.10	21.12		
青田县	Qingtian	87.41	63.13	43.33		
云和县	Yunhe	16.96	8.20	11.15		
庆元县	Qingyuan	16.64	9.80	8.82		
缙云县	Jinyun	44.60	27.17	31.13		
遂昌县	Suichang	24.35	12.48	24.52		
松阳县	Songyang	22.75	13.08	15.97		
景宁自治县	Jingning	16.08	7.06	9.39		

17－41 各市、县社会保险福利情况(2005年)
Basic Statistics on Social Insurance & Welfare by City and County(2005)

单位:万人 (10000 persons)

市县名称 City and County		基本养老保险参保人数 Persons Participating in the Basic Retirement Security Program	基本医疗保险参保人数 Persons Participating in the Basic Health Care Program	失业保险人数 Persons Participating in the Unemployment Insurance Program
杭州市区	Hangzhou District	184.20	160.99	101.14
富阳市	Fuyang	15.04	6.18	7.83
临安市	Linan	8.19	5.66	2.39
建德市	Jiande	8.61	6.27	2.83
桐庐县	Tonglu	6.90	4.20	2.44
淳安县	Chunan	4.64	4.41	1.74
宁波市区	Ningbo District	93.50	75.43	45.87
余姚市	Yuyao	18.81	9.36	7.84
慈溪市	Cixi	18.71	8.23	8.19
奉化市	Fenghua	7.59	4.73	4.52
象山县	Xiangshan	5.93	3.71	5.47
宁海县	Ninghai	6.75	4.57	3.90
温州市区	Wenzhou District	51.06	29.78	21.06
瑞安市	Ruian	19.26	10.27	3.50
乐清市	Yueqing	14.79	4.08	4.79
洞头县	Dongtou	1.22	0.51	0.50
永嘉县	Yongjia	7.64	2.81	3.10
平阳县	Pingyang	8.50	1.28	3.05
苍南县	Cangnan	9.04	1.11	3.81
文成县	Wencheng	1.59	1.30	0.90
泰顺县	Taishun	2.09	1.42	0.90
嘉兴市区	Jiaxing District	22.23	9.45	12.70
平湖市	Pinghu	11.89	9.50	5.80
海宁市	Haining	13.48	9.47	5.91
桐乡市	Tongxiang	11.47	5.87	5.51
嘉善县	Jiashan	7.92	4.31	4.05
海盐县	Haiyan	7.40	4.77	4.20
湖州市区	Huzhou District	22.41	15.88	11.70
德清县	Deqing	9.56	5.44	4.10
长兴县	Changxing	8.66	5.11	3.80
安吉县	Anji	6.73	3.94	2.58
绍兴市区	Shaoxing District	24.64	16.08	12.02
诸暨市	Zhuji	14.87	8.31	5.50
上虞市	Shangyu	13.44	6.34	5.70

市县名称 City and County		基本养老保险参保人数 Persons Participating in the Basic Retirement Security Program	基本医疗保险参保人数 Persons Participating in the Basic Health Care Program	失业保险人数 Persons Participating in the Unemployment Insurance Program
嵊州市	Shengzhou	10.11	5.62	5.70
绍兴县	Shaoxing	18.15	5.71	6.16
新昌县	Xinchang	8.17	7.33	5.02
金华市区	Jinhua District	15.13	14.14	10.36
兰溪市	Lanxi	6.70	5.73	5.20
东阳市	Dongyang	12.03	4.83	4.00
义乌市	Yiwu	13.55	5.46	5.30
永康市	Yongkang	9.08	4.03	4.00
武义县	Wuyi	3.56	2.42	2.70
浦江县	Pujiang	2.61	2.12	2.70
磐安县	Panan	1.31	1.09	1.05
衢州市区	Quzhou District	14.07	12.17	7.30
江山市	Jiangshan	4.29	3.28	2.51
常山县	Changshan	2.22	2.15	1.38
开化县	Kaihua	2.07	1.59	1.38
龙游县	Longyou	3.16	2.27	2.28
舟山市区	Zhoushan District	13.97	14.72	9.78
岱山县	Daishan	2.76	2.48	1.13
嵊泗县	Shengsi	1.22	1.29	0.80
台州市区	Taizhou District	26.73	15.12	14.56
温岭市	Wenling	13.51	5.81	6.42
临海市	Linhai	11.33	7.12	6.60
玉环县	Yuhuan	7.62	3.80	2.21
三门县	Sanmen	2.91	1.10	1.12
天台县	Tiantai	4.29	2.31	1.96
仙居县	Xianju	3.57	2.25	1.96
丽水市区	Lishui District	5.38	5.20	3.11
龙泉市	Longquan	2.48	1.36	1.36
青田县	Qingtian	1.96	1.86	1.35
云和县	Yunhe	1.13	1.07	0.65
庆元县	Qingyuan	1.27	1.12	0.75
缙云县	Jinyun	2.09	1.98	1.33
遂昌县	Suichang	2.40	2.05	1.44
松阳县	Songyang	1.67	1.19	0.93
景宁自治县	Jingning	1.17	0.97	0.82

17－41　续表2　continued

市县名称 City and County		社会福利院数(个) Social Welfare Homes(unit)	社会福利院床位数(张) Beds of Social Welfare Homes(bed)	社区服务设施数(个) Number of Community Service Facilities Established in Urban Areas(unit)	居民最低生活保障线以下人数(人) Residents under Minimum Life Guarantee Relief (person)
杭州市区	Hangzhou District	104	9992	5575	13391
富阳市	Fuyang	22	1072	54	517
临安市	Linan	26	1600	135	436
建德市	Jiande	16	1120	15	557
桐庐县	Tonglu	12	1228	23	655
淳安县	Chunan	26	707	20	1226
宁波市区	Ningbo District	72	7931	3560	12162
余姚市	Yuyao	29	1339	491	1589
慈溪市	Cixi	23	2023	47	825
奉化市	Fenghua	16	1546	85	720
象山县	Xiangshan	20	1034	4	841
宁海县	Ninghai	14	1570	8	692
温州市区	Wenzhou District	58	6663	7391	8002
瑞安市	Ruian	92	10005	1737	957
乐清市	Yueqing	31	967	2380	403
洞头县	Dongtou	16	553	380	548
永嘉县	Yongjia	29	1141	1865	319
平阳县	Pingyang	35	1298	3586	458
苍南县	Cangnan	55	4590	286	512
文成县	Wencheng	24	502	88	296
泰顺县	Taishun	36	647	280	808
嘉兴市区	Jiaxing District	18	1427	86	2156
平湖市	Pinghu	11	727	238	1600
海宁市	Haining	19	1540	208	1696
桐乡市	Tongxiang	17	1501	157	889
嘉善县	Jiashan	17	1315	22	1112
海盐县	Haiyan	9	863	63	655
湖州市区	Huzhou District	30	2104	12	4078
德清县	Deqing	15	719	64	908
长兴县	Changxing	17	1390	80	1715
安吉县	Anji	17	765	9	936
绍兴市区	Shaoxing District	29	2237	436	2608
诸暨市	Zhuji	31	2634	384	741
上虞市	Shangyu	27	1778	431	1474

17－41　续表3　continued

市县名称 City and County		社会福利院数(个) Social Welfare Homes(unit)	社会福利院床位数(张) Beds of Social Welfare Homes(bed)	社区服务设施数(个) Number of Community Service Facilities Established in Urban Areas(unit)	居民最低生活保障线以下人数(人) Residents under Minimum Life Guarantee Relief (person)
嵊州市	Shengzhou	39	2020	36	276
绍兴县	Shaoxing	20	1348	184	2600
新昌县	Xinchang	9	644	41	191
金华市区	Jinhua District	20	1960	161	1636
兰溪市	Lanxi	17	2131	23	1369
东阳市	Dongyang	15	950	6	131
义乌市	Yiwu	14	1228	25	256
永康市	Yongkang	8	1346	6	171
武义县	Wuyi	7	940	25	376
浦江县	Pujiang	3	949	48	379
磐安县	Panan	7	337		509
衢州市区	Quzhou District	32	2150	1022	905
江山市	Jiangshan	20	2435	60	780
常山县	Changshan	13	845	38	962
开化县	Kaihua	12	1115	60	967
龙游县	Longyou	15	1478	210	956
舟山市区	Zhoushan District	30	1850	110	1737
岱山县	Daishan	8	438	9	362
嵊泗县	Shengsi	4	210	4	117
台州市区	Taizhou District	38	1747	340	941
温岭市	Wenling	35	2710	39	586
临海市	Linhai	23	2487	259	550
玉环县	Yuhuan	19	1203	27	697
三门县	Sanmen	14	370		395
天台县	Tiantai	19	764		345
仙居县	Xianju	20	1110		315
丽水市区	Lishui District	7	922	22	1119
龙泉市	Longquan	10	535	11	625
青田县	Qingtian	13	914	9	117
云和县	Yunhe	4	420	6	411
庆元县	Qingyuan	6	386	3	329
缙云县	Jinyun	11	690	6	91
遂昌县	Suichang	7	460	7	311
松阳县	Songyang	7	564	5	398
景宁自治县	Jingning	6	521	4	589

17－42 各市、县各类学校在校学生数(2005 年)

Students Enrollment by Type of School, City and County(2005)

市县名称	City and County	高等学校(人) Institutions of Higher Education (person)	中等职业学校(人) Vocational Secondary Schools (person)	普通中学(万人) Regular Secondary Schools (10000 persons)	小学(万人) Primary Schools (10000 persons)
杭州市区	Hangzhou District	314019	84547	21	28.22
富阳市	Fuyang		11328	4	4.95
临安市	Linan	14505	7397	3	3.47
建德市	Jiande		7133	3	3.56
桐庐县	Tonglu		6794	2	2.78
淳安县	Chunan		7196	3	2.92
宁波市区	Ningbo District	110548	55020	13	19.86
余姚市	Yuyao		12964	5	7.14
慈溪市	Cixi		15250	6	9.53
奉化市	Fenghua		7191	2	3.58
象山县	Xiangshan		5638	2	3.49
宁海县	Ninghai		8687	3	4.00
温州市区	Wenzhou District	49947	31260	10	13.77
瑞安市	Ruian		16190	6	8.73
乐清市	Yueqing		16669	8	10.13
洞头县	Dongtou		841		0.71
永嘉县	Yongjia		7858	5	6.87
平阳县	Pingyang		10061	5	6.03
苍南县	Cangnan		15619	8	10.73
文成县	Wencheng		1921	2	1.71
泰顺县	Taishun		1360	2	2.58
嘉兴市区	Jiaxing District	21298	14639	5	6.42
平湖市	Pinghu		7113	3	3.81
海宁市	Haining		9933	4	4.64
桐乡市	Tongxiang		9462	4	5.53
嘉善县	Jiashan		4321	2	3.07
海盐县	Haiyan		3262	2	3.13
湖州市区	Huzhou District	16406	17604	6	7.28
德清县	Deqing		8256	3	3.05
长兴县	Changxing		9655	4	4.89
安吉县	Anji		9184	3	3.03
绍兴市区	Shaoxing District	30702	29152	4	5.31
诸暨市	Zhuji		16591	8	8.02
上虞市	Shangyu		7533	5	5.77

17-42 续表 continued

市县名称 City and County		高等学校（人）Institutions of Higher Education (person)	中等职业学校（人）Vocational Secondary Schools (person)	普通中学（万人）Regular Secondary Schools (10000 persons)	小学（万人）Primary Schools (10000 persons)
嵊州市	Shengzhou		6852	4	4.37
绍兴县	Shaoxing		11834	5	7.17
新昌县	Xinchang		7401	2	2.64
金华市区	Jinhua District	38751	46504	5	5.58
兰溪市	Lanxi		5797	4	4.58
东阳市	Dongyang	4155	11906	4	5.82
义乌市	Yiwu	4247	12015	4	6.81
永康市	Yongkang		8496	3	4.11
武义县	Wuyi		4892	2	2.04
浦江县	Pujiang		4185	2	2.88
磐安县	Panan		2551	1	1.34
衢州市区	Quzhou District	9633	20053	5	5.25
江山市	Jiangshan		8043	3	3.96
常山县	Changshan		2285	1	1.88
开化县	Kaihua		2446	1	2.11
龙游县	Longyou		7446	2	2.60
舟山市区	Zhoushan District	13481	14635	4	3.67
岱山县	Daishan		1032	1	0.93
嵊泗县	Shengsi		647		0.41
台州市区	Taizhou District	8723	23030	8	10.96
温岭市	Wenling		16296	6	7.57
临海市	Linhai	9346	26446	5	7.94
玉环县	Yuhuan		5401	2	2.89
三门县	Sanmen		5855	2	2.22
天台县	Tiantai		8612	3	3.69
仙居县	Xianju		4016	2	3.47
丽水市区	Lishui District	19093	11624	2	3.01
龙泉市	Longquan		3300	1	2.13
青田县	Qingtian		3039	2	3.15
云和县	Yunhe		1886		0.79
庆元县	Qingyuan		2038	1	1.30
缙云县	Jinyun		8576	2	2.79
遂昌县	Suichang		2507	1	1.37
松阳县	Songyang		3358	1	1.37
景宁自治县	Jingning		624	1	0.88

17－43 各市、县专业技术人员和专利申请(2005年)

Specialized Technical Persons and Patent Application by City and County(2005)

市县名称 City and County		各类专业技术人员数(人) Scientific and technological Personnel (person)	#中级技术职称以上人员数 Persons with Intermediate Technical Title Level and above	专利申请受理量(项) Patent Application Accepted (item)	专利申请授权量(项) Patent Application Approved (item)
杭州市区	Hangzhou District	305643	126684	7506	3189
富阳市	Fuyang	22209	8808	898	106
临安市	Linan	18818	5653	297	172
建德市	Jiande	14704	5213	140	84
桐庐县	Tonglu	8899	3195	557	489
淳安县	Chunan	8840	3883	88	32
宁波市区	Ningbo District	264425	149472	2925	1583
余姚市	Yuyao	38966	10555	1562	875
慈溪市	Cixi	45000	10000	2265	955
奉化市	Fenghua	22523	6302	262	156
象山县	Xiangshan	25234	7239	154	105
宁海县	Ninghai	26344	6630	584	311
温州市区	Wenzhou District	126352	46038	2284	1566
瑞安市	Ruian	29461	11819	631	466
乐清市	Yueqing	61118	25813	1352	666
洞头县	Dongtou	2956	1238	14	2
永嘉县	Yongjia	28717	8185	208	118
平阳县	Pingyang	17960	6761	228	144
苍南县	Cangnan	24190	8445	181	98
文成县	Wencheng	5575	2241	22	11
泰顺县	Taishun	7041	2332	12	2
嘉兴市区	Jiaxing District	43812	18838	521	199
平湖市	Pinghu	19852	5900	680	155
海宁市	Haining	21088	7393	606	434
桐乡市	Tongxiang	22403	7529	479	307
嘉善县	Jiashan	19505	4999	1240	240
海盐县	Haiyan	15813	7020	280	129
湖州市区	Huzhou District	59530	22391	433	196
德清县	Deqing	21470	3501	159	31
长兴县	Changxing	30416	1788	362	18
安吉县	Anji	13684	3720	820	237
绍兴市区	Shaoxing District	43730	17725	291	87
诸暨市	Zhuji	70512	27232	669	259
上虞市	Shangyu	57243	20641	545	170

17－43　续表　continued

市县名称 City and County		各类专业技术人员数（人）Scientific and technological Personnel (person)	#中级技术职称以上人员数 Persons with Intermediate Technical Title Level and above	专利申请受理量（项）Patent Application Accepted (item)	专利申请授权量（项）Patent Application Approved (item)
嵊州市	Shengzhou	41779	15065	337	138
绍兴县	Shaoxing	69350	25303	696	150
新昌县	Xinchang	25488	8616	530	153
金华市区	Jinhua District	38394	13487	510	332
兰溪市	Lanxi	16359	4248	161	40
东阳市	Dongyang	50041	12816	351	198
义乌市	Yiwu	39110	10960	2370	987
永康市	Yongkang	27253	4706	1661	678
武义县	Wuyi	6956	2317	820	98
浦江县	Pujiang	11392	4025	355	128
磐安县	Panan	5321	1705	90	38
衢州市区	Quzhou District	29922	14797	125	40
江山市	Jiangshan	19163	3638	55	33
常山县	Changshan	9586	2136	28	8
开化县	Kaihua	6572	2148	19	7
龙游县	Longyou	11054	3001	70	28
舟山市区	Zhoushan District	47848	16910	186	49
岱山县	Daishan	4424	1758	31	19
嵊泗县	Shengsi	3182	1160	33	2
台州市区	Taizhou District	61890	22162	2434	981
温岭市	Wenling	49121	13954	593	339
临海市	Linhai	26565	10227	665	233
玉环县	Yuhuan	16179	4973	780	405
三门县	Sanmen	8106	3367	189	48
天台县	Tiantai	13540	5010	104	70
仙居县	Xianju	16404	4798	69	60
丽水市区	Lishui District	10276	5486	180	89
龙泉市	Longquan	4761	1940	42	36
青田县	Qingtian	5854	1842	17	9
云和县	Yunhe	2255	906	172	47
庆元县	Qingyuan	4020	1414	82	9
缙云县	Jinyun	6181	2811	112	63
遂昌县	Suichang	3911	1688	53	11
松阳县	Songyang	3670	1554	11	5
景宁自治县	Jingning	3277	1162	15	3

17－44 各市、县文化和卫生事业主要指标(2005年)
The Culture and Public Health by City and County(2005)

市县名称 City and County		体育场馆数(个) Number of Sports Grounds and Gymnsiums	剧场和影剧院数(个) Number of Theaters and Music Halls (unit)	公共图书馆图书藏量(千册件) Total Collections of Books in Public Libraries (1000 copies)	医院卫生院数(个) Number of Health Institutions (unit)	医院卫生院床位数(张) Number of Beds in Health Institutions (bed)	医生数(人) Doctors (person)
杭州市区	Hangzhou District	72	27	7390	586	24761	13802
富阳市	Fuyang	7	2	136	60	1637	1196
临安市	Linan	12	2	155	49	1168	896
建德市	Jiande	2	2	134	52	1452	805
桐庐县	Tonglu	2	1	247	29	917	612
淳安县	Chunan	3	1	98	58	845	522
宁波市区	Ningbo District	53	12	1576	112	10279	7356
余姚市	Yuyao	5	3	285	27	1731	1412
慈溪市	Cixi	7		270	27	2086	1921
奉化市	Fenghua	6	2	140	30	1739	943
象山县	Xiangshan	2	1	190	22	1005	690
宁海县	Ninghai	4	3	183	47	1016	881
温州市区	Wenzhou District	10	10	1213	82	7646	3868
瑞安市	Ruian	20	6	202	64	2279	2494
乐清市	Yueqing	9	6	195	42	1899	2043
洞头县	Dongtou		1	71	6	137	178
永嘉县	Yongjia	4	1	134	62	795	899
平阳县	Pingyang	3	3	156	71	1360	1360
苍南县	Cangnan	2	4	150	56	1635	834
文成县	Wencheng	2	1	53	61	419	365
泰顺县	Taishun		3	49	60	399	256
嘉兴市区	Jiaxing District	3	12	729	216	4240	2052
平湖市	Pinghu	2	11	270	107	1016	803
海宁市	Haining	3	13	313	129	1629	899
桐乡市	Tongxiang	3	22	393	162	1968	1084
嘉善县	Jiashan	2	12	174	80	1179	671
海盐县	Haiyan	2	4	220	52	1133	545
湖州市区	Huzhou District	10	7	389	39	4076	2298
德清县	Deqing	6	8	143	21	1420	723
长兴县	Changxing	2	2	151	37	1881	1013
安吉县	Anji	2	1	116	35	1344	670
绍兴市区	Shaoxing District	8	5	609	29	2452	1858
诸暨市	Zhuji	5	8	193	101	2466	1977
上虞市	Shangyu	7	7	184	58	1201	1025

17－44 续表 continued

市 县 名 称 City and County		体育场馆数（个）Number of Sports Grounds and Gymnsiums	剧场和影剧院数（个）Number of Theaters and Music Halls (unit)	公共图书馆图书藏量（千册件）Total Collections of Books in Public Libraries (1000 copies)	医院卫生院数（个）Number of Health Institutions (unit)	医院卫生院床位数（张）Number of Beds in Health Institutions (bed)	医生数（人）Doctors (person)
嵊州市	Shengzhou	2	5	301	55	1666	1058
绍兴县	Shaoxing	22	7	136	23	2426	1533
新昌县	Xinchang	3	2	162	49	1104	623
金华市区	Jinhua District	14	5	1244	60	3650	2098
兰溪市	Lanxi	3	2	88	55	1109	827
东阳市	Dongyang	10	4	186	59	1684	1238
义乌市	Yiwu	14	5	207	54	2164	1422
永康市	Yongkang	5	1	170	43	1337	896
武义县	Wuyi	1	3	113	23	702	488
浦江县	Pujiang	1	2	161	25	870	518
磐安县	Panan		1	49	24	375	280
衢州市区	Quzhou District	13	4	453	58	2587	2427
江山市	Jiangshan	3	1	70	34	1200	1232
常山县	Changshan	1	1	67	23	613	467
开化县	Kaihua	2	2	68	28	749	660
龙游县	Longyou	1	1	48	26	847	809
舟山市区	Zhoushan District	9	5	341	53	2672	1628
岱山县	Daishan	1	1	125	18	500	292
嵊泗县	Shengsi	1	1	54	9	329	173
台州市区	Taizhou District	13	24	428	60	3978	2947
温岭市	Wenling	11	13	207	40	2663	1639
临海市	Linhai	8	9	355	40	2563	1507
玉环县	Yuhuan	2	4	125	19	860	589
三门县	Sanmen	4	3	59	35	581	420
天台县	Tiantai	5	4	81	17	945	785
仙居县	Xianju	3	7	153	26	777	690
丽水市区	Lishui District	9	3	177	34	2002	990
龙泉市	Longquan	2	3	171	46	522	398
青田县	Qingtian	2	2	105	35	510	333
云和县	Yunhe	1	1	135	20	224	149
庆元县	Qingyuan	1	2	54	43	321	212
缙云县	Jinyun	2	3	106	47	1101	453
遂昌县	Suichang	1	1	101	34	474	279
松阳县	Songyang	2		85	26	414	296
景宁自治县	Jingning	2	1	48	37	250	152

CHAPTER 18

附　录

Appendix

附表1 企业家信心指数和企业景气指数(2003－2005年)

行　业	1季度			2季度		
	2003年	2004年	2005年	2003年	2004年	2005年
企业家信心指数	**150.2**	**147.4**	**137.6**	**130.9**	**139.1**	**125.0**
工业	151.2	146.6	134.4	139.2	138.0	123.1
建筑业	164.8	158.6	165.9	165.6	145.6	147.1
交通运输、仓储及邮政业	147.6	157.3	145.4	81.0	149.4	126.8
批发和零售业	136.7	130.8	128.5	116.9	124.1	111.3
房地产业	149.6	161.0	133.0	158.8	136.7	99.7
社会服务业	157.4	147.6	154.2	101.3	159.3	149.6
信息传输、计算机服务和软件业	163.0	176.9	156.6	157.8	165.7	160.6
住宿和餐饮业	150.7	153.0	136.2	57.7	149.7	132.9
企业景气指数	**148.4**	**150.9**	**136.1**	**129.6**	**147.0**	**136.1**
工业	149.3	148.7	134.0	140.2	144.9	137.3
建筑业	149.5	151.6	143.0	156.6	141.6	142.7
交通运输、仓储及邮政业	139.7	169.1	138.9	78.0	148.8	125.7
批发和零售业	148.3	150.9	134.6	121.3	146.0	129.7
房地产业	150.5	149.6	137.6	148.4	148.9	122.2
社会服务业	131.2	138.1	151.1	83.4	144.3	151.1
信息传输、计算机服务和软件业	170.4	164.5	148.7	157.8	175.6	149.1
住宿和餐饮业	136.1	150.4	132.4	32.1	160.0	135.3

注:历年指数均按新国民经济行业分类标准作同口径调整,下同。

附表1　续

行　　业	3季度			4季度		
	2003年	2004年	2005年	2003年	2004年	2005年
企业家信心指数	**145.8**	**138.0**	**132.9**	**148.6**	**134.0**	**132.8**
工业	150.7	139.7	135.0	148.7	130.9	134.3
建筑业	163.5	144.2	150.0	155.6	151.5	146.5
交通运输、仓储及邮政业	127.7	131.1	125.9	142.7	129.4	134.7
批发和零售业	122.2	127.4	114.6	138.0	127.7	113.1
房地产业	160.9	123.8	103.1	165.5	136.1	103.0
社会服务业	144.9	141.7	151.9	150.5	153.2	155.1
信息传输、计算机服务和软件业	148.8	164.0	169.1	166.5	161.1	166.2
住宿和餐饮业	153.0	135.4	126.5	156.5	144.5	134.1
企业景气指数	**146.1**	**139.8**	**139.0**	**155.0**	**142.8**	**144.2**
工业	146.1	140.0	144.3	156.5	146.4	146.5
建筑业	156.4	144.9	150.8	161.2	156.7	157.6
交通运输、仓储及邮政业	123.1	122.0	113.8	140.2	125.8	141.0
批发和零售业	145.6	140.0	125.2	154.8	125.6	129.9
房地产业	159.4	141.1	119.1	156.6	147.4	120.6
社会服务业	131.9	136.8	136.2	131.9	159.8	147.7
信息传输、计算机服务和软件业	160.0	161.2	166.2	160.7	140.9	161.7
住宿和餐饮业	155.5	136.2	123.8	154.5	149.5	144.3

附表2 各季企业景气指数(2005年)

指　　标	1季度	2季度	3季度	4季度
按企业登记注册类型分				
国有企业	143.4	138.1	138.0	147.2
集体企业	137.0	111.0	118.9	139.3
股份合作企业	145.5	144.5	138.8	128.5
联营企业	133.3	133.3	166.7	166.7
有限责任公司	130.2	135.9	132.3	137.9
股份有限公司	147.9	140.8	157.6	157.0
私营企业	140.2	137.9	134.3	146.3
其它内资企业	200.0	100.0	100.0	100.0
外商及港、澳、台投资企业	137.2	145.3	145.7	151.1
附:上市公司	153.7	140.6	164.3	160.5
按企业规模分				
大型	148.9	149.3	150.9	153.3
中型	132.5	135.6	130.7	142.6
小型	127.6	130.0	125.5	134.9
按主要行业大类分				
工业	**134.1**	**137.3**	**144.3**	**146.5**
农副食品加工业	131.9	156.9	138.8	131.9
食品制造业	105.4	112.6	116.1	109.0
饮料制造业	151.9	148.0	177.2	105.1
烟草制品业	200.0	200.0	200.0	200.0
纺织业	128.6	127.8	124.6	136.8
纺织服装、鞋、帽制造业	135.4	151.7	150.3	161.7
皮革、毛皮、羽毛(绒)及其制品业	149.0	127.6	148.7	138.2
木材加工及木、竹、藤、棕、草制品业	133.3	183.3	133.3	150.0
家具制造业	128.6	142.9	171.4	142.9
造纸及纸制品业	104.4	105.3	104.4	129.2
印刷业和记录媒介的复制	100.0	125.0	116.7	166.7
文教体育用品制造业	142.9	171.4	171.4	142.9
石油加工、炼焦及核燃料加工业	100.0		190.8	100.0
化学原料及化学制品制造业	145.5	147.0	146.0	170.1
医药制造业	171.6	178.0	175.6	173.2

附表2　续

指　　标	1季度	2季度	3季度	4季度
化学纤维制造业	113.0	145.0	168.9	148.3
橡胶制品业	114.3	100.0	142.9	114.3
塑料制品业	120.8	113.2	102.0	117.7
非金属矿物制品业	61.7	111.9	88.4	117.6
黑色金属冶炼及压延加工业	150.0	150.0	133.3	133.3
有色金属冶炼及压延加工业	125.0	138.4	130.1	162.8
金属制品业	138.0	159.6	138.5	160.6
通用设备制造业	152.0	153.9	155.3	160.8
专用设备制造业	135.7	137.8	137.3	137.1
交通运输设备制造业	153.9	138.4	144.2	159.7
电气机械及器材制造业	144.1	147.3	154.4	154.6
通信设备、计算机及其他电子设备	119.5	134.9	106.6	172.6
仪器仪表及文化、办公用机械制造业	149.6	162.5	144.2	168.7
工艺品及其他制造业	172.0	162.9	172.0	172.0
废弃资源和废旧材料回收加工业	100.0	100.0		100.0
电力、热力的生产和供应业	151.9	150.2	162.7	148.8
建筑业	**143.0**	**142.7**	**150.8**	**157.6**
房屋和土木工程建筑业	143.0	140.7	150.2	157.2
交运、仓储、邮政业	**138.9**	**125.7**	**113.8**	**141.0**
道路运输业	143.8	138.5	110.5	142.5
城市公共交通业	87.9	100.0	85.7	90.8
仓储业	166.2	141.5	150.0	166.7
邮政业	200.0	150.0	100.0	200.0
批发和零售业	**134.6**	**129.6**	**125.2**	**129.9**
批发业	129.4	128.0	121.5	123.5
零售业	169.7	150.3	150.6	172.0
房地产业	**137.5**	**122.2**	**119.1**	**120.6**
社会服务业	**151.1**	**151.1**	**136.2**	**147.7**
信息传输和计算机服务及软件业	**148.7**	**149.1**	**166.2**	**161.7**
住宿和餐饮业	**132.4**	**135.3**	**123.8**	**144.3**
住宿业	128.0	140.9	124.1	142.3
餐饮业	151.7	112.3	123.6	153.3

附表3　各季企业家信心指数(2005年)

指　　标	1季度	2季度	3季度	4季度
按企业登记注册类型分				
国有企业	138.2	131.7	135.6	136.1
集体企业	148.7	120.6	121.7	128.9
股份合作企业	133.4	125.7	121.8	117.7
联营企业	100.0	100.0	100.0	100.0
有限责任公司	131.7	121.2	125.8	125.8
股份有限公司	152.6	131.9	150.6	145.7
私营企业	140.2	122.9	119.5	132.9
其它内资企业	200.0	200.0	200.0	200.0
外商及港、澳、台投资企业	141.0	137.2	136.1	142.2
附:上市公司	159.8	131.2	156.9	144.7
按企业规模分				
大型	153.1	138.1	145.0	141.1
中型	132.1	123.5	123.0	130.1
小型	131.7	119.8	123.2	125.8
按主要行业大类分				
工业	**134.4**	**123.1**	**135.0**	**134.3**
农副食品加工业	138.2	150.7	150.7	119.4
食品制造业	112.6	101.0	112.6	116.2
饮料制造业	122.3	127.8	123.4	116.7
烟草制品业	200.0	200.0	200.0	200.0
纺织业	120.9	102.4	108.2	112.5
纺织服装、鞋、帽制造业	160.2	139.9	152.1	155.5
皮革、毛皮、羽毛(绒)及其制品业	158.8	144.4	142.7	146.0
木材加工及木、竹、藤、棕、草制品业	116.7	150.0	150.0	116.7
家具制造业	171.4	114.3	157.1	157.1
造纸及纸制品业	112.7	100.9	104.4	129.2
印刷业和记录媒介的复制	100.0	108.3	125.0	133.3
文教体育用品制造业	185.7	185.7	171.4	142.9
石油加工、炼焦及核燃料加工业	100.0		190.8	95.4
化学原料及化学制品制造业	143.2	139.0	133.5	142.4
医药制造业	154.7	159.4	150.7	166.8

附表3 续

指　　标	1季度	2季度	3季度	4季度
化学纤维制造业	94.0	113.2	155.6	140.8
橡胶制品业	114.3	114.3	128.6	142.9
塑料制品业	140.0	118.3	124.5	130.3
非金属矿物制品业	69.0	74.1	69.2	97.8
黑色金属冶炼及压延加工业	133.3	83.3	100.0	83.3
有色金属冶炼及压延加工业	116.7	116.7	121.1	141.0
金属制品业	150.3	143.2	138.2	150.6
通用设备制造业	157.8	145.8	149.4	147.1
专用设备制造业	138.2	127.3	120.5	136.1
交通运输设备制造业	150.3	155.1	143.9	158.5
电气机械及器材制造业	143.6	135.9	137.4	138.8
通信设备、计算机及其他电子设备	147.0	152.2	117.0	134.0
仪器仪表及文化、办公用机械制造业	168.6	138.0	137.9	138.0
工艺品及其他制造业	153.8	154.2	153.8	163.2
废弃资源和废旧材料回收加工业	100.0	100.0	100.0	100.0
电力、热力的生产和供应业	134.9	148.8	162.8	157.2
建筑业	**165.9**	**147.1**	**150.0**	**146.5**
房屋和土木工程建筑业	167.0	147.2	149.6	145.5
交运、仓储、邮政业	**145.4**	**126.8**	**125.9**	**134.7**
道路运输业	150.5	138.5	126.5	138.5
城市公共交通业	100.0	100.0	95.0	100.0
仓储业	174.7	158.0	158.0	158.0
邮政业	150.0	150.0	150.0	150.0
批发和零售业	**128.5**	**111.3**	**114.6**	**113.1**
批发业	126.3	107.7	110.5	107.1
零售业	145.1	145.7	141.2	157.2
房地产业	**133.0**	**99.7**	**103.1**	**103.0**
社会服务业	**154.2**	**149.5**	**151.9**	**155.1**
信息传输和计算机服务及软件业	**156.6**	**160.6**	**169.1**	**166.2**
住宿和餐饮业	**136.2**	**132.9**	**126.5**	**134.1**
住宿业	133.8	137.8	126.4	133.7
餐饮业	147.1	114.2	127.9	136.9

附表4　各行业企业生产经营状况景气指数(2005年)

指　　标	1季度	2季度	3季度	4季度
工业	**134.1**	**137.3**	**144.3**	**146.5**
生产成本	55.5	68.5	68.4	83.3
生产总量	107.8	143.7	126.8	125.2
产品订货	125.9	129.5	131.3	127.1
其中:国外订货	122.3	121.9	122.0	118.9
产品销售量	107.9	143.4	132.6	128.2
产品销售价格	108.6	100.5	105.6	101.6
产成品库存	130.0	133.9	135.5	137.7
盈利(亏损)变化	107.7	121.4	122.0	134.6
流动资金	111.9	101.7	106.3	115.0
企业融资	112.7	111.0	109.8	112.6
货款拖欠	108.7	99.1	98.4	107.7
劳动力需求	119.1	120.2	117.2	119.7
固定资产投资	109.9	122.0	123.7	125.5
科技创新	121.2	127.6	124.8	126.0
原材料及能源购进价格	45.1	55.5	61.6	80.9
原材料及能源供应	109.8	114.0	116.4	133.1
建筑业	**143.0**	**142.7**	**150.8**	**157.6**
工程合同签订	108.4	122.5	137.6	143.0
其中:来自国(境)外的	87.6	84.4	93.6	96.6
建筑工程量	89.8	137.9	143.9	144.0
新开工工程量	90.0	128.0	137.9	137.6
技术设备能力	152.5	159.9	154.1	161.0
工程进度	103.0	142.1	154.2	164.0
工程结算收入	100.6	112.4	134.4	149.1
建筑材料购进价格	53.6	110.2	88.8	95.4
工程结算成本	60.3	87.3	81.8	72.5
盈利(亏损)变化	117.4	128.0	129.4	139.5
流动资金	106.0	94.0	92.4	103.5
企业融资	90.1	90.3	84.6	84.0
货款拖欠	106.9	87.1	74.0	96.0
劳动力需求	97.1	135.0	142.3	139.8
固定资产投资	97.3	110.2	110.8	112.9
交通运输、仓储及邮政业	**138.9**	**125.7**	**113.8**	**141.0**
业务预订	129.5	123.6	104.4	115.3
业务量	137.8	115.7	102.8	120.8
业务收费价格	114.1	99.4	98.2	105.7
业务成本	36.9	52.6	40.1	35.6
盈利(亏损)情况	120.7	111.2	84.5	122.1
流动资金	96.0	103.7	96.6	93.9
企业融资	102.3	97.9	99.4	95.1
货款拖欠	106.0	95.0	109.7	107.1
劳动力需求	122.6	107.3	102.5	108.1
固定资产投资	107.0	129.7	129.9	138.5

附表4 续1

指　　标	1季度	2季度	3季度	4季度
批发和零售业	**134.6**	**129.6**	**125.2**	**129.9**
购货合同	121.4	111.0	114.7	114.3
商品购进价格	73.7	78.7	75.1	93.4
商品销售额	126.2	112.1	115.7	130.1
其中:出口	117.9	129.1	118.0	103.1
商品销售价格	110.6	93.8	93.2	96.9
商品库存	118.3	118.4	118.8	127.9
经营费用	74.0	74.6	68.0	63.1
竞争能力	142.0	134.7	140.0	135.2
盈利(亏损)变化	126.6	119.1	115.8	124.7
流动资金	95.0	112.3	104.8	110.5
企业融资	108.2	107.6	112.6	120.8
货款拖欠	95.1	95.7	100.0	107.2
劳动力需求	120.2	111.0	109.0	112.5
固定资产投资	119.7	118.3	108.3	112.0
房地产业	**137.5**	**122.2**	**119.1**	**120.6**
土地开发	90.3	87.6	91.4	105.8
完成投资	95.6	114.9	115.9	123.2
新开工面积	87.7	93.2	85.4	97.5
房屋竣工面积	70.3	98.6	94.7	97.1
商品房预售面积	79.4	72.7	83.6	106.3
商品房销售面积	91.9	74.0	86.7	94.6
商品房销售价格	118.9	88.5	90.8	100.6
空置商品房面积	145.4	120.0	120.4	125.5
盈利(亏损)变化	103.2	87.1	97.7	110.7
流动资金	85.3	71.5	77.0	87.9
企业融资	80.6	67.0	73.4	73.0
货款拖欠	118.3	107.1	109.8	107.3
劳动力需求	105.6	79.1	92.6	90.7
固定资产投资	109.4	105.2	102.5	94.4
社会服务业	**151.1**	**151.1**	**136.2**	**147.7**
服务预订	124.5	127.9	120.2	117.1
竞争能力	169.9	165.2	167.8	168.2
旅游客源	116.7	138.5	142.3	97.0
收费(服务)价格	111.1	93.6	95.2	94.0
业务量	121.8	140.4	117.5	115.5
营业成本	85.8	84.4	87.3	82.5
盈利(亏损)变化	109.2	128.0	117.6	120.7
流动资金	121.4	113.5	120.1	118.4
企业融资	107.8	106.5	127.3	124.9
货款拖欠	109.9	98.4	95.2	111.7
劳动力需求	118.2	115.4	115.3	98.0
固定资产投资	118.8	125.0	111.2	112.8

附表4　续2

指　　标	1季度	2季度	3季度	4季度
信息、计算机服务、软件业	**148.7**	**149.1**	**166.2**	**161.7**
产品销售	111.5	141.6	156.8	157.6
产品订货	113.4	113.8	128.5	138.7
竞争能力	167.9	175.1	171.1	168.3
销售(收费)价格	91.0	98.7	84.3	78.9
营业收入	122.5	153.2	149.8	150.3
营业成本	83.2	91.5	92.5	73.3
盈利(亏损)变化	142.6	152.3	116.2	112.7
流动资金	117.4	119.6	125.1	119.3
企业融资	111.0	114.2	113.3	121.9
货款拖欠	113.0	134.4	95.6	105.2
劳动力需求	123.3	120.0	127.8	125.0
固定资产投资	113.6	125.1	122.4	131.6
住宿和餐饮业	**132.4**	**135.3**	**123.8**	**144.3**
业务预订	103.1	89.9	79.7	121.9
业务量	97.2	80.9	77.8	128.8
竞争能力	135.1	139.3	129.4	138.8
客房出租	100.0	110.9	95.2	103.1
收费(服务)价格	99.7	103.2	84.7	99.2
营业收入	94.8	85.7	74.7	129.6
营业成本	84.8	94.5	94.2	74.1
盈利(亏损)变化	95.8	109.5	100.4	129.8
流动资金	118.8	120.1	104.1	109.2
企业融资	105.3	108.2	106.7	104.6
货款拖欠	98.9	98.0	98.3	99.9
劳动力需求	121.9	88.3	101.2	110.3
固定资产投资	103.9	109.4	109.3	120.0

附表5 重点企业建立现代企业制度跟踪监测主要指标(2005年)

	企业数（个）	资本金（万元）	资产合计（万元）	营业收入（万元）	利润总额（万元）	从业人员（人）
总计	**377**	**9529738**	**56273262**	**58269479**	**3281885**	**723193**
按重点企业类型分						
520户国家重点企业	16	1042946	7626142	5987568	329769	72272
原512户国家重点企业	1	252375	1849512	5825016	363202	8068
省级重点企业	340	9111015	53020972	54891767	3194082	680902
现企原国家百户试点企业	2	54504	566050	101877	23650	3812
现企省级试点企业	96	1643620	11167042	8063686	430397	163497
国家试点企业集团母公司	3	176600	3671432	6633951	114413	25818
按主营行业分						
采矿业	3	33239	136103	156303	-1582	9927
制造业	325	6215419	41995220	48576535	2512128	673997
电力、燃气及水的生产和供应业	1	8000	35277	14103	51	68
建筑业	2	41131	229786	183735	9313	3664
交通运输、仓储和邮政业	4	526120	1676040	417374	139412	11905
信息传输、计算机服务和软件业	3	28746	125011	67068	5417	1244
批发和零售业	9	283847	3224966	7407353	137281	12242
住宿和餐饮业	1	21320	86282	19093	2883	716
金融业						
租赁和商务服务业	29	2371916	8764577	1427915	476982	9430
按控股情况分						
国有绝对控股	67	3946037	19172881	18824632	1362414	144359
国有相对控股	26	524933	2952668	2502103	165325	34643
集体绝对控股	20	643646	4581916	5677352	189849	76603
集体相对控股	17	181087	1838850	2805276	140312	25409
其他	247	4234035	27726947	28460116	1423985	442179
按企业规模分						
大型	125	6337395	38828786	44782257	2296333	509998
中型	214	2725587	15107852	12986221	917749	206315
小型	30	143715	704471	476036	46792	6441
其他	8	323041	1632153	24965	21011	439
按登记注册类型分						
国有企业	10	213681	3093920	3106707	294111	35382
国有独资公司	33	2780084	10916418	6869849	655479	49538
其他有限责任公司	198	3093622	23606630	24593413	1222045	378595
股份有限公司	100	2495560	13187456	18206234	969449	183190
中外合资企业	17	385223	1588795	1631067	105724	41947
港澳台合资企业	8	243188	944631	553762	32717	15830
其他	11	318380	2935412	3308447	2360	18711

附表6　重点企业建立现代企业制度跟踪监测财务指标

单位:万元

指　　标	2004 年	2005 年
年末资产总计	**49842634**	**56273262**
固定资产原价	17431471	19904899
累计折旧	5493943	6416507
#本年折旧	1031336	1145335
无形资产	1401065	1687287
累计对外投资	7130325	8032461
#本年对外投资	1164394	805526
#本年对境外投资	66494	24716
长期投资	8611967	9347892
短期投资	1480829	723853
存货	6744804	7775714
流动资产年平均余额	23230763	27451854
应收帐款	4002986	4328451
年末负债合计	26311759	30189912
流动负债	21899501	25606089
年末股东(所有者)权益合计	23530875	26083350
股本(实收资本)	8334083	9373984
主营业务收入	48149810	57311312
#主营业务成本	40812580	49769021
#主营业务税金及附加	1100308	1162564
其他业务收入	978897	958167
新产品销售收入	7539098	9491909
出口销售总额	8820031	10415189
存货跌价损失和营业、管理、财务等费用合计	3739383	4307758
#税金	91277	104800
#劳动、待业保险费	140615	157140
#职工教育费	15438	19072
#广告费	211360	225636
#利息支出	627905	795243
投资收益	626713	755840
营业外收入	122764	157434
利润总额	3137239	3281885
应交所得税	717515	741886
应缴增值税	1193296	1259192
固定资产投资完成额	2991245	2872986
研究开发费用	438319	619232

注:表中两年数据均为377家重点企业建立现代企业制度跟踪监测2005年年报统计数。

附表7　重点企业建立现代企业制度跟踪监测劳动工资指标

指　　标	年末人数(人)		劳动报酬(万元)	
	2004年	2005年	2004年	2005年
从业人员	**691499**	**723193**	**1282615**	**1404913**
#在岗职工	684521	716478	1271307	1392994
#其他从业人员	6978	6715	11308	11919
#研究开发人员	33413	36672	111968	131050

附表8　重点企业建立现代企业制度跟踪监测主营业务指标

指　　标	单　位	2004年	2005年
农林牧渔业总产值(现价)	万元		
采矿业企业工业总产值(现价)	万元	122628	132485
制造业企业工业总产值(现价)	万元	36805960	44609715
电气及水的生产和供应业企业工业总产值(现价)	万元	12060	14100
建筑业总产值(现价)	万元	179251	161678
交通运输业			
货运量	万吨	17470	20166
客运量	万人	1449	1507
批发零售业企业商品销售总额	万元	7639791	8820672
外贸企业进出口总额	万美元	572991	619644
#出口额	万美元	401432	455152

附表9 全省企业集团基本情况(2005年)

指　标	单位数（个）	资产总计（万元）	营业收入（万元）	从业人员（人）	劳动报酬总额（万元）
总计	**335**	**87517963**	**94915534**	**1476733**	**2904594**
#国家重点	12	9142678	10128091	94781	256300
按审批部门分					
国务院	3	4025952	7576349	47925	116822
国务院主管部门	13	4286366	3913990	106394	201525
省级人民政府	94	24265257	23222463	235232	490468
省级政府主管部门	78	19442412	22223795	357864	693400
其他	147	35497976	37978937	729318	1402379
按母公司主营行业类别分					
采矿业	1	66178	137093	1370	4972
制造业	241	51655447	61273617	897559	1629247
电气水的生产和供应业	5	6855110	2930283	20479	85306
建筑业	30	8110556	12194638	452486	881763
交通运输、仓储和邮政业	6	7008282	1337050	22055	71547
批发和零售业	34	8278969	15000488	59971	169871
房地产业	15	4824533	1774827	17843	51073
其他	3	718888	267538	4970	10815
按母公司登记注册类型分					
国有企业	7	9581449	4246683	36437	119567
国有独资公司	29	15906621	16804586	122177	391309
其他有限责任公司	200	37908432	43492739	783755	1489618
股份有限公司	64	16046930	18181035	389297	642300
中外合资企业	2	881483	916260	20325	33014
港澳台合资企业	4	678806	721838	13411	24791
其他	29	6514242	10552393	111331	203995

附表9 续

指 标	单位数（个）	资产总计（万元）	营业收入（万元）	从业人员（人）	劳动报酬总额（万元）
按母公司控股情况分					
国有绝对控股	48	28312843	24039762	199010	599206
国有相对控股	15	3849227	5024583	54524	111959
集体绝对控股	23	6186736	8152880	99687	188906
集体相对控股	19	2030240	3044897	38351	55698
其他	230	47138917	54653412	1085161	1948825
按成立时间分					
1991 年及以前	12	5706508	6384261	112567	241541
1992 年	10	2976139	4159064	41045	82552
1993 年	28	8962018	9797449	128880	248286
1994 年	53	10647868	12894987	243564	520595
1995 年	60	11708185	13460627	274865	501915
1996 年	45	11358387	15756601	129415	265143
1997 年	24	3656566	4936226	98926	206053
1998 年	24	4859667	5489292	103169	168955
1999 年	13	1968238	2257130	42202	69254
2000 年	11	1526566	1748200	37795	70747
2001 年	16	16334342	8420934	99171	261380
2002 年	15	4090003	5732735	92179	157642
2003 年	14	2089513	1819291	28544	47678
2004 年	9	1565690	1982685	43572	61850
2005 年	1	68273	76052	839	1003
按资产总计分					
50 亿元及以上	37	42770692	43245769	486273	1043007
40—50 亿元	14	6369232	8772433	181758	426029
30—40 亿元	21	7430153	6447124	82796	184928
20—30 亿元	39	9538892	13253963	194307	343398
10—20 亿元	98	13855433	15479841	317193	561277
5—10 亿元	86	6309427	8455071	178257	293990
5 亿元以下	40	1244134	1261333	36149	51965

注：全省企业集团包括：①省批及以上企业集团；②我省列入国家重点企业的大企业（集团）；③年末资产总计、年主营业务收入均在5 亿元以上的其他各类企业集团。

附表 10 企业集团财务指标

单位：万元

指标	2004 年	2005 年
年末资产总计	**74465050**	**87517963**
固定资产原价	26591746	31621785
累计折旧	7316248	8817772
#本年折旧	1494054	1714268
无形资产	2212398	2564369
累计对外投资	4124234	4615231
#本年对外投资	963325	691042
#本年对境外投资		10817
长期投资	5468138	6077980
短期投资	761999	726107
存货	13638580	16287506
流动资产年平均余额	38005135	44007948
应收帐款	5779181	7040249
年末负债合计	45696362	55238661
流动负债	36199986	43570589
年末少数股东权益	5524836	6182189
年末股东(所有者)权益合计	23243852	26097113
股本(实收资本)	9728710	11186191
主营业务收入	77142587	93345368
#主营业务成本	66589025	81686112
#主营业务税金及附加	804029	964087
其他业务收入	1248919	1570166
新产品销售收入	9869825	11595264
出口销售总额	12833982	15721543
存货跌价损失和营业、管理、财务等费用合计	5878491	6822439
#税金	132719	156112
劳动、待业保险费	181474	203522
职工教育费	24840	29886
#广告费	317532	328803
#利息支出	902950	1166319
投资收益	394327	284366
营业外收入	165985	220930
利润总额	4381404	4760564
应交所得税	1132377	1290073
应缴增值税	1311185	1445858
固定资产投资完成额	3744623	3408600
研究开发费用	540374	745216

注：表中两年数据均为 335 家企业集团 2005 年年报统计数。

附表 11　企业集团劳动工资指标

指　　标	年末从业人数(人)		劳动报酬(万元)	
	2004 年	2005 年	2004 年	2005 年
从业人员	**1345316**	**1476733**	**2474131**	**2904594**
#在岗职工	1241347	1362178	2335396	2729300
其他从业人员	103969	114555	138735	175294
#研究开发人员	34697	38137	121662	144126

附表 12　企业集团主要业务指标

指　　标	单　位	2004 年	2005 年
农林牧渔业总产值(现价)	**万元**	**37182**	**38264**
采矿业企业工业总产值(现价)	万元	91008	168467
制造业企业工业总产值(现价)	万元	41105680	51276350
电气及水的生产和供应业企业工业总产值(现价)	万元	2075573	2542330
建筑业总产值(现价)	万元	10932582	13577484
交通运输业			
货运量	万吨	96425	71519
客运量	万人	32239	30375
批发零售业企业商品销售总额	万元	19905935	24471183
外贸企业进出口总额	万美元	1351440	1578982
#出口额	万美元	1038988	1195803

主要统计指标解释

1、景气指数，又称景气度，是对企业景气调查中定性指标的定量描述，以直观地反映经济所处的状态。景气指数的数值介于0和200之间，100为景气指数的临界值。当景气指数大于100点时，表明经济状况趋于上升或改善，处于景气状态；当景气指数小于100点时，表明经济状况趋于下降或恶化，处于不景气状态。

2、企业家信心指数，亦称宏观经济景气指数，是根据企业决策者对企业外部市场经济环境与宏观政策的认识、看法、判断与预期（对"乐观"、"一般"、"不乐观"的选择）而编制的指数，反映企业决策者对国家宏观经济发展的信心和预期，是企业决策者对当前宏观经济状况及未来走势的一种感受、体验与期望。

3、企业景气指数，亦称企业综合生产经营景气指数，是根据企业决策者对本企业当前生产经营情况的判断及未来企业生产经营状况的预期（对"好"、"一般"、"不佳"的选择）而编制的指数，是企业决策者对企业生产经营现状及未来景气动向的一种综合评价和判断。

4、企业生产经营状况景气指数，是在企业生产经营状况的各指标，如生产、销售、产品订货、利润等名称之后加"景气指数"的方法，如"产品订货"指标称之为"产品订货景气指数"，其余类推。

2005年全省部分大中型工业企业基本情况

单位名称	法人代表	联系电话	邮政编码	网址	生产主要产品
杭 州 市					
杭州顿力实业有限公司	计国良	0571－86307777	311107	www. dunli. com	生产五金金属制品、超市陈列架、医用床等，产品远销美国、日本和欧洲市场。公司可以应客户的创意，研制开发满足客户需要的新产品
杭州永盛集团有限公司	李　诚	0571－82192888	311223		中高档化纤面料、服装、差别化纤维织物等
杭州汽车发动机厂	李克宽	0571－88078888	310005	www. haep. com. cn	汽车柴油发动机、汽车发动机配件
浙江玲珑装饰材料有限公司	任庆祥	0571－63763868	311301		装饰原纸、装饰纸、装饰耐火板
杭州钱江水泥厂	李向成	0571－88695506	311122		复合水泥32.5
杭州西子集团有限公司	吴成文	0571－87789070	310023	www. chinaxizi. com	电能表、建筑电器、电容器、变频器、变送器和智能控制器
浙江天煌科技实业有限公司	黄华圣	0571－85221014	310023	www. tianhuang. cn	电类教学仪器
杭州依维柯汽车变速器有限公司	周锦清	0571－82679008	311203	www. chinagearbox. com	汽车变速器及相关零部件
浙江亚太机电股份有限公司	黄伟潮	0571－82761888	311203	www. apg. cn	汽车制动系统（鼓式制动器总成、盘式制动器总成、真空助力器总成、汽车制动防抱死系统（ABS），独立悬挂系统、制动主缸、轮缸，离合器主缸、工作缸等）
杭州老板实业集团有限公司	任建华	0571－89176666	311100	www. robam. com	吸油烟机、燃气灶具、消毒碗柜、电饭煲、电压力煲、电磁炉、榨汁机
浙江美浓丝网印刷有限公司	虞樟良	0571－88308018	310030		烟标及各类包装制品
杭州张小泉集团有限公司	丁成红	0571－88061277	310011	www. zhangxiaoquan. com. cn	各类刀、剪
杭州澳美印染有限公司	朱建庆	0571－82551588	311241		化纤织物、混纺织物的印染、整理
杭州鸿世电器有限公司	蔡如乾	0571－63556678	311418	www. hongshi. com. cn	低压电器、电器装置件、电子接插件、电缆线等
杭州中亚布艺有限公司	高继生	0571－86172827	311108		家纺装饰布、家纺成品制造、纱线生产
杭州民生药业集团有限公司	竺福江	0571－88085858	310011	www. mspharm. com	民生21金维他、民生牌输液
杭州立山皮件有限公司	陈晓军	0571－64220188	311500	www. hilltop. zj. cn	箱包（航空箱、软包、手袋）
杭州重型机械有限公司	许虎忠	0571－85377694	310004	www. hzhm. com	挖掘机、塔式起重机、压实机械、堆取料机、金属结构件、铸锻件、汽车零部件、热处理

单位名称	法人代表	联系电话	邮政编码	网址	生产主要产品
杭州板桥纸业有限公司	喻正其	0571－63585660	311421		涂布白板纸
玫琳凯(中国)化妆品有限公司	蔡庆国	0571－86918020	310018	www. marykay. com. cn	护肤品和化妆品
杭州三星纸业有限公司	王德金	0571－63585158	311421	www. hzsanxing. net	涂布纸板、涤纶短纤
杭州商辂丝绸有限公司	叶百镏	0571－64892607	311715	www. shangluo. com. cn	各种规格“商辂”牌白厂丝、绢丝、亚麻纱
杭州武林机器有限公司	张小红	0571－86249999	311100	www. wulinjq. com	手动葫芦、环电葫芦、装载机、起重链条
杭州萧山美艺花边有限公司	赵建忠	0571－82606918	311215		花边制品
杭州宇中高虹照明电器有限公司	张林夫	0571－63777388	311307	www. woojong. com. cn	2U、3U、4U、PL 系列节能灯
杭州力达特种纤维纺织有限公司	马志坚	0571－86138435	311100		生产花式纱、雪尼尔产品
杭州新华纸业有限公司	李　群	0571－88173968	310005	www. xinhuapaper. com	内燃机工业滤纸、化学分析滤纸、茶叶滤纸、干燥剂纸、口罩纸、打字蜡纸
杭州云森纺织染整有限公司	徐美娣	0571－63435798	311401	www. yunsen. com	专业生产筒纱、绞纱、色纱线、烧毛棉、丝光棉
杭州圣山实业有限公司	许尔明	0571－82170195	311227		箱包布、平面布、衬布、医用弹性布
杭州方圆塑料机械有限公司	袁国清	0571－63251366	311404	www. fang － yuan. com	泡沫塑料专用设备
浙江华兴服装有限公司	陈方华	0571－63753012	311300	www. huaxing. org	各类服装
中国石化集团杭州炼油厂	陈　霆	0571－88043458	310015	www. hzlyc. com	车用无铅汽油、煤油、柴油、液化石油气、白油系列产品,工业用丙烯、溶剂油系列产品,防锈油剂系列产品,工艺用油系列产品,化学试剂系列产品
浙江建德建业有机化工有限公司	冯　烈	0571－64149288	311604	www. jianye － chem. com	增塑剂系列:邻苯二甲酸二丁酯、邻苯二甲酸二辛酯、邻苯二甲酸二异丁酯、尼龙酸二异丁酯等;醋酸酯系列:醋酸乙酯、醋酸丁酯、醋酸异丁酯等;低碳脂肪胺系列:一乙胺、二乙胺、三乙胺、异丙胺、二异丙胺、一正丁胺、二正丁胺、三正丁胺、一正丙胺、二正丙胺、三正丙胺等
杭州豆制食品有限公司	张乐园	0571－88012280	310015	www. hdzc. com	豆制品、豆饮料等
杭州前进齿轮箱集团有限公司	王兆勤	0571－82673888	311203	www. chinaadvance. com	船用齿轮箱、工程液变箱、汽车变速箱、粉末冶金制品等传动装置产品
宏丰实业集团有限公司	王金法	0571－63415669	311422	www. zjhongfeng. com	H 型钢

单位名称	法人代表	联系电话	邮政编码	网址	生产主要产品
浙江红剑集团有限公司	周凤剑	0571－82867799	311234	www. cn － hongjian. com	生产和销售化纤原料和化纤产品(聚酯切片、涤纶低弹丝及与之配套的纸管等)
东风杭州汽车有限公司	胡建国	0571－88173324	311112	www. dfhmc. com. cn	以生产6－14米全系列高中档客车及客车底盘为主,同时生产各类载货汽车及专用汽车,年生产能力3万辆。客车产品系列覆盖客运、旅游、公交、团体用车等各种客车市场领域,客车底盘产品宽系列、多品种,按系列分类覆盖城市公交、市区/城郊中巴、高速旅游、团体客运等种类,为国内近百家客车生产厂家配套,市场占有率名列前茅。
浙江中财型材有限责任公司	金维爱	0571－88383183	310018	www. zhongcai. com	PVC型材
杭州三杭蒙特费罗电梯部件有限公司	郑以焕	0571－87646818	310024	www. sanhang. net	电梯导轨及其它电梯零部件
杭州富可达宇浩服饰有限公司	王金松	0571－82408878	311256	www. fukoda. com	皮革、牛仔、丝绸、针棉织品等各类服装生产和销售
杭州金泰纸业有限公司	俞军松	0571－63585778	311421		涂布白板纸制造
杭州机床集团有限公司	朱金根	0571－85809800	310022	www. hzmtg. com	磨床
杭州传化华洋化工有限公司	徐冠巨	0571－82602866	311231	www. transfarwhyyon. com	造纸荧光增白剂、塑料荧光增白剂、纺织荧光增白剂、日用荧光增白剂
杭州汽轮动力集团有限公司	聂忠海	0571－85097601	310004	www. htc. net. cn	工业汽轮机
浙江天长纺织有限公司	汪文英	0571－82567668	311241		涤纶灯芯条、棉布、涤纶四面弹、针织布
浙江庆丰纺织印染有限公司	魏天钦	0571－82831000	311215	www. winnitex. com	棉布、麻布、人造棉及真丝纺织面料
宁 波 市					
浙江大丰实业有限公司	丰　华	0574－62888881	315400	www. chinadafeng. com	舞台机械、公共坐椅、活动看台、灯光音响
浙江金甬腈纶有限公司	徐忠伟	0574－86302903	315221	www. zjjyjl. com. cn	腈纶纤维、腈纶毛条
宁波永享铜管道有限公司	黄建平	0574－88060011	315135	www. yongxiangvalve. com	黄铜阀门、黄铜配件、青铜阀门、青铜配件、紫铜管材、紫铜管件
宁波美培林轴承有限公司	徐爱美	0574－63542604	315323	www. bearing. com. cn	轴承
宁波甬光照明电器有限公司	许国文	0574－63201888	315301		生产T4T5系列各种规格条灯、吸顶灯、大小园灯、方灯等20余种品种80多只规格的节能灯具
宁波科飞电器有限公司	沈如君	0574－63440388	315325	www. kefei. com	洗衣机及配件、脱水机及配件、机械配件、塑料制品制造、加工,金属材料批发、零售
宁波金帅集团有限公司	潘雪程	0574－63832888	315318	www. jinshuai. com	洗衣机

单位名称	法人代表	联系电话	邮政编码	网址	生产主要产品
宁波浩瀚洁具有限公司	张　煜	0574－63025268	315300		五金配件、塑料制品、玩具、餐具、拖把、刷子、玻璃清洁器、粘尘器、扫帚、畚箕、运动器材
宁海县大鹏模具塑料有限公司	胡家存	0574－65593515	315600	www. dp－ms. com	家电、汽车配件模具
宁波东力传动设备股份有限公司	宋济隆	0574－87587777	315033	www. donly. com. cn	各类高精度工业齿轮箱、电动机、联轴器以及相关大型成套设备，共 18 大系列、1 万余种规格
宁波金田铜业(集团)股份有限公司	楼国强	0574－87597760	315034		阴极铜，铜及铜合金线、棒、管、板、带，漆包线，阀门及管接件，磁性材料等
宁波昌华铜制品有限公司	严荐强	0574－65272388	315608	www. changhua－valve. cn	高档建筑五金件、水暖器材及五金件、高档精密阀门开发、设计、制造
宁波希拉里炊具有限公司	施祖大	0574－56182222	315012	www. cn－hillary. com	金属制厨用器皿及餐具制造
宁波海伦乐器制品有限公司	陈海伦	0574－86813288	315806	www. hailunpiano. com	钢琴及钢琴零件
宁波海静食品有限公司	李小平	0574－65100088	315602	finance@nb－haijing. com	糖水桔子罐头、糖水枇杷罐头、糖水黄桃罐头、糖水红豆罐头
宁波牡牛纸业有限公司	何祥福	0574－88464815	315195	www. muniupaper. net	高强度瓦楞原纸、灰底涂布白板纸、箱板纸
宁波格莱特休闲用品有限公司	王华军	0574－62010068	315466	www. cngreat. en. alibaba. com	休闲户外家俱、凉蓬、塑料工艺品的制造、加工，自营和代理货物和技术的进出口，但国家限定经营或禁止进出口的货物和技术除外
宁波亚灵电子电器有限公司	叶亚玲	0574－63753668	315313	www. yaling. com	小夜灯、电源连接器、定时器
慈溪市华联电位器厂	应永军	0574－63471168	315327	www. nbhle. com	VFD 显示屏、电位器、LED
利华(宁波)羊毛工业有限公司	应明浩	0574－86177765	315821	www. rewardwool. com	羊毛条、炭化毛、(各种规格)系列产品、防缩羊毛条、防缩散毛炭化毛、各种系列产品
宁波众鑫印染有限公司	钱国钧	0574－87464891	315012	www. nbzxdamask. com	全棉印花、染色、漂白大提花锦缎系列，全棉印花、染色、漂白绒布系列，真蜡、仿蜡印花布系列
宁波兴伟塑料制品有限公司	邬岳伟	0574－65176001	315613	www. ningbocutter. com	美工刀
宁波金源电气有限公司	胡元成	0574－62502801	315400	www. jinyuan. com	稳压器、变压器、
慈溪新皇冠金属制品厂有限公司	董玉莲	0574－63569355	315332	www. newcrown. com. cn	铜管材、天线、笔制品
宁波惠多织造有限公司	董逸敏	0574－56169000	315176	www. huiduo. com. cn	植绒垫、植绒印花垫、机织毛巾垫
宁波伏龙同步带有限公司	林　胤	0574－63780033	315311	www. timingbelt. cn	橡胶同步带及带轮
宁波丽达动力机械有限公司	张丽君	0574－62576276	315403	www. lidapower. com. cn	摩托车超越离合器、摩托车仪表

单位名称	法人代表	联系电话	邮政编码	网址	生产主要产品
宁波丰茂远东橡胶有限公司	毛国芬	0574－62762233	315400	www. fengmao. com	汽车零部件(除关键零部件)、橡胶制品、塑料制品的制造加工,化工原料(除化学危险品)、建筑材料,汽车配件的批发、零售,自产产品的出口业务和本企业所需机械设备、零配件、原辅材料的进口业务,国家限定公司经营或进出口的商品及技术除外
宁波大榭开发区伟佳鞋业有限公司	徐金德	0574－86762692	315812		
宁波天邦股份有限公司	吴天星	0574－62817777	315400	www. tianbang. com	水产饲料、全价配合粉状饲料(中华鳖鳗鲡等)、全熟化颗粒饲料(海水鱼、淡水鱼、虾蟹等)、邦尼系列菌种培育饲料
宁波英博啤酒酿造有限公司	丁　凯	0574－88034605	315151		啤酒
浙江华鑫化纤有限公司	张静智	0574－62288001	315490	www. huaxincf. com	纤维、非纤维用聚酯及聚酯切片、涤纶纤维(POY、FDY、DTY)、化纤原料
宁波新顺化纤有限公司	毛岳君	0574－63070818	315334	www. xinshun－microfiber. com	涤锦复合超细纤维及制成品
宁波如意股份有限公司	储吉旺	0574－65580035	315600	www. xilin. com	西林牌系列液压搬运车、电动堆高车、电动搬运车、叉车、拉紧器
宁波海菱电器有限公司	董金燕	0574－86807888	315806	www. herine. com	豆浆机、榨汁机、饮水机、吹风机、食品加工机等系列产品
宁波富达电器有限公司	徐来根	0574－62818088	315400		吸尘器及日用家电产品
浙江吉利汽车有限公司	李书福	0574－86853339	315800	www. geely. com	整车/发动机/变速器
慈溪市海力电器有限公司	胡婉儿	0574－63266128	315318	www. haily. cn	洗衣机
镇海石化工业贸易有限责任公司	徐国荣	0574－86444951	315207	www. tiyi. biz	聚丙烯、编织袋、化工助剂
宁波卓新通讯接插件有限公司	陈星辉	0574－86866360	315800		各种通讯接插件、电子线、网络线
浪木电器集团有限公司	岑孟达	0574－63590831	315300	www. lamo－china. com	饮水机、洗衣机、冰箱
宁波凯旋消防器材有限公司	田崇明	0574－62026088	315466	www. kaixuanfire. com	水暖器材、阀门、消防器材、防火材料、五金件的制造加工
宁波金鼎包装有限公司	金德和	0574－62563318	315403	www. jdbz. com	纸箱、纸合、纸片
宁波安捷制动器有限公司	许永俊	0574－62935712	315412	www. anjie. com	汽车液压制动主缸、制动轮缸、离合器主缸、分缸、刹车片、助力器、气制动
宁波富佳电器有限公司	王跃旦	0574－62835168	315400		吸尘器
宁波华艺服饰有限公司	施　云	0574－88373111	315121	www. china－garments. com	服装
宁波卷烟厂	许明忠	0574－87056745	315040	www. nbjyc. com	“大红鹰”、“五一”

单位名称	法人代表	联系电话	邮政编码	网址	生产主要产品
雷虎(宁波)模型有限公司	赖春霖	0574－62762000	315400	www.thundertiger.com	航空模型、航海模型及其他模型汽车、飞机、船、二行程模型引擎、遥控器及其他元器件制造
温　州　市					
温州木材集团公司	陈敬南	0577－88781425	325005	www.wzmcjt.com	进口木材、中密度纤维板、鞋革材料、橡塑材料、无纺布、箱包片、复合地板、家具等
龙帝欧鞋业有限公司	郑邦龙	0577－86727111	325000	www.longdiou.cn	皮鞋
万控集团有限公司	木晓东	0577－62879006	325602	www.chinawankong.com	高低压成套开关柜柜体、真空断路器、电工型钢等产品
浙江赛纳集团有限公司	陈则姆	0577－65138578	325200	www.saina.com	安全防护鞋
楠江集团有限公司	林庆灯	0577－57986666	325105	www.nanjiang.com	KJ92/102煤矿安全监控系统，瓦斯抽放计量系统，传感器，ZWY矿用移动式瓦斯抽放泵站，FDZB－1型风电闭锁装置，甲烷断电仪等
温州市蓝道工业发展有限公司	林加幸	0577－86906669	325025	www.loverdoor.com	眼镜盒、眼镜袋、眼镜展示架
浙江泰恒光学有限公司	寿加定	0577－86738073	325014	www.tideoptical.com	眼镜及眼镜配件生产、销售
报喜鸟集团有限公司	吴志泽	0577－67372999	325105	www.baoxiniao.com.cn	服装
浙江超达阀门股份有限公司	王汉洲	0577－87319966	325105	www.chinavalve.com	闸阀、球阀、截止阀、止回阀、蝶阀、安全阀等
浙江三和科教仪器有限公司	瞿益顺	0577－67391668	325103	www.sanheedu.com	教学仪器、实验用家俱
温州力邦制革有限公司	林培强	0577－86638366	325013	www.cnlibang.com	合成革
浙江长江能源发展有限公司	杨选建	0577－86880502	325024	www.cjny.com.cn	液化石油气
浙江裕华电器有限公司	徐定善	0577－62818302	325606	www.yuhuacn.com	高低压电器及配件、家用电器及配件、电子元件、电脑板、排水电机、仪器仪表、五金冲件制造、加工、销售，货物进出口、技术进出口
浙江天星电子有限公司	陈宗波	0577－62317388	325608	www.china－tianx.com	插座、开关、插口、接线柱(座)、FPC连接器、条形连接器、总成线束、音视射频线、插头线、汽车音响电子配件等十大系列1200多种规格
通领科技集团有限公司	陈伍胜	0577－27866111	325604	www.dozg.com	接地故障断路(GFCI)系列产品、漏电保护器LCDI系列产品、RCCB剩余电流断路器系列产品、TIMER(定时器)系列产品、DIMMER(调光器)系列产品、开关插座系列产品等
浙江圣雄皮业有限公司	林圣雄	0577－63521888	325404	www.snxon.com	鞋面革、箱包革、家具革、汽车座垫革
佰纳鞋业有限公司	林文富	0577－67981188	325105	www.buyner.com	皮鞋

单位名称	法人代表	联系电话	邮政编码	网址	生产主要产品
浙江吉隆宝薄板有限公司	杨相顺	0577－62220869	325615		矽钢片薄板
中川电气科技有限公司	黄三豹	0577－62778341	325604	www. jonchan. com	稳定电源、UPS 不间断电源、EPS 应急电源
龙飞集团有限公司	林楼飞	0577－62515599	325600	www. longfei. com	第二第三类医疗器械经营，空分成套设备、仪器仪表、防爆电器成套设备、消防成套设备、机电产品，商业贸易、管道工程设计、施工、安装，技术进出口、货物进出口
浙江辉煌汽车电器有限公司	陈　俐	0577－62665000	325608	www. huihuangcn. com	汽车组合开关、转向锁、点火锁、全车锁芯、中央接线盒总成、各类按钮开关及锁机构和中控锁系统等
温州罗格朗电器有限公司	张相永	0577－62898666	325603	www. asialegend. com	漏电断路器、小型断路器、塑壳式断路器、交流接触器、隔离开关、熔断器、配电箱、接线盒、墙壁开关、插头插座、互感器、电器附件等
耀华电器集团有限公司	何建国	0577－62777332	325604	www. yaohua. com	高低压电器及元件、成套电控设备、仪器仪表、通讯设备、电子产品及元器件、机械设备及零部件等
红蜻蜓集团有限公司	钱金波	0577－67370022	325105	www. cnhqt. com	皮鞋
温州市东启汽车零部件制造有限公司	陈后炮	0577－81018705	325700		汽车真空助力器总成、前制动器总成、后制动器总成、离合器总泵、比例阀、拖车连接器
福达合金材料股份有限公司	王达武	0577－62777728	325604	www. china － fuda. com	电触头
温州快鹿集团公司	丁国聪	0577－88623324	325005		味精、速冻食品
温州三杉光学有限公司	吕　隼	0577－86581101	325000		眼镜
浙江方大工具有限公司	林昌方	0577－62293333	325612	www. fangdatools. com	钻头、锯片、木工刀具、电锤、汽钉枪、开孔器
浙江荣成工具有限公司	蔡　平	0577－62273757	325611	www. rongchengtools. com	木工铣刀系列、子螺钻系列、硬质合金刀头系列、木工成型刀系列
沪川集团有限公司	潘教武	0577－62757073	325604	www. hoch. com. cn	高低压电器及元件（交流接触器系列）、电子（电子式电能表）、仪器仪表（指纹考勤机、感应卡考勤机、指纹 IC 卡驾驶仪）、汽车配件
浙江新亚电子科技有限公司	黄增畴	0577－86528920	325011	www. xinya－cn. com	连接器、接插件、电子元件等
常安集团有限公司	高海余	0577－62777922	325604	www. changangroup. com	配电箱、软起动、交流接触器、断路器、开关、变压器、调压器、稳压器等
九川集团有限公司	胡志乐	0577－62780983	325604	www. juche. cn	电力变压器、母线槽、电缆桥架、分支电缆、断路器、负载开关、交流接触器、行程开关、高低压成套开关柜、计数器等低压电器元件

单位名称	法人代表	联系电话	邮政编码	网址	生产主要产品
八达机电有限公司	何国胜	0577－65590888	325207	www. cn－bada. com	微型电动葫芦、电动绞盘等系列产品
鑫田集团有限公司	周化荣	0577－65358885	325204		汽车散热器、冷凝器、仪表、全车线、蒸发器
拜丽德集团有限公司	郑秀东	0577－88077888	325027	www. bailide. com	休闲服饰
浙江浦东电机有限公司	张锡康	0577－67988698	325105		电机、水泵
浙江陆陆顺鞋业有限公司	吕国陆	0577－67358666	325102		皮鞋
嘉 兴 市					
天通控股股份有限公司	潘广通	0573－7290036	314412	www. tdgcore. com	磁性材料
海宁耐尔袜业有限公司	董小良	0573－7093888	314400	www. naier. com	生产销售袜子、服装、针织内衣
浙江美大太阳能工业有限公司	夏志生	0573－7811189	314416	www. meida. com	美大牌全玻璃真空集热管、太阳能热水器、高硼硅玻璃
浙江长盛滑动轴承有限公司	孙志华	0573－4185888	314100	www. csb. com. cn	自润滑轴承
海宁市粤海彩印有限公司	叶建明	0573－7799288	314414	www. zj－yh. com	软包装材料
浙江新达经编有限公司	蒋新明	0573－7831222	314414	www. xdzy. com	经编布、运动服装制造加工
嘉兴捷顺旅游制品有限公司	曹康傅	0573－2791661	314031	www. jesun. com	箱包拉杆、塑料清洁用品
嘉兴恒威电池有限公司	米墨农	0573－2222505	314003	www. okbattery. com	锌锰干电池
晋亿实业股份有限公司	蔡永龙	0573－4185001	314100	www. gem－year. com	钢铁制螺栓、螺母、螺钉、螺栓、精线及非标准紧固件
嘉兴汇源纺织染整有限公司	顾建明	0573－2238588	314019		高档织物面料的织造、印染及后整理加工
嘉兴市食品肉类有限公司	钱正浓	0573－2311408	314000		鲜冻猪肉、肉制品、冷冻冷藏
浙江景兴纸业股份有限公司	朱在龙	0573－5960111	314214	www. zjjxjt. com	牛皮箱板纸、瓦楞原纸、纱管纸
平湖市飞达制衣有限公司	冯成伟	0573－5869008	314203		茄克衫、风衣、羽绒服、棉衣、衬衫、裤子、各类出口服装
桐昆集团股份有限公司	陈士良	0573－8187853	314500	www. zjtkjt. com	涤纶长丝、聚酯切片
浙江先锋机械有限公司	姚锦南	0573－8101876	314500	www. xian－feng. com	开门机系列产品、煤矿机械、各类模具、管道管件、电动门的制作安装
浙江桐星水泥股份有限公司	蒋林娜	0573－8777028	314501	www. zjtongxing. com	P. C32. 5，P. C42. 5 水泥
浙江天女集团制漆有限公司	姚生铭	0573－8363333	314505	www. tiannucoating. com	油漆、涂料

单位名称	法人代表	联系电话	邮政编码	网址	生产主要产品
东方日立锅炉有限公司	易兴旺	0573－2625087	314050	www. bhdb. com. cn	超临界、超超临界本生型直流电站锅炉、燃气轮机联合循环余热锅炉、压力容器
浙江华源兰宝有限公司	倪学明	0573－2854460	314000	www. hylb. com	各类粗纺、精纺羊绒纱、丝羊绒纱,常规高支纱,新型高档羊绒等各种面料及其附织物,各类毛衫等
嘉兴市海利投资有限公司	方光明	0573－6188888	314300	www. zjhaili. cn	化纤、玩具、担保
浙江嘉控电气股份有限公司	吴　勇	0573－2084673	314033	www. jxdk. com	低压电器主要元件
民丰特种纸股份有限公司	吕士林	0573－2839188	314000		机制纸、加工纸生产
浙江诚信包装材料有限公司	宗宇后	0573－7966348	314422	www. chancingpack. com	是一家集印刷、复合、制袋、制膜、机械设计与制造于一体的综合型高新技术企业,主要产品有:环绕标系列、收缩标系列、平片标系列、袋子系列、PE热收缩膜、POF五层共挤热收缩膜、封口膜、扭结膜、无菌灌装液体膜
浙江宏达经编股份有限公司	沈国甫	0573－7566079	314409	www. zjhongda. com	汽车内饰面料、氨纶弹性面料、化纤面料、印染加工
海盐县华联纸业有限责任公司	尚连观	0573－6766475	314311		牛皮箱板纸
嘉兴市大洋纸业有限公司	王菊明	0573－6722312	314311	www. jxdyzy. com	机械纸
嘉兴市华严花边织造有限公司	张海华	0573－2616666	314001	www. huayanlace. com	花边织造、工业重型带织造、销售,针纺织品的销售
浙江鸿翔钢结构有限公司	戴建康	0573－7229329	314400		钢结构制作和安装
核电秦山联营有限公司	李永江	0573－6381272	314300	www. npqjvc. cn	电力
浙江大华包装集团有限公司	朱福观	0573－3165117	314009		纸箱、牛皮纸、瓦楞纸
嘉兴卡秋莎服装有限公司	金　良	0573－6968288	314300		各类服装
浙江星阁建材集团有限公司	张保根	0573－5644123	314216	www. xingge. com	32.5复合水泥、42.5普通水泥
加西贝拉压缩机有限公司	符念平	0573－3244976	314011	www. jiaxipera. com. cn	冰箱、冰柜用压缩机
桐乡市健民过滤材料有限公司	尤健明	0573－8222111	314511	www. jmfilter. com	过滤材料及制品、特种过滤材料、过滤器配件、空气净化过滤网、纸质集尘袋
桐乡朝晖滤品有限公司	钟劲草	0573－8222688	314511	www. jmfilter. com	过滤材料及制品、特种过滤材料、过滤器配件、空气净化过滤网、纸质集尘袋
浙江金达创业股份有限公司	任维明	0573－6787999	314313	www. kingdom－china. com	亚麻纱、炼白丝织品、服装
湖　州　市					
湖州立方教育用品有限公司	童根荣	0572－2280770	313000	www. lifangedu. com	簿册等教学用品、宠物用品、工艺蚊帐、户外休闲用品

单位名称	法人代表	联系电话	邮政编码	网址	生产主要产品
浙江万利丰纺织科技有限公司	徐海明	0572－3952168	313013		染色纱线、针织服装、梭织服装等的加工、制造
金洲集团有限公司	俞锦方	0572－2072542	313000	www. chinajinzhou. com	热浸镀锌钢管、螺旋焊管、钢塑复合管、直缝焊管
湖州珍贝羊绒制品有限公司	邱金元	0572－2628158	313008	www. chinazhenbei. com	羊绒纱、羊绒衫、羊绒制品、针织服装等
升华集团控股有限公司	夏士林	0572－8401888	313220	www. shenghuagroup. com	硫酸粘杆菌素、阿维菌素、盐霉素、氧氯化锆、氧化铁系列、装饰贴面板等
久立集团股份有限公司	周志江	0572－7362028	313012	www. jiuli. com	工业用不锈钢管（无缝管、焊接管）、不锈钢棒线材
浙江东立控股有限公司	沈利明	0572－8427718	313216	www. dongli. com	药品、动物保健品、食品
安吉超亚家具有限公司	王彩根	0572－5114989	313300	chaoya－wcg@ ajcy. com	办公椅、按摩椅
浙江丝得莉集团有限公司	徐淦芳	0572－7362616	313012	www. stylygroup. com	服装、丝织品、针织品、厚膜电路、电子产品及底片、化学纤维及化纤布制造、加工、销售，纺织品及原料，第二类医用卫生材料及敷料生产
浙江长城电子科技集团有限公司	顾林祥	0572－3952188	313013	www. ccjt. com	漆包线
浙江欧诗漫集团有限公司	沈志荣	0572－8080555	313200	www. osm. com. cn	化妆品、珠宝、纳米珍珠粉
浙江长兴发电有限责任公司	寿德生	0572－2429036	313100		电力电量生产和上网销售
海德箱包（浙江）有限公司	钟汉宗	0572－6266168	313100	www. hoitak. com. cn	拉杆箱、旅行包等
浙江永达电力实业股份有限公司	张发庆	0572－6094159	313103		水泥电力电杆、水泥制品、电力线路保护管、通讯管道、家用电子报警产品、电力金具及附件、紧固件、五金制品
中利达集团控股有限公司	陈银中	0572－8428799	313216	www. zhonglida. com	P. O 32. 5、P. O 42. 5 水泥、400 万吨（“白塔”牌商标）
绍　兴　市					
浙江新龙实业有限公司	吴岳民	0575－6296809	312500		家用、商用、车用空调管组件
达利丝绸（浙江）有限公司	林富华	0575－6288001	312500	www. hf－silk. com	各类绸缎、服装、丝绸领带、丝绸家纺、丝绸针织面料、复合丝及差别化纤维
浙江越王纺织有限公司	高海涛	0575－4066188	312026	www. yuewanggroup. com	各类化纤织物、针织产品、服装、无纺布、绣花
浙江三力士橡胶股份有限公司	吴培生	0575－4365688	312031	www. v－belt. com	三角 V 带、胶管、汽车 V 带
海亮集团有限公司	冯亚丽	0575－7068888	311814	www. hailiang. com	钢管、铜棒
浙江诸暨金海三喜空调网业有限公司	丁宏广	0575－7083258	311817	www. goldensea. cn	空调过滤网、网板、汽车空调过滤器、空气清新机、吸尘器过滤器、换气扇过滤器、精密模具、塑料件、贯流风扇、非织造过滤材料、无纺布、全热交换器等

单位名称	法人代表	联系电话	邮政编码	网址	生产主要产品
浙江嘉得莱有限公司	杨小波	0579-5662666	322007		针织面料、染色加工、彩棉内衣、服装制造
浙江永进化工有限公司	张月忠	0579-8864818	321100	www.yjhg.com	乳化炸药、膨化硝铵炸药、多孔粒状铵油炸药、化学试剂，口服液易拉盖自动灌封机、煤层注水表及其他机械产品的生产和销售等
浙江意达电器有限公司	程志刚	0579-7627518	321200		冲击钻、角磨、电木铣、电圆锯
浙江鑫鸿拉链有限公司	吴高云	0579-5796368	322000	www.chinazip.net	生产经营拉链、拉链配件及针纺织品生产
浙江康恩贝制药股份有限公司	胡季强	0571-87774811	310052	www.conba.com.cn	前列康牌普乐安片、天保宁牌银杏叶片、康恩贝牌刻停片、可达灵片、天保康牌葛根素注射液
花园工贸集团有限公司	邵钦祥	0579-6270188	322121	www.gardencn.com	医药化工、纺织服装、火腿食品、电子器材等
浙江尖峰集团股份有限公司	杜自弘	0579-2326868	321000		水泥、药品制造与销售
浙江振汉袜业有限公司	何小莹	0579-5122951	322000	www.chinehigh.com	棉袜（男女棉袜、学生袜、童袜、宝宝袜）
浙江东阳化学工贸有限公司	吕国栋	0579-6686402	322100	www.hxgm.cn	合成氨、碳酸氢铵、氢气、建筑涂料、发电、供热、二甲醚、设备安装
浙江华东铝业有限公司	李根旺	0579-8230916	321103	www.zhaic.com	铝锭、铝杆、合金锭、阳极炭块、铜线材
浙江浦江亚盛磁电有限公司	张育成	0579-4201678	322200	www.pjasen.com	烧结永磁、粘结永磁、粘结软磁、橡塑磁条、磁块、各规格磁瓦、电机及胶粘带产品等
浙江浦江梅花锁业集团有限公司	郑隆喜	0579-4301086	322215	www.chinameihua.com	梅花牌铜、铁挂锁
浙江宇航制笔有限公司	金巧莲	0579-5331888	322000	www.shang-hang.com	经营范围是圆珠笔、文化用品、塑料制品、美容修饰类化妆品加工销售，货物进出口、技术进出口、包装装璜印刷等。主要生产圆珠笔系列（包括水笔、中性笔、圆珠笔）、美容修饰类化妆品系列、橡皮等
浙江霸王衡器有限公司	应天通	0579-7447528	321306	www.chinabawang.com	电子秤、电子台秤、地磅、天平、台秤、度盘秤等
浙江联强数控机床股份有限公司	章燕儿	0579-8276033	321100	www.lj-machine-tool.com	CL6140 系列普通车床，CL6240 系列马鞍车床，CL6250 系列普通车床，LK-25、LK-32、LK-35、LK-40、LK-50、LK-56 经济型数控车床，LK-020、LK-030、LK-050 普及型数控车床，ZXK-25、ZXK-32、ZXK-36 数控钻铣床，VM700、VM850 系列数控镗铣床，VMC400、VMC700、VMC850 立式加工中心，其它专用金切机床
浙江迪耳药业有限公司	楼　金	0579-2371808	321016	www.deyer.com	愈美甲麻敏糖浆、复方氨酚烷胺胶囊、盐酸金刚烷胺、倍利胶囊、制霉素阴道栓、尼莫地平缓释胶囊、甲磺酸多沙唑嗪等等

单位名称	法人代表	联系电话	邮政编码	网址	生产主要产品
横店集团电声有限公司(横店集团浙江英洛华电声有限公司)	俞彦彪	0579－6563668	322118	www. loudspeaker. com. cn	扬声器、小轮车、电机制造、影视器材、汽车电子
浙江立马云山纺织有限公司	章树根	0579－8388888	321104		高档服装、休闲面料弹力坯布系列产品(云马牌)
浦江正路工贸有限公司	郑卫星	0579－4201005	322200	www. pjzlgm. com	水晶工艺品、水晶玻璃球、灯饰球、水晶制品等制造销售
浙江能达利集团有限公司	陈溪见	0579－5995138	322011	www. chinafashion. cc	衬衫、西裤等服装生产销售
东阳市东翔磁材有限公司	张志权	0579－6218888	322121	www. dxmagnet@ dx-magnet. com	永磁铁氧体磁钢
步阳集团有限公司	徐步云	0579－7271168	321300	www. buyang. com	防盗安全门、钢质进户门、电汽动滑板车、汽车铝轮毂等
衢　州　市					
浙江省常山纺织有限责任公司	章正红	0570－5021139	324200	www. chinafuhu. com	天然彩棉纱线、纯棉色纺纱线、棉涤/涤棉混纺色纱线
浙江常山精密集团有限公司	舒永强	0570－5111000	324200		圆锥滚子轴承
浙江开化合成材料有限公司	王　伟	0570－6181105	324300	www. cnkhs. com	各种甲基氯硅烷单体、甲基环硅氯烷混合环体、六甲基二硅胺烷(硅氯烷)、六甲基二硅氧烷(碳醚)、硅油、硅橡胶、硅树脂、硅酸酯等
江山市何家山水泥有限公司	徐位吉	0570－4063288	324100		水泥
衢州元立金属制品有限公司	叶新华	0570－8585968	324004		钢坯、线材、棒材、带钢、金属制品
浙江天马水泥有限公司	范承喜	0570－5131188	324200		普通硅酸盐水泥
浙江光华器材有限公司	马卸海	0570－7831702	324400	lyguangh @ mail. qz-ptt. zj. cn	工业火雷管、导爆管雷管、塑料导爆管、军用火工品
龙游塔恩纸业有限公司	毕胜利	0570－7835538	324400		水松原纸、水松纸
浙江江山虎球水泥有限公司	王金火	0570－4553542	324109	www. honghuojt. com	P. O32. 5R、P. O42. 5、P. O52. 5、P. C32. 5 等级水泥
浙江大听业伦纸业集团有限公司	张玮玮	0570－7090008	324400	www. ctp8. com	复合壁纸原纸、印刷型水松原纸、晒图原纸、热敏原纸、透析纸、离型原纸、字典纸、静电制版原纸、铝箔衬纸等
浙江虎山集团有限公司	张剑星	0570－4211001	324103	www. hushangroup. com	水泥
舟　山　市					
弘生集团有限公司	苏伟平	0580－2913980	316000	www. hisunchina. com	家纺、电子、机械
扬帆集团有限公司	徐裕康	0580－3016586	316100	www. chinayangfan. com	主要产品 2750 箱、900 箱、700 箱、660 箱、4350DWT 集装箱批量出口船在德国船运界赢得较高声誉，自行研发的超低温金枪鱼钓船被列入国家重点新产品序列，30－40 车客渡船被列入国家重点技术创新计划项目，出口尼日利亚的 28 米臂架式拖网渔船被列入 2003 年出口产品研究开发资金项目和省级新产品计划项目，2600HP、3400HP、4800HP 全回转拖轮得到好评

单位名称	法人代表	联系电话	邮政编码	网址	生产主要产品
中远船务工程集团有限公司舟山分公司	陈登华	0580－6189212	316131	www. cosco－shipyard. com	船舶及海洋工程修造
舟山兴业有限公司	马永钧	0580－3695888	316101	www. xingye－seafood. com. cn	大洋性渔捞产品、水产冷冻品、鱼糜制品、油脂饲料、绳网制品、修船配件
台　州　市					
飞亚集团有限公司	陶云招	0576－2707099	318056	www. feiya. com	电脑绣花机
台州印山制刷有限公司	胡国明	0576－4889908	318025	www. yinshan－brush. com	塑料制品
浙江银象生物工程有限公司	沈颜新	0576－3938158	317200	www. chinanisin. com	乳酸链球菌素
东港工贸集团有限公司	王云友	0576－8881534	318000	www. dankong. com	染料产品：活性艳蓝 KN－R，溴氨酸，间位酯，氨基油；医药产品：氟哌酸，阿伐他汀，甲磺酸多沙唑嗪，盐酸舍曲林
浙江海天气体有限公司	陈崇文	0576－5122986	317000	www. china－gas. com	氧气、氮气、氩气、二氧化碳、液氧、液氮等气、液体产品
浙江黄岩精细化学品集团有限公司	王启鹏	0576－4276761	318020	www. finechemgroup. com	硫酸亚锡、氯化亚锡、硫酸镍、乙酸镍、氟化镍、硫酸钴、乙酸钴、着色剂等无机化工产品，封孔剂、铝材成膜剂、铝材光亮剂等铝合金表面系列添加剂，吉非罗齐等医药原料药
浙江东海翔纺织印染有限公司	金　鹏	0576－5529501	317016	www. dhx. cn	奥力芬环保布、色织布、太阳伞布、遮阳蓬布、窗帘布、箱包布等旅游休闲用品，塑料制品、眼镜、工艺品等
浙江立发实业有限公司	余道叶	0576－5123981	317000	www. lifa. com. cn	节日灯、节日灯控制器、电子玩具、电线、电缆、圣诞树、圣诞礼品、旅游用品 、五金制品制造、铜材拉丝加工、水性聚氨酯胶粘剂
浙江中马机械有限公司	吴良行	0576－6051718	317500	www. chinazomax. com	摩托车齿轮及配件、汽车齿轮及配件、汽车变速器
浙江海正集团有限公司	蔡显荣	0576－8827890	318000	www. hisunpharm. com	辛伐他汀、盐酸表阿霉素、依维菌素
浙江防爆电机有限公司	陈　勇	0576－4031198	318020	www. zjfb. com. cn	YB2 系列隔爆型三相异步电动机、Y 系列三相异步电动机、YD 系列变极多速三相异步电动机、YEJ（YBEJ）系列（隔爆型）电磁制动三相异步电动机、YDXZ 系列离心机专用变极式多速三相异步电动机
浙江仙琚制药股份有限公司	金敬德	0576－7731010	317300		醋酸泼尼松、醋酸地塞米松、地塞米松磷酸钠、含珠停
玉环县锐利机械有限公司	陈余良	0576－7259590	317602	www. suspension－parts. com	汽车悬挂件
浙江真空设备集团有限公司	王西龙	0576－8224051	318000	www. zvew. com	真空应用设备制造、真空获得设备制造、真空机械设备制造

单位名称	法人代表	联系电话	邮政编码	网址	生产主要产品
临海市铁马制管有限公司	王以良	0576－5198039	317000	www. chinaironhorse. com	尼龙管及总成系列、制动软管及总成系列、液压钢垫高压管及总成系列、氟塑料管及总成系列、硅橡胶管系列、空气管系列、水箱胶管系列、金属管系列
中捷控股集团有限公司	蔡开坚	0576－7376960	317604	www. chnje. com	缝纫机、水暖管件、卫生洁具制造,经营本企业自产产品及技术的出口业务
玉环凯凌集团有限公司	董西银	0576－7132681	317600	www. kailingcn. com	摩托车液压盘式制动器
玉环龙生水产制品有限公司	肖赛香	0576－7570663	317602		冷冻鱼糜
浙江双环齿轮集团股份有限公司	叶善群	0576－7204888	317600	www. gearsnet. com	齿轮、传动、驱动部件制造
台州龙记金属制品有限公司	邵玉龙	0576－8522888	318000	www. lkm. com. hk	设计生产经营精密型腔模、模具标准件等
丽　水　市					
浙江省遂昌金矿有限公司	余华钦	0578－8146101	323304	www. scjk. com	成品金、成品银、金银深加工产品、精密铸件、氰化亚金钾、莹石矿、铅精矿、锌精矿、硫精矿
浙江晨龙锯床集团有限公司	丁泽林	0578－3158888	321404		金属带锯床、自动智能往复锯
兽霸鞋业有限公司	徐建恩	0578－6857888	323903	www. shoubashoes. com	皮鞋
紧水滩水力发电厂	任乐鸣	0578－2127649	323000		
丽水华星电机有限公司	梁立华	0578－2268708	323000	www. jegon. com	工业缝纫机电机、工业缝纫机用伺服电机及控制系统、家用缝纫机电机、食物残渣处理机

2005年部分建筑业企业基本情况

单　　位	法人代表	资质等级	邮政编码	联系电话	建筑业总产值（万元）
杭　州　市					
浙江省建工集团有限责任公司	张介中	总承包特级	310012	88238899	554060
浙江展诚建设集团股份有限公司	王苗夫	总承包特级	310005	88380080	520752
广厦建设集团有限责任公司	楼　明	总承包特级	310013	87980782	503523
歌山建设集团有限公司	何品苏	总承包特级	310004	85366535	316236
浙江省长城建设集团股份有限公司	葛相校	总承包一级	310009	87801205-3034	467255
浙江中南建设集团有限公司	吴建荣	总承包一级	310052	86624038	261950
浙江省交通工程建设集团有限公司	王深建	总承包一级	310003	85177765	238912
浙江省一建建设集团有限公司	陈天民	总承包一级	310013	85127302	181481
杭州二建建设有限公司	李宝良	总承包一级	310005	88052537	125213
浙江宝盛建设集团有限公司	沈柏焕	总承包一级	311202	82815169	121495
浙江天华建设有限公司	华国富	总承包一级	311258	82301481	116186
浙江国昌建设集团有限公司	张国水	总承包一级	310016	86505191	107193
浙江三丰建设有限公司	葛瑞平	总承包一级	310012	88809716	105136
浙江大华建设集团有限公司	陈小华	总承包一级	310004	85461566	100185
浙江省宏途交通建设有限公司	王喜林	总承包一级	310013	87969935	90698
浙江省第一水电建设有限公司	蒋文龙	总承包一级	310051	86682251	71968
浙江杭州湾建筑集团有限公司	黄妙福	总承包一级	310021	85141608	62734
杭州通达建筑工程公司	胡乃生	总承包一级	310017	86011601	55000
浙江振进市政建设有限公司	吴正见	总承包一级	310002	87832700	43280
浙江省山水建设有限公司	洪永星	总承包一级	310016	86942149	21951
浙江奔腾建设工程有限公司	李红卫	总承包一级	311400	63392731	20179
杭州党湾建筑工程有限公司	王宝华	总承包二级	311201	82736151	50128
浙江华强建设有限公司	王尚军	总承包二级	311201	82820333	44530
浙江金城建设集团有限公司	吴忠根	总承包二级	310007	28886566	40304
杭州中庆建设有限公司	孔庆生	总承包二级	310012	88227081	30799
浙江银星建设有限公司	金宝奇	总承包二级	310004	85865642	28068
杭州宇航交通工程有限公司	王智保	总承包二级	311100	86222884	23170
杭州市路桥有限公司	韩毅敏	总承包二级	310015	88291580	21238
杭州恒泰建设工程有限公司	杨赛勤	总承包二级	311215	82837091	20134
浙江东联钱江实业有限公司	陆国炎	总承包二级	310012	88859330	18554
浙江临安江南建筑工程有限公司	韦福位	总承包二级	311300	63757023	12195
富阳市第一建筑工程有限责任公司	俞亦浩	总承包二级	311400	63139578	9388
杭州港航工程公司	董一杰	总承包二级	310009	87246596	7151
浙江省地质矿产工程公司	汪晓亮	专业承包一级	310016	28950209	45415

单　　位	法人代表	资质等级	邮政编码	联系电话	建筑业总产值（万元）
浙江圣大建设集团有限公司	陈荣耿	专业承包一级	311201	82789147	18970
浙江银建装饰工程有限公司	叶友希	专业承包一级	310013	87632068	7820
浙江深美装饰工程有限公司	沈宝兴	专业承包一级	311215	82865888	6000
浙江天工装饰工程有限公司	封福良	专业承包一级	311100	86138192	5850
杭州大力建设工程有限公司	张菊中	专业承包二级	311200	82375795	4870
富阳新海建筑实业有限公司	江宏伟	总承包三级	311402	63410529	9426
杭州余杭永盛建筑有限公司	章永根	总承包三级	311121	88663832	9240
杭州宇鹏建筑工程有限公司	王云其	总承包三级	311122	88681259	8798
浙江杭钢建筑安装工程有限公司	马兹华	专业承包三级	310022	88144058	6279
杭州兴达电器工程有限公司	曹国兴	专业承包三级	311100	86225747	5160
宁　波　市					
华丰建设股份有限公司	王祉光	总承包特级	315040	87900001	252396
宁波建工集团工程建设有限公司	乌家瑜	总承包一级	315040	87889898	250538
宏润建设集团股份有限公司	郑宏舫	总承包一级	315700	64081888	240846
宁波市建设集团股份有限公司	陈继东	总承包一级	315000	87190059	131547
浙江大荣建设有限公司	徐正荣	总承包一级	315192	28856010	51339
慈溪市建筑工程有限公司	叶金泽	总承包一级	315300	63101893	31280
慈溪城关建筑有限公司	胡培能	总承包一级	315300	63808536	28741
宁波滕头建设有限公司	朱祥茂	总承包一级	315016	87241898	23886
余姚市三江建设有限公司	蒋荣夫	总承包一级	315400	62814365	21229
浙江省水电建设公司	陈国平	总承包二级	315010	87981500	51545
浙江恒立交通工程有限公司	周行春	总承包二级	315040	87411790	43763
镇海炼化检修安装公司	阮新祥	总承包二级	315207	86444567	30145
宁波市第四建筑工程公司	李永伯	总承包二级	315200	86278174	27296
宁波宏海建设集团有限公司	陈忠成	总承包二级	315600	65566479	20165
宁波飞龙建设工程有限公司	戴照飞	总承包二级	315700	65758001	17858
宁波市华欣建设工程有限公司	华　明	总承包二级	315206	86551839	17817
浙江天海建设有限公司	周兆弟	总承包二级	315800	86885088	17600
浙江环球建筑有限公司	蔡明亮	总承包二级	315700	81792686	16236
宁波万基建设有限公司	孙建达	总承包二级	315400	62832855	13112
宁波市镇海第二建筑工程有限公司	李国定	总承包二级	315200	86371881	12371
宁波海裕建设工程有限公司	孙家海	总承包二级	315300	63806634	9576
宁波市江东东城建设开发有限公司	张选杰	总承包二级	315040	87717948	8591
慈溪市华安建筑工程有限公司	苗森洪	总承包二级	315300	63016501	8337
余姚市建筑工程有限公司	史美栋	总承包二级	315400	62633250	8105
宁波科鑫腐蚀控制工程有限公司	吴金岳	专业承包二级	315300	13757430887	8270
宁波市成杰建筑装饰有限公司	成建波	专业承包二级	315012	87117677	5728

单　位	法人代表	资质等级	邮政编码	联系电话	建筑业总产值（万元）
温　州　市					
温州中城建设集团有限公司	倪明连	总承包一级	325005	88521213	160556
永嘉县交通工程公司	朱国成	总承包二级	325102	67333921	30728
温州市瓯海第二建筑工程公司	陈光明	总承包二级	325000	88517137	26240
温州市鸿厦建筑安装工程有限公司	张以国	总承包二级	325000	56883380	25877
温州市东方建筑工程有限公司	黄建光	总承包二级	325005	88551357	25421
温州市华昌建筑安装工程有限公司	李龙跃	总承包二级	325027	88853572	20590
温州市海城建筑工程有限公司	潘国普	总承包二级	325005	88500141	20018
温州宏源水电建设有限公司	高永芳	总承包二级	325000	88436833	14759
浙江鸿鑫建设工程有限公司	苏敬校	总承包二级	325500	67583717	13218
苍南县建筑工程公司	朱明望	总承包二级	325800	64758619	10858
瑞安市新瑞建筑工程有限公司	薛小林	总承包二级	325200	65898789	9030
温州鹿城第三建筑工程公司	戴锦林	总承包二级	325000	88196140	8926
温州九瑞市政建设有限公司	叶奇思	总承包二级	325000	86752039	8851
浙江兴华建筑工程有限公司	许永亮	总承包二级	325600	62553692	8513
温州矿山井巷工程有限公司	林万运	总承包二级	325000	88868851	8300
温州中南建筑路桥工程有限公司	徐登春	总承包二级	325401	63672826	4523
温州浙南地质工程有限公司	黄国庆	专业承包一级	325006	88419506	8100
温州市基础工程公司	叶雄毅	专业承包一级	325000	88837747	4003
温州华泰建设工程有限公司	邱传先	总承包三级	325400	63741183	9205
浙江广维通信有限公司	秦振程	专业承包三级	325200	65678805	4088
嘉　兴　市					
浙江嘉兴福达建筑有限责任公司	陆福生	总承包二级	314031	3939370	25542
浙江振业建设发展有限公司	许长发	总承包二级	314500	8118717	22648
浙江南湖建设有限公司	张文芳	总承包二级	314001	2621669	22084
浙江永联建设工程有限公司	张永春	总承包二级	314001	2228052	19010
浙江华洋建设有限公司	张金华	总承包二级	314200	5920073	11052
浙江协和建设有限公司	戴　滢	总承包二级	314001	2211112	7071
湖　州　市					
浙江湖州市建工集团有限公司	王仲元	总承包一级	313000	2022903	186801
中铁十六局集团第三工程有限公司	王恒平	总承包一级	313000	2097165	111875
浙江天力建筑有限公司	杨虎麟	总承包二级	313000	2820500	35516
湖州市交通工程处	冯　峻	总承包二级	313000	2125769	33728
湖州升浙建筑工程有限公司	陈琪璋	总承包二级	313000	2074402	28858
湖州市第二建设工程有限公司	张明良	总承包二级	313000	2079230	25696
浙江华盛达建筑股份有限公司	袁建华	总承包二级	313200	8082909	16223
浙江中荣市政有限公司	须连荣	总承包二级	313200	8066726	9863

单　　位	法人代表	资质等级	邮政编码	联系电话	建筑业总产值（万元）
浙江湖州市建工集团装饰有限公司	王仲元	专业承包一级	313000	2050853	7499
浙江瑞明节能门窗有限公司	董呈明	专业承包二级	313200	8673657	4139
绍　兴　市					
浙江宝业建设集团有限公司	高　林	总承包特级	312028	4574483	652381
浙江中设建工集团有限公司	陈永根	总承包特级	312072	5107068	395172
华升建设集团有限公司	杭飞龙	总承包特级	312365	2665716	353833
浙江环宇建设集团有限公司	樊益棠	总承包特级	312000	5336908	341030
浙江八达建设集团有限公司	王昌培	总承包特级	311800	7215222	326537
浙江海滨建设集团有限公司	杭国涛	总承包特级	312300	2136219	310377
中鑫建设集团有限公司	王水鑫	总承包一级	312300	2166600	247759
浙江万达建设集团有限公司	蒋信贤	总承包一级	311800	7028802	220310
浙江万峰建设工程有限公司	高　峰	总承包一级	312366	2781768	209263
浙江华鹏建设集团有限公司	鲍志良	总承包一级	312000	8065094	166168
浙江广大建设有限公司	周云照	总承包一级	311800	7014010	158985
浙江精工世纪建设工程有限公司	方朝阳	总承包一级	312000	8368709	152915
浙江中企建设集团有限公司	沈卫星	总承包一级	312300	2186558	100136
浙江德盛建设集团有限公司	周月新	总承包一级	312300	2139369	89520
浙江宏达建设工程有限公司	周洪校	总承包一级	311800	7119708	76780
浙江天宇交通建设集团有限公司	陈德根	总承包一级	312000	8201863	66621
浙江东宸建设控股集团	钟祝书	总承包一级	311800	7142681	61260
浙江禹建建设集团有限公司	凌月根	总承包一级	312000	8361412	53411
嵊州市市政建设有限公司	王时伟	总承包一级	312400	3186723	19780
浙江金桥建设有限公司	孙炳元	总承包一级	312030	4115317	18900
浙江中安建设有限公司	陈忠安	总承包二级	312065	5181338	83122
浙江巨星建设集团有限公司	张国祥	总承包二级	312069	5382166	81667
绍兴市兴业建筑安装工程有限公司	汤小牛	总承包二级	312069	5199684	65377
浙江广昌建筑有限公司	许友夫	总承包二级	311800	7225273	62078
浙江鲁易建筑安装工程有限公司	赵飞富	总承包二级	312090	8217848	52381
绍兴市双保路桥工程建设有限公司	徐爱娟	总承包二级	312000	8201863	41296
浙江康达建筑有限公司	沈泉源	总承包二级	312300	2023690	36553
浙江金星建设发展有限公司	李金星	总承包二级	312071	8025733	33100
浙江金磊建设工程有限公司	张金元	总承包二级	312000	8064166	21760
浙江金衢交通工程有限公司	徐建水	总承包二级	312300	2126221	20357
新昌县天姥建筑安装有限公司	陈国君	总承包二级	312500	6035398	19200
浙江名源龙盛建设有限公司	张再良	总承包二级	312400	3113031	16569
浙江大东南建设有限公司	黄玲夫	总承包二级	311800	7283857	13660
浙江裕祥建设有限公司	余国永	总承包二级	311800	7231073	12896
绍兴市水联建设工程有限责任公司	蔡剑明	总承包二级	312001	5155836	11500

单　　位	法人代表	资质等级	邮政编码	联系电话	建筑业总产值（万元）
浙江振阳建设有限公司	王洪刚	总承包二级	312000	8318661	10650
浙江暨东建设有限公司	吴美良	总承包二级	311800	7227141	9280
绍兴市市政设施施工处	詹文高	总承包二级	312000	5085600	7166
绍兴市园林建设有限公司	何孟荣	专业承包一级	312500	6508861	12109
华升建设集团浙江消防工程有限公司	罗其洋	专业承包一级	312300	2602775	9952
绍兴市大兴电气承装有限公司	罗知祥	专业承包二级	312072	8393929	17852
上虞市建宇建筑工程有限公司	严建山	总承包三级	312300	2118117	8592
新昌县天马建筑安装工程有限公司	竺洪春	总承包三级	312500	6129828	4660
嵊州市阿斯克保温安装有限公司	裘益奇	专业承包三级	312473	3091388	5670
金　华　市					
浙江金华第一建筑安装工程有限公司	应金良	总承包一级	321001	3216898	183846
浙江广宏建设有限公司	何飞龙	总承包一级	322100	6818777	133878
鼎立建设集团股份有限公司	许明景	总承包一级	322100	6815115	101000
新世纪建设工程有限公司	黄建华	总承包一级	321001	2342694	81201
浙江华厦建设集团有限公司	许宝鸿	总承包一级	322100	6685218	72000
浙江新东阳建设有限公司	卢大根	总承包二级	322100	6690029	40570
浙江稠城建筑工程有限公司	陈士进	总承包二级	322001	5315237	30680
浙江省东阳市第十建筑工程有限公司	张锡鲁	总承包二级	322118	6551307	23258
浙江海鹏建设工程有限公司	朱水平	总承包二级	322000	5110586	13495
塔山建设集团有限公司	成　诚	总承包二级	322002	5785001	12045
浙江金顺路桥建设有限公司	郑宝玉	总承包二级	322100	6625274	10368
义乌市恒风路桥有限公司	方国清	总承包二级	322000	3817219	10089
浙江龙厦建设工程有限公司	陈兴龙	总承包二级	321100	8927301	9771
浙江省东阳市第五建筑工程有限公司	洪　铿	总承包二级	322100	6625965	8173
浙江亨达建设有限公司	胡金泉	总承包二级	322000	5220811	8009
浙江省东阳市利越市政工程有限公司	葛岸越	总承包二级	322100	6819023	7468
浙江铿达建设集团有限公司	马樟森	总承包二级	322018	5250380	7024
浙江通国建设集团有限公司	曹跃棋	总承包二级	321000	2341748	5320
浙江省第三地矿工程公司	徐志斌	专业承包二级	321001	2368196	6377
浙江省浦江金龙建设有限公司	郑元基	总承包三级	322200	4108677	12142
浙江省浦江天顺建筑工程有限公司	张顺生	总承包三级	322200	4124345	10159
浙江省义乌市恒信建设工程有限公司	孔辉政	总承包三级	322000	5152719	9288
义乌市大洋建筑工程有限公司	陈大丰	总承包三级	322000	5315418	9104
义乌市通泰建筑工程有限公司	楼胜英	总承包三级	322000	5233581	8376
衢　州　市					
浙江省衢州市交通建设集团有限公司	吕忠新	总承包一级	324002	3856149	44257
龙游县通途交通建设工程有限公司	兰正元	总承包二级	324400	7013836	20060

单　　位	法人代表	资质等级	邮政编码	联系电话	建筑业总产值（万元）
浙江省常山县宏图建筑工程有限责任公司	袁文才	总承包二级	324200	5021180	9166
舟　山　市					
舟山市大昌建筑安装工程有限公司	张雪如	总承包一级	316000	2382097	44605
浙江恒大建设集团有限公司	袁国义	总承包一级	316100	3660230	35301
浙江银誉建设工程有限公司	刘玑平	总承包二级	316100	3095689	9570
台　州　市					
中博建设集团有限公司	陈于玲	总承包一级	317500	6019038	172571
浙江东源建设有限公司	林彩龙	总承包一级	317016	5723018	60586
浙江恒远建设有限公司	陈美根	总承包二级	317500	6214883	38147
浙江新天一建筑有限公司	葛昌雨	总承包二级	318016	8928538	33525
浙江五联建设有限公司	郑道南	总承包二级	318000	8221567	24010
浙江兴业土木建筑工程有限公司	贾菊林	总承包二级	318050	2438778	20640
浙江太平洋建筑工程有限公司	陈洋增	总承包二级	318050	2446684	16321
台州大洋建设工程有限公司	杨明足	总承包二级	317000	5283722	10858
浙江全立建设工程有限公司	许惠林	总承包二级	317200	3837426	10220
温岭市大通市政工程有限公司	林申荣	总承包二级	317500	6185100	6867
浙江隆嘉市政建设有限公司	钟振利	总承包二级	317600	7279968	6022
台州大华建筑装饰有限公司	陈光华	专业承包一级	317000	5192007	6250
三门鑫洋市政园林有限公司	叶未蓬	总承包三级	317100	3368838	6495
温岭市长虹建筑工程有限公司	王文君	总承包三级	317500	6132351	6389
丽　水　市					
浙江中信建筑工程有限公司	黄伟民	总承包二级	323000	2176982	36560
浙江同心建筑工程有限公司	叶爱芬	总承包二级	323000	2153455	20871
浙江振烽交通工程有限公司	徐华娟	总承包二级	323500	5087971	20475
浙江山口建筑工程有限公司	王利平	总承包二级	323000	2511853	20055
浙江万寿建筑工程有限公司	钟伟明	总承包二级	323400	8060368	8359
丽水市处州市政工程有限公司	刘岳军	专业承包二级	323000	2116188	7671
浙江国光建筑工程有限公司	吴爱萍	总承包三级	323700	7125095	8828
缙云县鑫达建设工程有限公司	田立中	总承包三级	312400	3310818	8509

2005 年部分房地产企业基本情况

企业名称	法人代表	主要开发项目	资质等级	邮政编码	联系电话
杭州复兴建设集团有限公司	边志军	江苏泰州的西湖翠苑、余杭闲林的人和家园、广西西宁的怡景苑	二级	310008	0571－86814271
浙江龙禧投资集团有限公司	许永杰	龙禧大酒店、龙禧创业中心、龙禧硅谷广场、连云港龙禧深蓝广场	暂二级	310052	0571－86699850
杭州市房地产联合开发总公司	沈永振	三塘北村、三塘汶园、凤凰花苑经济适用房的建设、联合世纪新筑、义乌银河湾商品房建设、荷花池头(劳动路)、德胜东村的旧城改造;合作的开发项目:大华西溪风情苑、天阳棕榈湾	三级	310009	0571－87830320
宁波市镇海华鑫房地产开发有限公司	华　明	华丰星城住宅小区	二级	315206	0574－86551834
浙江万家房地产开发有限公司	孔德永	万家花园、玉海大厦、新江南人家、塘下大厦、天天家园、万好万家	二级	325200	0577－65818880
温州市国光房地产开发有限公司	孙国敬	国光大厦、南方大厦、东都大厦、新国光商住广场	二级	325088	0577－86066728
宏瑞集团有限公司	陈　何	风荷三期、逸景湾、帝景苑等	二级	325200	0577－65817996
湖州嘉业房地产开发有限公司	袁明观	湖州嘉业阳光城、嘉业阳光假日	二级	313000	0572－2136505
绍兴中厦房地产开发有限公司	杨　燕	维多利亚庄园别墅群、阜阳的慧源小区、新疆的中厦大厦等高层、优质写字楼、别墅群、住宅小区、商业街	二级	312050	0575－5766778
浙江贝林房地产有限公司	郑积勤	贝林·翠苑山庄、贝林·南湖世家	一级	324100	0570－4119805
浙江南苑房地产开发有限公司	戴阿陆	衢州市银桂小区二期、体育花苑、金都小区·翠竹苑、南苑·飞扬地带、南苑·紫桂云居、南苑·御景湾等	二级	324000	0570－3852798
临海市伟星房地产开发有限公司	吴水方	伟星·靖江花城、伟星·滨江花城、伟星·阳光花城、伟星·孱情风景、伟星·科技公寓、伟星·城市之光、伟星·星情湾	二级	317000	0576－5118451

2005年部分高新技术企业基本情况

单　　位	法人代表	电话号码	邮政编码	重点科研项目
巨石集团有限公司	张毓强	0573－8181099	314500	玻璃纤维及其制品
慈兴集团有限公司	胡先根	0574－63102203	315300	微小型深沟球轴承
浙江杭廷顿公牛橡胶有限公司	叶建平	0571－63432098	311402	中型载重子午线轮胎
建德市五星车业有限公司	潘余明	0571－64142075	311604	电动自行车霍尔调速转把；电动自行车防水断电闸把；微型发光警示系统等
浙江杭萧钢构股份有限公司	单银木	0571－82645988	311232	高层建筑钢——砼组合结构；冷弯薄壁型Z型钢连续檩条；自承式模板
杭州士兰集成电路有限公司	陈向东	0571－86714088	310018	电源类集成电路；马达驱动类集成电路；音响类集成电路；其他消费类集成电路等
浙江金鹏化工股份有限公司	刘　鹏	0576－2437064	318050	2－氰基丙烯酸乙酯瞬间胶粘剂
浙江华欣控股集团	曹欣羊	0571－82174338	311222	环保型彩艳涤纶绣花线、彩色涤纶FDY、POY、DTY丝、功能性涤纶凉爽纤维
浙江玉升医疗器械有限公司	钱云周	0576－7206823	317608	一次性使用自锁无菌注射器；一次性使用无菌避光注射器
浙江钱江生物化学股份有限公司	马　炎	0573－7023977	314400	高纯度赤霉素制剂、阿维菌素
扬帆集团有限公司	徐裕康	0580－3012168	316100	
浙江联丰股份有限公司	蒋梦兰	0575－2120777	312300	玻璃钢冷却塔、溴化锂制冷剂、压力容器、风机盘管
杭州荣盛纺化有限公司	李彩娥	0571－82598866	311247	涤纶超细旦纤维

2005年部分科研机构基本情况

单　　位	法人代表	电话号码	邮政编码	重点科研项目
浙江省水利河口研究院	方五庆	0571－86438000	310020	钱塘江下游洪水实时预报系统研究；钱塘江涌潮的数值模拟；滨海滩地资源的动态预测技术与相应软件；水资源高强度开发对河口环境影响研究及在河口综合规划中的应用。
浙江省淡水水产研究所	叶金云	0572－2043909	313001	苗种繁育、营养与饲料、鱼病、水质管理及大水面增殖技术等。
轻工业自动化研究所	王亚卡	0571－88013414	310015	工业缝纫机伺服控制系统、印刷电脑基材全自动生产线、造纸质量检测控制系统、智能家居、安防监控系统、企业物流管理平台的建设。
台州市农业科学研究院	张加正	0576－5196640	317000	杂交水稻新组合选育与中试、优质专用粳（糯）稻和早籼新品种的选育及产业化、出口青花菜品种的引进与推广、设施栽培障碍因子纠正技术研究、水果深加工新技术开发、西兰花新品种选育及游离小孢子培养技术研究、“鹅黄”茶叶品种的组织快繁技术研究、茭白保鲜技术研究等。
宁波市环境保护科学研究设计院	金建强	0574－87169900	315012	甬江流域水污染防治规划；宁波市环境保护第十一个五年规划；造纸废水的生物增强型膜生物反应器处理工艺及其中水回用技术的研究；农田养分管理与推荐施肥决策系统研究。

2005年部分高等院校基本情况

单　　位	法人代表	电话号码	邮政编码	主要专业名称
浙江理工大学科技与艺术学院	白同平	0571－86843507	310018	以经管、服装、艺术设计为主，理、工、文、法等27个学科协调发展。
浙江广播电视大学	方志刚	0571－88087063	310012	英语、计算机科学与技术、工商管理、教育管理、会计学、广告、建筑施工与管理、物流管理、物业管理、电子商务、数控技术、信息技术开发与维护等。
浙江国际海运职业技术学院	蔡　琦	0580－2095005	316021	航海技术、轮机工程技术、船舶工程技术、物流管理、港口业务管理、旅游管理、计算机信息管理、食品贮运与营销、电脑艺术设计、驾教合一等。
宁波职业技术学院	苏志刚	0574－86891367	315800	机电一体化技术、数控技术、计算机应用技术、应用电子技术、会计、市场营销、应用英语、应用日语、应用化工技术、模具设计与制造、机电设备维修与管理、物流管理、商务英语、商务日语、国际商务、视觉传达艺术设计。
浙江工商大学	胡祖光	0571－28877033	310018	工商管理、市场营销、人力资源管理、经济学、国际经济与贸易、金融学、统计学、会计学、财务管理、旅游管理、食品科学与工程、食品质量与安全、电子信息工程、通信工程、信息管理与信息系统、计算机科学与技术、电子商务、英语、法学、编辑出版学、公共事业管理、艺术设计等43个专业。
浙江警官职业学院	黄兴瑞	0571－86918742	310018	刑事执行、行政执行、司法警务、工商企业管理、司法信息安全、安全保卫、工商管理、安全防范技术、法律文秘、法律事务、安全防范技术、计算机网络技术、计算机信息管理。
杭州钱江业余学校	徐冠巨	0571－87070944	310002	成人大专、成人高中、成人财会中专学历教育、远程教育、普高、成高等考前辅导班、外语培训班、职业技能培训。
浙江金融职业学院	周建松	0571－86739080	310018	保险实务、金融管理与实务、会计、投资与理财、国际贸易实务、医疗保险实务、商务英语、工商企业管理、市场营销、房地产经营与估价、文秘、社区管理与服务、财务管理、计算机信息管理、电子商务、信息安全技术、国际金融。
中国美术学院	许　江	0571－87164609	310002	绘画、美术学、艺术设计、雕塑、工业设计、动画、摄影、建筑学、艺术设计学、城市规划、广播电视编导。
浙江广厦建设职业技术学院	许华春	0579－6668872	322100	建筑工程技术、建筑工程管理、市政工程技术、装潢艺术设计、园林工程技术、机械设计与制程、计算机应用技术、楼智能化工程技术、建筑电气工程技术、机电一体化技术、工程造价、建筑经济管理、房地产经营与估价、酒店管理、旅游管理、物业管理、国际经济与贸易、应用英语、商务英语、旅游英语。
嘉兴南洋职业技术学院	潘　斌	0573－2303470	314003	建筑工程技术、模具设计与制造、计算机应用技术、工商企业管理、电子信息工程技术、报关与国际货运、机械制造与自动化、商务英语。

单　　位	法人代表	电话号码	邮政编码	主要专业名称
浙江东方职业技术学院	郑念鸿	0577－86533903	325011	物业管理、电气自动化技术、计算机应用技术、计算机信息管理、应用电子技术、包装技术与设计、印刷技术、财务管理、会计、国际经济与贸易、市场开发与营销、电子商务、工商企业管理、酒店管理、物流管理、商务英语、旅游英语、文秘、新闻采编与制作、装潢艺术设计
浙江工业大学之江学院	张立彬	0571－87313609	310024	国际经济与贸易、法学、汉语言文学、英语、日语、广播电视新闻学、广告学、艺术设计、机械工程及自动化、测控技术与仪器、自动化、电子信息工程、通信工程、计算机科学与技术、建筑学、城市规划、信息管理与信息系统、工业工程、工商管理、市场营销、财务管理、旅游管理、公共事业管理、信息与计算科学、工程管理。
浙江育英职业技术学院	黄纪云	0571－68913866	310018	计算机应用技术、计算机信息管理、移动通讯技术、空中乘务、物业管理、电子商务、会展策划与管理、物流管理、国际经贸、文化市场经营管理、广告设计、环境艺术设计、生物技术及应用、环境监测与主人、食品营养检测、计算机网络技术、市场营销、应用英语、应用日语、文秘、酒店管理。
宁波大学科学技术学院	王文斌	0574－87600546	315211	软件工程、电子信息工程、计算机科学与技术、英语、艺术设计、金融学、国际经济与贸易、物流管理、汉语言文学、法学、机械设计制造及其自动化、建筑学、土木工程、生物技术、临床医学、通信工程、电气工程与自动化、工商管理。
杭州万向职业技术学院	杨元穗	0571－87171806	310023	工商企业管理、会计、机电一体化、国际贸易实务、城镇规划、环境监测与评价、园艺技术、园林技术、茶叶生产加工技术、商务英语、汽车检测与维修、房地产经营与估价、生物技术与应用、服装工艺技术。
浙江财经学院	王俊豪	0571－87557013	310018	财政学、税务、会计学、财务管理、审计学、统计学、金融学、保险、上商管理、市场营销、人力资源管理、信息管理与信息系统、计算机科学与技术、电子商务、法学、经济学、国际经济与贸易、英语、汉语言文学、艺术设计等34个专业。
浙江艺术职业学院	何志云	0571－87150050	310053	戏剧影视表演、音乐表演、音乐教育、舞蹈表演、艺术设计舞台影视美术、影视多媒体技术、文物鉴定与修复。

2005 年部分医疗机构基本情况

单　　位	法人代表	电话号码	邮政编码	重点学科名称
国家电网公司职业病防治院	郑永足	0571－64722452	311600	职业病、呼吸类科
桐乡市中医医院	王敬民	0573－8022799	314500	中风专科
富阳市妇幼保健院	史娅萍	0571－63369668	311400	妇科、产科、儿科
衢州市中医医院	陈　伟	0570－3081149	324002	中西结合肾病专科、中西结合肛肠专科、骨科脊柱病专科、针灸推拿科。
东阳市人民医院	应争先	0579－6698352	322100	骨科、普外科、心血管内科、感染科、呼吸内科、妇产科、消化内科
金华市人民医院	施长春	0579－2308572	321000	妇产科、胸外科、超声科、肝脏肿瘤。
义乌市中心医院	丁国强	0579－5209678	322000	危重病医学、心胸外科、泌尿外科、骨科、心血管内科、消化内科、神经内科、神经外科、呼吸内科等。
嘉兴市第二医院	曹浩强	0573－2055949	314000	普外科、骨科、神经外科、神经内科、儿科、麻醉科、眼科、泌尿外科。
浙江大学医学院附属邵逸夫医院	何　超	0571－86090073	310016	消化内科、全科医学科、血液科、肾内科、耳鼻喉科、呼吸科、肿瘤科、放射科、心内科、普外科。
温州医学院附属第一医院	张启瑜	0577－88069818	325000	神经病学、妇产科、普外科、呼吸内科、中医胃病专科、中医风湿病专科、妇产科学
浙江省人民医院	叶再元	0571－85134546	310014	心胸外科、普外科、微创外科、危重病医学、放射科。

2005 年部分批发零售贸易业、专业市场、住宿业基本情况

单位名称	法人代表	地　址	邮政编码	电话号码	主要经营范围
浙江浙能富兴燃料有限公司	张　谨	杭州市中山北路 109 号	310003	0571－87089988	供应全省发电企业用煤
浙江银泰百货有限公司	周明海	杭州市延安路 530 号	310006	0571－85170580	日用百货、日用杂品、针纺织品、服装、家电、家具等
浙江苏宁电器有限公司	卞　农	杭州市庆春路 122 号苏宁电器三楼	310009	0571－87233888	家用电器、百货、计算机等
绍兴大通商城股份有限公司	冯顺昌	浙江省上虞市百官街道人民中路 193 号	312300	0575－2021588	百货、服装；粮油及制品、水产品；五金交电、建材；医疗器械、药品；摩托车、汽车(零售)、汽车配件；办公用品，农业生产资料；进出口业务等。
浙江供销超市有限公司	叶耀庭	绍兴市延安东路 173 号	312000	0575－8617778	日用百货、副食品、粮油、服装、照相器材等
湖州老大房超市有限公司	沈建华	湖州市建设南路 225－229 号	313000	0572－2507747	副食品、冷冻饮品、粮油及制品、水产品、干鲜蔬菜、水果、豆制品、日用品、纺织、服装、鞋帽、文具及办公用品、玩具、五金交电、第二类医疗器械，建材装饰材料的批发和零售；OTC 药品的供应，音响制品、书刊等
杭州市萧山商业城管理处	韩晓明	杭州市萧山商聚街 57 号	311208	0571－82738117	五金、建材、百货、服装、副食品、粮油、机电、旧货等
金华农产品批发市场有限公司	应锦祥	金华市环城北路 117 号	321022	0579－2102222	水果、蔬菜、茶叶批发
嵊州宾馆	毛纪华	浙江省嵊州市艇北路 8 号	312400	0575－3187888	住宿、中餐、日用百货、其他食品；歌舞、棋牌、美容美发

2005年部分金融单位基本情况

单位名称	负责人	电话号码	邮政编码	地址
中国人民银行杭州中心支行	周业樑	0571－87686688	310001	杭州市延安路149号
中国人民银行龙游县支行	严　军	0570－7022781	324400	龙游县城荣昌路199号
中国农业发展银行丽水市分行	张蕴如	0578－2173258	323000	丽水市开发路825号
国家开发银行浙江省分行	徐　勇	0571－85786088	310006	杭州市环城西路108号
中国工商银行台州椒江支行	陈文伟	0576－8885666	318000	台州市椒江区解放北路1号
中国工商银行股份有限公司海盐支行	傅红波	0573－6024457	314300	嘉兴市海盐县武原镇新桥南路89号
中国农业银行浙江省分行	郑家祥	0571－87226000	310003	杭州市长庆街55号
中国银行浙江省分行	阮黎辉	0571－85010025	310003	杭州市凤起路321号
兴业银行杭州分行	杨华辉	0571－87037999	310006	杭州市平海路58号平海旺角大厦5楼
中国光大银行杭州分行	谭　平	0571－87895358	310006	杭州市庆春路200号
杭州市商业银行股份有限公司	吴太普	0571－85108085	310006	杭州市凤起路432号
杭州工商信托投资股份有限公司	郑向炜 丁建萍	0571－87218033	310003	杭州市庆春路155号中财发展大厦11楼
万向财务有限公司	傅志芳	0571－87163333	310006	杭州庆春路225号西湖时代广场7楼

部分企业简介(索引)

浙江省省级医疗保险服务中心

详 细 地 址:浙江省杭州市体育场路538号
法定代表人:胡伟忠
邮 政 编 码:310007
电 话 号 码:0571－85119365

浙江省省级医疗保险服务中心(以下简称省医保中心)筹建于2001年3月。截止到2005年8月,中心共有32名工作人员,管理着1305家省级医保参保单位,为18.19万名参保人员提供服务。其中:基本医疗保险参保人员16.07万人(在职11.93万人,退休4.14万人);离休干部0.48万人;子女统筹医疗1.64万人。省级基本医疗保险定点医疗机构107家,定点零售药店25家。打造一流文明服务窗口的主要做法有:

一是增加政策透明度。为了使每位参保人员能充分了解医疗保险的相关政策,除在服务大厅、医院放置触摸屏、开通省医保中心咨询电话外,还印制了医疗保险政策宣传手册近60万份,并在医院及中心服务大厅免费发放。印制省医保中心办事指南和办事流程10万份。使医保的政策,办事流程,广为宣传,深入人心。

二是提高医疗消费的“透明度”。2003年中心把计算机网络管理扩大到省级单位离休干部和子女统筹医疗费的群体。考虑到离休干部一般都已年老体弱,而且他们的医疗费用基本上全额由国家承担,他们的医疗证卡被冒用的概率比较高。为此,中心按月将每一位离休干部的医疗消费情况及时打印出来反馈给离休干部本人。同时,中心还请离休干部监督离休干部医疗经费的使用情况,防止就医环节出现不规范甚至违规的行为。另外,公布声讯电话16868000,手机短信查询基本医疗保险个人账户各类信息的方法,使参保人员明明白白消费,保障参保人员的知情权。

三是增强办事程序的透明度。为了提高省医保中心办事透明度,中心所有对外服务窗口的办事项目、流程、受理窗口、服务标准、办理时限一一公开上墙,并在省劳动和社会保障网上予以公开发布。公开投诉受理电话。通过上述各项措施,中心逐步做到了事务公开、透明,办事公正、高效,赢得了服务对象和社会各界的广泛好评。围绕方便和维护参保人员的利益出发,进一步改进工作流程,提供多种多样的服务形式,方便参保人员。如通过在电子触摸屏上公布“定点医院、药店的名单及有关政策”和个人帐户电话查询办法等便民措施,方便参保人员查询。

四是强化管理服务的文明度。俗话说“没有规矩,不成方圆”。中心制定了《员工守则》、《文明服务标准》、《工作人员考勤管理制度》等,建章立制为规范服务奠定了制度保障。文明服务总的要求是做到“三声四心,四个一样”的文明服务标准。“三声”即对来访者有“迎声”,说一声“您好”;对问者有“答声”,做到有问必答;对走者有“送声”,说一句“走好”。“四心”即接待群众“热心”,不得冷硬相待;了解情况“细心”,不得烦燥不安;回答问题“耐心”,不得大声呵斥;解决问题“诚心”,不得敷衍搪塞。“四个一样”:即生人与熟人一样;老年人和年轻人一样;自然人与法人一样;干部和群众一样。此外,省医保中心在大厅设置了指示牌、休息椅、饮水机、老花镜等,努力为参保人员创造一个良好的环境。从中心成立至今,得到多方的表扬、受到广大群众的称赞,没有接到一起投诉。2003年,省医保中心荣获了共青团浙江省委“青年文明号”称号。

省医保中心在省劳动和社会保障厅的直接领导下,在厅机关效能办的支持下,以“情为民所系、利为民所谋”为服务理念,努力创造规范、高效、优质的服务环境,在群众中树立管理科学、廉洁奉公、文明服务的良好形象,全面打造省级一流的文明服务窗口。2004年,省医保中心被国家劳动保障部社会保险事业管理中心评为“全国基本医疗保险经办管理工作先进单位”。

浙江理工大学

详 细 地 址:浙江省杭州市下沙高教园区2号大街

法定代表人:裘松良

邮 政 编 码:310018

电 话 号 码:0571 - 86843013

网　　　址:www. zist. edu. cn

浙江理工大学座落于历史文化名城杭州市,是一所以工为主,特色明显,优势突出,理、工、文(艺)、经、管、法等多学科协调发展的省属重点大学。学校占地面积1500亩。现实行中央和浙江省共建共管,以浙江省为主的管理体制。

学校具有悠久的办学历史,前身蚕学馆创办于1897年,是我国最早创办的新学教育机构之一。1999年4月,学校由原浙江丝绸工学院更名为浙江工程学院。2004年5月,经教育部同意,学校更名为浙江理工大学。学校下设18个学院(教学部),拥有44个本科专业,博士点2个,一级学科硕士点4个,二级学科硕士点30个,1个联合培养博士点,已形成研究生教育、本科教育和成人教育等多层次以及公办教育、民办教育、国际合作教育等多形式的办学格局。目前在校研究生、普通全日制本科生18000余人,成教学生2000余人。

学校师资力量雄厚。现有教职工1500余人,其中专任教师900余人,在校全职院士2人,教授128人,副教授300余人;有国家"百千万人才"3人,入选教育部"跨世纪优秀人才培养计划"1人,浙江省"151人才工程"第一、二层次入选者25人,省高校中青年学科带头人21人,博士生导师19人,享受国务院政府特殊津贴教师29人,共享院士14人,并聘请了一批国内外知名专家、学者为兼职教授。

学校综合办学条件优良。省部共建教育部重点实验室1个,省级重点实验室2个,省级研发中心6个,省级区域科技创新中心2个,校级实验室、研究所(室)等先进的教学、科研机构40余个。建有现代化的教学楼、实验楼、信息中心、语音中心、网络中心和一流的体育设施,具有现代网络环境下的信息平台。设施先进的图书信息中心,藏书150万册、中外期刊3000余种,被省教育厅确定为浙江省高校数字化图书馆下沙高教园区的区域中心。同时,藏书特色鲜明,有国内学科资料最齐全的服装与艺术设计情报中心。

学校始终坚持以育人为本,以教学为中心,大力弘扬百余年办学所形成的"求知求实、创新创业"的优良传统和"团结、求实、勤奋、进取"的优良校风。历年来,有一大批学生在国家级、省级各类重要学科竞赛及国际服装设计比赛中取得佳绩。毕业生以基础扎实、作风严谨、创新创业能力强而深受社会欢迎,学生遍及全国各地及世界许多国家。近几年来,毕业生一次就业率一直位居浙江省高校前列。

学校坚持以科研工作为重点,学科建设为龙头,学术水平不断提高。学校近五年获各类科研奖励120余项,其中国家级奖项3项,包括科技发明二等奖2项、国家科技进步二等奖1项,省部级奖励20余项,在研科研总经费1.1亿余元,并与全国数百个企业建立了稳定的科技合作关系,科技工作综合指标一直稳居于全国同类院校和浙江省属高校的先进行列,已成为浙江省培养高级工程技术专门人才和科技研究开发的重要基地。

学校重视国际学术交流与合作。每年派遣教师出国进修、讲学、合作科研及参加其它学术活动,并积极发展与美国、英国、德国、日本、加拿大、韩国等国大学的校际关系,探索"3+2"高层次人才培养模式,开展中美合作办学,建立联合研究中心,邀请外国专家、学者来校讲学,国际化办学特色日益明显。

有着百年辉煌历史的浙江理工大学,新世纪正焕发着新的生机与活力。面对新的发展机遇,全校师生正满怀信心,齐心协力,埋头苦干,开拓创新,为把学校建设成为部分学科具有国内一流水平的教学研究型大学而努力奋斗!

华美达广场杭州海华大酒店

详 细 地 址:浙江省杭州市庆春路298号
法定代表人:王志海
邮 政 编 码:310006
电 话 号 码:0571－87215888
传 真 号 码:0571－87214627

华美达广场杭州海华大酒店是一家标准四星级的涉外酒店,由圣达特麾下的华美达国际酒店管理集团授权管理。坚持人性化的服务是酒店对每一位宾客永远的承诺。完整的培训体系造就了大批的人才;强大的人力资源储备体系为酒店的发展奠定了稳定的后备人力资源基础;先进严格的考核制度,规范化的服务和管理以及国际酒店品牌的经营理念,均达到了国际顶尖酒店的标准。

酒店共设8层,拥有245间不同个性与气质的客房。每一间客房都准备了具有个性的硬件设施以及备受关注的软件服务。针对高级行政管理人员的客户群体,酒店特别开辟了华贵舒适的行政楼层,令众多VIP宾客尽情体验海华全程式的管家式服务。在经营中,酒店很重视基础客户群体的建设,海华俱乐部的成立,完美、周到的长住旅客计划以及与全球系统同步化的旅行航线积分奖励,与众多客户群体建立了深厚的、友好的、并且长久的合作关系!

容纳人数从20人至300人不等的八个大小会议场所,宽敞明亮、设施功能齐全。场所内配备了先进的同声翻译系统、随处而至的高速互联网系统以及全套专业先进的会议设施和宴会器材。训练有素的宴会及会议服务团队,为众多宾客精心策划不同类型的宴会及会议。

精致典雅的海华阁中餐厅、法兰西风情的巴黎阳光西餐厅、高雅气质的海明威扒房和时尚简约的逸蜓亚洲餐厅均汇聚了世界各地的经典美食。精湛的厨艺和热情的服务成为了众多宾客品尝美味及宴请宾客的上选之地。其中,巴黎阳光西餐厅在杭州酒店西餐行业中一直享有较高的声誉。

“热情好客的员工,宁静的睡眠,清爽的沐浴,洁净如洗的环境设施,丰富新鲜的华美达早餐及服务社区的精神”,是华美达广场杭州海华酒店的六大服务支柱。“使客人在酒店时的任何情况下,都能得到喜出望外的服务”,是海华大酒店的服务原则。遵循着“宾客的满意,就是酒店最大的财富”!

杭州华辰国际饭店

详 细 地 址:浙江省杭州市平海路25号
法定代表人:吴进明
邮 政 编 码:310006
电 话 号 码:0571－87652222
传 真 号 码:0571－87922693
网　　　址:www.hcgjhotel.com
电 子 邮 箱:hcih@hotmail.com

杭州华辰国际饭店是一家四星级商务会议型旅游饭店。位于湖滨商业区,毗邻西子湖,离火车城站车程6分钟,步行到湖滨约8分钟。饭店建筑造型雄伟挺拔,内部装饰风格独特,舒适宜人,满意加惊喜是四星级华辰国际饭店的服务追求。

饭店拥有各类隽永高雅的客房189间(套),装饰别致、陈设精美,舒适浪漫。配有高速宽带、数字电视、电影点播、生饮水;设有行政楼层、无烟楼层。四楼会议中心典雅庄重、功能齐全,现有8个会议室,最大的可容纳300人。

饭店设有中、西式餐厅,二楼中餐“华辰·唐宫”,唐韵风情装饰,富丽华贵,设有大宴会厅、16个宴会单间和小宴会厅,可同时容纳450人就餐,尽享杭、粤、川味佳肴。十九楼“四季”西餐咖啡厅,有100多个餐位,环境幽静,鸟瞰西湖,湖光山色,时光变幻,灵气悦人;更有风味独特早、中、晚自助西餐、下午茶、咖啡供您选择。

三楼康体娱乐中心有棋牌室、KTV包厢。一楼大堂设计现代、格调高雅,精美雅致,流光溢彩。设有总台、商场、商务中心、票务中心、大堂吧、精品屋、书店、美容中心、特色酒吧等服务设施。地下车库和地面泊位100多个。

饭店为浙江省绿色饭店,2005年通过ISO9001和14001质量环境体系认证;是杭州市“诚信经营、诚意服务”优胜单位,“杭州市消费者喜爱的休闲场所”。

“宾至华辰,温馨永存”,饭店热情欢迎各界朋友的惠顾!

浙江振进市政建设有限公司

详 细 地 址:浙江省杭州市上城区惠民路75－5号710室
法定代表人:吴正见
邮 政 编 码:310002
电 话 号 码:0571－87832700

浙江振进市政建设有限公司是一家具有国家市政公用工程施工总承包一级资质的专业公司,其控股企业有:浙江振进实业投资有限公司、浙江振进建筑有限公司、东阳市振进园林绿化有限公司、东阳市振进建设劳务有限公司,现正积极筹建集团公司。公司现有注册资金4777万元,在职员工1600余人,其中各类技术人员277人,高中级职称87人,项目经理80人,施工机械设备1300台,机械设备总功率9818千瓦,能满足各类市政公用工程、房屋建筑、土石方挖掘、护堤、防污、园林绿化等施工需要,年施工能力超过10亿元。

浙江振进市政建设有限公司创建于1994年。十多年来,公司全体员工开拓创新、锐意进取,先后承建了上海市内环线高架路2.11—2.12标段、天津市丁字沽商住楼、广深高速公路惠州路段路基工程、杭金公路九标段拓宽改造工程、杭徽高速、杭州市文一路拓宽改造工程、杭州德胜路跨铁路立交桥、衢州世纪广场、龙游第二自来水厂、兰溪污水处理厂,工程合格率达到100%,优良率达65%以上。

多年来,公司坚持"质量第一、用户至上"的方针,努力做到科学管理、诚信经营、规范施工、安全第一。先后荣获中国建设银行浙江省分行2004年"AAA级信用单位"、中国农业银行浙江省分行"AAA级资信企业"、"金华市重点骨干企业"、"金华市重合同守信用单位"、"东阳市文明单位"、东阳市"超百万纳税大户",2004年公司跃入东阳市建筑业"十强企业"。

宁波新世界百货有限公司

详 细 地 址:浙江省宁波市中山东路269号
法定代表人:赵　刚
邮 政 编 码:315040
电 话 号 码:0574－87259866

宁波新世界百货有限公司是隶属于香港新世界集团的下属公司,香港新世界集团创始于1970年,是建基于香港的知名企业,发展至今,投资业务遍及内地和香港的物业、基建、酒店、工业和百货,在百货领域中从1993至今,已经成功的在东北、华北、华中、华东、西南和华南等众多地区城市,发展经营了22家中至高档的百货商场。

新世界百货一直禀承着殷切、可靠、高效益的经营方式,为广大市民带来购物消闲的生活享受,也被公认是中国境内最具经济效益及带领潮流的连锁购物消闲标志。

宁波新世界百货江东店开业于1998年4月,已经迈入第8个年头了,它面向中山东路,紧临江夏桥,傲立于三江口,是宁波市唯一的涉外旅游商场,凭借实力雄厚的香港新世界百货集团精心策划及管理,使其成为具有现代化服务设施及管理水平的大型高档百货商场。其中:一楼主要经营国际名品服饰、香水、珠宝首饰;二楼主要经营男仕服装及配饰、男仕皮具、男鞋、男包、男仕内衣;三至四楼主要经营女仕精品时装、女包、女鞋、女仕内衣、美甲中心;五楼主要经营运动休闲服、按摩椅、户外运动用品、名品特卖场及VIP服务中心。

定位优雅时尚拥有国际名品和知名品牌服饰为主体的宁波新世界百货伴随着宁波市民一同走过这经济突飞、生活猛进的辉煌时代,始终是广大宁波市民休闲购物、享受时尚风味的首选场所之一,因此,在众多宁波消费者心中,新世界百货就等同于高尚优雅的代名词,时尚的风向标,也是宁波江东、汇美两店全体职工同仁,时刻铭记在心的最佳鼓励和支持。

为了进一步服务宁波各界与宁波消费大众,回馈大家多年的爱护和支持;在商品上,公司将不断引进最新时尚流行的知名品牌,提供顾客更多的购物选择;在价格上,公司更是坚持要让顾客感受到买的值得和买的愉快,来回馈消费者的惠顾支持;而在服务上,为了能给顾客更高更好更新地服务体验,公司在5楼全新规划、精心打造了一个为新百VIP顾客提供各项服务和休憩的园地——VIP服务中心。服务中心面积达150多平方米,采取半封闭隔离,装饰现代,放置茶几、休闲椅、液晶大屏幕电视,像一个私人会所。中心为客人免费提供茶水,客人可在中心小憩、上网、积分换购、定单看样等。新世界百货还将在服务中心举办系列沙龙活动,国内外知名品牌推广、发布时装信息等,让消费者了解宁波,了解宁波市场。目前,宁波新世界VIP客人已有几万,建立服务中心是为了回馈客人,使客人光临商场有亲切感,并得到尊贵的享受。

余姚市农副产品批发市场

详 细 地 址:浙江省余姚市丰山路 367 号
法定代表人:陈铁军
邮 政 编 码:315400
电 话 号 码:0574 - 62817798

余姚市农副产品批发市场是以产业型和中转集散型相结合的综合性批发市场,位于余姚城郊结合处。市场由余姚市市场管理开发中心投资 8300 万元开发建成,占地 235 亩。首期工程 120 亩,于 1996 年 10 月破土动工,1997 年 1 月 8 日开业。市场现有交易大棚 10 座,经营用房 566 间,摊位 2300 余只,其中股份企业 1 户,私营企业 4 户,从业人员 8000 余人,综合服务大楼一幢,总建筑面积 75600 平方米,停车场 10000 余平方米。场内分设蔬菜、肉禽蛋、水产、水果、粮油等五大类商品交易区。市场于 2003 年 1 月开发建成农副产品信息网(域名:http://www. cn - nfcp. com),并与全国 170 余家大中型农批市场实行了计算机信息联网,每日有专人搜集、整理、收发市场及全国各地各类农产品的价格行情信息,指导农业生产、经营和产业结构调整。

市场实行全封闭的管理模式,即采用两大主通道一进一出制。几年来,市场紧紧围绕为农业产业化服务的宗旨,立足大市场、大流通、大服务,通过不断完善调整市场设施,强化服务功能,提高管理水平,市场呈现了强劲的发展势头。市场坚持对场内各个行业统一实行招标和抽签,并不断引导经营户改变经营模式,促使市场更好地发展。2005 年共成交各类农副产品 64.06 万吨,成交金额 26.12 亿元,比去年同期增长了 29.37%。场内商品已辐射我省的慈溪、上虞、杭州、舟山和江苏、江西、上海、安徽、福建、山东等省。市场的繁荣不仅解决了社会上的部分剩余劳动力问题,而且对丰富居民“菜篮子”及促进农业产业化起着重要作用,真正起到了“办一处市场、兴一批产业、活一片经济、富一方群众”的作用。市场曾先后被评为省区域性重点市场、省“百龙工程”农业龙头企业、省一星级文明规范市场、省重点农副产品批发市场、宁波市重点商品市场、宁波市百家农业龙头企业、宁波市“十佳”商品流通市场、余姚“十强”农业龙头企业、余姚市先进模范集体。

绍兴大通集团公司农副产品批发交易市场

详 细 地 址:浙江省上虞市百官凤山路 487 号
法定代表人:陈功尧
邮 政 编 码:312300
电 话 号 码:0575 - 2218602

绍兴大通集团公司农副产品批发交易市场创建于 1992 年 10 月,是一家集南北果品、食品、副食品、蔬菜、水产品、百货、粮油制品、五金交电、音像制品、针纺织品、文具、茶叶、建筑装饰材料等大型农副产品批发交易市场,现已成为上虞市供销社系统骨干企业,曾先后被有关部门评为“全国干鲜果品市场成交额前十强”、“全国供销合作总社重点龙头企业”、“绍兴市级农业龙头企业”。

市场现设农产品批发市场和水果批发市场,总占地面积 80 亩,现有员工 42 人,总投资 2000 万元。市场地理位置优越(农产品批发市场位于城区东郊,紧靠 329 国道,水果市场位于城区南郊,紧靠 104 国道),摊位数 450 只(间),总营业面积 30000 平方米,其中交易大棚 20000 平方米,车上交易场地 2000 平方米,专业香蕉加工房 2000 平方米,停车场地 2000 平方米,仓库 6000 平方米,拥有精品冷库 12 只及四周三产营业用房。市场客户遍布全国各地,交易商品高、中、低档次齐全,以高、中档为主。2005 年完成成交额 16 亿元。

农产品批发市场已发展成为本地区及浙东地区同行业中的佼佼者,为活跃城乡经济、促进商品交流,为地方经济的发展作出了一定的贡献。为进一步做大做强农产品市场,2003 年底,投入资金 3500 万元,新增土地 65 亩,对农产品市场进行扩建改造,预计投入 2 个亿,将建成一个设施更加完善、功能更加齐全的、具有现代化气息的新兴市场。水果批发市场 1999 年从原农产品批发市场分立单独建立,经过几年的发展,已逐渐壮大,连续几年被评为“全国优秀果品批发市场”、“全国果品批发市场 20 强”。

诸暨市烟草专卖局(公司)

详 细 地 址:浙江省诸暨市暨阳街道暨东路5号
法定代表人:唐　建
邮 政 编 码:311800
电 话 号 码:0575-7228389

诸暨市烟草专卖局(公司)是浙江省烟草行业四星级单位和功勋企业、绍兴市级文明单位。2005年,局(公司)拥有职工近200人,总资产4.6亿元,净资产4.2亿元。下设配送部、营销部和八个专卖所(队)。诸暨市烟草专卖局(公司)负责本辖区卷烟市场的管理与经营。

专卖管理　诸暨市烟草专卖局认真贯彻《中华人民共和国烟草专卖法》及其实施条例,以构筑规范、服务、高效型的专卖管理体系为主线,一手抓规范引导,一手抓打击整治,2005年共查处各类违法案件387起,查获违法经营卷烟11797条,有力地保护了合法经营,维护了国家和消费者的利益。诸暨市烟草专卖局多次被评为"绍兴市烟草系统专卖管理工作先进集体"、2005年绍兴市行政执法机关"十佳办案规范化单位"、"诸暨市行政执法优秀单位"、"诸暨市打假治劣目标管理责任制考核优胜单位"和"诸暨市行政许可优质案卷办理部门"。

业务经营　诸暨市烟草公司以科学发展观为指导,按照现代流通企业的要求,全力提升销售网络运行质量,优化品牌结构,挖掘市场潜力,扎扎实实推进企业发展,经济效益持续保持较快的增长势头,2005年公司销售卷烟40964箱,实现销售额6.26亿元,利润近1.6亿元,实交税金9734万元,名列诸暨市第一。近年来,诸暨市烟草公司创利已连续多年位居全省县级烟草公司前5位,纳税多年名列诸暨市工商企业之首。并多次被评为绍兴市批发贸易、税利十强企业,诸暨市流通规模企业和纳税大户三A级企业、纳税明星企业。

多元化经营　诸暨市烟草公司在主业稳步发展的同时认真贯彻"主业精副业强"的发展战略,积极拓宽经营领域,2005年副业实现利润1083万元,已连续5年被评为绍兴市烟草系统多元化经营工作先进单位。

义乌农贸城

详 细 地 址:浙江省义乌市城西
法定代表人:王　攸
邮 政 编 码:322000
电 话 号 码:0579-5432567
传 真 号 码:0579-5432591
网　　　址:http://www.ywagri.com

义乌农贸城是义乌市场体系的重要组成部分,由浙江义乌农村经济发展有限公司开发、建设、经营和管理。义乌农贸城是农业产业化国家重点龙头企业、国家农业部定点市场、浙江省重点农副产品批发市场,中国商品专业市场竞争力50强。市场自1996年开业以来,持续繁荣兴旺,2005年实现交易额21亿元,交易量75万吨。2006年下半年,义乌市副食品市场将迁入农贸城,届时农贸城经营户将达2700多户,年成交额70多亿元。

农贸城总占地面积45万平方米,总投资4亿多元,建设有果品、粮油、蔬菜、花卉、畜产品等六个子批发市场,下半年又将投资3亿元建设新副食品市场。农贸城硬件档次高、管理规范、设施配套,是省星级文明规范市场。

农贸城以直接投资、参股、联营、冠名等多种形式,创办了瓜果、蔬菜、苗木、养殖等30个农产品基地,面积达6万多亩,直接带动农户6万多户,2005年基地产值近3亿元,农民增收8000多万元。借助外贸公司这一平台,基地的产品,如有机茶、小黄瓜、花卉等已出口欧美、日本及韩国等国家和地区;外贸公司也被省台办授予"浙江省台湾农副产品展销中心"。农贸城通过与有关部门合作,每年举办一届"义乌莲藕节"、"杨梅鉴评会"、"果蔗评比会"等,把市场发展与展销活动有机结合起来,并由此形成了一批优质农产品产业。如东河田藕从原先的800亩发展到现在的9000多亩,年产鲜藕3.4万吨,产值5000多万元。农贸城副食品市场年成交额近50亿元,产品辐射全国各地,并远销多个国家和地区。新副食品市场于2006年下半年开工建设,2007年底投入试营业。新市场占地面积30900m^2,总建筑面积137093m^2,计划安排2295个商位。

浙江永康中国科技五金城有限公司

详 细 地 址:浙江省永康市金城路60号
法定代表人:孔体现
邮 政 编 码:321300
电 话 号 码:0579-7213732
传 真 号 码:0579-7213910
网　　　址:http://www.hardwarecity.com.cn
电 子 邮 箱:ykhwcity@mail.jhptt.zj.cn

中国科技五金城,创建于1992年,是国内最大的五金专业市场,荣列全国商品专业市场竞争力50强第3名、全国百强工业品交易市场第4名,浙江省百强市场第3名,是国家经贸委重点联系批发市场、中国百家诚信建设示范市场、浙江省重点市场、浙江省文明单位、浙江省四星级文明规范市场、浙江省质量达标市场、全国五金专业市场委员会会长单位、浙江省五金建材协会会长单位。

中国科技五金城总占地1000亩,建筑面积60余万平方米,商铺4500余家,主要经营日用五金、建筑五金、工具五金及机电设备、金属材料、装饰建材等上万种五金产品及相关产品,辐射全国各地及世界50多个国家和地区,2005年市场成交额230.65亿元。市场服务体系健全、功能完善,工商、质监、公安、水电、金融、酒店、学校等服务机构一应俱全,设有中国五金博物馆、永康五金名品展馆、国外五金产品展示馆、中国科技五金城网站、科技图书馆及进出口有限公司和电子商务有限公司等信息贸易服务机构,集五金商贸、科技服务、信息交流、博览展示、五金文化于一体,成为国内最大、国际知名的功能全、辐射强的五金产品集散中心、物流配送中心、科技服务中心、信息交流中心和博览展示中心。

从1996年开始,在中国科技五金城举办的中国五金博览会,是国际五金界的一大盛会,迄今已成功举办十届。每届博览会,吸引来自国内外的数千家生产企业、外贸公司、科研院所、专业买家和五金贸易商在这里交流新技术、交易新产品、共享新的市场信息,成为了五金产业展示品牌形象、洽谈合作贸易、了解行业动态、交流业界技术、培育产品品牌的平台和联系供求商的金桥,促进了国内外企业的交流与合作。

"永康五金走向世界,世界五金汇集永康"。中国科技五金城秉承这一目标,不断开拓创新,计划在"十一五"期末,市场总占地扩展到1700亩,总建筑面积90万平方米。目前,全部按浙江省五星级文明规范市场标准建设的五金城二期市场已投入使用,会展物流中心正在抓紧筹建。五金城的发展方向是:以科技进步为先导,以永康五金产业为依托,大力推进市场创新,扩大市场规模,全面提升市场功能,创建立足国内、面向世界的以商品市场和生产要素市场相统一为特色的"中国五金之都"。

（京）新登字 041 号

图书在版编目（CIP）数据

浙江统计年鉴. 2006 / 浙江省统计局编.
—北京：中国统计出版社，2006. 6
ISBN 7 – 5037 – 4880 – X
Ⅰ. 浙…
Ⅱ. 浙…
Ⅲ. 统计资料 — 浙江省 — 2006 — 年鉴
Ⅳ. C832. 55 – 54

中国版本图书馆 CIP 数据核字（2006）第 026085 号

浙江统计年鉴 —— 2006

作　　者 / 浙江省统计局
责任编辑 / 蔡启新　潘强敏　胡　东
E — mail / yearbook@ stats. gov. cn
责任校对 / 钱　刚　范菁雁
封面设计 / 王美福
出版发行 / 中国统计出版社
通讯地址 / 北京市西城区三里河月坛南街 75 号　中国统计出版社
邮　　编 / 100826
电　　话 /（010）63376907
印　　刷 / 浙江新中商务印刷有限公司
经　　销 / 新华书店
开　　本 / 890 × 1240 毫米　1/16
字　　数 / 163 万
印　　张 / 55. 5
印　　数 / 1 — 5000 册
版　　别 / 2006 年 7 月第 1 版
版　　次 / 2006 年 7 月第 1 次印刷
书　　号 / ISBN 7 – 5037 – 4880 – X/F · 2227
定　　价 / 300. 00 元